बधिया स्त्री

बधिया स्त्री

जर्मेन ग्रीयर

अनुवाद
मधु बी. जोशी

राजकमल प्रकाशन

'THE FEMALE EUNUCH' का अनुवाद

ISBN : 978-81-267-0124-7

मूल्य : ₹995

पहला संस्करण : 2001
चौथा संस्करण : 2024

प्रकाशक : राजकमल प्रकाशन प्रा.लि.
1-बी, नेताजी सुभाष मार्ग, दरियागंज
नई दिल्ली-110 002
शाखाएँ : अशोक राजपथ, साइंस कॉलेज के सामने, पटना-800 006
पहली मंजिल, दरबारी बिल्डिंग, महात्मा गांधी मार्ग, प्रयागराज-211 001
1, अनमोल सोराबजी संतुक लेन, धोबी तलाव, मरीन लाइंस, मुम्बई-400 002
वेबसाइट : www.rajkamalprakashan.com
ई-मेल : info@rajkamalprakashan.com

मुद्रक : बी.के. ऑफसेट
नवीन शाहदरा, दिल्ली-110 032

BADHIYA STREE
by Germaine Greer

यह पुस्तक **लिलियन** को समर्पित है जो न्यूयॉर्क के तिलचट्टों की एक बस्ती के साथ रहती है, जिसकी ऊर्जा उसकी दुश्चिंताओं और दमे और मोटापे के बावजूद चुकी नहीं है, जो हमेशा हर किसी में रुचि लेती है, अक्सर नाराज होती है, कभी-कभी बातें भी बनाती है, लेकिन हमेशा ही जुड़ी रहती है। बहुला-विपुला, स्वर्णिम, मुखरा, बहुत अच्छी तरह और बुरी तरह जिससे प्रेम किया गया है, वह लिलियन, सुंदर लिलियन जो मानती है कि वह असुंदर है, निरंतर सक्रिय लिलियन सोचती है कि वह हमेशा ही थकी रहती है।

यह कैरॅलाइन को समर्पित है जो नाचती थी लेकिन बुरा, पेंट करती थी लेकिन बुरा, जो खाने की मेज से आँसुओं से भरी 'मुझे एक व्यक्ति बनना है' कहती उठी, बाहर गई और बावजूद अपनी विलक्षण सुंदरता के व्यक्ति बन गई। कैरॅलाइन जो हर वार से टीस जाती है, जिसे प्रशंसा पर शंका होती है, जिसने बड़े-बड़े काम विनम्रता और नर्माई से किए हैं, जिसने साहसपूर्ण प्रेम से अधिकारियों पर आक्रमण किया है और जिसे हराया नहीं जा सकता।

यह हरी आँखोंवाली परी-सी मेरी धर्ममाता जॉय के लिए है जिसका पति उसकी सहज समझदारी की निंदा करता था और उसके विचारों को नीचा दिखाता था क्योंकि उसकी अपेक्षा वह बहुत उद्दामतापूर्वक बुद्धिमती और बुद्धिमत्तापूर्वक उद्दाम थी, आखिर वह उसे छोड़कर चली गई और खुद को, अपनी अंतर्दृष्टि और अपनी हास्य-प्रतिभा को फिर से पा लेने के बाद फिर कभी नहीं रोई, सिवा तब के जब वह करुणा से भर उठती थी।

यह कासूंड्रा के लिए है जो खालों, धागों की लच्छियों और कलमों से जादू पैदा कर देती है। जो कभी अचल, बेखबर नहीं होती। निष्ठा से भरी और कड़वी, इस्पाती रस्से-सी मजबूत और उसाँस-सी कोमल, जो अपने विचित्र भाग्य पर सवार न्यूयॉर्क के वीराने में घूम रही है।

मार्सिया के लिए, जिसका मानस सब-कुछ को धारे है और किसी भी चीज को नष्ट नहीं करता। स्वप्नों और दुःस्वप्नों को समझती, जो तूफानों को देखती है और विचलित नहीं होती, जो अभागे नरकवासियों के बीच जीती है और उनसे डरती नहीं, मुर्दों के बीच एक जीती-जागती आत्मा।

अध्याय-क्रम

पैलेडिन इक्कीसवें संस्करण का प्राक्कथन

बीस साल पहले 'द फीमेल यूनॅक' के परिचय में मैंने लिखा था कि मेरे विचार से यह किताब जल्दी ही डेटेड होकर गायब हो जाएगी। मुझे आशा थी कि धरती पर औरतों की एक ऐसी नस्ल आ जाएगी जिसके लिए बीसवीं सदी के उत्तरार्द्ध में विकसित जगत के यौन-दमन का मेरा विश्लेषण एकदम असंगत होगा।

औरत की कई नस्लें धरती पर आ गई हैं : बॉडीबिल्डर औरतें जिनके कंधों की पेशियाँ मर्द की पेशियों जैसी सख्त हैं; मैराथन धावक औरतें जिनके शरीर की पेशियाँ मर्दों जैसी ही सुतवाँ हैं; प्रशासक औरतें जिनकी सत्ता मर्दों के बराबर है; औरतें जो अपने तलाकशुदा पतियों को गुजारा भत्ता (एलिमनी) दे रही हैं और औरतें जो संगाती रही होने के नाते गुजारा भत्ता (पैलिमनी) पा रही हैं; समलैंगिक औरतें जो शादी करने और वीर्यदान से बच्चे पैदा करने का अधिकार माँग रही हैं; मर्द जो अपना अंग-भंग करके वैधानिक रूप से औरत होने के नाते पासपोर्ट पा रहे हैं; वेश्याएँ जो जाने-माने व्यावसायिक संगठनों में एकजुट हो गई हैं; संसार की सबसे ताकतवर सेनाओं के अगले दस्तों में सशस्त्र औरतें हैं; पूरे ओहदे-दर्जे की कर्नल हैं जो शोख लिपस्टिक और नेलपॉलिश लगाती हैं; औरतें जो अपनी फतहों के बारे में किताबें लिखती हैं जिनमें लोगों के नाम, मुद्राओं के वर्णन, अंगों के नाप जैसे विवरण मिलते हैं। बीस साल पहले इनमें कोई भी स्त्री-घटना देखने में नहीं आती थी।

औरतों की पत्रिकाएँ अब वयस्कों के लिए लिखी जाती हैं और विवाह से पहले सेक्स, संतति-निरोध और गर्भपात के बारे में ही नहीं बल्कि यौन-रोगों, परिवार में व्यभिचार और यौन-विकृतियों के बारे में भी बात करती हैं। और तो और, आर्थिक मामलों, राजनीति, संरक्षण, पशुओं के अधिकार और उपभोक्ताओं की ताकत पर भी बात होती है। संतति-निरोध की दुकान मंदी पड़ गई और इसने मासिकधर्म से कमाए जानेवाले मुनाफे को भी बहुत कम कर दिया है सो अब बहुराष्ट्रीय दवा-निर्माताओं का ध्यान रजोनिवृत्ति के दौर में चल रही या उससे गुजर चुकी औरतों पर टिका है जो हॉर्मोन रिप्लेसमेंट थिरैपी के एक बड़े, अनछुए बाजार का प्रतिनिधित्व करती हैं। हर टेलीविजन सोप ओपेरा में बूढ़ों की काम-कुलाँचें देखी जा सकती हैं। औरतें और क्या चाह सकती हैं ?

आजादी, वे आजादी चाह सकती हैं !

आजादी, आँखों में आँखें डालकर देखते इंसान के बजाय देखी जा रही चीज होने से। संकोच से आजादी। आजादी मर्दों की खाई-अघाई चाहत को उकसाते रहने की जिम्मेदारी से जिसकी नाक तले किसी भी छाती की सख्ती या किसी भी टाँग की लंबाई नहीं आती। आजादी तकलीफदेह कपड़ों से जिनका पहना जाना मर्दों को गुदगुदाने के लिए जरूरी है। उन जूतों से आजादी जो हमें छोटे कदम लेने पर मजबूर करते हैं और हमारे कूल्हों को उभारते हैं। पेज 3 के सदा बने रहनेवाले किशोरसुलभ लावण्य से आजादी। पत्रिकाओं की दुकान में सबसे ऊपर के खाने में (यहाँ पोर्नोग्राफिक पत्रिकाएँ रहती हैं) हम पर बरसती लानत-छीछालेदर से आजादी; बलात्कार से आजादी चाहे वह इमारत बना रहे मर्दों द्वारा हमें जुबानी नंगा करने से हो, चाहे रोजमर्रा के कामों के सिलसिले में आते-जाते टोह रखे जाने, रोके जाने, बात कहे जाने या सड़क पर पीछा किए जाने, मर्द सहकर्मियों की चिपचिपी छेड़छाड़ या बॉस के टटोलने या जिन्हें हम प्यार करती हैं उन मर्दों के परपीड़न या हमें हमारी इच्छा के विरुद्ध इस्तेमाल करने, या किसी अपरिचित या अपरिचितों के दल द्वारा हिंसा से आतंकित करने और पीटने से हो।

बीस साल पहले यौनाभिव्यक्ति के अधिकार पर जोर देना महत्त्वपूर्ण था और मर्द की पेशकशों को रद्द करने के औरत के अधिकार पर ध्यान खींचना उससे कहीं कम महत्त्वपूर्ण; अब पृथ्वी पर एड्स के उभरने से पुरुषांग से योनिच्छेद को खारिज करने के अधिकार पर जोर देना, सुरक्षित यौन-संबंधों का अधिकार, ब्रह्मचर्य का अधिकार, प्रतिबद्धता के अकाट्य प्रमाण न मिलने तक शारीरिक अंतरंगता को स्थगित रखने का अधिकार और भी महत्त्वपूर्ण हो उठे हैं। सबकुछ के बावजूद 'द फीमेल यूनॅक' का तर्क अब भी वैध है क्योंकि वह मानता है कि औरत को अपनी लैंगिकता व्यक्त करने का अधिकार है; और यह हर्गिज-हर्गिज मर्दों की पेशकशें ठुकराने के अधिकार जैसी ही बात नहीं है। 'द फीमेल यूनॅक' का तर्क है कि स्त्री की यौनेच्छा के मात्र प्रतिक्रियात्मक होने की अवधारणा को अस्वीकार किया जाना स्त्री-मुक्ति के लिए परमावश्यक है। यही वह प्रस्ताव है जिसका मतलब फ्लीट स्ट्रीट (लंदन के अखबारों के दफ्तर यहीं हैं) के मुर्दा-दिमाग लिक्खाड़ों ने 'औरतों को बाहर निकलकर वह कर डालने को कहना' लगाया था।

बीस साल पहले मैंने जिस आजादी की वकालत की थी वह सम्मान, ईमानदारी, उदात्त मनोवेग, गौरव, व्यक्ति होने के सभी घटकों से युक्त एक व्यक्ति होने की आजादी थी; दौड़ने, चिल्लाने, जोर से बोलने और घुटने फैलाकर बैठने की आजादी। पृथ्वी और उस पर तैरने, पड़े रहने और रेंगनेवाली तमाम संज्ञाओं को जानने और उनसे प्यार करने की आजादी। सीखने की आजादी और सिखाने की आजादी। डर से आजादी, भूख से आजादी, बोलने की आजादी और विश्वास की आजादी। संसार की ज्यादातर औरतें अब भी डरी हुई हैं, अब भी भूखी, अब भी गूँगी और धर्म द्वारा तमाम तरह की बेड़ियों से जकड़ी हैं, उनके चेहरों पर नकाबें हैं, मुँह पर मुहारे, उनके अंग-भंग हैं, वे पिटी हुई हैं। 'द फीमेल यूनॅक' गरीब औरतों के बारे में बात नहीं करती (जब मैंने यह किताब लिखी थी तब मैं उन्हें नहीं जानती थी) यह समृद्ध संसार की औरतों की बात करती है जिनके

दमन को गरीब औरतें आजादी के रूप में देखती हैं।

1989-90 में साम्यवाद की अचानक हुई मौत ने दुनिया-भर में गरीब औरतों को उपभोक्ता समाज में पहुँचा दिया, जहाँ माँओं, बूढ़ों, अपंगों के लिए कोई सुरक्षा नहीं है; स्वास्थ्य या शिक्षा या पूरी आबादी के जीवन-स्तर को ऊँचा उठाने को लेकर कोई प्रतिबद्धता नहीं है। उन दो सालों में करोड़ों औरतों ने अपने पाँव-तले की जमीन सरकती देखी; उन्होंने अपने बच्चों के लिए मिलनेवाला गुजारा भत्ता, अपनी पेंशनें, अपनी स्वास्थ्य सेवा-सुविधाएँ, कामकाजी माँओं के बच्चों की देखभाल की सुविधा, अपनी संरक्षित नौकरियाँ खोईं, स्कूल और अस्पताल जहाँ वे काम करती थीं बंद हो गए, लेकिन कहीं कोई चीख-पुकार नहीं मची। उन्हें बोलने की आजादी थी लेकिन उनके पास आवाज नहीं थी। उन्हें जरूरी सेवाएँ खरीदने की आजादी थी उस पैसे से जो उनके पास नहीं था, व्यक्तिगत उद्यम के सबसे पुराने स्वरूप वेश्यावृत्ति में लगने की आजादी, उपभोक्तावाद को अपना तन, मन और आत्मा बेचने की आजादी या फिर भूखों मरने की आजादी, भीख माँगने की आजादी।

अब हम इस बधिया स्त्री को संसार-भर में देख सकते हैं; जब हम सोच रहे थे कि हम उसे अपने दिलो-दिमाग से बाहर कर रहे हैं, वह खुद को जहाँ भी कोका कोला और नीली जींस जाएँ, वहाँ फैला रही थी। जहाँ कहीं आपको नेलपॉलिश, लिपस्टिक, ब्रेजियर और ऊँची एड़ियाँ दिखती हैं वहाँ बधिया स्त्री ने डेरा डाल लिया है। आप पर्दे के नीचे तक उसे विजयी पा सकते हैं।

सार संक्षेप

'संसार अपनी आत्मा खो बैठा है और मैं अपना लिंग'

–टॉलर, हिंकमैन

यह पुस्तक नारीवाद की दूसरी लहर का एक हिस्सा है। उन पुरानी स्त्री-मताधिकार की संघर्षकर्ताओं ने जिन्होंने कैद काटी और धीरे-धीरे उन व्यवसायों में, जिन्हें अपनाने से उन्होंने इंकार किया, उन संसदीय स्वतंत्रताओं में जिन्हें इस्तेमाल करने से उन्होंने इंकार किया, उन शैक्षणिक संस्थानों में जिन्हें उन्होंने विवाह होने के इंतजार का समय काटने और डिग्रियाँ लेने की दुकानों के रूप में उपयोग किया, स्त्रियों के प्रवेश को देखने को जिंदा रहीं; अपनी भावना को एक नई और जीवंत भूमिकावाली युवा स्त्री में पुनर्जीवित होते देखा है। सिक्स पॉइंट ग्रुप की नेता श्रीमती हेज़ेल हंकिन्स-हैलिनन ने युवा संघर्षकारिणियों का ही नहीं, उनके खुले यौन-व्यवहार का भी स्वागत किया। उन्होंने इर्मा कुर्ट्ज़ से कहा भी, 'ये लोग कमउम्र हैं और राजनैतिक रूप से एकदम ही अनुभवहीन भी, लेकिन ये उत्साह से भरी हैं। हाल तक हमारे दल की सदस्य मेरी पसंद से कहीं ज्यादा उम्र की रही हैं।'[1] सीधी कार्रवाई के आनंद के ज्वार के उतर जाने के बाद दो पीढ़ी पहले की संघर्षकारिणी महिलाएँ बहुत से छोटे-छोटे संगठनों के माध्यम से एकजुटीकरण के काम में लग गईं जबकि उनकी ऊर्जा की प्रमुख शक्ति युद्धोपरांत छँटनियों और बीस के दशक की उन्मुक्तता के बाद झालरों, कॉर्सेटों और नारीत्व के पुनर्जीवन, पचास के दशक के लिंग को नियति-निर्धारक मानने के सिद्धांत से छनती-छनती लगातार छीजती, लगातार सम्माननीय बनती चली गई। धर्म-प्रचार मुरझाकर खब्त बन गया।

अब दिया जा रहा जोर अलग तरह का है। तब भद्र मध्यवर्गीय महिलाएँ सुधार के लिए चीख-पुकार करती थीं, अब अभद्र मध्यवर्गीय स्त्रियाँ क्रांति की पुकार कर रही हैं। उनमें से कइयों ने स्त्री-मुक्ति की पुकार से पहले क्रांति की पुकार सुनी। ज्यादातर आंदोलनों का स्रोत नववाम (The New Left) रहा है, और कइयों के लिए मुक्ति वर्गहीन समाज के आने और राज्य के छीज जाने पर निर्भर है। अंतर आमूल-चूल है, स्त्री-मताधिकार के लिए संघर्ष करनेवालियों की मौजूदा राजनैतिक प्रक्रमों में आस्था और उनमें भागीदारी की गहरी इच्छा मर चुकी है। पुराने जमानों में महिलाएँ यह बताने

को व्यग्र रहती थीं कि वे समाज को अस्थिर करने या ईश्वर का तख्ता पलटने नहीं जा रहीं। उनकी कार्रवाइयों से विवाह, परिवार, निजी संपत्ति और राज्य को खतरा था लेकिन वे पुरातनपंथियों के डर दूर करने को व्यग्र थीं, यह करके सफ्रैजेट्स (स्त्री-मताधिकार-समर्थकों) ने अपने आंदोलन से ही गद्दारी की और नारी-मुक्ति की असफलता का आधार तैयार किया। पाँच साल पहले साफ लग रहा था कि नारी-मुक्ति असफल हो गई है : संसद में स्त्रियों की संख्या का स्तर बहुत कम हो गया था; स्त्रियों के रोजगार का नमूना जो उभरा था, वह था—कम उजरत, छोटी नौकरियाँ और सहायक भूमिका। पिंजड़े का दरवाजा खोल दिया गया था लेकिन बुलबुल ने उड़ने से इंकार कर दिया था। निष्कर्ष यह निकाला गया कि दरवाजा खोला ही नहीं जाना चाहिए था क्योंकि बुलबुलें कैद के लिए ही बनी हैं; विकल्प के सुझाव ने उन्हें दिग्भ्रमित और उदास ही किया था।

ऐसे स्त्रीवादी संगठनों का अस्तित्व आज भी है जो सफ्रैजेट्स की बिछाई पटरियों पर चलते हैं। कांग्रेस (अमेरिकी कांग्रेस) की समितियों, खासकर स्त्रियों के लिए विशेष महत्त्व की मानी जाने वाली समितियों, में बेट्टी फ्रीडान की 'नेशनल ऑर्गेनाइजेशन फॉर विमेन' का प्रतिनिधित्व रहता है। स्त्री राजनीतिज्ञ अब भी स्त्री-हितों का प्रतिनिधित्व करती हैं, लेकिन अक्सर ही यह हित आश्रित स्त्री के होते हैं जिनमें उसे आसानी से दिए जा सकनेवाले तलाक और तमाम तरह के लंपटों के घोषणापत्रों से बचाए रखने की चिंता ही प्रमुख रूप से झलकती है। श्रीमती हंकिन्स हैलिनन का सिक्स पॉइंट ग्रुप एक सम्मानित राजनैतिक हस्ती है। इस पूरी स्थिति में नई बात यह है कि ऐसे समूह फिर से प्रमुखता पाने लगे हैं। संचार माध्यम हर हफ्ते, बल्कि हर रोज ही, स्त्रियों के स्वातंत्र्य की बखिया उधेड़ने पर तुले रहते हैं। बदलाव इस मायने में है कि अचानक हर किसी की रुचि स्त्रियों में हो गई है। वे मौजूदा आंदोलनों के पक्ष में न भी हों लेकिन मुद्दों में दिलचस्पी रखते हैं। विश्वविद्यालयों में युवा स्त्रियों के बीच आंदोलन के लिए मजबूत समर्थन की आशा की जा सकती है। हैरत नहीं कि शोषित कामगार स्त्रियाँ आखिर सरकार को बंधक बनाने का फैसला ले लें। हैरत यह है कि वे स्त्रियाँ जिनके बारे में ऐसा लगता है कि उन्हें कोई शिकायत नहीं, शिकायती स्वर उठाने लगी हैं। भले कपड़े पहने छोटे शहरों की स्त्रियों की शांत सभाओं को संबोधित करते हुए मैं यह देखकर हैरान रह गई हूँ कि प्रखर क्रांतिकारी विचारों को स्वीकार किया जाता है और स्पष्ट आलोचना और तीखे विरोध दर्ज किए जाते हैं। नव नारीवाद के दिनोंदिन विस्तार पाते तृणमूल आधार का दावा तो सफ्रैजेट्स भी नहीं कर सकती थीं।

इस नई सक्रियता के कारणों के बारे में हम अंदाजा ही लगा सकते हैं। शायद लिंग को नियति-निर्धारक घोषित करने में अति ही कर दी गई। शायद स्त्रियों ने मनोवैज्ञानिकों, धार्मिक नेताओं, स्त्रियों की पत्रिकाओं और पुरुषों द्वारा प्रस्तुत स्त्री-विवरण पर जिसे स्वीकार करने को उन्हें बाध्य किया गया था, दरअसल कभी भी विश्वास नहीं किया। शायद वे सुधार, जो आखिर हो ही गए, उन्हें उस जगह तक ले आए जहाँ से वे पूरे परिदृश्य को देख पाईं और अपनी स्थिति के तर्काधार को समझने लगीं। शायद अनचाहे

प्रसवों और गृहस्थी के कड़ी मजदूरी जैसे कामों में न फँसे होने से उन्हें सोचने-समझने का समय मिल पाया है। शायद हमारे समाज की दशा इतनी स्पष्ट और इतनी निराशाजनक हो चुकी है कि स्त्रियों में अब खुद को दूसरों के हाथों चलते रहने देने का और धीरज नहीं बचा है। स्त्रियों के शत्रु उनके असंतोष का दोष ऐसी परिस्थितियों पर डालते हैं। स्त्रियों को इस असंतोष को सँजोकर रखना चाहिए क्योंकि यह जीवन की माँग की पहली सुगबुगाहट है; वे अपनी बात होंठों पर ला रही हैं और एक-दूसरी से बात करने लगी हैं। एक साथ मिलकर बात करती औरतों को देखकर पुरुष हमेशा ही बेचैन होते आए हैं; आजकल तो इसका मतलब चरम विद्रोह है। 'बढ़ी चलो !'

एक सावधानी बरतते हुए हम यह मान सकते हैं कि जो ज्ञान पुरुष स्त्रियों से उनके बारे में हासिल करते हैं, भले ही वह उनकी संचित संभावनाओं के बारे में न होकर, सिर्फ उनके भूत और वर्तमान के बारे में ही क्यों न हो; तब तक अधूरा और उथला रहेगा जब तक कि स्त्रियाँ स्वयं वह सब कुछ नहीं बता देतीं, जो उनके पास बताने के लिए है।

–जॉन स्टुअर्ट मिल

संगठित मुक्तिवादी एक सुविज्ञापित अल्पसंख्यक समूह हैं; किसी भी स्त्रीवादी मुद्दे पर चर्चा हो, वही-वही चेहरे दिखाई देते हैं। अपरिहार्य रूप से उन्हें एक ऐसे आंदोलन के नेताओं के रूप में प्रस्तुत किया जाता है जो तत्त्वतः नेतृत्वहीन है। आज भी वे एक क्रांतिकारी रणनीति उपलब्ध कराने के आसपास तक नहीं हैं; प्रदर्शन करना, पढ़ने लायक किताबों की सूचियाँ तैयार करना और समितियों के सदस्य होना अपने आप में मुक्त व्यवहार नहीं हैं, खासकर तब जब अब भी वे घर के कामकाज और तिरियाचरित्तर के संदर्भ में गड़े हुए हों। उन लोगों को शिक्षित करनेवाले साधनों के रूप में, जिन्हें खुद को मुक्त करने के लिए कार्रवाई करनी ही होगी, उनकी प्रभावोत्पादकता सीमित है। ऐसे परतांत्र्यमोचन से इंगित होनेवाली मुक्ति एक निर्बुद्धि अवधारणा है; अपने सबसे घटिया रूप में यह पुरुषों की स्थिति से परिभाषित होती है जो कि खुद ही अ-मुक्त है, और अपने सबसे अच्छे रूप में इसे बेहद सीमित संभावनाओं वाले संसार में अपरिभाषित ही छोड़ दिया जाता है। एक ओर ऐसे स्त्रीवादी मिल जाएँगे जो 'सामाजिक, न्यायिक, व्यवसायगत, आर्थिक, राजनैतिक और नैतिक' समानता की अवधारणा पर खरे उतरते हैं, जिनका शत्रु भेदभाव है, प्रतियोगिता और माँग जिनके साधन हैं, दूसरी ओर वे हैं जो बेहतर जीवन के आदर्श को सँजोए हैं, जो तब प्राप्त होगा जब सही राजनैतिक साधनों से सबके लिए एक बेहतर जीवन सुनिश्चित हो जाएगा। उन स्त्रियों को, जो संवैधानिक या सर्वाधिकारवादी या क्रांतिकारी सभी रूढ़िवादी राजनैतिक उपायों से बददिल हो चुकी हैं, दोनों ही विकल्प नहीं भाते। वह गृहिणी, जिसे अपनी स्वतंत्रता के लिए विश्वक्रांति की सफलता की प्रतीक्षा करनी होगी, अगर आशा खो दे तो उसे माफ किया जा सकता है जबकि रूढ़िवादी राजनैतिक उपाय ऐसा कोई तरीका नहीं निकाल सकते जिससे एक पुरुषीय परिवार की आर्थिक दृष्टि

से आवश्यक इकाई को बदला जा सके, लेकिन एक और आयाम है जिसमें वह कार्रवाई की प्रेरणा और उद्देश्य पा सकती है, हालाँकि हो सकता है कि वहाँ उसे आदर्शलोक का नक्शा न मिल पाए। वह दुनिया को बदलने के बजाय खुद का पुनर्मूल्यांकन करके शुरुआत कर सकती है।

अगर उस निम्नता और प्राकृतिक निर्भरता की सीमा के बारे में कोई निश्चितता न हो जो अपरिवर्तनीय रूप से स्त्रीलिंगी है तो स्त्रियों की मुक्ति की वकालत कर पाना कठिन है इसीलिए इस पुस्तक की शुरुआत 'शरीर' से होती है। हम जानती हैं कि हम क्या हैं, लेकिन हम यह नहीं जानतीं कि हम क्या हो सकती हैं या हो सकती थीं। विज्ञान की मतांधता यथास्थिति को नियम के अपरिहार्य परिणाम के रूप में अभिव्यक्त करती है : स्त्रियों को, स्त्रैण सामान्यता की एकदम मूलभूत मान्यताओं के बारे में प्रश्न करना सीखना होगा ताकि विकास की वे संभावनाएँ जिन्हें अनुकूलन द्वारा लगातार बंद रखा गया है, फिर से खोली जा सकें। इसलिए हम एकदम शुरू से शुरुआत करते हैं, कोषिकाओं के लिंग से। गुणसूत्रात्मक अंतर जब तक विकास में प्रकट न हो तब तक उससे कोई खास परिणाम नहीं निकाला जा सकता और विकास शून्य में तो होता नहीं : एकदम शुरू से ही स्त्री को हमारा देखना, चेतन और अचेतन रूप से ऐसी पूर्वधारणाओं के कारण एकांगी होता है जिन्हें गढ़ने से हम बच नहीं पाते और यह जान तक नहीं पाते कि वे कब गढ़ी गईं। शरीर की चर्चा के पीछे नई धारणा यह है कि हमें जो भी दिख रहा है वह और कुछ भी हो सकता है। अनुकूलन के कुछ पक्षों को दिखाने के लिए अस्थिपंजर पर व्यवहार के प्रभाव की चर्चा की गई है। हड्डियों से हम गोलाइयों/कटावों पर आते हैं जो अब भी स्त्री की धारणा से तत्त्वतः जुड़े हैं, और फिर बालों पर, जो लंबे अर्से तक एक आधारभूत द्वितीयक लैंगिक लक्षण माने जाते रहे।

स्त्रियों की लैंगिकता सदा ही एक लुभावना विषय रही है; यहाँ उस पर चर्चा यह दिखाने का प्रयास करती है कि ज्यादातर प्रेक्षकों ने कैसे स्त्री की लैंगिकता को ढँका और विरूपित किया है, और हमारे जमाने में ही यह सबसे ज्यादा हुआ है। स्त्री के समनुरूपण का वर्णन पहले ही एक खास किस्म के अनुकूलन के संदर्भ में किया जा चुका है, अब उस अनुकूलन का विशिष्ट चरित्र उभरने लगता है। होता यह है कि स्त्री को एक यौन-वस्तु के रूप में देखा जाता है जो दूसरे लैंगिक प्राणियों (पुरुषों) के इस्तेमाल और आस्वादन के लिए है। निष्क्रियता के रूप में पहचान करके उसकी लैंगिकता को नकारा भी जाता है और उसका मिथ्या निरूपण भी होता है। स्त्रीत्व के बिंबविधान में से योनि का वैसे ही सफाया कर दिया गया है जैसे स्वतंत्रता और ओज के चिन्हों का दमन उसके बाकी शरीर में किया जाता है। जिन अभिलक्षणों को प्रशंसित और पुरस्कृत किया जाता है वे बधिया के हैं—डरपोकपना, गोलमटोलपन, नजाकत, क्लांति और अतिसुकुमारता। शरीर के आखिर में एक निगाह पूरे जीव पर स्त्री के प्रजनन-संस्थान के तथाकथित प्रभाव पर डाली गई है—हिस्टीरिया, ऋतु अवसाद, कमजोरी और किसी भी सतत उद्यम के लिए अयोग्यता की स्रोत कुलच्छनी कोख के

क्रियाकलापों में।

आत्मा और देह के अभिप्रेरित लक्षणों का मिश्रण चिरंतन नारी का मिथक है, जिसे आजकल रूढ़छवि कहा जाता है। यह स्त्रीत्व की प्रधान छवि है जो हमारी संस्कृति पर राज करती है, जिसे पाने की आकांक्षी सब स्त्रियाँ हैं। यह मानते हुए कि उपभोक्ता संस्कृति की देवी एक कलाकृति है, हम उसके निर्माण, आत्मा के उत्पादन, की पड़ताल करते हैं। इस प्रक्रम का प्रमुख तत्त्व हमारे देखे हुए शरीर के बधियाकरण जैसा है, ऊर्जा का दमन और विचलन। उसी सरल तर्ज पर चलते हुए हम शुरू से ही शुरुआत करते हुए शिशु में दिखाते हैं कि विराट को वामन कैसे बनाया जाता है। बच्ची अपनी मर्दाना तर्ज की स्कूली शिक्षा और स्त्रीत्व के लिए अनुकूलन के बीच सामंजस्य बैठाने के लिए संघर्ष करती रहती है जब तक कि वयःसंधि अस्पष्टता का समाधान करके उसकी सुरक्षा का लंगर स्त्रैण-भंगिमा में, अगर वह काम कर जाए तो, नहीं डाल देती। जब यह काम नहीं करता तब उसे ठीक करने के लिए अनुकूलन की और खुराक दी जाती है, खासतौर पर मनोवैज्ञानिकों द्वारा जिनके पूर्वानुमानों और नुस्खों का वर्णन मनोवैज्ञानिक लफ्फाजी के रूप में किया गया है।

स्त्रियों की मानसिक क्षमता के मुद्दे पर बुद्धि के लिंग के बारे में ढेरों पूर्वधारणाओं की गर्द छाई है इसलिए कच्चा माल में पचास वर्षों में हुए विविध और सम्यक परीक्षणों के, पुरुषों और स्त्रियों की बौद्धिक शक्तियों में अंतर करने का कोई प्रतिमान खोज पाने में असफल रहने का संक्षिप्त विवरण प्रस्तुत किया गया है। ये परीक्षण स्त्रियों के अतार्किक, व्यक्तिपरक और सामान्यतः मूर्ख होने की निरंतर चली आ रही दृढ़ धारणा से असंगत रहे हैं। इसलिए नारीशक्ति में ऐसे तमाम पूर्वग्रहों की संगत अभिव्यक्ति ओट्टो वेइनिंगर की पुस्तक 'सेक्स एंड कैरेक्टर' का लेखा-जोखा करके उसमें परिभाषित सभी दोषों को, शील और बुद्धिमत्ता की वेइनिंगर की अवधारणाओं को रद्द करके और ह्वाइटहैड और उन सरीखे दूसरों की अवधारणाओं को अंगीकार करके, लाभों में बदल दिया गया है। ऐसे स्त्री-मस्तिष्कों की बहुमूल्यता के ऐसे सैद्धांतिक विचार को सही करने के लिए काम स्त्रियों के योगदान के असल में उभरनेवाले नमूनों और उनके मूल्यांकन का एक तथ्यपरक लेखा-जोखा प्रस्तुत करता है।

स्त्रियों का बधियाकरण पुरुषोचित-स्त्रियोचित ध्रुवन की सूरत में किया गया है जिसमें पुरुषों ने सारी ऊर्जा को हथियाकर उसे सायास एक आक्रामक, विजयकामी शक्ति में बदलते हुए तमाम विपरीत-लिंगी संपर्क को एक स्व-परपीड़क प्रतिमान में बदल दिया है। इससे प्रेम की हमारी अवधारणाओं का विरूपण हुआ है। आदर्श के गुणगान से शुरू होकर प्रेम कुछ मुख्य विकृतियों, परोपकारिता, अहम्मन्यता और आवेश का वर्णन प्रारंभ करता है। यह विरूपण कई काल्पनिक भेसों में फिरते हैं जिनमें से दो हैं—रोमांस/रूमानियत, उन कल्पनाओं का ब्यौरा जो उत्कंठित स्त्री और निराश स्त्री की खुराक हैं; और पुरुष-कल्पना की वस्तु, जिसमें विशिष्टतः पुरुष साहित्य में स्त्री को प्रस्तुत किए जाने के मनपसंद तरीकों के बारे में बात की गई है। प्रेम और विवाह का

मध्यवर्गीय मिथक हमारे समाज में इतरलिंगी प्रेम की सर्वस्वीकृत कल्पना के उद्भव का ब्यौरा है। यह एक प्रस्तावना है जीवन के सामान्य रूप के बारे में, जैसाकि हम उसे समझते हैं, परिवार के बारे में चर्चा की। हमारे समय के दम्पति-केंद्रित परिवार की कड़ी निंदा हुई है और कुछ अस्पष्ट विकल्प सुझाए गए हैं, लेकिन पूरी पुस्तक की तरह इस खंड का प्रमुख कार्य एक विकल्प की संभावना और वांछनीयता का सुझाव देना है। स्वतंत्रता से डरनेवालों का प्रमुख हौआ असुरक्षा है, इसलिए प्रेम का अंत सुरक्षा की भ्रामकता पर एक टिप्पणी से होता है। कल्याणकारी राज्य की अधिष्ठात्री देवी, सुरक्षा, पूर्ण युद्ध की स्थिति, भूमंडलीय प्रदूषण और जनसंख्या विस्फोट के इस युग से ज्यादा अवास्तविक और कभी नहीं रही।

ऐ औरत, पास आ, और वह सुन जो मैं कह रहा हूँ। जरा एक बार तो अपनी उत्सुकता को उपयोगी विषयों की तरफ मोड़ और उन सुविधाओं के बारे में सोच जो प्रकृति ने तुझे दीं और समाज ने खसोट लीं। आ और जान कि कैसे तू पैदा तो पुरुष की साथिन के रूप में हुई और बन गई उसकी गुलाम; कैसे तू इन स्थितियों को पसंद करने और यह मानने लगी कि ये सहज हैं; और आखिर कैसे गुलामी की लंबी आदत ने तुझे ऐसा पतित बना दिया कि तू आजादी और इज्जत के कहीं मुश्किल सद्गुणों की जगह उसके खून चूस लेनेवाले लेकिन सुविधाजनक दोषों को पसंद करने लगी। अगर यह तस्वीर देखकर भी तेरे होशो-हवास कायम रहते हैं, अगर तू भावुक हुए बिना इस पर चिंतन कर सकती है तो अपने व्यर्थ के दिलबहलावों की तरफ लौट जा; 'कोई इलाज नहीं है; दोष रीति बन गए हैं।'

–कॉडेर्लोस डे लाक्लोस 'ऑन द एजुकेशन ऑफ विमेन', 1783

प्रेम को इतना विकृत कर दिया गया है कि कई मामलों में इसमें कुछ घृणा भी शामिल हो गई है। हद तक पहुँच गए मामलों में यह परपीड़न, तुनकमिजाजी और अपराधबोध से पैदा हुई घृणा और जुगुप्सा का रूप ले लेता है और स्त्रियों के शरीरों पर वीभत्स अपराध का प्रेरक बनता है, लेकिन ज्यादातर यह गाली-गलौज और फब्ती कसने तक ही सीमित रहता है और अनायास अनादर और मजाक में अभिव्यक्त होता है। अपनी-अपनी घरेलू परिस्थितियों में स्त्रियों द्वारा झेले गए अन्यायों की बात करने की जगह यह खंड उन कमोबेश सार्वजनिक अवसरों की बात उठाते हैं जिनमें पारस्परिक शोषण के जटिल प्रतिमान एक बहुत स्पष्ट संदर्भ प्रस्तुत करते हैं। नारीवादी साहित्य में कष्ट और पीड़ा के कई व्यक्तिपरक विवरण मिल जाएँगे, इसलिए दुर्दशा में समस्या को एक व्यापक पैमाने पर जाँचते हुए दिखाया गया है कि भावुक और विवाह मार्गदर्शन-सलाहकारों और जिसके वे प्रतिनिधि हैं उस तंत्र द्वारा तैयार रूपरेखा का अनुगमन करने पर भी स्त्रियों के प्रति पुरुषों की हिंसा के बराबर का पुरुषों पर स्त्रियों के आक्रमण का कोई नमूना नहीं दिखता लेकिन कड़वे, अलैंगिक संघर्ष में विद्वेष की कार्रवाई के ढेरों प्रमाण हैं। यह संघर्ष अक्सर एक तरह के खेल की तरह किए जाते हैं, यह एक ऐसी अनुष्ठानीकृत स्थिति है जिसमें असली मुद्दे कभी नहीं उभरते। इस अचेतन प्रतिशोधात्मकता के प्रतिरूप, इन मायनों में कि यह पुरुष को शत्रु की तरह परिलक्षित

करके उनसे प्रतियोगिता करने या उनका सामना करने या उन पर आक्रमण करने का प्रयास करते हैं, अधिक संगठित और मुखर स्त्री *विद्रोह* में हैं। जब यह आंदोलन पुरुषों से अपनी स्वतंत्रता *माँगते* हैं या स्वतंत्रता देने को मजबूर करते हैं तो यह स्त्री-पुरुष के अलगाव और अपनी निर्भरता को ही आगे बढ़ा रहे होते हैं।

क्रांति को उन कुछ छद्म संदर्भों को ठीक कर पाना चाहिए जिन्हें स्त्रीत्व, काम, प्रेम और समाज की हमारी पूर्वधारणाओं ने मिलकर गढ़ा है। यह ऊर्जा के पुनर्विस्तार का प्रस्ताव रखती है, दमन के लिए नहीं कामना, गति और सृजन के लिए ऊर्जा का उपयोग। काम को शक्तिशाली और शक्तिहीन, दबंग और दबैल, लैंगिक और अलिंगी, के बीच के व्यापार से बचाना होगा ताकि वह प्रभविष्णु, सौम्य, कोमल लोगों के बीच संवाद का एक स्वरूप बन पाए, यह इतरलिंगी संपर्क की मनाही से हासिल नहीं हो सकता। चरमपंथी नारीवाद को सर्वसत्तावान प्रशासक की आत्मवंचना का अनुमोदन करने से फौरन इंकार कर देना चाहिए, उस पर टूट पड़कर नहीं बल्कि खुद को उसकी अपेक्षाओं को पूरा करने की अभिलाषा से मुक्त करके। आशा की जा सकती है कि स्त्री-स्वातंत्र्य का प्रतिरोध पुरुषों की तरफ से होगा क्योंकि यह लैंगिक आत्मरति की नींव हिला देगा, लेकिन ऐसे संकेत हैं कि खुद पुरुषों को भी एक ज्यादा संतोषजनक भूमिका की तलाश है। अगर स्त्रियाँ खुद को मुक्त कर लेती हैं तो स्वाभाविक रूप से वे अपने दमनकर्ताओं को भी मुक्त कर लेंगी : पुरुष अलबत्ता यह महसूस कर सकते हैं कि यौन ऊर्जा के एकमात्र अभिभावकों और स्त्रियों और बच्चों के सार्वभौमिक रक्षकों की भूमिका निभा पाना असंभव है, खासकर अब, जब उनकी बेराह हुई ऊर्जा ने ब्रह्मास्त्र पैदा कर दिया है। पुरुष-वर्चस्व वाले क्षेत्रों में स्त्रियों को स्वीकार करके पुरुष पहले ही जिम्मेदारी बाँटने की इच्छा प्रकट कर चुके हैं, भले ही उनका निमंत्रण स्वीकार न किया गया हो। अब, जब इस निमंत्रण का अर्थ यह लगाया जा सकता है कि स्त्रियों को पुरुषों के तैयार किए कचरे की बाल्टी को ढोने में सहयोग करना है तो अगर स्त्रियाँ कूदकर इसके लिए तैयार नहीं हो गईं तो किसी को हैरानी नहीं होनी चाहिए। अगर स्त्रियाँ यह सोच पाएँ कि संस्कृति उनके उसमें पूरी तरह जुटने पर ही परिपक्व होगी तब शायद वे परिवर्तन और नए विकास की संभावना को लेकर ज्यादा आशावान हों। हो सकता है कि हम इस दौर में जिस आध्यात्मिक संकट से गुजर रहे हैं वह अकलदाढ़ का निकलना ही साबित हो।

क्रांति 'जो वह करेगी' उसकी एक झलक से ज्यादा कुछ नहीं है। इसमें इशारा है कि स्त्रियों को विवाह जैसे समाजस्वीकृत संबंधों में नहीं बँधना चाहिए और दुखद रूप से वे उसमें बँध ही जाएँ तो उससे निकल भागने में संकोच नहीं करना चाहिए। यह भी माना जा सकता है कि इसमें स्त्रियों को जान-बूझकर स्वच्छंदचारिणी होने का सुझाव दिया जा रहा है। निश्चित ही यह तो कहा ही जा रहा है कि उन्हें आत्मनिर्भर होना चाहिए और सचेत होकर विशिष्ट निर्भरताओं और बाकी तरह के उन्मादग्रस्त सहजीवनों को स्थापित करने से बचना चाहिए। इसमें दिए गए काफी सुझाव शुद्ध गैरजिम्मेदारी

ही हैं लेकिन जब जीवन और स्वतंत्रता दाँव पर लगे हों और जीने की इच्छा को पा लेना जरूरी शर्त हो तो गैरजिम्मेदारी अपेक्षाकृत एक छोटा जोखिम मानी जा सकती है। करीब सौ साल होने को आए जब नोरा ने हैल्मर से पूछा था, 'तुम क्या मानते हो, मेरा सबसे पवित्र कर्त्तव्य क्या है ?' और जब उसने कहा, 'अपने पति और बच्चों के प्रति तुम्हारा कर्त्तव्य,' तो वह असहमत हुई और बोली,

मेरा एक और कर्त्तव्य है, उतना ही पवित्र...अपने प्रति मेरा कर्त्तव्य...मैं मानती हूँ कि सबसे पहले मैं मनुष्य हूँ--उतनी ही जितने कि तुम हो...या हर सूरत में मैं वह बनने की कोशिश तो करूँगी ही। मैं अच्छी तरह जानती हूँ तोरवाल्ड, कि ज्यादातर लोग तुमसे सहमत होंगे, किताबों से तुम्हें इसका परवाना मिला है; लेकिन अब मैं ज्यादातर लोग जो कहते हैं और जो किताबों में लिखा है, उससे संतुष्ट नहीं रह पाऊँगी। मुझे चीजों पर खुद सोच-विचार करना होगा और उन्हें समझने की कोशिश करनी होगी।[2]

हमारा समाज सिर्फ उन्हीं संबंधों को मान्यता देता है और पूरी सुविधाओं के साथ प्रतिष्ठित करता है जो बाँधनेवाले, सहजीवी और आर्थिक रूप से निर्धारित हैं। वैधानिकता, सुरक्षा, स्थायित्व के स्वीकृत पुश्तों का सहारा लेते ही सबसे उदार, कोमल, स्वतःस्फूर्त संबंध गलकर स्वीकृत साँचे में ढल जाते हैं। विवाह कोई *नौकरी* नहीं हो सकता जैसाकि वह बन गया है। स्त्रियों की स्थिति को पुरुष को आकर्षित करके फँसा लेने के पैमाने पर नहीं आँका जाना चाहिए। वह स्त्री जो यह समझ जाती है कि हजारों महीन तारों ने उसे प्रशांति और प्रेम के छद्‌म के पीछे असमर्थता और घृणा की अभिवृत्तियों में जकड़ा हुआ है, उसके सामने, अगर उसे पूरी तरह भ्रष्ट नहीं हो जाना और बुझ नहीं जाना है तो, भाग निकलने के अलावा कोई चारा नहीं है। स्वतंत्रता बेहद डरानेवाली है, लेकिन आह्लादक भी है, चैतन्य की अपनी यात्रा पर निकल पड़ी नोराओं के लिए जीवन ज्यादा आसान या सुखद नहीं होता लेकिन ज्यादा रोचक बल्कि उदात्त जरूर होता है। ऐसी सलाह गैरजिम्मेदारी को प्रोत्साहित करना कही जाएगी, लेकिन जो स्त्री जीवन का एक ऐसा ढंग स्वीकार लेती है जिसे उसने समझ-बूझकर नहीं चुना, भवितव्य के रूप में प्रस्तुत सम्भाव्यताओं की एक शृंखला को जीती है, वह वास्तव में गैरजिम्मेदार है। अपनी खुद की नैतिक समझदारी को त्याग देना, मानवता के विरुद्ध अपराधों को झेलना, सब चीजें किसी दूसरे पर, पिता-शासक-सम्राट-कम्प्यूटर पर छोड़ देना ही एकमात्र गैरजिम्मेदारी है। जब परिणाम साफ दिखता और चर्तुदिक ठोस अव्यवस्था हो, ऐसे में यह मानने से इंकार करना कि गलती की गई है, *यह* गैरजिम्मेदारी है। दमन जो हम पर डालता है वह गैरजिम्मेदारी नहीं, अपराधबोध है।

क्रांतिकारी स्त्री को अपने दुश्मनों को पहचानना चाहिए। डॉक्टर, मनोवैज्ञानिक, हैल्थ विजिटर, पुरोहित, विवाह सलाहकार, पुलिसवाले, न्यायाधीश और भद्र सुधारक, चेतावनियाँ और सलाहें देते उसके चारों ओर मँडरानेवाले सत्तावादी और मतान्ध, उसे अपने मित्रों, अपनी बहनों को पहचानना चाहिए और उनकी आकृति में अपनी आकृति ढूँढ़नी चाहिए। उनके साथ वह सहयोग, सहानुभूति और प्रेम खोज सकती है। साध्य

साधनों को दोषमुक्त नहीं कर सकता : अगर वह पाती है कि उसकी क्रांतिकारी राह उसे सिर्फ और भी अनुशासन और निरंतर अज्ञान और परिणामतः कटुता और ह्रास की ओर ही ले जा रही है तो उसे न्यायसंगत सिद्ध करनेवाला उद्देश्य कितना भी जाज्वल्यमान क्यों न हो, उसे समझ लेना चाहिए कि राह गलत है और साध्य भ्रामक। जो संघर्ष आनंदपूर्ण न हो, वह गलत संघर्ष है। संघर्ष का आनंद सुखवाद और आमोद-प्रमोद में नहीं, उद्देश्य, उपलब्धि और सम्मान की उस भावना में है जो पीली पड़ चुकी ऊर्जा का पुनर्पल्लवन है। यही हैं जो उसे पोषित कर पाएँगे और ऊर्जा के प्रवाह को बनाए रखेंगे। समस्याएँ हैं तो संभावनाएँ भी उनसे कुछ कम नहीं हैं : गलती समझ ली जाए तो हर गलती की पापमुक्ति होती है। सिर्फ आत्यंतिक उपायों से ही वह ऐसे आनंद का अनुभव कर सकती है : उसकी कार्रवाई का जितना ही मजाक उड़ाया जाएगा और जितनी निंदा होगी उतनी ही आत्यंतिक कार्रवाई होगी।

राह अनजानी है, बिलकुल जैसे बधिया न की गई स्त्री का लिंग अनजाना है। हम जितना भी दूर तक देखें, वह, जो अंततः वांछनीय है उसकी बाह्य रेखाएँ समझ पाने के लिए काफी नहीं रहता। और, इसलिए कोई अंतिम रणनीति तैयार नहीं हो सकती। जहाँ हम खड़ी हैं वहाँ इतना जान लेना कि हम कूच को तैयार हैं, और इस कूच पर चलने के लिए साथी पा लेना; अपने आप में काफी है। स्वतंत्र स्त्री का पहला अभ्यास है विद्रोह का अपना तरीका, एक ऐसी पद्धति तैयार करना, जो उसकी अपनी स्वतंत्रता और मौलिकता को प्रतिबिंबित करे। उसकी समझदारी में दमन के रूप जितने साफ उभरेंगे उतनी ही स्पष्टता से वह भविष्य की कार्रवाई का आकार देख पाएगी, राजनैतिक चेतना की खोज में मुकाबला करना ही पड़ेगा, इसका कोई विकल्प नहीं है। स्त्रियों को आत्म-अस्वीकृति का एक और रूप, उत्कंठा और आशा की झलक के और अवसर, थमा देना बहुत आसान होता, लेकिन स्त्रियाँ धौंसपट्टी से उकता चुकी हैं। उन्हें तमाम संभव तरीकों से बेवकूफ बनाया जा चुका है और आखिर उन्हें मानना पड़ रहा है कि बाकी सबकी तरह उन्हें भी राह नहीं मिल पा रही। एक नारीवादी विशिष्ट वर्ग उन स्त्रियों को किसी दूसरी ही मनमानी दिशा में ले जाने का प्रयास कर सकता है, जो समझ नहीं पा रहीं। उन्हें एक ऐसे युद्ध के लिए कृत्यक बल के रूप में प्रशिक्षित कर सकता है जो शायद कभी न हो, जिसे कभी हो ही नहीं पाना चाहिए। अगर जमकर युद्ध हुआ तो स्त्रियाँ हार जाएँगी क्योंकि सुयोग्य व्यक्ति कभी नहीं जीतता। युयुत्सुता की जरूरत खत्म होने पर उसके परिणाम खत्म नहीं होते, स्वतंत्रता भंगुर है और उसकी रक्षा की जानी चाहिए। अस्थायी उपाय के तौर पर भी उसका बलिदान करना उसके साथ विश्वासघात है। यह स्त्रियों को, वे आगे क्या करें या करना चाहें, बताने का सवाल नहीं है। जिस आशा से यह पुस्तक लिखी गई थी वह यह है कि स्त्रियाँ खोज निकालेंगी कि उनकी एक इच्छा है; एक बार यह हो जाए तो वे हमें बता पाएँगी कि वे क्या और कैसे चाहती हैं।

हम में स्वतंत्रता का भय बहुत प्रबल है। हम उसे अव्यवस्था या अराजकता कहते

हैं, यह डरानेवाले शब्द हैं। हम एक-दूसरे को काटती सत्ताओं की सच्ची अव्यवस्था में जीते हैं, एक ऐसे युग में जहाँ समनुरूपण है, समुदाय नहीं है, जहाँ निकटता है, संचार नहीं है। हम अव्यवस्था से तभी डर सकते हैं जब हम यह कल्पना करें कि हम उससे परिचित नहीं हैं, लेकिन असल में तो हम उसे बहुत अच्छी तरह जानते हैं। ऐसा नहीं हो सकता कि स्त्रियों द्वारा स्वतःस्फूर्त रूप से अपनाई गई मुक्ति की तरकीब वैसे भीषण संघर्ष में पड़ेगी जैसाकि युद्धरत आत्महितों और विरोधी सिद्धांतों के बीच है, क्योंकि वे अपनेवाले के अलावा तमाम तंत्रों के सफाए के फेर में नहीं रहेंगी। वे कितनी भी विविध क्यों न हों, वे एकदम ही विसामंजस्यपूर्ण तो नहीं होंगी क्योंकि वे विजयकामी नहीं होंगी।

मुझे आशा है कि यह पुस्तक उच्छेदक होगी। मैं आशा करती हूँ कि समुदाय के सभी मुखर वर्ग इसकी कड़ी आलोचना करेंगे। पवित्र परिवार को नकारने, दिव्य मातृत्व की निंदा, और इस निष्कर्ष पर पहुँचने में कि स्त्रियाँ नैसर्गिक रूप से एकगामी नहीं हैं, परंपरागत नैतिकतावादी इन सबमें ऐसा बहुत कुछ पा लेंगे जो निंदनीय है। राजनैतिक अनुदारपंथियों को एतराज करना चाहिए कि प्रमुख व्ययकारिणी, गृहिणी द्वारा पालित उपभोग के प्रतिमानों को नष्ट करने की वकालत करके यह पुस्तक मंदी और कठिनाई को आमंत्रित कर रही है। ऐसा करके वे यह स्वीकार कर रहे होंगे कि अर्थतंत्र को बनाए रखने के लिए स्त्रियों का अवसादग्रस्त रहना जरूरी है, और सिर्फ इस बिंदु को अभिपुष्ट करेंगे। अगर मौजूदा आर्थिक ढाँचा ढहकर ही सुधरेगा तो इसे जल्द से जल्द ढह जाना चाहिए। वह राष्ट्र जो यह स्वीकार करने के बाद कि सभी मजदूर काम की उजरत पाने के सर्वथा योग्य हैं, 1.95 करोड़ कामगारों की उजरत नहीं देता, टिका नहीं रह पाएगा। अपने खुद के सिद्धांत के आध्यात्मिक आधार को भूलकर फ्रॉयडवादी आपत्ति उठाएँगे कि स्त्री के मानस के परंपरागत विवरण को एक तरफ करके स्त्री की एक ऐसी अवधारणा पर निर्भर होकर कि जिसके अस्तित्व का ही अता-पता नहीं है, यह पुस्तक कोरा अध्यात्म है। सुधारक रोना रोएँगे कि अपचार की वकालत से स्त्रीत्व की छवि सस्ती बन रही है जिससे कि स्त्रियाँ सत्ता के असली केंद्रों से और दूर खिंच रही हैं। कम्प्यूटर साम्राज्य में राजनैतिक शक्ति के केंद्र निर्वीयता के केंद्र बन चुके हैं लेकिन फिर भी, इस पुस्तक में ऐसा कुछ नहीं है जो राजनैतिक यंत्र के उपयोग को प्रतिबाधित करता हो, हालाँकि उस पर निर्भरता की मनाही हो सकती है। सबसे तीखी आलोचना हमारी वामपंथी बहनों—माओवादी, ट्रॉत्सकीवादी, आई एस और एसडीएस की तरफ से आएगी, मेरी इस कल्पना के कारण कि रणनीति और क्रांतिकारी अनुशासन के बिना ही क्रांति के पगों को फलाँगते हुए; किसी तरह स्वतंत्रता और साम्यवाद तक पहुँचा जा सकता है। लेकिन अगर स्त्रियाँ सच्ची सर्वहारा हैं, सचमुच ही दमित बहुसंख्यक हैं तो पूँजीवादी तंत्र से उनका समर्थन वापस ले लेने से क्रांति पास ही आएगी। मैं सर्वहारा का सबसे सम्मानित अस्त्र सुझा रही हूँ। श्रम को हटा लेना, फिर भी, यह तो साफ है कि मैं कारखाने को सभ्यता का असली हृदय और उद्योग में स्त्रियों के पुनर्प्रवेश को

मुक्ति की जरूरी शर्त नहीं मानती। जब तक काम और मनोरंजन और काम के इनाम की अवधारणाएँ पूरी तरह बदल नहीं जातीं, स्त्रियों को सस्ता श्रम उपलब्ध कराते रहना पड़ेगा, और उससे भी बढ़कर, एक ऐसे ठेकेदार के लिए मुफ्त में श्रम करना होगा जो अपने पक्ष में जीवन-भर के लिए हुए ठेके के आधार पर श्रम वसूलेगा।

यह पुस्तक जिज्ञासु स्त्री और संसार के बीच निरंतर चलते संवाद में एक कड़ी है। इसमें सवालों के जवाब नहीं दिए गए हैं लेकिन शायद कुछ सवाल पहले से कहीं ज्यादा सही ढंग से पूछे गए हैं। अगर इसका मजाक न उड़ा या निंदा न हुई तो यह अपने उद्देश्य में असफल रहेगी। अगर सफलतम स्त्री परजीवियों को यह आपत्तिजनक न लगे तो यह निरीह ही होगी। वे जो सहन कर सकती हैं, वह गौरव का भाव रखनेवाली किसी भी स्त्री के लिए असहनीय है। स्त्री-मताधिकार के विरोधियों का कहना था कि स्त्रियों की मुक्ति का अर्थ होगा विवाह, नैतिकता और राज्य का अंत; उनका अतिरेक उन उदारवादियों और मानवतावादियों की उलझी भलमनसाहत से कहीं स्पष्ट था जो यह मानते थे कि स्त्रियों को कुछ आजादी दे देने से कुछ नहीं बिगड़ेगा। स्त्री-मताधिकारवादियों की अनजाने में कोई फसल जब हम काटेंगे तो पाएँगे कि स्त्री-विरोधी आखिर सही थे।

देह

लिंग

यह सच है कि किसी भी व्यक्ति के शरीर की एक-एक कोशिका उसके लिंग को सत्यापित करती है। लेकिन हम नहीं जानते कि कोशिकाओं में उस अंतर का उनके कार्यकलापों पर क्या प्रभाव होता है। कोशिकाओं में परिलक्षित अंतर से हम उन कोशिकाओं से गठित ऊतकों में किसी महत्त्वपूर्ण अंतर की बात भी नहीं कर सकते। इस आधार पर उच्चता या निम्नता के बारे में किसी तरह की धारणाएँ बनाने का अर्थ है : जो सिद्ध नहीं हो रहा उसे मान लेना। शायद डीएनए को पढ़ना सीख लेने पर हम देख पाएँगे कि स्त्रीलिंग के सभी सदस्यों में निहित वह सूचना आखिर है क्या, लेकिन तब भी जीववैज्ञानिक आँकड़ों से व्यवहार तक, वह एक लंबा, थकाऊ तर्क होगा।

लिंग एक ध्रुवीयता और प्रकृति से एक द्विभाजन हैं : यह हमारे अवधारणात्मक उपकरण का एक मूलभूत अंग हैं। असल में यह एकदम झूठ है। प्राणी और वनस्पति जगत हमेशा ही दो लिंगों या दो लिंगों और विकृतियों और अनिश्चितलिंगियों की संभावना में नहीं बँटे रहते, कुछ सौभाग्यशाली जीव बारी-बारी से नर और मादा होते हैं; कुछ कवक (फफूँदियाँ) और एककोशीय प्राणियों के कई लिंग और उन्हें जोड़ने के कई तरीके होते हैं। लिंगों के बीच विभेदात्मकता इतनी सूक्ष्म हो सकती है कि लगभग दिखे ही नहीं, और इतनी बड़ी भी कि अरसे तक वैज्ञानिक इस तथ्य से अनजान रहें कि जिन्हें वे दो अलग-अलग प्रजातियाँ समझ रहे थे वह असल में एक ही प्रजाति के नर और मादा थे। नाजी नृतत्त्वशास्त्री मानते थे कि अधिक विकसित प्रजातियों में द्वितीयक लैंगिक अभिलक्षण अधिक विकसित होते हैं, प्रमाण के लिए वह दिखाते थे कि नीग्रो और एशियाई जातियों में द्वितीयक लक्षण आर्यों की अपेक्षा कम निश्चित होते हैं।[1]

वस्तुतः जीवन के कुछ सरल रूपों में लैंगिक अंतर मनुष्यों की अपेक्षा कहीं बढ़-चढ़कर हैं। लेकिन हम जिस पर गौर करते हैं वह यह कि मनुष्यों में लिंगों के विभेदन प्रतिबलित और अतिरंजित हैं, प्रक्रम को न्यायसंगत ठहराने से पहले हमें पूछना होगा—*क्यों* ?

अगर हम शरीर की कोशिका को इतना आवर्धित कर पाएँ कि हम गुणसूत्रों को करीब 2,000 गुना बड़ा करके देख पाएँ तो हम उस विभेदन को देख पाएँगे

जो मानवीय लिंग के लिए परमावश्यक है। पुरुष शरीर की कोशिका में पैंतालीस अन्य गुणसूत्रों के साथ एक नन्हा-सा गुणसूत्र है, Y गुणसूत्र। असल में यह लिंग गुणसूत्र बिलकुल नहीं है और अपने पार्थक्य के कारण इसकी कुछ अजीब ही समस्याएँ हैं।

गुणसूत्र में उत्परिवर्तन का परीक्षण अलग-अलग संयोजनों में ही दिया जा सकता है जब संकरण द्वारा उन्हें मुक्त रूप से वितरित किया जा सके, संकरण का निग्रह इस तरह परीक्षित किए जा रहे Y-रूप में उत्परिवर्तन को रोकता है। क्योंकि संकरण नहीं होता इसलिए Y में खंडों की अदला-बदली के द्वारा संरचनात्मक अदला-बदली नहीं हो सकती। इसलिए अपने विकास के दौरान Y गुणसूत्र लिंग-निर्धारण के मामले में अपनी प्रभाविता खो बैठेगा और इसकी जगह X के साथ क्रिया करने वाले ऑटोसोम्स ले लेंगे।[2]

ऑटोसोम्स वे गुणसूत्र हैं जो न X हैं, न Y; शरीर की कोशिकाओं में इनके तेईस जोड़े होते हैं। इनके साथ ही मिलनेवाली गुणसूत्रों की एक जोड़ी XX जो बिलकुल इन्हीं जैसी दिखती है लेकिन असल में लिंग का निर्धारण करती है, स्त्रीलिंग को सुनिश्चित करती है। पुरुष में ऑटोसोम्स के तेईस जोड़ों के अलावा XY गुणसूत्रों की एक जोड़ी होती है। Y गुणसूत्र की एक ऋणात्मक क्रिया है : जब Y वाला शुक्राणु एक अंडाणु को निषेचित करता है तो वह मादापन की उस मात्रा को कम कर देता है जिसके कारण मादा भ्रूण बनता। अपने नरत्व के साथ-साथ तब भ्रूण को कई ऐसी दुर्बलताएँ उत्तराधिकार में मिलती हैं जो यौन-संबद्ध कही जाती हैं क्योंकि वे सिर्फ Y गुणसूत्र पर मिलनेवाले जीनों के कारण होती हैं। हाइपर-ट्राइकॉसिस जैसे विचित्र विकार जिनमें बालों की बहुतायत, खासकर कानों पर, हाथों और पैरों पर, सींग जैसे कड़े घट्ठे, छाल जैसी चमड़ी और पाँव के पंजे बत्तख जैसे झिल्लीदार होते हैं, हीमोफीलिया से कम जाने-पहचाने हैं जो असल में X गुणसूत्र के एक ऐसे उत्परिवर्तनीय जीन का परिणाम हैं जिसे Y गुणसूत्र दबा नहीं पाता, इस कारण इस का संचरण स्त्रियों के माध्यम से होता है लेकिन प्रभावी यह पुरुषों में ही होता है। वर्णांधता भी इसी प्रतिमान पर चलती है। इसी कारण मनुष्य प्रजाति के नरों में करीब तीस रोग ऐसे पाए जाते हैं जो स्त्रियों में शायद ही कभी मिलते हों। स्त्रियों के शारीरिक

> **जहाँ स्त्री का झुकाव बालपन की ओर होता है, वहीं पुरुष का रुझान वार्धक्य और वृद्धता की तरफ होता है। पुरुष के भेदात्मक रुझान स्वयं को बौद्धिकता, पागलपने और बौड़मपने की अपेक्षाकृत ज्यादा मात्रा में प्रकट करते हैं; जबकि स्त्रियाँ सामान्य होने के ज्यादा करीब होती हैं।**
>
> **–डब्ल्यू.आई. थॉमस, 'सेक्स एंड सोसायटी', 1907, पृ. 51**

रूप से पुरुषों से मजबूत होने के बहुत से प्रमाण हैं, वे ज्यादा जीती हैं, और हर आयुवर्ग में मरनेवाले पुरुषों की संख्या स्त्रियों से ज्यादा होती है हालाँकि गर्भाधान के समय नर भ्रूणों की संख्या मादा भ्रूणों से दस से तीस प्रतिशत तक ज्यादा हो सकती है। अब तक

यह स्पष्ट नहीं हो सका है कि मादा पैदा करनेवाले शुक्राणुओं के बराबर ही नर पैदा करनेवाले शुक्राणुओं का उत्पादन होने पर भी नर भ्रूण ज्यादा क्यों बनते हैं। कहीं यह पुरुषों की अपेक्षाकृत अधिक भेद्यता (vulnerability) के लिए प्रकृति का मुआवजा तो नहीं ?[3]

हाल ही में अपराधशास्त्रियों ने Y गुणसूत्र के बारे में एक और घबरा देनेवाली टिप्पणी की है। उन्होंने पाया कि हिंसक अपराधों के दोषी कैदियों में XYY गुणसूत्र वाले पुरुषों का अनुपात बहुत ज्यादा था। इन लोगों में मिलनेवाला एक फालतू Y गुणसूत्र मानसिक क्षमता में कमी से भी जुड़ा लगता है।[4]

गुणसूत्र बस लैंगिक लक्षणों के विकास को ही नियत नहीं करते : यह प्रमुख अंतर को बनाते हैं, लेकिन विभिन्न शारीरिक लक्षणों के विकास में पूरा अंतःस्रावी तंत्र और विभिन्न हॉर्मोनों की अंतर्क्रिया शामिल होते हैं। स्त्रियों को विशेष रूप से अपने हॉर्मोनों के प्रति सचेत किया गया है क्योंकि गर्भनिरोधक गोली में कृत्रिम हॉर्मोन होते हैं। ऐसी धारणाओं को लोकप्रिय बनाते हुए हॉर्मोनों के क्रियाकलापों का वर्णन कुछ ज्यादा ही उथला किया गया। असल में तो हॉर्मोनों की गतिविधियों की पूरी शृंखला को अब भी एकदम सही-सही नहीं समझा जा सकता है। स्त्री हॉर्मोनों के नाजुक और बदलते संतुलन से छेड़छाड़ करते हुए चिकित्सकों को मानना पड़ा है कि उन्होंने अ-लैंगिक और अ-प्रजनन क्रियाकलापों में ऐसे फेरबदल किए हैं जिनकी उन्हें आशा नहीं थी। जीनों और गुणसूत्रों का आसान गणित समझा पाना ही खासा कठिन है : जब बात हॉर्मोनों के रसायनशास्त्र पर आती है तो प्रक्रमों को खोज पाना और भी जटिल हो जाता है। हम जानते हैं कि पुरुष हॉर्मोन, टेस्टोस्टीरॉन, पुरुष लैंगिक लक्षणों की वृद्धि करता है, और यह भी कि यह किसी तरह दूसरे पुरुष हॉर्मोन, एंड्रोजेन, से जुड़ा है जो पेशी, हड्डी और आँत की वृद्धि को प्रेरित करता है। पिट्यूटरी इंटरस्टिशियल सैल हॉर्मोन एंड्रोजेन के प्रवाह को नियंत्रित करता है, यह स्त्री हॉर्मोन, इस्ट्रोजेन, को भी नियंत्रित करता है जो एंड्रोजेन जैसा ही है। स्त्री और पुरुष दोनों के ही शरीर दोनों हॉर्मोनों का उत्पादन करते हैं; हम सिर्फ इतना ही जानते हैं कि अगर पुरुषों को इस्ट्रोजेन दिया जाए तो उनके द्वितीयक लैंगिक अभिलक्षण दब जाते हैं, स्त्रियों को एंड्रोजन देने पर भी यही होता है। कुछ कार्यकलापों के लिए इस्ट्रोजन को दूसरे स्त्री हॉर्मोन, प्रोजेस्टोरेन, की मदद चाहिए होती है। हमारे सभी स्रावों की पूरक और उत्प्रेरक प्रतिक्रियाएँ हैं : इनकी हर जाँच में नए नामों वाले नए रसायन सामने आते हैं। गर्भाधान रोकने के लिए औरतों पर हॉर्मोनों की बड़ी मात्रा में उल्टी-सीधी बमबारी के बाद भी जानकारों में उनके प्रति सम्मान और आश्चर्य का भाव देखने में आता है। सिर्फ गर्भाधान के लिए जरूरी क्रिया को ही रोकनेवाली गोली की तलाश अब भी जारी है, और जब तक वह मिल न जाए, स्त्रियों को आश्वस्त नहीं होना चाहिए।

बच्चे का लिंग गर्भाधान के समय ही तय हो जाता है क्योंकि हर शुक्राणु में एक

X और एक Y गुणसूत्र होता है और परिपक्व अंडाणु में एक X गुणसूत्र होता है। प्राथमिक अंतर विशिष्ट गुणसूत्र से आते हैं लेकिन लैंगिक लक्षणों का विकास गुणसूत्रों में उपस्थित विशेषीकृत रासायनिक पदार्थों से पनपता है। गर्भ के सातवें हफ्ते तक भ्रूण में लैंगिक रूप से विभेदक लक्षण नहीं दिखते, और जब लैंगिक विकास शुरू होता है तो दोनों ही लिंगों में उसके प्रतिमान आश्चर्यजनक रूप से समान होते हैं। शुरू में लिंग का मुंड और भग-शिश्न एक से ही दिखते हैं और नर और मादा दोनों में ही मूत्रमार्ग एक खाँच के रूप में विकसित होता है। जननांगी उभार से लड़कों में अंडकोश बनता है और लड़कियों में भगोष्ठ। इन सहधर्मी अंगों के ऊतकों का परीक्षण करने पर हम पाते हैं कि वह वास्तव में ही भिन्न हैं, हालाँकि स्त्रियों के शरीर में कुछ जगहों पर पुरुष ऊतकों जैसे ही ऊतक पाए जाते हैं।[5]

खुद प्रकृति भी हमेशा ही स्पष्ट नहीं होती। कभी-कभी कन्या शिशु का भगशिश्न ऐसा सुविकसित होता है कि उसे लड़का मान लिया जाता है, इसी तरह, कई बालक अविकसित होते हैं, या उनके जननांग विरूप या छिपे होते हैं, और उन्हें लड़की मान लिया जाता है।

कभी-कभी वे खुद पर लगे ठप्पे को स्वीकार करके खुद को गलत लिंग का दोषपूर्ण सदस्य मानकर विशेष संघर्ष के बाद भी उस लिंग का व्यवहार और मनोवृत्ति अपना लेते हैं। कुछ मामलों में किसी तरह की जननिक चेतना झंझट खड़ा करती है जिसके कारण जाँच-पड़ताल होती है और बच्चे का सही लिंग निर्धारित हो जाता है,[6] कुछ, जैसे बिना योनि के जन्मी बच्चियों को नपुंसक मान लिया जाता है जो कि गलत है। XXY गुणसूत्र संरचनावाले लोगों को अंडाशयविहीन स्त्रियाँ माना जाता है। इनमें से कुछ समस्याओं को कॉस्मेटिक सर्जरी से हल किया जाता है लेकिन अक्सर ही ऐसा होता है कि ऐसे ऑपरेशनों के पीछे सर्जनों के अजीब-अजीब उद्देश्य रहते हैं, जबकि शरीर की कोशिकाओं के ढाँचे की जाँच से पता चल जाएगा कि कोई जन्मजात दोष उपस्थित नहीं है। ज्यादातर समलैंगिकता समाज द्वारा निर्धारित अपनी लैंगिक भूमिका से तालमेल न बिठा पाने का परिणाम है और इसे जननिक या रोगात्मक नहीं माना जाना चाहिए, लेकिन *असामान्यता* की पूर्वग्रहयुक्त भाषा समलैंगिकों को ऐसी शब्दावली उपलब्ध नहीं कराती जिससे वे खुद पर लगे ठप्पे को रद्द कर सकें और यूँ उनके पास खुद को विकृत मानने के अलावा कोई चारा नहीं रह जाता।

शैशव से ही जिन 'सामान्य' लैंगिक भूमिकाओं को निभाना हम सीखते हैं वे किसी विपरीत वेषधारी के करतबों जितनी ही सामान्य हैं। सामान्य और वांछनीय माने जानेवाले आकारों और आचार-व्यवहार के अरीब-करीब पहुँचने के लिए स्त्री और पुरुष खुद को विरूप बनाते हैं और इस प्रक्रम को न्यायसंगत ठहराते हुए दोनों लिंगों के बीच के आनुवंशिक अंतर का तर्क देते हैं। लेकिन अड़तालीस गुणसूत्रों में से एक ही गुणसूत्र अलग है और इस अंतर को हम स्त्री और पुरुष के पूरे अलगाव का आधार बनाते हैं जैसे कि अड़तालीस के अड़तालीस गुणसूत्र अलग हों। फ्रांसीसी लोग कह सकते

हैं 'विवे ला डिफेरेंस' क्योंकि अंतर तो जीवन के सभी पक्षों में अनवरत रूप से पोसा जाता है। उस समझ-बूझकर प्रवृत्त विरूपता पर जैसी कि वह है, शरीर और उसकी हमारी अवधारणाओं में व्यक्त होती है, विचार करना सबसे सरल और स्पष्ट है, क्योंकि हम और जो भी हों या होने का स्वाँग भरते हों, हम अपने शरीर निश्चित ही हैं।

हड्डियाँ

हड्डियों के ढाँचे में कुल कितना लिंग होता है ? जब पुरातत्त्वविद दावे से कहते हैं कि यह जाँघ की हड्डी एक बीस साला औरत की ही है तो हम उनकी निश्चितता से प्रभावित होते हैं, यह निश्चितता और भी प्रभावशाली इसलिए है कि इस बयान के एक अंदाज-भर होने के नाते इसकी सच्चाई की जाँच कतई नहीं की जा सकती, ऐसे अंदाजे का आधार पुरातत्त्वविदों की औरतों के बारे में पूर्वधारणा ही होती है। वे कहना चाहते हैं कि यह हड्डी एकदम मादा है यानि इसे औरत की हड्डी ही होना चाहिए। क्योंकि अपने समाज में प्रचलित स्त्रीत्व की रूढ़ धारणा से बच पाना कठिन है, इसलिए आरोपण में अजीब-अजीब गलतियाँ की जाती रही हैं और की जा रही हैं।

हम लोगों में हड्डियों के ढाँचे को स्थिर मानने की प्रवृत्ति है; मांस-चमड़ी-केश के छीज जाने पर भी यह बना रहता है इसलिए यह किसी किस्म का सार होना चाहिए जिस पर ऊपरी अनुकूलन के निशान पड़ते ही नहीं। तथ्य यह है कि कई प्रभाव इसे विकृत कर सकते हैं। इनमें से पहला है पेशीय दबाव। मर्द, औरतों की तुलना में कहीं ज्यादा सक्रिय होते हैं इसलिए उनकी हड्डियों पर पेशीय खाँचे ज्यादा स्पष्ट होते हैं। अगर पेशियों पर बाँधने या छीज जाने या लगातार पड़नेवाले प्रतिसंतुलित न किए जा रहे बाहरी दबाव से दबाव पड़ रहा हो तो हड्डियाँ टेढ़ी-मेढ़ी हो सकती हैं। उनके द्वारा किया जा रहा काम और उनके विकास के दिनों का पोषण पुरुषों के शरीर को बदलता है, यही घटक स्त्रियों के शरीर को भी बदलते हैं, लेकिन इसके अलावा स्त्रियाँ फैशन और सैक्स अपील के आदेशों को भी इन प्रभावों में जोड़ लेती हैं। स्त्रियों के आकर्षण के इतिहास में कंधे की स्वीकृत मुद्रा में बहुत बदलाव आए हैं—ढलके हुए या सीधे, आगे को झुके या पीछे खिंचे, और इन्हें पोशाक और कॉर्सेटिंग (फीतों से कसा जाना) से सहारा दिया गया जिससे कि एक कृत्रिम मुद्रा को सँभालती पेशियों के दबाव ने हड्डियों के नाजुक संतुलन को बदला है। जूते इन अप्राकृतिक दबावों को बढ़ाते हैं; ऊँची एड़ी का जूता जाँघ और उरु-प्रदेश की पेशियों के पारस्परिक संतुलन को बदलकर रीढ़ को एक ऐसे कोण पर मोड़ता है जिसे कई लोग आज भी आकर्षण के लिए जरूरी मानते हैं। मेरी माँ से नानी का मुझे कॉर्सेट में कसने की गुजारिश करना मैं भूली नहीं हूँ, मेरी किशोर देह का अटपटापन नानी को भद्दा लगता था, उन्हें यह डर भी था कि मेरी रीढ़ मेरी लंबाई को सँभाल पाने लायक मजबूत नहीं है। अगर तेरह बरस की उम्र में

मुझे कॉर्सेट में कस दिया गया होता तो मेरा पिंजरा दूसरी तरह ढला होता और मेरे उरु-प्रदेश पर पड़नेवाले दबाव ने उसे फैला दिया होता। आजकल कॉर्सेट को पसंद नहीं किया जाता लेकिन बहुत-सी स्त्रियाँ *सहारा* देने और पेट को नियंत्रित करनेवाली पेटी को फेंकने की बात सोच भी नहीं सकतीं। टाइट्स (चुस्त पाजामेनुमा पैंट) तक चुस्त हैं और पहननेवालों में अजीबोगरीब परेशानियाँ पैदा करते हैं। टाइपिस्टों और सेल्सगर्लों की झुकी-सी मुद्रा के हड्डियों के ढाँचे पर अलग ही प्रभाव पड़ते हैं।

ज्यादातर लोग यह बात समझते हैं कि हाथ-पैरों का विकास बढ़ते बच्चे की शारीरिक कसरत से प्रभावित होता है। उनके विशाल कंधों और नन्हें कूल्हों की तरफ ध्यान दिलाकर मेरी माँ हमें ऑस्ट्रेलिया की प्रसिद्ध तैराकों का अनुकरण करने से हतोत्साहित करती थीं, उनका विश्वास था कि ऐसा उनके कड़े प्रशिक्षण की वजह से ही हुआ है। सब लोग इस बात पर सहमत हैं कि बच्चियों और बच्चों के लिए शारीरिक शिक्षण के कार्यक्रम अलग-अलग होने चाहिए। लेकिन यह कोई नहीं मानता कि इस अंतर के पीछे बड़ी हद तक यह निश्चित धारणा काम करती है कि बच्चियाँ बच्चों जैसी नहीं दिखनी चाहिए। यूरिद्मिक्स (लयबद्ध कसरत) करती बच्चियाँ कितनी प्यारी लगती हैं और कसरत करते बच्चे एकदम मर्दाना ![1] हड्डियों के ढाँचों को पुरुष या स्त्री का मानते हुए यही धारणाएँ काम कर रही होती हैं : छोटे हाथोंवाला ढाँचा स्त्री का *होना* चाहिए, छोटे-छोटे पैर भी जनाना होते हैं, लेकिन तथ्य यह है कि स्त्री और पुरुष दोनों में ही असमानुपात हो सकता है।

चिकित्साशास्त्र के छात्र शरीर रचना-शास्त्र का अध्ययन पुरुष नमूने के आधार पर करते हैं, सिर्फ प्रजनन संस्थान के बारे में जानकारी के लिए वे स्त्री नमूनों को देखते हैं। वे सीखते हैं कि *नियमतः* स्त्री का ढाँचा हलका और छोटा होता है और उसकी हड्डियों की बनावट पुरुष की तुलना में बच्चों जैसी होती है। यह बच्चों जैसा होने की बात स्त्री के पूरे शरीर के बारे में ही कही जाती है, कि वह बालाकारी है जबकि पुरुष का शरीर वयप्राप्त या वृद्धाकारी है। यह वर्णन, स्त्री के विकास में किसी दोष को इंगित करने के बजाय ज्यादा लचीलेपन ओर स्थिति के अनुरूप ढलने की क्षमता के रूप में विकासात्मक बढ़त को प्रदर्शित करता है। ढाँचे के आकार से हम शारीरिक शक्ति या मानसिक क्षमता के बारे में कोई भी धारणा नहीं बना सकते।[2]

बच्चों जैसे और वयप्राप्त प्रकारों के अंतरों को बढ़ा-चढ़ाकर नहीं बखाना जाना चाहिए : असल में तो असामान्यता से एकदम मुक्त बहुत से क्रियात्मक विभेद संभव हैं। ऐसा वर्गीकरण प्रवृत्ति को पहचानने के प्रयास का ही संकेत देता है। पुरुषों और स्त्रियों के प्राप्तव्य की असमानता को न्यायसंगत ठहराने के लिए अंतरों की तलाश में हमने सामान्य अंतरों को ही बढ़ा-चढ़ाकर नहीं बताया है बल्कि ऐसे-ऐसे अंतरों का आविष्कार किया है जिनका अस्तित्व है ही नहीं, जैसेकि वह फालतू पसली जो कई लोग अब भी मानते हैं कि औरतों में पाई जाती है। ऐसा मान लिया गया है कि स्त्री की श्रोणि, लिंगों के अस्थिपंजर में सबसे स्पष्ट अंतर का केंद्र, पुरुष की श्रोणि से बहुत

अलग है। असल में अंतर सिर्फ तुलनात्मक आयामों और झुकाव के कोण का है : आधारभूत डिजाइन एक ही है।[3] खाती-पीती, असक्रिय स्त्रियों में मेहनत-मशक्कत करनेवाली या कुपोषित स्त्रियों की तुलना में बड़ी श्रोणि पाई जाने की प्रवृत्ति मिलती है और उनमें पाए जानेवाले काम-अंतर को ऐसे प्रभाव बढ़ाते हैं जिनका संबंध जीवविज्ञान से कम और काम के समाजशास्त्र से ज्यादा होता है।[4] कम चौड़ी श्रोणि के कारण बच्चे के जन्म में दिक्कत होती है, यह पूर्वग्रह आधारहीन है; विरूपता छोटेपन से हो या बड़े होने से, यह श्रोणि के तंत्रों की दक्षता को प्रभावित करेगी ही। ज्यादातर लोग लिंग का निर्धारण पुरातत्त्वविदों की तरह नहीं करते; जब यौनांग छिपे हों तो लिंग ऊपरी लक्षणों से दिखता है, लेकिन गोलाइयाँ तक उन्हें झेलती, उन्हें बाहर को उभारतीं, उन्हें हिलातीं-डुलातीं अनदेखी, धीरज-भरी हड्डियों पर असर डालती हैं। सलामत रहें ये हड्डियाँ !

गोलाइयाँ

किसी खूबसूरत औरत का वर्णन करते हजरत जाने-महफिल अपने दोनों हाथों को हवा में लहराकर खीसें निपोरते हैं। कटाव यौन-शब्दावली से कुछ इस तरह जुड़े हैं कि कई लोग यातायात संकेतों तक को देखकर खँखारे-मठारे बिना नहीं रहते। फैशन उद्योग के तमाम उद्यमों के बावजूद मानवी मादा का लोकप्रिय बिंब छाती-कूल्हा प्रधान ही है—वर्तुलाकारों और उभारों की एक मरीचिका।

सामान्य रूप से ऐसा माना जाता है कि स्त्री-शरीर चर्बी से ढँका है ताकि वह गुलगुथना दिखे, इस ज़नफरोशी में प्रकृति और ह्यू हैफ्नर ('प्लेबॉय' सहित कई पत्रिकाओं के मालिक, प्रख्यात पोर्नोद्यगपति) दोनों ही कुटनियाँ हैं। यह सच है कि स्त्रियाँ पुरुषों से कहीं कम और हलके कपड़े पहनती हैं लेकिन यह तय करना आसान नहीं है कि चर्बी की तह ऐसे खुले अंगों को गर्म बनाए रखने की जरूरत का परिणाम है या पहले से ही मौजूद थी। धड़ के निचले हिस्से को कपड़ों में लपेटे रहने की पुरुषों की आदत का परिणाम पेशी और ऊतक का छीजना रहा है जिसके कारण किसी भी ब्रिटिश समुद्र-तट पर मुर्गे जैसी टाँगें बहुतायत से दिखती हैं।[1] स्त्रियों की तरह पुरुषों की चमड़ी के नीचे भी चर्बी होती है लेकिन स्त्रियों के शरीरों में कुछ खास जगहों पर ज्यादा चर्बी जमा होती है। मोटे लोगों में सबसे ज्यादा चर्बी चमड़ी के एकदम नीचे की पर्त में जमा होती है : स्त्रियों में चमड़ी के नीचे चर्बी की तह होने के छद्म-तथ्य का मतलब है कि स्त्रियों को पुरुषों से मोटा होना चाहिए। ऐतिहासिक रूप से हम देख सकते हैं कि सभी दमित निष्क्रिय लोग मोटे रहे हैं, कि हिजड़ों में थुलथुल हो जाने की प्रवृत्ति होती है, इसलिए हमें यह देखकर हैरान नहीं होना चाहिए कि पुरुष गुलगुथनी स्त्रियों को ज्यादा पसंद करते चले आ रहे हैं।[2]

सबसे ज्यादा पसंद की जानेवाली गोलाई वक्ष की है। छाती का आधार बनानेवाली ग्रंथि एक उत्तल ढाँचा है जो दूसरी पसली से छठी पसली तक फैला है। उसके आसपास जमा होकर छातियों के बीच का दर्रा बनानेवाली चर्बी अपने आप में कोई यौन लक्षण नहीं है; ऐसे मामलों में जहाँ बड़ी छातियोंवाली स्त्री के शरीर पर और जगह चर्बी नहीं दिखती, शरारत हॉर्मोनों की होती है। छातियों पर दिया जानेवाला ध्यान और छातियों के मुरीद जो सचमुच चाहते हैं, उसे लेकर होनेवाली उलझन, ये दोनों मिलकर स्त्रियों को कुछ ज्यादा ही परेशान करते हैं। वे एकदम ठीक तो कभी हो नहीं सकतीं; वे हमेशा

ही या तो बहुत छोटी होंगी, या बहुत बड़ी, गलत आकार की या बहुत ही पिलपिली। स्तनीय रूढ़छवि के लक्षणों को अपना पाना असंभव है क्योंकि यह बनावटी हैं, लेकिन इनकी नकल किसी न किसी तरह की ही जानी चाहिए। सच्चाई या तो थुलथुल है या मरघिल्ली।

> **प्रकृति का गढ़ा सुंदरतम वक्ष भी उतना सुंदर नहीं होता जितना कि कल्पना का गढ़ा वक्ष होता है।**
> **–ग्रेगरी, 'ए फादर्स लीगेसी टु हिज डॉटर्स', 1809, पृ. 64**

भरी-पूरी छातियाँ असल में स्त्री के गले में लटका फाँसी का फंदा हैं : ये उसे उन पुरुषों की निगाह में चढ़ा देती हैं जो उसे अपनी रबड़ की गुड़िया बनाना चाहते हैं, लेकिन उसे यह सोचने की छूट हर्गिज नहीं दी जाती कि उनकी फटी पड़ती आँखें सचमुच उसे ही देखती हैं। छातियों की तारीफ तभी तक है जब तक कि उनके असली काम की निशानियाँ नहीं दिखाई देतीं : रंग गहरा हो जाने, खिंचने या सूख जाने पर वे वितृष्णा उपजाती हैं। वे एक व्यक्ति के अंग नहीं, आटे की तरह गूँधे और मरोड़े जाने या चुसनी की तरह मुँह में भरे जाने के लिए उसके गले में लटके प्रलोभन हैं। इस तरह के जहालत-भरे बर्ताव से बाहर आने का एक ही उपाय स्त्रियों के पास है और वह यह कि वे ऐसी चोलियाँ पहनना बंद कर दें जो गुब्बारे जैसी छातियों की कल्पना को आगे बढ़ाए चली जाती हैं, ताकि पुरुष असली चीज की विविधता को स्वीकार करें। हाल ही में कुचाग्र पर जो कि लोकप्रिय पोर्नोग्राफी की छाती से सिरे से गायब था, ध्यान दिए जाने की जो प्रवृत्ति उभरी है वह स्त्रियों के हित में है क्योंकि कुचाग्र अभिव्यक्तिशील और प्रतिक्रियाशील है। स्त्री-स्वातंत्र्य की घोंघाचाल ने कुछ छातियाँ को फोम और तारों के वर्चस्व से मुक्त किया है। इसी दिशा में प्रगति बनाएँ रखने का एक उपाय पुरुषों को यह याद दिलाना हो सकता है कि उनके कुचाग्र भी संवेदनशील हैं।

छाती के बाद नंबर आता है कमर के कटाव का। छाती और कूल्हे के उभारों को बढ़ा-चढ़ाकर दिखाने के लिए कमर कसी जाती है : यह स्वाभाविक घटना तो करीब-करीब नहीं ही है। उन तमाम युगों में जब कमर के कटाव बनाने के लिए स्त्रियाँ का विशेष उपकरण पहनना परमावश्यक था, कमर करीब-करीब उसी तरह अस्तित्व में आई जैसे कि पीतल के छल्लों के ढेर सचमुच बांतू महिलाओं की गर्दनें लंबी कर देते हैं। उन्नीसवीं सदी की सुंदरियाँ तो अपनी सबसे नीचे की पसलियाँ तक निकलवा देती थीं ताकि वे अपनी कॉर्सेट को और कस सकें। न्यूगिनी के एक कबीले में पुरुषों और स्त्रियों, दोनों की ही कमरों पर कसी हुई पेटियाँ बाँधी जाती हैं, इससे कमर के ऊपर और नीचे के मांस में सूजन आ जाती है, नतीजा यह कि पुरुष भी क्षीणकटि के स्वामी होते हैं। अगर हम एक गोलाकार पिंड पर कसी कॉर्सेटों के लादे जाने को मार्गदर्शक के रूप में लें तो हम मान सकते हैं कि पतली कमर की कद्र मुख्यतः स्त्री की काया की भंगुरता के बिंदु के रूप में होती है, वह परपीड़क कल्पनाओं को संतुष्ट करती है।[3]

हालाँकि हाल ही में केनेथ टाइनन ने एक गर्ली पत्रिका के लिए एक कद्रदानी-भरा लेख लिखा है, फिर भी हमारी संस्कृति में कूल्हों के प्रति आसक्ति अपेक्षाकृत कम ही दिखती है।[4] कुछ हलकी पोर्नोग्राफी पत्रिकाओं में कूल्हों को उभारनेवाली गद्‌दीदार पेटियों के विज्ञापन अब भी छपते हैं लेकिन हमारे दादा-नानाओं को गुदगुदानेवाली पृथुल जाँघें और विराट कूल्हे गए जमानों की बात बन चुके हैं।[5] अब तो चुस्त पैंटों में दिखते छोकरों जैसे कसे कूल्हे सबसे ज्यादा आकर्षक माने जाते हैं। अपने पश्चभाग को लेकर संकोच से भरी लड़कियाँ अक्सर लंबे केपों और ट्यूनिकों में लिपटी रहती हैं लेकिन इसका कारण उनके नितंबों का भारी होना ही होता है, छोटे कूल्होंवाली लड़कियाँ ऐसा बहुत ही कम करती हैं।

लैंगिक पसंद में भी एक तरह का वर्गभेद दिखता है, कामगार वर्ग की दिलरुबा अब भी गद्‌दर गोलाइयों से भरी होती है लेकिन फैशनेबल मध्यवर्ग की श्रद्धा छरहरे, बल्कि पतलेपन में है। दोनों ही स्थितियाँ स्त्रियों से अपने शरीरों की रूपरेखाओं को दूसरों के नयनसुख के लिए ढालने की माँग करती हैं। स्त्रियाँ असुरक्षा से इतनी त्रस्त हैं कि वे इस माँग पर खरा उतरने के लिए लगातार अपना नाप लेती रहती हैं, दुबली से दुबली स्त्रियाँ या तो किसी कल्पित भारीपन की वजह से डाईटिंग करती हैं या इस वजह से भन्नाई रहती हैं कि उनका शरीर उभारों से भरा नहीं है ! जबर्दस्त उभारोंवाली स्त्रियाँ या तो अपने उभारों के थुलथुलपन को लेकर परेशान रहती हैं या उन्हें खोने के लिए डाइटिंग करती हैं। उभारोंवाली लड़की, जिसे दुबली होना चाहिए था और दुबली लड़की जिसके शरीर में कुछ उभार दिखने चाहिए थे, की लक्ष्यसिद्धि के लिए कमोबेश खतरनाक दवाएँ प्रस्तुत की जाती हैं। दोनों ही मामलों में स्त्री खुद को खरीदारों के बाजार के लिए तैयार कर रही है; उसका सबसे कठोर खरीदार शायद उसका पति ही होता है जो उसके लिए अपनी कामना और उस पर गर्व करने की जरूरी शर्त के तौर पर उसके स्वीकृत छवि के आसपास पहुँचने पर ज़ोर देता रहता है।

हर मनुष्य-देह का अपना एक आदर्श वजन और आकार होता है जिसे सिर्फ स्वास्थ्य और दक्षता ही नियत कर पाते हैं। स्त्रियों के शरीरों से निष्क्रिय सुंदर वस्तुओं की तरह पेश आकर हम स्त्री और उसके शरीर, दोनों को विकृत कर देते हैं। स्त्री-शरीर पर जड़े हुए कटाव चाहे पीनपयोधरधारिणी के उत्फुल्ल भँवर हों या आर्ट नूवो के कुंडल/वर्तुल, वे गतिशील व्यष्टि देह का विकृतीकरण और स्त्री होने की संभावनाओं का सीमितीकरण हैं।

केश

रविवारी अखबार में यह पूछनेवाला लड़का कि उसके हेडमास्टर उस भूरी चीज से क्यों परेशान हैं जो उसकी गर्दन से होकर कॉलर तक पहुँचती है, नितांत निष्कपट नहीं था। जब हमारी पीढ़ी के पुरुषों ने अपने केश बढ़ाने शुरू किए तो जैसाकि उन्होंने बाद में कहने की कोशिश की, यह भी निरुद्देश्य नहीं था। उनके केश निशानी थे इस बात की कि वे छोटे छँटे केशोंवाले अपने नौकरशाह बापों की पीढ़ी की नैतिकता को स्वीकार नहीं करते। अपने केश बढ़ाकर उन्होंने केशों की लैंगिक भूमिका के बारे में कुछ विचित्र विश्वासों का पटरा कर दिया। क्योंकि कई युवकों की ऐसी घनी लंबी घुँघराली अलकें थीं कि उनकी बहनों के दिल तरसकर रह गए। यह पुराना विश्वास कि स्त्रियों की लटें पुरुषों से ज्यादा घनी और लंबी होती हैं, बड़ी दर्दनाक मौत मरा।[1] लंबे केशोंवाले पुरुषों को अजूबा और विकृतमना कहा गया और बिगड़े संतुलन को फिर से स्थापित करने के लिए स्त्रियों को बाजार से खरीदे जटाजूट का सहारा लेना पड़ा। वे एक ओर सिर पर जटाजूट के स्तूप बना रही थीं और पलकों पर नकली बरौनियों की झालरें चिपका रही थीं तो दूसरी तरफ वे अपनी बग़लों-बाँहों और पैरों का एक-एक बाल उखाड़ रहे थे। गर्मी के मौसम में जब ये अजूबे बनियानें पहनकर पार्कों और बगीचों में निकले तो उन्होंने पाया कि उनमें से कई की बाँहें और सीने एकदम चिकने थे और उनकी दाढ़ियाँ भी हलकी थीं; बजाय यह समझ जाने के कि इससे केशों से भरे सीने की मर्दानगी के बारे में क्या साबित होता है, उन्होंने इसे इन पुरुषों के पतित होने का प्रमाण माना। कुछ ही बरस पहले हेमिंग्वे की छाती पर नर्म बाल होने का आरोप लगाकर एडमन्ड विल्सन उनके पौरुष में कमी का इशारा दे सकते थे।

सच्चाई यह है कि कुछ पुरुष लोमश होते हैं और कुछ नहीं होते, कुछ स्त्रियाँ लोमश होती हैं और कुछ नहीं होतीं, अलग-अलग जातियों में शरीर पर केशों की अवस्थिति अलग-अलग ढंग से होती है। सबसे ऊर्जस्वी प्राणी, 'बक' (पाठा) नीग्रो की देह पर तो बहुत ही कम केश होते हैं। साँवली चमड़ीवाली कुछ कॉकेशियन स्त्रियों की जाँघों, पिंडलियों, बाँहों और गालों तक पर घने काले रोम होते हैं; रोमों को हटाना पीड़ाजनक और समय लेनेवाला काम है, फिर भी स्त्रियों को जितने ही ज्यादा कपड़े उतारने दिए जाते हैं उसे उतने रोम भी उतारने होंगे।

केशलुंचन का तर्क बहुत भोंडा है। यह साफ दिखते हुए भी कि मनुष्य सबसे

अधिक यौन-सक्रिय प्राणी है और एकमात्र ऐसा प्राणी है जो नैसर्गिक प्रजनन-प्रेरणा से मुक्त होकर कामरत होता है, ऐसा माना जाता है कि लैंगिकता जानवरों का लक्षण है। लोकप्रिय कल्पना में लोमशता पशुचर्म की समानांतर है, जानवरपने की एक सूचक और इसलिए आक्रामक लैंगिकता की निशानी। पुरुष इसे खुद में पैदा करते हैं, बिलकुल ऐसे जैसे उन्हें प्रतियोगिता और आक्रामकता की भावनाएँ विकसित करने के लिए प्रोत्साहित किया जाता है; स्त्रियाँ इसे दबाती हैं, उसी तरह जैसे वे अपने ओज (vigour) और कामेच्छा (libido) के सभी पक्षों को दबाती हैं। अगर अपने शरीर के रोमों से वे खुद काफी नफरत नहीं करतीं तो दूसरे उन्हें अपने रोम नोच फेंकने को कह देंगे। हद तक पहुँचे हुए मामलों में स्त्रियाँ अपने श्रोणि-प्रदेश के रोम उड़ा देती हैं ताकि वे और भी यौनविहीन और शिशु-समान दिखें। वैसे तो एक पक्ष यह भी है कि अगर फ्रॉयड तक श्रोणि- प्रदेश के रोमों को किसी किस्म की शरीरवैज्ञानिक लज्जा की दी हुई चिलमन मान सकता है तो श्रोणि-प्रदेश के केशलुंचन को एक विद्रोह की तरह देखा जा सकता है। स्त्री के शरीर की तमाम गंधों को गायब कर देने के प्रयास भी इसी कल्पित प्राणीयता के दमन का हिस्सा हैं। आजकल पसीने और साँस की गंध को मिटाना ही काफी नहीं रह गया है, औरतों की हर पत्रिका उन्हें योनि की गंध की भयानकता को लेकर चेताती है, जिसे बहुत ही वितृष्णाजनक माना जाता है। जो पुरुष अपनी स्त्रियों को रोमहीन और गंधहीन नहीं बनाया जाना चाहते वे अपने शरीर को लेकर स्त्रियों की बेदिली के सामने असहाय हैं। दूसरी ओर कुछ पुरुष प्यारे-दुलारेपन को रद्द करने की अपनी ऊर्जस्विता के चलते लोमशता और गंधाते रहने में गर्व का अनुभव करते हैं। अधकमाए बकरे के चमड़े और जनाना खिलौने की छिली-चिकनी-गंधहीन देह के बीच एक मध्यमार्ग है साफ-सुथरी, पाली-पोसी गई देह—वह स्त्री की हो या पुरुष की।

काम

स्त्री के यौनांग रहस्य के आवरण में लिपटे हैं।

माना जाता है कि उनमें से ज्यादातर आंतरिक और छिपे हुए हैं, लेकिन बाह्य यौनांग भी कुछ संदिग्ध ही हैं। सवाल पूछने पर भाग्यशालिनी बच्चियों को उनकी माँएँ यौन उपकरण के रेखाचित्र उपलब्ध कराती हैं जिनमें डिंबवाहिनी नलिकाओं और डिम्बकोशों को तो प्रमुखता से दिखाया जाता है लेकिन आनंद देनेवाले अंग दबे-ढंके से ही रहते हैं। खुद मुझे ही, जब तक मैंने अठारहवीं सदी की शरीर-रचनाशास्त्र की पाठ्यपुस्तक में एक बहुत ही सावधानी से उकेरा हुआ चित्र नहीं देखा, यह पता नहीं था कि मेरी योनि के ऊतक एकदम सामान्य हैं।[1] बच्ची को अपने जननांगों को ढूँढ़ने या जिनसे जननांग बने हैं उन ऊतकों को पहचानने या स्नेहन या उद्धर्षण के तंत्र को समझ पाने के लिए प्रोत्साहित नहीं किया जाता। ऐसा विचार ही घृणास्पद है, इस विचित्र संकोच के कारण जो कि डॉक्टर के क्लिनिक तक में फैला है जहाँ डॉक्टर युवतियों की जाँच करने और जाँच के परिणामों के बारे में विस्तार से बोलने से कतराता है, स्त्रियों का कामोत्ताप एक कर्त्तव्य की गरिमा पाने के साथ ही एक अधिकाधिक प्रगाढ़ रहस्य बनता गया है। उसकी प्रकृति के बारे में बड़े अतीन्द्रिय किस्म के अंदाज लगाए जाते हैं। स्त्रियों के बारे में बरसों पहले गलत साबित हो चुकी कई किस्म की भ्रांतियाँ आज भी प्रचलित हैं। कई पुरुषों को स्त्रियों के स्खलन की धारणा को छोड़ने से इंकार है। इस धारणा का एक लंबा और सम्माननीय इतिहास है, लेकिन यह कोरी कल्पना ही है।

स्त्री-जननांगों को लेकर जो संकोच दिखता है उसमें से कुछ तो गहरी अरुचि के कारण है। सबसे बुरी गाली जो किसी को दी जा सकती है वह कंट (योनि) है। योनि छोटी और संकोची ही भली : जितनी चिंता लिंग के बड़े आकार को लेकर की जाती है, योनि के छोटेपन को लेकर भी उतनी ही चिंता की जाती है। कोई भी स्त्री नहीं चाहेगी कि उसकी योनि बहुत बड़ी हो : वह आशा करती है कि वह चिपचिपी-पनीली और बदबूदार न हो, और सार्वजनिक शिष्टाचार के हित में वह अपने रजःप्रवाह के सभी निशानों को मिटा देती है। स्त्रियाँ सदा ही ऐसी अल्पभाषिणी नहीं थीं, लोकगीतों में हमें स्त्रियों के अपने जननांगों के गर्वपूर्ण वर्णन के सुंदर उदाहरण मिलते हैं। इस छबीली को देखिए जो एक डरपोक दर्जी को अपने झालरदार बटुए का नाप न लेने पर लताड़ रही है :

बटुआ है यह इतना गहरा
पा न सके तू इसकी थाह[2]

एक और वर्णन देखिए :

मेरी ऐसी सुंदर डिबिया
जैसी कभी न देखी होय
इसमें फटका कभी न रोग
घुटने से कुछ ऊपर को...
ऐसी जोरदार डिबिया
तूने कहाँ से देखी होय
तू जो रुपया दे हजार
तो भी कभी न दूँ मैं तोय[3]

शुरू में स्त्री-रोगशास्त्र पूरी तरह पुरुषों के हाथ में था, सैमुअल कॉलिन्स जैसे कुछ लोगों ने योनि का वर्णन इतने प्यार से किया है कि कोई भी स्त्री उसे पढ़कर खुशी से झूम उठती। यह और बात है कि ये पुस्तकें स्त्रियों के लिए नहीं लिखी गई थीं। वह योनि को रतिमंदिर और भगशिश्न को रतितोषक कहता है, लेकिन स्त्री के उद्धर्षण का वर्णन करते हुए वह प्रियोक्तियों को ताक पर रख देता है :

...परियाँ...फैलकर लिंग को दबाती हैं और यूँ रति के प्रति अपनी प्रसन्नता व्यक्त करती हैं...रक्तवाहिकाओं का काम है भगशिश्न में जीवन-मदिरा पहुँचाना, और तंत्रिकाओं का, शारीरिक ओज से प्रेरित एक अद्भुत रस से उसे भरना (लचीले कणों से समृद्ध यह रस उसे प्रबल और स्फीत बनाता है)...रति में तप कर....योनि की ग्रंथियाँ कई नलिकाओं के माध्यम से योनि के कोटर में विरलित किण्वित मदिरा टपकाकर उसके गलियारे को बहुत नम और रपटीला बना देती हैं जो कि रति में बहुत आनंदप्रद होता है। हाइपोगैस्ट्रिक धमनियाँ योनि के दोनों ओर अन्य भागों में फैली होती हैं और मैथुन के लिए उसे तप्त और स्फीत बनाती हैं।[4]

कॉलिन्स का वर्णन सक्रियता से भरा है : योनि बोलती है, धकेलती है, स्फीत और सक्रिय है। वह और उसके समकालीन मानते थे कि युवतियाँ युवकों से कहीं ज्यादा रतिकामी होती हैं। स्त्री-जननांगों के ऊतकों का वर्णन करने के लिए उन्होंने जो शब्द इस्तेमाल किए वे अवैज्ञानिक होते हुए भी बहुत सूचनाप्रद और सही हैं। योनि में 'पूरे खिले गुलाब की पंखुड़ियों जैसा मखमली अस्तर' लगा बताया गया है जिसकी 'सिलवट-पर-सिलवट मैथुन का आनंद बढ़ाती है।' योनि को 'पर्याप्त संवेदनशील' बताया गया है जोकि एकदम ठीक है। 'प्रेम की मधुरता' और 'रति के कोप' को उपजाने में भगोष्ठ की विशेष भूमिका से वे परिचित थे।

स्वस्थ, संतुलित स्त्रियाँ योनि में उपजे कामोत्तापों का अनुभव करेंगी, यह विचार इन पुरोगामियों के अनुभवाश्रित पर्यवेक्षणों में एक आध्यात्मिक क्षेपक है। कॉलिन्स ने भगशिश्न को जस का तस स्वीकार किया, एक प्रिय अंग के प्रिय भाग की तरह; जैसाकि

योनि का निर्माण इस तरह हुआ है कि वह खुद को किसी भी लिंग के अनुरूप बना सकती है, इस तरह वह बड़े लिंग के लिए जगह बनाती है, छोटे लिंग को समेटती है, मोटे लिंग के लिए फैलती है, पतले के लिए सिकुड़ती है; और इस तरह कोई भी मर्द किसी भी औरत के साथ और कोई भी औरत किसी भी मर्द के साथ सो सकते हैं।

–'द एनॉटमी ऑफ ह्यूमन बॉडीज एपिटोमाइज्ड', 1782, पृ.156

हमने देखा, उसने आनंद उत्पन्न करने में योनि की भूमिका को कम करके नहीं आँका। दुर्भाग्य ही है कि हमने फ्रॉयडवादियों द्वारा उसको प्रतिबंधित करने के बाद भगशिश्न को पुनर्स्थापित करते हुए, योनि की एकदम निष्क्रियता और यहाँ तक कि अप्रासंगिकता के विचार को भी स्वीकार किया है। रति पुरुषों का कौशल बन गई है जिसकी निर्णायक स्त्रियाँ हैं। अपने पतियों को निचोड़ डालने का 'वाइफ ऑफ बाथ' का कौशल और अपने मर्दों को रात-भर अपने अंदर कैद रखनेवाली ताहिती की युवतियों की अवरोधिनी मांसपेशियाँ हमारे लिए तो अपरिचित हैं। तमाम अभद्र भाषाई जोर कोंचने जैसी क्रियाओं पर है जो निष्क्रिय स्त्री पर की जाती हैं; लिंग को औजारों के नाम दिए गए हैं। रति में दोनों पक्षों की सक्रियता को इंगित कर पानेवाले नाम लगभग नहीं ही हैं। थ्योडोर फेथफुल जैसे प्रचारक (जिनमें मैं भी शामिल हूँ) वर्तमान बिंबविधान को बदलने का प्रयास कर रहे हैं। उद्धर्षण में कठिनाई अनुभव करनेवाले एक पुरुष को फेथफुल की सलाह थी :

उद्धर्षण की चिंता छोड़कर अपनी संगिनी पर ध्यान केंद्रित करें, भगशिश्न की अनदेखी करके उसे आंतरिक रूप से सहलाने के लिए अपनी उँगलियों का इस्तेमाल करें, इस क्रिया के बाद आप अपने यौनांगों को पास लाएँ तो जल्दी ही आपको पता चलेगा कि आपके उद्धर्षण के बिना भी वह आपके यौनांग को अपने अंदर खींच लेती है।[5]

यह चिकित्सीय झूठ-सा लगता है लेकिन रति में स्त्रियों की प्रतिभागिता बढ़ाने के लिए गंभीर प्रयास हुए हैं। स्त्रियों को अक्सर होनेवाली मूत्राशय की कमजोरी को दूर करने के लिए श्रोणि-प्रदेश की मांसपेशियों का व्यायाम सिखाते हुए ए.एच. केगेल ने पाया कि इससे रति में उनका आनंद बढ़ा।[6] उनके संगियों की प्रतिक्रिया का लेखा-जोखा अलबत्ता नहीं मिलता। मूत्राशय की इस कमजोरी का कारण गतिविधि का वही दमन है जो यौन-आनंद को रोकता था; अपने पेशीय ढाँचे को व्यवस्थित रखने की स्त्रियों की योग्यता अगर उन्हें वापस मिल सके तो शायद हम पाएँ कि श्रोणि-प्रदेश की उनकी कई गड़बड़ियाँ खत्म ही हो गई हैं और उसके साथ-साथ रति में आनंद बढ़ा है। हम यह तब तक नहीं कर सकते जब तक कि हम यह न पता लगा लें कि श्रोणि को कैसे काम करना चाहिए : जब तक स्त्रियाँ उसे खुद संचालित न करें, हम उसकी क्रिया को नहीं देख सकते, और इस तरह यह दुश्चक्र बना रहता है। अगर सही प्रतिक्रिया हो सके तो स्त्रियाँ पा सकती हैं कि मैथुन में भगशिश्न की अधिक सक्रिय भूमिका है और उसे उँगलियों से सहलाने के अलावा भी सहज रूप से पराकाष्ठा पर पहुँचाया जा सकता है।

कुछ भी हो, अपने और अपने संगी के आनंद की कुछ जिम्मेदारी तो स्त्रियों को लेनी ही होगी, और इसके लिए कुछ नियंत्रण और सचेत सहयोग जरूरी हैं। रति के प्रति अपना रवैया बदलकर, बजाय लिंग को ले लेने के, उसे उद्दीपित करके लक्ष्यसिद्धि के पास पहुँचा जा सकता है। प्रबुद्ध स्त्रियाँ बहुत पहले से स्त्री की (ऊपर आकर) सक्रिय भूमिका की हामी रही हैं क्योंकि उस स्थिति में पुरुष-देह के भार से मुक्त स्त्री की क्रियाएँ स्वतःस्फूर्त होती हैं। आखिर बात संप्रेषण की है और संप्रेषण एकालाप नहीं, संवाद से संभव होता है।

योनिज उत्ताप की कल्पना को देशनिकाला एक बहुत बड़ी सेवा रहा लेकिन उसकी जगह भगशिश्न के उद्वेष्टन का प्रतिस्थापन लैंगिकता के लिए अनर्थकारी सिद्ध हो सकता है। मास्टर्स एंड जॉनसन्स के निष्कर्षों से मेट्टे आयल्जरसन की पुस्तक, 'आई एक्यूज !' में दिखनेवाले भगशिश्नोन्माद जैसे कुछ अनचाहे उप-प्रभाव सामने आए। स्त्रियों के उद्धर्षण को 'बटन पर सही दबाव' का परिणाम घोषित करते हुए वह उन यौनविज्ञानियों की ऐसी-तैसी करती हैं जो–

> पुरुष 'असली चीज' पा सकें, इसके लिए मैथुन की प्रस्तावना के तौर पर भगशिश्न को उत्तेजित करने की सिफारिश करते हैं। असल में तो उनके लिए जो 'असली चीज' है वह स्त्री के लिए *एकदम संवेदनशून्य* है।
>
> मामले का लब्बोलुआब यही है जिसे निमाणी, शर्मीली और दासभाववाली स्त्रियों ने सदियों से छिपाए रखा है ![7]

इतिहास में सभी स्त्रियाँ इतनी ही विनम्र और दासभाव से भरी नहीं रही हैं। यह कहना कि जब कोई पुरुष उसकी योनि में लिंग डाल रहा हो तो स्त्री को कुछ भी महसूस नहीं होता, कोरी बकवास है : योनि के शून्य के चारों ओर लहराने और लिंग के आसपास लहराने से हुए उत्तापों में जमीन-आसमान का फर्क है। पुरुषों के सरल, अपरिहार्य आनंद और स्त्रियों के छल-भरे प्रत्युत्तरों में विभेदीकरण पूरी तरह वैध नहीं है। अगर सभी पुरुषों के लिए स्खलन का अर्थ वीर्य निकालना ही होता तो वीर्य के निरंतर उत्पादन और उससे पैदा मैथुन-कामना को देखते हुए पुरुष बिना आनंदविभोर या हताश हुए किसी से भी मैथुनरत हो लेते। विशेषज्ञों द्वारा वर्णित वह प्रक्रम जिसमें पुरुष कर्त्तव्यनिष्ठ भाव से कामोत्तेजक क्षेत्रों का दौरा करके, दोनों कुचाग्रों पर बराबर समय लगाकर, ध्यान भगशिश्न की ओर ले जाकर (अक्सर तो सीधे ही) अंगुलीय या जिह्वीय उद्दीपन के चरणों को पूरा करके, सौम्यता से योनि में आकर शायद भगशिश्न के खिंचकर अपने स्वागत के संकेत की प्रतीक्षा करता है, बहुत उबाऊ और अमानवीय ढंग से कंप्यूटरीकृत है। यह निहितार्थ कि सही प्रक्रम का सही पालन होने पर एक ऐसी सांख्यिकीय आदर्श देहतुष्टि की प्राप्ति सुनिश्चित है जिससे संतोष मिलेगा, विषादकारी और भ्रामक है। उत्तेजना की जगह कोई भी चीज नहीं ले सकती : सहलाना-बहलाना संतोष की गारंटी नहीं है क्योंकि मामला मनोलैंगिक विमोचन का है। पूर्ण तुष्टि स्नायुओं

के एक छोटे से गुच्छे में नहीं, पूरे व्यक्ति के लैंगिक जुड़ाव में है। कामोत्ताप के बाद भी स्त्रियों के लिए बना रहनेवाला रति का आनंद जिसे पुरुष घोर आश्चर्य से देखते हैं, भगशिश्न में नहीं, एक सामान्य ऐंद्रिक प्रतिक्रिया पर आधारित है। स्त्री की प्रतिक्रिया को भगशिश्न तक ही सीमित करके हम स्त्रियों पर वही बंदिश लाद रहे होंगे जो पुरुष की प्रतिक्रिया को कुंठित करती है। प्रणय और प्रेमविह्वलताविहीन ऊर्जस्विता का पुरुष-आदर्श भयावह रूप से विषण्ण कर देनेवाला है : विमोचन को जब मशीनी शब्दावली में अभिव्यक्त किया जाता है तो उसे ढूँढ़ा भी मशीनी ढंग से ही जाता है। रति योनि में किया गया हस्तमैथुन हो जाती है।

बहुत-सी स्त्रियाँ जिन्होंने मास्टर्स और जॉनसन्स के निष्कर्षों का स्वागत 'मैं न कहती थी !' और 'मैं सामान्य हूँ !' कहते हुए किया था, इस आलोचना को विश्वासघात की तरह लेंगी। यौन-आनंद से वंचित रखे जाने के बाद उन्होंने उसे खोज निकाला है, लेकिन यह तथ्य कि तुष्टि का अनुभव वे भगशिश्न के उद्दीपन के माध्यम से ही कर पाई हैं, मेरे ही तर्क को पुष्ट करता है क्योंकि यह पूरी देह के वियौनीकरण का सूचकांक है, लैंगिकता का यौनांगिकता से प्रतिस्थापन। रिप्रोडक्टिव बॉयलॉजी रिसर्च फाउंडेशन की प्रयोगशालाओं में इलेक्ट्रॉनिक उपकरणों से मापकर निश्चित किया गया आदर्श विवाह एक कमजोर चीज है—नीरस लोगों के लिए नीरस रति। लैंगिक व्यक्तित्व आधारभूत रूप से सत्तावाद-विरोधी होता है। व्यवस्था अपने प्रजाजनों पर पूरी परामर्श-ग्राह्यता लादना चाहे तो उसे काम को पालतू बनाना होगा। मास्टर्स और जॉनसन्स ने मानक, उद्वेलनरहित एकगामिता का खाका प्रस्तुत कर दिया। अगर स्त्रियाँ अपनी मानवीयता के इस अंतिम ह्रास से बचना चाहें तो उन्हें सिर्फ कामोत्ताप ही नहीं, बल्कि आनंदातिरेक की प्राप्ति के लिए भी अड़ना चाहिए।

लैंगिकता का संगठन प्रदर्शन के सिद्धांत के मूलभूत अंगों और उसके द्वारा समाज के संगठन को प्रतिबिंबित करता है। फ्रॉयड का जोर केंद्रीकरण के पहलू पर है। आंशिक प्रवृत्तियों के विभिन्न भाजनों के, दूसरे लिंग के एक कामुक भाजन में 'एकीकरण' और जननांगों के प्राधान्य में यह खासतौर पर सक्रिय है। दोनों मामलों में, 'एकीकरण' का प्रक्रम दमनकारी है—कहने का मतलब यह कि आंशिक प्रवृत्तियाँ मुक्त रूप से तुष्टि के एक 'उच्चतर' स्तर तक विकसित नहीं होतीं बल्कि कटकर सहायक क्रियाओं में उनका ह्रास हो जाता है। यह प्रक्रम देह का सामाजिक रूप से आवश्यक विलिंगीकरण प्राप्त करके शेष अधिकांश को श्रम के साधन के रूप में प्रयोग के लिए छोड़ देता है। यूँ कामेच्छा के कालिक ह्रास की संपूर्ति इसके देशीय ह्रास से होती है।[8]

अगर स्त्रियाँ पाती हैं कि सामान्य प्रतिक्रिया में एक तरह के लैंगिक उत्तेजनावर्धक की तरह काम करने के बजाय भगशिश्न उनके आनंद का एकमात्र स्थल बन गया है तो वे खुद को प्रदर्शन-नीति द्वारा शासित पाएँगी जो कि अपने आप में अवनति नहीं है : बशर्ते हमारे समाज के प्रदर्शन के सिद्धांत में उद्यमिता और सृजनात्मकता को जगह मिले। लेकिन उद्यमिता और सृजनात्मकता कामेच्छा से जुड़े हैं जो सभ्य बनने के प्रक्रम में बच नहीं पाती। वैकल्पिक सम्भावनाओं के द्वार खुले रखने के लिए स्त्रियों को संघर्ष

करना चाहिए।

कामोद्वेगों को रोककर उन्हें निष्प्रभावी बनाने में उन्मुक्त समाज का बहुत हाथ रहा है। बहुत से लोगों के लिए रति एक दुःखद प्रसंग है, एक ऐसी मशीनी प्रक्रिया जिसमें न संधान है न उल्लास, जो सिर्फ मानवीय विलगाव को ही रेखांकित करता है। हालाँकि लड़कियाँ अपने साथ पहले से कहीं ज्यादा छेड़छाड़ होने दे रही हैं लेकिन अतिनैतिकतावादी जिनसे डरते थे वे रंगरेलियाँ गलियों के नुक्कड़ों पर नहीं हो रहीं। हाँ, समलैंगिकता के कई रूप, असल में तो संस्थान की पकड़ से बची हर तरह की कामलीला—सामूहिक रति, आपराधिक रति, बाल-बलात्कार, दासत्व और अनुशासन—फल-फूल रहे हैं। दूसरी ओर सरल-सहज लैंगिक ऊर्जा लगातार छीजती और कमजोर पड़ती दिख रही है। ऐसा इसलिए नहीं है कि अभिबोध हानिकारक है, या दमन मानवीय नपुंसकता पर आवश्यक अकुंश है, बल्कि इसलिए है कि लैंगिक अभिबोध सरकारी सहायता के अंतर्गत हुआ। इसलिए इसकी चिकित्सकीय लफ्फाजी से भरी खोजें खराब भाषा में दुनिया पर उँड़ेली गईं। लैंगिकता के बारे में खुलकर बात करने की छूट का यही परिणाम निकला कि बेईमानी और चालू भाषा से भरा लैंगिक सामान्यता का एक और दकियानूसी सिद्धांत स्थापित हो गया। वे स्त्रियाँ जो अपने कामानुभव को जैकी कॉलिन्स के लेखन की तर्ज पर समझ पाती हैं, खुद के और अपने प्रेमियों के लिए सदा के लिए असाध्य ढंग से खत्म हो चुकी हैं :

बेडरूम में ले जाकर उसने धीरे-धीरे उसके कपड़े उतारे, बहुत खूबसूरती से उसने उसे प्यार किया। कोई हड़बड़ी, कोई जल्दबाजी नहीं। उसने यूँ उसके बदन को सहलाया जैसे वह दुनिया की सबसे कीमती शै हो। वह उसे दीवानगी के छोर तक ले गया और फिर वापस लौटा लाया, उसके लिए सबकुछ गड्डमड्ड हो गया लेकिन वह, वह चप्पे-चप्पे से वाकिफ था। उसकी छुअन से उसके उरोज बढ़ आए, और भी सख्त हो गए। वह इस दुनिया से ऊपर कहीं तैर रही थी, उसके हाथों, उसके जिस्म की गुलाम। खुद पर उसका काबू हैरतनाक था, ठीक वक्त पर वह रुका। वह जब हुआ तो इसलिए कि वह चाहता था कि वह हो, एक साथ वे अर्श पर पहुँचे। उसके तजुर्बे में यह कभी नहीं रहा था, वह उससे चिपक गई, उसके प्यार का इकरार उसके मुँह से निकल पड़ा। बाद में वे लेटकर सिगरेटें पीते और बातें करते रहे। 'तुम तो गजब हो', वह बोला, 'तुम बहुत होशियार औरत हो जो मुझे शादी का इंतजार करने दिया !'[9]

अपनी चमत्कारी फैलनेवाली छातियों के बावजूद सुश्री कॉलिन्स की नायिका कपट-लज्जालु, निष्क्रिय, हिसाबी-किताबी, स्वार्थी और ठस्स है। इस कामवाद्य को बजा-बजाकर उसका पति ऊब जाएगा तो उसके पास अपने फुस्स हो गए, हवा-भरे गद्दे पर पसरे-पसरे यह सोचते रहने के अलावा कि गड़बड़ कहाँ हुई, कोई चारा नहीं बचनेवाला। जननांगों का जिक्र कहीं नहीं है : सबकुछ नीमबेहोशी या अविभेदित सनसनी की एक बौछार में होता है। नायिका के आनंद के लिए नायक हरम के हिजड़े की तरह श्रम करता है। काम को प्रतिक्रांति की सेवा में जोत दिया गया है।

आलिंगन शीर्ष से पदतल तक का सम्मिलन है, किसी गुप्त स्थल से किसी आडंबरपूर्ण मठाधीश का प्रवेश नहीं।

—ब्लेक, 'जेरुसलेम', pl.69, II, 39.40

जैकी कॉलिन्स जिसे अभिव्यक्त कर रही हैं वह एक संपूर्ण देहतुष्टि का सबसे आम रूमानी आदर्श है। यह दिखाता है कि पुरुष के आधिपत्य में हमारा कितना गहरा विश्वास है। सुश्री कॉलिन्स की नायिका अपने साथी के उपनिवेशकारी काम-आवेग को चला रही थी। उसकी माँग के बने रहने और खुद के तैयार होने तक उससे इंतजार करवा रही थी, उसके हिंसक आवेगों को चलाते हुए वह एक भ्रामक श्रेष्ठता से काम ले रही थी, क्योंकि वह कोमल है, भावुक और शीलवती है, वह अपनी तुष्टि के लिए प्यार नहीं करती बल्कि सम्मान, विश्वास और सच्चे प्रेम की अभिव्यक्ति के लिए उसका तब तक उपयोग करती है जब तक कि नायक को सभ्य बनाकर विवाह और प्रवीण काम-प्रदर्शन के बिंदु तक नहीं ले आती। नायक के प्रेम का जटिल मनोवैज्ञानिक पक्ष अवमूल्यित रह जाता है; वह अब भी अकेली है, अहम्मन्यता से भरी, उसकी कामना करने या खुद में नए आनंदों की ओर उसे लाने की कामेच्छा से विहीन। जैकी कॉलिन्स और कामकला की किताबें बताती हैं कि हम अब भी अंगों से प्रेम करते हैं, मनुष्यों से नहीं : कि बजाय यह जानने के कि प्रेम करते हुए ही मनुष्य सबसे अधिक विशिष्ट और सबसे अधिक थिर होते हैं, हम सबसे ज्यादा असंप्रेषणशील, सबसे ज्यादा अकेले प्रेम करते हुए ही होते हैं।

कुलच्छनी कोख

रति और प्रजनन एक ही बात नहीं हैं, दोनों का संबंध मनुष्यों के लिए खासतौर पर सूक्ष्म है क्योंकि मनुष्य जब चाहें तब रतिलग्न हो सकते हैं और इसके लिए वे नैसर्गिक आवेग पर निर्भर नहीं हैं। इस अंतर का कुछ कारण तो यह होगा कि मनुष्यों में स्मृति, रति के आनंद को अनुभव करने और उसकी लालसा रखने की इच्छाशक्ति और समझदारी होती है। बालिकाएँ यौन-आनंद के बारे में प्रजनन की क्रिया की खोज के सिलसिले में एक प्रासंगिक घटना के रूप में ही जान पाती हैं। उन्हें मासिक धर्म के आगामी सदमे और 'बेकाबू हो जाने' या यौन-आवेग के आगे 'हथियार डाल देने' पर होनेवाली शिशु-जन्म की भयावह संभावना की सूचना देने में तो सावधानी बरती जाती है, लेकिन इन आवेगों को पहचानना और इनका स्वागत करना नहीं सिखाया जाता। और, इसीलिए बड़ी होती लड़की अपने बाहरी यौनांगों के बजाय अपने गर्भाशय के बारे में ज्यादा जानती है, और वह जो भी जानती है वह अच्छा नहीं होता।[1]

उसे गर्भाशय की किताबी जानकारी होती है : ज्यादातर स्त्रियाँ अपने अंडाशयों या गर्भाशयों की क्रियाओं को तब तक अनुभव नहीं कर पातीं, जब तक उनमें गड़बड़ी न हो, जो कि हमेशा ही होती है। बहुत-सी औरतें उन अंगों के रोगों से मरती हैं, जिन्हें उन्होंने जीवन-भर अनदेखा ही किया है; गर्भग्रीवा, भगोष्ठ, योनि और गर्भाशय। कुछ गड़बड़ी तो छोटे-मोटे इलाज से ठीक हो जानेवाली, छोटी-मोटी बीमारी के देर से पकड़ में आने के कारण होती है, जिसकी जड़ वह रुढ़िवादिता है जिसे झूठे ही 'शील-संकोच' का नाम दे दिया गया है। गर्भाशय को सदा से ही झंझटों से जोड़कर देखा गया है और अपने चालबाज उपकरणों के बारे में स्त्रियों की चिंता का समाधान करने में डॉक्टर जो निरुत्साह दिखाते हैं उसका कुछ कारण तो यही आदिम भय है। औरतों में ठंडापन एक आम बात मानी जाती है, दुर्भाग्य और दुर्व्यवस्था का परिणाम; लेकिन पुरुषों की नपुंसकता का इलाज पूरी गंभीरता से किया जाता है। लिंग पर जरा-सी फुंसी भी हो जाए तो उसकी जबर्दस्त देखभाल होगी ताकि पुरुष बधिया हो जाने की चिंता से बचा रहे, लेकिन बेचारा गर्भाशय जब तक खून न उगले या खुद ही बाहर न आ गिरे तब तक कोई उसकी स्थिति को गंभीरता से लेने को तैयार नहीं होता। भगशिश्न की अनदेखी की जाती है : एक बार तो एक ऑपरेशन के लिए मेरी साफ-सफाई करते हुए नर्स ने मेरा भगशिश्न काट ही डाला होता। हमारे समुदाय में तो सर्वाइकल स्मीयर भी

बहुत मुश्किल से किए जाते हैं। मैं खुद सर्वाइकल स्मीयर परीक्षण तब करा पाई जब हताश होकर मैं रतिरोग चिकित्सालय में गई क्योंकि मेरा खुद का डॉक्टर एक परेशानी का निदान करने के सिलसिले में मेरी योनि की जाँच करने को तैयार नहीं था, आखिर मुझे जिसका अंदेशा था, वही रोग निकला। रतिरोग क्लिनिक में सर्वाइकल स्मीयर परीक्षण किए ही जाते थे : माननीय चिकित्सक के यहाँ वे बिलकुल नहीं किए जाते। पुरुष-मानस पर नसबंदी के अजीब-अस्पष्ट परिणामों के बारे में होनेवाला जबर्दस्त शोरशराबा इस अविछिन्न लिंगकेंद्रिकता का ही नतीजा है : गर्भनिरोधक गोली के आविष्कर्ताओं को स्त्री-मानस की इतनी कम चिंता थी कि वे बरसों बाद यह पता लगा पाए कि गर्भनिरोधक गोलियाँ खानेवाली हर तीसरी स्त्री विषाद की स्थायी शिकार हो चुकी थी। पुरुष-अंग की बढ़ा-चढ़ाकर देख-रेख और उसके साथ ही गर्भाशय और उसकी दासियों की ओर गंभीरता से ध्यान देने में अरुचि, सदियों की गर्भाशय-भीति का परिणाम है जिसे राजनैतिक कार्रवाई से या जनसभाओं में चिल्लाकर नहीं मिटाया जा सकता।[2] स्त्रियों को सबसे पहले तो खुद को अपने खुद के शरीरों से अवगत कराना, स्त्री-रोगशास्त्र और प्रसूतिशास्त्र का अध्ययन[3] अपने हाथों में लेना होगा और अंततः पुरुष डॉक्टरों के पक्ष में अपने पूर्वग्रह पर विजय पानी होगी।

गर्भाशय के बारे में अभी हाल तक प्रचलित कल्पना का उदाहरण यूरोप में बीसवीं सदी तक लोकप्रिय हिस्टीरिया की अवधारणा थी। शुरू में इसे मदर कहा जाता था, ऐसा माना जाता था कि भटकता हुआ गर्भाशय ऊपर उठकर लड़की के गले में फँस जाता है और उसका दम घोंटता है। हिस्टीरिया को शांत करने के नीमहकीमों और डायनों के उपायों की निंदा करते हुए खुद घोर संशयी शरीर-रचनाशास्त्री मानते थे कि गर्भाशय 'खून और बासी बीज से भरा होता है जिससे रोगकारक नमी उठती है', इस आधार पर उन्होंने श्रोणीय रक्तसंकुलता का विचित्र ही सिद्धांत गढ़ लिया था।[4]

हजारों लोग इस बात पर विश्वास करते हैं कि मदर (वे उसे यही कहते हैं) विवाहिता स्त्रियों और कुमारियों के गले में अटक जाता है, और मदर की डोरी गले में बँधी है और मदर की नस भी वहीं है, इस शहर की एक स्त्री बड़ी मक्कारी से लोगों को यह मनगढ़ंत बात समझाती है और इस तरह कई सीधी-सादी स्त्रियों को ठगकर, खुद दिनोंदिन रईस हुई जा रही है।

–'इन लाइबेलम हिप्पोक्रेट्स डे वर्जिनम मॉर्बिस', 1688, पृ. 73

यह मान लिया गया था कि हिस्टीरिया से सबसे ज्यादा परेशान अविवाहिताएँ और विधवाएँ होती हैं, और एक बढ़िया पति इसे ठीक कर सकता है। बहुत गंभीरता से चर्चित लेकिन काल्पनिक, हरित रोग, जिसे अपने विचारों के दंतकथात्मक उद्‌गम को छिपाने को व्यग्र डॉक्टरों ने 'क्लोरोसिस' का नाम दिया, भी इसी श्रेणी में आता है।[5] उस रोग का विस्तृत विवरण मिलता है और हालाँकि उसमें शामिल कुछ लक्षण दूसरे कारणों से प्रकट हुए हो सकते हैं, हम पाते हैं कि आजकल हिस्टीरिया माने जाने वाले रोगभ्रम के लक्षण; मिर्गी, दमा, दम फूलना, पेट में भारीपन लगना, पेट में गाँठें-सी

होना, उदासीनता, झटके आना, कष्टकर मासिकधर्म—क्लोरोसिस के ही लक्षण हैं। कुछ डॉक्टर सचमुच मानते थे कि 'गर्भाशय की भूमिका स्त्रीजाति के हर रोग में है।' माना जाता था कि स्त्रियाँ सहज रूप से अतृप्त गर्भाशय के अत्याचार झेलने को अभिशप्त हैं और वे उन कष्टों से पीड़ित हैं जो पुरुषों को अति हस्तमैथुन के कारण ही होते हैं।[6] निग्रह की प्रक्रिया का हालाँकि कई तरह से बखान किया गया, उस प्रक्रिया की प्रतिक्रिया को (जैसाकि होती ही है) उसे बनाए रखने का आधार मान लिया गया। अपने जीवनों को नियंत्रित करने के लिए स्त्रियाँ अयोग्य थीं, वे बहुत कमजोर और अतार्किक प्रभावों से प्रभावित होनेवाली थीं। फाइनल की परीक्षा देते हुए जब मेरी एक छात्रा बुरी तरह सुबक-सुबककर रोती हुई ऐंठन से दोहरी हो गई और परीक्षा पूरी नहीं दे पाई तो आधिकारिक रूप से उसका कारण दर्ज किया गया : हिस्टीरिया। उसके मामले का विस्तृत और सही निदान किया जाना खासतौर पर महत्त्वपूर्ण था, लेकिन एक शब्द *हिस्टीरिया* ने जैसे सारे जवाब दे दिए।

अब, जबसे लड़कियाँ कार्यशक्ति का जरूरी हिस्सा बन गई हैं, हम लोग हरित रोग में विश्वास नहीं करते लेकिन हम यह जरूर मानते हैं कि बूढ़कुँआरियाँ खीझ और हताशा से छीज जाती हैं। गर्भाशय की भयभीत करनेवाली बाकी क्रियाएँ हाल ही में सामने लाई और स्वीकार की गई हैं। शिशुजन्म के रहस्यों में पतियों की भागीदारी संभव हुई है, अब जरूरी नहीं रह गया है कि शिशुजन्म स्त्रियों के ही गुट के बीच हो। शिशुजन्म के बाद स्त्रियों की आनुष्ठानिक और सार्वजनिक शुद्धि अतीत की बात हो गई है। इस भावना को दूर करने के प्रयास किए जा रहे हैं कि शिशुजन्म स्त्री की सजा है, स्त्रियों को प्रजनन के बारे में शिक्षित किया जा रहा है और प्रसव के अभिन्न संगाती, प्रसूतिज्वर और रक्तस्राव पर नियंत्रण पा लिया गया है। हालाँकि गर्भपात या गर्भाशय-भ्रंश से मरती पत्नियों की दारुण पीड़ा अब कम ही पुरुषों को देखनी पड़ती है फिर भी हम अनर्थकारी गर्भाशय को पूरी तरह स्वीकार नहीं कर पाए हैं। उस आदिम भय का सबसे प्रचलित और महत्त्वपूर्ण प्रकटन है मासिक धर्म को लेकर जनसामान्य का रवैया।

मासिकधर्म के दिनों में मुसलमान, हिंदू और यहूदी स्त्रियों को खुद को अशुद्ध मानकर सबसे अलग रहना पड़ता है। मध्यकालीन कैथोलिकवाद में भी यह नियम था कि रजस्वला स्त्री चर्च में नहीं आए। हालाँकि अभिबोध अपनी ही रफ्तार से इस क्षेत्र में आ रहा है, फिर भी मासिक धर्म के प्रति हम लोगों में खासी वितृष्णा है, जो उसे गुप्त रखने के हमारे प्रयासों से स्पष्ट होती है। टैम्पॅन की सफलता का बड़ा कारण यह है कि वह छिपा रहता है। ऋतुमती होना किसी भी वर्षगाँठ से कहीं महत्त्वपूर्ण है, लेकिन एंग्लो-सैक्सन परिवारों में इसे अनदेखा किया जाता है और दूसरों को पता न चल पाए, इसके लिए बहुत सावधानी बरती जाती है। अपने पहले मासिकधर्म का इंतजार करते हुए मैं छः महीने तक स्कूल के बस्ते में कागज के एक लिफाफे में बंद नैपकिन और पिनें ले जाती रही। आखिर जब वह आया तो मैं यह सोच-सोचकर गड़ी जाती थी कि किसी को भनक न लग जाए, गंध न आ जाए, या और कुछ न हो। मेरे नैपकिन खुरदुरे तौलिए के बने होते थे और मैं

सहमी-सिकुड़ी गुसलखाने में बदबूदार साबुन से माथापच्ची करती यह मनाती रहती थी कि मेरा भाई मुझे इस घृणित काम में लगे न देख ले। हैरानी की बात नहीं कि तहजीबयाफ्ता, नाजुक लड़कियों को मासिकधर्म को स्वीकार करने में खासी दिक्कत होती है, क्योंकि समाज सिर्फ मासिकधर्म के बारे में बखान करता है, आगे की लड़कियाँ खुद जानें। क्वीन्सलैंड में पेनफादर नदी के किनारों पर रहनेवाले आदिवासी समुदाय में ऋतुमती किशोरी कमर तक गर्म रेत में गड़ी रहती थी ताकि ऐंठन होने पर उसे आराम मिले, उसकी माँ एक पवित्र-स्थल पर उसे खिलाती-पिलाती और उसकी पूरी देखभाल करती, बाद में एक जुलूस उसे उसके समुदाय में ले जाता जहाँ विवाहयोग्य कुमारियों के समूह में उसके प्रवेश का उत्सव होता, ऐसा लगता है कि इस समुदाय में मासिकधर्म सदमा नहीं होता होगा।[7] स्त्रियाँ आज भी सैनिटरी नैपकिन खरीदते हुए बहुत सावधानी बरतती हैं, नैपकिन बदलना हो तो पूरा हैंडबैग लेकर ही प्रसाधनकक्ष में जाती हैं। मासिकधर्म के दौरान मैथुन के विचार से ही उन्हें वितृष्णा होती है, वे मानती हैं कि मासिकधर्म का रक्त कुछ खास किस्म का है, हालाँकि शायद उतना भी खास नहीं जितना उस जमाने में माना जाता था जब चुड़ैलें प्रेमप्यालों में इसे शैतान को पिलाती थीं। आप शायद मानती होंगी कि आप प्रबुद्ध हैं, जरा अपने रज को चखने की सोचिए—अगर आप को उबकाई आ गई तो प्रबुद्धता से आप अभी कोसों दूर हैं। हनोज दिल्ली दूर अस्त !

हमें बताया जाता है कि शरीर के प्राकृतिक प्रक्रमों में मासिकधर्म अनूठा है क्योंकि इसमें रक्त की हानि होती है। ऐसा मान लिया जाता है कि प्रकृति योजना की चरम उपलब्धि है और उसका कोई प्रक्रम अपव्ययी नहीं है, न ही किसी प्रक्रम को उलटे जाने की जरूरत है, खासकर जब उससे सिर्फ स्त्रियों को ही असुविधा होती हो। और, इसीलिए यह माना जाता है कि मासिकधर्म से किसी किस्म की 'असली' पीड़ा के जुड़े होने की तो संभावना ही नहीं है। असल में तो हर वह लड़की जो एक ऐसे अंग से रक्तस्राव होते पाती है जिसके अस्तित्व का पता उसे तभी चल पाया जब वह उसके लिए असुविधाजनक होने लगा, अगर यह मानने से इंकार करती है कि प्रकृति योजना का अद्भुत नमूना है और जो हो रहा है वह ठीक है, सही सोचती है। जब वह पाती है कि इस भीषण घटना के साथ हो रहा दर्द उसी की *गलती* है, स्त्री की भूमिका में उसके ठीक से अनुकूलित न हो पाने का परिणाम है तो वह खुद को एक भोंडे मजाक का शिकार पाती है। डॉक्टर मानते हैं कि मासिकधर्म के दौरान ज्यादातर स्त्रियों को 'असुविधा' होती है लेकिन वे इस पर सहमत नहीं हो पाते कि कितनी प्रतिशत स्त्रियों को 'असली' पीड़ा होती है। इस बात का कोई महत्त्व नहीं है कि गर्भाशय के संकुचन किन्हीं चरम मायनों में पीड़ाकारक हैं या किसी मनोचिकित्सा से उनमें आराम आ सकता है। तथ्य यह है कि कोई स्त्री अपने लिए मासिकधर्म खुशी-खुशी न चुनती। स्त्रियाँ ऐसी असुविधा को नापसंद क्यों न करें जिससे पहले, बाद में, और जिसके दौरान भी तनाव बना रहता है; अप्रियता का भाव, गंध, दाग-धब्बे; जो रजोनिवृत्ति तक उसके वयस्क जीवन के पाँचवें से लेकर सातवें हिस्से तक को चाट जाती है; जो उसे साल में तेरह

बार उर्वरा बना देती है जबकि जीवन-भर में दो बार ही गर्भवहन करना काफी है; जब मासिकधर्म बंद होने का अर्थ कई साल तक अतःस्रावी ग्रंथियों का उन्माद और यौनांगों पर धीरे-धीरे छाती जड़ता है ? सच्चाई यह है कि प्रकृति योजना की चरम उपलब्धि नहीं है, और रोग के विरुद्ध हर संग्राम उसकी योजना में हस्तक्षेप है। इसलिए यह मान लेने का कोई तार्किक आधार नहीं है कि मासिकधर्म, जैसाकि हम उसे जानते हैं, रोका नहीं जा सकता या उसे रोका नहीं जाना चाहिए।

मासिकधर्म को ईश्वर द्वारा नियत मानने और फिर भी उसके बारे में बात नहीं की जानी चाहिए, ऐसा मानने के रवैये का अंतर्विरोध उसके विरुद्ध स्त्रियों के विद्रोह को प्रबल ही करता है। मासिकधर्म का जिक्र करनेवाले कर्स (शाप) और पुरुषों की वितृष्णा जाहिर करनेवाले हैविंग द रैग्स ऑन (चीथड़े लपेटे) जैसे साधारण शब्दों में इस अंतर्विरोध को देखा जा सकता है। हमारे पास तीन तरह की अभिव्यक्तियाँ ही हैं : आम और अप्रियता-भरी, कुछ सूफियानी (तबीयत जरा ढीली है, अलग बैठी हूँ) और 'मासिक' की वैज्ञानिक सी लगती लफ्फाजी। लेकिन लड़कियाँ तो अदम्य हैं : सिडनी के एक लड़कियों के स्कूल में छात्राएँ नैपकिनों को लाड़ से डेजी कहती हैं, इटैलियन लड़कियाँ अपने ऋतुकाल को इल मार्सीज और जर्मन लड़कियाँ डेर रोट कोनिग कहती हैं। ला देम ऑ कैमेलिया की नायिका के अपने पुरुष मित्रों को अपने ऋतुमती होने का संकेत देने के लिए अपनाए उपायों पर किसी को रश्क तो हो सकता है लेकिन इसे बड़े पैमाने पर अपनाया जाए तो यह किसी किस्म के अभिनिषेधन जैसा ही लगेगा, जैसे पहले कोढ़ी घंटियाँ लटकाए चलते थे। बिना किसी पूर्वग्रह के मासिकधर्म पर खुली चर्चा के सिल्विया प्लाथ की कविता जैसे[8] कुछ प्रयास हुए हैं। अगर हम एक बच्ची के स्त्रीत्व की प्राप्ति का सार्वजनिक आयोजन नहीं कर सकते तो शायद हमें किसी कलाकार द्वारा बनाई गई ऐसी फिल्म की जरूरत है जिसमें मासिकधर्म की शुरुआत के फलितार्थ बहुत गैरअकादमिक ढंग से सामने आएँ।

मासिकधर्म का उपयोग कई कामों को कर पाने की स्त्रियों की क्षमता के संदर्भ में खूब हुआ है; जहाँ बात स्त्रियों की सुविधा की आती है वहाँ उसके प्रभावों को कम करके बताया जाता है—हमारे स्वामियों की सुविधा पर आँच आते ही उन्हें बढ़ा-चढ़ाकर बखाना जाता है। मासिकधर्म स्त्रियों की कार्यक्षमता को उतना ही प्रभावित करता है जितना कि दारू पीना, तनाव, अल्सर या पौरुष से जुड़ी चिंताएँ पुरुषों को प्रभावित करती हैं। मासिकधर्म की छुट्टियाँ देना जरूरी नहीं है। हो सकता है कि स्त्रियाँ मासिकधर्म से पहले या बाद के दिनों में अपराध करती हों, फिर भी यह सच अपनी जगह बना रहता है कि वे पुरुषों के मुकाबले बहुत कम ही अपराध करती हैं। स्त्री-विरोधी तर्कों में मासिकधर्म की इस भर्ती के बारे में स्त्रियों को चौकन्ना रहना चाहिए और स्थिति के बारे में अपने खुद के बयानों से उन्हें इसका प्रतिरोध करना चाहिए। मासिकधर्म हमें बौखलाए पागलों, या अपाहिजों में नहीं बदल देता; हाँ बस यह है कि हम इसके बिना ही बेहतर रहतीं।

आत्मा

रूढ़छवि

रूढ़छवि का जन्म और निवास उस रहस्यमय आयाम में है जहाँ देह और आत्मा मिलते हैं। वह आत्मा से अधिक देह और मानस से अधिक आत्मा है। सबकुछ जो सुंदर है यहाँ तक कि शब्द 'सौंदर्य' तक, उसी का है। जिसका भी अस्तित्व है, उसी को सौंदर्याविष्ट करने के लिए है। सूर्य चमकता है तो उसकी त्वचा को चमकाने, उसके केशों पर सोना उँडेलने को, हवा बहती है तो उसके गालों में रंग भरने को, समुद्र उसे अभिषिक्त करने का प्रयास करता है, फूल खुशी-खुशी मर जाते हैं ताकि उनके सत्व से उसकी त्वचा प्रफुल्लित हो सके। वह संसृति की शिरोमणि है, उसकी चरम उपलब्धि !

> **सुंदरता स्त्री का राजदंड है, बचपन से ही यह सीखते हुए मानस खुद को शरीर के अनुरूप ढाल लेता है और अपने सुनहरे पिंजड़े में घूमता सिर्फ अपने कारागार को सजाना चाहता है।**
>
> **—मेरी वौल्स्टनक्राफ्ट**
>
> **'ए विंडिकेशन ऑफ द राइट्स ऑफ वीमैन', 1792, पृ. 90**

उसे सजाने के लिए मोती-मूँगों की तलाश में समुद्र की अतल गहराइयाँ खँगाली जाती हैं। पृथ्वी की अँतड़ियाँ बिखेर दी जाती हैं ताकि वह सोना, नीलम, हीरे, माणिक पहन सके। सील शिशुओं को मुग्दरों से कूटा जाता है, अजन्मे मेमनों को माँ के गर्भ से नोच लिया जाता है, करोड़ों छछुंदरें, जंगली चूहे, गिलहरियाँ, मिंक, एरमाइन, लोमड़ियाँ, बीवर, चिनचिला, ऑस्लॉट, लिंक्स और कई और नन्हें, सुंदर प्राणी अकाल मृत्यु मरते हैं ताकि उसे समूर और खालें मिल सकें। एग्रेट, शुतुरमुर्ग और मोर, तितलियाँ और भँवरे, उसे अपने पंख देते हैं। उसके कोट तैयार करने के लिए तेंदुओं, और उसके जूते और बटुए तैयार करने के लिए मगरों का शिकार करने में मर्द अपनी जान दाँव पर लगाते हैं। रेशम के अरबों कीड़े अपना सुनहरा श्रम उसे अर्पित करते हैं। यहाँ तक कि दर्जिनें भी मकड़जाल-सी लेसें बुनती हैं ताकि उसे पैसे से खरीदे जा सकनेवाले बढ़िया से बढ़िया सामानों में लपेटा जा सके।

हमारी सभ्यता के पुरुषों ने खुद की देह से पृथ्वी के अलंकरण उतार डाले हैं ताकि वे और मुक्त होकर सृष्टि के कोष को लूटकर इस महीयसी को सजा सकें। नए कच्चे माल, नए प्रक्रम, नई मशीनें, सब उसकी सेवा में प्रस्तुत कर दिए जाते हैं। इसलिए महीयसी को सबसे बड़ी खर्च करनेवाली और साथ ही खर्च करने की क्षमता और

आर्थिक सफलता का प्रमुख प्रतीक होना चाहिए। जब उसका संगी कारखाने में पसीना बहाता है, वह अपनी पीठ और छाती, उँगलियों और कलाइयों पर उसकी जमाजथा प्रदर्शित करती शहर की सबसे फैशनेबल सड़कों और वैभवशाली होटलों में लड़खड़ाती फिरती है, अपनी संगी की प्रतिष्ठा और उसे प्रदर्शित करने की उसकी अर्हता की जरूरी शर्त–रेशमी अकर्मण्यता–का आनंद उठाती, उसके घर के, जो उसका चौखटा और पृष्ठभूमि है, जरूरी खर्चों को निरंतर बनाए रखती है।[1]

बीते जमानों में संसृति के शिरोमणित्व की दावेदार सिर्फ अभिजात स्त्री थी। सिर्फ उसी के हाथ थे जो इतने बेदाग थे, उसी के पैर इतने नन्हें, उसी की कमर इतनी पतली, उसी के केश इतने लंबे और सुनहरे थे, लेकिन महीयसी की नकल में हर खाते-पीते सद्गृहस्थ की पत्नी फैशन का अनुकरण करने लगी, आखिर महीयसी को बड़े-बड़े माणिकों और कबूतर के अंडों जैसे मोतियों से लदी जर्क-बर्क पुतली बन जाना पड़ा। इंग्लैंड की महारानी सार्वजनिक उत्सवों के अवसर पर जितने पहने जा सकते हैं, उतने खानदानी जेवर लादना अब भी शाही मादा होने की अपनी भूमिका का हिस्सा मानती हैं। पुतले की इस भूमिका से पुरुष शासक बच निकले हैं और वह पूरी तरह उनकी पत्नियों के सिर आ पड़ी है।

उस समय जब स्त्री समृद्धि और जाति का शोकेस बन रही थी, जबकि पुरुष अपेक्षाकृत गुमनामी और 'काम प्यारा कि चाम प्यारा' जैसे आदर्शों को अपना रहे थे, वह पश्चिमी कला के केंद्रीय प्रतीक के रूप में उभर रही थी। ग्रीक कलाकार के लिए पुरुष या स्त्री-शरीर में एक मनुष्य का सौंदर्य निहित था जिसका लैंगिक होना जरूरी नहीं था, असल में तो वे सबसे सशक्त और त्रुटिहीन अनुपात के होने के नाते शायद युवा पुरुष की आकृति के ही कुछ ज्यादा पक्षधर थे। इसी तरह रोमनों ने भी अपनी प्रधानतः स्मारकीय कला में स्त्रीत्व के चित्रण के प्रति कोई झुकाव नहीं दिखाया। यूरोपीय पुनर्जागरण के काल में स्त्री-आकृति का प्रधानत्व होने लगा, पवित्र कुमारी और दिव्य शिशु के प्रतीक में माता के रूप में ही नहीं, अपने आप में एक कलागत अध्ययन के रूप में भी। शुरू-शुरू में निर्वसन स्त्री-आकृतियाँ भीड़ के दृश्यों या आदम और हव्वा के द्विफलकों में दिखीं लेकिन धीरे-धीरे वीनस का सितारा चढ़ने लगा, मेरी मॉडलिन की सूखी, झुर्रियों-भरी काया कमनीय और हर्षातिरेकपूर्ण हो गई है, सिर्फ अपनी लुभावनी सूरत की वजह से चुनी गई अनाम रमणियों के व्यक्ति-चित्र दिखने लगे हैं, धीरे-धीरे इन रमणियों को निर्वसन करके इन्हें फ्लौरा (वनस्पतियों की देवी) या प्रिमावेरा का नाम दिया गया है। चित्रकार, अपनी पत्नियों[2] और रक्षिताओं[3] को और राजरमणियों को मांसल सुंदरियों के रूप में प्रस्तुत करते हैं। जरूरत पड़ने पर वे उन्हें वसनमुक्त तो करते हैं, किंतु अलंकरणमुक्त नहीं। सूजान्ना कंगन पहने नहाती है और हेलेन फूर्म समूर पहनकर !!

स्त्री के साथ जो चित्रकला में हुआ वही कविता में भी हुआ। उसके सौंदर्य की उपमाएँ उसके आसपास फैली समृद्धि से गढ़ी गईं : उसके केश सोने के तार, उसका

माथा हाथी-दाँत, उसके होंठ माणिक, दाँत मोती, छातियाँ नीलमणि की झाँई पड़ा संगमरमर, आँखें काला गोमेद।[2] उसके लावण्य की भंगुरता पर बल दिया गया गुलाब से उसकी तुलना करके, उसे सलाह दी गई कि वह अपनी सुंदरता के डाल पर ही मुरझा जाने से पहले उसका प्रयोग प्रेम-क्रीड़ा में कर डाले।[3] वह उपभोग के लिए थी, और जगह-जगह खुद उसकी उपमा चेरी और क्रीम से, शहद से होंठ और दूध-सी त्वचा, मलाई जैसी स्निग्ध और सेब-सी सख्त छातियों से दी गई।[4] कहीं-कहीं तारीफ उसके परिधान की भी हुई, सुबह की धुंध से भी पारदर्शी उसकी मलमल, मकड़ी के जाले-सी महीन लेस, उसके कड़े-छड़े, उसके छल्ले-झुमके।[5] आज भी हम थ्रिलर नायकों को अपनी हाईक्लास प्रेमिका के शालीन कपड़ों, शोख हैटों, चुनिंदा जूतों-बैगों और बैल्टों का वर्णन करते पाते हैं, अब बिंबविधान गहनों और फूलों पर आधारित नहीं है, फिर भी उपभोक्ता की दृष्टि वही है। दब्बू-रंगहीन सेक्रेटरी जब अपने होंठ सुर्ख करके, कुछ झीने-नाजुक कपड़े पहने उन्मुक्त व्यवहार करती है तो वह रूढ़छवि में बदल जाती है।

आजकल स्त्रियों से, जब तक कि वे पाओला डिलीगी या जैकी ओनासिस न हों और भी बड़े शानदार उत्सवों पर किसी छोटे-मोटे शाही खजाने से लैस होकर दिखने की आशा नहीं की जाती, लेकिन उन्हें दामी, फैशनेबल, नोक-पलक से दुरुस्त दिखना ही चाहिए और वे एक ही पोशाक में दोबारा भी नहीं दिखनी चाहिए। अगर गिनी-चुनी स्त्रियों का कर्त्तव्य-भार कुछ कम हुआ है तो बहुत बड़ी संख्या में स्त्रियों पर नया भार भी पड़ गया है। रूढ़छवि की सेवा में नौकरों की पूरी सेना होती है। उसके भंडार शृंगार-प्रसाधनों, आंतरिक वस्त्रों, परिधानों, पारदर्शी जुर्राबों, विगों, उबटनों, केश-तेलों और गहनों, फरों-समूरों से भरे रखे जाते हैं। पर्त-दर-पर्त प्रभाव उत्पन्न किया जाता है और यह महँगा प्रक्रम है। फिट-लाइन-कट ने शानोशौकत की जगह ले ली है। जब अधिकाधिक स्त्रियाँ सबसे ऊपर पहुँचने की जद्दोजहद में लगी हैं तब प्रतियोगी भावना बनाए रखना जरूरी है ताकि फैशन उद्योग को लगातार बढ़ता बाजार मिल सके। गरीब औरतें उसकी नकल करती हैं, मौसम के उतार पर फैशनों को अपनाती हैं, ऊँचे दर्जे की चीजों के आकार और चमक-दमक की जगह भोंड़ी अधकचरी नकलों का प्रयोग करती हैं। यह ऐसा गोरखधंधा है कि इसे विशेषज्ञ ही सँभाल सकते हैं। रूढ़छवि के चरम आदर्शों का विन्यास, केशगुंथन और चित्रण, विशेषज्ञ और विन्यासकार ही कर सकते हैं हालाँकि पल्प-पत्रिकाओं की पाठिका गृहणियों का दिल रखने के लिए इन चरम आदर्शों को जीवन-भर अपने ही केशों, साबुनों और पानी के प्रति प्रतिबद्ध रहने का दावा करने को प्रेरित किया जा सकता है, दुर्भाग्य से यह डींग पल्प-पाठिकाओं को हतोत्साहित करने का काम करती है।

हर युवा और खुबसूरत स्त्री के मन में सपना हो सकता है कि वह छलाँग लगाकर सामाजिक सीढ़ी के शीर्ष पर पहुँच जाए और अपने शुद्ध, सहज, सौंदर्य से ऐश्वर्य की दमक को फीका कर दे। ऐसे चमत्कारों के गिने-चुनें उदाहरण जनता के सामने रखे जाते रहते हैं। आशा, महत्त्वाकांक्षा, आशावाद से प्रेरित युवतियाँ 'वोग', 'नोवा', 'क्वीन' और

अन्य ग्लॉसी पत्रिकाओं में प्रस्तुत रूढ़छवि के नवीनतम रूपों के अध्ययन में जुट जाती हैं और पाती हैं फर, गहनों और वैभवशाली बँगलों-कोठियों के विज्ञापनों के बीच आँखें फाड़े देखती पुतलियाँ। आजकल सालाना फैशनों की एकरूपता को ब्रिटेन में उन चंचल फैशन डिजाइनरों के उभरने से गहरा धक्का लगा है जो अपना ध्यान कामकाजी स्त्रियों पर केन्द्रित करती हैं और जिनका जोर विविधता, आराम और सरल, विस्मयजनक प्रभावों पर रहता है। अब कोई एक ही चेहरा पूरे साल आकर्षण का केंद्र नहीं बना रह पाता : ट्विग्गी तक को सीमित रूप से दिखाई देने और मार्केटिंग की रणनीति का सहारा लेना पड़ा है जबकि श्रिम्प ज्यादातर न्यूयॉर्क में काम करती है। फिर भी, रूढ़छवि का राज अब भी चलता है। उसने सिर्फ खुद के विविध रूप पनपने दिए हैं।

> **मजबूत काली स्त्री का मिथ भोंदू सोनकेशी के मिथ के सिक्के का दूसरा पहलू है। गोरे मर्द ने गोरी औरत को कमदिमाग, कमजोर शरीरवाली, नाजुक विकृति और एक रति-उन्मादिनी में बदलकर उसे एक पीठिका पर बैठा दिया; काली औरत को उसने एक मजबूत आत्मनिर्भर अमेजन में बदला और उसे अपने रसोईघर में भेज दिया...गोरे मर्द ने खुद को सर्वशक्तिमान प्रशासक बनाकर खुद को फ्रंट ऑफिस में स्थापित कर लिया।**
>
> **—एल्ड्रिज क्लीवर, द एलेगॅरी ऑफ द ब्लैक यूनॅक्स**
> **'सोल ऑन आइस', 1968, पृ. 162**

रूढ़छवि शास्वत स्त्री है, चिरंतन रमणी। यौन वस्तु के रूप में वह समस्त पुरुषों और समस्त स्त्रियों की लालसा का केंद्र है। उसका अपना कोई लिंग नहीं, इसके बावजूद उसका महत्त्व और मूल्य स्थापित होने के पीछे कारण यह है कि वह दूसरों में भोग भड़काती है। महज उसका होना ही उसकी भागीदारी का द्योतक है। उपलब्धि की जरूरत उसे नहीं है, वह तो उपलब्धि का पुरस्कार है। उसे अपनी सच्चरित्रता का प्रमाण-पत्र नहीं देना होता क्योंकि उसकी सुंदरता, उसकी निष्क्रियता को देखकर ही उसे शीलवती मान लिया जाता है। उसके साथ अगर कोई ऐसा पुरुष पाया जाए जिसका उस पर कोई अधिकार नहीं है तो रूढ़छवि को दंडित नहीं किया जाएगा क्योंकि वह नैतिक रूप से बधिया है। मामला पूरी तरह पुरुषों की आपसी प्रतिद्वंद्विता का है। बहुत मासूमियत से वह पुरुषों को पागलपन या युद्ध की तरफ धकेल सकती है। वह जितनी ज्यादा आफत खड़ी करेगी उतने ही उसके भाव बढ़ेंगे क्योंकि वह माँग को जितना भड़काएगी, उतना ही उस पर किसी का स्वामित्व स्थापित होना महत्त्वपूर्ण होगा। ऐसी स्त्री कोई नहीं चाहता जिसकी सुंदरता उसके अलावा किसी को न दिखती हो, और इसलिए पुरुष रूढ़छवि को पसंद करते हैं क्योंकि वह उनकी रुचि को सर्वमान्य मूल्यों के क्षेत्र में ले जाती है, हालाँकि वह कुछ विरोध भी कर सकते हैं क्योंकि कुछ पहलू उनकी फीटिश (fetish) से नहीं मिलते। रूढ़छवि की विविधता में अधिकांश फीटिशों के लिए जगह है। पैरों को चाहनेवाले मिनि-स्कर्ट का अनुसरण कर सकते हैं, छातियों के पूजक पारदर्शी ब्लाउजों और गले की गहरी छाँट को प्रोत्साहित कर सकते हैं, हालाँकि

मोटी गुदाज औरतों के चाहनेवालों को कुछ बंधन महसूस हो सकता है क्योंकि उन्हें अपनी पसंद छिपाकर रखनी पड़ती है। रूढ़छवि के विभेदों पर कड़ी सीमाएँ लागू होती हैं क्योंकि यौनवस्तु के रूप में उसके कार्यकलाप में कोई दखलंदाजी नहीं होनी चाहिए। जब तक वह सचमुच मोटरसाइकिल नहीं चला लेती तब तक वह जी भर चमड़े के परिधान पहन सकती है, वह गोताखोरों और वाटर-स्कीइंग करनेवालों जैसे रबड़ के चुस्त कपड़े पहन सकती है लेकिन इससे यह नहीं लगना चाहिए कि वह कुशल गोताखोर या वाटरस्कीअर है। अगर वह खिलाड़ियों के परिधान पहनती है तो उनका उद्देश्य उसका गैर-खिलाड़ीपन जाहिर करना होता है। वह घोड़े पर सीधी बैठ सकती है, नर्म और गोलाइयों से भरी हुई, लेकिन वह अपने कूल्हे आकाश की ओर उठाए उसकी गर्दन पर झुककर नहीं बैठ सकती।

उसकी रचना पुरुष का खिलौना, उसका झुनझुना बनने के लिए हुई है, जिसे तर्क को खारिज करके वह जब भी जी बहलाना चाहे, बजना ही चाहिए।

—मेरी वौल्स्टनक्राफ्ट

'ए विंडिकेशन ऑफ द राइट्स ऑफ विमेन', 1792, पृ. 66

वह क्योंकि खर्च करने की क्षमता की प्रतीक और प्रमुख खर्च करनेवाली है इसलिए वह इस संसार की चीजबस्त की सबसे प्रभावी विक्रेता भी है। हर सर्वेक्षण यही बताता है कि आकर्षक स्त्री का बिंब विज्ञापन का सबसे प्रभावी लटका है। वह नई कार के मडगार्ड पर बैठी हो, या गहनों से दमकती उसमें कदम रख रही हो, वह किसी पुरुष के पाँवों के पास लेटी उसके नए जुर्राबों को सहलाए, वह पेट्रोल पंप को चुनौती की मुद्रा में थामे हो या किसी नए शैंपू की दिव्यता से अभिभूत स्लोमोशन में किसी वनप्रांतर में थिरके; वह जो भी करे, उसकी छवि बिकती है। हमारी सभ्यता की जनमुरीदी उसके चेहरे पर लिखी है, होर्डिंगों पर, सिनेमा के पर्दों पर, टेलीविजन, अखबार, पत्रिकाएँ, टिन, पैकेट, डिब्बे, बोतलें, सभी कुछ उस अधिष्ठात्री देवी, उस बुत को अर्पित हैं। उसको महत्त्वपूर्ण शक्तिशाली प्रभुसत्तासंपन्न मानने का यह अर्थ नहीं कि स्त्रियों का राज है; वह तो स्त्री नहीं है, वह पुरुष भी नहीं है, तब क्या है वह ? हिजड़ा। उसके चमकते होंठ और मखमली त्वचा—उसकी अतल गहरी आँखें और अनिंद्य उँगलियाँ, तिरते चमकते-घुँघराले-दमकते उसके अद्भुत केश, शृंगार प्रसाधनों, प्रकाशविन्यास, फोकसिंग और छपाई, तस्वीरों की काट-छाँट और कम्पोजिशन की अमानवीय विजय को दर्शाते हैं। सोते हुए भी वह चाकचौबंद होती है, उसके होंठ लाल-रसभरे और बंद, उसकी आँखों का काजल जैसे अभी-अभी लगाया गया हो, और उसकी नकली बरौनियाँ एकदम ऊपर को मुड़ी रहती हैं। किसी नए और ज्यादा क्रीमी साबुन से मुँह धोते हुए उसका चेहरा वैसा ही प्रशांत और भावहीन रहता है, रँगाई-पुताई त्रुटिहीन रहती है। अगर कभी वह बिखरे बाल-परेशान हाल दिखे भी तो कोई चमत्कारी वॉशिंग पाउडर या सूप की टिकिया तमाम परेशानियों को छूमंतर करके उसके चेहरे की रौनक लौटा लाते हैं क्योंकि वह

एक गुड़िया है : रोती, होंठ सिकोड़ती या मुस्कुराती या दौड़ती हुई भी वह गुड़िया ही रहती है। वह रेखाओं और पिंडों की क्रमबद्धता से निर्मित तुष्ट नपुंसकता की सज्जा को संकेतित करती एक प्रतिमा है।

उसका मूलभूत गुण है बधिया होना। उसे निर्विवाद रूप से युवा होना चाहिए, उसकी देह रोमहीन, उसका शरीर उत्फुल्ल और *उसका यौनांग नहीं ही होना चाहिए।* मांसपेशियाँ उसकी देह की रेखाओं की वर्तुलता को भंग न करें चाहे वह वेत्रलता-सी छुई-मुई हो या नर्म-गुदाज। उसकी मुखाकृति पर उसके मनोभाव, उत्सुकता या बुद्धिप्रज्ञा नहीं झलकनी चाहिए। हाँ, एक विसंगत घमंड या अधमुँदी पलकों और गुदाज होंठों से झलकती, दहकती वासना उस पर दिख सकती है (रूढ़छवि की वासना अतार्किक समर्पण के समतुल्य है), और वैसे साधारण रूप से उस पर जिंदादिली और मूर्खता-भरी खुशी दिखती है। और यूँ भी जब पूरी दुनिया इस प्राणी की सुविधा के लिए खुद को लुटाए देती हो तो उसे खुश तो होना ही चाहिए, यह खुश न हो तो पूरा ढाँचा ही ढह जाए। इसलिए हर संभावित सतह पर सतत मुस्कुराती स्त्री की छवि चिपकी मिलती है। मिठाई आँखों से झलकती कोमल दिव्यता का कारण बनती है, वॉशिंग मशीन खिलखिलाहट का, चॉकलेटों का सस्ता डिब्बा विगलित आह्लादपूर्ण आभार को प्रवहमान करता है, कोकाकोला की बोतल अवर्णनीय सुख देती है, यहाँ तक कि चिपकानेवाली पट्टी तक को तुष्ट मुस्कुराहट का सलाम हासिल होता है। असली स्त्री फोटोग्राफरों के प्रकट होते ही होंठों पर जीभ फिराकर, होंठ फैलाकर अपनी दंतावली झलकाती है, अपने पति की फिल्म के प्रीमियर पर उस पर खुशी के दौरे लगातार पड़ने चाहिए, नहीं तो पति की सफलता के बारे में फुसफुसाहटें उभरने लगेंगी। लगातार मुस्कुराने की मजबूरी से दुखती चेहरे की मांसपेशियाँ इस तरह प्लेबॉय बन्नी होने का व्यावसायिक खतरा हैं।

विवेक है सबसे अच्छा पहलू वैलेरी का
यूँ सभी कुछ उसका अच्छा है
होंठ स्ट्रांबेरी-से उष्ण
आँखें बर्फ-सी शीतल
सब कुछ का सबसे अच्छा उसे पूरता है
आलुओं के लिए नहीं, न ही चावल की पुडिंग्स के लिए।

–रोजर मैकूगफ, 'डिस्क्रीशन'

तो झमेला क्या है ? शायद मैं यह सब नहीं कर पाई। शायद मेरी मुस्कुराहट प्यारी, दाँत एकसार, छातियाँ शानदार, पैर लंबे, कूल्हे शोख, आवाज मदालस नहीं है। शायद मैं मर्दों को सँभालना और अपना बाजार-भाव बढ़ाना नहीं जानती। लेकिन यह भी संभव है कि मैं इस नौटंकी से तंग आ चुकी हूँ। मैं चिर यौवन का ढोंग करते-करते तंग आ चुकी हूँ। मैं तंग आ चुकी हूँ अपनी बुद्धिप्रज्ञा, अपनी इच्छा और अपने लिंग को नकारते-नकारते। मैं नकली बरौनियों की चिलमन के पीछे से दुनिया को ताकते और

हर छवि में खरीदे हुए बालों की छाया की मिलावट देखते रहने से तंग आ चुकी हूँ। मैं भरी हुई केशराशि का बोझ अपने सिर पर लादे-लादे तंग आ चुकी हूँ, मैं अपनी गर्दन हिला-डुला नहीं सकती, बारिश, हवा, और जोशोखरोश के साथ नाचने से मैं डरती हूँ कि कहीं बाल बिखर न जाएँ। मैं प्रसाधन-कक्ष से तंग आ चुकी हूँ। मैं तंग आ गई हूँ इस ढोंग से कि किसी जड़मति नर की मूढ़ घोषणाएँ मेरे अविचलित ध्यान का केंद्र हैं, दूसरे की इच्छा से नाटक और फिल्में देख-देखकर और उनके बारे में मेरी अपनी कोई राय न होने से मैं तंग आ चुकी हूँ। मैं विलिंगी वेष धरते-धरते तंग आ चुकी हूँ। मुझे इनकार है मादा का वेश धरने से। मैं स्त्री हूँ, बधिया नहीं हूँ।

केशों की यह सजावट, छातियों का यह नंगापन, यह गालों की सुर्खी, दिलफरेब निगाहें, यह साज-सिंगार, यह चेहरे की रँगाई-पुताई, यह लुभानेवाली अदाएँ, ये घूँघर, ये छल्ले, यह रूठना-मानना, हमारे जमानों में यह सब चलन क्यों बने जा रहे हैं ?

क्या औलादें कम पैदा होने से धरती की तरह, संसार के उजाड़ हो जाने का खतरा पैदा हो गया है ? क्या खून ठंडा हो गया है और सूरज की किरणें पनियाली और कमअसर हो गई हैं कि मर्दों को यों गर्माने की जरूरत आ पड़ी है ?

अलेक्जेंडर निकोलेस, 'ए डिस्कोर्स ऑफ मैरिज एंड वाइविंग', 1615, पृ. 143-52

एप्रिल एशली जन्म से पुरुष था। उसके जीन, उसके गुणसूत्र, उसके आंतरिक और बाह्य यौनांग यही बताते थे कि वह पुरुष है। लेकिन उसकी लालसा स्त्री बनने की थी। वह रूढ़छवि के लिए लालायित था, उसे बाँहों में भरने के लिए नहीं, खुद रूढ़छवि बनने को। वह नर्म कोमल कपड़े, गहने, समूर, मेकअप, पुरुषों का प्रेम और उनकी सुरक्षा चाहता था। इसलिए वह नपुंसक था। वह स्त्रियों को चाह ही नहीं पाता था, लेकिन पुरुषों के अपने प्रति आकर्षित होने को भी वह खास पसंद नहीं करता था। वह खुद को विकृति-पीड़ित या विलिंगी वेषधारी के रूप में नहीं, एक ऐसी स्त्री के रूप में देखता था जिसे नियति की क्रूरता ने पुरुष के साँचे में उँड़ेल दिया। उसने मरने की कोशिश की, स्त्री के वेष में रहने लगा, आखिर कैसाब्लांका में उसे एक ऐसा डॉक्टर मिला जिसने उसे एक स्वीकार्य हल बताया। एप्रिल को बधिया करके उसकी पेशियों में एक दरार बनाकर उसके लिंग का अस्तर लगाकर उसकी योनि बना दी जानी थी। उसकी संतान नहीं हो सकती थी लेकिन संतानहीनता कभी स्त्रीत्व को खारिज करने का आधार तो रही नहीं। अपने नए अवतार में दमकता एप्रिल इंग्लैंड लौटा। हार्मोन चिकित्सा से उसकी दाढ़ी लुप्त हो गई और नन्ही-सी छातियाँ उभर आईं। स्त्री-वेषधारी के रूप में काम करते हुए उसने अपने बाल लंबे करके औरतों के कपड़े खरीद लिए। वह मॉडल बन गया और स्त्रीत्व की रूढ़छवि को प्रतिबिंबित करने लगा। इस काम के लिए जरूरी सब शर्तें वह पूरी भी करता था क्योंकि वह ललित, मांसल, सजा- सँवरा और अपनी ही छवि पर मुग्ध था। एक कुघड़ी में उसने एक दरबारी उपाधि के वारिस ऑनरबेल आर्थर कॉर्बेट से विवाह करके स्त्रीत्व के अपने स्वप्न की चरम उपलब्धि का

नाटक पूरा किया और मारबेला के एक बँगले में उसके साथ रहने लगा। उनके बीच शारीरिक संबंध स्थापित नहीं हुआ। स्त्री के रूप में एप्रिल की असमर्थता की ही आशा किसी बधिया से हम कर सकते हैं, लेकिन अंततः यह उन स्त्रियों की नपुंसकता से भी बहुत अलग नहीं है जो बिना कामना के अपने चरम पुरस्कार, लाड़-दुलार और आलिंगन जैसे बालसुलभ आनंद, के लिए सम्भोगलीन हो जाती हैं। जब तक स्त्री की रूढ़छवि स्त्रीत्व को परिभाषित करती रहेगी तब तक, उसके तलाक से उभरे कानूनी फैसले के बाद भी एप्रिल स्त्री ही रहेगी।[6] लिंगों के ध्रुवीकरण की वह वैसी ही शिकार है जैसी कि हम सब हैं। पदच्युत लिंगविहीन एप्रिल एशली हमारी बहन और हमारी प्रतीक है।

ऊर्जा

ऊर्जा वह शक्ति है जो मनुष्य को संचालित करती है। श्रम से ऊर्जा का ह्रास नहीं होता बल्कि वह बनी रहती है, क्योंकि यह मानस का ही एक अंग है। रोक-टोक होने पर ऊर्जा विकृत रूपों में व्यक्त होती है, जैसेकि मोटर को सड़क पर दौड़ानेवाली संचालक-शक्ति के सामने जब कोई अवरोध आता है तो वह संहारक बनकर खुद अपने ही स्रोत के परखच्चे उड़ा देती है। किसी भी औसत अनुभूतिक्षम मनुष्य को यह दिखा पाना बहुत आसान है कि स्त्रियों में यह संहारक ऊर्जा भरी पड़ी है, लेकिन बहुत ही कम लोग यह देख पाते हैं कि स्त्रियों की संहारकता लगातार हताश होते-होते आत्मघाती बन गई रचनात्मकता है। स्नायु-रोग, पीड़ाकारक मासिक, अनचाहे गर्भ, तमाम तरह की दुर्घटनाएँ, ये सभी स्त्रियों की ऊर्जा के उन्हें नष्ट करने के प्रमाण हैं। स्त्रियों की ऊर्जा उनसे परे जाकर दूसरों, खासतौर पर उनके पतियों और बच्चों के व्यक्तित्वों और उपलब्धियों, को भी बर्बाद करती है। इसका अर्थ यह नहीं है कि स्त्रियाँ अपने सभी संबंधियों से नफरत करती ही हैं, लेकिन अगर स्त्रियों को बच्चे एक कर्त्तव्य, और विवाह एक ऐसे जुए की तरह, जिसमें जुतने से वे बच नहीं सकतीं, मिलते हैं तो उनमें जितनी ही अधिक ऊर्जा होगी उतना ही वे खुद को और अपने आश्रितों को नोच-चींथ डालेंगी। जब बच्चों को स्त्रियों के एकमात्र महत्त्वपूर्ण योगदान, उनकी सृजनात्मकता की उचित अभिव्यक्ति और उनके जीवन के अवदान के रूप में स्त्रियों के समक्ष प्रस्तुत करने का छद्म निबाहा जाता है तो उसका फल स्त्रियों और उनके बच्चों को भोगना पड़ता है।

वह विशुद्ध ऊर्जा जो मस्तिष्क और शरीर, दोनों को प्रेरित करती है और आशा की नन्ही कलियाँ खिलाती है, भ्रष्ट हो जाती है और व्यर्थ इच्छाओं में बर्बाद होती है; या फिर खुली, निर्लज्ज खीज में जो मिजाज को बर्बाद कर देती है। यह नहीं तो फिर वह दिमाग में चढ़ती है और समझ को तेज करते हुए (इससे पहले कि वह समझ सानुपातिक ताकत का रूप ले) उस दयनीय चालाकी को पैदा करती है जो स्त्री-मस्तिष्क का अभिलक्षण बन जाती है और तब भी बनी रहेगी जब स्त्री सत्ता की गुलाम होगी।

—मेरी वौल्टनक्राफ्ट

'ए विंडिकेशन ऑफ द राइट्स ऑफ विमेन', 1972, पृ. 378

नारी-ऊर्जा की विकृति के इस वर्णन की न्यायसंगतता बहुत से लोगों को समझ

में आ जाएगी लेकिन उनके लिए यह समझ पाना आसान नहीं होगा कि वयस्क स्त्रियों को घर-बार और बाल-बच्चों के साथ-साथ दूसरे विकल्प उपलब्ध करा देने से ही समस्या का समाधान नहीं हो जाएगा। वयस्क स्त्री पहले ही अपनी कामनाओं और अभिप्रायों की अभिव्यक्ति में विकृति का एक ऐसा प्रतिमान गढ़ चुकी होती है जो मातृत्व के तोड़े-मरोड़े गए संस्करण के लिए उस पर सही बैठना चाहिए, विकल्प उपलब्ध कराने से ही वह गायब नहीं हो जानेवाला। किसी भी प्रतिस्थापित लक्ष्य का अनुसरण 'स्त्रियोचित' रूप से किया जाएगा, यानी दासभाव से, गैरईमानदारी से, अकुशलता और अ-तारसंगतता से। ज्यादातर मामलों में दमनकारी कर्त्तव्यों और जिम्मेदारियों का कोई

> **...हम तभी तक खुश हैं जब तक हमारा जीवन आरंभिक सहजवृत्तियों के ऊर्ध्वमुखी प्रवाह से हमेशा फैलनेवाले वर्तुलों में विस्तृत होता रहेगा...**
>
> **—हर्बर्ट रीड**
>
> **'एनल्स ऑफ इन्नोशेंस एंड एक्सपीरिएंस', 1940, पृ. 55**

खरा विकल्प स्त्रियों के लिए प्रस्तुत नहीं किया जाता : ज्यादातर स्त्रियाँ फैक्टरी की अकुशल मजदूरी या दफ्तर के काम की एकरसता के बदले खुशी-खुशी एक आधुनिक गृहस्थी की 'स्वाभाविक' एकरसता को अपना लेंगी, क्योंकि आम किस्म के औरताना काम उनकी ऊर्जा को इतना बाधित करते हैं कि वे मान लेती हैं कि गृहस्थी का कामकाज तक उससे बेहतर विकल्प रहेगा। जिन स्त्रियों को शिक्षा उपलब्ध करवाई जाती है, उन्हें एक वास्तविक विकल्प मिलता है, लेकिन यह तभी होता है जब उन्हें वास्तविक शिक्षा मिले, और सार्वभौमिक शिक्षा की भेड़ियाधसान के इस युग में यह विरल है। लेकिन जब उन्हें शिक्षा का अवसर दिया गया तो शुरुआत में इसका परिणाम अतिमानवियों की एक तुरत-फुरत जाति का सृजन नहीं था। पहली स्नातक छात्राओं के इस समकालीन वर्णन में विश्वविद्यालय के शिक्षक एक परिचित घटना की झलक पाएँगे :

व्याख्यान के दौरान छात्राएँ ध्यान और परिश्रम की प्रतिमूर्ति होती हैं; नोट्स लेने में शायद वे खुद को कुछ ज्यादा ही जुटाती हैं। वे अक्सर अगली सीटों पर बैठती हैं क्योंकि वे व्याख्यान शुरू होने से काफी पहले ही पहुँच गई होती हैं। सिर्फ एक बात ध्यान देने लायक है, अक्सर प्रोफेसर की तैयारी की सामग्री पर वे सरसरी नजर ही डालती हैं, और कई बार तो उस सामग्री को बिना देखे ही अपने पड़ोसी की ओर बढ़ा देती हैं; उसे ज्यादा देर देखने लगें तो नोट्स लेने में बाधा पड़ेगी।[1]

कुछ पूर्वग्रह से भरे इस प्रेक्षक ने जो देखा वह वास्तविक ही है : लड़कियाँ परिश्रमी, यहाँ तक कि अतिपरिश्रमी थीं लेकिन उनकी मेहनत गलत समझे गए लक्ष्य पर खर्च हो रही थी। वे तुष्ट रखने, बताई जा रही हर चीज को सीख लेने को व्यग्र थीं लेकिन व्याख्यान का वास्तविक विषय व्याख्याता द्वारा बाँटी जा रही सामग्री थी और उसमें

उनकी बिलकुल भी रुचि नहीं थी। उनकी पूरी ऊर्जा पढ़े जा रहे विषय के बारे में अपनी उत्सुकता को शांत करने में नहीं, अनुशासन और वैसी ही बाकी माँगों पर खरा उतरने में लगकर, अर्थहीन अध्यवसाय में व्यर्थ हुई जा रही थी। यह घटना आज भी छात्राओं में, जिनका विश्वविद्यालयों के कला और मानविकी विभागों में बाहुल्य है, आम है, और इसके परिणामस्वरूप अध्यापन के पेशे पर उनका वर्चस्व है। स्पष्टतः यह प्रक्रम लगातार कम होते लाभ का है : दासभाव से भरे लोग दासभाव से भरे लोगों को पढ़ाने के लिए दासभाव उत्पन्न करते हैं और यह एक ऐसे क्षेत्र में होता है जहाँ तमाम मानवीय संज्ञाओं और क्षमताओं के माध्यम से अज्ञात पर लगातार हमला होना चाहिए; शिक्षा कोरी आज्ञाकारिता कभी नहीं रही, न हो सकती है। इसलिए हैरानी की बात नहीं है कि स्त्रियाँ वैज्ञानिक प्रगति की वाहक बहुत कम ही होती हैं और पुरुषों के निर्देशन में काम करते हुए प्रयोगशाला सहायक के रूप में उनकी सेवा करती हैं; यह उनके स्नातककाल की ही सततता है। विश्वविद्यालय में प्रवेश के लिए आवेदन करते-करते ऊर्जा को व्यर्थ पथभ्रष्ट करने का उनका प्रतिमान नियत हो चुका होता है। बहुत ही ज्यादा मामलों में तो वे अपनी योग्यता को और बढ़ाने की इच्छा की पर्याप्त प्रेरणा को ही बनाए नहीं रख पाई होती हैं; विश्वविद्यालय तक पहुँचनेवाली मुट्ठी-भर लड़कियाँ भी अक्सर बिना उसका असली उद्देश्य जाने स्कूल की अपनी अध्यापिकाओं के मार्गदर्शन और दबाव की प्रतिक्रिया में, वहाँ पहुँची होती हैं, अब भी उनकी रुचि अपनी क्षमताओं को विकसित करने में नहीं होती, ज्यादा-से-ज्यादा वे अच्छे अंकों और अध्यापन के सिंड्रेला पेशे में जा पाने लायक अर्हता जुटाने की आशा ही करती हैं। इस प्रतिमान का पालन करके पाया गया संतोष बहुत सीमित होता है; इसलिए यह देखकर हमें आश्चर्य नहीं होता कि कई स्त्रियाँ अपने व्यावसायिक जीवन को भी वक्त गुजारने के साधन या विवाह के लिए एक अप्रत्यक्ष अर्हता के रूप में देखती हैं।

व्यवसायों में कार्यरत स्त्रियों के विरुद्ध सभी आपत्तियों को इस मूलभूत स्थिति को बयान करने के रूप में समझा जा सकता है। वे पूर्वग्रहयुक्त निर्णय-से लगते हैं, और उनमें क्योंकि लिंग के अलावा और कोई कारण शामिल नहीं होता इसलिए हमें मानना पड़ेगा कि वे हैं भी। लेकिन फिर भी जब तक नारीवादी मान नहीं लेते कि उद्योग, दफ्तरों, स्कूलों, मजदूर संघों, और कलाओं और विज्ञान में स्त्रियों के प्रदर्शन के आलोचकों द्वारा वर्णित घटना वास्तविक है, वे समस्या को पहचान पाने और अंततः उसे हल कर पाने में असफल रहेंगे। यह सच है कि स्त्रियों को उपलब्ध कराए गए अवसर, उनका उपयोग करने की उनकी इच्छा से कहीं बढ़कर हैं। यह भी सच है कि जो स्त्रियाँ अवसरों का उपयोग करती भी हैं, वे ऐसा अक्सर एक स्त्रैण, संतत्योचित दासभाव से करती हैं। यहाँ यह समझ लिया जाना चाहिए कि स्त्रियों को उस पहल का प्रयोग करने के लिए जो उनके पास है ही नहीं, प्रोत्साहित करना ही काफी नहीं है, ठीक जैसे कि उसके न होने के लिए उनकी निंदा करना बेकार है। हमें यह समझने का प्रयास करना होगा कि योजनाबद्ध रूप से स्त्रियों की ऊर्जा को उनके बचपन से कैशोर्य तक कैसे

लक्ष्यभ्रष्ट किया जाता है जिससे कि वयस्क होते-होते उनमें संसाधन और सृजनशक्ति छिटपुट ही बच पाते हैं।

ऊर्जा की बात करते हुए मुझे संसाधन, उपयोग, पहल, महत्त्वाकांक्षा, इच्छा, प्रेरणा जैसे शब्दों का इस्तेमाल करना पड़ा है जिनकी ध्वनियाँ पुरुषोचित हैं, क्योंकि वे गूँज-भरे अर्थ प्रेषित करती हैं जो स्त्रीत्व के साथ नहीं खपते। स्त्रीवादी तक अक्सर यह मान लेते हैं कि लैंगिकता अपने व्यक्तित्व के इन पक्षों को विकसित करने की इच्छुक स्त्री की शत्रु है, यही शायद नेशनल ऑर्गेनाइजेशन ऑफ विमेन जैसे आंदोलनों का सबसे भ्रामक अंग है। अपनी शिक्षा का कुछ उपयोग करने की अमेरिकी छात्रा की इच्छा को अपने लिंग के प्रति आग्रह ने नहीं एक *निष्क्रिय* लैंगिक *भूमिका* के प्रति आग्रह ने कमजोर किया है। असल में तो स्त्री-ऊर्जा के लक्ष्यभ्रष्ट और विकृत करने का प्रमुख साधन स्त्री-लैंगिकता का नकार और स्त्रियोचितता या लिंगविहीनता द्वारा उसे प्रस्थापित करना है। क्योंकि हम व्यक्तित्व की ऊर्जा के जिस भी सिद्धांत को मानें, ऊर्जा लैंगिकता से अविछिन्न है। मैक्डूगल ने इसे एलां वाइटल, जूंग और राइश ने लिबिडो, जेनेट ने तनाव, हैड ने सतर्कता और फ्लूगेल ने ओरेक्टिक एनर्जी कहा।[2] सभी शब्दों का अर्थ एक ही है। परंपरागत सिद्धांत की एक भूल यह है कि यह ऊर्जा के एक तरह के पूँजीवादी तंत्र की पूर्वकल्पना करता है जिसमें उसे एक ऐसा पदार्थ माना जाता है जिसका निवेश समझदारी से किया जाना चाहिए, उसे एकदम से खर्च नहीं कर डालना चाहिए।[3] असल में तो भौतिकशास्त्र से प्राप्त की गई ऊर्जा की अवधारणा से हमें मालूम होना चाहिए था कि ऊर्जा नष्ट नहीं हो सकती, उसे सिर्फ बदला या लक्ष्यभ्रष्ट किया जा सकता है। फ्रायड ने देखा कि दमन में उस ऊर्जा का उपयोग होता है जो सृजनात्मक कार्रवाई में अभिव्यक्त होती : स्त्री के साथ होता यह है कि उसकी लैंगिकता के नकार से उसकी ऊर्जा लक्ष्यभ्रष्ट होकर दमन के एक निरंतर और अंततः अप्रतिवर्ती तंत्र में ढल जाती है।

> **किसी भी मनुष्य की लैंगिकता की मात्रा और मूल प्रकृति उसकी आत्मा के ध्वजशीर्ष तक विस्तृत होती है।**
>
> **—नीत्शे**

व्याख्यानों के लिए जल्दी पहुँचने, ध्यान से व्याख्यान सुनने और नोट लेने में छात्राओं ने उतनी ही ऊर्जा खर्च की थी जितनी उनके पुरुष साथियों ने विषय का अन्वेषण करने में लगाई : प्रयोगशाला में छात्राओं ने ऊर्जा खर्च की चीजों को गिराने, मूर्खता-भरे प्रश्न पूछने और हड़बड़ाते रहने में। पुरुष-ऊर्जा को भी आकारित और विकृत किया जाता है, लेकिन अलग ढंग से, जिससे कि वह आक्रामकता और प्रतियोगितात्मकता बन जाती है। ऊर्जा की खुद पर ही विध्वंसक क्रिया से विरूप और दुर्बल होना स्त्री की नियति है क्योंकि उसे उस उद्देश्य और बाह्य वास्तविकता के संपर्क से वंचित रखा जाता है जिस पर वह खुद को आजमाती और अभ्यास करती।

> **ऊर्जा एकमात्र जीवन है और शरीर से उत्सूत है...ऊर्जा चिरंतन प्रफुल्लता है।**
>
> **—ब्लेक**

यौन-क्रियाएँ अपने आप में जिज्ञासा की स्वरूप हैं, यह उनके पुराने नाम 'दैहिक ज्ञान' से स्पष्ट है : अपनी लैंगिकता में संधान के इसी तत्त्व को नकारना स्त्री को सिखाया जाता है। इसे अपने लैंगिक संपर्कों में ही नहीं, शैशव के बाद अपने सभी संपर्कों में (क्योंकि किसी सूक्ष्म ढंग से इस संबद्धता को समझ लिया जाता है) नकारना उसे सिखाया जाता है, जिससे कि जब तक वह अपने लिंग के प्रति चैतन्य होती है तब तक इस प्रतिमान में कामना और उत्सुकता के नए रूपों पर भारी पड़ने के लिए जड़ता का पर्याप्त बल जमा हो चुका होता है। *बधिया स्त्री* से मेरा अभिप्राय इसी स्थिति से है। परंपरागत मनोवैज्ञानिक सिद्धांत में, जो कि अंततः यथास्थिति को वर्णित करने और उसे तर्कसम्मत ठहराने का ही एक ढंग है, स्त्री के फ्रायडीय सिद्धांत में स्त्री के विलिंगीकरण को यौनांग की कमी के रूप में वर्णित किया गया है। फ्रायड का इरादा शायद यह नहीं रहा होगा कि उसके प्रतिपादनों को प्रकृति के नियमों का विवरण माना जाए, उसने उन्हें एक नई और अर्थ को उजागर करती शब्दावली में तथ्यों के सुस्पष्ट विवरण के रूप में ही प्रस्तुत किया होगा; लेकिन उसने यह तो कहा ही :

> अगर हम 'पुरुषोचित' और 'स्त्रियोचित' की अवधारणाओं का एक अधिक सुनिश्चित अर्थ दे पाते तो यह दावा करना संभव होता कि लिबिडो/कामप्रवृत्ति की प्रकृति निश्चित और आवश्यक रूप से पुरुषोचित है, चाहे वह पुरुष में प्रकट हो या स्त्री में और उसका उद्देश्य पुरुष हो या स्त्री।[4]

अगर हम स्त्रियोचित लक्षणों की संभाव्यता को अनुकूलन का उत्पाद मानने का आग्रह करें तो हमें यह तर्क देना होगा कि स्त्रियोचित-पुरुषोचित ध्रुवीयता वास्तविक है, लेकिन आवश्यक नहीं है। हमें सुनिश्चित शब्दों, जो हमेशा कृत्रिम होते हैं, की ध्रुवीयता को अस्वीकार करके अनिश्चित शब्दों में घूमने की स्वतंत्रता के लिए संघर्ष करना होगा। इस आधार पर हमें *कामप्रवृत्तिविहीन* और इसलिए अपूर्ण, अवमाननीय, मानवीय संभावनाओं के एक सांस्कृतिक ह्रास होने के अर्थ में स्त्रियोचितता को अस्वीकार कर देना होगा और उस अनिश्चित शब्द स्त्री पर निर्भर रहना होगा जिसमें स्त्री-कामप्रवृत्ति की संभावना बची रही है। स्त्री कैसे बधिया होकर स्त्रियोचित बनती है, इसे समझ पाने के लिए हमें उन दबावों को देखना होगा जो जन्मते ही उस पर पड़ते हैं।

शिशु

शिशु जब जन्मता है तो उसमें खासी शक्ति होती है : वह सीधा खड़ा हो सकता है, अपना सिर घुमा सकता है, उसके पैर के पंजों में पकड़ होती है और वह हाथ से चीजों को कसकर पकड़ सकता है। कुछ ही घंटे बाद ये शक्तियाँ जाती रहती हैं, और बच्चे को दुबारा वे चीजें सीखनी पड़ती हैं जो उसमें पहले से भी मौजूद थीं। खैर आजकल तो माँ की सुविधा के लिए बच्चों को कपड़े की पट्टियों से बाँधकर सिगारनुमा पुतला बनाकर रखने का चलन नहीं रहा लेकिन अब भी हम शिशु को गुड़िया और रोगी के बीच की चीज मानते हैं। हिलने-डुलने के उसके शुरुआती प्रयासों को गर्दन और कूल्हों पर नर्स की शिकंजे-सी जकड़ रोक देती है। उसे पट्टियों से न बाँधा जाए तो भी बिस्तर में लिटाकर कपड़े में कसकर लपेट तो दिया ही जाता है। वैसे कहीं यह अहसास भी रहता है कि यह प्रक्रम बच्चे के लिए बहुत अच्छा नहीं ही है, क्योंकि समय से पहले जन्मे और कमजोर बच्चों के साथ ऐसा नहीं किया जाता। असल में तो यह शिशु के

> **पूरे ही प्राणिजगत में शावकों को लगातार शरीर की वर्जिश करने की जरूरत पड़ती है, इसे देखते हुए तो शैशव हाथ-पैरों की वर्जिश करनेवाली ऐसी निरापद उछल-कूद में बीतना चाहिए जिसमें अक्ल का ज्यादा इस्तेमाल या लगातार धाय की निगरानी की जरूरत न हो...बच्चे को और खासकर बालिका को एक मिनट के लिए भी अपनी मर्जी पर नहीं छोड़ा जाता और इस तरह उसे परतंत्र बना दिया जाता है–परतंत्रता को स्वाभाविक बताया जाता है।**
>
> **–मेरी वौल्स्टनक्राफ्ट**
>
> **'ए विंडिकेशन ऑफ द राइट्स ऑफ विमेन', 1792, पृ. 83-84**

शरीर को ठंडा होने से बचाने का सबसे सस्ता और आसान उपाय है : यहाँ शिशु के मानस के विकास में खास स्थितियों में इस्तेमाल किए जानेवाले ओवरहैड इंफ्रारैड हीटरों और विशेष नमीदार-पालनों की भूमिका और कुछ मजबूत होते ही कपड़ों में लपेटे जाने पर शिशु की प्रतिक्रिया पर विचार करने की भी जरूरत है।

माँ कराह रही थी, पिता रो रहे थे
असहाय, नंगा, गला फाड़ता
बादल में लिपटे शैतान-सा
मैं कूद पड़ा इस खतरों-भरी दुनिया में

पिता के हाथों में फड़फड़ाता
पट्टियों में कसा छटपटाता
बँधा और थका आखिर
माँ की छाती पर पड़ा मैं रूठा, खीझा[1]

ऊर्जा हमें शैतानियत से भरी लगती है, क्योंकि हमारी पूरी संस्कृति उसे अपने स्वार्थों में जोतने पर तुली है : बच्चे को सभ्य बनाना ही होगा; असल में इसका अर्थ यह है कि उसे मिटाना ही होगा। शुरू से ही उसे ऐसे किसी भी समय और ऐसी किसी भी जगह पर चीख-चीखकर फेफड़ों की वर्जिश करने से रोका जाता है जहाँ उससे वयस्कों के क्रिया-कलापों में बाधा पड़ती हो। नया जन्मा शिशु जिज्ञासा और कौतूहल से भरा होता है, सूचना को सोखने की उसकी क्षमता अद्भुत होती है, और यह सब व्यर्थ होते हैं उस विशेष रूप से तैयार किए गए वातावरण में जिसमें मद्धम ध्वनियाँ और फीके रंग होते हैं और माँ की विराट छवि जिसकी अधिष्ठात्री है। इस एक मनुष्य से बच्चे का प्रगाढ़ संबंध होता है, उसका परिचय उसके लिए अपरिहार्य हो जाता है और जो उस चरित्र के विकास का अनिवार्य अंग है जो हमारे समाज में सामान्य माना जाता है। सर्वशक्तिशालिनी माँ को कोई और व्यक्ति या कई व्यक्ति प्रतिस्थापित करें, इसके विरुद्ध पूर्वग्रह बहुत प्रबल है। प्राहा के डॉ. यारोस्लाव कॉख ने शिशुओं को एक विशेष मुक्त वातावरण में रखा और पाया कि आठ महीने के होते-होते यह शिशु नसेनी पर चढ़ लेते हैं। अगर डॉ. कॉख के शोध से यह साबित हो जाए कि माँ के उत्पादन, उसके खिलौने और उपलब्धि की भूमिका निबाहते हुए शिशु का शारीरिक और मानसिक विकास दस या सौ गुना तक कम होता है, तब भी इन परिणामों की अनदेखी कर दी जाएगी, क्योंकि हमारी संस्कृति माँ के प्रभुत्व को चरित्र-निर्माण की पहली शर्त मानती है।[2] बाहरी वास्तविकता से बच्चे का ध्यान हटाकर उसे पारस्परिक शोषण के एक ऐसे अंतर्मुखी संबंध पर केंद्रित किया जाता है जो उसकी भावी बाध्यताओं के प्रतिमान तैयार करेगा। हर विवाह ईडिपस-स्थिति को फिर-फिर दोहराता है : माँ और शिशु की सहजीविता के विचार से नितांत अपरिचित बच्चे स्वच्छंद हों या न हों, लेकिन वे अपने संबंधों में उस किस्म का मनोग्रस्त व्यवहार तो प्रदर्शित नहीं ही करेंगे जो सुरक्षा और स्थायित्व का इशारा देता है।

'मेरा नाम नहीं है
दो ही दिन का हूँ मैं'
क्या कहकर पुकारूँ तुम्हें ?
'प्रसन्न हूँ मैं
आनंद मेरा नाम है'[3]

नवजात शिशु अपने और अपने आसपास के संसार में अंतर नहीं समझता। उसे अपने अहम् का भान पहले-पहल तब होता है जब उसकी किसी इच्छा की पूर्ति नहीं

होती, हताशा और असमंजस के माध्यम से वह जान पाता है कि माँ और वह, दो अलग सत्ताएँ हैं।[4] इस तरह अहम् की पहली क्रिया है वास्तविकता को नकारकर उसके प्रति एक विद्वेषपूर्ण और चिंता का भाव अपना लेना। स्व के अंदर अलग होने और नियंत्रण के इस भाव को हमारी संस्कृति में बहुत सावधानी से पाला-पोसा जाता है और यह हमारी अहम्मन्य नैतिकता का आधार बनता है। यह नैतिकता स्व और बाकियों की अविच्छिन्नता के परिणामस्वरूप किसी भी क्रिया के समुदाय पर प्रभाव को अनुभव करने

> **बच्चे उन चीजों की तरफ नहीं गए जिनके बारे में माना जा रहा था कि वे उन्हें आकर्षित करेंगी, न उनकी रुचि परीकथाओं में थी, वे तो बस जो कुछ वे खुद कर सकते थे उन सब क्रियाओं में वयस्कों से मुक्त होना चाहते थे; वे नहीं चाहते थे कि उनकी मदद की जाए। वे शांत थे, अपने काम में डूबे, उस पर ध्यान लगाए, वे आश्चर्यजनक रूप से शांत और अविचलित थे।**
>
> **–मारिया मॉन्तेस्सरी**
>
> **'इल बैम्बिनो इन फामिग्लिया', 1956, पृ. 36**

और समझने से संचालित नहीं होती बल्कि एक आत्ममुग्ध ढंग से खुद के लागू किए गए नियमों और प्रतिबंधों से चलती है। बच्चे के आंतरिक प्रबोधक, उसकी अंतरात्मा (दरअसल चिंता और अपराधबोध) को स्थापित करना ही होगा। यह प्रक्रम एकदम शुरू में ही असफल हो सकता है या गड़बड़ा सकता है। आत्मविमोह और ऐसी अन्य गड़बड़ियाँ बच्चों में बहुत जल्दी ही स्पष्ट दिखने लगती हैं और इन्हें बच्चों को रद्द करने या अपने अनुकूलन को स्वीकार करनेवाले बच्चों से अलग करने का आधार बना लिया जाता है। प्रतिभाशाली बच्चों में इस तरह की गड़बड़ियों की बहुतायत बच्चे की ऊर्जा की शक्ति और उस पर रोकथाम के बीच संबंध को ही इंगित करती दिखती हैं : क्योंकि ऐसे बच्चों में किसी भी किस्म की योग्यता का दिखना अपने आप में अद्भुत है। पहले ऐसा होता था कि अशांत बच्चों को ठोक-पीटकर कुछ व्यवस्थित किया जाता और खास संस्थाओं में रखा जाता था जहाँ समाज के अनुरूप ढल पाने में उनकी असफलता को एक जन्मजात रोग की तरह माना जाता था। एक बहुत प्रतिभाशाली और साहसी महिला को इस बात का श्रेय है कि इन पागलखानों को भेदकर वह अनुकूलन के प्रक्रम के शिकंजे से इन बच्चों को निकाल पाई।

मॉन्तेस्सरी की विधियों की सफलता इतनी साफ दिखती थी कि उन्हें इंग्लैंड और यूरोप में शिशु-शिक्षण का आधार ही बना लिया गया, लेकिन स्कूल के बाहर और स्कूल के पहले के महत्त्वपूर्ण वर्षों में बच्चे के पालन-पोषण की आलोचना के रूप में उनकी अंतर्दृष्टि के महत्त्व को समझा ही नहीं गया है। इसका नतीजा यह हुआ है कि इस देश में, शिक्षा के बाकी रूपों के मुकाबले, प्राथमिक शिक्षा इतनी आगे है कि स्कूल और घर के संबंधों और कनिष्ठशाला और वरिष्ठशाला के संबंधों में नए-नए संकट उभरते रहते हैं। कक्षा का संचालन मानसिक रूप से पिछड़े छात्रों के हाथों सौंपकर मॉन्तेस्सरी ने एक अभूतपूर्व स्थिति पैदा कर दी। इंग्लैंड में ऐसी साहसी अध्यापिकाएँ हैं जो

अनुशासनमुक्त कक्षाओं में घूमतीं, अपनी जाँच के परिणाम बाकी कक्षा को बताने के लिए खड़े हुए बच्चों की बात सुनती हैं लेकिन उनकी संख्या कितनी है ? ज्यादातर अध्यापिकाएँ ऐसी उर्वर अव्यवस्था से घबराती हैं, ज्यादातर कक्षाओं में इतने ज्यादा बच्चे हैं कि ऐसी विधियाँ उनमें चल नहीं पातीं और ज्यादातर स्कूलों के पास ऐसे पठन-पाठन के लिए जरूरी किताबों और अन्य संसाधनों के लिए पैसा नहीं है। अभी तक तो मैंने विश्वविद्यालय स्तर पर एक शोध प्रयोगशाला, जो ऐसा ही स्वतःस्फूर्त सहकारी प्रयास हो, चला पाना असंभव पाया है। मॉन्तेस्सरी छू जाने वाले अनुभव बयान करती हैं, शाही मेहमान के प्रति बच्चों द्वारा प्रदर्शित सामूहिक सम्मान के, कि कैसे दक्षिणी इटली में आए भूकंप के बारे में सुनकर एक बच्चे ने बोर्ड पर लिखा 'मुझे बहुत दुःख है कि मैं इतना छोटा हूँ', और उन्होंने समझा कि वह जो उसने सुना है उसे स्वीकार नहीं कर पा रहा, लेकिन फिर बच्चे ने स्पष्ट किया कि वह भूकंप-पीड़ितों की मदद करना चाहता है और यों उस बच्चे ने पहला जटिल वाक्य लिखा। मॉन्तेस्सरी के छात्र अपने आयुवर्ग की अपेक्षित उपलब्धियों से कहीं आगे निकल गए, लेकिन मुझे लगता है कि स्वतःस्फूर्तता और सहयोग को स्वीकार न कर पानेवाले संसार से तालमेल बिठाने में बाद के वर्षों में सामने आई उनकी समस्याओं का भी अध्ययन किया जाता तो बहुत विषादजनक तस्वीर सामने आती। मॉन्तेस्सरी की मूलभूत मान्यता सरल लेकिन क्रांतिकारी है :

सभी विसामान्यताओं के मूल में एक ही तथ्य है, विकासकाल में जब अवतरण के प्रक्रम के माध्यम से उसकी संभावित ऊर्जाएँ उद्भूत होकर...व्यक्तित्व को एक संपूर्ण एकता में ढालतीं, बच्चे को उसके विकास के मौलिक प्रतिमान की पूर्ति करने से रोका गया। अगर बच्चे के वयस्क द्वारा प्रतिस्थापन या उसके वातावरण में गतिविधि के लिए अभिप्रेरकों की कमी के कारण इस एकता की प्राप्ति न हो पाए तो दो बातें होती हैं; मानसिक ऊर्जा और गतिविधि का विकास अलग-अलग होगा, और एक 'विभाजित मनुष्य' विकसित होगा। प्रकृति में कुछ भी न तो स्वयं उद्भूत होता है और न ही खुद को नष्ट करता है और ऊर्जाओं के लिए यह बात खासतौर पर सच है; प्रकृति द्वारा उनके लिए नियत कार्यक्षेत्र के बाहर काम करने पर ये ऊर्जाएँ विसामान्य हो जाती हैं...उनके विसामान्य होने का सबसे बड़ा कारण यह है कि वे अपना उद्देश्य खो चुकी हैं और खालीपन, अस्पष्टता और दुर्व्यवस्था के बीच काम करती हैं। वह चित्र, जो गतिविधि के अनुभवों द्वारा अपना निर्माण करता, कल्पना में पलायन कर जाता है।[5]

हमारी संस्कृति में कल्पना में यह पलायन स्वीकृत है क्योंकि यह आत्मविकास के उस परिसीमन का अंग है जिसे हम सभ्यता कहते हैं। हस्तमैथुन और वस्तुरति जैसे इसके कुछ आयामों की निंदा तो की जाती है लेकिन साधारण रूप से इसे दमन का एक जरूरी, यहाँ तक कि बढ़िया सहगामी तक माना जाता है। इस मान्यता पर कि कला का सही काम अन्यथा विनाशक या समाजविरोधी प्रवृत्तियों की कल्पना में, अहानिकर अभिव्यक्ति प्रदान करना है, कला के सिद्धांत गढ़ लिए गए।

अभी तक बच्चों में मानसिक ऊर्जा के दमन के बारे में हमने ऐसा कुछ प्रस्तुत नहीं किया है जो लड़कों से ज्यादा लड़कियों पर लागू होता हो, क्योंकि एक उम्र तक दोनों

से एक-सा ही व्यवहार किया जाता है। लेकिन प्राथमिक शिक्षण के दौरान लड़कों और लड़कियों में भेद करने से ब्रिटिश शिक्षाविदों के कड़े इंकार के बावजूद भेदभाव बहुत कम उम्र में ही शुरू हो जाता है। कुछ नन्हीं बच्चियों को अब भी नीले के बजाए गुलाबी कपड़े पहनाए जाते हैं, उन्हें नाजुक-झालरदार पोशाकें पहनाई जाती हैं जिनके गंदा होने या फट जाने पर उन्हें सजा मिलती है। कुछ बच्चियों के बालों में घूँघर डालकर उनमें रिबन बाँधकर, उन्हें बताया जाता है कि वे प्यारी और डैडी की दुलारी, वगैरह हैं। बालों से छेड़छाड़ और शृंगार-प्रसाधनों से बची रह पाईं, आरामदेह कपड़े पहननेवाली बच्चियों को भी प्यारी-दुलारी बनने के लिए प्रोत्साहित करने का सिलसिला बहुत जल्दी ही शुरू हो जाता है। कोई नहीं चाहता कि उनके बच्चे यह जाने बिना बड़े हों कि वह लड़का है या लड़की, स्त्री-लैंगिकता के किसी और बोध की अनुपस्थिति में स्त्रीत्व के रंग-ढंग लगभग अदृश्य रूप से सिखाए जाते हैं। बहुत जल्दी ही बच्ची आकर्षक और शर्मीली होना और डैडी को उँगलियों पर नचाना जान लेती है।[6] छोटे लड़कों को जब शर्मीलेपन के फायदे पता चलते हैं तो उनके घुँघराले केश मूँड़कर उन्हें उन फायदों से वंचित कर दिया जाता है, लेकिन अपने प्यारेपन का फायदा उठाने के लिए लड़कियों की तारीफ की जाती है, उन्हें प्रेरित किया जाता है। यह कोई ऐसी चीज नहीं है जो उसे सीधे सिखाई जाती हो, बस अनुभव से वह इसे सीख लेती है। बड़ी विचित्र बात है कि कनिष्ठशाला में सेक्स फिल्म दिखाए जाने के विरुद्ध तो बहुत आवाजें उठाई जाती हैं लेकिन तीन बरस की बच्ची से इश्कबाजी की भयावहता पर कोई मुँह नहीं खोलता।

छोटे लड़कों के लिए देर-सबेर वह समय आ जाता है जब गर्भनाल आखिर टूट ही जाती है और माँ के साथ संबंधों में दूरी आ जाती है। यहूदी परिवारों जैसी प्रबल मातृसत्ताओं में ऐसा नहीं हो पाता, और जब ऐसा नहीं होता तो परिणाम वह होता है जिसका रोना फिलिप रॉथ ने *पोर्टनॉयज काम्प्लेन्ट* में रोया है :

> माँ, माँ, आखिर तुम मुझे क्या बना देना चाहती थीं, रोनाल्ड निमकिन की तरह एक चलता-फिरता पुतला ? तुम्हारे मन में यह विचार आया कहाँ से कि मैं जो सबसे बढ़िया चीज हो सकता हूँ, वह आज्ञाकारी होना है ? *एक नन्हा-सा भद्रपुरुष ?* वासनाओं और कामनाओं से भरे प्राणी के लिए ऐसी आकांक्षा ! हम वीक्वाहिक डाइनर से बाहर आ रहे हैं और तुम कह रही हो—'एलेक्स', मुझे गलत न समझना, मैं उसे चट कर जाता हूँ, तारीफ तो तारीफ है, फिर वह जैसी भी हो, मैं उसे लपक लेता हूँ। बटनवाली टाई और दुरंगे 'लोफर' कोट में सजे-धजे मुझसे तुम कहती हो—'एलेक्स, तुमने कितनी अच्छी तरह मांस काटा ! और बिना गिराए तुमने भुना आलू खाया ! जी कर रहा था तुम्हें चूम लूँ, ऐसा नन्हा भद्रपुरुष मैंने तो कहीं नहीं देखा, गोद में नैपकिन बिछाए', *पागल,* माँ। तुमने नन्हा *पागल* देखा था—उस प्रशिक्षण कार्यक्रम का उद्देश्य पागलों का उत्पादन ही था। हाँ ! हाँ ! असल में रहस्य यह नहीं है कि मैं रोनाल्ड निमकिन की तरह मर क्यों नहीं गया, बल्कि यह है कि मैं उन भले युवकों जैसा नहीं हूँ जो शनिवार की सुबह बाँहों में बाँहें डाले ब्लूमिंग्डेल में टहलते दिखते हैं।[7]

अपनी माँ की नादिरशाही से न बच पानेवाले यहूदी लड़के की जो गति होती है,

वही गति हर उस लड़की की होती है जिसका पालन-पोषण सामान्य ढंग से होता है। वह मादा जनखा होती है। वह पुरुष जनखों की तरह अपना जीवन दावत में आनेवाले मेहमानों और परोसे जानेवाले सालनों की फेहरिस्तें बनाते बिताती है या फिर मातृत्व के दिव्य अधिकार का उपयोग करती हुई उसी तरह अपने बच्चों की वासनाएँ और कामनाएँ कुचलती है जैसे उसकी अपनी वासनाएँ और कामनाएँ कुचली गईं।

छोटे लड़के माँ की जान छोड़ सकते हैं, अंततः छोड़ना चाहते हैं और छोड़ने के लिए उन्हें प्रेरित किया जाता है, लेकिन बच्चियाँ ऐसा नहीं कर सकतीं। सब लोग यह बात मानते हैं कि लड़कियों की देखभाल ज्यादा करनी पड़ती है : इसका अर्थ असल में यह है कि इच्छित परिणाम पाने के लिए लड़कियों की निगरानी और दमन ज्यादा कड़ाई से किया जाना जरूरी है।[8] जीवन के शुरू के सालों में ही जब माँ उसे घर-गृहस्थी के कामकाज सिखाना शुरू करती है तो लड़की को नौकरानी की भूमिका में उतार दिया जाता है और अकेली इधर-उधर घूमने पर मिलनेवाली सजा बाह्य वास्तविकता से उसके विकर्षण को और मजबूत करती है। जब छोटे-छोटे लड़के अपने आसपास के क्षेत्र की खोज करने और उस पर दादागिरी जमाने के लिए गुटों और गिरोहों में संगठित हो रहे होते हैं[9] तब उसे बुरे-बुरे लोगों के किस्से सुनाकर घर में अकेला किया जा रहा होता है, उसकी नजरबंदी को सुरक्षा के नाम पर न्यायोचित ठहराया जाता है हालाँकि सबसे खतरनाक जगह घर ही है। बिना कारण स्पष्ट किए उसे पूरे संसार से डरना सिखाया जाता है। लेकिन एहतियाती चेतावनियाँ भयानक रूप से असफल सिद्ध हुई हैं। आखिर माँ की इजाजत से ही बाहर गई बच्चियों को काम-वासनाएँ नहीं दबोच लेंगी, इसकी क्या गारंटी है। एक शाम जब एक छोटी बच्ची की बस छूट गई तो उसने फोन करके अपनी माँ को सूचित किया (यूँ वे पैसे खत्म हो गए जिनसे वह अगली बस का टिकट खरीद पाती) माँ ने कह दिया कि मेरे पास कार नहीं है, तुम पैदल आ जाओ। डरी और रोती हुई बच्ची घर को चली, रास्ते में उसे एक खुशमिजाज अपरिचित मिला जिसने उसका अपहरण किया, उससे बलात्कार किया और आखिर जिसने उसका गला घोंटकर उसे मार डाला। लड़कियों को डरावनी चेतावनियाँ देने की पद्धति का सबसे आम नतीजा यह है कि जब उन्हें ऊटपटाँग हरकत करनेवाला कोई अपरिचित मिलता भी है तो वे बहुत डर जाती हैं और अपराधबोध अनुभव करती हैं, वे अपने माता-पिता पर इसके प्रभाव को लेकर भी इतनी परेशान होती हैं कि वे उन्हें बतातीं तक नहीं। बाल-बलात्कार के प्रतिमान का एक घटक यह है कि बच्चियाँ खुद को शिकार मानती हैं और उनमें चिल्लाने या भाग निकलने की ताकत भी नहीं होती। समुचित सुरक्षा उनके पास हो ही नहीं सकती क्योंकि उन्हें धमकी को समझने से भी रोका जाता है। कड़वी विडंबना यह है कि बाल-बलात्कार करनेवाले खुद भी उसी सड़े-गले अनुकूलन का उत्पाद होते हैं।

जब छोटे लड़के समूह और संगठन और घर के बाहर की दुनिया के बारे में सीख रहे होते हैं तब लड़कियाँ घर में चुपचाप गुड़ियों से खेलतीं सपने बुनती हैं या माँ की मदद करती हैं। स्कूल में वे अपनी ऊर्जा का इस्तेमाल खुद का दमन करने, अच्छी बच्ची

बनने और चुप रहने और जो वे देख-सुन रही हैं उसे याद रखने में करती हैं। घर में वे अर्थहीन शारीरिक कर्मकांडों में जुटी रहती हैं जिनमें कोई मानसिक गतिविधि नहीं होती। इसलिए उनमें ऐंद्रिक और बौद्धिक के बीच की खाई अपने भाइयों की तुलना में कहीं चौड़ी होती है। अगर ऐंद्रिक की पकड़ गहरी रहती है तो वे हाथों से काम करना ज्यादा पसंद करती हैं, किसी के तय किए नमूने का अनुसरण करते हुए खाना पकाना, सीना-पिरोना, बुनना-काढ़ना। डिजाइनर, शैफ (उस्ताद बावर्ची) और पेशेवर दर्जी, सब देहों से बेदखल पुरुष हैं। अगर स्त्रियाँ 'बुद्धिजीवी' बन जाती हैं तो वे अपनी देह से विलग हो जाती हैं, जो दमित, सघन, अकुशल और हमेशा जैसी ही दास्यभाव से भरी होती है। कुछ प्रतिभाशाली लोगों ने सब बंधनों को ध्वस्त करके सच्चाई को देखा है लेकिन ज्यादातर सृजनशील स्त्रियों की सर्वोत्तम कलाकृतियों में भी असारता और व्यामोह की छाप दिखती है। वर्जीनिया वुल्फ एक हद तक राह देख पाईं लेकिन उसका उन्हें भारी मूल्य चुकाना पड़ा। ज्यॉर्ज इलियट उन बहुत कम स्त्रियों में से थीं जो बंधनों से पूरी तरह मुक्त हो पाईं। दोनों में अंतर शायद मानस की ऊर्जा का रहा हो, या बुद्धिमत्ता का या शायद सीधे-सीधे यही कि ईलियट दिखने में साधारण थीं जबकि वर्जीनिया लावण्यवती और सुंदरी थीं। जो भी हो, संघर्ष की नींव उनके शैशव में डाल दी गई थी।

लड़की

अगर मैं इंगित करूँ कि लड़कियाँ अपने संस्कृतीकरण को पूरा का पूरा, बिना प्रतिरोध कि स्वीकार कर लेती हैं तो यह उनके प्रति अन्याय होगा। जितना दवाब माँएँ लड़कियों पर साफ-सुथरी और नजर-चोर होने के लिए डालती हैं, उससे लड़कियों का प्रतिरोध कुछ कम नहीं होता। बड़ी होती हुई लड़की अपना कमरा साफ करने से इंकार कर सकती है; लड़कों के मामलों में टाँग अड़ाने की जिद पकड़ सकती है, यहाँ तक कि उनसे ज्यादा उद्धत और धूर्त बनकर, लड़-झगड़कर उनके दल में अपनी जगह बना सकती है; वह अपने तमाम रिबन और रूमाल खो सकती है; पेड़ों पर चढ़ते हुए अपने जाँघिए फाड़कर ला सकती है और लड़कों की ही तरह गाली-गलौज करती डींगें हाँक सकती है। सहानुभूतिपूर्ण स्वरों में इसे 'मुश्किल दौर से गुजरना' कहा जाता है लेकिन इस प्रतिरोध के, जो अंततः यौवनारंभ पर चारों खाने चित हो जाता है, बरसों चलते रहने के प्रमाण पाए जा सकते हैं। ऊर्जा से भरी यह विद्रोही लड़की जिसे कुछ नाक-भौं चढ़ाकर *टॉमबॉय* कहा जाता है, पाँच से पंद्रह तक किसी भी उम्र की हो सकती है।

जिस लड़की के उत्साह को अकर्मण्यता की सीलन न लग गई हो या जिसकी निष्पापता को झूठी लज्जा का ग्रहण न लगा हो वह हमेशा ही अलमस्त रहेगी।

—मेरी वौल्स्टनक्राफ्ट

'ए विंडिकेशन ऑफ द राइट्स ऑफ विमेन', 1792, पृ.87

वह हमेशा ही टॉमबॉय बनी रहे यह जरूरी नहीं है, इसके कई कारण हो सकते हैं : साथ-सुथरी, प्यारी लड़कियों को मिलनेवाला लाड़-दुलार, यह समझ लेना कि लोगों की पसंद का व्यवहार अपनाने में ही फायदा है, या फिर यह कि अपनी ऊर्जस्विता के विचार के संधान के अवसर या प्रेरणा ही उसे नहीं मिल पाते, अक्सर यह होता है कि प्यारे-प्यारे उपहार पानेवाली दुलारी-लाड़ली बच्चियाँ ही सबसे पहले गुड़ियारानियों की भर्ती में नाम लिखवाती हैं। इनामों, उपहारों का प्रक्रम बराबर चलता रहता है : शुरू में मिठाइयाँ और खिलौने, फिर कपड़े और जूते और कभी-कभी बालों को घुँघराले बनवा देना या भौंहें तराशवाना और फिर, आने-जाने लायक, बढ़िया कपड़े, फिल्में, घूमने जाना वगैरह।

लेकिन माँ और स्त्रीकरण की बाकी ताकतों के आगे घुटने टेक देनेवाली लड़की

पर भी संघर्षात्मक प्रभाव पड़ते हैं। गहनों और शृंगार से लगाव के कारण स्कूल में उसे टेढ़ी निगाहें झेलनी पड़ती हैं। हर हफ्ते, तबीयत ठीक न होने या कुछ नाजुक होने की बात कहनेवाली माँ की चिट्ठी के बावजूद उसे कुछ वर्जिश करनी ही पड़ती है, उसे जिम्मेदारियाँ सौंपी जाती हैं, सामूहिक प्रयासों में धकेल दिया जाता है, ये सब ऐसी गतिविधियाँ हैं जिन्हें अगर उसका स्त्रीकरण ठीक-ठाक चल रहा है, तो वह अनाकर्षक पाती है। बजाय सॉफ्टबॉल खेलने के, भले ही सॉफ्टबॉल पुरुषों के एक खेल का स्त्रियोचित रूप है, वह अपनी हमजोलियों के साथ एक कोने में गपियाना-खिलखिलाना पसंद करेगी। धूल-पसीने में लथपथ होना उसे पसंद नहीं। उसकी अध्यापिकाएँ उसकी सुशीलता की तारीफ करती हैं लेकिन साथ ही साथ वे उसकी बढ़ती सुस्ती का रोना भी रोती हैं, उसे अपनी 'मर्दाना' सक्रिय सहपाठियों से अवमानना भी मिल सकती है। उसे छुई-मुई, गुड्डोरानी, छुपछिनाल, मैडम की चमची भी कहा जाएगा।

मम्मी की दुलारी को अगर स्कूल में दिक्कत होती है तो स्कूल की चुस्त-फुर्तीली लड़कियों की घर में आफत आती है। सामूहिक गतिविधियों और साहसिक कामों की जो गुंजाइश स्कूल में है, वह स्कूल के बाहर नहीं रहती। घरेलू कामकाज असहनीय लगते हैं और घरेलू अंतर्द्वंद्व गहरी चिंता का कारण बन सकते हैं, और इसलिए बहुत-सी अध्यापिकाएँ पाती हैं कि गर्मी की छुट्टियों के बाद स्कूल लौटने पर कुछ अच्छी छात्राएँ इतनी बदली हुई होती हैं कि पहचानी नहीं जातीं। जैसे-जैसे वह बड़ी होती है, वह पाती है कि उसकी गतिविधियों को कड़ाई से रोका जा रहा है; निश्छल भाव से घूमना-फिरना नहीं हो सकता क्योंकि 'अब वह काफी बड़ी हो गई है,' कई बार उसे लगता है कि उसे एक लज्जाजनक स्त्रीत्व में धकेला जा रहा है, वह प्राणपण से विरोध करती है और उसका व्यवहार कभी-कभी बचकाना और यहाँ तक कि ध्वंसात्मक भी हो जाता है। वह अकारण ही चिड़चिड़ी या सिलबिल्ली-सी हो जा सकती है, वयःसंधि की उम्र में तो इस तरह का व्यवहार समझ में आता है लेकिन इस परेशान लड़की के मामले में वह उम्र अभी दूर होती है। वयःसंधि से गहराई से जुड़े माने जानेवाले कई परिवर्तन असल में अपनी ऊर्जा पर पकड़ बनाए रखने के लिए लड़की की आखिरी कोशिशें होती हैं। प्राथमिक स्कूल ने लड़के और लड़की में भेदभाव किए बिना, उसे एक व्यक्ति के रूप में शिक्षित किया है। हम आशा कर सकते हैं कि कनिष्ठ विद्यालय में जाकर जब वह पाएगी कि लड़कियों पर पुरुषोचित शिक्षा के आयाम थोपने को लेकर स्त्रियोचित आपत्तियों के समक्ष समर्पण करते हुए उसे सिलाई-कटाई, गृहविज्ञान जैसे विषय सीखने होंगे तब द्वंद्व उभरेगा। पुरुषोचित-सी शिक्षा में प्रविष्ट कराए जाने की कड़वी विडंबना की जोड़ी पूरी करने के लिए ही जैसे उसे यह नीरस सारहीन विषय पढ़ने पड़ते हैं। पुरुषों की वर्दी के बेतुके संस्करण में लिपटी, स्याही-पुते हाथों से केक बनाती वह खुद को गिरते ही उठ खड़े होनेवाला सभ्यता का वह पुतला पाती होगी जिसका उपयोग और उद्देश्य ही घूँसे खाना है।

कभी-कभी लड़कियों की इच्छा होती है कि वे लड़के होतीं–आप देख सकते हैं कि पुरुष क्या करता है–उसका काम गजब का है–पुरुष के काम से बढ़कर क्या है ? पुरुष–पुरुष को किसने बनाया–माँ के प्रशिक्षण ने–अब्राहम लिंकन की माँ–भावी राष्ट्रपति को प्रशिक्षित करने की भारी जिम्मेदारी–कोई बच्चा क्या बन जाएगा, कहा नहीं जा सकता–बच्चों के प्रशिक्षण से बढ़कर कोई काम नहीं–पत्नी सोच सकती है कि पति का काम उसके काम से बढ़कर है–उसका खुद का काम एकरस और थकाऊ है–ऐसा ही व्यापार भी है–औरत का काम आदमी के काम से कम नहीं–रस्किन अपनी पत्नी के बारे में क्या कहता है–पुरुष की सफलता स्त्री पर आधारित है–उसका स्वास्थ्य पत्नी के पकाए भोजन पर निर्भर है–एक राष्ट्र का भाग्य एक पौष्टिक आहार पर निर्भर हो सकता है–अगर स्त्री और पुरुष दोनों ही व्यवसाय में लग जाएँ तो जीवन की रंगीनी खत्म हो जाए–स्त्रियाँ सामाजिक जीवन का निर्माण करती हैं–नैतिक जीवन–पुरुष के लिए सोच-विचार करते रहने की स्थितियाँ बनाए रखना–घर की शिक्षा के मूल्य–डैनियल वैब्स्टर की तमीज-तहजीब–स्त्री पुरुष के जीवन को अलंकृत करती है–अलंकरण से सुंदरता बढ़ती है–स्वच्छता से अलंकरण–मुस्कुराहट से–सौम्य शब्दों से–

–मेरी वुड एलेन, 'ह्वाट ए यंग गर्ल ऑट टु नो' (संक्षिप्त) 1928 (शब्दशः)

मोहावेशमुक्त पर्यवेक्षक को वयःसंधि की आयु में न पहुँची लड़की जितनी भी सुस्त और अस्त-व्यस्त-चकराई लगे, वह उमंग से भरी होती है। रोज के और पल-पल के द्वंद्व उसकी बहुत-सी ऊर्जा को सोख लेते हैं, फिर भी उसमें इतनी ऊर्जा बची रहती है कि वह साहस और उपलब्धियों की कहानियों से रोमांचित हो जाए और स्त्री और पुरुष नायकों से जुड़ पाए। उसकी लैंगिकता इन प्रतिक्रियाओं का मूलस्वर है, ठीक वैसे ही जैसे वह उसकी जननिक आदतों का भी मूलस्वर है। प्राथमिकशाला में इस उत्तेजित रुचि का जो निष्पाप और खुला रूप दिखता है वह कभी-कभी खास ऐंद्रिक भी हो सकता है। मुझे याद है कि मैनचेस्टर के एक स्कूल में जब मैं गई तो ढेरों छोटे-छोटे लड़के-लड़कियों ने मेरे गले में बाँहें डालकर मुझे चूमा, मेरे कोट में दुबके, मुझ पर उपहारों और प्रश्नों की बौछार कर दी। ऑस्ट्रेलिया में ग्यारह और बारह बरस के जिन बच्चों को मैं पढ़ाया करती थी, उनकी अद्‌भुत भावप्रवणता कई विचित्र रूपों में प्रकट होती थी, कभी मुग्धता और जबर्दस्त आदर्शवाद, और कभी खेल के मैदान के गुट के अंदर चित्र-विचित्र प्रयोगों में। अपने नाटकों और प्रोजेक्टों को प्रस्तुत करने या किसी का जन्मदिन मनाने या स्कूल के प्रशासन को विफल करने में वे अद्‌भुत सहकारिता दिखाते। लेकिन अक्सर तो वे लड़-झगड़ पड़ते। सबसे ज्यादा तो ऐसा होता कि कक्षाओं में बेहद शोरगुल होने से स्कूल की दिनचर्या खतरे में पड़ती जानकर अधिकारी हस्तक्षेप करते। जैसे-जैसे आज्ञाकारिता, अस्वीकृति और अनुकूलन के अन्य अंगों के प्रतिमान थोपे गए वैसे-वैसे आलिंगनों, अनुभवों और अभिव्यक्तियों की गुंजाइश कम होती गई।

रोज-रोज के द्वंद्वों और निर्दय संस्कृतीकरण से गुजरने के बाद भी ये लड़कियाँ अपने बचपन की इतनी सारी ऊर्जा और प्रेम बचाए रख पाईं, यह अद्‌भुत था जैसाकि मनोवैज्ञानिक मानते हैं, इसकी कुछ अभिव्यक्ति विशिष्ट रूप से लैंगिक थी हालाँकि वे जोर देकर कहते हैं कि वयःसंधि से कम उम्र की लड़कियों की लैंगिकता मर्दाना, भगशिश्नीय, वगैरह होती है।[1] इसलिए घोड़ों के प्रति किशोरों के सहज प्रबल आकर्षण

को वे अविकसित लड़की की लिंग-ईर्ष्या के प्रतिबिंब के रूप में देखते हैं। लड़की की जाँघों के बीच घोड़े को एक विराट शिश्न माना जाता है। निरी बकवास ! किशोर सवार घोड़े को अपने शारीरिक अहम् के विस्तार के रूप में नहीं देखती, वह उसे अपने नियंत्रण का प्रत्युत्तर देते *इतर* के रूप में जानती है। वह उस प्रबल प्रेम को अनुभव करती है जो एक प्रत्युत्तर प्राप्त कर रहा है। घुड़सवारी के लिए जरूरी नियंत्रण इतना मजबूत और गूढ़ है कि वह मुश्किल से ही उस किस्म की प्रसृत रत्यात्मकता में ढल पाता है जिसका विश्वास दिलाने की कोशिश डॉ. पीयरसन जैसे सिद्धांतकार करते रहे हैं। स्त्री-भूमिका को समझना शुरू कर रही बहुत-सी लड़कियों के लिए घुड़सवारी आलिंगन, उत्तेजना और नियंत्रण की अनुभूति के लिए अपनी मजबूत जाँघों के इस्तेमाल का इकलौता मौका है। *मिडलमार्च* की नायिका डारोथिया मूर के घोड़ा दौड़ाते फिरने की प्रबल भावना का वर्णन करते हुए ज्यॉर्ज ईलियट जानती थीं कि वे क्या कर रही हैं। यह कुछ महान साहसिक-नायकोचित कर पाने, स्वतंत्र और उदात्त होने की उसकी कामना का ही एक हिस्सा है।

जहाँ मैं पढ़ाती थी उन स्कूलों की, मुझे और एक-दूसरी को भावपूर्ण प्रेमपत्र लिखनेवाली बच्चियों में अपनी उद्वेगपूर्ण और आकारहीन भावनाओं की चैतन्य समझदारी बिलकुल नहीं थी। इन प्रखर भावनाओं की अभिव्यक्ति की वर्जना के कारण वे दुखद रूप से विह्वल, उन्मादी और कभी-कभी तो दुस्साहसी और हास्यास्पद बन जाती हैं। उनकी भावना, दबाई गई हँसी की तरह, विकृत रूप में अभिव्यक्त हुई। 'इस तरह की चीज' के प्रति ज्यादातर अध्यापकों का भाव बहुत विनाशकारी होता है। मैंने एक बच्ची की प्रेम-कविता का अपमानजनक हावभाव के साथ सार्वजनिक पाठ तक होते देखा है, और वह नन्हीं कवि कलेजे पर पत्थर रखे अविचल खड़ी रही, उस घड़ी का इंतजार करती जब वह गुसलखाने में जाकर रो सकेगी। अध्यापिका कितनी भी उदार क्यों न हो, उसे जल्दी ही पता चल जाता है कि गुरु और शिष्य के बीच शारीरिक स्पर्श के कड़े निषेध का पालन जरूरी है क्योंकि शाला के वृहत्तर संदर्भ और समाजीकरण की क्रिया को देखते हुए, लैंगिक ऊर्जा की आखिरी लपट विनाशक ही हो सकती है, और उसका गलत ही प्रयोग होगा। यह शिक्षा-पद्धति की दुखती रग है और जब तक हमारे लैंगिक अनुकूलन में आमूल-चूल परिवर्तन नहीं आता, तब तक यह दुखती रग बनी ही रहेगी। टुकड़े-टुकड़ों में इसके विरोध से पीड़ा और बढ़ेगी ही।

अपनी सहपाठिनी से प्रेम करनेवाली लड़की उस लड़की से बेहतर स्थिति में है जो अपनी अध्यापिका से प्रेम करती है। ऐसे गहरे और बहुत समय तक चलनेवाले लगावों को आमतौर पर एक खासी आक्रामक और लैंगिक रूप से परिपक्व लड़की के दूसरी लड़की को बहका लेने या लैंगिक परिपक्वता या माँ का ध्यान खींचने में भाई से प्रतिद्वंद्विता का पूर्वानुमान हो जाने पर माँ के बच्ची से दूरी बरतने के कारण बच्ची के मन में माँ के सामीप्य की अंतरित इच्छा या सीधे-सादे ढंग से लैंगिक उत्सुकता और वर्जित ज्ञान के आदान-प्रदान के रूप में समझा-समझाया जाता है।[2]

यह मान लेना खतरनाक होगा कि सदा साथ रहनेवाली लड़कियाँ अक्सर एक-दूसरी पर मोहित, परोपकारी और सहकारिता की भावना से भरीं और अक्सर सचमुच आध्यात्मिक होती हैं, और साथ ही वे बाकायदा जननात्मक न भी हों तो बेहद लैंगिक होती हैं। अगर हम इन संबंधों को, कोई संरक्षणजन्य लघुता थोपे बगैर, *प्रेम* संज्ञा से गौरवान्वित करते हैं तो हम असामाजिक परिणामों के एक ऐसे समूह की ओर इंगित कर रहे होते हैं, जिनकी अनुमति नहीं दी जा सकती। उसके अनुभव की इन सबसे प्रबल और सबसे ऊँची भावनाओं को छिपाना सीखना, एक घिनौना लेकिन अपरिहार्य काम है, कोई लड़की किसी दूसरी लड़की के शरीर को कितने ही निष्पाप भाव से सहलाए, उसे यह बहुत दबे-ढँके ढंग से करना होता है, प्रेम के जन्म के साथ दुराव की जरूरत का यह सहजबोध उसमें आ जाता है। धीरे-धीरे वह अपनी भावनाओं को आम राय के आईने में जाँचना और उनकी हँसी उड़ाकर उनका परित्याग करना सीख लेती है। यह बहुत बड़ी हानि है जो उसे उथली प्रतिक्रिया और गहरे संकोच के स्त्रियोचित प्रतिमान के और पास खींच लाती है। दूसरे के अस्तित्व को निष्कपट भाव से बाँटने को छोड़कर वह डेटिंग की छेड़छाड़ और गुदगुदी की तरफ मुड़ जाती है, जिसे सारी दुनिया अनदेखा करती है। मेरी प्रिया, मेरी सहपाठिनी को लिखा मेरा पत्र हाथ लगने पर माँ की चीख-चिल्लाहट मुझे आज भी याद है। इस लड़की ने मुझे बीथोवन के संगीत से परिचित कराया था, साथ मिले सभी पल हम एक तंग-अँधेरे कमरे में बितातीं जहाँ वह बीथोवन के सोनाटा बजाकर मुझे सुनाती थी। स्कूल की गानमंडली में गाते हुए हम एक-दूसरी के हाथ थामे रहतीं और मानतीं कि मैं ज्यॉर्ज सैंड हूँ और वह शॉपिन, या मैं शॉपिन हूँ और वह ज्यॉर्ज सैंड। वयःसंधि ने इस लड़की को नष्ट कर डाला और आखिर वह *चलताऊ किस्म* की कोरस गायिका बनकर रह गई। माँ चीख रही थीं कि मैं अप्राकृतिक हूँ, उन्हें चुप करने के लिए मैंने दोहराया कि रविवारी अखबार में मैंने पढ़ा था कि यह किशोर समलैंगिकता का एक दौर है और यूँ भी मैं उससे बाहर आ चुकी हूँ। मैंने हफ्तों तक अपने और अपने प्रेम के प्रति इस कायरता-भरे विश्वासघात का प्रायश्चित किया। लेकिन क्या इसकी माफी कभी हो सकती है ?

वयःसंधि

वयःसंधि अपने द्वंद्वों से जूझती स्त्री-बालिका पर सांघातिक प्रहार होता है। वयःसंधि की परिभाषा कठिन है; इससे जुड़ा द्वंद्व, बहुत मनमाने ढंग से ही, आवश्यक शरीरशास्त्रीय परिवर्तनों से जुड़ा है। जैसाकि होता ही है, शरीरवृत्ति को नियति का बहाना बना लिया जाता है, आनुषंगिकता को आवश्यकता बताया जाता है। ट्रोब्रियान द्वीपवासियों, या हमारे ही नहीं और समाजों को भी ग्रसनेवाले उन्माद से मुक्त ऐसे ही किसी अन्य समुदाय में वयःसंधि के सदमे से हुई प्रगति का अध्ययन अगर हुआ हो तो उसके परिणामों की जानकारी आम नहीं है। हम सबको लगातार अहसास रहता है कि वयःसंधि नर्क है, लड़कों और लड़कियों—दोनों के लिए। लड़कों के लिए मामला कामवासना और जननिकता को सूचित करनेवाले शारीरिक परिवर्तनों और जननिक आवेगों और वीर्यपात और कामुक कल्पनाओं के कारण उपजे अपराधबोध और विभ्रम से तालमेल बिठाने का है। लेकिन लड़कियों को निष्क्रियता और कामरहित होने की स्त्रियोचित मुद्रा प्राप्त कर लेनी होती है। गुप्तांग पर रोम उगते ही उसे उन्हें लुप्त करना सीखना होता है। मासिकधर्म को झेलते हुए उसके अस्तित्व से इनकार करना होता है। अपने शरीर की लैंगिकता को स्वीकार करने से उसे इतना बचाकर रखा गया है कि मासिकधर्म उसे अपनी शारीरिक एकात्मता का भयावह अतिक्रमण लगता है। इसी दौर में उसके सब द्वंद्व उभरते हैं। अगर वह अपनी कामनाओं और अपने अनुकूलन के बीच संतुलन नहीं रख पाती तो इन्हीं दिनों वह भाग जाएगी, गुमराह हो जाएगी, स्कूल में फेल होने लगेगी या ऐसा व्यवहार करने लगेगी जो असामाजिक होने के साथ-साथ आत्मघाती भी है।

फ्रायड और ड्यूश से लेकर हॉर्नी और टेर्मेन तक, स्त्री के मनोविज्ञान के तमाम पर्यवेक्षक मानते हैं कि वयःसंधि के दौरान और उसके बाद लड़कियों की बौद्धिक और अन्य योग्यताओं में खासी कमी आती है।[1] स्कूल के लड़कों से थोड़ा-सा आगे रहनेवाली स्थिति एकदम बदल जाती है। डॉ. चैपमैन कहते हैं : ''जीवन की इस अवस्था से गुजरते हुए अपनी भावनात्मक स्थिरता को बचाए रख पाने के लिए स्त्रियाँ बधाई की पात्र हैं।'' लेकिन उनका जो मन्तव्य है वह अपने आप में स्त्रियों के विरुद्ध भेदभाव है।[2] यह मानना कि जिसके उखाड़ लिए गए यौनांग से खून बह रहा हो उस प्राणी को कायदे से पागल हो जाना चाहिए, पुरुष-दंभ का ही नमूना है। अगर हम खुद किशोरियों के

उद्‌गार सुन लें तो द्वंद्व के कारण स्पष्ट हो जाएँगे।

मैं एक बात को लेकर इतनी परेशान हूँ कि माँ की राय भी नहीं ले सकती। कभी-कभी मैं खुद को बहुत अकेला महसूस करती हूँ और मेरा दिल चाहता है कि बस मेरा एक प्रेमी हो। मैं जानती हूँ कि इस तरह की बातों के लिए मैं बहुत छोटी हूँ, मैं मात्र तेरह बरस की हूँ, लेकिन यह सोचकर कि मुझे इतना लंबा इंतजार करना पड़ेगा, मैं बहुत निराश हो जाती हूँ। मुझे इस इच्छा को भूलने की सलाह मत दीजिएगा क्योंकि बहुत कोशिश करके भी मैं इसे भूल नहीं पाती, घूम-फिरकर मेरा दिमाग वहीं पहुँचता है। कृपया मेरी मदद करें।[3]

इस बच्ची की क्या मदद की जा सकती है ? उसे विश्वास दिलाना होगा कि असल में वह कुछ और ही चाहती है। वह अच्छी तरह जानती है कि उससे ऐसी कामनाएँ रखने की आशा नहीं की जाती। और, पंद्रह बरस की होते-होते उसे विश्वास हो जाएगा कि ऐसी कामना का अस्तित्व नहीं है। दूसरी ओर इस बच्ची की समस्या देखिए जिसका हल एकदम तैयार है :

अपने घर में मेरी ही सूरत-शक्ल साधारण है और मैं सुंदर बनना चाहती हूँ। पिक्चर देखने जाती हूँ तो सुंदर लड़कियों को देखते हुए यह सोचकर ही मुझे रोना आ जाता है कि मैं इतनी अनाकर्षक हूँ। आप मुझे सुंदर बनने के कुछ नुस्खे सुझाइए।[4]

इस बच्ची की असहजता और शर्म उसके व्यक्तित्व के लगातार छीजने का परिणाम हैं। असफलता के पूर्वाभास से भरी, वह मूर्खता-भरे अनुष्ठानों और छद्‌मावरण से भरे जीवन के कगार पर खड़ी है, युवा होने पर जब उसकी दिलजोई हो रही होगी, कुछ समय के लिए अपशकुन की भावना उससे दूर रहेगी लेकिन चार दिन की चाँदनी के बीतते ही दुगुने वेग से वह उस पर टूट पड़ेगी। चिड़चिड़ापन, दुःस्वप्न, बिस्तर गीला करना, अकारण हँसना, झूठ बोलना, संकोच, रोना, नाखून चबाना, बार-बार गिनना, घावों को नोचना, विचारों में डूबे रहना, सिलबिल्लापन, झेंप, दुराव-छिपाव जैसी शैशव से चली आ रही द्वंद्व की बाह्य अभिव्यक्तियाँ वयःसंधि के दौर में और साफ दिखने लगती हैं।

पुरुष वयःसंधि की परिचायक बहुरूपी, प्रबल, जननिक गतिविधि का कोई समरूप आमतौर पर स्कूल तक ही सीमित लड़कियों के समूहों में नहीं दिखता। बड़ी होती लड़की को अपने स्त्रीसुलभ आकर्षण का प्रयोग करने के वास्तविक कार्यक्षेत्र को अनदेखा करते हुए लजीली, मोहिनी बनने को प्रेरित किया जाता है। उसकी प्रबल कामनाएँ निष्क्रिय कल्पनाओं में नष्ट हो जाती हैं, लैंगिकता से उनके संबंध को प्रभावी रूप से कम महत्त्वांकित या धुँधला कर दिया जाता है। किन्सी के आँकड़े कि नब्बे प्रतिशत पुरुष हस्तमैथुन करते हैं जबकि बासठ प्रतिशत स्त्रियों ने कम-से-कम एक बार ऐसा किया है, लड़कों और लड़कियों की स्वरत्यात्मक गतिविधि में वास्तविक अंतर की बहुत अधूरी तस्वीर दिखाते हैं।[5] इस महत्त्वपूर्ण अवधि में लड़की से आशा की जाती है कि वह पुरुषों से व्यवहार रखने की शुरुआत करे, यह व्यवहार कामवस्तु के रूप में उसके आकर्षण पर आधारित होगा और खुद के कामावेग पर जरा-सा भी विचार उसे बाधित ही करेगा।

इस स्थिति के चलते उन्मुक्तता के इस दौर में ऐसी विकृतियाँ आई हैं जो बहुत विषादजनक हैं। लड़कों के बीच लोकप्रिय होने या उनकी मंजूरी पाने के लिए आमतौर पर लड़कियाँ उनको हद से ज्यादा छूट देती हैं जबकि उसमें वे अपने लिए कुछ भी न तो चाहती हैं, न उन्हें मिलता है। लड़कों को कामोत्ताप तक पहुँचाने के लिए उनकी मालिश करने, यहाँ तक कि बहुत ही अप्रिय-आनंदहीन स्थितियों में संभोग के लिए लड़कियों का तैयार हो जाना, उन्मुक्त समाज में डाली गई निष्क्रियता की जड़शक्ति का स्पष्ट दिखता परिणाम है। शनिवार की दोपहर किसी भी ब्रिटिश कस्बे में आप अपनी स्वीकृत छवि की वर्दी डाटे लड़कियों के झुंडों को, उनके प्रति तिरस्कार जाहिर करते लड़कों के झुंडों की अनदेखी करते गलियों में फिरते देख सकते हैं। उनकी कमजोरी, फीकापन और बेईमानी मिलकर अपने समवयस्क पुरुषों के साथ वास्तविक आदान-प्रदान की कोई गुंजाइश नहीं बचने देते। विडंबना यह है कि स्त्रीत्व के लिए जिस अनुकूलन से कामवस्तु के भाव बढ़ने चाहिए वही उसके सबसे बुरे अवमूल्यन का कारण बन सकता है, और बनता भी है।

जब लड़की अपनी लैंगिक स्थिति को चलाने में असफल रहती है, जो कि अक्सर ही होता है, तब वह मार्गदर्शन की ओर मुड़ती है क्योंकि उसे खुद से उत्तर मिल नहीं सकता। एक साप्ताहिक पत्रिका के समस्या-समाधान स्तंभ का अध्ययन करते हुए जेम्स हेमिंग ने पाया कि प्रश्न पूछनेवालों में लड़कियों की संख्या लड़कों से दोगुनी थी और उनकी समस्याएँ व्यक्तिगत तालमेल को लेकर थीं। वे इसके कई कारण गिनवाते हैं :

प्रश्नकर्ताओं में स्त्री-पुरुष के इस अनुपात का कारण साफ समझ नहीं आता। एक कारण तो शायद यह हो कि स्त्रियों की बढ़ती मुक्ति के बावजूद मुख्यतः पुरुषों द्वारा नियंत्रित समाज में लड़के आसानी से तालमेल बिठा लेते हैं। यह भी हो सकता है कि कई समस्याएँ सिर्फ लड़कियों के लिए हों और लड़के उनसे बच जाते हों क्योंकि माँ-बाप किशोरियों की ज्यादा चिंता करते हैं। हो यह भी सकता है कि मूल्यों की मौजूदा गड़बड़ी से लड़कों के मुकाबले वह ज्यादा परेशान होती हों। या फिर खुद को शब्दों में अभिव्यक्त करने में लड़कियों की निपुणता उन्हें अपनी समस्याओं के बारे में लिखने को तत्पर बनाती है। हो सकता है जिसे डॉ. जेम्स सट्टी 'कोमलता का हमारा निषेध' कहते हैं वह लड़कों को इस डर से अपनी समस्याओं की चर्चा करने से रोकता हो कि कहीं उन्हें 'नर्म' न समझ लिया जाए। कारण जो भी हो, कैशोर्य की समस्याओं के बारे में सभी शोधों का एक ही परिणाम दिखता है—तालमेल की समस्याएँ लड़कों के मुकाबले लड़कियों को ज्यादा होती हैं।[6]

हेमिंग जितने मामलों का उल्लेख कर रहे हैं उनके मूल में एक ही बात है : किशोर लड़की के हिजड़े की भूमिका अपनाने की जरूरत। मार्गदर्शन की उसकी तलाश अपनी स्वायत्तता को छोड़ देने का ही एक आवश्यक लक्षण है। उस पर उसके भाई के मुकाबले ज्यादा नियंत्रण रखा गया है और अब उसे ठीक-ठाक स्त्रियोचित निष्क्रियता अपनाकर, अपने दमन को खुद चलाते रहना है। यह एक नाजुक क्रिया है और शैशव से ही इसमें से निकले तनावों को देखते हुए, आश्चर्य नहीं कि वयःसंधि टूट जाने के बिंदु के रूप

में ही आती है।

उन्माद या स्वभावगत दोषों से पीड़ित स्त्रियों का विश्लेषण करते हुए दो बातें अक्सर सामने आती हैं : (1) सभी मामलों में, निर्धारक द्वंद्व बचपन से ही सामने आने लगते हैं लेकिन व्यक्तित्व में पहले परिवर्तन वयःसंधि के दौर में ही आते हैं...(2) इन परिवर्तनों की शुरुआत मासिकधर्म के साथ ही होती है।[7]

इसके बाद केरेन हॉर्नी इन उन्मादिनियों में पाए जानेवाले विघटनों की सूची देती हैं—काम-भाव से जुड़ा अपराधबोध और दुश्चिंता, स्त्रीत्व के आदर्श पर खरी न उतरने का डर, गहरा सुरक्षात्मकता का भाव, संदेह और दुश्मनी—अपने खुद के पर्यवेक्षणों पर विचार करते हुए हॉर्नी पाती हैं कि उन्हें खुद अपने पहले के फ्रायडवादी विचारों को नकारकर शास्त्रविरुद्ध होने का खतरा मोल लेना होगा। परंपरागत तर्क यह था कि वयःसंधि ने जिस चीज को बढ़ाया है वह स्त्री की अपनी प्राकृतिक यौन-भूमिका, अपने स्त्रीत्व को स्वीकारने की असमर्थता है। हॉर्नी ने पाया कि खुद स्त्रीत्व ही इन विकृतियों को पैदा करता है, हालाँकि उन्होंने इसे साफ-साफ शब्दों में नहीं कहा। अपने निबंध के अंत में उन्होंने हलकी-सी झाड़ पिलाई, 'बच्चों को भय से भर देने के बजाय उन्हें साहस और जीवट सिखाना कहीं बेहतर है।'[8]

लेकिन साहस और जीवट का भी क्या फायदा यदि स्त्री के अस्तित्व का उद्देश्य ही पति परमेश्वर द्वारा शोषित होना हो ? लड़की जब यह पाती है कि डेटिंग की स्थिति में उसकी कद्र उन्हीं गुणों के कारण होती है जिनका अवमूल्यन करने का प्रयास उसका स्कूली प्रशिक्षण करता था तो वह 'आगे कुआँ पीछे खाई' की हालत में आ जाती है। लैंगिक छद्मजाल के लक्षणों को अपनाना पीड़ाजनक है। टेलीफोन का इंतजार करते उत्सुक न दिखना सीखते, परवाह न होने का दिखावा करते, लड़की ऐसा आत्मानुशासन लागू करती है जो क्रांतिकारी बन सकता है। बहुत ही कम स्थितियों में ही वह पाएगी कि यह रोकथाम परमावश्यक नहीं है। काश स्त्री की लैंगिकता को नकारनेवाले सिद्धांतकारों ने उतने पॉप कन्सर्ट देखे होते जितने मैंने देखे हैं, जब बारह से सोलह वर्ष की हजारों लड़कियाँ उत्तेजक संगीत और पुरुष प्रदर्शनकारिता के प्रत्युत्तर में वहशी उन्माद का प्रदर्शन करती हैं। संगीत उद्योग में यह जानकारी आम है कि सितारे अपने पुरुषांग को उभारते हैं और लड़कियाँ सीटों को गीला कर देती हैं। इस घटना की बर्बरता

एक बच्ची है लेटिशिया
जो हैरतअंगेज पत्र लिखती है
किशोर कल्पना के कटआउट नायकों के नाम
बलात्कार आमंत्रित करती
यह विषयी पत्रलेखक है पॉप पोर्नोग्राफी की
निर्विवाद किशोरी रानी

—रॉजर मैक्गॉ, S.W.A.L.K.

और उन्माद का सीधा संबंध उसकी विरलता से है। यह वैसी ही विकृति है जिसकी मारी सुरा के रोमन देवता बैक्कस की अनुयायिनियों ने पेन्थीयस को चीर दिया था।

युवतियों की कामेच्छाओं और ऊर्जाओं को हमेशा ही फ्रायडवादियों जैसी प्रबलता से नहीं नकारा जाता था। सत्रहवीं सदी की बालाओं के कल्पनातोषण से स्त्रियाँ कुछ सीख सकती हैं।

छोकरियों का एक मस्ती-भरा खेल है जिसे वे आटा-गुँधाई कहती हैं। मेज पर चढ़कर वे अपने हाथों से अपने घुटनों और कोटों को जितना ऊपर समेट सकती हैं, उतना ऊपर समेटकर अपने कूल्हों को यों हिलाती हैं जैसे उनसे आटा गूँध रही हो, साथ ही यह तुकबंदी गाती हैं :

> मेरी माँ हुई बीमार और जा पड़ी बिस्तर पर
> अब मैं गूँधूँगी आटा
> एड़ी ऊपर, मूँडी नीचे
> खूब गुँधेगा आटा

(आब्रे कहती है :) मुझे नहीं लगता कि इसमें लड़कपन की खरमस्ती से ज्यादा कुछ भी होगा।[9]

अब तो हम लोग विवाहयोग्य कुमारी की वासना की गर्मी के विचार को, सिवाय उसके जराजीर्ण लोलिता संलक्षण के रूप में रद्द कर चुके हैं। हरितरोग में हमारा विश्वास नहीं है लेकिन हम यह तो स्वीकार करते हैं कि वयःसंधि अजैविक मूल का एक प्राकृतिक रोग है, यह मान्यता कम मनमानी नहीं है। वयःसंधि की वेदना में हमें जो देख पाना चाहिए, वह है उस अनुकूलन का परिणाम, जो स्त्रियोचित को रचते हुए स्त्री के व्यक्तित्व को अपंग बना देता है।

> **वह 'पुरुष' है–यह निश्चित करने के लिए नर को यह जान लेना चाहिए कि मादा 'स्त्री' ही है, 'पुरुष' की विपरीत, यानी मादा को जनखे की तरह व्यवहार करना चाहिए।**
>
> **–वालेरी सोलानास, स्कम घोषणा-पत्र, पृ. 50**

मनोवैज्ञानिक लफ्फाजी

अनुकूलन द्वारा स्त्रियों को अपनी स्वायत्तता तजकर मार्गदर्शन माँगने के लिए ढाला जाता है। स्त्रीत्व की हमारी परिकल्पना कितनी कृत्रिम है इसका प्रमाण इसका बार-बार किया जानेवाला प्रतिपादन है। मनोविश्लेषक के पितृतुल्य मार्गदर्शन की शरण में आनेवाली स्त्रियों की संख्या भी यही बताती है। स्त्री की स्थिति में तनाव के स्थायी अस्तित्व को छिपाया नहीं जा सकता इसलिए इसका स्पष्टीकरण देना पड़ता है; स्पष्टीकरण देते हुए 'द फादर' के कैप्टेन की तरह, परंपरागत मनोविज्ञान भी एकांगी रूप से यह मानता है कि स्त्रियाँ ऐसे अनुकूलन की चपेट में हैं जो उनके जीववैज्ञानिक कार्यकलाप, बच्चे पालने और घरेलू कामकाज, से असंगत है।[1] मनोवैज्ञानिकों से अकादमिक मार्गदर्शन माँगनेवाली स्त्री सचमुच ही पा सकती है कि इसके परिणामस्वरूप कुछ बहुत कड़वाहट-भरे द्वंद्व कम होते हैं, हालाँकि यह निष्कर्ष संदेहास्पद ही है। असल में जो वह पाती है वह यह है कि जिन स्थितियों के कारण वह झुँझलाती है, उन्हें आँकड़ों और सिद्धांतों के एक विशाल ढाँचे की स्वीकृति प्राप्त है। अब इस ढाँचे को तो हटाया नहीं जा सकता इसलिए स्त्री को ही उसके अनुकूल बनना होगा। मनोविज्ञान के सारभूत संरक्षणवाद और पर्यवेक्षक के पूर्वग्रह की क्रिया के बारे में उसे एक दूसरा मनोवैज्ञानिक ही बता पाता है।[2] जहाँ तक स्त्री का सवाल है, मनोचिकित्सा एक जबर्दस्त धोखाधड़ी है : वह बेचारी बड़ी आशा से मदद माँगती है क्योंकि वह दुखी है, परेशान है, उलझन में फँसी है, और मनोविज्ञान उसे समझा देता है कि वह खुद को टटोले, अपनी परेशानियों का कारण उसे *अपने अंदर* ही मिलेगा। यथास्थिति के बजाय व्यक्ति को बदलना ज्यादा आसान है, यूँ भी मनोवैज्ञानिकों के आशावादी दर्शन में यथास्थिति एक ऊँचा मूल्य है। अगर सब उपाय असफल हो जाएँ तो शामक दवाएँ, बिजली के झटके, सम्मोहन और बाकी 'उपचार' समाज के दावे को मजबूत करेंगे। मनोवैज्ञानिक संसार को तो दुरुस्त नहीं कर सकते, इसलिए स्त्रियों को दुरुस्त करते हैं। और, असल में तो वे यह भी नहीं कर पाते : 1952 में आइसेंक के एक अध्ययन से स्पष्ट हुआ कि मनोविश्लेषकों से इलाज करवा रहे रोगियों में से 44 प्रतिशत में सुधार आया; दूसरे उपायों (दवाएँ, बिजली के झटके, आदि) से जिनका इलाज हुआ उनमें से 64 प्रतिशत में सुधार आया; और जिनका कोई इलाज नहीं हुआ उनमें से 72 प्रतिशत में सुधार आया। बाद में बैरन और लीयरी, बर्गिन, कार्टराइट और वोगेल और त्रॉ के अध्ययनों

ने भी इन परिणामों की ही पुष्टि की।[3]

यह हालत है मनोविश्लेषण की आधिकारिकता और व्यक्तित्व के सिद्धांत की। अपने और अपनी समस्याओं के मनोवैज्ञानिक विश्लेषण को स्वीकार करनेवाली स्त्री के लिए खास खतरे हैं जो व्यक्तित्व संबंधी पूर्वग्रहों के समुदाय के बाकी लोगों पर पड़नेवाले प्रभावों से कहीं बड़े हैं।

मनोविश्लेषण के जनक फ्रायड हैं। उसकी जननी नहीं थी। फ्रायड मनोविश्लेषण के एकमात्र जनक नहीं हैं, बाद में उभरे सिद्धांतों के ढाँचों ने उनकी पद्धति को चुनौती भी दी है और मजबूत भी किया है। मनोविश्लेषण को आध्यात्मिकता के रूप में देखा जाना ही शायद ठीक रहेगा लेकिन आमतौर पर उसका विज्ञान के रूप में सम्मान किया जाता है। खुद फ्रायड ने स्त्रियों को समझ पाने में असमर्थ रहने का रोना रोया और बाद में वे उनके बारे में फैसले देते हुए अधिकाधिक विनम्र होते चले गए। स्त्रियों के बारे में फ्रायड की मान्यताओं को देखने का सबसे अच्छा तरीका शायद डॉ. इयान सट्टी ने अपनाया--फ्रॉयड का मनोविश्लेषण।[4] स्त्रीत्व के फ्रायडवादी सिद्धांत की आधारशिला यह पुरुषवादी विश्वास है कि स्त्री एक बधिया कर दिया गया पुरुष है। मान लिया गया है कि वह खुद को वंचित मानती है, और उसके ज्यादातर अभिप्रेरण का मूल या तो यह दिखाने का प्रयास है कि बात ऐसी नहीं है, या बच्चे पैदा करके इस कमी को पूरा करने का प्रयास। यह तर्क मूलतः एक द्विरुक्त है जो अपनी ही शब्दावली से आगे नहीं जा सकता और इसलिए न तो इसे प्रदर्शित किया जा सकता है, न इसका खंडन हो सकता है। अर्नेस्ट जोन्स खुद श्रद्धालु फ्रायडवादी थे, बच्चियों की लैंगिकता को ध्यान से देखने पर उन्हें संदेह होने लगा कि मूलभूत परिकल्पना में कुछ गड़बड़ी है :

> एक बीमार-सा संदेह बढ़ रहा है--पुरुष विश्लेषक समस्याओं को बेहद लिंगकेंद्रित दृष्टिकोण से देखते रहे हैं, उसी अनुपात में स्त्री के कामोत्ताप को कम करके आँका गया है।[5]

दुर्भाग्य ही है कि यह संदेह स्वास्थ्य-लाभ करके एक नया सिद्धांत नहीं बन पाया। तमाम प्रमाणों के बाद भी मनोविश्लेषक लिंगहीनता के सदमे पर विश्वास करते चले गए, आखिर श्रद्धा प्रमाण पर निर्भर तो है नहीं। फ्रॉयडवादी सिद्धांत यह मानकर चलता है कि लड़की और लड़के का विकास एक-दूसरे के समानांतर चलता है, फिर होता यह है कि लड़की पाती है कि वह अपना लिंग खो बैठी है। उसकी बाल-लैंगिकता मूलतः पुरुषोचित होती है।

> जैसा हम सभी जानते हैं, वयःसंधि तक पुरुष और स्त्री चरित्रों में स्पष्ट भेद स्थापित नहीं हुआ होता। उस काल के बाद, मानव जीवन को ढालने में सबसे ज्यादा इसी विपरीतता का प्रभाव दिखता है। यह सच है कि स्त्री और पुरुष-मनोवृत्तियाँ बचपन में भी आसानी से पहचानी जाती हैं। लैंगिकता के निरोधों (लज्जा, अरुचि, दया, आदि) का विकास लड़कों की तुलना में लड़कियों में, जल्दी और कम प्रतिरोध के साथ होता है; लैंगिकता के दमन की प्रवृत्ति उनमें ज्यादा दिखती है और जब लैंगिकता की घटक नैसर्गिक प्रवृत्तियाँ प्रकट होती हैं तब उनका झुकाव निष्क्रिय

रूपों की ओर होता है। लेकिन कामप्रवण क्षेत्रों की आत्मरत्यात्मक क्रियाएँ दोनों लिंगों में एक-सी होती हैं, इसकी समरूपता के कारण वयःसंधि के बाद दिखनेवाले भेद की कोई गुंजायश नहीं बचती, जहाँ तक लैंगिकता की स्वरत्यात्मक और हस्तमैथुनात्मक अभिव्यक्तियों का सवाल है, हम मान सकते हैं कि लड़कियों की लैंगिकता का चरित्र पूरी तरह पुरुषोचित होता है।[6]

ये बेतुकी बातें हैं। समानता और अंतर की धारणाओं का कोई अर्थ नहीं है। इसी तरह व्यक्तित्व की खुद को एक रहस्यमय ढंग से दमन की ओर मोड़ने की बात भी स्पष्ट नहीं है। कुल मिलाकर बहुत स्पष्ट यह होता है कि फ्रायड यह मानते थे कि तमाम कामप्रवृत्ति पुरुष-कामप्रवृत्ति है। इस टिप्पणी से हमें उनके भाषाशास्त्र की तो कुछ जानकारी मिलती है, उस वास्तविकता की कोई जानकारी नहीं मिल पाती जिसका वे हवाला देते हैं।

स्त्रीलिंग-पुल्लिंग का द्वैध, जननिक शब्दावली में अभिव्यक्त, सक्रियता और निष्क्रियता का द्वैध मात्र है, और सक्रियता और निष्क्रियता इरॉस (कामदेव) और मृत्यु के अस्थिर विलय का प्रतिनिधित्व करती हैं। इस तरह फ्रॉयड पौरुष को आक्रामकता और स्त्रीत्व को आत्मपीड़न से पहचानते हैं।[7]

सृजन और विनाश की शक्तियों के बीच स्थिर संबंध प्राप्त करने के लिए जरूरी होगा कि हम ध्रुवीयता को तजें। नर परपीड़कता और मादा आत्मपीड़कता, आक्रमणकारियों और शिकारों के वातावरण में हम जी नहीं पाएँगे। खुद फ्रॉयड ने इस बात को माना था लेकिन उन्होंने इसे स्त्रियों के मूल चरित्र के बारे में अपनी धारणाओं से नहीं जोड़ा।

पुरुषों ने प्रकृति की शक्तियों पर इस हद तक नियंत्रण पा लिया है कि उनकी मदद से उन्हें एक-दूसरे का सफाया कर देने में कोई दिक्कत नहीं होगी। यह बात वे जानते हैं और यही उनकी वर्तमान बेचैनी, दुख और चिंताओं का कारण है। और अब हम आशा कर सकते हैं कि चिरंतन काम अपने उतने ही चिरंतन प्रतिद्वंद्वी काल पर प्रभाव डालने का प्रयास करेगा।[8]

हिरोशिमा और महामृत्यु की अवधारणा से बहुत पहले फ्रायड ने यह लिखा था। लेकिन उन्होंने यह नहीं कहा कि स्त्रियों को उनकी लैंगिकता, काम के प्रति उनकी निष्ठा लौटाकर काम अपनी सैन्य-संख्या बढ़ा सकता है। इसके बजाय वे और उनके अनुयायी जीवविज्ञान द्वारा फरमाई गई स्त्री-आत्मपीड़कता की अवधारणा का ही राग अलापते रहे।

अपनी लैंगिक भूमिका का प्रतिरोध और योनि से होते रक्त-प्रवाह के संदेश, कि उसे बच्चे पैदा करने चाहिए, की अनदेखी करनेवाली स्त्री लिंग-ईर्ष्या की एक बचकाना, आक्रामक स्थिति में ही अटकी रह जाती है। वह लैंगिक रूप से सक्रिय हो सकती है लेकिन उसका प्रत्युत्तर अब भी, पुरुषोचित होता है, उसके भगशिश्न से जुड़ा हुआ, उसका मूल ग्रहणशील योनि में नहीं होता। प्रौढ़ स्त्री की आत्मपीड़कता अभिलाषी नर के आक्रमण के समक्ष समर्पण करने की उसकी कामना से उपजी है और इस आत्मपीड़कता को सिर्फ वह

सुरक्षात्मक आत्मरति नियंत्रित रखती है जो उससे नैतिक, सौंदर्यात्मक और शारीरिक शर्तें रखवाती है, परिपक्वता और शारीरिक संसर्ग के बीच के आवश्यक अंतराल में वह अपनी लैंगिकता को निष्क्रिय कल्पनाओं में अभिव्यक्त करती है; गर्भिणी होने पर ही वह पूरी होती है क्योंकि बच्चा उसके खोए जननांग और उसकी उपलब्धि का संकेतक है। अब कल्पनाएँ गायब हो जाती हैं, आत्मपीड़कता-आत्मरति की जगह बच्चे की सुरक्षा और उसके समाजीकरण में लगनेवाली ऊर्जा ले लेती है। यह चल रहे तंत्र का बहुत साफ-सुथरा वर्णन है और स्त्री सिद्धांतकारों तक के लिए बड़ा आकर्षक सिद्ध हुआ, उन्होंने भी अपने व्यक्तिपरक अनुभव को वस्तुपरक से दिखते तथ्य के सामने खड़ा करने की हिम्मत नहीं दिखाई। इसके अलावा इसमें नैतिक वजन भी था। वह स्त्री जो जानती थी कि उसके कामोत्ताप का मूल उसके भगशिश्न में है, अपरिपक्वता और लिंग-ईर्ष्या के आरोपण से सकुचाती थी। सक्रिय लक्ष्यों की सिद्धि में लगी स्त्री तो अपनी वास्तविक भूमिका के अनुरूप थी ही नहीं, वह शायद बचकाना तक थी।

> अपनी कल्पनाओं को त्याग देनेवाली लड़की जिन तत्वतः सही गतिविधियों और सामाजिक और बौद्धिक ऊर्जाओं को विकसित करती है, वे अक्सर उसके भावनात्मक जीवन को ग्रस लेती हैं और उसे पूर्ण स्त्रीत्व और बाद में मातृत्व प्राप्त करने से रोकती हैं। इस रोचक तथ्य का स्पष्टीकरण दिया जाना अभी बाकी है कि सुविकसित मस्तिष्कों और गतिविधियों के बाद भी अक्सर स्त्रियाँ भावनात्मक जीवन के बचकाना रूपों में फँसी रहती हैं। ऐसा मालूम पड़ता है कि कल्पना के जीवन से पूरी तरह परिपक्व स्त्रीत्व में विकसित होना एक मनोवैज्ञानिक उपलब्धि है जिसमें बौद्धिकीकरण बाधक हो सकता है।[9]

हेलेन ड्यूश की प्राथमिकताएँ साफ हैं। अगर बुद्धि स्त्रीकरण में बाधक होती है तो बुद्धि को दफा करना होगा। उनका मनोविश्लेषक सिद्धांत उनकी रोचक अकादमिक समस्या का उत्तर उपलब्ध नहीं करा पाता क्योंकि उत्तर तो उस सामाजिक संदर्भ में है जिसमें सक्रिय, बुद्धिशालिनी स्त्रियाँ रहती हैं। यह कहना मात्र कि भावी पत्नी और प्रौढ़ाकुमारी मास्टरनी पूरक गतिविधियाँ न ढूँढ़े क्योंकि दोनों ही बच्चे पैदा करने के काम में नहीं जुटीं, सारा खेल खराब कर देगा। स्त्रियोचित और छद्म-पुरुषोचित, दोनों ही उदाहरण, बधियाकरण का प्रतिनिधित्व करते हैं। बाद में ड्यूश ने भी स्त्रियोचित आत्मपीड़न के मूलभूत सिद्धांत पर पुनर्विचार किया, बहुत दबे स्वर में उन्होंने कहा कि 'यह सिर्फ शारीरिक परिवर्तनों में अंतर्निहित कारकों से ही जुड़ा नहीं हो सकता, इसे उस संस्कृति-संकुल या सामाजिक संगठन द्वारा महत्त्वपूर्ण रूप से अनुकूलित माना जाना चाहिए जिसमें वह विशेष रूप से आत्मपीड़क स्त्री पली-बढ़ी है।'[10] लेकिन वे जरा और आगे तक जाकर यह नहीं देख पाईं कि वे खुद भी उसी ग्रंथि का नमूना हैं और स्त्रियों की कीमत पर उसे बनाए रखने में महत्त्वपूर्ण योगदान कर रही हैं।

बौद्धिक ऊँचाई के दिखावे के बावजूद ड्यूश खुद भी स्त्री की रूढ़छवि से गहरा प्रेम करती थीं। उन्होंने आदर्श जीवन-साथी के रूप में स्त्री का अद्भुत चित्र आँका है :

...अगर उनमें सहजबोध का स्त्रीसुलभ गुण काफी मात्रा में है तो वे आदर्श सहभागी होती हैं जो अक्सर अपने पुरुषों को प्रेरित करती हैं और खुद भी इस भूमिका में सबसे अधिक प्रसन्न रहती हैं। वे बहुत आसानी से प्रभावित होती हैं और खुद को अपने संगियों के अनुरूप ढालकर उन्हें समझ पाती हैं। वे सबसे सुंदर और अनाक्रामक सहयोगी होती हैं और इसी भूमिका में रहना चाहती हैं; वे कभी अपने अधिकारों के लिए नहीं अड़तीं—बल्कि इससे उलटा ही होता है। उन्हें सँभालना हर तरह से आसान है—बस उन्हें प्यार किया जाए। वे आसानी से उत्तेजित हो जाती हैं और मुश्किल से ही कभी ऐसा होता है कि वे ठंडी हों; लेकिन इसी कामक्षेत्र में वे ऐसी आत्मरत्यात्मक शर्तें रखती हैं जिन्हें पूरा किया ही जाना चाहिए। वे प्रेम और खुद की सक्रिय प्रवृत्तियों का उत्कट परित्याग माँगती हैं।

अगर उनमें कोई प्रतिभा होती है तो वे बिना प्रतियोगी संघर्षों में पड़े मौलिक और उत्पादक होने की अपनी क्षमता बचाए रखती हैं। बिना यह महसूस किए कि वे कोई त्याग कर रही हैं, वे अपनी उपलब्धियों का परित्याग करने को तत्पर रहती हैं, और अक्सर उन्हीं की प्रेरणा से उत्पन्न अपने संगियों की उपलब्धियों से वे आनंदित होती हैं। बाहर की दिशा को जाती किसी भी गतिविधि में उन्हें मदद की बहुत जरूरत होती है लेकिन अपने आंतरिक जीवन से जुड़ी भावनाओं और सोच-विचार में, यानी अंदर की दिशा में जानेवाली गतिविधि में वे पूरी तरह स्वाधीन होती हैं। दूसरों से तादात्म्य की उनकी क्षमता आंतरिक दारिद्रय की नहीं आंतरिक समृद्धि की अभिव्यक्ति है।[11]

यह स्वीकृत स्त्री का खाका है बस, और इस तरह के खाके के तौर पर भी यह एक बनावटी, अप्राप्य आदर्श प्रस्तुत करता है। ऐसी स्त्री एक व्यक्ति बिलकुल नहीं हो सकती क्योंकि वह अपनी शर्तों पर नहीं जीती। उसका महत्त्व उसके साथ खड़े उस पुरुष की उपस्थिति से ही हो सकता है जिस पर वह पूरी तरह निर्भर होती है। परित्याग, सहभागिता, अनुकूलन और तादात्म्य के बदले उसे सहलाया, चाहा, सँभाला, प्रभावित और कभी-कभी बेकार ही चाहा जाता है। पुरुष के लिए यह बुरा सौदा है क्योंकि उसे उत्तेजित करने या उसकी रुचि जाग्रत करने की कोई कोशिश वह नहीं करती इसलिए उसके द्वारा सँभाले या प्रभावित किए जाने की आशा वह नहीं कर सकता। इस पूरे ढाँचे को नाक पर उभरा एक मस्सा अररधम्म कर सकता है क्योंकि ड्यूश अपने नुस्खे में सुंदर जैसे शब्दों के प्रयोग से नहीं बच पातीं ? उत्कट प्रेम और कामना की माँग करने का इस प्राणी को क्या अधिकार है जबकि वह खुद यह दे पाने में असमर्थ है ? इस खोखली, दासवृत्ति से भरी, उबाऊ स्त्री का आत्मोत्सर्ग खून जमा देनेवाला है। यह जन्मी ही इसलिए है कि सफलता के जिस शिखर का निर्माण करने में इसका योगदान रहा है, उस पर पहुँचते ही इसका कृतघ्न पति इसे छोड़कर उन्नीस बरस की किसी निर्लज्ज छोकरी के साथ हो ले, यह वह मानक है जो मनोविश्लेषण का 'विज्ञान' सुझाता है; समझदारी से कोसों दूर, नैतिकता और कल्पना का बेतुका घालमेल। अपेक्षाकृत समकालीन मनोविश्लेषण ने भी ड्यूश के स्थूल पूर्वग्रहों पर सवाल नहीं उठाए हैं : ब्रूनो बेट्टलहाइम का तर्क है कि 'हमें यह बात समझकर चलना है कि स्त्रियाँ अच्छी इंजीनियर, अच्छी डॉक्टर तो बनना चाहती हैं, सबसे बढ़कर वे पुरुषों की स्त्रियोचित संगिनियाँ और माँएँ

बनना चाहती हैं।'[12]

एरिक एरिकसन ने स्त्री की *कायिक अभिकल्पना* में सिर में छेद जैसे, बच्चों के लालन-पालन के प्रति समर्पण को सुरक्षित रखनेवाले, एक *आंतरिक स्पेस* की पागलपन-भरी धारणा का आविष्कार कर डाला।[13] अभी 1964 में ही जोसेफ राइनगोल्ड ने 'द फादर' के पागल कैप्टेन की स्थिति का फिर से खुलासा किया।

स्त्रियाँ जब अपनी जैविकवृत्ति से बिना डरे और नारीवादी सिद्धांत से ध्वस्त हुए बिना, बढ़कर परोपकारिता और पूर्णता की भावना से मातृत्व में प्रवेश करेंगी तब हम अच्छे जीवन के लक्ष्य और उस जीवन को जी पाने लायक सुरक्षित संसार को प्राप्त कर पाएँगे।[14]

आशावाद और रूमानी भावनाओं से ओतप्रोत होकर विवाह और मातृत्व में प्रवेश करनेवाली स्त्रियाँ ही अपनी हताशा के बारे में मुखर होती हैं। खुद में अपनी माँ की व्यामोहग्रस्त रुचि से सबसे ज्यादा परेशान उन्हीं के बच्चे होते हैं। गर्भभार पूर्णता और उपलब्धि के सभी रूपों की अनदेखी करने पर जैविकी द्वारा दिया जानेवाला मुआवजा नहीं है। इसे इतना समय लेनेवाला और संकोच-भरा तो होना ही नहीं था, हमारे समाज की सबसे गहरी बुराइयों में से एक है बच्चों के पालन-पोषण का अत्याचारी दबाव। नारीवादी इस गंभीर आशा को पोसते हैं कि मास्टर्स और जॉनसन्स के इस निष्कर्ष ने कि योनिज कामोत्ताप मनगढ़ंत कल्पना है, फ्रायडीय प्रेत को सदा के लिए पछाड़ दिया है। लेकिन ये सिद्धांतकार तो फिर भी यह तर्क दे सकते हैं कि भगशिश्नीय कामोत्ताप का अनुभव करनेवाली जिन स्त्रियों की परीक्षा मास्टर्स और जॉनसन्स ने की है वे सब गलत अनुकूलन के बचकाना उत्पाद थीं। वे तो यहाँ तक कह सकते हैं कि उनके द्वारा परीक्षित समूह के सभी कामोत्तापों का भगशिश्नीय होना इस बात का प्रमाण बिलकुल नहीं है कि योनिज कामोत्ताप का अस्तित्व कभी नहीं रहा या हो नहीं सकता, या होना नहीं चाहिए। आखिर बात एक ही तथ्य पर आती है : फ्रायडीय पद्धति यथास्थितिवाद को उन्नीसवीं सदी के मध्यवर्ग के अभीष्ट के रूप में वर्णित करती है। मूल्य-व्यवस्था में तथ्य असंगत हो जाते हैं। अगर हम बाहरी यथार्थ का सम्मान करें तो हम फ्रायडीय मनोविश्लेषण की धारणाओं को स्वदमन के प्रक्रम में रखा गया फालतू भार मानते हुए ठुकरा दें और खुद के देखे-समझे और अपने वातावरण के साथ खुद के प्रयोगों पर भरोसा करें। फ्रायडवादी व्याख्या एकतरफा तो है ही, यह जीने का मानदंड भी नहीं बन पाती। हम चाहें भी तो उतने बच्चे पैदा नहीं कर सकते जितने फ्रायड द्वारा अपेक्षित मानसिक स्वास्थ्य के लिए जरूरी हैं। मार्क ट्वेन की राय मानते हुए स्त्रियाँ अगर हमेशा नंगे पैर और गर्भिणी रहतीं तो उनकी संख्या कम करना बहुत जरूरी हो जाता।

युंग के गुह्यमंत्रों से लेकर जंगल के युद्धक्षेत्र में चिम्पांजी-गोरिल्लों को देखकर मानवीय सामान्यता के बारे में निकाले हुए निष्कर्षों तक, मनोविज्ञान के जनकों ने स्त्री की भूमिका के बारे में बहुत कुछ कहा है। मार्गरेट मीड जैसी नृतत्त्वविज्ञानी आदिम समुदायों को देख-समझकर विकसित किए गए काम के सिद्धांतों की अभिपुष्टि ढूँढ़ती

हैं और इस तरह ऊपर से दिखती क्रांतिकारिता के बावजूद निष्क्रिय स्त्रीत्व की धारणा का बचाव करती मिलती हैं। वे क्राफ्ट-एबिंग से सहमत दिखती हैं :

अगर उसका मानसिक विकास सामान्य है और उसका पालन-पोषण सही ढंग से हुआ हो तो उसमें कामेच्छा सीमित ही होती है। अगर ऐसा न हो तो पूरी दुनिया भटियारखाना बन जाए और विवाह और परिवार (का अस्तित्व) असंभव हो जाए। यह निश्चित है कि स्त्रियों से कतरानेवाला पुरुष और पुरुष के पीछे फिरनेवाली स्त्री असामान्य हैं...फिर भी स्त्री की चेतना में काम का क्षेत्र पुरुष की अपेक्षा काफी विस्तृत और अविच्छिन्न है।[15]

फ्रायड उन्हें बता पाते कि पहले पर्यवेक्षण के प्रकाश में बाद के पर्यवेक्षण का अर्थान्वय कैसे करें। स्त्रियों में कामेच्छाएँ होती हैं और अगर सामान्य मानसिक विकास और सही पालन-पोषण का काम इसे नष्ट करना है तो अपने पालन-पोषण को लात मारकर हमें असामान्य मानसिक विकास आजमाना चाहिए। अगर परिवार और विवाह स्त्री के बधियाकरण पर ही टिके हैं तो उन्हें बदलना या लुप्त हो जाना होगा। भटियारखाना विकल्प नहीं है क्योंकि उसका अस्तित्व ही परिवार और विवाह के कारण है, अगर हमें काम-कल्पना, प्रेम की जबर्दस्त जरूरत और मनोग्रस्तता के सभी रूपों के दुष्चक्र से निकलना है तो हमें अपनी काम-भावना को उसकी सही क्रिया में लगाना होगा। तभी स्त्रियाँ प्रेम करने में सक्षम हो पाएँगी। आज चिरंतन काम पर-स्वपीड़क सहजीविता की मशक्कत में कैद है, और अगर हमें उसे उस कैद से निकालना और संसार को बचाना है तो हमें जंजीरें तोड़ डालनी चाहिए। आखिर ड्यूश अपने आवेगपूर्ण शब्दाडंबर में यही तो कह रही थीं :

सहजीवी गठन का निष्क्रिय रूप समर्पण या...आत्मपीड़न है। आत्मपीड़क खुद को दूसरे व्यक्ति का ही हिस्सा बनाकर विलगाव और अलग होने के असह्य भाव से बच जाता है; यह दूसरा व्यक्ति उसे निर्देशित करता है, उसकी रक्षा करता है जैसेकि वह उसका जीवन, उसकी ऑक्सीजन हो। जिसके समक्ष समर्पण किया जाता है उसकी शक्ति बढ़ सकती है, वह व्यक्ति हो या देवता। वही सबकुछ है, मैं कुछ नहीं, मैं उसका अंशमात्र हूँ। अंश के रूप में मैं महानता, शक्ति, निश्चितता का एक अंश हूँ। आत्मपीड़क को निर्णय नहीं लेना होता, उसे कोई जोखिम नहीं उठाना होता; वह कभी अकेला नहीं होता—लेकिन वह स्वतंत्र नहीं होता; उसमें ईमानदारी नहीं होती; वह अभी पूरी तरह नहीं जन्मा है...जो अपनी ईमानदारी का परित्याग कर देता है, वह खुद को अपने बाहर की किसी चीज या व्यक्ति का औजार बना लेता है; उसे उत्पादक सक्रियता से जीने की समस्या नहीं सुलझानी पड़ती।[16]

स्त्री के लिए आत्मपीड़क की भूमिका की सिफारिश करके मनोविज्ञान उसी शैशवीकरण के हाथ मजबूत करता है जिसे स्त्री जन्म से झेल रही है। उसकी पीड़ा परिपक्व स्त्री के रूप में विकसित न हो पाने से नहीं, उस संघर्ष से उपजी है जो उसे जीने और अपनी शक्तियों से काम लेने से रोकनेवाली स्थितियों से करना पड़ता है। जन्मते ही उस पर गर्भ में लौट जाने के लिए दबाव डाला जाता है जो पालने से अर्थी

तक चलता है। गर्भ में लौटने की एक ही राह है, मृत्यु। स्त्री के आनंद और कामनाओं को काँटों का ताज पहनानेवाले दबाव ही संसार का नाश करेंगे। अगर आधी दुनिया मृत्यु की बंधक बनी रहनेवाली है तो इस ब्रह्मास्त्र के विरुद्ध काम ठहर नहीं पाएगा। हथियारों की दौड़ और शीतयुद्ध पुरुषों की होड़बाजी और आक्रामकता के कंप्यूटर-संचालित संस्थानों में जा पहुँचने के सिवाय क्या हैं ? अगर स्त्रियों को अंतिम महाविनाश के लिए बारूद उत्पादित करने से रुकना है तो उन्हें पुरुषों को खुद के ध्रुवीकरण की विकृतियों से बचाना होगा। संघर्ष लंबा और घुटने टेक देने से भी ज्यादा पीड़ादायक हो सकता है। यह संघर्ष अँधेरे में होगा क्योंकि जिसकी हम डींग हाँकते हैं, यह ज्ञान विकल्प नहीं बताता। किस काम का है यह ज्ञान ?

कच्चा माल

विकसित होती स्त्री पर अनुकूलन के दबावों के बारे में तमाम तर्कों के बावजूद ऐसा संदेह बना रह सकता है कि अपने लिंग के कारण स्त्रियों में कुछ जन्मजात मानसिक कमी होती ही है। संदिग्ध या मान ली गई प्रवृत्तियों का परीक्षण करनेवाले पर्यवेक्षकों के पूर्वग्रह को देखते हुए हमें यह जानकर आश्चर्य नहीं होना चाहिए कि मानस में लैंगिक अंतरों का होना 'सिद्ध' किया गया। आश्चर्यजनक तथ्य यह है कि ऐसे अंतर कभी साबित नहीं हो पाए हैं। मानस के लिंग की विधिवत जाँच पचास वर्ष से चल रही है। यह जानी हुई बात है कि लैंगिक हार्मोन मस्तिष्क में प्रवेश करते हैं लेकिन शारीरिकी के इस तथ्य और मानसिक क्षमता के व्यवहार के बीच संबंध कभी सिद्ध नहीं हो पाया, हाँ, उसे मान जरूर लिया गया।

स्त्रियों का भेद मैंने पा लिया है
जान लें वे कैसी विचित्र है निर्मिति उनकी
उनका लिंग भिन्न है पर कुल मिलाकर
हम जैसी ही हैं वे।
पाया कड़ाई से परख करनेवालों ने
स्त्रियाँ पुरुष ही हैं, बस
अंदर है उनमें बाहर का हिस्सा
और पुरुष ध्यान से देखें
वे खुद स्त्रियाँ हैं, अंदर का हिस्सा
बाहर है उनमें बस

–'द वर्क्स ऑफ अरिस्टॉटल इन फोर पार्ट्स', 1822, पृ. 16

ऐसा माना जाता था कि स्त्री-मस्तिष्क का अपेक्षाकृत कम भार उनकी कम मानसिक शक्ति का परिचायक है, हालाँकि उसी दौर में यह भी स्पष्ट किया गया था कि स्त्रियों में अपने शरीर के भार के अनुपात में मस्तिष्क का भार अधिक होता है। खैर मस्तिष्क-भार का तर्क पुरुषों के विरुद्ध जाते देखकर तुरंत यह मान लिया गया कि मस्तिष्क के भार का मानसिक शक्ति से कोई संबंध नहीं है। अगर मस्तिष्क के अग्रभाग को बुद्धिमत्ता का केंद्र मानें तो स्त्रियों में यह हिस्सा अपेक्षाकृत सुविकसित होता है। तो यह तर्क भी बेकार हुआ। मस्तिष्क के बारे में हमारी समझदारी अधकचरी है, इसकी

शारीरिकी और क्रिया के बारे में हम इतना कम जानते हैं कि उससे किसी निष्कर्ष पर पहुँचना कठिन है।

शारीरिकी के आधार पर व्यवहार के बारे में निष्कर्ष निकालने से ज्यादा तर्कसंगत है व्यवहार को देख-समझकर व्यवहार के प्रतिमान स्थापित करना। पर इसकी अपनी ही समस्याएँ हैं। सामान्य जीवन के लगातार गड्डमड्ड अनुकूलन से गुजर रहे लोगों पर किए जा रहे प्रयोगों को नियंत्रित कर पाना असंभव है। जिनका अनुकूलन न हुआ हो ऐसे लोग हैं ही नहीं और जिनका अनुकूलन हुआ है, वह एकसार नहीं है। अगर ऐसे परीक्षण स्त्रियों की बुद्धिहीनता को प्रकट करें तो हम उनकी अनदेखी कर सकते हैं, लेकिन ये परीक्षण भी स्त्रियों की बुद्धिहीनता को सिद्ध नहीं करते।

1966 में इलीनॅर मैक्कॉबी ने पचास वर्षों के परीक्षणों को अपनी पुस्तक 'द डेवलपमेंट ऑफ सेक्स डिफरेन्सेज' में प्रकाशित किया जिसकी विषय-सीमा बहुत व्यापक है। संज्ञानात्मक योग्यता के बारे में बहुत रोचक तथ्य सामने आते हैं : गेसेल और उनके सहयोगी (1940) और टरमैन (1925) ने पाया कि लड़कियाँ लड़कों से पहले बोलने लगती हैं। वाग्मिता के विकास के सभी अध्ययनों में पाया गया कि लड़कियाँ लड़कों से आगे रहती हैं, हालाँकि कक्षा में अपनी बात रखने जैसी उद्यमिता और संकोचहीनता की माँग करनेवाली स्थितियों में लड़कों का प्रदर्शन खासतौर पर बड़े आयुवर्गों में बेहतर रहता है, लड़कियों का शब्दकोष ज्यादा व्यापक दिखता है, हालाँकि इसमें बहुत महत्त्वपूर्ण अंतर नहीं दिखते, व्याकरण और हिज्जे के मामले में भी लड़कियाँ आगे रहती हैं, हालाँकि तर्क-संबंधी परीक्षणों में कई तरह के परिणाम सामने आए, यही हाल पढ़ने के परीक्षणों का रहा। अमौखिक संज्ञानात्मक योग्यताओं—जैसे गिनना, गणितीय तर्क, अमूर्त तर्क, समूहों को तोड़ना-बनाना, हाथ के मशीनी और वैज्ञानिक कौशल आदि, सभी के परीक्षण हुए और इनमें कोई महत्त्वपूर्ण अंतर नहीं दिखे, सिवाय इसके कि लड़कियाँ लड़कों से कुछ आगे हैं। लड़कियों के इस बेहतर प्रदर्शन के कारण शायद उनके संस्कृतीकरण, वयस्कों के साथ ज्यादा समय बिताने, अपेक्षाकृत कम शारीरिक गतिविधि, अधिक आज्ञाकारिता और विश्वास करने की आदत जैसे घटकों में मिल सकते हैं। संपूर्ण बुद्धि-परीक्षणों में से ग्यारह के परिणाम समान हैं, तीन में स्त्रियाँ आगे दिखती हैं, तीन में पुरुष। परीक्षित योग्यताओं की आकारहीनता और खुद परीक्षण स्थिति की एकांगिता को देखते हुए हमें स्त्री के मानस के बारे में कोई भी धारणा बनाने से बचना चाहिए क्योंकि इन सब परीक्षणों से एक ही बात सामने आती है : मानस का लिंग प्रदर्शित किया जाना अभी बाकी है।[1]

परीक्षणों में सृजनात्मकता और परीक्षा में अच्छे नंबर लाने के बीच एक मूलभूत संभ्रांति थी। प्रतिभाशाली बच्चों के एक समूह की प्रगति की जाँच करके प्रतिभा का अध्ययन करने का ल्यूइस टरमैन का प्रयास प्रतिभा की उन्हीं की सीमित अवधारणा का शिकार हुआ। सारा नाम की एक लड़की की टरमैन ने बहुत प्रशंसा की है, उसकी अद्‌भुत प्रतिभा के प्रमाण के रूप में वे उसकी यह कविता प्रस्तुत करते हैं :

कन्या

उसका गौरव लज्जा से अभिभूत या चतुराई से,
कन्या चल रही है, उसके हृदय का मर्मर स्वर
झलकता है कपोल की मद्धम लालिमा में
उसका अस्तित्व ऊभ-चूभ एक सुखद अबोधता
और क्षणिकता से प्रियतर बने यौवन से

जीने को व्यग्र डरती है जीवन के भँवर से
वह सहज विवेकशीला
अपनी निर्मिति के उद्देश्य को समझती
रस लेती, वह स्थगित करती है अपनी नियति को[2]

इस आडंबरपूर्ण तुकबंदी में जरा भी मौलिकता नहीं है, इसकी परंपरा को खत्म हुए भी एक सदी बीत चुकी। यह मुक्तक कुल मिलाकर नकल कर पाने में सारा की प्रतिभा को ही दिखाता है। फिर भी, परीक्षणकर्ता कुछ प्रवृत्तियों की पहचान कर पाते हैं जिससे हमें यह समझ पाने में मदद मिलेगी कि धीरे-धीरे पुरुष प्रतिद्वंद्वियों द्वारा पछाड़े जाने और बिना साक्षरता के विशेष स्तर या नौकरी की अर्हता पाए जब वह स्कूल छोड़ती है तो लड़की का क्या होता है। शिक्षा और संपादन में परीक्षणकर्ताओं के मन में संभ्रांति के बावजूद वे एक प्रवृत्ति को देख पाए जो लड़कियों की बौखलाहट को समझ पाने में सहायक होती है :

दोनों ही लिंगों में ज्यादा निष्क्रिय, निर्भर किस्म के बच्चों में कई किस्म के बौद्धिक कामों में खराब प्रदर्शन की और आत्मनिर्भर बच्चों में बेहतरीन प्रदर्शन की प्रवृत्ति दिखाई दी...[3]

पुरुष का स्त्री से ज्यादा बुद्धिमान होने के कारण, अगर उसकी बुद्धिमानी बेहतर शिक्षा के कारण है तो, खुद को श्रेष्ठ मानना ऐसा ही है जैसे दोनों हाथ बँधे पुरुष को पीटकर साहसी होने का दावा करना।

–मेरी एस्टल

'एन एस्से इन डिफेन्स ऑफ द फीमेल सेक्स', 1721, पृ. 18

'अधिकार को स्वीकार करने से इंकार करनेवाले' बच्चे कई तरह के काम बहुत अच्छी तरह करते हैं, 'तदनुरूपण के दबावों' का प्रतिरोध करनेवाले बच्चों में भी यही प्रवृत्ति देखी गई।

शिशु बेटियों का कम पोषण करनेवाली माँओं की बेटियाँ शिक्षा के मामले में बहुत सफल रहीं...

लड़कों के विपरीत लड़कियों के मामले में, माँ के प्रतिबंधों से छूट–घूमने और संधान की स्वतंत्रता–बुद्धिसूचकांक (IQ) के विकास में एक महत्त्वपूर्ण घटक दिखाई देती है।[4]

इस बयान की रोशनी में कला में महान अवदान में स्त्रियों की असफलता के कारण देखे जा सकते हैं। अपने अनुकूलन से बचकर या उसे ठुकराकर बच्ची उन बौद्धिक गतिविधियों में अच्छी निकल सकती है जो रचनात्मक कही जाती हैं, लेकिन आखिर में उसे या तो अनुकूलन के सामने घुटने टेक देने पड़ते हैं या उसके द्वंद्व इतने बढ़ जाते हैं कि उसकी दक्षता अवरुद्ध होने लगती है। मैक्कॉबी समझ नहीं पातीं कि लैंगिकता के विकास का लड़कियों के प्रदर्शन पर ऐसा ऋणात्मक प्रभाव क्यों होता है, हालाँकि वे पहले दमन और मानसिक क्षमताओं के संबंध पर मैककिन्नॅन के विचारों को उद्धृत कर चुकी हैं।

मैक्किन्नॅन का तर्क है कि विचार-प्रक्रम पर दमन का सामान्य प्रभाव है व्यक्ति के अपने ही पहले के अनुभवों में अभिगम्यता में बाधकता। कोई भी व्यक्ति जो दमन को सुरक्षात्मक उपाय बनाए हुए हो, मैक्किन्नॅन के ही शब्दों में 'विचारों पर निगाह दौड़ाने में गहरा दखल' नहीं रख सकता। उनके पास प्रमाण है कि असल में रचनात्मकता (व्यक्तित्व-मूल्यांकन परीक्षणों से इंगित) दमन की अनुपस्थिति से जुड़ी है और बैरॅन बताते हैं कि मौलिकता 'आवेग और भावना के प्रति प्रभावनीयता' से जुड़ी है।[5]

जो कुछ भी कहा गया है उसके आधार पर यह स्पष्ट है कि हम लिंगों की हीनता और श्रेष्ठता की बात नहीं कह सकते, सिर्फ अभिरुचियों और व्यक्तित्व में विशिष्ट अंतरों की बात कही जा सकती है। बहुत हद तक यह अंतर सांस्कृतिक और अन्य अनुभवात्मक घटकों का परिणाम हैं...सभी मनोवैज्ञानिक अभिलक्षणों में ऐसा परस्पर व्यापन है कि हमें स्त्रियों और पुरुषों के बारे में समूह की रूढ़छवियों के रूप में नहीं, व्यक्तियों के तौर पर सोचना होगा।

–अन्ना अनस्तासी

'डिफरेन्शियल सायकॉलॉजी', 1958, पृ. 497-8

मैक्किन्नॅन के विचार कुछ हद तक स्पष्ट करते हैं कि अपने माता-पिताओं और वरिष्ठजनों द्वारा प्रदर्शित दमनकारी प्रक्रम को अपने हाथ में लेकर युवा लड़की जब उसे खुद अपने लिए चलाती है तब कैसे धीरे-धीरे उसकी आशाएँ लुप्त होती जाती हैं। जिससे उसकी खुद की शुरुआत हुई थी, वह कच्चा माल किसी भी तरह उस कच्चे माल से हीन नहीं था जिससे पुरुष प्रातिमा गढ़ी जाती है लेकिन यह साबित करने के लिए लड़कियों को खुला बौद्धिक विद्रोह करना ही होगा।

स्त्रीशक्ति

जहाँ तक स्त्रियों और पुरुषों की बौद्धिक क्षमता में कोई विशिष्ट लैंगिक अंतर ढूँढ़ पाने में खासतौर पर तैयार किए गए परीक्षणों की असफलता का सवाल है, कई जिम्मेदारियों और कामों के लिए स्त्री की पात्रता को चुनौती देनेवालों के लिए यह एकदम असंगत है। उनका मानना है कि यह परीक्षण खुद परीक्षणकर्ताओं और परीक्षण-विधियों के बारे में बहुत कुछ कहते हैं। डॉ. लीविस को विश्वास था कि वे स्त्री-लेखक को उसकी शैली से ही पहचान सकते हैं, भले ही उसका लेखन किसी पुरुष की श्रेष्ठतर उपलब्धि की पैरोडी ही रहा हो। आखिर स्त्री होने के अलावा तो वर्जीनिया वुल्फ में कोई खराबी नहीं थी। कहा जा सकता है कि यह परीक्षण लैंगिक अनुकूलन के प्रभावों को प्रभावहीन करने के लिए ही खासतौर पर तैयार किए गए थे, जबकि वास्तविक संसार में वास्तविक स्त्रियाँ लगातार अनुकूलित होती रहती हैं। उनकी मूलभूत क्षमता के बारे में हमारी सैद्धांतिक राय में फेरबदल उनकी उपलब्धि का स्वरूप नहीं बदल सकता। पुरुष शिकायत करते हैं कि वे स्त्रियों को नहीं निभा सकते, कि हर कीमत पर स्त्रियों के साथ बहस करने से बचना चाहिए क्योंकि वे गलत-सलत तरीके अपनाकर ही हर हाल में जीतती हैं। 'बिलकुल औरतों की तरह' वे उसाँस भरते हैं, और सब सहमत हो जाते हैं। मानस में लिंग की तलाश डॉ. लीविस से लेकर नॉर्मन मेलर[1] जैसे पंडितों का ही विशेषाधिकार नहीं है—यह साक्षरता के सबसे निचले स्तर पर भी पाया जाता है—स्कूली लड़के तक 'उफ ये लड़कियाँ' बड़बड़ाते पाए जाते हैं। इस अंतर में पूरे मन से विश्वास किया जाता है, इसलिए इसका अनुभव भी होता है। एक दृढ़विश्वास के तौर पर यह व्यवहार का प्रेरक और इस घटना का निरंतर बना रहनेवाला कारण बन जाता है। इसे बुद्धिसंगत साधनों से एक तरफ नहीं किया जा सकता। लेकिन स्त्रियाँ ही खुद को तार्किकता तक सीमित रखें, ऐसा भी कोई कारण नहीं है : हम भी मानस के अंडाशयी सिद्धांत का *दोहन* कर सकती हैं।[2]

स्त्रियाँ अपनी भावनाओं को वे काम करने देती हैं जिनके लिए वे बनी हैं, और इसीलिए मानसिक रूप से पुरुषों की अपेक्षा अधिक स्वस्थ रहती हैं।

—एशली मॉण्टेग्

'द नेचुरल सुपीरियॉरिटी ऑफ विमेन', 1954, पृ. 54

स्त्री की आत्मा के सिद्धांत का सबसे संपूर्ण बयान ओट्टो वेइनिंगर नाम के लड़के की अद्भुत रूप से कठोर और समर्पित पुस्तक *सेक्स एंड कैरेक्टर* में है। इस पुस्तक के प्रकाशन के कुछ साल बाद ही वेइनिंगर ने आत्महत्या कर ली थी। उसके चटकीले, उन्मादग्रस्त जीवन को द्विरूपवाद के चरम परिणाम के रूप में देखा जा सकता है। युद्धरत अर्द्धकों के बीच सीमाएँ बनाकर, मनुष्य की प्रकृति को विच्छिन्न करके वेइनिंगर ने खुद को विकृति, अपराधबोध और अकाल मृत्यु के हवाले कर दिया। उसने स्त्रियों की तदनुरूपता शरीर, अवचेतन लैंगिकता, और उसके बाद निष्क्रिय अनध्यात्मवाद से स्थापित की। विवेकशील नर के तौर पर पाशविक तत्त्व की उसने निंदा की। 'स्त्रियों के बारे में सचमुच गहराई से सोचनेवाले पुरुष उनके बारे में अच्छी राय नहीं रख पाते; पुरुष या तो स्त्रियों से घृणा करते हैं या उन्होंने उनके बारे में गंभीरता से कभी नहीं सोचा होता।'[3]

फ्रायड की तरह वह भी स्त्रियों को प्रकृति द्वारा बधिया किया हुआ मानता था; वह खुद लिंग के बारे में बहुत ऊँची राय रखता था और मानता था कि स्त्रियाँ भी ऐसा ही करती हैं :

एक पूरी विवस्त्र स्त्री-आकृति कुछ कमी का आभास छोड़ती है, एक अपूर्णता जो सौंदर्य के अनुकूल नहीं है...[4]

स्त्री को भानेवाले गुण हैं, विकसित काम-भावना के चिन्ह; उच्चतर मानस के गुण उसे विकर्षित करते हैं। स्त्री मूलतः लिंगपूजक है...[5]

लिंगों के द्विरूपवाद पर वेइनिंगर ने गहरा सोच-विचार किया और उसने पाया कि ऐसी ध्रुवीयता के चलते पुरुषों की घनिष्टता स्त्रियों से नहीं हो सकती, उनके बीच सिर्फ एक साझा, बहुत ही मजबूर किस्म का ढोंग होता है। यही मशक्कत वैलेरी सोलानास ने स्त्रियों की तरफ से की और पाया कि पुरुष स्त्री-अस्तित्व के लिए लालायित रहते हैं और उनके हाथों भ्रष्ट और स्त्रैणीकृत होना चाहते हैं।[6] उसने इसका बदला एंडी वार्होल को गोली मार कर लिया। कुछ ज्यादा ईमानदारी से काम लेते हुए वेइनिंगर ने खुद पर ही हाथ आजमाया और सफल रहा। जैसे वैलेरी सोलानास पुरुषों द्वारा खुद ही प्रस्तुत अपनी छवि से और खुद अपनी रूढ़छवि की शर्तों पर पूरे उतरने में उनकी असफलता से नफरत करती हैं, उसी तरह वेइनिंगर स्त्रियों से उनकी निष्क्रिय और पाशविक छवि और फिर असल में वैसी न होने के कारण नफरत करता है। उनके छद्म की शुरुआत लैंगिक स्थिति की अपेक्षा के कारण होती है जिसका वे दोहन करती हैं, इसी से छल-कपट और मिथ्यावादिता उनकी सब क्रियाओं के विशेष लक्षण होते हैं। स्त्री क्योंकि दूसरों के लिए, दूसरों के माध्यम से जीती है इसलिए उसे अपने व्यवहार की नैतिक जिम्मेदारी लेने की जरूरत नहीं है : क्योंकि उसकी कोई जिम्मेदारी नहीं है इसलिए उसमें नैतिकता और अहं भी नहीं है। अहं के न होने और ढेरों भूमिकाओं को निबाहने के कारण स्त्रियों की कोई अस्मिता भी नहीं होती जैसाकि अपने नाम बदलने में उनकी तत्परता से स्पष्ट है। अपने जीवन में स्त्री कभी भी खरी नहीं होती।[7]

यह विचार कि वाइनिंगर अपने आसपास के मादा व्यवहार का ही वर्णन कर रहा था, एक करारा तमाचा है। वह देख नहीं पाया कि एक दिन स्त्रियाँ इन्हीं विरूपताओं से स्वतंत्र होने की माँग करेंगी। उसकी समझ में स्त्रियाँ ऐसी ही थीं, और मुर्गी और अंडे की चिरंतन पहेली की तर्ज पर वह नहीं जानता था कि स्त्रियों की स्थिति पहले आई या उनका चरित्र। उसने मान लिया कि उनका चरित्र ही पहले आया होगा क्योंकि वह उनकी स्थिति का कोई और स्पष्टीकरण नहीं दे सकता था।

> **स्त्री-पुरुष की राजनैतिक और नागरिक समानता नैतिक समानता को इंगित करती है। यह एक बहुत भयावह तार्किक परिणति को इंगित करती है कि भविष्य में स्त्रियों की नैतिकता ज्यादा-से-ज्यादा वही होगी जो सम्माननीय ईसाई विक्टोरियन पुरुष की है। और इसका अर्थ है पूरी ईसाई नैतिकता का ध्वंस।**
>
> **–रॉबर्ट ब्रिफॉ, 'सिन एंड सेक्स', 1931, पृ. 132**

वेइनिंगर ने जो भी नैतिक कमियाँ ढूँढ़ निकालीं वे विक्टोरियन समाज में गुणशील मानी जाती थीं। उनकी सही पहचान का श्रेय वेइनिंगर को मिलना ही चाहिए। लेकिन अहं, अस्मिता, तर्क और नैतिकता की उसकी अवधारणाएँ इसी अवांछित यथास्थिति के पर्यवेक्षण पर आधारित थीं, और आज स्त्रियों को लग सकता है कि वेइनिंगर जिन्हें दोष मानता है, वे असल में स्वतंत्रताएँ हैं जिन्हें बढ़ावा देने में उनका ही फायदा है। उदाहरण के लिए :

स्त्रियों में सोचना और महसूस करना एक समान है, पुरुषों के लिए वे एक-दूसरे से विपरीत हैं। स्त्री के लिए अपने कई मानसिक अनुभव इलहाम हैं जबकि पुरुष में यह स्पष्टीकरण के एक प्रक्रम से गुजरे हैं।[8]

हम तर्क दे सकते हैं कि स्पष्टीकरण मिथ्याकरण ही है : अगर आप जानना चाहें कि किसी स्थिति-विशेष में क्या घटा तो बेहतर यही होगा कि आप किसी ऐसे व्यक्ति से पूछें जिसने पूरी घटना देखी-समझी हो और बजाय किसी क्षेपित स्पष्टीकरण के पूरी घटना ही याद रखी हो। पुरुषों के लिए कितने दुःख की बात है कि उनकी भावना और विचार एक-दूसरे के विरुद्ध होते हैं !

इलियट ने कहा था कि सत्रहवीं सदी ने संवेदनशीलता का विसंबंधन देखा, तब बुद्धि भावना की प्रबलता का सीधा सूचक नहीं रह गई बल्कि उसकी जड़ खोदने लगी।[9] ऐसा तो नहीं कि पुरुष-शासित पश्चिमी सभ्यता को दुर्बल बना देनेवाले प्रक्रम से स्त्रियाँ बच निकली हों ? ऐसी मोहक संभावना का अर्थ निकालते हुए हमें याद रखना चाहिए कि ज्यादातर पढ़ी-लिखी स्त्रियों को पुरुषों की अकादमिक संस्कृति में भर्ती कर लिया गया है और वे इलहाम की सामर्थ्य खो बैठी हैं। एंतॉनिन अर्ता के अनुसार अनैइ निन शायद उससे भी बच पाई हैं :

उस सुंदर चित्र को देखने के लिए मैं बहुत से स्त्री-पुरुषों को लाया, लेकिन मैंने किसी कलात्मक भावना को मनुष्य को प्रेम की तरह स्पंदित बनाते हुए पहली बार देखा। तुम्हारी इंद्रियाँ थरथरा रही थीं और मुझे आभास हुआ कि मानस और देह तुममें बहुत सशक्त रूप से जुड़े हैं, क्योंकि ऐसा शुद्ध आध्यात्मिक (अनुभव) तुम्हारे जीव में ऐसा प्रबल झंझावात उठा पाया। लेकिन संसार में देखने में आता है कि मानस देह पर आधिपत्य जमाए रहता है, हर तरह से, मुझे लगता है कि तुममें एक पूरी सृष्टि है, जन्मने को आतुर अगर मुक्तिदाता मिल जाए।[10]

यह कोरा प्रलाप है। क्रूरता के थिएटर के आविष्कर्ता से तो यही आशा की जा सकती है कि एकीकृत संवेदन की घटना को देखने पर वह मानस का आधिपत्य सिद्ध करने में एक पूरा पैराग्राफ खर्चे, यहाँ तक कि मुक्तिदाता की जरूरत ही बता दे ! अर्ता के द्वैध ने उसे देखने ही नहीं दिया कि चित्र का उद्दीपन ही ऐंद्रिक था। हुआ बस यह कि एक संवेदनात्मक और समझ में आनेवाले उद्दीपन का प्रत्युत्तर निन ने देह और मानस दोनों से दिया। चित्र एक था और निन का प्रत्युत्तर भी वैसा ही समेकित था।

अगर स्त्रियाँ अपने अनुभवों को उनके मौलिक, अवर्गीकृत रूप नें बनाए रख पाएँ तो वे निश्चित विचार की सीमाबद्धता से बची रह सकती हैं; ए.एन.ह्वाइटहैड ने 'एडवेन्चर्स ऑफ आइडियाज' में ऐसा इंगित किया है।

विचारों के अध्ययन में यह जरूरी है कि प्रखर स्पष्टता का आग्रह भावुक भावनाओं से निकला हो, (जैसेकि) यह तथ्य की जटिलताओं को ढँकनेवाली धुंध है। स्पष्टता का आग्रह हर कीमत पर मनुष्य की प्रज्ञा की प्रक्रिया के बारे में शुद्ध अंधविश्वास पर आधारित है। हमारे तर्क तिनकों का सहारा लेते हैं और कोहरे पर तैरते हैं।[11]

साधारण स्तर पर नर और मादा विचार का अंतर आसानी से दिखाया जा सकता है : बस चायपत्ती की चिप्पी लगे डिब्बे में चीनी रखने पर पिता द्वारा माँ का मजाक उड़ाया जाना याद कीजिए या स्त्रियों की जगप्रसिद्ध अनुभूति, जो आखिर व्यवहार के बहुत सूक्ष्म अंशों को देख पाने और उनके आधार पर एक ऐसे प्रमेय निष्कर्ष पर पहुँचने की क्षमता है जिसे तर्क से स्पष्ट नहीं किया जा सकता। अब जबकि अधिकांश सूचना छपे कागज पर तर्क-वितर्क के रूप में प्रसारित नहीं हो रही बल्कि दृश्य और श्रव्य माध्यमों से कई अ-शाब्दिक ढंगों से ग्रहण की जा रही है, यह साफ हो गया है कि स्पष्टीकरण और तर्क-वितर्क संज्ञान के एकमात्र या प्रमुख उपाय नहीं, वैकल्पिक उपाय हैं। परंपरागत तार्किक प्रक्रम के कंप्यूटर द्वारा अधिग्रहण ने मानवीय विचार की सृजनात्मक प्रवृत्ति को ही रेखांकित किया है। खासतौर पर उस पीढ़ी में जिसने अपनी अधिकांश शिक्षा इस अंतरहीन रूप में पाई है, एक व्यापक पैमाने पर विचार और भावना के पुनर्एकीकरण की साक्षी पिछले दशक में राजनैतिक भावोद्वेग में अचानक हुई वृद्धि है। इन परिस्थितियों में स्त्री-मानस की ऐसी कोई भी विशिष्टता एक शक्ति बन सकती है।

दुर्भाग्य से मेरे अपने तर्कों में तर्क के प्रति नाकाफी सम्मान की तमाम खामियाँ

हैं और उसमें कोई भी मजबूती नहीं है, यह दंड है हमारे देकार्तवादी शिक्षा-पद्धति से शिक्षित हुए होने का। आज मेरी स्थिति वही है जो भाँगड़ा न नाच पानेवाले सरदार की होती है ! आजकल तो शिक्षा-पद्धति बदल रही है, ताकि मानसिक अनुशासनों के लागू होने से सृजनात्मक विचार का ह्रास न हो, यह अनुशासन अब साध्य के रूप में नहीं अन्य साध्यों की प्राप्ति के साधन के रूप में सिखाए जाते हैं। दुर्भाग्य से अब तक इस परिवर्तन का जो परिणाम दिखा है, वह है—विज्ञान के अध्ययन के प्रति बच्चों की अनिच्छा, लेकिन अंततः विज्ञान खुद एक संपूर्ण अध्ययन बन जाएगा।

लेकिन वेइनिंगर के पास और भी गंभीर आरोप हैं :

> एक स्त्री यह नहीं समझ सकती कि मनुष्य को सिद्धांत से प्रेरित होना चाहिए; क्योंकि उसकी कोई सततता नहीं है इसलिए वह अपने मानसिक प्रक्रमों के लिए तर्कपूर्ण समर्थन की आवश्यकता अनुभव नहीं करती...उसे 'तार्किक रूप से पागल' माना जा सकता है।[12]

यह सच है कि अक्सर स्त्रियाँ तर्कपूर्ण ढंग से तर्क करने से इंकार करती हैं। बहुत से मामलों में तो वे तर्कपूर्ण ढंग से तर्क करना जानती ही नहीं हैं और पुरुष उन्हें कुछ शब्दाडंबर से चकित कर सकते हैं। कुछ मामलों में यौक्तिकीकरण शुरू होने से पहले ही वे आतंकित या परेशान हो जाती हैं। लेकिन सच यह भी है कि ज्यादातर स्थितियों में तर्क एक अवतार्किक उद्देश्य का यौक्तिकीकरण ही होता है। स्त्रियाँ यह जानती हैं कि पुरुषों के साथ उनका तर्क-वितर्क छद्मवेषी राजनीति ही है। यह मानसिक फुर्ती की प्रतियोगिता नहीं है जिसमें विजेता का पुरस्कार उसका अधिकार है, बल्कि इच्छाशक्तियों की प्रतियोगिता है। तार्किक प्रवचन के नियम यहाँ इतने ही असंगत हैं जितने असंगत मुहल्ले के बाहुबलियों की भिड़ंत में ओलंपिक की ग्रीको-रोमन कुश्ती के नियम होते हैं। स्त्रियों की व्यवहार-कुशलता पुरुषों की इस गलतफहमी को नकारती है कि पुरुष युक्तिसंगत प्राणी हैं। पुरुष-तर्क सिर्फ सरल मुद्दों से ही सुलट सकता है : स्त्रियाँ क्योंकि निष्क्रिय होती हैं और पहल करने के बजाय देखने और प्रतिक्रिया करने तक ही सीमित रहने को अभिशप्त हैं, इसलिए वे जटिलता के प्रति अधिक सचेत होती हैं। पुरुष आधिपत्य के हित में अपनी ग्रहणशीलता का दमन करने पर मजबूर हुए हैं। स्त्रियों के शिशुवतीकरण का एक संभावित लाभ यह है कि लाओत्से के शब्दों में वे, 'सृष्टि को अपनी ओर खींचनेवाली धारा' बन पाएँगी ताकि वे 'चिरंतन सद्गुण से विच्छिन्न नहीं हों', 'और फिर से शैशव की अवस्था में लौट पाएँ',[13] यदि स्त्रियों की अवस्था जो हमने शैशव को बना डाला है वह नहीं बल्कि सचमुच शैशव होती तो नई संभावनाएँ साकार हो पातीं। शॉपेनहॉवर स्त्रियों की अवस्था को *नैतिक शैशव* कहते हुए स्त्रियों ही नहीं, शिशुओं के प्रति भी अपना पूर्वग्रह व्यक्त करता है। तर्क को गंभीरता से लेने में स्त्रियों की असफलता के उनकी नैतिकता के लिए गंभीर परिणाम होते हैं। वेइनिंगर के शब्दों पर फ्रायड मुलम्मा चढ़ाता है :

> मैं इस धारणा से कतराकर नहीं निकल सकता (हालाँकि इसे व्यक्त करने में झिझकता हूँ) कि,

स्त्रियों के लिए नैतिक रूप से जो सामान्य है, उसका स्तर पुरुषों के (स्वीकार्य) स्तर से भिन्न है। उनका पराहम् कभी इतना अटल, इतना अवैयक्तिक, अपने भावात्मक मूल से इतना स्वतंत्र नहीं होता जितना पुरुषों में उसके होने की हम अपेक्षा करते हैं। हर युग के आलोचकों ने उनके जो दोष गिनवाए हैं–कि उनमें न्याय की भावना पुरुषों से कम है, कि वे जीवन की महान अपेक्षाओं के समक्ष समर्पण करने को कम तैयार दिखती हैं, कि उनके फैसले अक्सर स्नेह या द्रोह की उनकी भावनाओं से प्रभावित होते हैं–उनके पराहम् के गठन के संशोधन में इन सबका हिसाब-किताब हो जाएगा...स्त्रीवादियों के नकार से प्रभावित होकर हमें ऐसे निष्कर्षों से नहीं हट जाना चाहिए, वे तो दोनों लिंगों को स्थिति और योग्यता में पूरी तरह बराबर मनवाने पर तुले हैं।[14]

इस उद्‌गार की भूलभुलैया भयावह है। आखिर दोनों लिंग स्थिति और योग्यता में बराबर हैं या नहीं ? स्थिति क्या है ? योग्यता क्या है ? वह स्त्री-चरित्र के अप्रमाणित दोषों को पराहम् जैसी अप्रमाणित सत्ता के अप्रमाणित संशोधन से स्पष्ट करने की बात कहते हैं : अगर शरीर-रचना नियति है तो फ्रायड मानस की शरीर-रचना का आविष्कार करने को व्याकुल दिखते हैं। अगर नात्सी अफसरों में निर्णय इतने अस्वाभाविक रूप से, भावना से अलग न किया गया होता तो शायद वे आदेशों का इतनी तत्परता से पालन न करते। स्त्रियाँ पुरुषों से कम समबुद्धि होती हैं : यह किस किस्म की आलोचना हुई ? दो विश्वयुद्धों के बाद समबुद्धित्व अपना मूल्य खो बैठा है। यदि मर्दाना 'न्याय' ने स्त्रियों को नैतिक जिम्मेदारी से वंचित रखा है और उनके प्रति अवमानना का भाव रखते हुए उन्हें देवियाँ कहा है तो बहुत संभव है कि वे खुद भी पुरुषों के भयावह पराहम् और मायावी नैतिकता के बारे में कुछ निष्कर्षों पर पहुँची हों। दैविक करुणा को चुनौती देते हुए, प्रोटेस्टैंट यूरोप ने अपने लिए ईमानदारी की एक अप्राप्य नैतिकता तय की है : मनुष्य के कर्म के विशेष लक्षणों, ज्ञान की अपूर्णता और इच्छाशक्ति की दुर्बलता के बावजूद सभी कर्मों के लिए पूरे और असमाप्य उत्तरदायित्व से दोहरी हुई असहाय अंतरात्मा। फ्रायड ने इसके परिणाम अपने समुदाय में देखे हुए थे लेकिन वह अपराधबोध और मनोभ्रम का विकल्प सूत्रबद्ध नहीं कर पाया। दमन को बनाए रखने की अहम् की क्षमता ऐसे धर्म का प्रमुख आधार होती है। जीव के खुद को दंडित करते रहने के चक्र को बनाए रखने में स्त्रियाँ भले ही कुशल साबित न होती हों, लेकिन हो सकता है कि इसमें भी एक भलाई हो जो कम भ्रम की माँग करती है।

असली स्त्री में, हर स्थिति में अस्मिता की भावना की खासी कमी रहती है, क्योंकि बहुत ही अच्छी होते हुए भी उसकी स्मृति में निरंतरता नहीं होती...अपने पिछले जीवन पर दृष्टि डालने पर स्त्रियाँ खुद को कभी समझ नहीं पातीं।[15]

साहित्य का पुनरावलोकन करके मेरे सहकर्मी डॉ. नैथन लेइटेस, पी-एच.डी., इस निष्कर्ष पर पहुँचे कि एक शब्द के रूप में 'अस्मिता' और कुछ नहीं अस्पष्टता, द्विविधा, पुनरुक्तियों, क्लिनिकल प्रदत्तों की कमी, और स्पष्ट कर पाने में असमर्थता, को पहनाया गया चमत्कारी बाना है।

–रॉबर्ट स्टॉलर, 'सेक्स एंड जैंडर', 1968, पृ. 10

वेइनिंगर के साक्ष्य के अनुसार अहम् कृत्रिम है, यह किसी समय-विशेष पर आत्म की स्मृति है। वह वितृष्णा से कहता है कि अगर आप किसी स्त्री से उसके अपने बारे में पूछें तो वह इसका अर्थ अपनी देह मानती है। यह खुद को अपनी योग्यता या अपने व्यवहार की अपनी छवि पर बल देकर परिभाषित नहीं कर रही होती। अस्मिता की पुरुष की धारणा कालिक है, जिसका मिथ्याकरण हो सकता है, स्त्रियों की धारणा स्थानिक है। अपनी प्रदर्शनी में योको ओनो ने जो सफेद बटन दिए उन पर लिखा था, 'आप यहाँ हैं', आखिर यह महत्त्वपूर्ण लगता है। शायद बच्चे की तरह ही, स्त्री बाहरी वास्तविकता से उन्मुक्त रूप से जुड़ने की कुछ शक्ति बनाए रखती है। वेइनिंगर ऐसा ही मानता दिखता था। 'चरम मादा में अहम् नहीं होता।'[16]

मानवीय अहम् का आदिम कर्म नकारात्मक होता है—वास्तविकता को स्वीकार न करना, खासतौर पर शिशु की देह का, माँ की देह से विलगाव...यह नकारात्मक भंगिमा आत्म के नकार (दमन) और वातावरण के नकार (आक्रामकता) में पल्लवित-पुष्पित होती है।[17]

पल्लवन-पुष्पण के क्या कहने ! अगर स्त्रियों में अहम् न होता, अगर उनमें बाकी सृष्टि से विलगाव का भाव न होता, दमन और आक्रामकता न होते, तो कितना अच्छा रहता ! अगर सब लोग आक्रामकता का अनुभव न करते, सिर्फ अनंत दया का अनुभव करते तो न्याय की जरूरत कहाँ रह जाती ? निश्चित ही मैं मनोविज्ञान के गुरुओं के शब्दों को मनमाने ढंग से तोड़-मरोड़ रही हूँ लेकिन यह शब्द और किसलिए हो सकते हैं ? हम उन्हें जो होना चाहिए उसे परिभाषित नहीं करने दे सकते, नहीं तो परिवर्तन असंभव हो जाएगा, ह्वाइटहैड और नीडहम एक नए किस्म के ज्ञान की बाट जोह रहे थे जो शुद्ध प्रज्ञा के पागलपन से छुटकारा दिला सके, 'वास्तविकता के आक्रामक दबंग भाव के बजाय[18] वास्तविकता की रत्यात्मक अनुभूति पर आधारित एक विज्ञान' अगर विवेक कम अहम्भाव के संगत न हो तो, अपनी अध्यात्मवादी परिभाषा में दया पार्थक्य के ऐसे ही क्षरण पर निर्भर दिखाई देती है : ईसाइयत का सबसे बड़ा मिथक रहस्यवादी देह है।

स्वस्थ करना यानी पूरा करना; फिर से एक बना देना, एकीकरण या पुनर्एकीकृत करना; यह जीवनीशक्ति (ईरॉस) की क्रिया है। जीवनीशक्ति वह सहजवृत्ति है जो संयोग या संयोजन करती है, थैनेटॉस या मरणवृत्ति अलगाव या विखंडन करती है।[19]

जीवनीशक्ति के प्रति वेइनिंगर की जुगुप्सा और मरणवृत्ति के प्रति उसका समर्पण उससे स्त्रियों की व्यापकता का और विस्तृत वर्णन करवाते हैं। उस पर विश्वास करें तो हमें लगेगा कि हम पहले ही बचा ली गई हैं :

बाकी मानवता के साथ सातत्य की यह भावना स्त्री का लैंगिक लक्षण है जो उसकी दया के पात्र से संपर्क की कामना में प्रदर्शित होता है। उसकी कोमलता खुद को एक तरह की जैविक संपर्क की भावना में व्यक्त करती है। इस सबमें एक वास्तविक व्यक्तित्व को दूसरे व्यक्तित्व से अलग करनेवाली तीक्ष्ण रेखा अनुपस्थित दिखाई देती है।[20]

बेचारे वेइनिंगर ने आखिर मृत्यु के प्रति निष्ठा के आखिरी कर्म में खुद को ही पूरी तरह अलग कर लिया। इस युग में जब भीड़ से बजबजाते महानगरों में अकेलापन सबरो भयावह रोग है, व्यक्तिवाद की अनैतिकता स्पष्ट हो गई है। परिवारों को अपने आप में पूरे आवासों में रहनेवाली नन्हीं किर्चों में बाँटने से हमारे शहरों की धज ही नहीं बिगड़ी, इससे सामाजिक संलाप और सहजीवन की बहुत-सी समस्याएँ भी उठ खड़ी हुई हैं। अलग होने की भावना को प्रभावहीन करने का निष्फल प्रयास बिना समुदाय के (लाभ के) समनुरूप होने का दबाव करता है। संसार के ज्यादातर बड़े शहरों की सड़कों पर चलना खतरनाक है। अपनी जाति के लिए स्त्रियों की महासागर जैसी भावना को अभिव्यक्त होने के लिए अवसर कम ही मिल पाते हैं; उसका भयावह विरूपीकरण संगठित धर्मार्थ कार्यों में हुआ है जहाँ छूने और कष्ट हरने का उसका विशेष गुण छीजकर प्रतीकात्मक दिखावे में बदल गया है। जैविक संपर्क के प्रति वेइनिंगर की वितृष्णा अब भी उत्तरी जातियों में सर्दसुलभ है, भीड़-भरी अंडरग्राउंड ट्रेन में अपने बिरादर से सटे हुए भी औसत अंग्रेज ऐसा दिखावा करता है जैसे वह अकेला खड़ा है। सबसे अश्लील अंतरंग संपर्क, मनोविश्लेषण, दैहिक संपर्क से एकदम विहीन है। कुछ अर्से से, कलापूर्ण बस्तियों के चर्चों के सभागारों में विशेष कक्षाएँ लग रही हैं ताकि स्पर्श के माध्यम से स्त्री-पुरुष आश्वस्ति के भाव को फिर से पा सकें। लेकिन यह सब बहुत देर से हो रहा है, बेचारे वेइनिंगर को इससे कोई फायदा नहीं होनेवाला।

> **कहीं ऐसा तो नहीं कि वस्तुनिष्ठ और विषयनिष्ठ की विभाजक रेखा सुस्पष्ट न हो, पूरी तरह आत्म के बाहर विज्ञान के जगत् और आत्म के प्रति आत्म की संपूर्ण उपस्थिति से परिभाषित चेतना के जगत् के बीच विरोध–कहीं यह अतर्कसंगत तो नहीं हैं ? और अगर यथार्थपरक विश्लेषण असफल रहे तो क्या जीव-समूह मनोगणितीय किस्म के आदर्श विश्लेषण, स्पिनोजावादी विचारणा में अपनी क्रमबद्धता पा सकेगा ? कहीं सिर्फ एक नए प्रकार के 'परिज्ञान' से अभिगम्य मूल्य और अर्थ तो प्राणी के तात्विक निर्धारक नहीं बन जाएँगे ?**
>
> **–मॉरिस मर्लू-पॉन्ती**
>
> **'द स्ट्रक्चर ऑफ बिहेवियर', पृ. 10**

पूरे संसार को फिर से अखंड बनाने का बौद्धिक दबाव लाओत्से जैसे रहस्यवादियों, ह्वाइटहैड, नीडहम और मर्लू-पॉन्ती जैसे वैज्ञानिकों और नॉर्मन ओ. ब्राउन, हर्बर्ट मारक्यूज, बोर्गेस की ओर से अद्‌भुत चिंतन के रूप में आया है। वे विशेष रूप से स्त्रियों को संबोधित नहीं कर रहे थे क्योंकि वे सभी यह अनुभव करते थे कि लिंगों का ध्रुवीकरण ही मनुष्य का खुद से मूलभूत विलगाव है, लेकिन उनमें से कोई भी इस विचार को रद्द न करता कि उनके शब्द मनुष्यता को बचाने का काम स्वीकार करने के लिए स्त्रियों को विशेष रूप से प्रोत्साहित करते हैं। शायद मैं उनके बेहद परिष्कृत तर्कों को बहुत निर्दयता से देख रही हूँ लेकिन आधिकारिकता के प्रति पूज्य भाव रखते हुए परिवर्तन के प्रक्रम को आगे नहीं ले जाया जा सकता। एक नए मिथक को गढ़ते हुए सभी स्रोतों

को खँगालना चाहिए और स्थिति को वह आग बनाना चाहिए जिसमें विचार अपने अंतर्भूत तत्त्व के आधार पर या तो भस्म होकर राख हो जाएँगे या निखरकर कुंदन बनेंगे। स्त्रियों के आलोचकों द्वारा गिनवाए गए ज्यादातर दोष उनके समाज द्वारा अपने पुरुष-नायकों पर उँड़ेली संस्कृतीकरण की सूक्ष्म और अधिक प्रभावी किस्मों से उन्हें बचाए रखे जाने के परिणाम-भर हैं। उनकी जो भी मजबूतियाँ हैं, वे शुद्ध अज्ञान की हैं।

प्रमुख विचारों को हमेशा ही इतना सुस्पष्ट होने की जरूरत नहीं है कि वे किसी व्यक्ति के सोचने और किसी समस्या तक पहुँचने के ढंग पर उतना ही प्रबल आयोजक प्रभाव डालें। पुराने और समुचित शहरों की तरह पुराने और समुचित विचार भी अपने आसपास की तमाम चीजों को ध्रुवीकृत कर देते हैं। तमाम आयोजन उन पर आधारित होता है, तमाम चीजों के लिए उनका ही हवाला दिया जाता है। बाहरी छोरों पर छोटे-मोटे फेरबदल किए जा सकते हैं लेकिन पूरे ढाँचे में आमूल-चूल परिवर्तन असंभव है और आयोजन के केंद्र को किसी दूसरी जगह ले जाना बहुत ही कठिन।[21]

इस समस्या का सामना करते हुए एडवर्ड ड बोनो ने उस क्षमता का विकास करने के लिए जिसे वह पार्श्विक चिंतन कहते थे, अभ्यासों की एक शृंखला बनाई। पार्श्विक चिंतन विचारों और आविष्कारों का जन्मदाता है। जरूरी नहीं कि यह विशिष्ट समस्याओं के प्रदर्शनीय हल उपलब्ध कराए ही, यह उस किस्म का समस्या-समाधान है जो आपको परीक्षा में अच्छे नंबर नहीं दिलवाएगा। कंप्यूटर, जिसे कि सिर्फ जो उसमें भरा गया है, उससे निपटने का तरीका ही सीखना है, इसकी नकल नहीं कर सकता। असल में पार्श्विक चिंतन शिशु की विचार-प्रणाली का एकायामी समरूप है। कोई स्त्री सिर्फ इस आधार पर कि उसे एक अनुशासित मानस और विचार की विधियाँ सीखने को प्रोत्साहित नहीं किया गया है; बहुत सीमित और अस्पष्ट ही सही, शिशु की कुछ क्षमताओं को बनाए रख पाने का दावा कर सकती है। जब तक शिक्षा मुख्यतः अधिष्ठापन ही बनी रहेगी, अज्ञान सीखने पर भारी पड़ता रहेगा और अब समय आ गया है जब स्त्रियों को इन बढ़तों का उपयोग करना चाहिए।

स्त्री की आत्मा की प्रधान आलोचना को, पुरुषों के अपनी मानसिक क्रिया में कुछ विशेष क्षमताओं के दमन के लिए युद्ध के उदाहरण से सबसे अच्छी तरह समझाया जा सकता है। बच्चों और असभ्य लोगों की ही तरह स्त्रियों में भी उन गुणों की भरमार थी जिन्हें खुद में दमित करते रहने के लिए सभ्य पुरुष प्रयासरत थे। ऐसी आलोचना का महत्त्व उस अंश तक है जहाँ तक वह आदर्श व्यक्तित्व को आकार देने की कठोरता को उजागर करता है, यानी असल में तो स्त्री के मानस की पुरुषों द्वारा की जानेवाली आलोचना असल में पुरुष को ही उजागर करती है। हमारी संस्कृति में पुरुषों ने अपने लिए ईमानदारी का एक असंभव मानक निश्चित करके, खुद को अपाहिज बना लिया : स्त्रियों को खुद को इस तरह मूर्ख बनाने का अवसर नहीं दिया गया। सभ्यता के उषाकाल से ही स्त्रियों पर छलना और दोहरेपन के आरोप लगाए गए हैं, इसलिए वे

कभी यह बहाना नहीं कर पाईं कि उनके मुखौटे दरअसल कुछ और ही हैं। मामला तिनके का सहारा लेने जैसा ही है लेकिन शायद इसका अर्थ यही है कि पुरुषों की अपेक्षा स्त्रियाँ सदा ही वास्तविकता के निकट रही हैं : आदर्शवाद से वंचित रखे जाने का यह प्रतिफल न्यायपूर्ण ही दिखता है।

> **क्योंकि आँसू एक बौद्धिक चीज है**
> **और आह फरिश्तों के शाह की शमशीर**
> **और शहीद के शोक की कड़वी कराह है**
> **परमात्मा के तरकश से छूटा तीर**
>
> **—ब्लेक, 'जेरुसलेम', 52**

अगर स्त्रियाँ मुक्ति का अर्थ मर्दाना भूमिका अपनाना लगाएँ तो हम सचमुच बर्बाद हो जाएँ। अगर वे पुरुषों की अंधी दौड़ का कोई प्रतिभार प्रस्तुत न कर पाएँ तो समाज अपने विनाश की ओर बहुत तेज गति से बढ़ता चला जाएगा। करुणा, समानुभूति, निर्दोषता और ऐंद्रिकता की घृणित पशु-क्षमताओं की रक्षा कौन करेगा ? हमें वेइनिंगर की गति से कौन बचाए रखेगा ? पुरुषों के संसार में सत्ता की स्थिति में आनेवाली ज्यादातर स्त्रियाँ पुरुषों के उपाय अपनाकर ही वहाँ तक पहुँच पाई हैं जोकि स्त्रीत्व के छद्म से असंगत भी नहीं है। अब भी वे लिंगों के पर-स्वपीड़क जाल का दोहन करती हैं जिसमें 'हम या तो हथौड़ा हो सकती हैं या निहाई, बस।'[22] ग्रेगर पर अत्याचार को तीखा बनाने के लिए वाण्डा ने नारीत्वपूर्ण वेष धरा, बिलकुल जैसे समाज के आपराधिक और गैरजिम्मेदार तत्त्वों के रूप में कामगारों की भर्त्सना करने जाते हुए श्रीमती कासल ने आकर्षक दिखने की सावधानी बरती, स्त्रियों की जिम्मेदारी है कि वे वास्तविक स्त्री-शक्ति का एक ऐसा रूप विकसित करें जिसके सामने झालरदार चढ्ढी पहने सर्वशक्तिमान प्रशासक टिक न पाए।

> **इस बात के काफी प्रमाण हैं कि जब मनुष्यों ने चैतन्य मनोयोग और तर्कणापरक विचार की शक्तियाँ पाईं तो इन नए उपादानों की माया में उलझकर वे बाकी सबको भूल गए। ये आंशिक क्रियाएँ हमारी पूरी संवेदनात्मकता की पहचान बन गईं जिसके फलस्वरूप हम अंदर से प्रकृति को अनुभव करने की योग्यता खो बैठे और इससे भी बढ़कर खो बैठे अपनी और संसार की अविच्छिन्नता को अनुभव करने की योग्यता। कर्म का हमारा दर्शन स्वैच्छिकवाद और नियतिवाद के विकल्पों के बीच झूलता है क्योंकि इस अखंड मंडलाकार सृष्टि और इसके और हमारे कर्मों की पूर्णता का हमें आभास ही नहीं है।**
>
> **—ए.ई. वाट्स, 'नेचर, मैन एंड वुमन', 1958, पृ. 12**

स्त्री-शक्ति का अर्थ है—स्त्रियों का आत्म-निर्णय और इसका अर्थ है कि पितृसत्तावादी समाज का कूड़ा-कबाड़ा बुहारकर बाहर फेंकना होगा। स्त्री के पास एक ऐसी नैतिकता, जो उसे उत्कृष्टता के अयोग्य न ठहराए, और एक ऐसा मनोविज्ञान जो उसे आध्यात्मिक

अपाहिज करार न कर दे, गढ़ने के लिए गुंजाइश रहनी चाहिए। ऐसे अपराध का दंड कड़ा हो सकता है क्योंकि उसे बिना पथप्रदर्शक के अँधेरे का संधान करना होगा। शुरू में ऐसा लग सकता है कि उसने बस पीड़ा की एक प्रणाली छोड़कर दूसरी प्रणाली, एक तरह का भ्रमोन्माद छोड़कर दूसरी तरह का भ्रमोन्माद अपनाए हैं। लेकिन अंततः वह एक सुनिश्चित चुनाव करने का दावा कर पाएगी जोकि नैतिक कर्म की पहली शर्त है। हो सकता है कि वह खुद अंतिम लक्ष्य को न देख पाए, क्योंकि समाज का तानाबाना एक जीवन में नहीं सुलझ पाता, लेकिन वह इसे अपना विश्वास घोषित करके उससे आशान्वित हो सकती है।

संसार के पुनर्नवीकरण में शायद यह होगा कि तमाम झूठी भावनाओं और वितृष्णा से मुक्त युवक और युवती एक-दूसरे को ढूँढ़ेंगे, विपरीतों की तरह नहीं, बंधु-बांधवी की तरह, पड़ोसी की तरह, और मनुष्यों की तरह मिल जाएँगे।[23]

कामकाज

इंग्लैंड के श्रमबल का अड़तीस प्रतिशत घटक स्त्रियाँ हैं जिसका अर्थ है कि सोलह से चौसठ के आयुवर्ग की पचास प्रतिशत स्त्रियाँ नौकरी के लिए घर के बाहर काम करती हैं।[1] प्रशासनिक, तकनीकी और लिपिकीय कामों में स्त्रियों की औसत साप्ताहिक उजरत बारह पाउंड से कम है; इसी काम के लिए पुरुषों को अट्ठाइस पाउंड मिलते हैं। हाथों से काम करनेवाले पुरुष मजदूरों की औसत साप्ताहिक आय बीस पाउंड है, स्त्रियों की दस पाउंड। लेकिन 'बराबर काम-बराबर उजरत' का नियम लागू हो भी जाए तो इन आँकड़ों में जितना स्त्रियाँ सोचती हैं उतना अंतर नहीं आनेवाला। स्त्रियों के नियोजन का नमूना वही है जो घर में उनकी स्थिति का है : वह लगभग हमेशा ही गौण होती है, पुरुषों के महत्त्वपूर्ण काम में सहायक। 1967 में, उत्पादन उद्योग में काम करनेवाली पच्चीस लाख स्त्रियों में से श्रम मंत्रालय ने साढ़े सात लाख स्त्रियों को अर्द्धकुशल और सात लाख स्त्रियों को प्रशासनिक, तकनीकी और लिपिकीय कामों में लगा बताया, निश्चित है कि इनमें से ज्यादातर लिपिकीय काम कर रही होंगी। इसी उद्योग में ज्यादातर पुरुष कुशल मशीनचालक हैं या उसके लिए प्रशिक्षित हो रहे हैं। सिर्फ तीन ही उद्योगों में स्त्री कर्मचारियों में कुशल कार्मिकों की संख्या ज्यादा है—परिधान, जूता और चीनी मिट्टी के बर्तन। इस देश की नब्बे लाख कामकाजी स्त्रियों में से सिर्फ दो प्रतिशत प्रशासनिक कार्य करती हैं और सिर्फ पाँच प्रतिशत व्यवसायों में हैं। सिर्फ बीस लाख स्त्री कामगार मजदूर संघों की सदस्य हैं। पंद्रह साल की उम्र में स्कूल छोड़नेवाले विद्यार्थियों में लड़कों और लड़कियों का अनुपात एक और तीन का है : ए-लेवल (हमारे इंटरमीडिएट या 10+2 के समकक्ष परीक्षा) पर यह अनुपात एक और तीन और विश्वविद्यालय स्तर पर एक और चार हो जाता है। हमारे समाज में अट्ठारह साल की लड़कियों में से पिचहत्तर प्रतिशत प्रशिक्षण या उच्च शिक्षा से वंचित रहती हैं।[2] जो प्रतिमान उभरता है वह एक निष्क्रिय स्त्री श्रमबल है जिसका कोई मूल्य नहीं है, जिसे विनीत लेकिन अविश्वसनीय, अस्थायी श्रम माना जाता है। इस देश की आधी से ज्यादा कामकाजी स्त्रियाँ विवाहित हैं और यह माना जाता है कि उनकी पहली प्राथमिकता परिवार है, कि नौकरी थोड़ी-बहुत अतिरिक्त आमदनी का जरिया-भर है, कि उनकी कोई महत्त्वाकांक्षा नहीं है। ये धारणाएँ ठीक ही हैं, लेकिन इनसे उन बाकी आधी स्त्रियों के लिए अवसर कम हो जाते हैं जिन्हें अपना गुजारा खुद ही करना होता है। जहाँ स्त्रियाँ

और पुरुष एक ही काम करते हैं वहाँ भी स्त्रियों की उजरत पुरुषों से दो से लेकर पाँच प्रतिशत तक कम है, लेकिन इस असमानता को दूर करने से अधिकांश स्त्री-कामगारों का कोई हित नहीं होनेवाला।

ब्रिटेन में 1969 स्त्री-मताधिकार की पचासवीं वर्षगाँठ का साल था, शायद इसीलिए ट्रेड्स यूनियन काउंसिल के वार्षिक अधिवेशन में स्त्री-प्रतिनिधियों की झकझोर देनेवाली वक्तृताएँ सुनाई दीं, 'समान काम-समान उजरत' के लिए संघर्ष जारी रखने, यहाँ तक कि स्त्री-कामगारों के समर्थन में और उनकी ओर से हड़ताल तक करने का संकल्प लिया गया। तत्कालीन प्रधानमंत्री ने ध्यान दिलाया कि देश फिलहाल इतना आर्थिक बोझ झेल नहीं पाएगा, इसे हर साल थोड़ा-थोड़ा करके ही लागू करना होगा, तब तक उनका मंत्रिमंडल इस स्थिति में लागू हो सकनेवाले उत्पादकता समझौते की खोज में दिमागी घोड़े दौड़ाएगा। स्त्रियों के आंदोलन का प्रभाव फोर्ड कंपनी के डेगेनहम[3] के कारखाने में देखा जा चुका था, तब स्त्रियों के साथ चाय पीते हुए दिल की बात कहने-सुनने की घिनौनी स्वार्थसाधक तरकीब से बार्बरा कासल ने मामला निपटाया था। बहुत विनम्रता से काम लेते हुए कामगार स्त्रियों ने श्रीमती कासल को यह याद नहीं दिलाया कि साढ़े आठ हजार पाउंड की उनकी तनख्वाह उनके पुरुष सहकर्मियों के बराबर हो सकती है लेकिन हाउस ऑफ कॉमन्स की कैंटीन में काम करनेवाली स्त्रियाँ वही काम करनेवाले अपने पुरुष सहकर्मियों से तीस शिलिंग कम पा रही हैं; न ही किसी ने इस बात की तरह ध्यान खींचा कि खुद ट्रेड्स यूनियन काउंसिल के मुख्यालय में स्त्री क्लर्कों की तनख्वाह पुरुष क्लर्कों से कम है। इससे पहले साल काउंसिल ने उद्योगों में स्त्रियों की स्थिति और अवसरों की जाँच के लिए आयोग के गठन के विचार को ठुकरा दिया था जबकि 'समय की कमी के कारण' श्रीमती जॉयस बटलर के 'लिंगभेद बोर्ड' के गठन के प्रस्ताव पर संसद में चर्चा नहीं हो पाई थी।

अधिवेशन में, कानून बनाने की माँग को लेकर बहुत हो-हल्ला हुआ लेकिन स्थिति के असंपृक्त विश्लेषक इसके पक्ष में नहीं थे। वे जान रहे थे कि समान उजरत लागू करने का अर्थ होगा कि उन क्षेत्रों में जहाँ स्त्रियों का श्रम पुरुषों के श्रम से सस्ता नहीं पड़ेगा वहाँ स्त्रियों को काम दिया ही नहीं जाएगा, वे अर्द्धकुशल और अकुशल कामगारों की श्रेणी में ठूँसी जाकर सबसे अलग-थलग पड़ जाएँगी।[4] नौकरियों के विज्ञापनों में स्त्री या पुरुष अभ्यर्थी की स्पष्ट माँग रखने पर लगी रोक का प्रभाव यह हुआ है कि भेदभाव भूमिगत हो गया, अब स्त्रियाँ उन नौकरियों के लिए आवेदन करती हैं जिनके लिए अभ्यर्थी का लिंग स्पष्ट तो नहीं किया गया लेकिन जो उन्हें मिल भी नहीं पाएँगी। तथ्य यह है कि कानून बनाकर ही पूर्वग्रह और भेदभाव का सफाया नहीं किया जा सकता। कानून बना देने से ही प्रशिक्षित और अपने काम में रचनात्मक रुचि लेनेवाली स्त्रियाँ पैदा नहीं हो जाएँगी, असल में तो बहुत हद तक स्त्रियों की ही रुचि अपनी समस्या में नहीं है। खुद के संगठन बनाने और संगठन में सक्रिय रहने में संगठन की सदस्याओं की असफलता के पीछे कुछ हद तक तो परिवार के प्रति दायित्व हैं, इन दायित्वों को

राज्य के नेतृत्व में स्त्रियों के कम प्रभाव के लिए ज्यादा जिम्मेदारी दरअसल स्त्रियों की अपनी जड़ता पर है...न सिर्फ यह कि स्त्रियाँ राजनैतिक नेतृत्व में स्थान पाने की इच्छुक नहीं दिखतीं, बल्कि उनमें से अनेक उस तर्क को भी स्वीकार करती हैं जो पुरुषों ने उन्हें राजनीति से बाहर रखने के लिए तैयार किया है, और यह दिलचस्प है कि कभी-कभी वे इस मामले में पुरुषों से कहीं ज्यादा ढीली और नारीवाद-विरोधी दिखाई पड़ती हैं।

–मरिस डुवर्जर, 'द पोलिटिकल रोल ऑफ विमेन', यूनेस्को, 1955, पृ. 126

ट्रेड्स यूनियन काउंसिल भी स्वीकार करती है जिसने स्त्रियों से ओवरटाइम और रात की पालियों में काम करवाए जाने के विरुद्ध उपाय लागू करवाने के प्रयास किए थे। स्त्रियों का तर्क था कि वे उन असुविधाओं को झेलने को तैयार हैं जो पुरुष झेलते हैं लेकिन पुरुष गृहिणयों के मुफ्त के श्रम पर अपने दावे को खतरे में डालने को राजी नहीं थे।[5] फैक्ट्रियों में मालिकों और यूनियनों में मिलकर शिशुबाड़ियाँ चलाने तक की बात हुई। लिंग और बच्चों की बात आते ही तर्क कुछ हलके होने लगते हैं : लेकिन असल में तो जब मालिक के सामने अपने कर्मचारियों के साथ-साथ उनके बच्चों को भी सँभालने की नौबत आएगी तब वह ज्यादा भेदभाव कर सकता है; बावजूद इसके कि 18 मई, 1969 को जॉइन्ट एक्शन कैम्पेन फॉर विमेन्स ईक्वल राइट्स (स्त्री समानाधिकार के लिए संयुक्त कार्रवाई अभियान) द्वारा आयोजित स्त्री-कर्मचारियों की महारैली में सिर्फ एक हजार स्त्रियों ने भाग लिया।[6] ऐसी स्थिति आ पड़ने पर कार्यकर्ता स्त्रियाँ संख्या की कमी को कर्कशता से पूरा करने का प्रयास करती हैं और उनकी बहनें ही उनका मजाक उड़ाती हैं और उनके प्रयासों में पलीता लगाती हैं। श्रीमती लिलियन बिलोका का ही मामला लीजिए : उनके आंदोलन के कारण जाड़ों में मछलीमार नावों में उत्तरी समुद्र की तूफानी हवाओं में धकेल दिए गए मछुआरे राष्ट्रीय शहीदों का दर्जा पा गए। उनका गुस्साया सुंदर मुखड़ा हर राष्ट्रीय अखबार में दिखता था, उनकी फूहड़ वक्तृता उत्तेजक खबर बनती थी जिसके कारण आखिर अधिकारियों को कार्रवाई करनी पड़ी। आजकल श्रीमती बिलोका को नौकरी नहीं मिल पा रही और उस पर तुर्रा यह कि हल ट्रॉलर ऑफिसर्स गिल्ड (मछलीमार नावों के नौ-अधिकारियों का संगठन) की सचिव स्किपर लॉरी ऑलिवर ने स्त्रियों की ओर से उन पर मर्मांतक चोट की :

हमारे कुछ सदस्यों की पत्नियों ने मुझसे यह बयान जारी करने को कहा हैं कि श्रीमती बिलोका की कार्रवाई से जनमानस में मछुआरों की पत्नियों की छवि बिगड़ी है। तीनों जहाजों के मृतक नाविकों की पत्नियों ने इस बारे में कुछ नहीं कहा है, जिसकी हम तारीफ करते हैं। मेरी राय में तो पुरुषों की लड़ाइयाँ लड़ने के लिए स्त्रियों की समिति बनाने का विचार एकदम ही बेतुका है।[7]

आइ.एल.ओ. सम्मेलन के समझौते 110 और 111 को ब्रिटिश सरकार का अनुमोदन मिलना बाकी है। ये समझौते स्त्रियों के लिए समान उजरत और अवसरों के बारे में हैं। इस विफलता पर प्रधानमंत्री का बहाना यह था कि सरकार समझौतों का अनुमोदन

इसलिए नहीं कर सकती क्योंकि वह उसकी शर्तें पूरी नहीं करती। इस मुर्गी और अंडेवाली स्थिति में क्या हो सकता है ? किसी का भी दिल जलाने के लिए यह काफी है लेकिन नहीं, इस बात की संभावना बहुत ही कम है कि आइ.एल.ओ. का सूत्र स्वीकार हो पाएगा, यह समान मूल्य के काम के लिए समान उजरत की बात कहता है। हमारे शासकों ने साझा बाजार के उस प्रस्ताव को बचाव का रास्ता बना लिया है जिसमें स्त्रियों को एकदम वैसे ही काम के लिए समान उजरत दिए जाने की बात कही गई है, इसका अर्थ यह होगा कि स्त्रियों के पदों का नाम बदलकर उन्हें कम उजरत दिया जाना न्यायसंगत ठहराया जा सकेगा। इस पूरी स्थिति में किसी स्त्रीवादी के लिए सबसे हताश करनेवाली बात यह है कि जिन संगठनों में स्त्रियाँ समान उजरत पा सकी हैं, वहाँ उन्हें यह पुरुषों ने दी है। 1969 में समान उजरत की माँग करनेवाले ट्रेड्स यूनियन काउंसिल के सम्मेलन में 51 स्त्री-प्रतिनिधि थीं और 1200 से ज्यादा पुरुष प्रतिनिधि। बैंकों में काम करनेवाली स्त्रियों का वेतन 800 पाउंड प्रतिवर्ष पर रुक जाता है जबकि पुरुषों का वेतन 1100 पाउंड है। मुश्किल से तीन प्रतिशत स्त्रियाँ पुरुष के औसत वेतन तक पहुँच पाती हैं। जब पुरुष कंडक्टरों की कमी हुई तो स्त्रियाँ बस कंडक्टर बनीं, लेकिन वे ड्राइवर, गैरेज प्रबंधक या इंस्पेक्टर नहीं बन सकतीं। जब एक ही व्यक्ति कंडक्टर-ड्राइवर का काम करने लगेगा तो उनकी छँटनी कर दी जाएगी या उन्हें कम वेतन पर कैंटीनों में काम दे दिया जाएगा और यह तब होना है जब तीन हजार और ड्राइवरों की जरूरत है। यह कहकर कि ज्यादा वेतनवाले कामगार अपनी तनख्वाह में कटौती करवा लें तो स्त्रियों को समान वेतन मिल सकता है, श्री विल्सन ने पुरुषों के विभ्रम को उकसा दिया है, उधर स्त्रियाँ घरों में मुफ्त में और उद्योगों में बहुत कम तनख्वाह पर काम करती रहेंगी। अभी हमें देखना है कि धीरे-धीरे स्त्रियों को समान काम के लिए समान वेतन देने के उनके फैसले का फलितार्थ क्या होगा।

उजरत के लिए काम करनेवाली स्त्रियों की बात करते हुए मैं एक करोड़ साठ लाख ब्रिटिश गृहिणियों की बात नहीं कर रही। गृहिणी को किसी भी तरह की उजरत नहीं मिलती हालाँकि लेडी समरस्किल के 1964 के मैट्रिमोनियल प्रॉपर्टी बिल (वैवाहिक संपत्ति विधेयक) ने घरेलू खर्चों के पैसों में से आधे अपने पास रख लेने के उसके अधिकार को स्थापित कर दिया। ऐसे कानून से संपन्न वर्ग को ही लाभ हो सकता है क्योंकि यह पति को परिवार की वास्तविक आवश्यकता से दोगुना भत्ता देने से नहीं रोक सकता। घरेलू खर्च की मद में से बचत करके कुछ कमा पानेवाली गृहिणियों का प्रतिशत बहुत ही कम होगा। असल में तो पतियों द्वारा छोड़ दी गई पत्नियों की रक्षा के लिए विवाह-विच्छेद कानून में एक लक्षण बारंबार दिखता है; यथार्थ में यह सिर्फ उस संपन्न वर्ग पर ही लागू होता है जोकि उद्योग में पुरुष और स्त्री के औसत वेतन को पैमाना माना जाए तो अल्पसंख्यक ही सिद्ध होता है। विवाह को बनाए रखना संपन्न वर्ग से नीचे के लोगों की मजबूरी है क्योंकि उनकी पत्नियाँ आर्थिक रूप से स्वतंत्र नहीं हैं, साथ रहकर ही उनका गुजारा चल सकता है। अनुदारवादी दस्तावेज, 'ए फेयर शेयर फॉर द

> **तुम्हें सुई-धागे या बुनाई का काम सिखाने के पीछे मंशा यह नहीं है कि तुम अपने हाथों से यही, जो इतना कम महत्त्वपूर्ण है, कर सकती हो। इसका मकसद यह है कि तुम इस प्रकार के काम को ज्यादा अच्छे ढंग से समझ सको, और इसे दूसरियों की तरफ निदेशित कर सको। दूसरा प्रमुख कारण यह कि इससे तुम घर पर अनिवार्य रूप से गुजरनेवाले अपने खाली घंटों को कुछ सहनीय ढंग से भर सको।**
>
> **–ग्रिगोरी, 'ए फादर्स लीगेसी टु हिज डॉटर्स', 1809, पृ. 59**

फेयर सेक्स' कंजर्वेटिव पार्टी के इकतालीसवें वार्षिक महिला सम्मेलन की तीन हजार सुरुचिपूर्ण हैटधारिणी प्रतिनिधियों को जितना भी भाया हो, अधिकांश पत्नियों के लिए इसका कोई उपयोग नहीं है।[8] इसी तरह पारिवारिक कानून (सुधार) विधेयक भी एक सूक्ष्म अल्पसंख्यक वर्ग पर ही लागू होता है। वचन तोड़ने, दांपत्य अधिकारों की बहाली और लुभाने और चरित्र भ्रष्ट करने से संबद्ध जिन कानूनों को इसने समाप्त किया वे पहले ही पुरावशेष सिद्ध हो चुके थे। वैवाहिक संपत्ति विधेयक के इस प्रभाव, जो पत्नियों को हर्जाने और साझे घर या व्यापार में लगाए गए पैसे के लौटाने की माँग का अधिकार देता है, के पीछे विवाह-विच्छेद को धनाढ्य लोगों का ही विशेषाधिकार बनाने की नीयत थी। विधि आयोग इस तरह की संभावनाओं की जाँच कर रहा है जिसमें परित्यक्ता पत्नी दूसरी औरत से हर्जाने का दावा कर सके : वास्तविकता यह है कि ऐसी दूसरी औरत शायद ही मिल पाए जिसमें हर्जाना चुकाने का बूता हो।

> **पत्नी द्वारा पेश की गई फुर्सत अकर्मण्यता या निष्क्रियता का साधारण प्रकटीकरण नहीं है। यह सदा ही किसी किस्म के काम या घरेलू जिम्मेदारी या सामाजिक शिष्टाचार में छिपा मिलता है। विश्लेषण करने पर यह साफ दिखता है कि इनमें से किसी भी कृत्य का उद्देश्य बस यही जाहिर करना है कि इस स्त्री के लिए खुद को किसी भी लाभप्रद या बहुत उपयोगी काम में जुटाना जरूरी नहीं है...घरेलू सजावट और साफ-सुथरेपन के ये प्रभाव जिस रुचि को रुचते हैं वह औचित्य के ऐसे नियमों के मार्गदर्शन में तैयार हुई है जो व्यर्थ हुए प्रयासों के ऐसे ही साक्ष्य माँगती है।**
>
> **–थॉर्स्टाइन वेब्लेन, 'द थ्योरी ऑफ द लैजर क्लास', 1899, पृ. 81-82**

ऐसी कार्रवाइयाँ आम हो जाएँ तो विवाह और भी घिनौने हो जाएँ। बहुत संभव है कि जिस पर दावा किया गया उस दूसरी औरत को हर्जाना चुकाने के लिए पैसा अपने पति से माँगना पड़े, जोकि कुल मिलाकर तो गुजारा भत्ता ही हो गया। राष्ट्र स्त्रियों को समान काम के लिए समान उजरत नहीं दे सकता, ठीक उसी तरह वह स्त्रियों को विवाह के वित्तीय सामंतवाद से मुक्त नहीं कर सकता। अगर परित्याग की स्थिति में पत्नियों के लिए किसी किस्म का राष्ट्रीय बीमा स्थापित हो जाए तो हमारे रविवारी अखबार इसे व्यभिचार की सरकारी अनुज्ञप्ति के रूप में देखेंगे। बहरहाल, मध्यवित्तीय वर्ग पर ब्रिटेन में लगनेवाले भारी करों के बावजूद ऐसी योजना आर्थिक रूप से अव्यावहारिक होगी। गृहिणियों को पूरे तंत्र की आर्थिक शिकार बने रहना होगा क्योंकि जीवन-निर्वाह के मूल्य और वास्तविक आय के बीच के अप-अनुपात को उन्हें

ही झेलना होगा जबकि बदले में वे स्वतंत्रता या स्वेच्छा से गतिशील रहने की स्वतंत्रता की आशा नहीं कर सकतीं।

ब्रिटेन की आधी से ज्यादा गृहिणियाँ अपने घरों से बाहर भी काम करती हैं। कुछ व्यवसायी हैं जो अपनी ज्यादातर कमाई घरेलू मददगारों, कार, रिटायरमेंट फंड और टैक्स में खर्च कर देती हैं; उदाहरण के लिए एक स्कूल की हैडमिस्ट्रेस 1900 पाउंड सालाना कमाती है जिसमें 1010 पाउंड वह कर के रूप में चुकाती है, 110 पाउंड रिटायरमेंट फंड में जाते हैं, 200 पाउंड नौकर-चाकरों को, 300 पांउड कार का खर्च, 75 पाउंड कपड़े-किताबों जैसी मदों में चुकाने के बाद उसकी कुल आय होती है 205 पाउंड, एक स्त्री डॉक्टर ने पाया कि उसकी नौकरानी की कुल आय उससे ज्यादा थी। इनलैंड रेवेन्यू (आंतरिक राजस्व सेवा) के अधिकारी इन स्त्रियों से बहुत बुरी तरह पेश आते हैं और इनके पतियों के टैक्स रिटर्नों पर इनसे बात करने से इंकार कर देते हैं।[9] अगर देश विवाहिता स्त्रियों पर स्वतंत्र व्यक्तियों के रूप में कर लगाने में समर्थ नहीं है तो यह भी सच है कि व्यावसायिक स्त्री-श्रम का व्यर्थ होते जाना भी देश के बूते से बाहर है। सबसे ज्यादा व्यवसायी स्त्रियाँ अध्यापन के पेशे में हैं और फिर भी राज्य के खर्चे पर पाए महँगे प्रशिक्षण के छह साल बाद ही दो तिहाई स्त्रियाँ इस पेशे को छोड़ देती हैं। जिनके पति उनके लगातार काम करने का आर्थिक बोझ नहीं उठा सकते उन स्त्री डॉक्टरों को भी छोड़ा नहीं जा सकता।

विवाह के बाद भी अपने पेशे में काम करते रहने को संघर्षरत व्यावसायिक स्त्रियों की संख्या बहुत ही कम है; ब्रिटेन की ज्यादातर कामकाजी पत्नियाँ उनकी इस मान्यता पर नाक-भौं चढ़ाएँगी कि अपने पेशे में उनके लगातार योगदान के लिए घरेलू सहायक जरूरी हैं, हालाँकि थकान से उपजी अकुशलता को कोई अध्यापिका या डॉक्टर नहीं निबाह सकती। एक विकृत तर्क से काम लेते हुए हम स्त्री औद्योगिक कामगारों को कम उजरत दिए जाने को भी न्यायसंगत ठहरा सकते हैं, हमें बस यह याद रखना है कि आधी स्त्री-कामगार अपने रोजगार में जितनी मेहनत करती हैं, उससे कहीं ज्यादा मेहनत उसके बाहर करती हैं, बहुत-सी स्त्रियों के लिए छोटे बच्चोंवाली गृहस्थी में सारी शारीरिक ताकत और ऊर्जा लगाने के बाद मशीन पर बैठना, चाहे वह टाइपराइटर हो या भारी सिलाई की मशीन, राहत है। अपने परिवार के लिए खरीदारी करने और बिल चुकानेवाली सेक्रेटरी के लिए दोपहर का भोजनावकाश उसके दिन का सबसे थकाऊ हिस्सा होता है। जुलाई, 1969 में दिन की बालवाड़ी की फीस दो पाउंड दस शिलिंग से छः या सात पाउंड कर दिए जाने पर कामकाजी पत्नियाँ एक जूलुस बनाकर एप्पिंग टाउनहॉल पर विरोध प्रदर्शन करने पहुँचीं क्योंकि इसका अर्थ यह होता कि बहुत-सी प्रशिक्षित नर्सों और अध्यापिकाओं के लिए काम करते रहना अव्यावहारिक हो जाता। 1970 की अध्यापकों की हड़ताल से स्पष्ट हुआ कि अध्यापकों का एक अपरिहार्य काम कामकाजी माँओं के बच्चों को सँभालना है। बहुत-सी कामकाजी पत्नियाँ रिश्तेदारों के उजरतहीन श्रम के बूते ही काम कर पाती हैं। बहुतेरी स्त्रियाँ गृहस्थी चला पाने के साथ

ही नौकरी कर पाने पर गर्वित होती एक तरह के गैर-आधिकारिक श्रमोत्साह (स्टाखानोविज्म : रूसी कोयलाखान मजदूर अलेक्सेई ग्रिगोरीविच स्टाखान श्रम और उत्पादकता के लिए सम्मानित हुआ। ग्रीयर ने स्टाखानोविज्म शब्द का उपयोग किया है) में ऊभ-चूभ होती कृपापूर्वक 'कामकाजी चमत्कार' कहे जाने जैसी स्थितियों को स्वीकारती हैं।[10] कामकाजी पत्नियों के साथ मेरे खुद के कुछ अनुभव बेहद हताश करनेवाले रहे हैं। मैं एक ऐसे स्कूल में पढ़ाती थी जहाँ ज्यादातर अध्यापिकाएँ विवाहित थीं और स्टाफरूम का वार्तालाप पूरी तरह बच्चों और घर के संतुलन को बनाए रखने के उपायों के तौर पर अपनाए गए उनके गर्भनिरोधकों की सफलता या असफलता, और पतियों के अकर्मण्य पत्नियाँ रख पाने में समर्थ हो पाने लायक वरिष्ठता हासिल करते ही इन सबसे छुटकारा पा लेने तक सीमित रखा जाता था। मैंने टेलीविजन कार्यक्रम रिकॉर्ड होते हुए निर्देशक की निजी सहायक के तौर पर काम कर रही कामकाजी पत्नी को इसलिए फूट-फूटकर रोते देखा है क्योंकि वह बेहद थक गई थी।

स्त्रियों के काम का आनुषंगिक पक्ष एक विश्वव्यापी घटना है; घर में पति के जीवन को आरामदेह बनाना और परिवार के संभरणकर्ता के रूप में उसके आत्मविश्वास को बनाना उसके काम हैं, घर के बाहर स्त्री के काम की द्वितीयकता का यह एक ऐसा पक्ष है जिसका मूल्यांकन तक नहीं हुआ है। यह मान लिया जाता है कि पत्नियाँ अपने पतियों से कम कमाती हैं, और जिनकी पत्नियाँ उनसे ज्यादा सफल हैं उन पुरुषों पर दया की जाती है। नौकरी में भी स्त्रियों को पुरुषों की सेवा करनी होती है; ऊपर जिसकी बात हुई उस निजी सहायक के फूट पड़ने का एक कारण यह था कि उसका अफसर कड़ा और घुड़कनेवाला था और वह इस बात को लेकर चिंतित थी कि कहीं मुझसे गलती न हो जाए। सबसे ज्यादा खुल्लम-खुल्ला बाँदीगिरी सेक्रेटरियाँ करती हैं जिनके काम का एक हिस्सा अपने अफसर के अहम की रक्षा करना, यहाँ तक कि उसकी गलतियाँ छिपाना भी है। अल्फ्रेड मार्क्स सेक्रेटेरियल ब्यूरो ने पाया कि एक हजार पाउंड सालाना से ज्यादा उजरत पानेवाली अस्सी प्रतिशत सेक्रेटरियाँ अपने अफ़सर की दफ्तर-बाजार की भागदौड़ खुद करने को तैयार थीं, चौहत्तर प्रतिशत अफसर और उसकी पत्नी के लिए खरीदारी करने को तैयार थीं और तिहत्तर प्रतिशत को अपने अफसर को उसके अफसर की डाँट से बचाने के लिए झूठ बोलने से परहेज नहीं था।[11] *संडे टाइम्स* में छपे इस लेख के उत्तर में ''लाखों-में-एक-लड़की, संपूर्ण निजी सचिव'' के लिए यह निर्देश भी थे :

1. दुर्गंधनाशक का प्रयोग हमेशा करो—तुम हजारों में से एक वह लड़की नहीं हो जिसे इसकी जरूरत नहीं होती।
2. चाय और कॉफी बनाना सीखो।
3. माँ/पुरुष-मित्र/पति/आंटी को दफ्तर का फोन नंबर मत दो।
4. लिपस्टिक लगाने, बरौनियाँ लगाने, नेलपॉलिश लगाने या स्टॉकिंग बदलने जैसे काम प्रसाधन-कक्ष में करो।

5. अफसर के देखने की डाक में बुरी खबर को सबसे ऊपर मत रखो।
6. हमेशा ही सुंदर दिखो लेकिन उत्तेजक नहीं।[12]

पत्नी की तरह सेक्रेटरी भी अफसर के ओहदे को प्रतिबिंबित करती है : जितनी ही उसकी सेवाएँ अफसर की जरूरत तक सीमित होंगी उतना ही अधिक उसका मूल्य होगा, टेलीफोन ऑपरेटर/सेक्रेटरी/स्वागतकर्ता कार का साधारण मॉडल हैं : निजी सचिव ऑर्डर देकर मनमाफिक सुविधाओं से युक्त करवाई गई रेसिंगकार। दैनिकों के 'नियुक्तियाँ' कॉलमों पर एक निगाह श्रेष्ठ व्यावसायिक अनुचरी के गुणों को स्पष्ट कर देती है : एक सेक्रेटरी को आकर्षक, 'शांत स्वभाववाली, अच्छी आयोजक', जिंदादिल, बुद्धिमत्ती, व्यवहारकुशल, 'दक्ष-सुघड़', तेज होना चाहिए; ये माँगें हदें पार करने तक जा सकती हैं :

जी नहीं, भोंदू नहीं, बुद्धिमत्ती, कुशल, हो सके तो प्यारी-सी सेक्रेटरी, मैनेजिंग डायरेक्टर के लिए।

मैं अपने भावी पति के पास मॉरिशस जा रही हूँ। मेफेयर के एक छोटे सलाहकार समूह का अध्यक्ष मेरा बॉस मेरी आसन्न विदाई से शोकग्रस्त है। क्या आपको लगता है कि आप उस किस्म की पर्सनल सेक्रेटरी बन पाएँगी जिसे वह पसंद करे ? कंपनी सचिव पछता रहा है कि उसने अपनी चिड़िया को ऊँची उड़ान भरने दी। साबित कर दिखाइए कि उसी एक चिड़िया के बिना राज सूना नहीं हो रहा।[13]

लगभग सभी मामलों में वांछित आयु बताई जाती है और कई बार आकर्षक स्त्री की और दक्ष स्त्री की कामनाओं के बीच संघर्ष के रोचक परिणाम देखने में आते हैं। लेकिन सेक्रेटरी के तौर पर परिपक्व स्त्री कोई नहीं चाहता क्योंकि पिता-पुत्री जैसा संबंध बना रहना चाहिए। सेक्रेटरियों की अधिकतम आयु-सीमा तीस बरस दिखती है। अगर कोई प्राइवेट सेक्रेटरी अपने अफसर के लिए अपरिहार्य बनना चाहे तो उसे स्वेच्छा से अपनी विनम्रता और सेवाभाव बढ़ा लेने चाहिए।

एक अच्छी सेक्रेटरी जैसे भी वह कर सके, अपने बॉस के हितों को बढ़ाने के एकमात्र लक्ष्य को समर्पित होती है...वह स्वामिभक्त, आज्ञाकारिणी, कर्त्तव्यनिष्ठ होती है...वह उसकी सभी कार्रवाइयों का समर्थन करती है, उससे दूसरे कर्मचारियों की बात कभी नहीं करती, और ग्राहकों से संबंधों में हमेशा उसका समर्थन करती है...

और उसे 'सूक्ष्म खुशामद से काम लेना चाहिए और अफसर से ज्यादा समझदार नहीं होना चाहिए,' उसका लक्ष्य है, 'दफ्तर के फर्नीचर का एक शालीन और जरूरी हिस्सा बनना।'[14] नौकरों जैसी तनख्वाह के बदले कोई स्त्री किसी पुरुष की इतनी स्वामिभक्ति से सेवा करते हुए उसकी कमाने की क्षमता क्यों बढ़ाए और क्यों उसकी गलतियों पर पर्दा डाले ? यह देखते हुए कि वह उसके काम को काफी अच्छी तरह जानती है, वह उसके पद पर पहुँचने की इच्छा क्यों न रखे ? निर्देश उसे यह क्यों नहीं बताते कि अपने अफसर के अफसर को खुश कैसे रखा जाए और महीन ढंग से अपने

अफसर को कैसे उखाड़ा जाए ताकि ग्राहकों की इच्छा उसके अफसर से नहीं उसी से व्यवहार रखने की हो ? इनका उत्तर पुरुषों की गुप्त साँठगाँठ : अगर कोई लड़की यह तथ्य जाहिर कर दे कि उसका अफसर अदक्ष, सिलबिल्ला है तो संभावना यही है कि लड़की की ही नौकरी जाएगी लेकिन अगर वह चंटई-चतुराई से काम ले (उतनी ही जितनी अफसर को सहारा देते रहने के लिए जरूरी है) तो वह सचमुच अपनी मेहनत का फल पा सकेगी। इस प्रश्न पर विचार करना बहुत रोचक रहेगा कि आखिर कितनी फर्में सचमुच सेक्रेटरियों द्वारा चलाई जा रही हैं। सेक्रेटरियों की देशव्यापी हड़ताल के परिणाम भी देखने लायक होंगे। सचिवों के काम के एक निचले स्तर पर घट रही एक दिलचस्प घटना दिखाती है कि स्त्री-मुक्ति अपनी राह बना रही है। 15 जून, 1969 को सिटी अफेयर्स कमिटी (नगर मामलों की समिति) के अध्यक्ष हैरॉल्ड क्विटमैन ने शिकायत करते हुए *द टाइम्स* को लिखा कि 'निस्संदेह दफ्तरों की स्थायी रिक्तियों को भरने के इच्छुक प्रशिक्षित सचिवीय कर्मचारियों की कमी है', जबकि एजेंसियाँ, 'पल-भर में अस्थायी कर्मचारी जुटा सकती हैं।' बेचारे क्विटमैन साहब।[15] सीधी-सी बात है कि अगर किसी स्त्री को पदोन्नति की कोई आशा न हो तो खुद को जीवन-भर एक ही फर्म में कैद रखने का कोई लोभ उसे नहीं होगा। इससे अच्छा तो इधर-उधर काम करके देखा जाए, उन नए-नए अफसरों को आजमाया और लुभाया जाए जिन्हें अपनी जल्दी ही फुर्र हो जानेवाली सहायिकाओं को बहलाने का मौका नहीं मिल पाता। प्रिसिला क्लेमेन्सन ने *पेटीकोट* को अपनी विधि बताई।

साल में सात-आठ महीने वह करीब बीस-तीस अलग-अलग नौकरियाँ करती है। उन महीनों वह बचत करती है और योजना बनाती है, फिर जैसे ही तैयारी पूरी होती है वह बोरिया-बिस्तर बाँधकर रवाना हो जाती है, नाव चलानी हो तो स्कैंडिनेविया, स्कीइंग करनी हो तो स्विट्ज़रलैंड ...'सफर करते हुए मैं अलग ही इंसान होती हूँ' वह समझाती है, 'मैं बहुत दिलचस्प होती हूँ और दूसरों में बहुत दिलचस्पी लेती हूँ'...[16]

अस्थायी श्रम भेज पाने में एजेंसियों की सफलता का अंदाजा उनकी बढ़ती संख्या से लगाया जा सकता है। अपनी नौकरी से ऊबी घर लौटती हुई अंडरग्राउंड ट्रेन में किसी भी लड़की को बार-बार ऐसे विज्ञापन देखने को मिलते हैं जो उसे बस एक बार अस्थायी काम आजमाकर ज्यादा पैसा कमाने, ज्यादा छुट्टी पाने को प्रेरित करते हैं। इसके जवाब में संभावित नियोक्ताओं को, भावी कर्मचारियों को युवा सहकर्मियों, खुशनुमा दफ्तरों, ग्लैमरस जगह, दिलचस्प लोगों से मिलने के मौकों के वादे और कुछ खुशामद करते हुए बहलाने-फुसलाने पर मजबूर होना पड़ता है। लेकिन आजकल की अराजक युवतियों पर असर होता नहीं दिखता। क्विटमैन और उनके संगाती ऐसा दावा नहीं कर सकते कि नौबत उन्हीं की लाई हुई नहीं है, लेकिन बजाय यह देख पाने के कि वे खुद कोई बढ़िया सौदा प्रस्तुत नहीं कर रहे, वे अपनी वर्तमान परेशानियों को युवा स्त्रियों की तुनकमिजाजी के खाते में डालने पर तुले रहेंगे। कहा जाता है कि मजबूर होकर नियोक्ता विवाहिता स्त्रियों का सहारा ले रहे हैं जो घर के प्रति अपनी जिम्मेदारियों के चलते शायद ज्यादा

जिम्मेदार साबित हों। कम-से-कम वे नाव चलाने और स्कीइंग करने के लिए तो नहीं निकल भागेंगी। लेकिन उनके दिल और दिमाग तो घर में लगे रहेंगे। स्त्रियाँ किसी भी तरह इस संघर्ष में जीत जाएँगी। कुछ प्रतिगामी कदम हैं : सुना है अमेरिका में स्त्रियाँ जाँघ की ताकत से अपने मर्दों को चला रही हैं जोकि चुनौती की जगह बहलाने-फुसलाने का मामला है। सेक्रेटरियों की दबी-छिपी गलबहियाँ वैसे ही खासी घिनौनी हैं; ऐसा दिखता है कि अस्थायी सेक्रेटरियों ने सौदेबाजी का एक एकदम नया-नकोर और शालीन ढंग ढूँढ़ निकाला है। अगर कोई अफसर यह चाहे कि उसकी अस्थायी सचिव रुक जाए तो उसे उसका पुरस्कार ढूँढ़ना होगा। एक दिन ऐसा भी आएगा जब यह पुरस्कार खुद अफसर की नौकरी ही होगा। सेवा उद्योग को अलग-अलग तरह के दफ्तरों का अनुभव रखनेवाली लड़कियों की जानकारियों के प्रभाव का फायदा उठाना चाहिए, लेकिन आलोचना झेल पाने में पुरुषों की अक्षमता के चलते ऐसा कभी नहीं हो पाएगा। दुर्भाग्यवश लंदन की सचिवों को मिलनेवाले अवसर छोटे शहरों तक नहीं फैल पाए हैं जहाँ सचिव-स्तर की कार्मिक गतिहीन हैं, उन्हें कम उजरत दी जाती है और वे 'घर में' रहती हैं।

स्त्रियों के कामकाज के प्रतिमान में सबसे अवसादजनक घटना है नर्सों की स्थिति। नर्सिंग के पेशे की शुरुआत फ्लोरेंस नाइटिंगेल द्वारा विक्टोरियन मध्यवर्ग की निष्क्रिय बेटियों को दया के एक ऐसे काम में लगाने से हुई जो उनके हाथों को शरारत से बचाए रखता था, जैसेकि आज भी संपन्न स्त्रियाँ रैड क्रॉस, ऑक्सफैम वगैरह के लिए काम करती हैं। इस उद्योग के विकसित न हो पाने का अर्थ है कि आज छः लाख चालीस हजार स्त्रियाँ उजरत के नाम पर मजाक झेलते हुए एक ऐसा परमावश्यक काम कर रही हैं जिसमें दक्षता, पहल और 'समर्पण' दरकार है। बहुत लंबे अर्से से नर्सिंग और अध्यापन स्त्रियों के सबसे लोकप्रिय बल्कि एकमात्र पेशे रहे हैं, लेकिन दस वर्षों में टीचर ट्रेनिंग के लिए आवेदनकर्ताओं की संख्या जहाँ दो गुनी से ज्यादा हुई है वहाँ नर्सिंग की ट्रेनिंग सिर्फ पच्चीस प्रतिशत और प्रार्थियों को ही आकर्षित कर पा रही है। इस बीच बीस बरस में अस्पतालों में आनेवाले रोगियों की संख्या दोगुनी हुई है और अस्पताल में भर्ती किए जानेवाले रोगियों के मामले गंभीर हैं क्योंकि घर में ही देखभाल की नीति जोर पकड़ रही है। पहले साल में प्रशिक्षु नर्स तीन सौ नब्बे पाउंड कमाती है (कर वगैरह काटकर दो सौ चालीस पाउंड), दूसरे साल में चार सौ पचास पाउंड और तीसरे साल में चार सौ अस्सी पाउंड। मनोचिकित्सा की नर्सों को इससे सौ पाउंड ज्यादा मिलते हैं। जब नर्सों की तनख्वाह में तीस पाउंड सालाना बढ़े तो अस्पताल में प्रशिक्षण की फीस तुरंत बढ़ा दी गई जिससे वेतनवृद्धि प्रभावहीन हो गई। अपने समुदाय को चेताने के लिए की गई ऑर्पिंग्टन हॉस्पिटल की नर्सों की जनसभा के बाद वार्ड सिस्टर एल्सा फैरियर ने मई, 1969 में *द टाइम्स* में अपना पक्ष रखा : 'हम मरीजों से उस तरह बात नहीं कर रहीं जैसे हमें करनी चाहिए। हमारे पास चिंता में डूबे रिश्तेदारों से बात करने का समय नहीं रहता। मानवीय या दयापूर्ण होने के लिए हमारे पास समय ही नहीं बचता।'[17]

नर्सिंग के जिस भावनात्मक संतोष की बहुत डींग हाँकी जाती थी वह कर्मचारियों की संख्या में कमी करने की नीति का शिकार हो गया। नर्सें पाती हैं कि उन्हें फर्श पोंछने जैसे अकुशल काम भी करने पड़ रहे हैं क्योंकि जैसी घौंसपट्टी झेलने को घरेलू नौकर तक तैयार नहीं होते, वैसी उन जैसी व्यावसायिक रूप से दक्ष स्त्रियाँ झेल लेती हैं। उधर उपचार की जटिल विधियाँ नर्सों से बेहतर शैक्षिक तैयारी की माँग करती हैं : मादक दवाओं से उपचार का खतरा यह है कि एक थकी नर्स पाती है कि उसके हाथों दवा की गलत खुराक खाकर रोगी मर गया है। तथ्य यह है कि तीन में से एक ही नर्स ने तीन विषयों की पढ़ाई ओ-लेवल (हमारे यहाँ के हाईस्कूल के समकक्ष ब्रिटिश परीक्षा) तक की होती है, इतनी ही नर्सों ने दो से कम विषय सामान्य स्तर तक पढ़े होते हैं, जोकि प्रशिक्षण कार्यक्रम की स्वीकार्य अर्हता है। एक तिहाई प्रशिक्षु नर्सें अधूरा ही प्रशिक्षण लेती हैं और सामान्यतः ऐसा लगता नहीं कि यह बर्बादी किसी को खलती हो, क्योंकि वे सस्ते श्रम का स्रोत बन जाती हैं। नर्स अपना प्रशिक्षण पूरा कर भी ले तो भी वह अपनी स्थिति में कोई खास फर्क नहीं पाती : बस उसकी कमरपेटी का रंग ही अलग होता है। इसके अलावा ड्यूटी पर नर्सें एक पुराकालिक वर्दी में अनुशासित और सामाजिक संसर्ग से दूर रखी जाती हैं और ड्यूटी खत्म होने पर टोही और कामुक नियमों से, वे मैट्रॅनों का जबर्दस्त माँओं जैसा व्यवहार झेलती हैं जोकि अक्सर ही उनसे बड़ा असम्मानपूर्ण व्यवहार रखती हैं और उनसे पूरी तरह आज्ञाकारी होने की माँग करती हैं। इस सब मूढ़ता का बहाना रोगी बनता है और थकी, खीझी, परेशान हुई नर्सों के हाथों वही कष्ट पाता है। इस पूरी स्थिति का भोंडापन ब्रिटिश जनों के सामने तब खुला जब मई, 1969 में सिस्टर वील की यूनाइटेड नर्सेज एसोसिएशन सड़कों पर उतर आई, लेकिन तब भी मैट्रॅन के शिकंजे का असर दिखा : नर्सों को आदेश दिया गया कि वे वर्दी में जुलूस में न निकलें और उन्होंने *आदेश का पालन किया।* उसके बाद तो हमारे गटरछाप अखबारों ने प्राइवेट नर्स होने और रोगियों के लिए विज्ञापन देने के कारण सिस्टर वील की खूब निंदा की है, लेकिन वह वही कर रही है जो पहल करने का साहस रखनेवाले किसी भी कुशल व्यक्ति को करना ही चाहिए। असल में तो सिस्टर वील सिर्फ तीन सौ समर्थक ही जुटा पाई : जनमानस में पेशे की छवि बिगाड़ने के आमतौर पर लगाए जानेवाले आरोप ने ज्यादातर नर्सों को आंदोलन से दूर ही रखा। प्रशिक्षित नर्सें कोई ठोस-सुगठित समूह नहीं हैं : वे हैल्थ विजिटर, शल्य-चिकित्सा नर्सों, मनोचिकित्सा नर्सों, वार्ड सिस्टर, डिस्ट्रिक्ट (क्षेत्र) नर्स, मैट्रॅन, राज्य द्वारा पंजीकृत नर्स की श्रेणियों में बँटी हैं। उनमें से सभी रॉयल कॉलेज ऑफ नर्सिंग से शिक्षा पाई हुई नहीं हैं। ह्वाइटली काउंसिल जब वेतन और काम की शर्तों पर सौदेबाजी करती है, तब उसमें बारह अलग-अलग संगठन नर्सों का प्रतिनिधित्व करते हैं। मई, 1969 में जब अन्यायपूर्ण 'खाओ और चुकाओ' योजना की जगह ह्वाइटली काउंसिल नर्सों को अड़तालीस पाउंड सालाना का भोजन-भत्ता दे रही थी (जिस पर तुरंत कर लगा दिया गया) तो सिर्फ बारह सौ अस्पताली बिजलीकर्मी बाहर के मजदूरों के समकक्ष उजरत की माँग मनवाने के लिए

हड़ताल पर जाते नहीं हिचकिचाए थे। बात साफ है, अपने काम की अनिवार्यता के कारण नर्सों को शर्मनाक मेहनताने स्वीकार करने पर मजबूर किया जा सकता है। हमारे समाज पर यह एक गंभीर आरोप है, जो यह जानते हुए कि वे ऐसा नहीं करेंगी, उन्हें बीमार और मरते लोगों को असहाय छोड़ देने को उकसा रहा है। क्या उन्हें बीमार और मरते हुए लोगों द्वारा खुद के लिए हड़ताल करने तक इंतजार करना ही होगा ? ऐसा लगता है कि शिक्षाविदों की स्थिति अपनी ओर ध्यान दिए जाने का तब तक इंतजार करेगी जब तक कि छात्र उनके समर्थन में हड़ताल करके परीक्षाओं में उत्तीर्ण होने से इंकार नहीं करते। क्या अब मरीजों को स्वस्थ होने से इंकार कर देना चाहिए ? दोनों मामलों में राज्य नर्सों और शिक्षकों का दमन करने के लिए उनकी सेवाओं को प्राप्त करनेवालों को शोषित कर रहा है। इससे निपटने के लिए नई रणनीतियाँ तैयार करनी होंगी। हाल ही में की गई छब्बीस प्रतिशत वेतनवृद्धि तभी तक आकर्षक लगती है जब तक हम यह नहीं देखते कि यह किसका छब्बीस प्रतिशत है : अभी हमें यह भी देखना है कि इस वेतनवृद्धि की भरपाई नर्सों को कैसे करनी होगी।

नर्सें कुशल नौकरानियाँ हैं और इस रूप में वे स्त्रियों के रोजगार के प्रमुख प्रतिमान पर खरी उतरती हैं। सेल्सगर्लें, वैट्रॅसें, सफाई करनेवालियाँ, पैकिंग करनेवालियाँ, चाय बनाने-बेचनेवालियाँ इस तस्वीर को पूरा करती हैं। घर की सफाई-धुलाई करनेवाली की स्त्री-छवि की प्रबलता का मजेदार किस्सा विएना में दर्ज किया गया जहाँ अलॉइज वाल्कान को जब अपनी पेंशन के अलावा और पैसे की जरूरत पड़ी तो उसे सफाई-धुलाई का काम करने के लिए स्त्री-वेष धारण करना पड़ा। आखिर उसे उस समय गिरफ्तार कर लिया गया जब प्रसाधन-कक्ष से हुई चोरियों की तफ्तीश करने आई पुलिस ने उससे पूछताछ की क्योंकि वह बिना वेष बदले स्त्रियों के शौचालय में चला गया था।[18] स्त्रियों की प्रमुखतावाले व्यवसायों में भी महत्त्वपूर्ण पदों पर पुरुष ही हैं : किसी ने नहीं सुना होगा कि कोई स्त्री होटल की या कहीं की भी मुख्य वैट्रॅस बन गई हो। वस्त्र उद्योग में डिजाइनर और कपड़ों की कटाई का काम करनेवाले अक्सर ही पुरुष होते हैं। सेनाओं में स्त्रियाँ नियमित सैनिक नहीं, क्लर्क वगैरह जैसे काम करनेवाली पुरुषों की दासियाँ ही होती हैं। वे एयरहोस्टॅसें जिनसे इतनी डाह की जाती है, वेट्रॅसों से ज्यादा कुछ नहीं हैं और अक्सर पुरुष स्टीवर्ड का हुक्म बजाती हैं। सस्ते श्रम के लिए स्त्रियों के शोषण का सबसे सन्न कर देनेवाला उदाहरण *आउटवर्कर* (अपने घर में ही ठेके पर काम करनेवाले वे मजदूर जो कंपनी के कर्मचारियों में शामिल नहीं होते) हैं जो *न्यूज ऑफ द वर्ल्ड* की एक सनसनीखेज खबर का विषय बनीं। कथित रूप से इन स्त्रियों को स्थानीय प्राधिकरणों में पंजीकृत करवाया जाना होता है लेकिन प्राइसेज एंड इनकम्स (मूल्य और आय) बोर्ड ने एक सर्वेक्षण करते हुए पाया कि इस नियम का पालन नहीं होता। आउटवर्करों को काम पर लगाने की संभावनावाले उद्योगों में सक्रिय साठ यूनियनों में से सिर्फ एक में उनसे संबंधित नियम पाए गए। स्केगनेस स्थित सुपरफोम लिमिटेड सिलाई मशीन से एप्रन की सिलाई के लिए पाँच पैनी प्रति एप्रन की दर से

भुगतान करती थी। आतिशबाजी बनानेवाली कंपनी ब्रॉक्स एक गुर्स (144) गत्ते के खोखे लपेटने और चिपकाने के लिए गृहिणियों को एक शिलिंग का भुगतान करती थी। ग्यारह शिलिंग के बदले एक गुर्स स्पंज रखने की थैलियाँ सिलनेवाली स्त्रियों के उस संतोष का अंदाजा लगाइए जो उन्हें दो शिलिंग छः पैनी की एक थैली बिकते देखकर होता होगा। अपनी बात को और स्पष्ट करने के लिए पत्रकार कॉनवे स्टीवर्ट ने स्पास्टिक केंद्रों, मानसिक रोगियों के विश्रामगृहों, जेलों, स्वीकृत स्कूलों और गृहिणियों को ठेके पर बॉलपॉइंट पैन असैंबल करने का काम दिया : आठ या नौ पैनी के भुगतान के बदले उन्हें रिफिल डालकर, कैप लगाकर, दूसरे छोर पर क्लिप लगाकर छः-छः पैनों के पैकेट बनाने थे। पाँच घंटे में एक गुर्स खिलौना नावें असैंबल करके आठ शिलिंग पानेवाली श्रीमती पोलार्ड ने *न्यूज ऑफ द वर्ल्ड* के संवाददाता को बताया, "मैं इसे खाली वक्त गुजारने की हॉबी के तौर पर देखती हूँ...मुझे यह काम अच्छा लगता है।" इन स्त्रियों से, जो कई बार मशीन से सिलाई करने में भी कुशल होती हैं, काम करवाने में नियोजकों को बिजली, पानी, सुरक्षा जैसी मदों में कुछ ख़र्च नहीं करना पड़ता, वे न तो कोई हर्जाना माँग सकती हैं न ओवरटाइम, और उनकी संख्या अज्ञात है। ऐसा माना जाता है कि वस्त्र उद्योग में ही कम-से-कम पंद्रह हजार स्त्रियाँ इसी तरह काम कर रही हैं। अपने तौर-तरीकों को न्यायसंगत ठहराते हुए उत्पादक जापान और हाँगकाँग से प्रतियोगिता की बात कहते हैं : आउटवर्कर एंगलो-सैक्सन बँधुआ मजदूर हैं।[19]

अपने पेशे में गौणता का विकल्प चाहनेवाली लड़कियाँ अक्सर अभिनय को चुनती हैं। अगर *संडे टाइम्स* पर विश्वास किया जाए तो हमारी सदी को गढ़नेवाली जो गिनी-चुनी स्त्रियाँ हैं, वे अभिनेत्रियाँ हैं। नेशनल यूथ थिएटर के निदेशक माइकेल क्रॉफ्ट ने लड़कियों को चेताया कि वे यह विकल्प न चुनें। उन्होंने बताया कि नए नाटकों में पुरुष के लिए पाँच भूमिकाओं के मुकाबले स्त्रियों के लिए दो ही भूमिकाएँ हैं। पूरे व्यवसाय में हमेशा ही अस्सी प्रतिशत बेरोजगारी रहती है और ज्यादातर बेरोजगार स्त्रियाँ हैं। लेकिन फिर भी यूथ थिएटर की 200 सीटों के लिए 4150 आवेदन आए जिनमें से दो तिहाई लड़कियों के थे।[20] अपनी सुंदरता का उपयोग करना चाहनेवाली लड़कियों के लिए मॉडलिंग एक रास्ता है लेकिन चाल-ढाल-शृंगार के प्रशिक्षण के बाद भी मॉडल बनने की इच्छुक लड़की को अपनी बढ़िया तस्वीरें खिंचवाकर एजेंसियों को दिखानी पड़ती हैं।[21] सबसे सफल मॉडलों को फोटोग्राफर लपक लेते हैं, कुछ मामलों को छोड़कर फोटोग्राफी का पेशा पूरी तरह पुरुषों के कब्जे में है। एक कामकाजी मॉडल पाती है कि उसकी एजेंसी के लगातार प्रयासों के बाद भी, उसका भुगतान काम करने के कई महीनों बाद किया जाता है; अक्सर तो वह पाएगी कि उसके पास काम है ही नहीं और गुजारा चलाने के लिए उसे दूसरे ही उपायों का सहारा लेना पड़ता है। निर्वस्त्र मॉडलिंग के अच्छे पैसे मिलते हैं लेकिन उसमें भारी जलालत है। *पैंटहाउस* पत्रिका के बॉब गुच्चियोन शान बघारते हुए कहते हैं कि उनकी लड़कियों को गर्भनिरोधक गोलियाँ दी जाती हैं ताकि उनके कूल्हे और छातियाँ फूले रहें, चमड़ी को सुनहली-ताँबई रंगत देने

के लिए धूप सेकने टैंजियर भेजा जाता है, दाँतों की मरम्मत करवाई जाती है, मस्से-तिल हटवाए जाते हैं, पत्रिका के खर्चे पर उनकी भौंह-पलक से लेकर नाखून तक तरशवाए जाते हैं और फिर हफ्ते-भर जब उनके फोटो खींचे जा रहे होते हैं, उन्हें 200 पाउंड रोज दिए जाते हैं।[22] खुशामद और शराब के सहारे उन्हें पोज देने के लिए फुसलाया जाता है। दाँव लग जाए तो फिल्मों और मॉडलिंग के और मौके मिलते हैं; न लगे तो नोक-पलक से दुरुस्त, धूप से ताँबई हुई, सूजी देह लिए लड़की भारी करों को चुकाते और अपनी छवि को बनाए रखने के प्रयास करते एक हजार पाउंड खो देती है।

नर्तकियाँ हों या गायिका या निर्वस्त्र शो करनेवाली स्त्रियाँ, स्त्री मनोरंजन कलाकारों की अपनी यूनियनें हैं,[23] लेकिन यूनियन बनाने से ही तो लगातार काम की गारंटी नहीं मिल जाती। इन 'पेशों' में लगी लड़कियों के पास भावी नियोजकों द्वारा 'मूल्यांकन' की भयावह कहानियाँ हैं जिनमें से ज्यादातर संदेहास्पद ही हैं, लेकिन मुझे खुद भी ऐसी जलालतें याद हैं जिनसे मैं दोबारा गुजरना नहीं चाहूँगी। हाल ही में जब एक विख्यात टेलीविजन शृंखला के निर्माता के अनुरोध पर (कम-से-कम मैं तो यही समझी थी) मैं उसके यहाँ गई तो अपनी सत्ता का प्रयोग करते हुए उसने मुझे चूम लिया और मेरी छाती पकड़ ली, ऐसी छूट वह अपने कार्यक्रम में आनेवाले किसी भी पुरुष के साथ नहीं ले सकता था। मैंने तो खैर अपने एजेंट को इस व्यक्ति के साथ काम करने का कोई भी प्रस्ताव लौटा देने को कह दिया लेकिन ज्यादातर लड़कियाँ तो इस स्थिति में नहीं होतीं। फिर भी, आत्मा के लिए दासत्व से शायद कहीं बेहतर जुआ है : जो लड़की यह मानती हो कि उसमें सचमुच लोगों का मनोरंजन करने की प्रतिभा है उसके पास उसे आजमाने के अलावा और कोई चारा नहीं है। उनमें से ज्यादातर बाद में एक पति जुटा लेती हैं जो काम न रहने पर उनका भरण-पोषण करता है। मनोरंजन का पेशा उस जमाने से ही अंतरंग रूप से वेश्यावृत्ति से जुड़ा रहा है जब ब्रिटेन और फ्रांस की सर्वश्रेष्ठ रंगशालाओं की अभिनेत्रियाँ जानी-मानी नगरवधुएँ भी थीं। बहुत-सी वेश्याएँ, वे खुद को कॉलगर्ल कहें या मामूली रंडी, मानती हैं कि वे पुरुषों का शोषण कर रही हैं, और जब तक वे अपनी भावनात्मक स्वतंत्रता बनाए रख पाती हैं तब तक वे शायद ऐसा करती भी हैं; लेकिन वेश्यावृत्ति के धंधे में प्रस्तुतकर्ता, दलाल की भूमिका इतनी स्थापित है कि हम यह नहीं मान सकते कि वेश्याओं ने एक आत्म-नियंत्रित जीवन-शैली पा ली है। पश्चिमी समाज का उस्ताद दलाल ह्यू हैफ्नर है जिसने ऐसे चकले बना डाले जहाँ वेश्याओं को सिर्फ देखा ही जा सकता है, लेकिन हैं वे चकले ही। हर बन्नी (प्लेबॉय की उत्तेजक स्त्री-परिचारिकाएँ जो तैराकी की पोशाकनुमा वर्दी के साथ खरगोश के कान और पूँछ लगाए रहती हैं) असल में तो वेश्या ही है। नर्सिंग या आउटवर्क के विकल्प के तौर पर खरगोश के कान और पूँछ लगाकर बैरागिरी करना बहुत ही श्रेयस्कर नहीं है। स्त्री-मनोरंजनकर्मी एक कामवस्तु के रूप में अपने आकर्षण का इतना दोहन करती है कि उसकी स्थिति इनके समानांतर ही है। लैंगिक शोषण से सुरक्षा तलाशते हुए वह अक्सर खुद को एक रक्षक के इतने अत्याचार झेलते पा सकती है जितने उसे एक

अफसर के हाथों न झेलने पड़ते। वह किसी और की मूल्यवान संपत्ति बन जा सकती है जिससे कि उसकी वास्तविक प्रतिभा कामवस्तु के हंगामे के नीचे दब जाती है। कई लोगों को अब भी इस बात से बहुत हैरानी होती है कि मर्लिन मुनरो एक महान अभिनेत्री थी, सबसे दयनीय तो यह है कि खुद मर्लिन के लिए यह आश्चर्य का विषय था, उसकी मौत के कारणों में से एक कारण यह भी था।

ऐसे शोषण के विकल्प हैं, जरूर होंगे। एक शिक्षाविद् के तौर पर मैं कहूँगी कि मैंने विकल्प पाया है। मैं समान वेतन पाती हूँ : मुझे पुरुष प्रतियोगियों पर अधिमान देते हुए चुना गया और प्रक्रम की सहज गति में मुझे पदोन्नत होने से कोई भी नहीं रोक सकता। कुछ अपराधबोध का अनुभव करते हुए मुझे यह भी स्वीकार करना होगा कि इन विशेष शैक्षिक योग्यताओं को हासिल करने के लिए मैंने विशेष रूप से मेहनत नहीं की। छोटे शहर के विश्वविद्यालय की स्त्री-व्याख्याता के रूप में मुझे साथी शिक्षकों की पत्नियों की हरकतें झेलनी होती हैं लेकिन उन्हें नजरंदाज करना खासा आसान है। अपना मौजूदा पद पाने के लिए मुझे शायद किसी पुरुष को जितनी करनी पड़ती उससे कहीं ज्यादा विशेष शैक्षिक योग्यताएँ हासिल करनी पड़ीं, लेकिन मैं इसे सिद्ध नहीं कर सकती। मैं पुरुष होती तो शायद मुझे कैंब्रिज में फेलोशिप दे दी जाती। लेकिन एक औसत किशोरी के लंबे समय तक पढ़ते रह पाने की संभावना कम ही होती है क्योंकि वयःसंधि के दौर में स्त्रियाँ जोखिम उठाने की क्षमता और ऊर्जा खो बैठती हैं। स्त्री-शिक्षाविदों के न्यूरॉटिक होने को लेकर जो पूर्वग्रह है, वह व्यवहार में ठीक दिखाई देता है, लेकिन अगर किसी लड़की को लगता है कि वह इस क्षेत्र में सफल हो पाएगी तो उसे इस क्षेत्र में आना ही चाहिए। दूसरे संस्थानों में पढ़ाना अब भी बुद्धिमती लड़कियों का मनपसंद पेशा है लेकिन जैसाकि अध्यापक लोग कहते हैं, (हालाँकि वे इसके बारे में बहुत देर में ही कदम उठाते हैं), यह कठिन पेशा है जिसमें मेहनत का फल भी नहीं मिलता, स्त्रियों के आधिपत्यवाले इस पेशे के पुरुषों को इसकी शर्तें और तनख्वाहें असह्य और स्त्रीबहुल नेशनल यूनियन ऑफ टीचर्स इतनी निष्क्रिय लगी कि उन्होंने अपनी स्थिति सुधारने के लिए संघर्षात्मक कार्रवाई करने के लिए नेशनल एसोसिएशन ऑफ स्कूल मास्टर्स की स्थापना कर दी। आखिर उनका अनुसरण करते हुए नेशनल यूनियन ऑफ टीचर्स ने समानता के छल को अस्वीकार करके 1969-70 की सर्दियों में हड़तालों का सिलसिला शुरू किया। कहने की जरूरत नहीं कि यूनियन के सभी प्रवक्ता पुरुष थे—कार्यकारिणी के चवालीस सदस्यों में स्त्रियाँ चार ही थीं।

चिकित्साशास्त्र का अध्ययन करनेवाली लड़की अगर खासी मेहनत करेगी तो डॉक्टरी की परीक्षा पास कर लेगी—लेकिन यह सच है कि स्त्री-रोगी पुरुष डॉक्टरों को प्राथमिकता देती हैं, और पुरुष रोगी भी। कोई लड़की आर्किटेक्ट या इंजीनियर बनने की योग्यता प्राप्त कर ले और मालिकों को खुद को गंभीरता से लेना सिखा सके तो वह सफल हो सकती है। लेकिन इलेक्ट्रिकल इंजीनियरिंग और रेडियो संचालन सीखनेवाली लड़कियों के रोजगार न पा सकने के अनेकों प्रमाण मौजूद हैं।[24] अगर वे शोधकर्ता हैं

तो स्त्री रसायनविज्ञानी या वैज्ञानिक नोबेल पुरस्कार पा सकती हैं लेकिन वे व्यावसायिक शोध संस्थानों की प्रमुख शायद ही बन पाएँ। इन अलैंगिक शैक्षिक उपलब्धियों के पीछे दौड़ते हुए लड़की एक अथक शत्रु का सामना करती है—उसका अपना परिवार। लगातार लगाए जाते आरोप, ये रोने कि वह पुरुष-मित्रों को ढूँढ़ने और प्यारे-प्यारे कपड़े पहनने जैसी लड़की होने को मजेदार बनानेवाली चीजों को गँवा रही है, कि शादी-वादी करके वह अपने प्रशिक्षण को व्यर्थ कर देगी, ऐसी थकाऊ बकवास रोज-ब-रोज उसके प्रतिरोध को कम करती जाती है। घर की जिम्मेदारियों के वे दबाव, जिनसे उसकी-सी स्थितिवाले लड़के को मुक्त रखा जाता है तब तक कम नहीं होते जब तक कि वह किसी सुदूर विश्वविद्यालय में ही न चली जाए और यह ऐसा उपाय है जो माता-पिता को नाराज कर सकता है। किसी लड़की का भावनात्मक कल्याण पुरुषों के उसके प्रति व्यवहार पर इस हद तक निर्भर है कि भावनात्मक लगाव उसके शैक्षिक अवसरों पर कुठाराघात कर सकता है। मैं विश्वविद्यालयों में शिक्षक के रूप में व्यक्तिगत अनुभवों से भावनात्मक लगाव से पढ़नेवाली स्त्रियों की हानि की गवाही दे सकती हूँ। पुरुष जहाँ भी मिलें, जैसे भी मिलें, अपने आनंद प्राप्त कर लेते हैं : पुरुष उन पर ध्यान न दें तो लड़कियाँ ठुकरा दी गई-सी अनुभव करती हैं, और पूरे भावनात्मक लगाव से कुछ भी कम उन्हें अपने स्तर से नीचे लगता है। जब तक यह स्थिति बनी रहेगी, उनके शैक्षिक शिकार बनने की संभावना प्रबल रहेगी। लड़कियाँ प्रखर कम ही होती हैं और ज्यादातर मामलों में सर्वोच्च स्थानों पर पुरुष ही काबिज रहते हैं, जो लड़की व्यावसायिक मामलों में पुरुषों के समान ही अवसरों का लाभ चाहती हो, उसे अपने विरुद्ध शुरुआती पूर्वग्रहों के कारण (शैक्षिक मामलों में) पुरुषों के समकक्ष नहीं, उनसे बहुत ही आगे होना चाहिए। अगर उसे ऐसा लगता हो कि स्त्रियोचित बनी रहकर उसे अपनी लैंगिक अस्मिता भी बनाए रखनी है तो कामनाओं के संघर्ष के क्रांतिकारी प्रभाव हो सकते हैं।

स्त्रियों की सफलता की कहानियाँ हैं और ऐसी विषादजनक तस्वीर के बाद, उन्हें सुनाने का समय आ गया है। आशा राद्नोती ने ऑक्सफोर्ड विश्वविद्यालय से सम्मान के साथ राजनीति, दर्शन और अर्थशास्त्र में स्नातक परीक्षा पास की। उन्हें स्त्रियों के सामान्य रोजगार, पढ़ाने, की पेशकश ऑक्सफोर्ड नियुक्ति बोर्ड ने दी, उसने इस पेशकश के अलावा आईबीएम (बहुराष्ट्रीय अग्रणी कंप्यूटर कंपनी) और अन्य मैनेजमेंट सलाहकारों की नौकरियाँ ठुकराकर प्रूडेन्शियल के निवेश शोध विभाग में विश्लेषक के तौर पर काम शुरू किया। डेढ़ बरस बाद वह एक कैनेडियन निवेश बैंकिंग फर्म में निवेश निदेशक की सहायक बन गई, और आज वह कासल ब्रिटैनिया यूनिट ट्रस्ट ग्रुप की पोर्टफोलियो मैनेजर के तौर पर चार करोड़ पाउंड के निवेश की जिम्मेदारी सँभाल रही है। इशबेल वैब्स्टर बारह बरस तक ताओ क्लिनिक में शरीर पर से बाल उड़ाने का काम करती थीं, फिर उसने छिड़काव से ही बाल उड़ा देनेवाले फॉर्मूले 'स्प्रे अवे' को पेटेंट करवाया; जेनिफर फिलिप्स ने अपने कॉमेडी सीरियल *विंक टु मी ओनली* का सौदा किया। दूरी वाइडरो किसी व्यापारिक एयरलाइन की पहली स्त्री पायलट है। नोरा रोथरो ने कैम्डेन

टाउन में घरेलू नौकरानी के तौर पर काम शुरू किया, फिर अपनी कंपनी में सफाई का काम ढूँढ़ने और उसकी लागत आँकनेवाली सुपरवाइजर, औद्योगिक सफाई करनेवाली ब्रिटेन की सबसे बड़ी कंपनी एक्मे की निदेशक और आखिर मल्टी-ऑफिस सर्विसेज लिमिटेड की अध्यक्ष बनी। मार्गो न्यूलैंडस थॉमस डे ला रयू इंटरनेशनल की पहली स्त्री निदेशक है। मार्जरी हर्स्ट करोड़पति है और ब्रिटेन की सबसे बड़ी सेक्रेटेरियल एजेंसी ब्रुक स्ट्रीट ब्यूरो की संयुक्त अध्यक्ष है। वेरिटी कॉलिन्स ने ब्रिटिश माल की विदेशों में प्रदर्शनी और बिक्री करनेवालियों की कंपनी यूनियन जिल्स बनाई और ऐसी व्यापारिक प्रदर्शनियों का आयोजन करनेवाली एजेंसियों और फर्मों की कंपनी डायरेक्टर बन गई। वस्त्र उद्योग में तो बहुत-सी व्यापार-कुशल और रचनात्मक स्त्रियाँ हैं : मेरी क्वखंट, डोरोथी टायोरान, सिविल जेल्कर, जिना फ्राटिनी, रोजालिंड येहुदा, मेरियन फोल और सैली टफिन, फियोना ब्राउन (स्केक्ट्रम), जेनेट लाइल (एन्नाकैट), एलिस पॉलॉक, ली बेंडर और सुप्रसिद्ध बीबा। पत्रकारिता और लेखन के क्षेत्र में भी स्त्रियाँ खासी सफल रही हैं : हमारे युग में ख्याति पानेवाली स्त्री पत्रकारों और लेखकों की सूची बहुत लंबी है और वे इतनी ख्यातनामा हैं कि उनके नाम गिनाना जरूरी नहीं है। टेलीविजन में भी स्त्रियों का प्रतिनिधित्व बढ़िया है, हालाँकि आजकल बी.बी.सी. की करेंट अफेयर्स की प्रमुख ग्रेस बिंडहम गोल्डी, कैथेराइन डव (पैनोरमा की निर्माता) और मेरी सोमरविल (स्कूल ब्रॉडकास्टिंग की प्रमुख) की जगह पुरुषों को लेने की प्रवृत्ति है। स्त्री समाचार-वाचिकाओं की जगह पुरुषों ने ले ली है और स्त्री निर्माता भी दफ्तर के वरीयताक्रम में ऊपर नहीं जा सकी हैं लेकिन ईवॉन लिट्लवुड अब भी मनोरंजन कार्यक्रमों का निर्माण करती हैं, पैडी फॉय संगीत के कार्यक्रम, मार्गरिट डगलस करेंट अफेयर्स और मैगी डेल बैले के कार्यक्रमों का निर्माण करती हैं। डेम निनेट डे वैलॉय की पहल के बाद सैडलर्स वेल्स (ब्रिटेन का प्रतिष्ठित थिएटर) में स्त्री निर्माताओं के लिए अवसर खुले हैं और जोन लिट्लवुड हमारे जमाने की सबसे प्रभावशाली थिएटर व्यक्तित्व हैं। इस साल फरवरी से स्त्रियों को स्वीकार करने की लॉयड (ब्रिटेन की प्रमुख बीमा कंपनी) घोषणा के बाद से उनके पास चालीस स्त्रियों के आवेदन आए हैं, स्टॉक एक्सचेंज में स्त्रियों को शेयर-दलाल का लाइसेंस देने पर विचार-विमर्श चल रहा है, जबकि म्यूरिएल बर्ली 1962 से उस फैसले का इंतजार कर रही हैं जो उन्हें शेयर-दलालों की फर्म में भागीदार बनने देगा या उन्हें खुद ही फर्म खोलने देगा। पहली स्त्री न्यायाधीश की नियुक्ति हो चुकी है।[25]

ऐसा लगता है कि स्त्रियाँ अपने लक्ष्य जितने ऊँचे रखें और अपने द्वारा चुने हुए वातावरण में वे जितनी ही विशेष हों उतनी ही उनके सफल होने की संभावना बढ़ती है। यह समाज सृजनात्मकता को सबसे ऊँचा मानता है, वह सृजनात्मकता उपभोक्ता सामग्री को डिजाइन करने में हो या विज्ञापन या उपन्यास लिखने में, या समसामयिक माँगों के अनुरूप संगठन के रूप आविष्कृत करने में। ब्रिटिश व्यापार विचारों और विशेषज्ञता के निर्यात पर निर्भर है और इनमें से किसी पर भी पुरुषों का एकाधिकार

नहीं है। न ही यह स्त्रीत्व से असंगत है, क्योंकि मेरी क्वांट के प्रणयी पति ने उसके श्रोणिरोमों को दिल के आकार में तराशा है। मेरी मनपसंद स्त्री सफलता की कहानी पामेला पोर्टर की है जिनकी अपनी कार ट्रांसपोर्ट कंपनी है जो अपने तीन कुत्तों को साथ लिए हर हफ्ते औसत 1500 मील ट्रक चलाती हैं। रोजगार की दौड़ में पुरुषों के साथ-साथ दौड़ने नहीं, उन्हें पछाड़ने की जिम्मेदारी स्त्रियों पर है। इस तरह की प्रेरणा आखिर एक लाभ ही बननेवाली है।

प्रेम

आदर्श

प्रेम कहे जानेवाले ईश्वर का अस्तित्व पुरुषों की कल्पना तक ही सीमित इसलिए है कि उसका सृजन उन्होंने ही किया है। निश्चित ही उनमें एक ऐसे प्रेम की दृष्टि रही है जो दिव्य है, हालाँकि यथार्थ में इसका प्रतिमान दिखा पाना असंभव होगा। घृणा से भरी स्थितियों में यह सूत्र मंत्र की तरह दोहराया गया है क्योंकि यह जीवन का नियम लगता है। 'ईश्वर प्रेम है।' प्रेम के बिना सृष्टि ही न होती। अगर सिर्फ थैनाटॉस (मरणशक्ति) ही होता और ईरॉस (जीवनी/कामशक्ति) न होता तो किसी चीज का अस्तित्व संभव न हो पाता। कामना तमाम गति का कारण है और गति 'होने' का लक्षण है। ब्रह्मांड एक प्रक्रम है और उसकी विधि परिवर्तन है। हम उसे हेराक्लीटियन डांस कहें या खगोलीय पिंडों का संगीत या प्रोटॉनों और न्यूट्रॉनों का असमाप्य युगल नृत्य, कामना से संचालित और मृत्यु और थर्मोडायनैमिक्स के दूसरे नियम से रुद्ध होनेवाली एक सृजनात्मक गति का विचार सभी संस्कृतियों में साझा है। किसी भी समय इसकी जानकारी के विभिन्न सूत्र प्रचलित रहते हैं क्योंकि तर्कशील मानस के लिए ऐसी गतिकी का पुनर्सूत्रण निरंतर होना अनिवार्य है। ऊर्जा, सृजन, गति और समलयता, विकास, सब प्रेम के तत्त्वावधान में ईरॉस के राज्य में सम्भूत होते हैं। पीछे-पीछे थैनाटॉस चलता है, चीजों को व्यवस्थित करता, सीमाएँ निर्धारित करता और शासन का प्रयास करता। प्रेम को सीमित करने, उसका दोहन करने की अपनी बाध्यता के बावजूद मनुष्य प्रेम करते हैं, अस्त-व्यस्त ढंग से उनका प्रेम उनसे वचन भरवाता है, मकान बनवाता है और आखिर उनके उद्वेगों को कर्त्तव्य में बदलवाता है।

जब रहस्यवादी कहते हैं कि 'ईश्वर प्रेम है' या जब एलाइस्टर क्रॉली कहता है कि 'प्रेम संहिता है' तब वे उस प्रेम की बात नहीं कर रहे होते जो स्त्री की नियति है। असल में तो कई प्लेटोवादी मानते हैं कि स्त्रियों में प्रेम की दक्षता है ही नहीं क्योंकि वे शारीरिक, सामाजिक, बौद्धिक और यहाँ तक कि दैहिक सौंदर्य के स्तर पर भी पुरुषों से हीन हैं। उच्च और निम्न के बीच प्रेम संभव नहीं है क्योंकि हीन लोग अपने प्रेम को सुरक्षा की कामना या सामाजिक लाभ जैसे स्वार्थपूर्ण हितों से अलग नहीं रख पाते, और निम्नतर होने के कारण वे खुद उच्चतर व्यक्ति की उन क्षमताओं को नहीं समझ पाते जो प्रेम की पात्र हैं, दूसरी ओर उच्चतर व्यक्ति निम्नतर व्यक्ति के प्रेम में पड़कर खुद को नीचे नहीं गिरा सकता; उसकी भावना में कृपालुता की झलक होगी या वह

विकृति और सायास आत्म-अवमानना की तरफ झुकेगा। यह देखते हुए कि प्रेम का सार अन्योन्य होना है और निम्नतर अपने से उच्चतर को उत्पादित नहीं कर पाएगा, प्रेम का सुपात्र अपनी बराबरी का व्यक्ति ही हो सकता है। एक उचित और न्यायसम्मत आत्मसम्मान के चलते अपनी छवि देखकर मनुष्य उसे पहचानता है, और उससे प्रेम करता है, ऐसा प्रेम समझ, विश्वास और साझेपन पर आधारित है। यह वह प्रेम है, जो सबसे छोटे समूह से लेकर सबसे ऊँचे वर्ग तक, समुदाय को गठित करता है।[1] यह व्यवहृत सामाजिक ढाँचों का एकमात्र आधार है क्योंकि यह सार्वजनीन हित का प्रकटन है। समाज प्रेम की नींव पर खड़ा है लेकिन राज्य नहीं, क्योंकि राज्य अलग-अलग और यहाँ तक कि परस्पर विरोधी सार्वजनीन हितोंवाली कई अल्पसंख्यक इकाइयों का संगठन है। अलग-अलग आयुवर्गों और लिंगों के भाई-बहनों को नियंत्रित करनेवाले पिता की तरह ही राज्य को विवादी समूहों में समलयता लानी होती है, प्रेम से नहीं, बाह्य अनुशासन से। अपने से बहुत अलग के लिए मनुष्य जो अनुभव करता है वह आकर्षण और दिलचस्पी हैं जो नएपन का रंग उड़ते ही बदरंग होने लगते हैं और तब असंगतता की उपस्थिति सामने आने लगती है। हमारे समाज में पुरुषों से बँधी स्त्रियोचित स्त्रियाँ इसी स्थिति में हैं। उन्हें मित्रों और पुरुषों के लिए कृत्रिम रूप से आकर्षक होने के लिए बनाया जाता है और आखिर वे सिर्फ भिन्न साबित होती हैं, एक ऊबे ओर प्रतिशोध से भरे जीव के घर में अलग-थलग पड़ी हुईं।

जीवन के एकदम आरंभिक क्षणों से ही मानवीय प्रेम आत्मरति की एक क्रिया है। नवजात शिशु खुद के आत्म और बाह्यजगत को एक ही चीज के रूप में देखता है, जब तक वह नुकसान से डरना नहीं सीख लेता, वह हर चीज को प्यार करता है[2], इसलिए अगर आप उसे समुद्र में फेंक दें तो वह तैरने लगेगा, जैसे अपनी माँ के गर्भ में तैरता था। बच्चा वास्तविकता को स्वीकार करता है क्योंकि उसमें अहम् का लेश भी नहीं है।

> मेरे जन्म के अधिष्ठाता देवदूत ने कहा—
> 'आनंद और उत्फुल्लता के नन्हें पुतले
> जा पृथ्वी पर प्रेम की धारा बहा'[3]

जब उसका अहम् बन रहा होता है तब भी उसे खुद को दूसरों से अपने संबंधों के आधार पर और दूसरों को खुद के आधार पर समझना सीखना होता है। उसके स्वाभिमान का जितना ही क्षरण होगा, उतनी ही नीची राय वह अपने संगियों के बारे में रखेगा; जितना ही उसका स्वाभिमान स्फीत होगा उतनी ही उसकी अपने मित्रों से आशाएँ ज्यादा होंगी। इस अंतर्क्रिया को हमेशा से समझा गया है लेकिन इसे सदा ही समुचित महत्त्व नहीं दिया गया। स्वर्ग के बगीचे में जब आदम ने हव्वा को देखा तो उससे इसलिए प्रेम किया कि वह उसी की थी, उसकी हड्डी से बनी (ईश्वर ने आदम की पसली से हव्वा को बनाया था) और उसके उपभोग के लिए बने किसी भी प्राणी की अपेक्षा सबसे ज्यादा उस जैसी। कामना से प्रेरित होकर आदम का हव्वा की तरफ

बढ़ना अपनी जाति के लिए प्रेम का कर्म था। इस किस्म की विकीर्ण आत्मरति प्रेम के एक आधार के रूप में सदा ही स्वीकृत रही है सिवाय स्त्री-पुरुष संबंध के जिसमें यह मान लिया गया है कि स्त्री में जो भिन्नता है, पुरुष उससे उत्तेजित होता है, और इसलिए अंतरों को इतना बढ़ाया गया कि आखिर पुरुष खुद को अपने आसपास की स्त्रियों की तुलना में अपने से अलग जातियों, धर्मों और रंगों के पुरुषों के ज्यादा समान पाते हैं। मनुष्य के भ्रातृत्व का सिद्धांत आत्मरतिपूर्ण है क्योंकि उस प्रेम का आधार सदा ही यह धारणा रही है कि हमें यह मालूम होना चाहिए कि हम संसार-भर में एक ही हैं।

मनुष्यमात्र का भ्रातृत्व यथार्थ उस दिन बनेगा जिस दिन दूसरे ग्रहों के प्राणियों के प्रति चैतन्यता मनुष्य का मायोपिया (एक ऐसा दृष्टिदोष जिसमें मनुष्य को दूर की चीजें ठीक से नहीं दिखतीं) ठीक करेगी और उसे समझ में आएगा कि उसके और सौरमंडल एक्स के प्रज्ञाशील प्राणियों के बजाय उसके और एस्किमों, बंगाली भिखारियों और हब्शी लौंडेबाजों के बीच कहीं ज्यादा समानताएँ हैं। फिर भी, समान रुचियोंवाले लोगों जैसे फुटबॉल खिलाड़ियों और संगीतकारों के संबंधों को प्रेम का नाम देने से हमें हतोत्साहित किया जाता है, खासतौर पर तब जब वे समानलिंगी हों। ऐसे विवरण को नकारते हुए हम शरीरों और व्यवहार के साक्ष्य को नजरंदाज करते हैं। अगर डेनिस लॉ पिच पर नॉब्बी स्टाइल्स को गले लगाता है तो हम इसे सह लेते हैं क्योंकि यह प्रेम *नहीं* है। अगर केन्नी बरेल मंच पर एल्बर्ट किंग को चुंबन भेजता है तो इसे झेल जाने के लिए हम खुद को बधाई देते हैं। वह गृहिणी, जिसका पति रोज रात को स्थानीय पब में जाता है, खुद को यह नहीं बताती कि वह उससे ज्यादा प्रेम अपने साथियों से करता है, हालाँकि इसके बावजूद वह इसे अन्यागमन के रूप में देखती और नापसंद करती है।

विवाह-योग्य लोगों की संगतता के तर्क प्रेम में समानता की कामचलाऊ जानकारी के सिद्धांत से निकले हैं, लेकिन इस बात का बहुत कम ही ध्यान रखा जाता है कि शगलों और किताबों और सिनेमा के स्तर पर संगत रुचियाँ उस चौड़ी खाई को नहीं पाट पातीं जो बाकी तमाम क्षेत्रों में स्त्रियों और पुरुषों के बीच खुली रखी जाती है। हम घृणा के साथ उन सलाहों को याद कर सकते हैं जो लड़कियों को अपने पुरुष-मित्रों के शौक अपनाने के लिए इस उद्देश्य से दी जाती हैं ताकि उनकी पसंद के काम में रुचि का दिखावा करके लड़कियाँ उन्हें लुभा सकें। जो भी हो, पुरुष का असली प्रेम अपने पुरुष संगियों में केंद्रित रहता है, भले ही उसका कामभाव उसकी स्त्री का विशेषाधिकार बना रहे। पुरुषों के आपसी जुड़ाव को समान लोगों की समरूपता यानी प्रेम के सरल सिद्धांत से स्पष्ट किया जा सकता है। दूसरी ओर स्त्री के बधियाकरण की परिणति उसकी भावनाओं के अपने पुरुष-साथी में संकेंद्रित होने से और अपनी ही तरह की बाकी स्त्रियों से सामना होने पर नपुंसकता में होती है। उसका तमाम प्रेम क्योंकि अपनी संतति, नहीं तो अपने अपाहिज, भयभीत आत्म के लिए सुरक्षा की तलाश से नियंत्रित होता है इसलिए इसे वह अपने जैसी अन्य स्त्रियों में, जोकि वह जानती

है कि कमजोर और अनुपयुक्त हैं, पाने की आशा नहीं कर पाती। स्त्रियाँ प्रेम नहीं कर सकतीं क्योंकि आत्मरति की भावना में एक दोष के चलते वे अपनी बहनों को देखकर आनंदित नहीं होतीं। दरअसल सहज और समुचित आत्मरति में पलीता लगाने में स्त्रियों की असुरक्षा की कार्रवाई का सबसे अच्छा उदाहरण शृंगार और वेष धरने में देखा जा सकता है, ये ऐसे छल हैं जिनसे स्त्रियाँ बहुत अच्छी तरह परिचित हैं। अपनी जात के प्रति अपने प्रेम की जमकर डींगें हाँकनेवाली स्त्रियों (इनमें समलैंगिक स्त्रियाँ, जिन्हें प्रेम का अपना ही आदर्श आविष्कृत करना होगा, शामिल नहीं हैं) के अक्सर उससे विचित्र संबंध होते हैं, अद्भुत रूप से अंतरंग लेकिन निष्ठाहीन, अविश्वसनीय और तनाव-भरे, चाहे वे कितने ही घनिष्ठ और लंबे समय से क्यों न हों !

मनुष्यों के भ्रातृत्व की बात कहते हुए हम चाहे उसमें स्त्रियों के भगिनीत्व को शामिल करने का बहाना करें, लेकिन हम जानते हैं कि ऐसा है नहीं। आमतौर पर प्रसिद्ध किस्सा यह है कि स्त्रियाँ सिर्फ अपने गुट की गैरमौजूद स्त्री की बखिया उधेड़ने के लिए जमा होती हैं और जमा होती ही चली जाती हैं क्योंकि अपनी गैरमौजूदगी के नतीजे वे बहुत अच्छी तरह जानती हैं। वैसे यह चुटकुला है लेकिन सासों के बारे में सुने और सुनाए जानेवाले चुटकुलों की तरह ही इसका आधार भी कड़वा सच ही है। स्त्रियाँ पास के पब में जाकर नहीं बैठतीं : वे मिल बैठने के लिए पुरुषों की तरह सिक्के जमा करने या स्कूल के साथी होने या बेदिली से चलाई गई खेल गतिविधियों के बहाने नहीं गढ़तीं; पुरुष क्लबों में लेडीज नाइट में वे पथराए चेहरे लिये, अपने पुरुषों से आलिंगनबद्ध होकर मूर्खतापूर्ण हरकतें करते एक-दूसरे से यह कहती-सुनती हैं कि वे आखिर अब भी लड़के ही हैं। वे पुरुषों के प्रेम के बारे में कुछ नहीं जानतीं। इस सरल, निश्छल, स्वतःस्फूर्त ढंग से वे एक-दूसरी से प्रेम नहीं कर सकतीं क्योंकि वे खुद से ही प्रेम नहीं कर पातीं। हम जिन्हें दीवार के पास लगी मेजों पर बैठी देखते हैं वे स्टेटस सिंबल की पोशाक पहने, मुखौटे लगाए, नौकरानियाँ हैं; झाड़न एक तरफ रखकर, इत्र लगाकर वे फुर्सत और आराम का ढोंग रचाती बैठी हैं जबकि वे अनुभव सिर्फ थकान का कर रही होती हैं। उनकी शाम को खुशनुमा एक ही चीज बना सकती है : पति को खुद पर ध्यान बनाए रखने को मजबूर करके, या यह सुनिश्चित करके कि कोई और ऐसा करे, अपने आस-पास चल रहे प्रेम-प्रसंग को रुकवाना। अगर पुरुष स्त्रियों को अपनी ही संगति का आनंद पाने के लिए न छोड़ें तो भी वार्तालाप पुरुषों के बीच ही रहता है जिसमें अंतरे की तरह बीच-बीच में स्त्री स्वर सुनाई देता है। पुरुषों के चुटकुले सुने-सुनाए जाते हैं, गतिविधियाँ और किस्से पुरुषों के होते हैं। समलैंगिक संबंध से वसूला गया कामभाव पूरी तरह उसी पर केंद्रित न रहे तो स्त्री इसे शिकायत का कारण मानेगी। इस बात की शिकायत किसी को नहीं रहती कि वह प्रेम के बिना कामरत होती है और पुरुष कामरत हुए बिना प्रेम करता है। इस तरह सब ठीक-ठाक रहता है, जो किसी भी और तरह भयावह होगा।

मनुष्यों के हृदय में सदा आशा ही वास नहीं करती। समय-समय पर प्रेम भी बिना

बुलाए ही वहाँ आता है। अपने ही जैसों के प्रति स्वतःस्फूर्त सद्भावना हमें अब भी कभी-कभी बदल डालती है—उन संबंधों में नहीं जिनसे सुरक्षा और खुशामद जुड़े हों, विश्वास और सहयोग की उन छिटपुट घटनाओं में जहाँ कर्त्तव्य और मजबूरी नहीं हैं। *द पीपल* के संपादक के नाम पत्रों में मुक्त प्रेम का यह अनूठा उदाहरण दिखाई दिया :

अठारह बरस पहले मैं और मेरे पति अपने पहले मकान में रहने आए। दो हफ्ते बाद ही हमारे पड़ोस के मकान में भी एक परिवार रहने आया। हमें लगा कि वे लोग कुछ नकचढ़े-से हैं, वे भी हम से कुछ खिंचे से ही रहे।

लेकिन पिछले कई बरस से हम उस दिन को दुआएँ देते हैं जब वे हमारे पड़ोसी बने। हमने सुख के बहुत से दिन उनके साथ बाँटे हैं। वे हमारी बेटी के गॉड पेरेंट्स (चर्च में धार्मिक अभिभावक) हैं। संकट की घड़ियों में वे हमारे साथ रहे।

और अब उन्होंने हमें जीवन का सबसे बड़ा मान दिया है। मेरे पति ने हाल ही में नौकरी बदली जिसके कारण हमें 200 मील दूर जाना पड़ा। जुदाई हमें भारी लग रही थी। बजाय हमें अलविदा कह देने के, हमारे पड़ोसी ने नौकरी ही बदल ली और इसी शहर में चले आए।

आज हम अड़ोस-पड़ोस के घरों में तो नहीं रह रहे लेकिन हमारे घर एक-दूसरे से पाँच मिनट के फासले पर हैं। यह दोस्ती समय की कसौटी पर खरी उतरी है।[4]

ऐसी स्थिति सचमुच विरल है क्योंकि पारिवारिक संबंधों में इस किस्म के परिवारेतर स्नेह के विरुद्ध काम करने की प्रवृत्ति होती है। जब भी कोई मनुष्य किसी अपरिचित से अपने मन की बात कहता है, वह मानवता को एक सूत्र में बाँधनेवाले प्रेम की पुष्टि करता है। यह ठीक है कि वह शब्दों के माध्यम से ही अपना मन हलका करता है लेकिन इसके साथ ही उसे रुचि और सहानुभूति की आशा रखने का प्रोत्साहन भी मिलता है, और अक्सर ही यह उसे मिलते भी हैं। उसकी बात सुननेवाला उसके व्यवहार पर अपने मानदंड लागू करने में खुद को असहाय अनुभव करता है; वह वैसा ही अनुभव करता है जैसा दूसरा व्यक्ति करता है। इस विधि से हमेशा दुख और परेशानियाँ ही नहीं, कभी-कभी आनंद और गर्व भी बाँटे जाते हैं, मुझे एक ट्रक-ड्राइवर की याद है जो मुझे बता रहा था कि उसकी पत्नी कितनी उत्तेजक, चतुर और प्रेमिल है, और कितनी सुंदर। उसने मुझे उसकी फोटो दिखाई, मैं अपराध-बोध से झेंप गई क्योंकि मैंने किसी तराशी-रँगी मूरत की आशा की थी, जबकि फोटो में जो स्त्री थी वह प्रचलित पैमाने के हिसाब से साधारण और मोटी थी और यूँही-से कपड़े पहने थी। उपन्यास पढ़ने, नाटक और फिल्में देखने का आधा उद्देश्य तो अपनी जाति के प्रति सहानुभूति की उस क्षमता का उपयोग होता है जो अक्सर ही वास्तविक सामाजिक अस्तित्व के बहुमुखी नियंत्रणों और मजबूरियों के बीच छिप जाती है। यहीं ऐसा होता है जब हमारे मन में कैमिली के लिए अवमानना या जूलियट के प्रति घृणा नहीं होती, जब हम राजघाती और मातागामी तक को समझ पाते हैं। यह प्रेम है।

साथियों का प्रेम आपसी समझ और संवाद पर आधारित होता है। प्रेम ही था जिसने हमें बोलना सिखाया, और मृत्यु ने अपनी उँगली हमारे होंठों पर रखी। कितना

भी घृणा से भरा क्यों न हो, तमाम साहित्य प्रेम का कर्म है और इलेक्ट्रॉनिक संचार के सभी रूप उसे समझने की संभावना को प्रमाणित करते हैं। वैश्विक गाँव को घेरने की उनकी वास्तविक शक्ति को अभी तक ठीक से नहीं समझा गया है। सांख्यिकीविदों, राजनीतिज्ञों और अन्य पेशेवर निराशावादियों के तर्कों के परे, एक बियाफ्राई बच्चे की आँखों में एक स्पष्ट संदेश है। लेकिन इलेक्ट्रॉनिक माध्यम जहाँ अपनी जाति के लिए हमारे प्रेम को पोषित करते हैं, वहाँ हमारे जीवन की परिस्थितियाँ आवेग को रिश्ते से प्रतिस्थापित करती हैं।

अगर हम प्रेम का कोई प्राप्य आदर्श प्रस्तुत कर पाते तो वह उस संबंध से मिलता-जुलता होता जिसके आत्मज्ञानी व्यक्तियों के बीच होने की बात मैस्लो कहता है। संभवतः यह एक खासा खतरनाक संतुलन है : व्यवस्था और सभ्यता की शक्तियाँ सीधे-सीधे ही आत्मज्ञान की संभावनाओं को सीमित रखने का काम करती हैं। मैस्लो के अनुसार आदर्श व्यक्तियों में वास्तविकता का बोध बेहतर होता है—जिसे हर्बर्ट रीड निर्दोष दृष्टि कहते हैं, बच्चे की आँख की तरह जो वास्तविकता को खारिज नहीं करती। घटना के संसार से उसका संबंध उसका दोहन करने या उसके हाथों दोहित होने में नहीं, उसका पर्यवेक्षण करने और उसे समझने की इच्छा से संचालित है। उनमें वितृष्णा नहीं है; अज्ञात उन्हें नहीं डराता। उनमें सुरक्षात्मकता और कृत्रिमता नहीं है। सुस्ती, क्रोध का फूट पड़ना, दूसरों को पीड़ा पहुँचाना, पूर्वग्रह और ईर्ष्या मात्र पर ही उन्हें पछतावा होता है। उनका व्यवहार स्वतःस्फूर्त होता है लेकिन वह एक स्वशासी नैतिक संहिता के अनुरूप होता है। उनका चिंतन अहं-केंद्रित नहीं समस्या-केंद्रित होता है और इसलिए अक्सर उनमें अपनी रोजमर्रा की फिक्रों के परे के उद्देश्यों के प्रति समर्पण का भाव पाया जाता है। उनकी प्रतिक्रियाएँ अतीतमोह या आशा के नहीं, वर्तमान के अनुकूल होती हैं। वे हालाँकि भय, अपराध-बोध या किसी और किस्म की मजबूरी के कारण किसी समुदाय के अनुयायी नहीं होते लेकिन धार्मिक अनुभव, जिसे फ्रायड ने *ओशिएनिक फीलिंग* (महासागरीय भावना) कहा है, की प्राप्ति रूढ़रूप से धार्मिक लोगों की अपेक्षा इन्हें आसानी से होती है। आत्मज्ञान का तात्त्विक घटक है स्वतत्रंता, संस्कृतीकरण का प्रतिरोध; इसमें अतिशय स्वतंत्रता, पूरे सनकीपन का खतरा अंतर्निहित है; जो भी हो, ऐसे लोग प्रेम देने में अधिक सक्षम होते हैं, अगर हम प्रेम की रोजर्स की परिभाषा मान लें, "हम किसी व्यक्ति से वहीं तक प्रेम करते हैं जहाँ तक हमें उससे खतरा नहीं रहता।" हमारा आत्मज्ञानी सबसे प्रेम करने में समर्थ होने का दावा कर सकता है क्योंकि उसे किसी से खतरा नहीं हो सकता।

उसने 'स्वार्थ' को धन्य माना, एक सशक्त आत्मा से प्रसूत पुष्ट स्वस्थ स्वार्थ को—सुंदर, उत्साहपूर्ण परम देह जिसकी है वह सशक्त आत्मा जिसके आसपास का सबकुछ एक दर्पण बन जाता है—सुनम्य, आकर्षक देह, वह नर्तक जिसका दृष्टांत और चरम उदाहरण आत्म-आनंदित आत्मा है।

—नीत्शे, 'दस स्पेक जरथुस्त्रा'

सबसे प्रेम कर पाने की उसकी संभावना को परिस्थितियाँ सीमित करेंगी ही, लेकिन इस व्यक्ति का पूरी तरह एकगामी होना तुक्का ही होगा। शासित या शोषित होना या किसी और किस्म का बाध्यकर सहजीवन स्थापित करना चाहनेवालों के लिए यह असंतोषजनक संगी होंगे; क्योंकि आत्मज्ञानी व्यक्तित्व दूसरे व्यक्तित्वों की अपेक्षा कम हैं इसलिए आत्मज्ञानी की जोड़ी अक्सर बेमेल होती है। आत्मज्ञानी के काम-व्यवहार पर मैस्लो की एक अप्रत्याशित टिप्पणी है :

स्वस्थ लोगों के प्रेम में मैंने एक विशेष लक्षण पाया कि उन्होंने स्त्री और पुरुष की भूमिकाओं और व्यक्तियों में कोई स्पष्ट विभेद नहीं किया है। यानी, वे ऐसा नहीं मान लेते कि स्त्री निष्क्रिय है और पुरुष सक्रिय, यह चाहे प्रेम में हो या रति में या किसी और चीज में। ये लोग अपने पुरुषत्व या स्त्रीत्व के बारे में इतने निश्चिंत थे कि दूसरे लिंग की भूमिका के कुछ पक्ष अपनाने में इन्हें कोई दिक्कत मालूम नहीं होती थी। ध्यान देने लायक बात ये थी कि ये लोग सक्रिय और निष्क्रिय, दोनों तरह के प्रेमी हो सकते थे...यह उदाहरण है आत्म-यथार्थ से सामान्य द्विभाजनों के हल होने का, उनके सिर्फ इसलिए वैध द्विभाजन लगने का क्योंकि लोग स्वस्थ नहीं हैं।[5]

मैस्लो जो व्यक्त कर रहा है वह एक विशिष्ट किस्म के व्यक्तित्व के पक्ष में पूर्वग्रह-भर हो सकता है, सिर्फ ईरॉस और सभ्यता के बीच मध्यमार्ग ढूँढ़ निकालने का एक ढंग, लेकिन फिर भी हम सभी ऐसे ही किसी कारगर समझौते में संलिप्त हैं। मैस्लो की शर्तें कम-से-कम एक दिशा की ओर इंगित करती हैं जिधर हम जा सकते हैं, वह सिर्फ व्यक्तित्व में संभव उन बदलावों का सैद्धांतिक विवरण नहीं है जो मनोविश्लेषण के उस उद्‌देश्य को पा लेने पर होंगे जिसे उसने खुद ही साफ-साफ घोषित तक नहीं किया है या एक प्रतीक्षारत संसार के समक्ष न्यायसंगत नहीं ठहराया है, 'हमारी आत्माओं को हमारी देहों को लौटाना, हमें हमको लौटाना और इस तरह आत्म-विलगाव की मानवीय स्थिति पर विजय पाना।'[6]

इस बात से हैरत तो होती है लेकिन फिर भी यह सच है कि आत्मज्ञानी व्यक्तियों के अपने नमूने में मैस्लो ने कुछ स्त्रियों को शामिल किया है। भले ही स्त्रियों के संस्कृतीकरण को लेकर मेरे तर्क सही हैं, फिर भी यह पहले ही देखी जा सकनेवाली चीज है, कुछ रूपों में स्त्री की रूढ़छवि का प्रचलन इतना स्पष्ट और कई स्त्रियों के लिए पूरी तरह अप्राप्य है कि इसके विरुद्ध प्रतिक्रिया आसानी से की जा सकती है। समाज की दी छवि के बजाय अपनी खुद की छवि गढ़ना तय करने के लिए बहुत साहस और स्वतंत्रता की जरूरत है, लेकिन काम शुरू कर ही दें तो यह आसान होता चला जाता है। यह तो होगा कि अपनी राह चलने का निश्चय करनेवाली स्त्री पाएगी कि उसके अनुकूलन को मिटाया नहीं जा सकता लेकिन कम-से-कम वह इसके प्रचलन को पहचानकर इसका प्रतिकार करने का फैसला कर सकती है, जबकि एक पुरुष का अनुभव यह हो सकता है कि उसे बहुत महीन ढंग से भरमाया जा रहा है। बिना कोई शर्त रखे प्रेमिका बनने का फैसला लेनेवाली स्त्री पा सकती है कि उसके संबंध खुद को

'पालतू' बनाए जाने के प्रतिरोध के कारण अपेक्षाकृत आसानी से टूटे, और उसके मित्रों की सहानुभूति अक्सर पुरुष के पक्ष में होगी जो निभाने को तैयार था, जो उससे प्रेम करता था, वगैरह। उसकी निरंतर कामेच्छा, कोमलता, और लोगों में रुचि से उपजे उसके स्वच्छंदाचार को ना कहने में असमर्थता और बाध्यकर स्वच्छंदाचार से अलग करके नहीं देखा जाएगा, हालाँकि वे मूलभूत रूप से अलग हैं। उसके प्रेम का अवमूल्यन अक्सर वही लोग करेंगे जिनके लिए वह सबसे अधिक कोमल भाव रखती है और उसके आत्मसम्मान पर सीधे आक्रमण हो सकते हैं। ऐसे दबावों का प्रभाव बिलकुल न हो, ऐसा नहीं होता। इनके कारण कोई स्त्री अपने व्यवहार को संकुचित न भी करे तो वह खुद को किसी और रूप में प्रतिक्रिया करते पाएगी, जैसेकि स्वतःस्फूर्त होने की कोशिश में अमर्यादित होना, वगैरह। वह खुद को स्वच्छन्दाचारिता के बचाव में लिखने या यहाँ तक कि स्त्रियों के बारे में किताबें लिखने तक भी सीमित कर सकती है। (देखा न !)

प्रेम की खातिर, स्त्रियों को हमारे समाज द्वारा उन्हें दी जा रही है भूमिकाओं को अस्वीकार कर देना चाहिए। निर्वीर्य, असुरक्षित, हीन जीवों के तौर पर वे उदार होकर प्रेम कभी नहीं कर पाएँगी। प्लेटॉनिक प्रेम के आदर्श सृष्टि को स्थिर रखनेवाली, सृजनशील, समलय करनेवाली शक्ति के रूप में ईरॉस का अंग्रेजी में सबसे संपूर्ण वर्णन शेक्सपीयर की अमूर्त कविता, 'द फीनिक्स एंड द टर्टल' में हुआ है,

प्रेम करते थे, जैसे दो
में हो एक ही तत्त्व
दो भिन्न, अभिन्न नितांत
प्रेम में संख्या का हुआ अंत।
हृदय दूर, नहीं विच्छिन्न;
अंतराल, पर दिखता नहीं था अंतर
कछुए और उसकी रानी के बीच
घटता उनमें यह अद्‌भुत सुंदर।

यह कविता आत्मदाह (ग्रीयर ने यहाँ सती शब्द का इस्तेमाल किया है—अनु.) के पक्ष में निवेदन नहीं है, हालाँकि यह फीनिक्स (एक मिथकीय पक्षी जो अपनी ही आग में भस्म होकर फिर जन्मता है, नवल, सुंदर) और कछुए के एक-दूसरे में फना होने का वर्णन करती है, यह समलयता, सामुज्य की अवधारणा, एक साथ गलने का गुणगान करती है; उस अ-नाशक ज्ञान का, जिसका सम्मान ह्वाइटहेड ने लाओत्से के लेखन से सीखा :

संपत्ति विस्मित हुई यूँ
कि आत्म वही नहीं था;
एक ही प्रकृति के दोहरे नाम
न दो कहा जाता था न एक
कारण खुद में ही उलझा

देखता अंतर साथ-साथ बढ़ते;
अपने आप में लेकिन इति नेति
सरल हुए थे इतने जटिल।[7]

समकक्षों का प्रेम सार्वजनीनता की भावना है, सौंदर्य और सत्य की एकता। फीनिक्स और कछुआ एक साथ नहीं रहते, क्योंकि वे उस सहानुभूति का सिद्धांत हैं जो परिचय पर निर्भर नहीं है। आदिम अस्तित्व की छवि के रूप में फीनिक्स फिर-फिर अपनी राख से नया होकर उठता है। फीनिक्स और कछुए का प्रेम एक-दूसरे से बँधे युगल की आजीवन संसक्ति नहीं, प्रेम का वह सिद्धांत है जो आत्मरत्यात्मक आत्म के उस संसार से संबंध से पुनःअभिपुष्ट होता है जिसका वह एक अंग है। यह लैंगिक आधिपत्य द्वारा दूसरे की अस्मिता में आत्म के विनाश की फंतासी नहीं है, क्योंकि यह धारणा की एक आध्यात्मिक स्थिति है।

आध्यात्मिकता, मेरा अर्थ एक सशक्त और उदात्त प्रकृति की उससे उपजनेवाली नई और अपरीक्षित शक्तियों से युक्त शुद्धता से है—अभी हमारे क्षितिज पर उदित नहीं हुई है; उसकी अनुपस्थिति पुरुष और स्त्री के बीच स्वार्थों की भिन्नता की सहज परिणति है। स्त्री और पुरुष को अधिकांशतः कामाकर्षण ही पास लाता है, यह न हो तो वे ध्रुवों की तरह दूर-दूर ही रहें।[8]

असल में तो स्त्री और पुरुष अलग-अलग तरह से प्रेम करते हैं, इस शब्द से हम जिस व्यवहार को वर्णित करते हैं वह सद्भावना से इतना दूर और इतना असामाजिक है कि इसे प्रेम की मूल भावना के प्रतिकूल ही मानना चाहिए। हमारी जीवन-शैली में थैनाटॉस ज्यादा है, ईरॉस कम क्योंकि हममें अहम्मन्यता, शोषण, छल, व्यामोह और आसक्ति ज्यादा हैं और रत्यात्मकता, उदारता और स्वतःस्फूर्तता बहुत ही कम।

परोपकारिता

प्रेम न चाहे अपनी खुशी
करे न खुद की चिन्ता
दूसरे के लिए तज दे चैन
और नर्क की हताशा में रचे स्वर्ग

गा रहा था मिट्टी का एक ढेला
गउओं-बछियों के पैरों से कुचला...[1]

मैंने प्रेम के, खुद अपने पर विश्वास का दावा, आत्मरति का ऐसा विस्तार जिसमें अपनी ही तरह के अन्य लोग भी शामिल हों, होने की बात कही है। लेकिन हमें बताया जाता है कि, "अपने मित्र के लिए अपना जीवन त्याग देनेवाले मनुष्य-प्रेम से बड़ा किसी और का प्रेम नहीं हो सकता।" हमारे स्कूल में हमें अपने लिए कटौतियाँ करने के लिए उत्साहित किया जाता था, ताकि हम दूसरों को दे सकें। हम मीठी गोलियाँ न खाते और अपने पैसे-पाइयाँ मिशन के लिए एक लाल-पीले डिब्बे में डालते जिस पर एक नीग्रो बच्चे की तस्वीर बनी रहती, यह हम तब करते जब हम धार्मिक होते। प्रेम की यह समझ कुछ ऐसी थी कि यह आत्मत्याग के माध्यम से स्व का नकारना है, विनम्रता, धैर्य और अस्वीकरण में आत्म की विस्मृति, हममें से कई इस चलन की मूलभूत अहम्मन्यता को बेहद धार्मिक लड़कियों के आचरण में देख पाते थे, क्योंकि इस पूरी कवायद का उद्देश्य अंततः परमात्मा की कृपादृष्टि पाना ही था। ऐसा हर परोपकार समर्पित करना होता था नहीं तो हमारे खातों में पुण्य जमा नहीं होता। लेकिन फिर भी यह विचार लुभाता था। यह हमारी आत्मपीड़क प्रवृत्तियों को उकसाता और विध्वंस की कल्पनाओं से जोड़ता था। हमें बताया गया कि यह उस माँ का प्रेम है जो खतरा पड़ने पर अपने बच्चे पर बिछ जाती है, उस माँ, बत्तख, का जो झाँसा देकर शिकारी को अपने घोंसले से परे ले जाती है। ऐसा प्रेम हमारी माँओं में था, नहीं तो वे हमें इस दुनिया में लाने के लिए पीड़ा और रोग का खतरा मोल न लेतीं। अपने बच्चों के लिए माँ के बलिदानों की महानता का बखान तो कोई कर ही नहीं सकता था, खासकर हम लोगों से जिन्हें मुफ्त शिक्षा तक नहीं मिल रही थी। हर माँ एक संत थी। बाइबिल का आदेश तो यही था कि अपने पड़ोसी से अपनी ही तरह प्यार करो, लेकिन साध्वियाँ अपने पड़ोसी से खुद से ज्यादा प्रेम करने की संभावना से प्रेरित थीं।

परोपकारिता का आदर्श संभवतः ऊँचा ही होगा लेकिन दुर्भाग्य से यह छलना ही

है। हम खुद से विमुक्त नहीं हो सकते और हम अपनी खुद की प्रेरणाओं की अवहेलना नहीं कर सकते जब तक कि हम माँ, बत्तख, न हों, अंतःप्रेरणा से संचालित प्रजाति के दास। हम बच्चे जो इस प्रेम के प्राप्तकर्ता थे, जानते थे कि हमारी माँओं के आत्मत्याग का अस्तित्व ज्यादातर हमारे विचारों में ही है। हमें लगातार उपदेश दिया जाता था कि हम जीवन के उपहार के लिए अनुग्रहीत हों। मुक्ति के बाद, जिसके लिए पर्याप्त अनुग्रहीत होने की तो हम सोच भी नहीं सकते थे, हालाँकि हमें यह साफ-साफ समझ कभी नहीं आ पाया कि हमें ऐसी कोई जरूरत थी ही क्यों कि किसी को हमारे लिए मरना पड़े। हमें जीवन के उपहार के लिए अनुग्रहीत रहना था। साध्वियाँ ध्यान दिलाती थीं कि माता-पिता से प्रेम रखने का आदेश, ईश्वर से प्रेम रखने के आदेशों के तुरंत बाद आता है, और क्योंकि वे खुद हमारे माँ-बाप की जगह थीं और पूरी तरह ईश्वर और अपने पड़ोसी के लिए ही जी रही थीं, हमें इसके लिए भी अनुग्रहीत होना चाहिए। लेकिन बच्चे व्यावहारिक होते हैं। भले ही हम यह न जानते रहे हों कि अगर उन्होंने हमें पैदा न किया होता तो हमारी माँएँ ऑपेरा की महान स्टार या शहर की सुंदरी बनतीं या नहीं, लेकिन हम यह खूब समझते थे कि हमारी माँएँ हमें आत्मत्याग से ब्लैकमेल कर रही हैं। उद्धतता के क्षणों में हम उन्हें ध्यान दिलाते कि हमें पैदा करने या महँगे स्कूल में भेजने की फरमाइश हमने कभी नहीं की थी। हम जानते थे कि हमारे लिए वे जो भी कर रहे थे उसके पीछे उनके अपने खुद के उद्देश्य जरूर थे। हमारे माता-पिता के आत्मत्याग का विचार हमें कृतज्ञता नहीं, भ्रम और अपराधबोध से भरता। हम चाहते थे कि वे खुश रहें फिर भी वे उदास और वंचित थे, और यह हमारी गलती से था। जब तक कि वह शहीद की भूमिका को एकदम ही नहीं छोड़ देती तब तक पॉर्टनॉय की माँ की गुहार हर माँ की गुहार है। जब अपनी माँओं को परेशान करने के कारण हमें डाँटा और पीटा जाता तो हम उन्हें ध्यान दिलाने की कोशिश करते कि हमारे कामों की इतनी बारीकी से चिंता करने को हमने उनसे नहीं कहा था। हमारी स्कूल की रिपोर्ट आने पर डाँट-फटकार और आरोप-प्रत्यारोप का दौर शुरू होता तो हम जानते थे कि त्याग किसके संतोष के लिए आवश्यक है। भावनात्मक सौदों में हमारा फायदा होने की क्या कोई गुंजाइश नहीं थी ? जहाँ तक साध्वियों की बात थी, हम लोग खासे आश्वस्त थे कि ईश्वर और हमारे लिए अपना जीवन समर्पित करने के लिए उन्होंने ऐसा कुछ नहीं त्यागा था जिसे वे जी-जान से चाहती रही हों, और खासकर हमारी वजह से तो बिल्कुल नहीं।

लड़के हालाँकि अपने माता-पिता के उद्देश्यों के प्रति अपेक्षाकृत असंपृक्त और कटु हो सकते हैं लेकिन लड़कियाँ आखिर उनकी पढ़ाई पट्टी रटने लगती हैं। अपने आपको लेकर उनकी धारणाएँ इतनी भ्रम-भरी और उनकी निर्भरता इतनी सशक्त होती है कि वे बहुत ही कम उम्र से आत्मत्याग का अभ्यास शुरू कर देती हैं। पैदा होने के आदिम पाप का प्रायश्चित करते-करते ही वे बड़ी वीरता से अपनी सब रुचियों को छोड़-छाड़कर अपने पुरुषों को खुश रखने में जुट जाती हैं। आत्मत्याग की वास्तविक प्रेरणा का बोध कहीं-न-कहीं उसके आधिकारिक सिद्धांत से जुड़ा रहता है। लड़कियों

को नर्सिंग के पेशे की ओर आकर्षित करने के लिए पब्लिक रिलेशन्स विशेषज्ञ इसे संसार का सबसे फलप्रद पेशा बताते हैं जबकि यह सबसे कठिन और सबसे कम मेहनताना देनेवाला काम है। संतोष आता है कुछ अच्छा किए होने की उत्तेजना के रूप में। नर्सों को सिर्फ इसीलिए अच्छा नहीं लगेगा कि वे पीड़ा में राहत पहुँचा रही हैं बल्कि इसलिए भी कि वे उसका प्रतिफल बहुत ही कम ले रही हैं और इस तरह वे स्थायी भावनात्मक लेनदार बन जाती हैं। स्त्रियों की इस आत्मपीड़कता के दोहन के फलितार्थ सरकारी अस्पताल का कोई भी रोगी, जिसने काम के बोझ से चिड़चिड़ाई नर्स के लिए घंटी बजाने की जगह दर्द से करवटें बदलते रात गुजारी है, बता देगा।

परोपकारिता को प्रेम मान लेने का भ्रम अधिसंख्य यौन-संबंधों को विकृत कर देता है। सबसे भौंडे (मैंने अपने जीवन के सबसे बेहतरीन साल तुम्हें दिए) से लेकर सबसे कृत्रिम (मैं तो उसके साथ सिर्फ इसलिए सोई थी कि वह तुम्हें तरक्की देगा) तक स्त्रियों के वैवाहिक खेलों में ज्यादातर का स्थायी भाव आत्मत्याग है। इतने ज्यादा व्यक्त आत्म का अपेक्षित फल सुरक्षा है, और यह देखते हुए कि एक प्रतिफल अपेक्षित है, इसे आत्मत्याग किसी हाल में नहीं कहा जा सकता। असल में यह एक तरह का व्यापार है जिसमें स्त्री को हमेशा ही लेनदार होना चाहिए। यह सच है कि वे पुरुष भी, जो असुरक्षा का जोखिम उठाने या चुनौतीपूर्ण काम करने में असफल रहने पर पत्नी-बच्चों के प्रति अपनी जिम्मेदारी का हवाला देते हैं, यही कर रहे होते हैं, लेकिन यह (आत्मत्याग) अचल नहीं है, लेकिन किसी ऐसे स्त्री-पुरुष संबंध के बारे में तो सोच पाना भी कठिन है जिसमें स्त्री के आत्मत्याग का तत्त्व सिरे से गायब हो। जब तक स्त्रियाँ पुरुषों के माध्यम से जिएँगी तब तक उन्हें खुद को अपरिहार्य बनाने के लिए मेहनत करनी ही पड़ेगी, इसी पूर्णकालिक काम को अक्सर परोपकारिता का गलत नाम दिया जाता है। ठीक-ठीक कहें तो परोपकारिता एक विसंगति है। स्त्रियों का आत्मत्याग इस त्याग के अलावा और कुछ न दे पाने की उनकी अक्षमता का खामियाजा है। वे वह त्याग करती हैं जो उनके पास था ही नहीं—आत्म। परित्यक्ता स्त्री का रोना, 'मैंने ऐसा क्या किया कि मुझे यह फल मिला ?' तुरंत उस झूठी भावनात्मक मितव्ययिता का पर्दाफाश कर देता है जिससे वह काम लेती रही है। ज्यादातर पुरुष झगड़ों के दौरान ही जान पाते हैं कि कितने ढोंग और कैसी अनिच्छा से उनकी स्त्रियों ने उनके समक्ष समर्पण किया था। जाहिर है कि जाली परोपकारिता पर स्त्रियों का एकाधिकार नहीं है लेकिन जब तक स्त्रियों को जीने के लिए पुरुषों की जरूरत और पुरुषों को पत्नियाँ रखे बिना भी ठीक-ठाक जीने की गारंटी रहेगी, तब तक आत्मत्याग पुरुषों की अपेक्षा स्त्रियों का महत्त्वपूर्ण प्रेरक अधिक रहेगा। एलाइस्टर क्रॉली का आदेश 'जो चाहो सो करो' एक चेतावनी है कि यह गलतफहमी न पालें कि कुछ और किया जा सकता है, और अपने किए की पूरी जवाबदेही अपने प्रति रखें। जब किसी ने अपने लिए सचमुच कोई रास्ता चुना हो तो उसके लिए दूसरे को जिम्मेदार ठहराना संभव नहीं रहता। स्त्रियों की परोपकारिता सिर्फ व्यवहार में उतार ली गई उनकी अप्रामाणिकता है। यह स्त्री की आत्मरति के दोष की एक और क्रिया है।

अहम्मन्यता

लेकिन धारा का एक कंकर
गा उठा यह सुपद मनोहर :

प्रेम चाहता है बस आत्म-आनंद
उसकी प्रफुल्लता में जाए दूसरा बँध
दूसरे की सहजता खोने में है उसकी खुशी
और गढ़ता है एक नर्क स्वर्ग के रहते भी[1]

अगर परोपकारिता काल्पनिक है तो इसका अर्थ यह नहीं है कि तमाम प्रेम-व्यवहार मूलतः अहम्मन्य है। प्रेम के आधार के रूप में जिस आत्मरति की ओर मैंने इंगित किया है, वह अहम्, जोकि व्यक्तित्व का चैतन्य, संकोची भाग ही है, की घटना नहीं है बल्कि पूरे ही व्यक्तित्व की क्रिया है। प्रेम में अहम्मन्यता किसी का अपनी जात के किसी दूसरे के प्रति प्रेम नहीं, दो लोगों के बीच एक ऐसी एकता के अस्तित्व की पूर्वधारणा है जिसे उनके समाजीकरण के तमाम प्रयासों से सुरक्षित रखना और लागू किया जाना है। अगर कोई व्यक्ति सिर्फ एक और व्यक्ति से ही प्रेम करता हो और अपने बाकी संगी मनुष्यों से असंपृक्त रहे तो उसका प्रेम प्रेम नहीं एक सहजीवी लगाव या एक स्फीत अहम्मन्यता ही है।[2] फ्रायड ने मान लिया था कि कामवासना अनन्य है क्योंकि ईर्ष्या उसका बहुत एकात्म भाग लगती थी, और सचमुच ही हम पाते हैं कि समूह-विवाह के तमाम प्रयोग उन समस्याओं के सामने हार जाते हैं जो तमाम सदिच्छा से काम लेते हुए लैंगिक अहम्मन्यता को जीतने के प्रयास करते हुए सामने आती हैं। अपनी स्त्री को लेकर पुरुष की ईर्ष्या उस एक बहुत स्पष्ट रूप में अहम्मन्य है जो उसे स्त्री की ईर्ष्या से बहुत अलग बनाता है। स्त्री, एक घोड़े या एक कार की तरह पुरुष के अहम् का विस्तार बन जाती है। उसे चुराया जा सकता है और दोष चोर का होता है। इसलिए अपनी पत्नियों को ताकनेवाले या उनके साथ नाचनेवाले पुरुषों के प्रति हिंसक होते हुए पुरुष अपनी आहत छवि की मरम्मत ही कर रहे होते हैं। अक्सर ऐसी पूर्वधारणा नहीं देखी जाती कि स्त्रियों का स्वेच्छाचार पुरुषों की ईर्ष्या को भड़काता है, बल्कि ऐसा माना जाता है कि काम-संबंधों में सिर्फ उनकी सहमति ही होती है। ऐसा लगता है कि पुरुष अक्सर दूसरे

पुरुषों को उकसाने के लिए उनकी स्त्रियों से इश्कबाजी करते हैं और इसीलिए बीसवीं सदी के एंग्लो-सैक्सन समाज में भी मुर्गों की लड़ाई के संलक्षण प्रचलित हैं। कुछ लोगों के लिए प्रेम-संबंध एक ईर्ष्यालु अनन्यता से परिभाषित होते हैं। 'उसके आसपास रहना मुझे अच्छा लगता है, मुझमें उसके साथ बातें करने की खास चाहत नहीं है। जब मैं उसे किसी और के साथ देखता हूँ तो बस मुझे बहुत ही खराब लगता है।[3] ऐसे कामोद्वेग की शर्तें एकदम ही नकारात्मक हैं। 'तुम्हारे सिवा मैंने किसी को नहीं चाहा; तुम्हीं वह एकमात्र स्त्री हो जिससे मैंने प्रेम किया है;' को निर्विवाद स्वामित्व का समुचित कारण मान लिया जाता है। क्योंकि प्रेमी प्रेमिका के बिना नहीं जी सकता इसलिए अपनी इच्छा के विरुद्ध भी वह उसके साथ बनी रहे। और, इसकी पहचान अक्सर प्रेम के रूप में होती है। जब तक प्रेमिका साथ बनी रहती है तब तक उससे उदारतापूर्ण व्यवहार बना रहता है लेकिन प्रेमी को छोड़कर जाते ही वह घृणा और प्रतिशोध की पात्र बन जाती है। इस तरह के सहजीवन को इटली के अखबारों में छपी एक वीभत्स खबर स्पष्ट करती है। मियो कैलेरी, मारिया तेरेसा नोवारा को पीदमॉन्त के पास के कस्बे में उसके माँ-बाप के घर से भगा लाया और उसे एक तहखाने में छिपा दिया। वहीं वह उसे खाना-पीना पहुँचाता रहता था। लड़की एक डायरी में अपने प्रेमी की प्रतीक्षा में बिताई घड़ियों का विवरण लिखती थी। लेकिन एक दिन वह एक कार दुर्घटना में मारा गया। उसकी प्रेम-कुठरिया की जानकारी किसी को नहीं थी, खासा शृंगार किए पलंग पर लेटी अभागी प्रेमिका धीरे-धीरे दम घुटने से मर गई। सचमुच ही वह उसके बिना नहीं जी सकती थी।[4]

और फिर भी 'आपको लगता है कि आप उसके बिना नहीं जी सकेंगी ?' और 'अगर कल आप उसे खो बैठें तो क्या आपको ऐसा लगेगा कि अब जीवन का कोई अर्थ नहीं रहा, और आप किसी और के बारे में इसी तरह अनुभव नहीं कर पाएँगी ?'[5] जैसे प्रश्नों के सकारात्मक उत्तरों को एक समकालीन भावुक सलाहकार द्वारा एक स्त्री के प्रेम, सचमुच ही प्रेम करने का प्रमाण माना जाता है। पुरुष स्त्रियों की निष्ठा को अपने अहम् का जरूरी सहारा मानते हैं और कुलटा का पति होना बहुत गहरी लज्जा का विषय है, और ऐसा इंग्लैंड में भी होता है, स्त्रियाँ निष्ठाहीनता को झेल लेती हैं क्योंकि उन्हें सिर्फ दिखनेवाली नहीं, सचमुच की सुरक्षा की बेहद जरूरत होती है। वे ईर्ष्या की आग में जलती रहती हैं क्योंकि उन्हें लगता है कि उन्हें छोड़ दिया जाएगा, और इस बात से वे बेहद आतंकित होती हैं क्योंकि इसकी संभावना लगातार बनी रहती है। लेकिन पुरुष को यह आशंका नहीं होती जब तक कि उसे पत्नी के कुलटा होने या उसके चले जाने के ठोस प्रमाण नहीं मिलते। जैसाकि कॉम्पटन मैक्केन्जी का एक स्त्री-चरित्र कहता है :

> वॉल्तेयर ने कहा था कि कोई भी पुरुष यह नहीं समझ पाता कि कोई स्त्री उसके सिवाय किसी के भी साथ क्यों सोना चाहेगी, पर मुझे लगता है कि उसे यह कहना चाहिए था कि एक खास उम्र के बाद कोई पुरुष यह पक्के तौर पर नहीं कह सकता कि स्त्री सचमुच ही उसी के साथ

सो रही है। लेकिन स्त्री जब पहली बार किसी पुरुष के साथ सोती है तभी से यह सोच लेती है कि वह किसी और स्त्री के साथ सोना चाहेगा।[6]

पुरुष अपने आत्मसम्मान के कारण ईर्ष्यालु होता है; स्त्री आत्मसम्मान की कमी से ईर्ष्यालु होती है। जब मैंने उस लड़के से, जो चाहता था कि मैं उसके साथ रहूँ, पूछा कि वह ईर्ष्यालु तो नहीं हो जाएगा, उसने मुझे आश्वस्त किया कि वह मुझे इतना प्यार देगा कि मैं किसी और को चाहने के काबिल ही नहीं रहूँगी। इस किस्म का अहंकार ही किसी धोखे को पुरुषों के लिए असह्य बनाता है : स्त्रियों के लिए, जो कल्पना करती हैं कि अपने पुरुषों की लैंगिकता को नियंत्रित रखने का उनके पास कोई उपाय नहीं है, इसकी नितांत असंभाव्यता उनकी असुरक्षा की भावना का कारण बनती है। एक स्त्री अपने पति द्वारा एक वस्तु के रूप में खुद को पसंद किए जाने को लेकर इतनी चौकस रहती है कि उसे समझ नहीं आता कि उसका पति दूसरी स्त्री की छाती को क्यों नहीं चाहेगा खासकर तब जब उसे यह डर भी सताता हो कि यह दूसरी छाती उसकी छाती से ज्यादा सुडौल है। वैसे तो कई स्त्रियाँ अपने संगियों की लैंगिकता का नियंत्रण सँभालती हैं, इसका सबसे आसान उपाय उन्हें किसी विकृति की लत लगाना है। मुझे एक स्त्री की शेखी याद है कि वह बिस्तर में एक खास तरकीब आजमाती है जिसकी जानकारी मुझे नहीं है, इसलिए हमारा एक साझा मित्र मुझसे ज्यादा प्रेम उससे करता होगा। बाद में मुझे पता लगा कि उसकी खास तरकीब खुद को पीटे और अपमानित किए जाने की इच्छा थी, जिससे हमारा मित्र खुद में मौजूद ऐसी ही प्रवृत्ति को दोहराने पर मजबूर हो गया और इससे वह बहुत परेशान रहने लगा। स्त्रियाँ आनंद के लिए स्वतःस्फूर्त साहचर्य को लत से प्रतिस्थापित करने को तैयार रहती हैं क्योंकि लत बाँधनेवाली होती है। इंग्लैंड में सैकड़ों मामले हैं जहाँ पत्नियाँ चमड़े या रबड़ की पोशाक पहनकर अपने पतियों के सुख के लिए पर-स्वपीड़क गतिविधियों में संलग्न होने की किसी भी सीमा तक चली जाती हैं क्योंकि इस क्रिया की अनिवार्यता ही उनकी सुरक्षा है।

इस किस्म के अधोपतन को स्त्री एक तरह की चरम परोपकारिता कहकर अपने लिए न्यायसंगत ठहरा सकती है जबकि स्त्रियों की परोपकारिता के बाकी तमाम रूपों की तरह यह भी छद्मवेषी अहम्मन्यता ही है। जब छोड़ दी गई स्त्रियाँ आँसू-भरी आँखें लिए, *तुम मेरे साथ ऐसा नहीं कर सकते* चीखतीं, पुरुषों के पीछे दौड़ती हैं तब वे जाहिर कर रही होती हैं कि उदारता और परोपकारिता के नाम पर उन्होंने जो दिया है वह असल में जैसाकि वे मान रही थीं एक सौदे का हिस्सा था, जिसके बदले उन्हें एक निश्चित भुगतान मिलने की आशा थी। इस किस्म की प्रेम-अहम्मन्यता की अंतिम अभिव्यक्ति आत्महत्या का प्रयास है जोकि स्त्री-पुरुष दोनों ही आजमाते हैं। हमारा समाज स्वतःस्फूर्त आनंद को लत से प्रतिस्थापित किए जाने को प्रोत्साहित करता है और खासतौर पर स्त्रियों को ऐसी निर्भरताएँ पालने के लिए प्रोत्साहित करता है जो उनके संगियों की चलायमानता को सीमित रखें, लेकिन लोकप्रिय नैतिकतावादी जहाँ अप्रत्यक्ष

रूप से पत्नी को अपने पति की बेवफाइयों को झेल जाने और उसके अपराध-बोध को वैवाहिक सहजीवन को मजबूत बनाने में इस्तेमाल करने को प्रेरित करते हैं वहीं वे पति को पत्नी की निर्दोष दिखनेवाली गतिविधियों पर भी निगरानी रखने और उन्हें सीमित करने के खासे अधिकार देते हैं। इस उपाय के उदाहरण स्त्रियों की कोई भी पत्रिका उपलब्ध करा देगी। *वुमन* में 'ईवलिन होम' को लिखे एक पत्र की बानगी पेश है :

एक बरस पहले की एक पार्टी आज भी मेरे और मेरी पत्नी के बीच गर्मागर्म बहस का विषय है।

इस पार्टी के एक हफ्ते बाद एक आदमी जिसने मेरी पत्नी के साथ नृत्य किया था, मेरी अनुपस्थिति में उससे मिलने आया। सही कहें या गलत, मैंने उसके घर फोन कर दिया, उसकी पत्नी ने हँसते हुए कहा कि उसका पति सिर्फ दोस्ताना ही है, और कुछ नहीं। मेरी पत्नी ने बहुत हंगामा किया और कहा कि मुझे उस पर विश्वास करना चाहिए; ऐसा न हुआ तो वह किसी भी नए मेहमान के साथ हमबिस्तर हो जाएगी और तब मुझे सचमुच ही चिंता करनी होगी।

मैं जोर देकर कहूँगा कि एक बार शादी हो जाए तो पति या पत्नी, किसी के भी ऐसे मेहमान नहीं आने चाहिए। मैं इस राय पर अड़ा रहूँ या अपनी पत्नी के व्यवहार का अनुकरण करूँ ?

यह अभागा एक बरस तक इस प्रश्न पर विचार करता रहा। उसकी पत्नी का एक मेहमान दिन के समय आया और यह एक बरस तक चिंता में डूबा रहा। असल में तो वह उसकी इतनी कम कद्र करता है कि वह मामले को दूसरे पुरुष की पत्नी के पास ले जाता है जो उस पर हँसती है और सिद्धांत का मुद्दा नहीं उठाती। यह है विवाह, समाज की नींव ! लेकिन ईवलिन होम उसकी नैतिकता को खारिज नहीं करती। वह उसकी पत्नी के मित्रों के बारे में उसकी धारणा का समर्थन करती है और उसके संबंध को प्रेम का नाम देते हुए सम्मानपूर्ण बनाती है।

आप क्योंकि अपनी पत्नी के व्यवहार के प्रशंसक नहीं हैं इसलिए आप तो उसका अनुसरण न ही करें—लेकिन खुद से यह जरूर पूछें कि उसने दूसरे पुरुष का स्वागत क्यों किया ? मुझे इसमें संदेह नहीं कि यह मुलाकात मात्र सामाजिक शिष्टाचार थी, लेकिन यह साफ है कि यह तारीफ आपकी पत्नी के मन को भाई।

क्या आप अक्सर उसे बताते हैं कि आप उससे प्रेम करते हैं ? अगर आप ऐसा नहीं करते तो अब शुरू कर दीजिए, क्योंकि उसे आश्वस्ति की जरूरत है। इस पर भी विचार कीजिए कि वह किस तरह का जीवन जीती है। उसकी जगह आप होते तो क्या आप ऊब जाते ? क्या आपको और मानसिक गतिविधियों और रुचियों की जरूरत पड़ती ? खुशी-खुशी वफादार बने रहने के लिए शायद आपकी पत्नी को भी उनकी जरूरत पड़ती हो।[7]

किताबें खरीदने-पढ़नेवाले लोग ऐसे विचारों को एक खास सभ्यता का लक्षण बताते हुए हँसकर रद्द कर देंगे लेकिन सच्चाई यह है कि स्त्री पाठकों में से अधिसंख्य औरतें घरेलूपन से ऊभ-चूभ 'ईवलिन होम' जैसी अवधारणाओं के नैतिक व्यवहारों

को उचित एवं स्वीकार्य मानती हैं।

वह प्रेम जिसमें कोई पड़ सकता है, अनन्य है; बाकी सब प्रेम जिनमें ऐसे प्रेम से उपजी संतति के प्रति प्रेम भी शामिल है, ईर्ष्या का कारण बनते हैं। इसी के कारण सास के प्रति जगप्रसिद्ध घृणा रखी जाती है, एक-युगल परिवार के व्यापक सामाजिक संजाल से अलग होने का एक और उदाहरण। यह खुद मातृरति की स्थिति का दोहराव है जो संतति में मातृमनोग्रंथि पैदा करती है जिससे कि घर एक ऐसा रणक्षेत्र बन जाता है जहाँ सब धीरे-धीरे कटकर मर रहे हैं। प्रेमी सिर्फ एक-दूसरे के लिए जीते हैं, बाकी संसार के लिए वे मरे ही होते हैं। मरा हुआ पुरुष अच्छा कर्मचारी होता है और लाल ईंटों के अपने मकबरे में बैठी उसकी मरी हुई पत्नी अपने पति के घर लौटने का इंतजार करती है ताकि आनुष्ठानिक हत्या का उनका खेल शुरू हो पाए—इससे कोई फर्क नहीं पड़ता कि यह सहलाकर होगा या तानों और घूसों से, क्योंकि जैसाकि अपने खास गैरजिम्मेदाराना अंदाज में ऑस्कर वाइल्ड ने कहा—हर पुरुष उस चीज को मार डालता है जिससे उसे प्रेम होता है। छोटे बच्चों को गुड्डे-गुड़ियों और अपाहिजों के स्तर पर बनाए रखने के लिए इस्तेमाल की जानेवाली तकनीकों का इस्तेमाल, वैवाहिक प्रेम की स्थिति में अहम्मन्य इकाई को सीलबंद रखने के लिए होता है। बच्चों की तरह बतियाना, यहाँ तक कि पति को 'डैडी या पप्पा' और पत्नी को 'मम्मा या मदर' और एक-दूसरे को 'बेबी' कहना विमर्श को सही ही एक अनर्गल स्तर पर टिकाए रखता है।

बच्चों की तरह बतियाने से बचनेवाले प्रेमियों के बीच भी छोटी-छोटी भावुकता-भरी वस्तुओं और अनुष्ठानों का संग्रह प्रेम की पारस्परिक अहम्मन्यता का ही अंग है। वस्तुएँ, स्थान, अनोखे शब्द, खेल, उपहार, बाहरी संसार की घुसपैठ को दूर रखनेवाले ताबीजों की तरह चारों ओर लटकाए जाते हैं। इसमें स्त्रियों की अहम्मन्यता पुरुषों की अहम्मन्यता की तुलना में ज्यादा संपूर्ण ढंग से काम करती है क्योंकि स्त्रियाँ अपने खिलौनों और अनुष्ठानों की अवहेलना को सबसे भयानक हृदयहीनता मानती हैं। कोई प्रिय वस्तु किसी को दे देना या किसी और व्यक्ति को दुलार के नाम से पुकाराना प्रेम-प्रसंग के अंत के प्रमाण हैं; अक्षम्य। अंततः दोनों की अहम्मन्यता के कई साधन प्रेमियों की जुदाई का कारण बन जाते हैं क्योंकि जहाँ कोई दिखनेवाले बंधन नहीं होंगे वहाँ बंधनों का टूटना भी नहीं दिख सकता।

प्रेम-सम्बन्धी अहम्मन्यता का सबसे सर्द कर देनेवाला पक्ष है स्त्रियों और पुरुषों का अपने संगी को लेकर गर्वित होना। ज्यादातर पुरुष ऐसी स्त्रियों की कामना करते हैं जिन्हें दूसरे पुरुषों को दिखाया जा सके, जिनकी कामना दूसरे पुरुष करते हैं, हालाँकि खुद इन स्त्रियों की कामना अपने मालिक तक ही सीमित रहनी चाहिए। पत्नियों के दूसरों से इश्क लड़ाते पति जिस क्रोध का अनुभव करते हैं उसका एक बड़ा कारण सुंदर कमनीय पत्नी पाने की प्रशंसा पर इस बात के आभास से लगा बट्टा होता है कि वह अपने स्वामी के साथ संतुष्ट और प्रसन्न नहीं है। सुंदर स्त्रियों की बेवफाई का रोना रोने और जिन्हें दूसरे लोग न चुरा सकें उन कागज की पुतलियों की कामना करनेवाले

किशोरों के गीत इस किस्म की अहम्मन्यता के प्रचलन के साक्षी हैं। जब कोई पुरुष अपने सपनों की रानी से बँधता है तो उसकी सबसे प्रबल इच्छा अपने मित्रों को उसे दिखाने की रहती है जबकि स्त्रियों को खास परवाह नहीं होती क्योंकि वे अपने तमाम परिचितों को नजरंदाज करने और अपने साथी के परिचितों को अपनाने को तैयार रहती हैं। स्त्रियों के पुरुषों से व्यवहार में एक समानांतर अहम्मन्यता सिर्फ तभी देखने में आती है जब कोई स्त्री एक ऐसे समूह की सदस्या हो जो कुछ पुरुषों को बहुत ही अनुभवहीन, अजूबा और कहीं साथ जाने के एकदम ही नाकाबिल घोषित कर दे, और उनकी गहरी पैठी प्रेमलता या संपन्नता की आश्वस्ति सार्वजनिक प्रभाव का प्रतिकार न कर पाए। कोई स्त्री एक सफल और दर्शनीय पुरुष चुनकर अपनी बहनों को अपना मूल्य दिखाती है। यह शायद प्रकृति के चुनाव के प्रक्रम का ही एक हिस्सा है जो प्रणय के खेल की शुरुआत से ही काम करने लगता है, और यह स्वस्थ अहम्मन्यता भी है लेकिन इन निर्णयों के पीछे जो मानदंड हैं वे इतने नकली और व्यावसायिक और हलके न होते तो बेहतर होता। यह बताते हुए कि वह अपनी सेक्रेटरी से इस हद तक मोहग्रस्त क्यों है कि उसका विवाह खतरे में पड़ गया है, मेरे परिचित ने बताया कि उसकी सेक्रेटरी के प्रेम-संबंध प्रसिद्ध पुरुषों से रहे थे, जिस जमाने में हिप्पी होना फैशनेबल था तब वह हिप्पी हुआ करती थी और हेट ऐशबरी (लंदन का एक रिहायशी इलाका) के फैशनेबल न रह जाने पर वहाँ से दूसरी जगह चली गई थी, उसकी टाँगें लंबी थीं, लंबे-सुनहरे केश थे और फैशनेबल तर्ज की काया थी, वह एल.एस.डी. के बारे में सबकुछ जानती थी और खुद लीयरी और कीसी (मादक द्रव्यों की कल्ट के ख्यात नाम) ने उसे दीक्षित किया था : उससे भला वह प्रेम कैसे न करता ? उसकी पत्नी जो दस साल पहले जबर्दस्त चीज हुआ करती थी, अब वैसी नहीं रह गई थी (कुछ तो इसीलिए कि वह उसकी पत्नी थी), इसलिए सभी के हित में ठीक यही था कि वह चलन के साथ चल निकलें। अपने संगियों के प्रताप से स्त्रियाँ भी गौरवान्वित होती हैं। किसी प्रसिद्ध कला-व्यक्तित्व से विवाह करना और उसकी उपलब्धियों से बेपरवाह रहना बेकार की बात है : सभी सम्मानित और पुरस्कृत होना चाहते हैं लेकिन उपलब्धि को और भी तरह से समझा जाए और लोग दूसरों के प्रेम को लपकने के बजाय उनसे प्रेम करने के बारे में सोचें तो संसार एक बहुत बेहतर जगह बन जाए। प्रेम-संबंधों के संदर्भ में 'मैंने उसे पा लिया' और 'मैंने उसे खो दिया' बेतुकी बातें हैं, अगर हम इस पकड-धकड़ की शब्दावली में सोचना बंद कर पाएँ तो हमें बंदी की जकड़नों के ढीले होने और अपनी रीतती सुंदरता की चिंता नहीं करनी होगी और उसे भी हेठी होने की चिंता से अल्सर नहीं होंगे। लिलियन हेलमैन पूरे जीवन डैशियल हैमेट से प्रेम करती रही और अब भी करती है, हालाँकि वह मर चुका है। हैमेट के लिए उसके प्रेम का दूसरे लोगों के लिए उसके प्रेम से वैर-विरोध नहीं था, वह उसके प्रेम को आमंत्रित न करे तो वह उस पर लदा नहीं पड़ता था, उसे नीचा नहीं दिखाता था या नष्ट नहीं करता था, झूठी प्रशंसा से भी नहीं। जब वह मर रहा था तब हेलमैन उसकी सहायता के लिए मौजूद थी। यह विचित्र

दूर-दूर-सा प्रेम-प्रसंग एक उदाहरण मात्र है इस बात का कि अगर हममें अपनी मरणासन्न उपभोक्ता संस्कृति की रूढ़ियों से प्रेम को बचाने की दूरदृष्टि और कल्पना होती तो वह कितने-कितने रूप लेता।

रूमानी प्रेम की प्रकृति के बारे में आज भी मेरी जानकारी उतनी ही है जितनी अठारह बरस की उम्र में थी, लेकिन निरंतर बनी रहनेवाली रुचि के गहरे आनंद से, दूसरा क्या सोचता है, क्या करेगा, क्या नहीं करेगा, खेली गई और न खेली गई चालों को, उस छोटे डोरे को जिसे बरस रस्सी में बदल देते हैं और मेरे मामले में जो मृत्यु के बाद भी लटक रही है, जानना चाहने की उत्तेजना से मैं परिचित हूँ।

और यूँ वह अपने जीवन के आखिरी चार बरसों में मेरे साथ रहा। वह सारे के सारे दिन आसान नहीं थे, कुछ तो खासे खराब ही थे, लेकिन इस बात का अनकहा आनंद था कि इतने बरसों पहले मिलने, इतनी बर्बादी और कुछ मरम्मत करने के बाद, हम बचे रह पाए हैं। कभी-कभी मैं हमारे कम ही बयान किए गए पक्ष को लेकर नाखुश होती और यह अंदाज लगाकर कि मृत्यु अब बहुत दूर नहीं रह गई, बाद के लिए कुछ पाने की कोशिश करती। एक दिन मैंने कहा, 'अपना बढ़िया ही रहा, नहीं ?'

वह बोला, 'बढ़िया मेरे लिए बहुत बड़ा शब्द है। हम यह क्यों नहीं कहते कि हमारा ज्यादातर लोगों से बेहतर रहा ?'[8]

जब वह परोपकारी प्रेम का ढोंग रचे हो तब भी अहम्मन्य प्रेम का प्रमाण-चिन्ह है इस प्रश्न का नकारात्मक उत्तर कि 'मेरा प्रेमी मेरे साथ रहे इससे बढ़कर क्या मैं यह चाहती हूँ कि वह खुश रहे ?' जैसे ही हम खुद को अपने आपको अपरिहार्य बनाते, अपने प्रियजनों में सुभेद्यता पैदा करते पाएँ, हमें समझ जाना चाहिए कि हमारे प्रेम ने अहम्मन्यता का समाज-स्वीकृत रूप ग्रहण कर लिया है। हर वह पत्नी जो खुद को सुंदर बनाए रखने, पति के प्रिय आहार पकाने, यथार्थ की उसकी अनुभूति की कीमत पर उसका गर्व और आत्मविश्वास बनाने, उसकी निकटतम और एकमात्र मित्र बनने, उसे विचार की सहमति को रद्द करने और अपनी बाँहों में ही आश्वस्ति ढूँढ़ने को प्रोत्साहित करने की मशक्कत करती है, वह अपने संगी को खुद से इस्पात की ऐसी पट्टियों से बाँध रही है जो दोनों का ही दम घोंट देंगी। अपने पति के अक्सर ही सुनाए जानेवाले चुटकुले पर हँसती स्त्री उससे धोखा कर रही होती है। अपनी स्त्री की ओर देखकर, 'तुम्हारे बिना मेरा क्या होगा ?' कहनेवाला पुरुष पहले ही नष्ट हो चुका है। उसकी स्त्री की विजय पूर्ण है लेकिन यह बहुत महँगी है। पारस्परिक निर्भरता के सहजीवन को बढ़ाने के लिए दोनों ने ही, उन्हें जो प्रेम के योग्य बनाता था उसमें से इतना खोया है कि वे आधे मनुष्य भी नहीं रह गए हैं।

सम्मोह

प्रेम *में*—जैसे पीड़ा *में,* सदमे *में,* आफत *में*।

इस प्रकार प्रेम एक स्थिति है, अस्थायी मानी गई स्थिति, सामान्य से कुछ हटकर।

इस स्थिति के बाहरी लक्षण हैं नींद न आना, भूख न लगना, मन न लगना, हर्षोन्माद और विषाद के बीच झूलना, और हाँ, चमकती आँखें (जैसे बुखार में) और बेचैनी।

जिस अन्यमनस्कता के कारण चीजों को रखकर भुला दिया जाता है, विभ्रम, भूलना और गैरजिम्मेदारी जैसी बातें होती हैं, उसका प्रमुख कारण है प्रेम के उस पात्र के प्रति जबर्दस्त सम्मोह, जिसे शायद दूर से ही एक बार देखा गया है। बावजूद इस संभावना के कि प्रेमी को उसके बारे में बहुत कम जानकारी है, प्रेम का पात्र 'प्रेम में पड़े' व्यक्ति के विचारों पर हर समय छाया रहता है। सम्मोहित व्यक्ति उस पर वे सब गुण आरोपित कर देता है जिन्हें वह अच्छा मानता है। ऐसी-ऐसी अभिलाषाएँ पाल ली जाती हैं जिन्हें कोई मनुष्य पूरा नहीं कर सकता। इस तरह चुना गया पात्र सम्मोहित व्यक्ति के अहम् के संदर्भ में एक विशेष भूमिका निभाता है जो यह तय कर लेता है कि वही उसके लिए *सही* या *एकमात्र* व्यक्ति है। पुरुष के मामले में यह धारणा प्रतिद्वंद्वियों को दूर रखने या प्रेमपात्र का पीछा करने में सीधे-सीधे आक्रामक व्यवहार की अनुमति बन जाती है। स्त्री के मामले में आक्रामक व्यवहार की छूट नहीं होती, लेकिन उसके विचारमग्न रहने, बेवजह झुँझलाने, फोन पर निर्भर होने और प्रेमपात्र के बारे में अन्य स्त्रियों से बतियाने, या कभी-कभी खुद की ओर प्रेमपात्र का ध्यान खींचने के लिए हिकारत दिखाने जैसे परिणाम दिखते हैं।

पहले माना जाता था कि पात्र से पहले संपर्क के साथ ही यह स्थिति व्यक्ति को बुरी तरह पीड़ित करती है :

> पहली दृष्टि से प्रेम न करके किसने प्रेम किया है ?[1]

लेकिन रोग का अचानक और विकट रूप से लगना अवैध रूप का ही लक्षण लगता है, और जबसे सम्मोह को विवाह का आधार बना दिया गया है, तब से कुछ धीरे-धीरे और लंबी चलनेवाली स्थितियों की भी पहचान हुई है। प्रेमपात्र की संक्रामक दृष्टि रोग का कारण मानी जाती थी जिसे आम प्रचलन में देखनेवाले के दिल पर क्यूपिड (कामदेव)

के बाण से हुआ न भरनेवाला घाव कहा जाता है। संहारक उद्वेग के और आगे के मामलों में और भी दूर की कौड़ियाँ लाई जाती थीं, जैसे फीड्रा का यह विश्वास कि उसे वीनस (रति की समानांतर रोमन देवी) सता रही है :

> मेरी शिराओं में प्रेम का उन्माद दौड़ाकर
> वीनस मुझे सता रही है।[2]

ऐसी बिंबावली कामोद्वेग की गर्मी और हताशा की जलन को इंगित करने के लिए जलने के बिंबों का खूब इस्तेमाल करती है। विडंबना यह कि माना यह जाता था कि स्थिति के कारक पात्र से कतराकर या उद्वेगों पर नियंत्रण रखकर स्थिति पर काबू पाने के प्रयास, आग को राख के ढँकने जैसे हैं, जो आखिर और भड़ककर जलेगी। 'प्यार राह निकाल लेगा। प्यार ताला बनानेवालों पर हँसता है।' इस तरह 'प्रेम में पड़ना' भारी दुर्भाग्य था जो आखिर ताले तोड़ने, सेंध लगाने और असंगत प्रेम में आत्मदाह की नौबत लाता है। रेसीं ने प्रेम को शैतान और बीमारी के रूप में व्यक्त करनेवाला एक फ्रेंच शब्द इस्तेमाल किया *उन माल*, बीमारी। प्रेम को रोग या रोग की ही तरह हानिकर मानने के प्रमाण *प्रेमग्रस्त* जैसे शब्दों और लोकप्रिय गीतों के बिंबविधान में दिखते हैं।

सबसे लंबी अवधि तक लोकप्रिय रहनेवाले गीतों में से कुछ में परंपरागत बिंबविधान का सीधा प्रयोग हुआ है। फैशनेबल होटलों में चाय की चुस्कियाँ लेनेवालों की आशंकाओं को भोंथरा करनेवाला और फैशनेबल न रह गए स्थलों के नृत्य-कक्षों में गूँजनेवाला संगीत आज भी तीस और चालीस के दशकों के महान गीतों पर आधारित है। इन गीतों के शब्द शायद धुनों की अपेक्षा कम जाने जाते हों क्योंकि इर्विंग बर्लिन (प्रख्यात अमेरिकी गीतकार) और उनके भाई-बंद इन गीतों को उद्धृत करने की अनुमति नहीं देते जोकि समझ में आनेवाली बात है, फिर भी शायद ही कोई होगा जो पाँख और आँख जैसी रूमानी छवियों से भरे इन गीतों को गुनगुनाते हुए तुकें नहीं मिला लेगा। इन 'क्लासिक' गीतों में धक-धक धड़कते दिलों, तारों से चौंधियाई दिल की भट्टी के धुएँ से पनियाई आँखों के वर्णन वैसे ही ठुँसे होते हैं जैसे चवन्नीछाप बाजारू प्रेमगीतों में। प्रेमी फिसलते नहीं हैं, उन्हें कोई धकेलता नहीं, वे पड़ जाते हैं—किस्मत अच्छी रही तो आलिंगन में। उन्हें अजीब-अजीब-सा, लेकिन अच्छा-सा लगता है, जैसे किसी सुखद पीड़ा से पीड़ित हों, या मखमली दस्ताने से मले जा रहे हों। वे आहें भरते हैं, दुखी होते हैं, और उन्हें चक्कर आते हैं, या शायद ऐसा नहीं भी होता, लेकिन अपने प्रिय की आँखों में झाँकना उन्हें बहुत भला लगता है।

इससे बढ़कर विडंबना और क्या होगी कि अपने उबाऊ काम करते हुए ऊबी हुई गृहिणी किसी चालू प्रेमगीत के बहुत ही विस्मरणीय शब्द गुनगुनाती है। 'प्रेम करनेवाले अंधे होते हैं' जैसे तथ्यों के वास्तविक परिणामों पर या 'कुछ जो अंदर है, उसे कितना दोष दिया जाए' जैसी बातों पर उनमें से कितनी विचार करती हैं ? कभी-कभी मन में आता है कि तब कौन-सा गीत गाया जाए जब आपके दिल में आग न लगी हुई हो

और धुआँ आपकी स्थिति की तुच्छ वास्तविकताओं पर पर्दा न बना हुआ हो ? ऐसी स्थितियों के लिए गीत हैं ही नहीं।

एक और गीत का गायक इस बात से इंकार करता है कि उसे प्रेम हो गया है—क्योंकि वह आहें नहीं भरता, दुखी नहीं होता, न उसे चक्कर आते हैं। एक ऐसी स्त्री के लिए जिसे वह जानता नहीं था और जो उसकी प्रेम-पींगों से कत्तई बेपरवाह थी, रोमियो के परंपराबद्ध प्रेमोद्वेग के वर्णन् से हम आखिर कितना आगे आ पाए हैं ?

प्रेम एक धुआँ है आहों के धूम से उठा;
प्रेमियों की आँखों में एक शुद्ध दमकती आग;
खीझने पर, एक समुद्र, प्रेमियों के आँसुओं से पोषित
और यह है क्या ? एक उन्माद सतर्क,
कड़वा जहर, प्राणदायी मधुपर्क।[3]

यह भंगिमा जोकि लगातार प्रेमोद्वेग को देखने में ही अपनाई गई, पति या पत्नी के लिए समुचित 'प्रेम में' होने के बिंबविधान में बची रह पाई है। उदाहरण के लिए, आज भी माना जाता है कि प्रेम अंधा होता है; शृंगारिक साहित्य की परंपरा में क्यूपिड की आँखों पर पट्टी बँधी दिखती है। लेकिन इस अंधेपन को साधारणतः अपने प्रियपात्र को कत्तई यथार्थपरक ढंग से देखने और खासतौर पर उसके दोषों को परख पाने से प्रेमी के इंकार के रूप में ही देखा जाता है।

इस उन्माद से निबट पाने में इच्छाशक्ति और बुद्धि-विवेक की असमर्थता को प्रेम में पागल, दीवाना, उन्मत्त हो जाने जैसे प्रयोगों के माध्यम से पहचाना गया है, जबकि सौम्यता से, विश्वसनीयता या होशमंदी से प्रेम का दावा विरोधाभासी ही होगा। इस रोग के आत्म-प्रतिरोधी गुणों को लेकर मतैक्य नहीं है, कुछ लोगों का दावा है कि कोई भी व्यक्ति जीवन में बस एक ही बार सचमुच प्रेम करता है, कुछ का दावा है कि दूसरी बार प्रेम का अनुभव बेहतर रहता है, तो कुछ का दावा है कि पहली बार ही प्रेम का वास्तविक प्रकटन होता है, कुछ और लोग कहते हैं कि वे हर हफ्ते, बल्कि हर रोज प्रेम में पड़ते हैं।

सेक्स पल-भर की खुजलाहट,
प्रेम तुम्हें कभी नहीं छोड़ता[4]

अनुपचार्य होना इस रोग का एक मूल गुण है : इसका फलितार्थ यह रहा है कि जब कमउम्र लोगों को एक-दूसरे से अलग करना इसलिए जरूरी हो कि वे बहुत कम उम्र के या बेमेल हैं तो इस बात से ही इंकार किया जाता है कि वे रोगग्रस्त हैं। इस 'प्रेम' को इस आधार पर झूठा ठहराया जाना होता है कि यह इतने कमउम्र लोगों को नहीं हो सकता...

मुझे याद है नैट किंग कोल (प्रख्यात अमेरिकी अश्वेत लोकगायक) का जो दिलचीरक व्यंग्यपूर्ण गीत सबसे लोकप्रिय हुआ था (मेरे भयानक बदरंग कैशोर्य के

जमाने में), वह दुश्मनों से घिरी एक ऐसी जोड़ी के बारे में था जिसे लगातार यह बताया जाता रहता था कि उन्हें सच्ची-मुच्ची का प्यार नहीं हो सकता क्योंकि वे बहुत कमउम्र हैं, क्योंकि प्रेम एक शब्द-भर है जो उन्होंने सुना है (बाकी तमाम अवधारणाओं की ही तरह)। हँसी-खुशी के इन दुश्मनों का तर्क सिरे से गलत था क्योंकि अनुभव से प्रेम की धारणा को आजमाने के लिए उन्हें खुद भी प्रेम करना पड़ता। तर्क कितना ही अनुचित क्यों न हो, गीत का प्रति-परिणाम कि उनका प्रेम बना रहेगा चाहे बरसों बीत जाएँ, संगत खंडन प्रस्तुत नहीं करता।

प्रेम की उपस्थिति वास्तव में प्रदर्शित नहीं की जा सकती, इसलिए इसका असली होना भी प्रदर्शित नहीं किया जा सकता। किसी विशिष्ट मामले में इसके अस्तित्व को नकारने का लाभ यह है कि नकार का खंडन नहीं किया जा सकता, हालाँकि जैसाकि गीत इंगित करता है, इससे किशोर-प्रेम से दुनिया के बैर का खासा स्थायी दिखावा खड़ा हो जाएगा।

इस स्थिति के निदान की विधियाँ भी भिन्न-भिन्न हैं। बाहरी पर्यवेक्षक उद्विग्नता, एकाग्रता और कुशलता में कमी या उत्सुकता या अटकलबाजी से अभिव्यक्त होनेवाले प्रेमपात्र को लेकर कुछ अतिरिक्त व्यस्तता जैसे लक्षणों के आधार पर निर्णय देंगे। लेकिन यह बात देखनी चाहिए कि प्रेम-प्रसंगों की टोह लेने में ऐसे पर्यवेक्षकों की रुचि उससे मिलनेवाले दृश्यरतिक आनंद के कारण होती है, और अक्सर वे इन्हें बढ़ावा देते हैं। 'प्रेमी से प्रेम करे सब संसार।' पीड़ित अपनी स्थिति का निदान प्रेमपात्र के दिखने या दिखने की आशा से या अपेक्षा होते हुए भी न दिखने पर लक्षणों की उग्रता से कर सकता है। वह सपनों में, खाना खाते, एकदम असंगत बातें करते हुए, प्रिय की मानसिक छवि की सर्वत्रव्यापकता से भी पीड़ित रहेगा। प्रेम का प्रतिदान न मिले तो लक्षण धीरे-धीरे हलके हो जाएँगे या नए प्रेमपात्र के नाम हो जाएँगे, या बढ़ते-बढ़ते पीड़ाकारक हो जाएँगे। किसी खास मामले में इनमें से कौन-सा विकल्प सामने आएगा, यह काफी हद तक रोगी की अपने रोग के प्रति भावना पर निर्भर करेगा। आत्मपीड़कता और प्रेम-प्रसंग को आगे बढ़ा पाने की योग्यता में संदेह जितने अधिक होंगे, उतना ही वह अकेलेपन और निष्फल पीड़ा से समझौता कर लेगा, और तब, उसके खुद लगाए रोग की जिम्मेदारी इस सबसे अनजान प्रेमपात्र को भुगतनी पड़ेगी जिस पर क्रूरता और एक भले मनुष्य के दिल से खिलवाड़ के आरोप तक लग सकते हैं। अगर प्रेमपात्र की क्रूरता का बदला लेने के लिए प्रेमी उसका कुछ कर भी डाले तो वह पाएगा कि विधि-निर्माता 'प्रेम में' पड़े लोगों के प्रति एक विशेष भाव रखते हुए उससे कुछ नर्मी से ही पेश आते हैं, खासकर अगर प्रेमपात्र उसके प्रेम का सुपात्र न माना जा रहा हो। अगर उसके प्रेमोन्माद को यह विशेषाधिकार नहीं मिलता तब भी उसे 'प्रेम' का स्तर प्रदान न करके, सिर्फ प्रतिकारपूर्ण वासना या ऐसा ही कुछ कहते हुए न्यायसम्मत ठहराया जाएगा।

अक्सर स्त्रियों के लिए पुरुषों की प्रेरणा से ही सम्मोह की इस स्थिति में पहुँचना ठीक माना जाता है। दुर्भाग्य ही कहिए कि प्रेम में होने की स्थिति को श्रेयस्कर बल्कि

उत्कृष्ट मानवीय अनुभव होने को इतनी प्रबलता से प्रस्तुत किया गया है कि किशोरों की तुलना में किशोरियों का बहुत-सा समय इसकी कसक में बीतता है। लेकिन पुरुषों के प्रेम-निवेदन पर लड़कियों का पिघलना और प्रेम की छूत के लोकप्रिय बिंबों के माध्यम से सामाजिक ढोंग बनाए रखा जाता है। इस अनुभव का प्रामाणिक परीक्षण आश्चर्यजनक रूप से प्रबल चुंबन है। 'वह मेरा पहला चुंबन था, और उसने मुझे एक वहशी, गरजते आनंद से भर दिया। मैं तो कब से मार्क की दीवानी थी, और अब, इस चुंबन से मुझे पता चला कि वह भी मुझे प्यार करता है !'[5]

प्रेम, किसी का दीवाना होना है (ओ मैं तो हैरी की दीवानी !) और होंठ-के-होंठ, जीभ-के-जीभ से संपर्क का अद्भुत परिणाम वहशी, गरजता आनंदातिरेक है। लेकिन उल्लिखित मामले में प्रेम नकली था हालाँकि उसके लक्षण बिलकुल असलीवाले ही थे : बेट्सी को मार्क ने चूमा है, 'स्कूल का सबसे अच्छा खिलाड़ी और शहर का सबसे रईस लड़का ! मैं कितनी किस्मतवाली हूँ !' लेकिन साधारण-सा लड़का ह्यू उसका बेहतर दोस्त है जो उसे मार्क के चालू, अहंकारी तौर-तरीकों के प्रति चेताता है। दूसरी मुलाकात में ह्यू हिम्मत जुटाकर अपना प्रेम घोषित कर देता है और बेट्टी को बाँहों में भर लेता है...'उसके चुंबन से मेरा दिल धड़-धड़ धड़कने लगा और मुझ पर एक ऐसी भावना छा गई जिसे मैं बता नहीं सकती थी...एक ऐसी भावना जिसने मुझे बादलों के कालीन पर पहुँचा दिया...।' ऐसा लगता है कि यही असली चीज है, कम-से-कम निष्कर्ष तो यही बताता है : 'मैंने गलती की थी और मैं उससे तुलना कर पा रही थी ! प्रेम हमेशा ही वह नहीं होता जो वह दिखता है और चुंबन झूठे भी हो सकते हैं !'[6]

दोनों चुंबनों से होनेवाली सनसनियों को अलग-अलग नहीं पहचाना जा सकता। दोनों का वर्णन उन शब्दों में हुआ है जो मादक दवाओं के असामान्य अनुभव को वर्णित करते हैं—दिल का धड़धड़ाना, कानों में जोर की साँय-साँय, पैरों का बेजान-सा लगना; असल में *प्रेम* वह नशा भी है जो लोकप्रिय मिथक में कामुकता को स्वीकार्य बनाता है। बिना प्रेम के रति को भोंडा, वहशी निकास ही माना जाता है : प्रेम के जुड़ने से वह हर्षपूर्ण और अनुभवातीत अनुभव बनता है। जाहिर है कि इससे बाह्य-त्वचीय लैंगिक अनुक्रिया को प्रभावित करने में एक आत्मसुझावी क्रिया की आशा रहती है, जोकि यह शायद पूरी भी करता है, तब भी यह तो है ही कि बेट्टी दोनों चुंबनों में अंतर एक किस्म के राजनैतिक आधार पर ही कर पाती है : बेट्टी के लिए अपने ही वर्ग में विवाह करना श्रेयस्कर है, एक जैसे दो चुंबनों के बीच अंतर की बकवास में पड़े बिना ही यह नीति अगर स्पष्ट कर दी जाए तो किसी को कोई एतराज नहीं हो सकता। दोनों ही मामलों में विवरणों की शब्दावली बजाय विवाह की प्रेरणा के, भ्रम के ज्यादा अनुकूल है; सारा जोर अहम्मन्य अनुक्रिया पर है, ऐसे चुंबन में लिप्त होनेवालों के बीच हुए संवाद पर नहीं।

प्रेम के निदान में ऐसा संभ्रम पूरे ही साहित्य में है। भावुक पूर्वग्रह किसी विवेकपूर्ण या हठधर्मी नियंत्रण से प्रेम को काबू में रखने के विरुद्ध युद्ध छेड़े रखता है, जबकि

अराजक प्रेमोद्वेग को गहरे संदेह से देखा जाता है। आमतौर पर, जैसाकि ऊपर के मामले में हुआ, सबसे सही मेल को सबसे तुष्टिदायी मेल में रूपांतरित करना होता है। सच्चे और झूठे, दोनों ही किस्म के प्रेम वासना और कल्पना का मिश्रण हैं, उनमें एक ही असली अंतर होता है—सच्चा प्रेम विवाह की ओर ले जाता है। अगर वह ऐसा करे तो उत्तेजना के स्तर में खासी कमी झेल ली जाती है लेकिन स्वीकार नहीं की जाती। परगमन और व्यभिचार विवाह से कहीं उत्तेजक हैं लेकिन हमारी संस्कृति इससे विपरीत मानने पर अड़ी है। हम लोग सचमुच इस विश्वास को समर्पित हैं कि यह उन्माद विवाह की एक बेहद शुरुआती शर्त है।...इज इट ए सिन टु मैरी बिफोर फॉलिंग इन लव ? (क्या प्यार से पहले शादी करना पाप है ?) टेलर काल्डवेल की पुस्तक 'लेट लव कम लास्ट'[7] के विज्ञापन का प्रश्न था। विडंबना यह है कि प्रेम विवाह और अवैध संबंधों, दोनों को पवित्र बनाता है। 'प्रेम सबको जीत लेता है।'

प्रेम की विवेकहीनता के प्यार-भरे कसीदे उस लोकप्रिय कथा-साहित्य में पढ़े जाते हैं जिसमें स्त्रियाँ पति के आकुल प्रेम की गर्मी के लिए ठंडे कैरियर और महत्त्वाकांक्षा को तिलांजलि दे देती हैं। कुशल महिला अधिकारी 'क' महीनों तक छोटे अधिकारी 'ख' के प्रेम के सामने अडिग बनी रहती है, फिर वह बेपरवाही दिखाता है और वह ईर्ष्या की आग में सुलगने लगती है, या वह दुर्घटनाग्रस्त हो जाता है और अंतिम पृष्ठ पर वह उसके साथ एंबुलैंस में जा रही होती है। आखिर 'जब प्रेम पुकारे—तो उसे कौन नकारे ?'[8]

यहाँ प्रेम की तुलना या तो किसी अनिवार्य मानवीय क्रिया (नित्यकर्म की प्राकृतिक पुकार !) से की गई है या किसी आनंदपूर्ण कर्त्तव्य के लिए पुकारते किसी मनुष्य से, उपमान के पुराने रूपों के बचे रहने का एक और उदाहरण; फिर भी इस कहानी में संकट के आने का उद्‌देश्य, बेपहरवाह कष्ट पानेवाली के लिए यह स्पष्ट करना था कि वह असल में प्रेम में पड़ी है, बिलकुल जैसे कोढ़ी अपने सुन्न पैरों पर खौलता पानी उँडेलकर अपनी स्थिति का बोध करता है। ऐसा कोई परीक्षण अनुमतियोग्य ही नहीं बल्कि अपने सचमुच प्रेम में पड़े होने को लेकर संदेह में पड़े लोगों के लिए जरूरी भी है। 'प्रेम तब तक प्रेम नहीं है जब तक उसका वास्तविक परीक्षण न हो जाए।' परीक्षण के तौर पर अलग होना किसी सम्मोह के टिकाऊपन को सिद्ध करने में उपयोगी हो सकता है। इस किस्म की समचिकित्सा के कुछ विशेषज्ञों ने ऐसी प्रश्न-तालिकाएँ बना ली हैं जिन्हें रोगी को खुद ही भरना होता है, यह खासा अविश्वसनीय प्रक्रम है। प्रश्नों की सीमा 'अगर वह आपको छोड़ दे तो आप जीते रहने की सोच पाएँगी ?' से लेकर 'क्या उसकी साँस की गंध आपको अप्रिय लगती है ?' तक रहती है। इससे कहीं आम प्रक्रम है प्रेमोपेक्षितजनों को (अगर ठीक से समझा जाए तो इस शब्द की छवियाँ भयावह हैं,) यह बताना कि प्रेम क्या *नहीं* है, जिससे प्रेम क्या *है* यह जानने में कोई मदद नहीं मिलती।

प्रेम सनसनी की तरंग या क्षणिक आनंद मात्र नहीं है। यह अकेलेपन या ऊब से बचने का

उपाय नहीं है, न ही यह व्यावहारिक सुविधा या पारस्परिक लाभ के लिए एक आरामदेह फेरबदल है। यह एकतरफा भावना नहीं है और सिर्फ चाहने से ही इसे दोतरफा नहीं बनाया जा सकता।

कुछ भ्रमित होने पर इस सामान्य मार्गदर्शन का अनुसरण करनेवाले किशोर को माफ कर दिया जाना चाहिए। निश्चित ही बहुत से कवि, आदि एकतरफा प्रेम की आग में जले हैं; प्रेम में समानता की स्थापना कर पाना एकदम असंभव है। उसके बीत जाने से पहले यह बताना असंभव है कि प्रेम बीत रहा है, और अगर यह अकेलेपन और बोरियत से बचाव या एक आरामदेह पारस्परिक समझौता नहीं है तो इसे एक अभीष्ट के रूप में स्थापित करने का भी कोई कारण नहीं दिखता। उसी लेखक द्वारा प्रस्तुत सकारात्मक वर्णन भी कुछ कम हतोत्साहित करनेवाला नहीं है :

प्रेम की बहुत-सी छवियाँ हैं। यह कोमलता और ध्यान के प्रति बहुत छोटे बच्चे की प्रतिक्रिया है और कुछ बड़े बच्चे की प्यार-भरी उत्सुकता भी। यह किशारों का खिलंदड़ापन और कल्पना की रूमानी उड़ान है। और यह परिपक्व विवाह का गंभीर, परिपक्व समर्पण भी है...

प्रेम नाजुक, दुर्ग्राह्य और सबसे बढ़कर स्वतःस्फूर्त है। यह ईमानदारी और पारस्परिक जिम्मेदारी और चिंता के साथ मिली सहजता है। शुरू में तो यह बस 'हो जाता है', लेकिन फलने-फूलने और टिके रहने के लिए इसे खुले हृदय और आत्मा की पूरी क्षमता चाहिए।[9]

यह विवाह के आधार के तौर पर प्रेम में पड़ने के खतरनाक मिथ का प्रतिकार करने का एक व्यक्ति का प्रयास है, लेकिन यह आश्वस्त नहीं करता, ऐसे अस्पष्ट लेकिन गहरे प्रतिबद्ध विचार से प्रेरित होकर एक भी प्रेम-कविता नहीं लिखी गई। प्रेम जो संसार को एक सुंदर जगह बनाता है, निगाहों में तारे चमकाता है, आपको सातवें आसमान पर पहुँचाता है और आपके दिल पर काम का छर्रा चलाता है, उसके सायकेडिलिक अनुभव के प्रलोभन को ऐसा बुरा गद्य कम नहीं कर पाता। इसका जादुई उन्माद हमारी कल्पना में एक सशक्त बाध्यता के रूप में अब भी बना हुआ है। 'क्या वह उससे बहुत प्रेम करता था ?' दूसरी पत्नी अपनी मृत प्रतिद्वंद्वी सौत के बारे में पूछती है। 'उसका पूरा दीवाना था,' लोग उस आदमी के बारे में कहते हैं जिसने अपनी बेवफा बीवी को मार डाला था। 'मैं जानती थी कि वह हत्यारा है लेकिन मैं उससे प्रेम करती थी,' फाँसी की कोठरी में दिन गिन रहे पुरुष से विवाह करनेवाली स्त्री कहती है। प्रेम, प्रेम, प्रेम—उसका अभागा शब्दाडंबर, भावुक मुद्राओं के मिथक के आवरण से ढँके वासना, परपीड़न, फंतासी, अहम्मन्यता, खुद पैदा किए गए दुखों और सुखों की दुनिया, चुंबन, मुलाकातों, कामनाओं और तारीफों और झगड़ों जैसी प्रेम-व्यापार की जमी हुई भंगिमाओं के पीछे छिपे व्यक्तित्व, जो इसके उजाड़पन को जीवंत बनाते हैं। 'हमें एक-दूसरे की मूर्तिपूजा के लिए नहीं बनाया गया था, लेकिन कोर्टशिप (प्रणय-निवेदन का लंबा दौर) का सारा दबाव मूर्तिपूजा ही है।'[10] ऐसा लग सकता है कि अब युवा पुरुष उस लंबी-चौड़ी दासता से प्रेम-निवेदन नहीं करते जिसकी बात सत्रहवीं सदी की स्त्रीवादी

मेरी एस्टेल कर रही थी, लेकिन प्रेम का रहस्यवादी उन्माद वही नकली आभामंडल प्रदान करता है, और वही आशाएँ खड़ी करता है जो नवोढ़ा पत्नी के 'शांति से अपनी स्थिति पर विचार' करने लायक होते ही हवा में गायब हो जाती हैं। बीसवीं सदी में टाइ-ग्रेस एटकिंसन जैसी स्त्रीवादी ऐसी ही बात और अपरिष्कृत शब्दों में कहती है : 'प्रेम बलात्कार के शिकार का बलात्कारी दिया जानेवाला प्रत्युत्तर है।'[11]

इस तरह के विवरण में सभी प्रेम शामिल नहीं हैं लेकिन महान प्रेम-प्रसंगों की नायिकाओं की काया को थरथरा देनेवाला उबकाईकारक सम्मोह, चाहे वे सस्ते कॉमिक रोमांसों की नायिका हों या आवेगपूर्ण प्रेम-निवेदन के बेहतरीन छपाई-जिल्दवाले उपन्यासों की, यही है। *प्रेम में पड़े होने* की सस्ती विचारधारा में स्त्रियों को एक अविवेकी और आत्म-विनाशक पग उठाने की मनुहार को पहचान पाना चाहिए। ऐसे सम्मोह का प्रेम से कुछ लेना-देना नहीं है, क्योंकि प्रेम बेहोशी, उन्माद या ग्रस्तता नहीं, 'एक संज्ञानात्मक कर्म है, असल में तो व्यक्तित्व की अंतरतम क्रोड को पकड़ पाने का एकमात्र उपाय।'[12]

रोमांस

अब शायद यह सच नहीं रह गया है कि हर लड़की प्रेम में पड़ी होने का सपना देखती है। युवाओं द्वारा अपने लिए रची संस्कृति में अश्वेत शहरी ब्ल्यूज़ (अमेरिकी अश्वेत संगीत) की लैंगिक प्रकृति को जबर्दस्ती जोड़कर भावुकता को वासना से प्रतिस्थापित करनेवाली पॉप क्रांति के दूरगामी प्रभाव लैंगिक लोकाचार पर हुए हैं। शायद किशोरियों ने मेरी किशोरावस्था की ख्वाबों में गुम फंतासियों की जगह एक सचमुच के लैंगिक युद्ध को दे दी है। फिर भी, यह एक 'शायद' ही है। शेफ्फील्ड विश्वविद्यालय में डॉ. पीटर मान के शोध से पता चलता है कि पच्चीस से चालीस के आयुवर्ग की स्त्रियाँ रोमांटिक साहित्य की उत्सुक पाठक हैं, खासतौर पर गृहिणियाँ और सेक्रेटेरियल कर्मचारी। इसका बाजार पहले से कहीं बढ़ा है।[1] 'कहानियों के लिए प्रसिद्ध' *वुमन्स वीकली* ने अगस्त, 1969 में आवाज उठाई : रोमांस स्टिल लिव्ज़ ! (रोमांस अब भी जिंदा है)

अपनी तमाम नई स्वतंत्रताओं के बावजूद 'आज के युवाओं' में से ज्यादातर आज भी वही सपने देखते हैं, जीवन को वैसा ही रोमांचपूर्ण पाते हैं और सर्वोत्कृष्ट मूल्यों को सराहते हैं जैसेकि उनसे पहले की पीढ़ियाँ करती रही हैं।

...उस शाम लॉन में खड़ी कैथी किसी विक्टोरियन प्रेम-कथा का चित्र-सी लग रही थी। किसी पतले से कपड़े की बनी उसकी बंद गले की सफेद पोशाक काले साटन के उसके जूतों तक पहुँच रही थी। उसकी पतली कमर में काले मखमल का फीता बँधा था, गले में सोने की पुरानी चेन में पड़ा लॉकेट, बीच की माँग से बँटे उसके काले केश... "पहली बार बॉल (औपचारिक नाच की दावत) में जा रही है," उसकी माँ ने मुझे बताया... "वह बहुत उत्तेजित है।"

...किसी अँधेरे डिस्को में चरस का दम लगाती एक उदास बेटी है तो कैथी जैसी हजारों लड़कियाँ भी हैं, औपचारिक नृत्य की अपनी पहली पोशाक में, 'बहुत उत्तेजित।'[2]

स्पष्टतः यही रोमांस है। कपड़ों पर जो जोर दिया गया है, वह रोमांस से संगत ही है और इस किस्म के साहित्य का लाक्षणिक अंग है। नृत्य वह परम अनुष्ठान है जिसमें कैथी अपने पूरे गौरव-प्रताप के साथ प्रकट होगी, भक्त जहाँ उससे प्रणय-याचना करेंगे। कोई नौजवान मुग्ध होगा, अपनी धूसर-सी शाम की पोशाक में पीछे लड़खड़ाता, उसके ठंडे हाथ को दबाता, उसकी पतली कमर को बाँह से घेरे उसे नृत्यकक्ष के फर्श पर चक्कर कटाता। वह उसकी सुंदरता की, उसके नृत्य की तारीफ करेगा और एक

अविस्मरणीय शाम के लिए उसे धन्यवाद देगा।

अब भी हर साल कुँआरियों की सफेद पोशाकों में, महारानी, मेयर, बिशप या किसी को भी सलाम करती लड़कियाँ औपचारिक रूप से सामाजिक जीवन में प्रवेश करती हैं—नीची निगाहों से नपे-तुले कदम उठातीं। लड़के विनम्रता से नृत्य का अनुरोध करते हैं, लड़कियाँ बड़े प्यारे ढंग से स्वीकार कर लेती हैं या इस आशा में कि कोई और अच्छा जना आएगा, मना करने के बहाने ढूँढ़ती हैं। उनके प्रेमियों को उन्हें फूल देने चाहिए थे। लेकिन हर लड़की आशा कर रही है कि इस सामाजिक घटना के अपेक्षित क्रम से ज्यादा उत्तेजक, ज्यादा रोमांटिक कुछ घटेगा। शायद कोई बेहद-बेहद खूबसूरत पुरुष दूसरों के मुकाबले कुछ ज्यादा करीब आएगा और उसके केशों की गंध सूँघ पाएगा। शायद रात के भोजन के बाद जब वे छत पर टहल रहे होंगे तो उसकी अतल गहरी आँखों के वैभव से उसकी साँस रुकती जाएगी। उसका दिल जोरों से धड़क उठेगा और गालों पर शर्म की लाली बिखर जाएगी। वह गजब की बातें करेगा, अजीब ढंग से कोमल और गहरा होगा। वह उसकी अधिकारपूर्ण बाँहों में समा सकती है। चुंबन से ज्यादा लैंगिक कुछ नहीं, भोंडे टटोलते आलिंगन तो बिलकुल ही नहीं, बस दुनिया के घटियापन से उसे सुरक्षित रखती मजबूत बाँहें, उसके होंठों पर गर्म होंठ—उसके पूरे शरीर में अद्‌भुत लहरें दौड़ाते।

रोमांटिक संसार में चुंबन विवाह से पहले एक ही सूरत में आते हैं, उस बुरे आदमी की ओर से जो कुछ समय तक भोली-भाली लड़की को बहकाए रखता है। पहला चुंबन आदर्शतः आनंदातिरेक, दिलों के अदान-प्रदान और आसन्न विवाह का चिन्ह होता है, और किसी भी हाल में यह वह चुंबन है जो *झूठ* बोलता है। ये बातें बहुत भोंडी और बेतुकी लगती हैं, लेकिन यह *स्वीटहार्ट्स, रोमांटिक सीक्रेट्स* और ऐसे ही सैकड़ों कॉमिक्स का मूल मिथक है। चुंबन से प्रेरित स्थिति असल में तो स्व-प्रेरित ही होती है क्योंकि ऐसी वैद्युतिक और सायकेडिलिक संभावनाएँ कम ही होंठों में होती हैं। अपनी प्रिया के साथ किस्मत आजमाते कई युवक उसके उल्लास और भावविभोरता से आश्चर्यचकित हुए हैं और बाद में उन्होंने खुद को अनिवार्य रूप से कामहीन एक अनचाहे प्रबल संबंध का भार ढोते पाया है।

जब यह होगा तो यह अद्‌भुत, अविस्मरणीय, सुंदर होगा। जैसे पहली मुलाकात में प्रेम-कथा के नायक-नायिका का बारिश में भीगते हुए सुरीला दोगाना गाना। शायद वे एकदम ही प्रेम में नहीं पड़ जाएँगे बल्कि एक कोमलता का बढ़ना अनुभव करते चले जाएँगे और आखिर वह धमाकेदार चुंबन होगा ! इसके बाद सभी स्थितियों में वीरता और उदारचित्तता के साथ-साथ पुरुष को कोमलता, सम्मान, खुशामद और भावप्रवणता को प्रकट करते रहना होगा। रोमांस का नायक जानता है कि स्त्रियों से कैसा व्यवहार किया जाना चाहिए। फूल, छोटे-मोटे उपहार, प्रेम-पत्र, हो सके तो उसकी आँखों और जुल्फों पर कविताएँ, धीमे-धीमे संगीत के साथ चाँदनी में नहाए छज्जे पर मोमबत्ती की रोशनी में खाना। जल्दबाजी का कोई काम नहीं। कुछ भारी-भारी साँसें। उसके ब्लाउज

के पतले कपड़े पर दबे दहकते अधर। उसके घने केशों में बुदबुदाई गई प्यार-भरी बातें; 'छोटी-छोटी चीजों का महत्त्व बड़ा।' उसकी प्रिय चॉकलेट, उसके लिए उसके प्यार-भरे नाम, उसका जन्मदिन—और घटनाओं की वर्षगाँठें याद रखना, खिलंदड़ी बेवकूफियों से भरे खेल। और, फिर वे मूर्खतापूर्ण चीजें जो उसे उसकी याद दिलाती हैं, उसकी सुगंध, उसका स्कार्फ, उसके झालरदार अधोवस्त्र और लेस के बचकाने रूमाल, उसकी गोद में बैठे बिल्ली के बच्चे। रहस्य, जादू, शैम्पेन, तकल्लुफ, कोमलता, उत्तेजना, भक्तिभाव, श्रद्धा—इन सबसे स्त्रियों का कभी जी ही नहीं भरता। स्त्रियों की फंतासी के इस संसार के बारे में ज्यादातर पुरुष कुछ नहीं जानते क्योंकि इस तरह के साहित्य और रूमानियत के व्यापार से उनका परिचय नहीं होता। इस किस्म के व्यवहार का अध्ययन करके, वासना या प्रेम या लोभ के कारण स्त्रियों के प्रिय पात्र बननेवाले पुरुष को बाकी पुरुष पुरुष-वेश्या या समलैंगिक मानते हुए उससे डरते हैं। पुरुष सौंदर्य-विशेषज्ञ और केश-सज्जाकार अपनी ग्राहकों की कमजोरियों का अध्ययन करके उनसे जान-बूझकर हलका-फुलका इश्क लड़ाते हैं, उन्हें वे प्रशंसा देते हैं जिसके लिए वे मरी जाती हैं और ऐसा इशारा भी देते हैं कि जिस तुच्छ घरेलू नियति को वे झेल रही हैं, उन्हें उससे बेहतर कुछ प्राप्त होना चाहिए था।

अगर *स्वीटहार्ट्स* और मतिभ्रम से भरी प्रेम बिंबावलीवाले वैसे ही दूसरे प्रकाशन अमेरिकन हैं भी तो सच्चाई यह है कि उनकी प्रसार-संख्या इंग्लैंड में भी अच्छी खासी है। *मिराबेले, वैलेन्टाइन, रोमियो* और सबसे बढ़कर *जैकी* जैसे छिछोरे साप्ताहिकों की दस लाख से ज्यादा प्रतियाँ दस से सोलह बरस की लड़कियों को बेची जाती हैं, जो ब्रिटिश रोमांस के मानदंड तय करती हैं। लड़कियाँ ज्यादा लंबी टाँगोंवाली और ज्यादा फैशनेबल हैं, उनकी स्कर्टें छोटी, बाल बिखरे, आँखें कजरारी हैं; ज्यादातर तो वे सायकेडिलिक चुंबन के पागलपन से बचती ही हैं। पुरुष रीजेंसी बक (अठारहवीं सदी के अंत और उन्नीसवीं सदी के शुरू के वर्षों का फैशनेबल पुरुष) की तर्ज पर बेहद खूबसूरत, कमोबेश बना-ठना और खुद पर नियंत्रण रखनेवाला, आदतन पिघली जाती स्त्रियों की चमकती आँखों में जबड़े कसकर झाँकनेवाला होता है। इन प्रेम-कथाओं में फीटिश वस्तुओं को दिया गया महत्त्व ही इनका अद्भुत पक्ष है। रोमांस रिकॉर्डों, किताबों, सजावट की नन्हीं-नन्हीं चीजों पर टिका-सा दिखता है, और एक मामले में तो पार्क की बेंच तक पर। केट और हैरी प्रेमीजन हैं, वे पार्क की बेंच पर बैठे संवाद का आदान-प्रदान कर रहे हैं :

"ओह, केट, मैं तुम्हें दुनिया की सब चीजों से ज्यादा प्यार करता हूँ।"
"और मैं तुम्हें ब्रह्मांड की सब चीजों से ज्यादा, प्रिय !"

बेंच उनके संबंधों में बहुत-बहुत महत्त्वपूर्ण हो उठती है, और जब नगरपालिका उस बेंच को हटाने का फैसला करती है तो केट टाउन हॉल में हैरी के दफ्तर में यह माँग करने आ धमकती है कि वे उस बेंच पर बैठकर धरना दें। हैरी ऐसा करता भी है लेकिन

उसका अधिकारी उसे बताता है कि वह तुरंत धरने पर से न उठा तो उसकी नौकरी चली जाएगी। हैरी हार मान लेता है, केट इसे उसके प्रेम के उथलेपन का प्रमाण मानते हुए अकेली धरने पर बैठी रहती है। लेकिन बेंच हटाने में लगे लोगों में से एक, जो कि प्रेमी ही हो सकता है क्योंकि उसका जबड़ा पत्थर-सा सख्त और बाल घुँघराले हैं, केट के साथ बैठ जाता है। आखिरी फ्रेम में हमारी नायिका आँसुओं से धुँधलाई आँखों से मुग्ध भाव से उसे निहार रही है, उसके बच्चों जैसे होंठ उसके उभरे जबड़ों और मजबूत ठोड़ीवाले चेहरे से बस बाल-भर ही दूर—'बेवजह तुम्हारी नौकरी चली जाएगी। ...तुम्हें...तुम्हें सचमुच लगता है कि हम उनसे जीत जाएँगे ?' 'मुझे पता है हम जीतेंगे। लोग काफी कोशिश और बहुत प्रेम करें तो वे कुछ भी कर सकते हैं। हम कोशिश करते हैं...'[3]; कहने की जरूरत नहीं कि यहीं 'द एंड' हो जाता है।

रोमांसों का प्रेमी अधिकारपूर्ण तौर-तरीकोंवाला होता है, कम-से-कम एक मामले में और अक्सर तो कई मामलों में अपनी प्रिया से श्रेष्ठतर होता है, उसकी उम्र या सामाजिक रुतबा और उपलब्धियाँ ज्यादा होती हैं या वह ज्यादा बुद्धिमान और कुशल होता है। वह स्वामित्व के भाव से भरा लेकिन अपनी प्रिया के लिए ऐसा गहरा लगाव रखनेवाला होता है जो एकदम पैतृक होता है। वह सख्तमिजाज या खिंचा-सा या डरावना तक हो सकता है, लेकिन रोमांस की नायिकाएँ अपनी लज्जा की ताकत, सुंदरता और अपने परिधान की मोहिनी से उसे जीत ही लेती हैं। उसके अतीत में खतरे या एक गुप्त पीड़ा या स्त्रियों के प्रति अप्रियता के भाव की झलक रहती है। सतह के नीचे ही कामोद्वेग की आग सुलग रही होती है जो उसकी कोमलता और नायिका की भावनात्मक जरूरतों की उसकी सर्वशक्तिमान समझदारी से ही नियंत्रित रहती है। ऐसे चरित्रों की मूल प्रेरणा ऐतिहासिक मायनों में रोमांटिक है क्योंकि पहले रोमांटिक चरित्र रोचेस्टर, डार्सी, हीथक्लिफ (सभी प्रख्यात उपन्यासों के नायक) और लॉर्ड बायरॅन थे। लेकिन आखिर जेन ऑस्टेन और एमिली ब्रॉन्टी की चेतना पर लेडी कैरोलाइन की भावप्रवणता भारी पड़ी, बायरॅन की परंपरा के नायक की लैंगिक सफलता को अद्भुत सचेत रूप से भुनाते ज्यॉर्जेट हेयर ने रीजेन्सी युग के छैला लॉर्ड वर्थ में हमारे युग के आदर्श नायक की छवि गढ़ी। वह उस रूढ़ि का बेहतरीन उदाहरण है जिसकी प्रतिच्छवि रोमांटिक कथा-साहित्य के नायक कमोबेश हैं, चाहे वे तीस के दशक की साहसिक कथाओं के अधकचरी हास्य-प्रतिभावाले निर्भीक युवक हों जो जिंदादिल नायिका को उसके साहस पर बधाई देते हैं (यही सबसे समतावादी नायक का नमूना है) या सदियों पुरानी राजा और भिखारिन की कहानी के।

वह फैशनेबल पुरुष का चरम उदाहरण था, बीवर की खाल का उसका हैट बड़ी तरतीब से बेतरतीब फैलाई काली लटों पर टिका था; कलफ लगा मलमल का क्रैवेट उसकी ठोड़ी को जैसे सहारा दे रहा था, मोटे कपड़े के उसके ड्राइविंग कोट की कम-से-कम पंद्रह केपें थीं और चाँदी के बटनों की दोहरी लड़ी उसे और ही अंदाज दे रही थी। मिस टैवरनर को मानना पड़ा कि वह बहुत खूबसूरत है, लेकिन इससे उन्हें उसके चेहरे की गढ़न को सख्त नापसंद करने में कोई

दिक्कत नहीं हुई। उसमें खुद को बहुत महत्त्वपूर्ण मानने का एक भाव था; दुनिया से ऊबी पलकों के नीचे से व्यंग्य-भरे भाव से उसका सर्वेक्षण कर रही आँखों जैसी सख्त आँखें उसने कभी नहीं देखी थीं, उनमें ऊब के अलावा और कोई भाव नहीं झलक रहा था। उसकी नाक कुछ ज्यादा ही सीधी थी। उसके मुँह की गढ़न बहुत अच्छी थी; मजबूत लेकिन पतले होंठोंवाली। उसे लगा कि वह अवमानना से मुस्कुरा रहा है।

सबसे बुरी थी उसकी उदासीनता। उसकी कोई दिलचस्पी नहीं थी, न तो होशियारी से दुर्घटना होने से बचा लेने में, न गाड़ी की स्थिति में। वह गजब फुर्ती से गाड़ी हाँक रहा था; लापरवाही से लगाम थामे, सुरुचिपूर्ण दस्तानों से ढँके हाथों में बहुत मजबूती होगी लेकिन वह ऐसा छैलाछाप क्यों है ? क्यों ?[4]

ऐसा प्राणी जो भी करे वह *भावुकतापूर्ण* कभी नहीं हो सकता। ऐसी *दुनिया से ऊबी पलकोंवाला* ! ऐसे शाही नाक-नक्श और अवमानना का वह राजसी भाव जिसने पहले-पहल सुसंस्कृत समाज के द्वार चाइल्ड हैरोल्ड (बायरॅन की इसी नाम की लंबी कविता का नायक) के लिए खोले थे, और *मजबूती* की रोमांचित करनेवाली धमकी ! ध्यान दीजिए कि उसका अस्तित्व मुख्य रूप से उसकी त्रुटिहीन वेशभूषा में है—बो ब्रमेल (रीजेंसी युग का छैला दरबारी) उसके मित्रों में से एक है—लेकिन जब उसका सामना इस छवि से होता है :

वह अपने बाल काले होना ज्यादा पसंद करती; अपनी सुनहरी घुँघराली लटों का हलका रंग उसे फीका लगता था। गनीमत थी, उसकी भौंहें और बरौनियाँ काली थीं, और उसकी साफ सीधे देखनेवाली नीली आँखों (एक बार उसने अपने भाई को बताया था—'मोम की गुड़िया जैसी') में एक कौंध थी जो उसके चेहरे को बहुत ही अलग बनाती थी। एकबारगी तो कोई भी उसे चीनी मिट्टी की गुड़िया ही कहता लेकिन दोबारा देखने पर उसकी आँखों में बुद्धिमत्ता की चमक और उसके होंठों की कमान में दृढ़ निश्चय का भाव छिपा नहीं रह पाता था।[5]

सौभाग्य से उसकी बुद्धिमत्ता और दृढ़ निश्चय का भाव उसकी आँखों और होंठों की कमान तक ही सीमित रहते हैं लेकिन वे लॉर्ड वर्थ के प्रति उसके शरारती व्यवहार का बहाना बन जाते हैं। लॉर्ड वर्थ बड़ी चतुराई से गढ़ी गई गलती के चलते उसका संरक्षक है। 'फ्रेंच कैंब्रिक का सादा गाउन जिसके गले पर गोल कटाववाली लेस की झालर लगी थी; और नफीस रेशम का चुस्त चोगा। विलो का हैट जिसमें धारीदार मखमल का फीता लगा था...'[6] इस प्यारी पोशाक में लिपटी और अपनी सैंडल में से कंकड़ निकालते हुए खासी असहाय स्थिति में पड़ी नायिका से सामना होने पर वह बाँहों में भरकर उसे अपनी घोड़ागाड़ी में पटक देता है (अभी दोनों ही अपने रिश्ते से अपरिचित हैं) जहाँ वह, 'सैंडल को उसकी प्रतिरोधहीन पकड़ से लेकर शांत भाव से उसके पैर में पहनाने को पकड़े हुए है।' उसके मोहक गुस्से को और भड़काने के लिए उसने उसे चूम लिया। इस रफ्तार से चलते हुए उपन्यास बीस पृष्ठों में ही निबट जाता, लेकिन उसके संरक्षक के तौर पर वर्थ इतना सिद्धांतवादी है कि वह उससे प्रेम-निवेदन नहीं करेगा। उसकी सहायता से, भले ही किंचित संकोच और संदेह के साथ प्रदत्त वह

वर्ष की सुंदरी का रुतबा पा लेती है, उसके सब दीवाने हैं पर वह किसी से प्रेम नहीं करती (सिवा उसके)। उसकी सालाना आय अस्सी हजार पाउंड है, कुछ निवेदक इस वजह से उसके पीछे लगे हैं; दूसरी तरह के प्रेमी वासनात्मक प्रेम के कारण, जिनमें सबसे उल्लेखनीय प्रिंस ऑफ वेल्स है जिसका प्रेम-निवेदन इतना वितृष्णाकारी है कि वह बेहोश हो जाती है, उसका अधिकारपूर्ण पिता-प्रेमी उसे होश में लाता है और घर ले आता है, एक वही है जो उसे बिना स्वार्थ और लोभ के (खुद बेहद-बेहद रईस होने के कारण) चाहता है। वह लगातार उसकी हिफाजत करता है, हालाँकि ज्यादातर तो वह इससे अनजान ही रहती है, उसके वयस्क होते ही वह पल-भर उसके चेहरे पर निगाह डालकर उसे बाँहों में भर लेता है। ज्यॉर्जेट हेयर में कुछ सतर्कता है या शायद अतिसलज्जता ही हो, जो उसे लेखन में लैंगिक चरमोत्तेजना का दोहन करने से रोकती है : लेकिन बार्बरा कार्टलैंड आलिंगनों की बिंबावली की भरमार रखती है और इस तरह मूल रोमांटिक मुख्य कार्यों के बारे में ज्यादा बताती है। *द विंग्स ऑफ लव* में दो प्रेम- प्रसंग हैं, एक तो चालीस बरस के कामुक लॉर्ड रैवेनस्कार के साथ जो धान-पान-सी अमांडा की सुंदर काया पर लुब्ध है और अपना घृणित प्रेम-प्रदर्शन करता रहता है...

उसकी पकड़ कस गई : उसके होंठों से चिपके उसके होंठ किसी शिकंजे जैसे थे। वह उसकी कामोत्तेजना को किसी अमंगल लपट की तरह उसमें भड़कते महसूस कर रही थी; और फिर अचानक उसने उसे बाँहों में ले लिया।

'अमांडा !' उसका स्वर भर्राया-सा था, 'सत्यानाश ! हम इंतजार क्यों करें ?' वह उसे कमरे के कोने में, बड़े सोफे की तरफ ले जा रहा था; अपनी पूरी ताकत लगाकर छटपटाती, प्रतिरोध करती वह जान रही थी कि वह कितनी छोटी और अप्रभावी है और यह भी कि उसका प्रतिरोध उसे और भड़का रहा था।

'अमांडा ! अमांडा !'

उसके मोटे होंठ उसकी आँखों, गालों, गले पर थे। उसने खुद को सोफे पर रखे जाते महसूस किया, यह जानकर भी कि वह असहाय थी, वह अपने पैरों पर खड़े होने की असफल कोशिश कर रही थी। उसने अपने गाउन के दुपट्टे के चिरने की आवाज सुनी।[7]

एकदम असहाय-प्रभावहीन यह नायिका कहानी का सबसे महत्त्वपूर्ण अंग है, शीलहरण के विरुद्ध अप्रभावी (ऐसी नाजुक जान एक सामंत के आक्रामक पौरुष को लतियाने की बात भला सोच भी कैसे सकती है !) और अप्रभावी दूसरे पुरुष के हाथों लैंगिक विजय के दूसरे मजेदार रूपों और संसार के अपराधों और दोषों और खुद के वहशी उद्वेगों से उसकी रक्षा करनेवाले नायक के सापेक्ष !

वह दरवाजे की तरफ मुड़ी और अचानक पीटर हार्वे एक घुटना जमीन पर टेके उसके सामने बैठ गया। वह हैरत से देखती रह गई और उसने सफेद मलमल के उसके गाउन को चूम लिया। 'अमांडा,' वह बोला, 'किसी भी आदमी को तुमसे यूँ पेश आना चाहिए। कोई भी—खासतौर पर रैवेनस्कार—तुम्हारे गाउन को चूमने के ही लायक है। तुम यह याद रखोगी न ?'[8]

ऐसे पुरुष से आप विवाह करती हैं। घुटनों के बल बैठा उसका गाउन चबाता लेकिन फिर भी उसका नैतिक गुरु। गुदगुदी जगाने में कार्टलैंड ज्यॉर्जेट हेयर से उतनी ही आगे हैं जितनी आगे हेयर ऐतिहासिक विवरण प्रस्तुत करने में हैं। बहुत ही शर्मनाक ढंग से गढ़े गए संयोगों के चलते प्रेमियों की अगली मुलाकात एक वेश्यालय में होती है जहाँ वह उसे बचाने में लगा है, अमांडा एक बेहतर सम्मानपूर्ण जगह पर अपने प्रेम की स्वीकृति करती है।

'अमांडा, तुम इसे मेरे लिए असहनीय बना रही हो,' पीटर बोला, उसकी आवाज घुटी-घुटी-सी थी।

'तुम मुझे नहीं चाहते,' वह बोली।

'किसी दिन मैं तुमसे इसकी माफी मँगवाऊँगा,' वह बोला, 'एक दिन मैं तुम्हें तब तक चूमता रहूँगा जब तक कि तुम रहम की भीख न माँगने लगोगी। जब तक वह दिन नहीं आता—और भगवान करे वह जल्दी आए--तब तक मेरी नन्हीं-मुन्नी जान, अपना ध्यान रखना।'

उसने उसके हाथ अपने दोनों हाथों में थाम लिए और उन्हें अपने होंठों तक ले गया। उसने उसकी हथेलियाँ एक आदर और साथ ही एक ऐसे भूखे उद्वेग से चूमीं कि उसकी देह झनझनाकर अचानक एक आनंद से थरथरा उठी।[9]

अभी उन्होंने चुंबन का अनुभव नहीं किया है क्योंकि पीटर ने कहा है, 'अगर तुम्हारे होंठ मेरे होंठों से छू गए तो उसके बाद की जिम्मेदारी मेरी नहीं होगी।' और बात भी ठीक है, जब हाथ चूमने से ही कामोत्ताप की नौबत आ जाए तो सचमुच के चुंबन से तो मिर्गी का दौरा पड़ सकता है। वह विवाह-वेदी पर खड़ी उन वचनों को दोहरा रही है जो उसे जीवन-भर के लिए रैवेनस्कार से बाँध देंगे, तभी उसका प्रेमी रैवेनस्कार के द्रोहों का भांडा फोड़ता है, उससे द्वंद्व युद्ध करता है और नायिका की बगल में उसकी जगह ले लेता है।

उसे अपना प्रेम एक लौ की तरह उठता महसूस हुआ। उसकी देह में एक सनसनी और उत्तेजना की तरंग दौड़ गई क्योंकि उसे पता था कि कुछ सेकेंड में वह उसकी पत्नी होगी और हमेशा उसकी रहेगी।[10]

ये दोनों किताबें मैंने सुपरमार्केट से तीन शिलिंग और छः पैंस की खरीदीं, लेकिन इसे यूँ ही खरीदना नहीं कहा जा सकता क्योंकि लेखिकाओं के नाम मुझे अपने फंतासी-भरे कैशोर्य के दिनों से याद थे। और, असल में तो एक्वामैरीन के हारों से लदी मिस कार्टलैंड से मेरी मुलाकात विश्वविद्यालय की एक वाद-विवाद प्रतियोगिता में हुई थी जिसका विषय था, 'जो चतुर बनना चाहें उन्हें चतुर बनने दो, प्यारी लड़की तुम अच्छी बनो', मिस कार्टलैंड तो खैर विषय के पक्ष में ही थीं, जैसेकि बिना चतुर हुए अच्छा बनना संभव हो ! आजकल वे एक भावप्रवण परामर्शदाता और शहद से बनी कामोद्दीपक दवाओं की आपूर्तिकर्ता के रूप में जमी हुई हैं और अपनी बेटी के एक बड़े सामंती परिवार में सुखी-सफल विवाह को उदाहरण के रूप में रख सकती हैं। स्त्री-मुक्ति के

आंदोलनों को अगर कुछ भी हासिल करना है तो उन्हें लखटकिया कार्टलैंड उद्योग जैसी घटनाओं से निबटना सीखना होगा। उसी दिन जो तीसरी किताब मैंने खरीदी वह शुद्ध तुक्केबाजी थी। उसका नाम 'द लविंग हार्ट' था और उसे 'ऑस्ट्रेलियन आउटबैक की एक और महान रोमांटिक कहानी' बताया गया था। रोमांस के तमाम आजमूदा नुस्खे उसमें मौजूद थे। ग्रांट जार्विस को गढ़ने में लूसी वॉकर ने भेड़-पालन फार्म के सामंती पितृसत्तात्मक ढाँचे का उपयोग किया। उसका नायक संपन्न ही नहीं है, वह स्वामिभक्त नौकरों के एक समाज पर भी राज करता है जिनमें से गोरे कुछ बचकाना हैं, और काले पूरे ही बचकाना।

कहानी के तत्त्वों को उस द्वंद्वात्मक स्थिति में लाने के लिए जहाँ भावुक उत्तेजना ज्यादा-से-ज्यादा उपलब्ध हो पाए, लूसी वॉकर एक ऐसी जटिल और असंभव स्थिति गढ़ती हैं जिसे बता पाने में उतना ही समय लगेगा जितना कि उसे गढ़ने में लगा। पते की बात यह है कि एलिजाबेथ हीटॅन ग्रांट जार्विस को अपने जाल में फाँसने की साजिशें रच रहीं स्त्रियों से बचाने के लिए उसकी वाग्दत्ता होने का ढोंग कर रही है। जार्विस के माध्यम से अपनी महत्त्वाकांक्षाएँ पूरी करने की इच्छुक स्त्रियाँ चतुर-चालाक, फुर्तीली और बहुत सुंदर हैं, लेकिन एलिजाबेथ के पास शुद्ध इंग्लिश रंगत और शुद्धता है और इस अतिसामंती घर की मालकिन के दायित्व पूरे करते हुए वह ब्रिटेन की महारानी के नक्शेकदम पर चलती दिखती है। उसकी लज्जालुता का आलम यह है कि फार्म पर पहली रात को ही जब एक संकट को हल करते हुए उसे शमीज पहने, फर्श पर आग के पास सोना पड़ता है, और जब दूसरी ओर से ग्रांट की काया उसे ठंड से बचा रही थी, तो वह बहुत परेशान होती है। दिन के उजाले में जब ग्रांट उसके कमरे में आता है तो बावजूद इसके कि वह अकेली नहीं थी वह 'प्राणपण से प्रयास करके भी अपने गालों पर उभरी सुर्खी' को रोक नहीं पाती। वह 'अपने घुटनों पर टिकी नाश्ते की ट्रे...किसी किस्म की प्रतीकात्मक ढाल'[11] के लिए आभारी है। शारीरिक रूप से ग्रांट पिता-लिंग की तरह ही सुगठित है, 'बहुत ही खूबसूरत', 'सर्द सलेटी-नीली आँखोंवाला', उसका सीधा मुँह और मजबूत जबड़ा 'सख्ती...और उदासीनता का आभास देते हैं।'[12] किताब में एलिजाबेथ की सभी कोशिशों का लक्ष्य ग्रांट की प्रशंसा पाना है, और जब वह बच्चों को नहीं पढ़ा रही होती या यूनियन जैक को नहीं धो रही होती (जी हाँ, यूनियन जैक), वह उसके सख्त मर्दाना सौंदर्य का ध्यान करती आत्मपीड़क चिंतन में डूब जाती है।

लेकिन जँगले पर झुके, मैदान में दूर कहीं नजरें गड़ाए बाँह पर घाव का महीन सफेद निशान लिए ग्रांट को देखते हुए उसे आभास हुआ कि अपनी तमाम संपत्ति और सत्ता के बावजूद वह एकाकी है। उसके एकाकीपन का कारण उसके साथ घटी दुखद घटना थी या उसकी अथाह संपत्ति, यह एलिजाबेथ को मालूम नहीं था। लेकिन अगर वह एलिजाबेथ को रोकना चाहे तो वह झंझट खड़ा नहीं करेगी। उसके मन में उसकी सेवा का बाध्यकर भाव था।[13]

वेषभूषा सभी रोमांटिक उपन्यासों का मुख्य विषय है। हर कामुक हरकत में कपड़े एक आकर्षक बाधा बने दिखते हैं; इनमें लूसी वॉकर ने कदमपरस्ती और जोड़ दी है।[14] फोंटाना संस्करण में ही इस किताब के चार संस्करण निकल चुके हैं, और लेखिका ने कम-से-कम ग्यारह और उपन्यास लिखे हैं। गुदगुदी का चरम क्षण तब आता है जब ग्रांट कोलोंबो में उस जहाज पर आता है जिसमें एलिजाबेथ लंदन लौट रही है।

वह जानती है कि ग्रांट सचमुच ही उसके पास है क्योंकि उसके कोट का कपड़ा उसकी नाक में चुभ रहा था, और जब उसने उसे भींचा तो वह उसकी बाँहों की मजबूती को अनुभव कर पा रही थी...

अनहोनी हो गई थी। *उसे*...एलिजाबेथ हीटॅन, टाइपिस्ट, को पाने के लिए कोई समंदरों को पार करके आया था।

उसने अपना सिर झुकाया और उसके होंठ उसके होंठों से मिल गए। एक लंबे क्षण तक एलिजाबेथ के होंठों पर स्वर्ग का स्वाद रहा।[15]

यह वह नायक है जिसे स्त्रियों ने अपने लिए चुना है। उसके लक्षणों को अपनी जंजीरों से प्रेम करनेवाली स्त्रियों ने गढ़ा है। पुरुषों में आम धारणा है कि स्त्रियाँ बर्बाद लोगों को पसंद करती हैं लेकिन सच्चाई यह है कि अपने भाग्य का स्वामी दिखते-से पुरुष पर स्त्रियाँ मंत्रमुग्ध हो जाती हैं; वे अपनी जिम्मेदारी किसी ऐसे व्यक्ति को सौंपने को आतुर रहती हैं जो उनके हितों को ध्यान में रखते हुए उन्हें निबाह दे। ऐसे प्राणियों का अस्तित्व होता नहीं है लेकिन लैंगिक फंतासी के दृष्टिकोण की गिरफ्त में फँसी लड़कियाँ अक्सर उन्हें वहाँ ढूँढ़ लेती हैं जहाँ उनका दूर तक अता-पता नहीं होता। कारों के दरवाजे खोलना, हैडवेटरों को पटाना, उपहार पसंद करना और पैसा कमाना अक्सर रोमांटिक उपलब्धियाँ माने जाते हैं : रोमांस की तलाश में बहुत-सी स्त्रियाँ अपने नायक के बारे में खुद लिए गए नैतिक निर्णय को खुशी-खुशी बलिदान कर देंगी। चार्मेन बिग्स की दास्तान कई गृहिणियों को रोमांचित करती है, और दैनिकों को अपनी कहानी बताते हुए ट्रेन डकैत की पत्नी या इसके नाम से लिखनेवाले को ठीक-ठीक मालूम रहता है कि एक अपेक्षाकृत अस्त-व्यस्त और घिनौने जीवन के किन हिस्सों का वर्णन किया जाना है।[16] बिग्स के नाप, शारीरिक शक्ति और दुस्साहस की बार-बार बात होती है, अदालतों में उसकी उद्धतता, पैसे को लेकर उसकी लापरवाही, और बिस्तर में उसकी ताकत पर भी जोर दिया जाता है। यहाँ तक कि एक विवाहेतर संबंध का भी जिक्र है।

रोमांस हालाँकि तत्त्वतः स्थानापन्न ही है, फिर भी फंतासी की प्रबलता वास्तविक व्यवहार को विकृत करती है। पुरुष को स्त्री से ज्यादा मजबूत और उम्र में बड़ा होना चाहिए, इस विश्वास की मजबूती का उदाहरण हमारे सामने है। मैं इस सपने से पूरी तरह मुक्त होने का दावा नहीं कर सकती कि एक विशालकाय पुरुष, कोई साढ़े छः फुट ऊँचा, भारी कंधों और उसी के अनुपात की बाकी देहवाला, मुझे भींचकर अपने ट्वीड के कोट से सटा लेगा, मेरी आँखों में झाँकेगा और मेरे प्रतीक्षातुर होंठों पर स्वर्ग या अपने प्रेमोद्वेग की जलन छोड़ेगा। तीन हफ्ते मैं उसके सपनों में खोई रही। इस

आभास का कि स्त्रियाँ पुरुषों को खुश करने के लिए कपड़े पहनती हैं, अर्थ यह लगाया जाना चाहिए कि वे वही प्रभाव पैदा करने के लिए कपड़े पहनती हैं जो उन्हें लगता है कि सफेद मलमल में लिपटी अमांडा का पीटर हार्वे पर पड़ा था। स्त्रियों के निमाणेपन के मिथक को समाज द्वारा दोहराने का उदाहरण बॉलरूम नृत्य है; स्त्री पीछे को चलती है, एक बहुत निर्दोष आलिंगन में खिंची, चेहरा पुरुष के चेहरे के काफी पास लेकिन स्पर्श करता हुआ नहीं। इस नृत्य को, जो ज्यॉर्जेट हेयर के रीजेंसी बक जितना ही पुराना है, मध्यवर्गीय मूल्यों की अभिव्यक्ति के रूप में देखा जा सकता है, क्योंकि नृत्य के राजसी रूप औपचारिक थे जबकि निम्नतर वर्गों के नृत्य स्त्रियों को एक स्वतंत्र भूमिका देते थे जिसमें कम या ज्यादा प्रयास भी शामिल होता था। किसी भी लोकनृत्य में पुरुष स्त्री का संचालन करता हो, ऐसा मेरे सुनने में तो नहीं ही आया। मध्यवर्गीय स्त्री का मनपसंद मनोरंजन बैले है; इसमें सभी रूढ़छवियाँ समाहित हैं, इसमें स्त्री के एकल प्रदर्शन में हालाँकि बहुत शक्ति और अनुशासन चाहिए लेकिन वह *छलाँग* लगाती है तो इस तरह कि पत्ती या हंस के परों के ढेर की तरह *उठाई जाती-सी दिखती है।* मात्र सामाजिक स्तर पर भी, सफल बॉलरूम नृत्य में यही अंतर्विरोध है। स्त्री को शारीरिक नियंत्रण कुछ इस तरह रखना होता है कि वह भारहीन-सी फर्श पर मार्गदर्शित होती प्रतीत हो।

रोमांस के मिथक की सबसे महत्त्वपूर्ण क्रिया प्रेम-निवेदन में है। अगर वे समझ-बूझकर स्त्रियों की कमजोरी का फायदा न उठा रहे हों तो लड़कों को इस बात का कत्तई अंदाजा नहीं होता कि रोमांटिक आचार-संहिता में चुंबन का क्या स्थान है। उनके लिए यह शुरुआत है, अंतरंगता की ओर पहला कदम; लड़की के लिए तो यह प्रेम का राज्याभिषेक है जिसे चरम बिंदुओं पर मंचित किया जाना चाहिए। हालाँकि लड़की भी इसमें पूरी तरह विश्वास करती ही हो, ऐसा नहीं है, लेकिन वह लड़के के रुख को भी नहीं समझ पाती। किशोर आलिंगनों में श्रद्धापूर्ण प्रबलता नहीं ही होती हालाँकि परिपक्व पुरुष उसका बहाना कर सकते हैं, और लगभग अवचेतन रूप से ही, करते भी हैं। बहुत मर्यादित किशोर-किशोरियों में भी लिपटा-चिपटी चलती है, भले ही *वैलेन्टाइन, मीराबेल* या *स्वीटहार्ट्स* में ऐसा कोई न करता हो, लेकिन यह जानते हुए भी किशोरी प्रेम और रोमांस की अभिलाषा रखती है—यह मानते हुए कि ये वे घटनाएँ हैं जो उसके साथ घट सकती हैं लेकिन जिन्हें वह खुद संभव नहीं बना सकती। हथियार डाल देने की प्रेरणा स्थितियों को सही रूप देने की प्रेरणा के विरुद्ध संघर्षरत रहती है और अक्सर अपने अनुभवहीन प्रेमी के होंठों पर अपनी आत्मा उँड़ेलती लड़की जो सचमुच हो रहा है, उसकी एक स्फीत अवधारणा से खुद ही खुद को बहका लेती है। वह एक ही समय पर, वह जो माँग रहा है, उससे कम और ज्यादा दोनों ही दे रही होती है। भावनात्मक नयाचार का लड़कों द्वारा उल्लंघन किए जाने पर लड़कियों द्वारा खड़े किए गए भौंचक कर देनेवाले दृश्य रोमांस की फंतासी क्रियाओं के गवाह हैं। यह भूमिका इतनी सरल है कि खेले-खाए युवक जान-बूझकर इसका फरेब करते हैं, एकदम नौसीखिया रंगरूट तक समझ लेता

है कि दबाई हुई, लेकिन लगभग अनियंत्रित कामना की भंगिमा सबसे प्रभावी होती है, कुछ गहरी-गहरी साँसें और अर्थपूर्ण दृष्टि रही-सही कसर पूरी कर देते हैं। और, कार्टलैंड के उद्धरण, 'अगर मैंने तुम्हें चूम लिया तो उसके नतीजों की जिम्मेदारी मेरी नहीं होगी', तो विस्फोटक साबित हो सकते हैं। शरमाने जैसी चीजों पर जोर और कम प्रबल और कम शालीन मानवीय संपर्क पर कैंची चलाने जैसी छद्म-लज्जालु तकनीकों के बावजूद हेयर और कार्टलैंड छलियों के लिए राह बना रही हैं–प्रेमी नहीं, छलिया। लेकिन खूबसूरत पुरुष का काम आसान करते हुए वे साधारण शक्ल-सूरतवाले पुरुष की राह और कठिन बना रही हैं। रोमांटिक पुरुष हालाँकि चरित्रहीन, निष्क्रिय स्त्री की तरह हमेशा ही एक रूढ़छवि नहीं होता लेकिन ये उसके कुछ अपरिहार्य गुण हैं। वह कभी फूहड़ नहीं होता, हालाँकि वह उद्धत या अपमान करनेवाला तक हो सकता है; वह कभी घबराया हुआ या अनिश्चित या विनयी नहीं होता और हमेशा ही दिखने में बहुत सुंदर होता है। किशोरावस्था की कबीलाई स्थिति में कुछ लड़के होते हैं जिनके साथ दिखना कोई लड़की पसंद नहीं करती; साधारण सूरत या भावुकतापूर्ण या उत्सुक होने के कारण वे स्वीकार्य नहीं होते। इनके मुकाबले लंपटता सचमुच ही स्वीकार्य दिखती है।

पृष्ठभूमि, वेशभूषा, वस्तुएँ, सभी रति के उस कर्मकांडीकरण के प्रमाण हैं जो रोमांस का सारतत्त्व है। जैसे होली कम्यूनियन (रोमन कैथॅलिक चर्च में श्रद्धालुओं द्वारा रोटी और मदिरा को ईसा के शरीर और आत्मा के रूप में ग्रहण करना) कोई सचमुच का आहार नहीं है और भूख को नहीं मिटाता, उसी तरह परम प्रतापी चुंबन भी एक ऐसा परम प्रसाद है जिसे वास्तव में चखा नहीं जा सकता। गाउन का छोर चूमने और लिली पुष्पों की बार्बरा कार्टलैंड की बिंबावली जाहिर कर देती है कि हम एक तरह के रत्यात्मक धर्म को देख रहे हैं। श्रद्धा की माँग की जाती है, प्रेम की नहीं। कुछ स्त्रियों के लिए विवाहित जीवन में भी रति को स्वीकार्य बनाने के लिए ये अनुष्ठान जरूरी होते हैं। इनके पालन के बिना रति एक घरेलू कामकाज बनकर रह जाती है और अक्सर पत्नियों की अनिच्छा के पीछे घिनौनी लैंगिक सौदेबाजी कम और ऐसे ही ग्लैमर की चाहत ज्यादा होती है। रति को एक महत्त्वपूर्ण अवसर में बदलने की कामना का स्त्रियों के प्रत्युत्तर के तथाकथित धीमेपन से एक विचित्र संबंध है, क्योंकि कई स्त्रियाँ रति में शारीरिक निकास नहीं, उत्कर्ष ढूँढ़ती हैं : विवाह के समय जिसका वचन दिया गया था, वह शारीरिक पूजा। स्त्रियों की कुछ लैंगिक माँग असल में तो संगति के रत्यात्मक समारोह को अभिनीत करने की माँग है, जिससे पुरुष कोसों दूर भागते हैं क्योंकि वे इसका गलत अर्थ लगाते हुए इसे अपने पौरुष पर दबाव मानते हैं।

मैंने गिड़गिड़ाकर उसे मनाने की कोशिश की, वह बोला कि मैं 'मर्दखोर' हूँ। मैं तुम्हें वैसे ही प्यार करूँगी जैसे कहानी में सां-रेमी ने किया था...उसने हथियार डाल दिए, मैं हताश थी।

मैंने घूमघुमेरों से शुरुआत की। मेरी आशा मेरे हाथों पर टिकी थी। चंचल, हलके, हवाई, साहसिक, झिझकते, सुनिश्चित, लयबद्ध, असमाप्त, हलके, उत्तेजक, धीमे, घिसटते, कर्त्तव्यनिष्ठ। तुम्हें अच्छा लग रहा है, तुम्हारे कुचाग्र के चारों ओर यह लंबोतरा घेरा ? गर्म-गुनगुने दक्षिण

से एक अबाबील आई है गैब्रियल, तुम्हारी जाँघ से टखने तक फड़फड़ाती, अपनी देह की बाह्य रेखाओं में सुनो। लापरवाही से, ध्यान से, मेहनत से, उत्सुकता से, निगाह रखते हुए मैंने सां-रेमी का नाम अपने प्रेमी की पेशियों पर लिखा है। मैंने बाजार बंद होने पर सड़े फूल बटोरेती बुढ़िया भी आँक दी। उसके कूल्हों, कलाई और कानों के आसपास मैंने मधुमालती का एक लंबा पैरा गूँथा। मेरे मद की धीमी धारा उसके लहू में बहने लगी, लेकिन उसने गैब्रियल को सुलाया नहीं। उसके कंधों पर एक थरथराहट, मेरी सत्ता की निशानी। डांस हॉल के कुंज, खुले में तले जाते आलू, उसकी बगलें, उसका उरु-मूल। मेरे प्रेम के आदि-गर्त में गुड़ा-मुड़ा मेरा हाथ उसके पैर की बाह्यरेखा पर घूम रहा था और मैं शिशु की तरह अपने पति की एड़ी चूस रही थी। हे प्रिय गुरु, तुमने मुझे प्रोत्साहित किया, मैंने जंगल के खुले स्थान के स्वर सुने : मैं उसके कंधे के आसपास कुलाँचें भर रही थी। मेरी उँगलियों और नाखूनों ने बादल से सहमे एक बहुत नाजुक चाँद की बात बताई, एक सूर्यास्त की जिसका वध किया जा रहा था, एक छायापाखी की गिटकिरी और पानी की बूँदों के बारे में, फिर हम भारी कदमों से घूमते रहे। हे भगवान, उसके घुटने से उरु-मूल तक मैंने कितना बेहतरीन लिखा; हे प्रभु यह मेरा धर्म था।'[17]

वॉयलेट लेडक् के लेखन में फूहड़ता एक शक्ति है। यहाँ सस्ता रोमांस रोमांटिकवाद कही जानेवाली एक बेहतर किस्म के साथ मिलकर प्रेम का एक सर्वेश्वरवादी अनुष्ठान रचता है। संगति की रोमांटिक अवधारणा का अनुसरण करते हुए *ला बातार्द* उसके पति की असहाय देह की एक अहम्मन्य भावप्रवण यात्रा पर निकलता है। इस किस्म की कृत्रिमता के प्रति किसी भी पुरुष की गहरी वितृष्णा और बजाय इस मनःश्रांतीय आवश्यकता के, कुछ असली माल, कुछ उत्साह की कामना की कल्पना की जा सकती है। कुछ तरह के स्पष्ट और मशीनी लैंगिक कृत्यों को झेलने से स्त्रियों के इंकार और आनुष्ठानिक बाने में लिपटी विकृतियों को झेल जाने की जड़ में श्रद्धा और मिथ्याभिमान के इस मिश्रण का एक घटिया रूप है। खुशामद, जोकि प्रार्थना का ही एक रूप है, से लैंगिक रूप से बहुत कुछ प्राप्त किया जा सकता है। स्त्री की नग्नता के प्रति श्रद्धाज्ञापन को अलमस्त प्रेमी तक नहीं भूलते, सहलाना भी असल में तो आनुष्ठानिक नियम ही है और सबसे कामुक स्त्रियाँ तक इसकी माँग करती हैं, 'आई लव यू' के उस जाप की तो खैर बात ही क्या ! काम-पत्रिकाओं में कामोत्ताप को 'सर्वोच्च' अनुभव के रूप में उल्लिखित करना रोमांटिकवाद और रति में एक तरह के रहस्यवादी दाह के विश्वास का ही प्रभाव है।

ज्यादातर युवा लड़कियों की तरह मैं भी अस्पष्ट रूप से अपने 'प्रिंस चार्मिंग' का इंतजार कर रही थी कि वह आए और अपने जादुई चुंबन से मुझे जगा दे। लेकिन जब मेरा पहला चुंबन और उसके बाद कई और चुंबन अभीष्ट परिणाम के बिना ही बीत गए तो मैं बहुत हताश हुई। बहुत बाद में, एक गहरे और संतुष्टिकारक कामोत्ताप के बाद, मुझे अचानक परी-कथा और जिस जादुई चुंबन की बात वह कहती है उसकी प्रकृति का असली अर्थ समझ में आया।[18]

एक युवा, दोषदर्शी लैंगिक सुधारक के तौर पर मैं अक्सर कहती थी कि रोमांस के रहस्यवादी चुंबन को ठीक तरह से कामोत्ताप के तौर पर ही समझा जा सकता है,

लेकिन मैं अब मानने लगी हूँ कि वह गलत था। रोमांटिक दृष्टिकोण में तो कामोत्ताप ही चुंबन का लक्षण है। परी-कथाओं द्वारा अनुकूलित मानस उस घटना को लोकप्रिय संस्कृति की शब्दावली में अनूदित कर रहा है। कोई भी लड़का जिसने हस्तमैथुन किया है, कामोत्ताप को ऐसे *मूर्खतापूर्ण* ढंग से वर्णित करने को प्रेरित नहीं हो सकता। इस बयान में मैक्सीन डेविस अपने गद्य का आडंबर नहीं देख पातीं।

> किसी लड़की ने श्रम से कितनी ही वैवाहिक मार्गदर्शिकाएँ पढ़ी हों और वस्तुनिष्ठ, जिम्मेदार किस्म के लोगों द्वारा सुझाए दिशानिर्देशों को ग्रहण करने का प्रयास किया हो, लेकिन अगर उसने कभी चुंबन नहीं लिया या सहलाया नहीं या हस्तमैथुन नहीं किया या सपना देखते हुए चरमोत्कर्ष पर नहीं पहुँची तो सर्वोच्च अनुभव कैसा हो सकता है, इसका उसे जरा भी अंदाज नहीं है।[19]

वास्तविक लैंगिक अनुभव के बारे में डी.एच.लॉरेन्स के लेखन में भी इसी तरह के गुण ने मुझे हमेशा विचलित किया है। उसमें उसका नायक वास्तव में जो कर रहा है उसके वर्णन में एक विचित्र अनिच्छा और ब्रह्मांडीय कामोत्ताप की बेहद स्फीत बिंबावली एक-दूसरे से गुँथी दिखती है। सुपरिचित (साहित्य) से वह एक ही कदम पीछे है।

> धीरे से, बहुत धीरे से, और एक अद्‌भुत कोमलता से, उसके होंठों ने उसके होंठ पा लिए। क्षण मात्र के लिए उनके मुँह मिले; फूल की एक पँखुड़ी फूल की एक पँखुड़ी से...उसके मुँह ने उसे एक बार और खोजा और फिर जैसे पूरा संसार उनसे दूर हो गया था और वे अकेले बादलों के ऊपर, सूर्य के प्रकाश की महिमा में खड़े थे, जिसमें दिव्य था कुछ।[20]

परी-कथाओं के तमाम धार्मिक तत्त्वों से देह के आदिम राग तक।

> लगता था नीचे वह निश्चेत हो गई है और उस पर झुका वह भी निश्चेत हो गया लगता था। यह दोनों के लिए एक संपूर्ण निश्चेतना थी और साथ ही अस्तित्व में सबसे असह्य वापसी भी; तुरंत तुष्टि की अद्‌भुत पूर्णता, जीवन-शक्ति के सबसे गहरे स्रोत, सबसे अँधेरे, गहरे, जाँघों के पीछे और आधार पर अवस्थित मनुष्य शरीर के सबसे विचित्र जीवन-स्रोत का दुर्दमनीय प्लावन।[21]

यह वही रोमांटिकवाद है जो एलिजाबेथ हीटॅन से नाश्ते की ट्रे गोद में रखवाता है, वह धारणा कि लिंग एक प्रबल फव्वारा है जिसे कोई रहस्यमय गतिशीलता क्षण-भर को बाध्य कर देती है। मैं यह तय नहीं कर पा रही थी कि इसमें गड़बड़ी कहाँ है, फिर शहरी ब्ल्यूज़ की लैंगिक बिंबावली पर मेरा ध्यान गया जोकि लगता है कि सेक्स के पैगंबरों की छद्म-लज्जालुता और झूठे रहस्यवाद से बच निकला है। शायद अमेरिका में उत्साह और स्पष्टता से काम के बारे में लिखनेवाले लेखकों के उभरने का यही कारण हो। लेकिन उनमें हेमिंग्वे को नहीं गिना जा सकता क्योंकि सफल कामोत्ताप का उसका वर्णन *पृथ्वी का घूमना* है, उसके लेखन में पुरानी परंपरा का निर्वाह कहीं बेहतर हुआ है।

लॉरेन्स और हेमिंग्वे के लेखन की छद्म-लज्जालुता, उत्तेजना और 'कविता' उन्हें लैंगिक रोमांटिकों की श्रेणी में रखते हैं भले ही उनका माल ज्यादा साक्षर पाठकों को बेचा गया। उनका शब्दकोश बार्बरा कार्टलैंड से अधिक समृद्ध है लेकिन गुदगुदी पैदा करनेवाले ढाँचे वही हैं, बस हमें चुंबन के बजाय देहतुष्टि को कहानी के अंत के रूप में स्वीकार कर लेना है। एक लैंगिक जीवन-शैली के निर्देशों के रूप में वे भी वैसे ही गुमराह करनेवाले हैं। स्त्री की भूमिका अब भी समुचित देरी के साथ रहस्यमय ढंग से उत्तेजनापूर्ण उल्लास की स्थिति-दर-स्थिति गुजरते चले जाने तक ही सीमित है। यहाँ शायद इस बात पर ध्यान देना समीचीन होगा कि हेमिंग्वे और लॉरेन्स, दोनों पर ही पौरुषहीनता के आरोप रहे हैं। अब जब स्त्रियों की लैंगिक भूमिका को स्वीकार किया जा रहा है, स्त्रियोचित रोमांस की आत्मपीड़क भंगिमाएँ जटिल बनाई जा रही हैं और उन्हें उभारा जा रहा है, लेकिन तत्त्वतः वे वैसी ही हैं। स्त्रियों से अब रति का आनंद उठाने की अपेक्षा रखी जाती है लेकिन कैद से निकलकर बुर्जुआ मंदिर में आने की नहीं। इसके बजाय रति को अनुष्ठान के अंग के रूप में मंदिर में लाया जा रहा है। एक रहस्यात्मक अनुभव, जो पुरुषों द्वारा प्रदत्त अनुग्रह है जैसे अविला की संत टेरेसा को परमात्मा ने भाव-समाधि प्रदान की थी।

स्त्री इतनी प्रसन्न और कभी नहीं होती जितनी वह प्रणय-याचना किए जाने के दौर में होती है। तब वह साम्राज्ञी होती है, सबकी दृष्टि उस पर होती है, फिर वह दिन आ जाता है जब वह सफेद कपड़ों में चित्रलिखित-सी, अपने हाथ में पकड़े पुष्पगुच्छ-सी ही सुंदर, अपने पिता की पौरुषपूर्ण बाँह के सहारे अपने नए पिता-पालक के हवाले किए जाने के लिए चर्च में लोगों की कतारों के बीच से गुजर रही होती है। अगर वह चतुर है और उसके पति के पास समय और संसाधन हैं तो वह पूरे जीवन प्रणय-याचना पर अड़ी रहेगी; ज्यादा संभावना इस बात की है कि वह पाएगी कि विवाह रोमांटिक नहीं होता, कि पति जन्मदिन और वर्षगाँठ भूल जाते हैं और कभी-कभार ही चलते-चलाते तारीफ करते हैं। कोई उसकी खुशामद नहीं करता, कोई उसे कमनीय होने का आभास नहीं करवाता। वह जान जाती है कि उसके पति की उसके प्रति कमजोरी वैयक्तिक नहीं लैंगिक है, या कम-से-कम वह ऐसा ही अनुभव करती है, क्योंकि एक लजाती दुलहन के रूप में उसने जिन अनुष्ठानों की स्थापना की थी, वह उनके प्रति बहुत लापरवाह हो गया है। प्रणय-निवेदन के दौर में उसका संबंध ग्लैमर से भरपूर था (काँच के पर्वत पर कैद होने की शुरुआत के तौर पर विस्मयविमूढ़ कर देनेवाला) क्योंकि वह अपने पति से तभी मिलती थी जब वह उसे घुमाने-फिराने, खिलाने-पिलाने ले जा रहा होता था, वह प्यारी लगती होती थी और सिर्फ अपने, और अपने प्रिय के बारे में बात करती थी।

अगर पुराने भक्तिभाव की उसकी जरूरत बहुत बढ़ने लगे तो इसके उस पर गंभीर प्रभाव हो सकते हैं। रोमांस ही वह एक साहसिक कारनामा था जिसकी उसे छूट मिली हुई थी और अब वह बीत गया है। विवाह कहानी का अंत है। स्त्रियों की पत्रिकाएँ उसे पुकारती हैं कि वह अपने विवाह में रोमांस को मरने न दे। वह 'खुद पर लगाम

कसे रखने' की कोशिश करती है, जवान-सुंदर दिखती रहती है। कोशिश करती है कि पति से रोज यह न पूछे कि वह उसे प्यार करता है न, चाहती है कि उसे दिन-भर के लिए अकेली छोड़ जाने से पहले सुबह का उसका चुंबन कुछ कम मशीनी हो। देर-सबेर वह अपनी प्रणय-याचना को बहकावे के रूप में देखती है; वह भले ही इसका दोष अपने पति को देती हो लेकिन असल में तो बहकाने की पूरी योजना उसने खुद ही तैयार की

> **स्त्रियों को शैशव से ही बताया जाता है और उनकी माँओं के उदाहरण से सिखाया जाता है कि मनुष्य की कमजोरियों की थोड़ी-सी जानकारी, जिसे ठीक शब्दों में मक्कारी कहा जाता है, स्वभाव की नर्मी, 'बाहरी' आज्ञाकारिता और एक बचकाना किस्म के शिष्टाचार पर लगातार ध्यान रखना, उन्हें पुरुषों का संरक्षण दिला देगा...**
>
> **—मेरी वौल्स्टनक्राफ्ट**
>
> **'द विंडिकेशन ऑफ द राइट्स ऑफ विमेन', 1792, पृ. 33**

थी। उसकी कल्पना में जो प्रेम था, तरंगें दौड़ा देनेवाले होंठों और जागी आँखों से उसके सपने देखने का, वह असल में तो कभी था ही नहीं। वह पाती है कि वह एक बेवकूफ रोमांटिक लड़की है। अब वह पाती है कि विवाह कड़ी नौकरी है। उसका रोमांटिकवाद (अगर वह पहले ही यह नहीं था तो) अब पलायन बन जाता है। वह खुद के लिए इत्र जैसी छोटी-मोटी रोमांटिक चीजें खरीदती है जिन पर उसके पति का ध्यान ही नहीं जाता, रोमांस अब उसका व्यक्तिगत सपना है।

फेलिस--गर्मी का एक प्रेम-प्रसंग जो हमेशा बना रहेगा।

मिस लेंथेरिक एक प्रेम-प्रसंग है। यह सचमुच सबसे रोमांटिक इत्र है और अगर आपने इसे न आजमाया तो आपको पता नहीं चलेगा कि आपने क्या गँवा दिया।

एक्वा मांडा। आपके जीवन को बदलने के लिए दो शब्द।

अब, जबकि उसे खुद की खुशामद करनी होगी, बाजार उन उत्पादों से भरा पड़ा है जिनसे वह खुद को सहला सकती है।

लौंग से सुवासित जंजीबार से...बर्मा की भोर की ओस तक...संसार-भर में लड़कियाँ लक्स का इस्तेमाल करती हैं। सुंदर रंगतोंवाली सुंदर लड़कियाँ। लक्स के झाग को सौम्य बनाए गए प्राकृतिक तेलों की क्रीम से खासतौर पर समृद्ध बनाया गया है...ताकि आपकी त्वचा प्राकृतिक रूप से नर्म और सुकोमल बनी रहे। आइए, संसार की सबसे सुंदर स्त्रियों में शामिल हो जाइए।

बालों को रँगने के प्रसाधनों के विज्ञापन हमेशा स्त्रियों के पलायनवाद को ध्यान में रखते हुए बनाए जाते हैं। *एक नई अलमस्त आप,* नई संभावनाएँ। आपका स्नान तक एक रोमांटिक अनुष्ठान बन सकता है :

न्यू ड्यू लाता है आपके स्नान में आल्प्स पर्वतों का जादू। जैसे एक फूल, शबनम से खिला।

ताजा, सुंदर, नए दिन के स्वागत को तैयार। ऐसा ही महसूस करेंगी आप जब भी न्यू इयू से नहाएँगी।...इस सुगंधित हरे तरल की शीशी के बस दो ही ढक्कन काफी हैं प्रकृति के फूलों और ताजगी के संसार में बहे चले जाने के लिए।[22]

लेकिन सर्वोच्च साहसिकता तो अब भी प्रेम में पड़ना ही है; वह गैरदुनियावी उत्तेजना हालाँकि बीत चुकी है लेकिन फिर भी स्त्रियाँ उसे फिर से जीने पर तुली रहती हैं। सिर्फ यही वह कहानी है जिसे वे सुनना चाहती हैं। मैंने वेनिस की एक नहर पर एक युवा पत्नी को देखा। मेरे विचार से उसके विवाह को कुछ ही महीने हुए होंगे, उसका पति उससे बतियाने, उसे सहलाने का अफसल प्रयास कर रहा था और वह एक सचित्र प्रेम-कथा पर आँखें गड़ाए बैठी थी। फंतासी वास्तविकता से कहीं ज्यादा ध्यानाकर्षक सिद्ध हो रही थी। स्त्रियों की पत्रिकाएँ उसी एक कहानी को फेरबदल करके प्रस्तुत करती रहती हैं। पृष्ठभूमि बदलती है, नए-नए संयोग गढ़े जाते हैं; लेकिन प्रेम में पड़ना, चुंबन, घोषणा और आसन्न विवाह कथा के स्थायी तत्त्व रहते हैं। बाकी कहानियों में अनुषंगी विषय होते हैं, व्यभिचार, भ्रम और हताश या अतीतमोह लेकिन घरेलू रोमांटिक मिथक स्त्रियोचित संस्कृति की केंद्रीय वस्तु बना रहता है।

लैंगिक धर्म दासानुदासी की अफीम है। स्त्रियों की एक पत्रिका में छपे इस पत्र से बात एकदम साफ हो जाती है :

आपने कभी सोचा है कि आधुनिक आविष्कार रोमांस को कैसे नष्ट कर रहे हैं ? पत्नी को पति के नायलॉन के मोजे रफू करने या उसकी ड्रिप-ड्राई कमीज को प्रेस करने की जरूरत नहीं है। कौन मर्द हाथ से गिरे कागज के रूमाल को उठाएगा या ठसाठस भरी पहियेदार ट्रॉलीवाली टोकरी को धकेलेगा ? मिनीस्कर्ट पहने लड़की की बस में चढ़ने में मदद करना जरूरी नहीं है और उसका पेट्रोलवाला सिगरेट लाइटर हमेशा ठीक काम करता है।[23]

रोमांस कठोर शारीरिक श्रम, शारीरिक अकुशलता और वेश्यावृत्ति को स्वीकृति देता है (क्योंकि सिगरेट लाइटरवाली स्थिति तो सड़कछाप वेश्या को ही परेशान कर सकती है)। अगर ट्विबिरा की मिस एस.ए. की बात ठीक है तो रोमांस की नैया डूबी ही समझिए, लेकिन इसके इतने संकेत नहीं दिखते जिन्हें मैं आशा का आधार मान सकूँ। स्त्रियों के कपड़े, द्वितीय विश्वयुद्ध के बाद की तंगी और सादगी के दिनों से कहीं रोमांटिक हैं, और मिनीस्कर्टों से अगर गतिशीलता बढ़ी है तो नकली बालों और बरौनियों और नकली शरमीलेपन ने उसे उतना ही कम भी कर दिया है। *ग्रुपी* जैसी सपाट और दस्तावेजी किताब तक में प्रचंड प्रेमी ग्रांट जैसी तत्त्वतः रोमांटिक रूढ़छवि मौजूद है जो केटी के बाकी सभी आशिकों को उखाड़ फेंकता है। वह केटी को बताता है कि वह कब आए, कितनी देर रुके, वह उसे अपना बिस्तर तैयार करने से लेकर और तमाम दूसरे काम तक करने का आदेश देता है जिन्हें वह बिना चूँ-चपड़ के करती ही नहीं, करना पसंद भी करती है।[24] वह खुद को समझाती है कि यही छद्मवेषी प्रेम है, जैसाकि लॉर्ड वर्थ और ग्रांट जार्विस के मामलों में भी होता है। किताब एक आशा-भरे स्वर,

उसके अमेरिका से लौटकर उसे आदेश देने के इंतजार, पर खत्म होती है। यह किताब अनुभव पर आधारित है और कई बार इसकी सत्यता उबाऊ भी होती है लेकिन ग्रांट का चरित्र मूलचरित्र का वास्तव में ही अनजाने में हुआ मिथ्याकरण है। स्त्री-मुक्ति को अगर संभव होना है, स्त्री के वास्तविक प्रेम के कुंड का अगर उपयोग होना है तो इस बाँझ आत्मवंचना का प्रतिकार करना ही होगा। स्त्रियों के बाजार में रोमांटिक कूड़े से ज्यादा एक ही साहित्यिक विधा बिक सकती है—हार्डकोर पोर्नोग्राफी। कार्टलैंड और उनकी बहनों द्वारा प्रस्तुत गुदगुदी का मसाला एक काल्पनिक जरूरत की आपूर्ति कर रहा है लेकिन उनका पाखंड जो इंगित से प्राप्त हो रहा है, उसकी तुष्टि को सीमित करता है : इंगित को छोड़ दीजिए तो पूरा प्रक्रम ही ध्वस्त हो जाता है। मैं और मेरी किशोरी सहेलियाँ *ट्रू कंफेशंस* का आदान-प्रदान करती थीं क्योंकि हम कामुक और उत्सुक थीं। अगर आप *हाउसवाइव्स हैंडबुक*[25] को यूँ ही कहीं छोड़ दें तो आपकी बेटी कार्टलैंड या हेयर को कभी विश्वासपूर्वक नहीं पढ़ पाएगी।

पुरुष फंतासी की पात्र

छोटे बच्चे, लड़के भी और लड़कियाँ भी, साहस और रोमांच की कहानियाँ पढ़ते हैं। बहुत ही छोटे बच्चे ऐसी साहस-रोमांच कथाएँ पढ़ते हैं जिनमें नायक भी होते हैं और नायिकाएँ भी। बड़े बच्चे अलग-अलग की गई कथाएँ पढ़ते हैं जिनमें सिर्फ लड़की या सिर्फ लड़के के ही कारनामे होते हैं। सत्याभास का अर्थ है कि लड़कियों की कहानियों के लेखक पुरुष पात्रों को कथानक से बाहर नहीं रख सकते लेकिन वे लैंगिक या प्रेम के वर्णनों को अपने बाल पाठकों से दूर ही रखते हैं। लड़कों के मामले में काम को बाहर रखने का अर्थ है तमाम स्त्री-चरित्रों को बाहर रखना। मुझे अब भी याद है कि जब हम आठवीं कक्षा में थे तो डेटिंग कर रही जोड़ियों को ध्यान में रखते हुए बिगल्स कहानियों की फिल्म में जोड़े गए प्रेम-प्रसंगों से हम सब कितना उकताए थे। वयःसंधि, नदी की धारा के बीच पत्थर पर से इंडियन तीरंदाज की खोपड़ी पर छलाँग लगाकर कर्नल बफैलो बिल कोडी (अमेरिकी की वैस्ट के साहसिक जीवन की कथाओं का नायक जो सचमुच एक ऐतिहासिक व्यक्तित्व था) को उसके तीर से बचानेवाली और कुछ ही क्षण बाद तीरंदाज को घड़ियाल के जबड़े से खींच निकालनेवाली पोनी बनने की लड़की की जिंदादिल फंतासी का अंत करके उसे रोमांस की शैशवीकृत नायिका की निष्क्रिय उत्तेजनाओं में दीक्षित करती है।[1] पुरुषत्व की तरफ बढ़ रहे लड़कों में साहस-रोमांच की प्रमुख फंतासी कुछ और विस्तृत होकर स्त्रियों को कारनामों में शामिल कर लेती है : काम को एक नए किस्म की शक्ति या खतरे के रूप में स्वीकार किया जाता है। नवीनता क्योंकि साहस, रोमांच का महत्त्वपूर्ण अंग है इसलिए हम काम में कुछ ऊपरी विभिन्नताओं—जातीय, शारीरिक, शायद सामाजिक रूप से भी—की अपेक्षा कर सकते हैं लेकिन तुष्टि के प्रतिमान सरल ही हैं और इसके भी दो प्रतिमान मुख्यतः देखने में आते हैं। मर्दमार हंटरवाली और विषकन्या।

हंटरवाली खतरनाक स्त्री है, वह सर्वशक्तिमान नायक की सुयोग्य प्रतिद्वंद्वी है जिस पर और जिसके माध्यम से, वह अपनी क्षमताओं का प्रयोग कर सकता है। वह कामुक, लालची, चतुर, बेईमान और हमेशा सबसे चार कदम आगे होती है। या तो नायक उसे अपने पक्ष में रखकर उसे अपने शत्रुओं पर हुशकाए रख सकता है या उसके हाथों से अपना जीवन बचाए रखने के लिए संघर्षरत रह सकता है।

...बिना शर्त समर्पण ही उसे तुष्ट कर पाता था। आखिर अगर मर्द हाथ से निकल जाएँ तो

मर्दखोर हंटरवाली को नुकसान का हिसाब तो लगाना ही पड़ता है। क्योंकि आदर्श स्थिति में हंटरवाली असली दैहिक जानकारी पा लेनेवाले किसी भी नर का सफाया कर देती है।[2]

मेलर की डेबोरा कॉफलिन मांगाराविदी केली में इस टाइप के जितने लक्षण भरे जा सकते हैं, ठूँस-ठूँसकर भरे हैं। उसका वर्णन करते हुए मेलर पूरी तरह असंपृक्त नहीं है, उसका वाचक अब भी अमेरिकन सपने की खुमारी में है; किताब की शक्ति सर्जन और घाव के बीच के तनाव से ली गई है। काम के कारनामा बन जाने का घातक तनाव, संप्रेषण को असंभव बनानेवाले वह अथक द्रविड़ प्राणायाम, लिंगों का कल्पित लेकिन वास्तविक हत्यारा समर वह चीज है जिससे स्टीफेन रोजाक बच पाया है, लेकिन उसका बच निकलना किताब के जारी रहने को असंभव बना देता है। अगर हम हिप्पियों की आत्मतुष्ट, हलकी आवाजों को नजरंदाज कर दें तो समकालीन लैंगिक मिथक में कोई विकल्प नहीं दिखता, डेबोरा का सबसे महत्त्वपूर्ण पक्ष हंटरवाली होना है : मेलर की विक्षिप्त अतिशयोक्ति के सामने स्पिलेन और फ्लेमिंग (इयान फ्लेमिंग, जेम्स बांड के सर्जक) की स्त्रियों के वर्णन--दामी, ऊँचे दर्जे की, अमीर, सबसे ऊँचे तबके की—वगैरह फीके पड़ जाते हैं। संदर्भ और न्यूनोक्ति से खेल का भाँडा फूट जाना चाहिए, हालाँकि केट मिलेट जैसे नारीवादी मेलर को जड़वामन-मूढ़[3] मानने पर अड़े रहते हैं—

नवंबर 1946 में मेरी जैक कैनेडी से मुलाकात हुई। हम दोनों वार-हीरो थे, और दोनों हाल ही में कांग्रेस के लिए चुने गए थे। एक रात हम डबल डेट पर (दो पुरुष और दो स्त्रियाँ) गए और मेरे लिए यह बड़ी अच्छी रात निकली। मैंने एक ऐसी लड़की को बहका लिया जो रिट्ज (अमेरिका का आलीशान होटल) जितने बड़े हीरे को नज़रंदाज़ कर देती।[4]

इसका अर्थ यह लगाया जाना चाहिए कि रोजाक एक शुद्ध अमेरिकन नायक है जो ग्रेस केली (मोनैको के शासक से विवाह के बाद प्रिन्सेस ग्रेस बनीं) जैकलीन-ली-बॉविए (बाद में कैनेडी से विवाह करके जैक लीन कैनेडी) के तबके में घूम रहा है, जिसका पुरुषांग हर तरह से उस सबसे कहीं रोचक है जो स्कॉट फिट्जजेराल्ड लिख सकता था। युद्ध और काम के बिंबविधान एक-दूसरे में यूँ गुँथे हैं कि ओर-छोर नहीं मिलता। दुश्मन एक लौंडेबाज है जिसे कमर से नीचे भुर्ते में बदल दिया जाना है; पीड़ा एक साफ-सुथरी, एक अच्छी पीड़ा है, साफ अच्छे विनाश का प्रमाण, कहीं कोई सड़न नहीं क्योंकि सड़न से जीवन जन्मता है, गर्भ से सड़न की गंध आती है क्योंकि बाँझ रोजाक जिसका दिमाग ही हथियारखाना है, उसके लिए जीवन का स्रोत हताशा है। डेबोरा सिर्फ युद्ध ही नहीं है, वह शिकार है।

...अपने दिनों में वह कुख्यात रही थी, आशिकों के मेले में से किसी पर ही उसकी निगाह अटकती थी : आला दर्जे के राजनीतिज्ञ, रेसिंग ड्राइवर, उद्योगपति और पश्चिमी संसार के जाने-माने औरतखोर, इस ऊँचे तबके में वह मेरे प्रवेश का टिकट थी।[5]

इस जीव के शारीरिक लक्षण वही हैं जो थ्रिलरों की भरी-पूरी बाघिनियों के होते हैं। इन छरहरी, भारी-छातियोंवाली, बहुत ऊँची-पूरी, गजब के केशोंवाली स्त्री बदमाशों

को जो देखते-देखते नायक को उड़ा दें, बार्बरा कार्टलैंड या ज्यॉर्जेट हेयर स्वीकार नहीं कर पाएँगी। मेलर उनसे कम अस्वाभाविक है, लेकिन लक्षण विशिष्ट हैं।

खूबसूरत औरत थी डेबोरा, कद्दावर। ऊँची एड़ी के जूते पहनकर वह मुझसे कम-से-कम इंच-भर ऊँची होती थी। उसके ढेरों काले-घने केश थे और आँखें एकदम हरी...उसकी बड़ी-सी आयरिश नाक थी और चौड़ा मुँह जो कई आकार लेता था, लेकिन उसकी रंगत सुंदरता पर उसका दावा पेश करती थी, उसकी चमड़ी दूधिया सफेद थी और उसके गाल हलके गुलाबी...[6]

हम तिरछी आँखों और बादलों से लहराते केशोंवाली थ्रिलर कॉमिकों की उन नायिकाओं के आसपास ही हैं जो अचानक घूमकर नायक पर वार कर देती हैं। उनके मुँह बड़े और तलवारों की तरह गोलाई में मुड़े चमकते हुए होते हैं : उनके कंधों और जाँघों की पेशियाँ अद्‌भुत होती हैं, उनकी छातियाँ हथगोलों जैसी, इस्पाती पेटियों में कसी उनकी कमरें क्रीट के नर्तकों जैसी पतली।[7] इयान फ्लेमिंग ऐसी स्त्रियाँ गढ़ता है जो कुशल कार-चालक या घुड़सवार या निशानेबाज होती हैं।[8] डेबोरा सबसे उत्तेजक किस्म की स्त्री है, हत्यारिणी।

...वह अद्‌भुत शिकारिन थी। अपने पहले पति के साथ वह सफारी पर गई थी और दस फुट की दूरी से एक घायल, आक्रमण कर रहे शेर को मार गिराया था, उसने एक ध्रुवीय भालू के दिल में गोली मारकर उसे ढेर कर दिया था...उसके लिए पिस्तौल का अचूक वार करना उँगली दिखाने जैसा ही था।[9]

और डेबोरा की जात की भरी-भरी छातियों, तंग कूल्हों, नर्तकों जैसे ठोस पैरों वाली इन प्रतिनायिकाओं की नियति क्या है ? कुछ कम संकोची मिथक में वे नायक के लौहांग के समक्ष आत्मसमर्पण करके उसके पाशविक ओज द्वारा ठोकीं-पीटीं जाकर शबनमी कोमल और निमाणी बन जाती हैं, भले ही वे पुस्सी गैलोर जैसी पुरुषद्वेषी ही क्यों न हों। टाइगर मान द्वारा सोनिया वटको के मानमर्दन का नमूना पेश है :

उसका मुँह गर्म, गीला और इतने उद्वेग से भरा था कि वह खुद ही एक के बाद एक विस्फोट पैदा करनेवाला फ्यूज (पलीता) साबित हो रहा था। मेरे मुँह से लगकर उसका मुँह पिघल गया, मुँह क्या एक मशाल जिसे अगर ढँककर बुझा न दिया जाता तो वह चीख पड़ता, उसका पूरा ही शरीर भावनाओं का एक ऑक्टोपस था जो संतुष्ट होने में ही नहीं आता था और जरा देर को कुछ संतुष्ट-सा होता था तो मौत जैसी राहत में तुष्टि पाता था।

लेकिन मैं उसे वह राहत नहीं देनेवाला, जो उसने माँगा, सो उसे मिला। वह देखना चाहती थी कि बाघ कैसा होता है, अब उसे देखना होगा। वह उसके दाँतों की गहराई और डूबे होने की अनुभूति को जान चुकी थी क्योंकि वह एक भयानक भूख की वासना से घिरी एक स्त्री ही थी, और उस डरा देनेवाली धूप में उसे पहली बार पता लगा कि स्त्री की तरह जीना क्या है।[10]

साहसिक काम आतिशबाजी, विस्फोटकों, बनैले जीवों, गहरे समुद्र की गोताखोरी,

खतरनाक घुड़सवारी का मामला है। आदर्श काम-संगिनी बढ़िया उठापटक का भरोसा दिलाती है और जितना बैरभाव उसमें हो, उतना ही अच्छा। स्पिलेन के गद्य की बिंबावली से स्पष्ट है कि मर्दखोर हंटरवाली की उचित नियति मृत्यु है, चाहे वह कामोत्तापीय बौखलाहट और विनाश की लाक्षणिक मृत्यु हो या सचमुच की मृत्यु जो मेलर के नायक के हाथों उसकी हिंस्र पत्नी को मिली। उसने उसका गला घोंट डाला। जो उसने माँगा, मिला।

वह भोली ग्वालिन की तरह मुस्कुराई और बेहोशी में उतर गई और मर गई। और उस दृश्यावली के पौर्वात्य वैभव में मैंने उसकी उँगली के खोए स्पर्श को अपने कंधे पर अनुभव किया, इस नए अनुग्रह में अरुचि की मद्धम लेकिन न मिटनेवाली धड़कन फैलाता स्पर्श। मैंने आँखें खोलीं, मैं एक बहुत सम्माननीय विश्रांति से थका हुआ था और मेरी देह नई-सी लग रही थी। बारह की उम्र के बाद कभी इतना अच्छा अनुभव नहीं किया था। इस क्षण ऐसा सोचा ही नहीं जा सकता था कि जीवन में कोई भी चीज खुश करने में असफल रहेगी।[11]

अपनी स्त्री को मार डालना एक भालू या कथाओं के असुर को मार डालने जैसा ही हुआ : काम के आधिपत्य के नीचे से पौरुष खिसक लेता है, लत लगने से बच निकलता है। एक बार फिर दिखता है कि यह पुरुष का ही संसार है। जहाँ पुरुषों को अलग करके उद्योग, प्रतियोगी खेल और स्वच्छता की एक सादा-कठोर युद्धक प्रणाली में शिक्षित किया जाता हो, उस राष्ट्र की संस्कृति इस तत्त्व को प्रतिबिंबित करेगी ही, लेकिन यह विचारमात्र ही कँपा देनेवाला है कि दोनों लिंगों के बीच साधारण अलिखित लेन-देन में इसके क्या प्रभाव दिखेंगे, माइक हैमर की वेल्डा मर्दमार हंटरवाली है। वह अपने मालिक के लिए झपटकर वार करती है (कुत्ते की तरह) और शिकार को लाकर उसके कदमों पर डाल देती है। उसका इनाम है हैमर की उससे लैंगिक निवृत्ति : दिखावे के लिए उसे भविष्य में उस किसी दिन के लिए बचाकर रखा जा रहा है जब हैमर घरेलूपन को स्वीकार कर लेगा, लेकिन असल में तो वेल्डा से काम-संबंध का अर्थ उसका विनाश ही होगा। जेम्स बांड के लिंगाकारी हथियारों के जखीरे पर कभी फैशनेबल सिनेमा दर्शक हँसा करते थे, निर्देशक का चुटकुला कि हर उपकरण लिंग का ही एक और रूप है, उन्हें खूब हँसाता था, लेकिन अगर उन्होंने विचार किया होता कि इसका विपरीत भी इतना ही सच है, कि लिंग एक हथियार बन गया है, तो शायद वे इतना न हँसे होते।

लिंग-हथियार का आक्रामक उपयोग हंटरवाली पर होता है : विषकन्या के मामले में इसका उपयोग सुरक्षात्मक रूप से होता है। *एन अमेरिकन ड्रीम* की विषकन्या का नाम चेरी (कौमार्य के लिए चालू शब्द) है। वह पवित्र है, जैसाकि उसके नाम से इंगित होता है। वह कुमारी ही है :

तुम्हारे साथ मैंने कामोत्ताप का अनुभव किया। इससे पहले मैं कभी नहीं कर पाई थी...पहले कभी नहीं। बाकी तमाम तरहों से, हाँ। लेकिन स्टीफेन, जब कोई मर्द मेरे अंदर हो तब कभी भी नहीं।[12]

विषकन्या के साथ रति संभव होना यानी चक्रव्यूह भेदना। चेरी खतरनाक प्राणियों से घिरी है। खासकर नाइटक्लब के गुंडों से जो जब वह गा रही होती है तो उसे घेरे बैठे रहते हैं, नीग्रो—बदनाम पहलवान, जासूस और चुड़ैलें, जो रोजाक के दिमाग से चली गोलियों से मारे जाते हैं। उसके अपार्टमेंट में पहले उसकी बहन रहा करती थी जिसे अपराधी सुपरपुरुष शैगो मार्टिन के कारण मार दिया गया। रोजाक जो अमूल्य क्षण उसके साथ वहाँ गुजारता है उन पर कभी भी उसे काले जादूगर के आ टपकने की संभावना का ग्रहण लगा रहता है। कहने को वह गायक है, लेकिन कैसा गायक ! '...जब वह गाना खत्म करता तो आप दमक रहे होते थे, कान को भला-भला-सा लगता था, आप पर एक चैंपियन का आधिपत्य हो चुका होता था।'[13]

इस महिला के बाकी तलबगार भाग खड़े हुए थे, सिर्फ रोजाक अटल रहेगा, छुरा लिए एक सनकी हब्शी से मुकाबिल, मात्र अपने परमशक्तिशाली लिंग के भरोसे, और वह जीतता है, कैसे न जीतता भला ! विषकन्या उससे गर्भवती हो गई है और माता की दिव्य श्रेणी में आने को तैयार ही है कि एक अंतिम बचा रह गया राक्षस उसे मार डालता है। पुरुषों के रोमांटिकवाद का पक्का प्रमाण यह है कि हर पुरुष उस चीज को मार डालता है जिससे वह प्रेम करता है; वह चाहे *ए फेयरवेल टु आर्म्स* की केथेराइन हो या ग्रीक कलश (जॉन कीट्स की प्रसिद्ध कविता का विषय एक प्राचीन ग्रीक कलश)। 'टेंशन दैट शी बी परफेक्ट' (यह तनाव कि वह संपूर्ण हो) का अर्थ है कि नायक के महान प्रेमी होने की स्थिति को चुनौतीमुक्त छोड़कर उसे मरना चाहिए।[14] यह प्रतिमान आज भी चल रहा है : नायक विवाह नहीं कर सकता। काम-कारनामा सफल होना ही चाहिए, सहनिवास और परस्पर सहिष्णुता नहीं।

साहसिक काम के लक्षणों को जिस हद तक वास्तविक जीवन में पाया जा सकता है या कहें कि जीवन में ठूँसा जा सकता है, (क्योंकि वे पुरुष की व्यस्तताओं का अंग हैं), उसका अंदाजा उस लैंगिक मंचहॉसेन (एक प्रख्यात जर्मन लोककथा का नायक जो कई सौ बरस की नींद से एक एकदम बदले हुए संसार में जागता है) जॉन फिलिप लंडिन के बेढब लेखन से लगाया जा सकता है। उसकी पुस्तक *विमेन* की एक तरह की आत्मकथा के रूप में सत्यता को आर.ई.एल. मास्टर्स द्वारा हस्ताक्षरित परिचय सत्यापित करता है। पहला अध्याय पुरुषों की एक प्रिय फंतासी का विवरण देता है, स्त्री के आकर्षणों का नकद मूल्य। वे अमीर पुरुषों की विवाहिताएँ हों, ऊँचे दर्जे के क्लबों में परिचारिकाएँ हों, 'मॉडल' हों या सड़कछाप वेश्याएँ, माना जाता है कि स्त्रियाँ हर समय कुछ वसूल रही हैं। लंडिन का कारनामा है कत्तई मुफ्त में वह पाना जिसे बाकी पुरुष ऊँचे दाम देकर खरीदते हैं। वह अपनी रोजी-रोटी के लिए किसी वेश्या को खुश रखने पर मजबूर कोई दलाल नहीं है। वह तो पेशेवरों की अपेक्षाओं पर खरा उतरने में सक्षम प्रेमी है। पति उसके दामचुकाऊ ग्राहक और संक्षेप में कहें तो मूर्ख हैं। एक स्थायी मुफ्तखोर के तौर पर लंडिन हमेशा खतरे में रहता है, उसकी स्त्रियों में विषकन्या की उत्तेजना भी है और हंटरवाली की शिकारी शक्ति भी। उसी के मानदंडों को स्वीकार करते

हुए, उसका सबसे बढ़िया मामला रहा बॉस की पत्नी फ्लॉरेंस के साथ, और यह काम-कारनामों के पुरुष साहित्य में मिलनेवाले क्लासिक प्रतिमान का अनुसरण करता है। पहली निगाह में ही बिजली गिर जाती है और उसके लक्षण विशिष्ट हैं।

मुझे ऐसा तगड़ा बिजली का झटका कभी नहीं लगा था जैसा फ्लॉरेंस को देखकर लगा। मेरा दिल धड़धड़ा रहा था, खून मेरी नसों में यूँ उबाल खा रहा था जैसे मुझे बुखार हो, और मेरी साँस की नली और दिल की बड़ी धमनी के बीच कोई गोला-सा फँस गया था। मेरा पेट किसी अंधे कुएँ में गिरा चला जा रहा था, जैसेकि मेरा जीवन खतरे में हो। और मुझे अपनी अंडग्रंथियों का सरसराना महसूस हुआ जैसेकि उन्हें अलग से पता हो कि यह औरत उन्हें सक्रिय करेगी।[15]

अवैध व्यभिचार के खतरों को फ्लॉरेंस की जबर्दस्त गर्मी और पत्नी के कुलटापन से मूर्ख साबित हुए पति द्वारा अपने हितों के संरक्षण के लिए रखे गए 'छोकरे' और भी चटखारेदार बनाते हैं। आखिर लंडिन भगा दिया जाता है। फ्लॉरेंस बहुत ही कमनीय है इसलिए और भी कई पुरुष उससे प्रेम करते हैं, दूसरे पुरुषों से यह प्रतिद्वंद्विता पुरुष फंतासी की जबर्दस्त जरूरत है क्योंकि दूसरे पुरुषों द्वारा कारनामे की जय-जयकार होनी चाहिए। फ्लॉरेंस छोकरों को राजी कर लेती है कि वे उसे लंडिन से मिला लाएँ, कार की पिछली सीट पर उनका उद्वेगपूर्ण पुनर्मिलन होता है। जब छोकरे भी इसी तरह की मेहरबानी माँगते हैं और न मिलने पर ब्लैकमेल करने की धमकी देते हैं तो वह मैक्सिको भाग जाती है और एक और करोड़पति मूर्ख से विवाह कर लेती है। फिर उसे छोड़कर वह एक और हिंस्र संरक्षक के पास चली जाती है, अपनी चुड़ैल माँ के पास। लंडिन के एकमात्र प्रेम के रूप में उसकी स्थायी स्थिति तब सुनिश्चित होती है जब वह पाती है कि उसे कैंसर है और वह अपने पहले रईस पति के पास लौट जाती है : 'जब से मुझे बताया गया है कि वह मर गई है तब से मुझे कुछ ऐसा आभास हो रहा है कि उसके बिना मेरा जीवन कभी पूरा नहीं होगा।'[16]

प्रेम, हमारे युग के बहुत से पुरुषों के लिए किसी सम्मोहक स्त्री के साथ सोने में निहित है, सही कटावों-गोलाइयों वाली स्त्री, जिस पर विवाह की संस्था के माध्यम से एक स्थायी ग्रहणाधिकार प्राप्त कर लिया गया है।

–ऐशली मॉन्टेग्यू

'द नैचुरल सुपीरियॉरिटी ऑफ विमैन', 1954, पृ.54

पूरे जीवन की कत्तई नकली धारणा, प्रेम में पड़ने की पुरुषों की धारणा का आवश्यक अंग है। स्त्रियाँ जिस तरह एक नए पिता को पाने की आशा करती हैं, पुरुष उसी तरह बेटी को या माँ को पाने की आशा नहीं करते। वे उस स्त्री को पाने की आशा करते हैं जो 'उस सबका जवाब होगी', 'जो समझदारी, संगति और उत्तेजना की मेरी जरूरतों को पूरा करेगी'। इस माँग में मूलभूत है उस पुरुष-विशेष की कामना (जरूरत), उत्तेजना, संगति और समझदारी की क्षमता की एक स्फीत अवधारणा। पुरुष प्रदत्त है,

अचर है : उसकी संगिनी को उसके योग्य या खुद को अनुकूल करनेवाली होना चाहिए। फंतासी की उत्तेजक स्त्री वह है जो खुद पर दृष्टिपात होने के दृश्यमात्र से कामना पैदा करे और ओजस्वी शक्ति को मुक्त कर दे। फंतासी का एक पक्ष हमेशा ही व्यवहार में देखने को मिलता है : वह आनंद जो दूसरों द्वारा चाही गई स्त्री के साथ दिखने पर पुरुषों को मिलता है। यह आनंद किस हद तक विकसित हो सकता है वह *गो टु द विडोमेकर* में लकी विदेंदी की चरम काम्यता और उसे थामे रहने में ग्रांट की सुरक्षा की भावना को दर्शाने के लिए जेम्स जोन्स द्वारा ढूँढ़े गए उपाय के अतिरेक में इंगित होता है। एक निर्वस्त्र स्नान पार्टी में हिस्सा लेने से इंकार करने के बाद वह अपने पति और बाकी लोगों के पानी से निकलने का इंतजार करती है और फिर

लकी अचानक उठी और पानी में उतर गई। वह कुछ चलकर, कुछ हाथ-पैर मारकर थोड़ी दूर पहुँची, सिर के अलावा उसकी पूरी देह पानी के अंदर...अचानक वह खड़ी हो गई, उसके हाथ उसके सिर के ऊपर बैले की क्लासिक मुद्रा में। उसने अपना सूट उतार दिया था और एकदम निर्वस्त्र थी। पानी जैसे स्लो मोशन में उसके शरीर पर से गिर रहा था, और वह थी अपनी दिव्य ऐंद्रिकता के साथ। उसकी सुंदर सफेद छातियों और सुते गोल कूल्हों को देखते हुए बाकी, दुबली लड़कियाँ मशीनी और अलैंगिक दिख रही थीं। बाँहें ऊपर किए ही और घुटनों से भी कम नीचे आते पानी में खड़े-खड़े उसने बैले की कुछ क्लासिक भंगिमाएँ बनाईं, बहुत ही खूबसूरती से। इस हरकत ने...उसकी जाँघों के पूरी तरह खुलने का आभास दिया, और यह उसने जान-बूझकर ही चुनी होगी। तट पर पूरी तरह सन्नाटा था...शैम्पेन के रंग के केश गीले नहीं हुए थे और उसके चलने पर सफेद सोने की तरह चमक रहे थे।[17]

हैरत नहीं कि ग्रांट इस प्राणी पर मुग्ध है, खासतौर पर इसलिए कि उसमें प्रेम करते हुए अपने दोनों पैरों को अपने सिर के पीछे रख पाने की अतिरिक्त नटोचित क्षमता है। ऐसी स्त्री की *जरूरत* होने की तो तारीफ होनी चाहिए। बात और साफ करने के लिए, लकी विदेंदी खुद को लेखकखोर बताती है, और जिससे वह प्रेम करने लगती है वह पुरुष एक लेखक है, इसलिए उसकी बगल में उसकी मौजूदगी उसके व्यावसायिक सम्मान को बढ़ाती है।

किसी और के पास है मेरे जैसा पति ? वह मेरी तरफ आकर्षित इसलिए हुआ था क्योंकि मैं लंबे पैरों-गहरे भूरे केशोंवाली हूँ। अब, विवाह के छः वर्ष बाद वह बदलाव चाहता है और भारी छातियों, सुनहरे केशोंवाली स्त्री की चाहत में सूख रहा है। वह भागा नहीं, न ही उसने बेवफाई की। इसके बजाय, अब मैं सुनहरे-लंबे केशोंवाली विग पहनती हूँ और छाती को बढ़ाने के लिए वर्जिश करती हूँ।—वी. लैडब्रोक, एस्सेक्स—पुनश्च : अगर मुझे एक गिनी मिल गई तो मैं उसके लिए एक 'पॉप-गायक' विग खरीद लूँगी !

—*पेट्टीकोट*, 15 नवंबर, 1969

मेलर के शब्दों में वह *ऊँचे तबके का* उसका प्रवेश टिकट है। जब तक चुनौती के रूप में स्त्री के ये प्रतिमान रहेंगे, हम एक असंभव फंतासी की पूर्ति करनेवाले,

पोर्नोग्राफी से कुछ ही नीचे के स्तर के उस साहित्य से मुखातिब हैं जिसमें शक्ति और फंतासी के अंतरंग संबंध के चलते, वास्तविक लैंगिक व्यवहार में घुसपैठ करने की प्रवृत्ति है। स्त्रियाँ रोमांस की शर्तें पूरी न होने के कारण ठंडी हो सकती हैं लेकिन पुरुष भी घरेलू जीवन में उत्तेजना की कमी से घबराते हैं।

> तुम्हारे साथ मैं जी नहीं सकता,
> वह जीवन होगा,
> और जीवन वहाँ है,
> शैल्फ के पीछे।[18]

प्रेम और विवाह का मध्यवर्गीय मिथक

हमारी संस्कृति में प्रेमविहीन विवाह अभिशाप से कम नहीं है और प्रेम के बिना जीवन की तो बात भी नहीं सोची जा सकती। अविवाहित रहनेवाली स्त्री ने जरूर मौका गँवा दिया होगा या युद्ध में अपने प्रेमी को खोया होगा या फिर वह झिझकती रह गई और सबकुछ खो बैठी; पुरुष को सही लड़की नहीं मिल पाई होती। यह स्वयंसिद्ध है कि सब विवाहित जोड़ियाँ प्रेम में आकंठ लीन हैं। काम के बाण का अनुसरण न कर पानेवाले राजाओं और रानियों जैसे लोगों के प्रति दया का भाव रखा जाता है, हालाँकि अलिखित रूप में माना यह जाता है कि शाही जोड़ियाँ भी एक-दूसरे के प्रेम में पड़ी होती हैं। आम कल्पना में संन्यासिनियाँ प्रेम में हताश हुई स्त्रियाँ हैं और व्यावसायिक कामकाजी स्त्रियाँ दुख से भरे इस मृत्युलोक में मनुष्यों को प्राप्य सबसे गहरे आनंद को पाने में असफल रहने की भरपाई करने की कोशिश कर रही हैं। लेकिन एक विचार की सामान्यता भले ही हमें यह मानने पर मजबूर करती हो कि ऐसा ही रहा होगा, लेकिन इस पर हमेशा से ही विश्वास नहीं किया जाता था। काम-बाण का उल्लेख ही हमें यह याद दिलाने के लिए काफी होना चाहिए था कि अभी बहुत दिन नहीं बीते जब प्रेम की एक बहुत ही अलग अवधारणा प्रचलित थी, यह अवधारणा विवाहपूर्व के प्रणय निवेदन से ही अलग नहीं थी, विवाह से भी इसका खासा विरोध था।

> **पुरुषों को प्रबंधित करने की कला जन्म से सीखनी होती है। अनुभव बढ़ने के साथ-साथ यह आसान होता चला जाता है। कुछ स्त्रियों में एक नैसर्गिक प्रतिभा होती है लेकिन ज्यादातर को तो गलतियाँ करते-करते सीखना होता है। कुछ तो निराश ही मर जाती हैं। यह कुछ हद तक तो गोलाइयों की अवस्थिति पर निर्भर है; अन्य घटक हैं विकसित नैसर्गिक वृत्ति, और बिल्ली जैसी ढेरों शुद्ध मक्कारी।**
>
> **मेरी हाइड, 'हाउ टु मैनेज मैन', 1955, पृ. 6**

वैवाहिक प्रेम की अवधारणा के संक्षिप्त जीवनकाल में भी इसमें कई बदलाव आए हैं : प्रेम के लिए विवाह के विचार के सोलहवीं सदी के कई समर्थक अपने आदर्श में रोमांटिकवाद और लैंगिक उद्वेग का वर्तमान अनुपात देख पाएँ तो भौंचक रह जाएँ।

मूलभूत धारणाओं में धीरे-धीरे आए परिवर्तनों ने 'प्रेम-में-पड़े-और-विवाह-कर-लिया' के मिथक के विकास के चिन्हों को अस्पष्ट कर दिया है; इसकी प्रारंभिक अवस्थाओं

के बारे में जनसांख्यिकीय सूचना मिलना कठिन है। पूरी विनम्रता से इन अनिश्चितताओं को स्वीकार करते हुए हम जहाँ जरूरी हो, वहाँ अटकलें लगाते एक अनुसंधान-यात्रा पर निकल सकते हैं।

मैं 39 वर्ष की हूँ और 15 बरस पहले हुए हमारे विवाह के बाद से ही शारीरिक दंड स्वीकार कर रही हूँ। हम दोनों ही इस तरह के दंड को एक सामान्य प्रक्रिया मानते रहे हैं। हमें तो हाल ही में 'फोरम' के कुछ पत्रों को पढ़कर ही पता चला कि ऐसे भी लोग हैं जिनमें अपने जीवनसंगी को पीटने को लेकर अपराधबोध का भाव है।

हमारे विचार एकदम सरल हैं, मेरे पति मानते हैं कि पति को स्वामी होना चाहिए। मैं उनसे सहमत हूँ और मानती हूँ कि गलती पर दंड मिलना चाहिए। हम दोनों का विचार है कि एक पति के लिए अपनी पत्नी की गलतियों की सजा देने का सबसे सरल, सुविधाजनक और प्रभावी उपाय उसे बेंत या कोड़े लगाना है; लेकिन कड़ाई से नहीं, और पाशविकता से तो बिलकुल ही नहीं।

—'फोरम' में पत्र, खंड 2, अंक 3

अब आमतौर पर इस बात पर ध्यान दिला दिया जाता है कि सामंती साहित्य में रोमांटिक प्रेम तत्त्वतः समाजविरोधी और व्यभिचारी था। डी रुजमों और उसकी बिरादरी द्वारा इस विषय पर की गई टीकाएँ सुपरिचित हैं।[1] ऐतिहासिक आलोचना में 'शृंगारिक प्रेम' एक घिसा-पिटा शब्द, क्लीशे, बन गया है। ग्विनेवेर और इसुएल्ट की कहानियाँ अल्पसंख्यक शासक वर्ग की देन थीं, जिन्हें गीत और लोककथा में सुनकर चाकर लोग और किसान हैरान ही हुआ करते होंगे। वे उस सामंती स्थिति का उत्पाद थीं जिसमें किसी सामंत की पत्नी, पत्नी सिर्फ तभी होती थी जब उसका योद्धा पति घर पर होता था (जोकि वह कभी-कभार ही होता होगा), नहीं तो वह पुरुषों के एक ऐसे समुदाय पर राज करती थी जिनमें से कई युवा और उद्वेग से भरे होते थे, इसका परिणाम यह होता कि वे उस अप्राप्य सुंदरी के बारे में कल्पनाएँ करते रहते थे जिसके समक्ष वे अपना प्रेम प्रकट करने की बात सोच भी नहीं सकते थे। वह उनके दास-भाव का दोहन करती थी जो शूरवीरत्व (शिवैलरी) का मूल था, और उनसे अपनी वासनापूर्ति भी कर सकती थी और नहीं भी कर सकती थी। अपने पति के समक्ष वह आज्ञाकारिणी होती थी और उसकी जागीर के तौर पर अपनी देह उसके लिए प्रस्तुत करती थी। *हेल मेडेनहैड*[2] जैसे पर्चों में दिए गए वैवाहिक प्रेम के विवरणों ने विक्टोरियन विद्वानों को भौंचक कर दिया, उन्होंने वैवाहिक सिद्धांत के 'सुअरबाड़े में ताजी हवा' लाने के लिए प्रोटेस्टैंट सुधारकों की प्रशंसा की।[3] चौदहवीं सदी के पर्चे *हेल मेडेनहैड* के संन्यासी-सम लेखक ने अपनी कुमारी पाठिकाओं को बताया कि अगर वे लैटिन में पढ़ना, पांडुलिपियों को सुनहरे अलंकरणों से चित्रित करना, कढ़ाई करना (सोफे के कवर और टी-कोजी रुमाल नहीं, वे अमूल्य आनुष्ठानिक परिधान और जादुई टेपेस्ट्रियाँ जो आज यूरोपियन संग्रहालयों की श्रेष्ठतम कला-निधियों में से हैं), कविता लिखना और संगीत सचमुच ही पसंद करती हों तो उनके लिए ईसाई मठ का स्त्री-समाज बेहतर रहेगा जहाँ वे फौजी छावनी के

शोर-शराबे और पाशविकता, खतरनाक प्रसव, और विधर्मी बंदियों और छावनी की वेश्याओं से गुत्थमगुत्था होने के आदी उस पति की नोच-खसोट से सुरक्षित रहेंगी जिसे उनकी भावनात्मक और लैंगिक जरूरतों का आभास तक नहीं होता। उसने ऐसा कहा तो नहीं लेकिन हम इसका अर्थ यह लगा सकते हैं कि युवा पुरोहितों और संन्यासिनियों के प्रेम के संतोषजनक होने की संभावना युवा जमींदारों की आसक्ति और उस अपूर्ण कामना की अनंत कसक से कहीं ज्यादा थी जो प्रोवेन्सल चारण परंपरा (फ्रांस के प्रोवेन्स जिले के नाम पर प्रसिद्ध शौर्य और अतृप्त प्रेम की गाथाएँ) का एकमात्र प्रेरक तत्त्व है। रैबेलै ने थेलीम के उत्फुल्ल मठ में लैंगिक और बौद्धिक तालमेल की मध्यकालीन फंतासी के तत्त्वों का समावेश किया।[4] रैट्टरे टेलर ने इस युग को मातृवादी घोषित किया है, उसका वर्गीकरण अंततः कितना भी संदेहास्पद हो, यह सच है कि मध्यकालीन सभ्यता के चरित्र पर स्त्रियों का गहरा प्रभाव था[5] और जब हम यह समझ पाते हैं कि जो पूरी तरह क्षणिक और भंगुर नहीं थी वह तमाम संस्कृति मुट्ठी-भर अल्पसंख्यक वर्ग की थी। शायद यह एक महत्त्वपूर्ण तथ्य है कि मध्यकालीन संस्कृति में जिनका महत्त्वपूर्ण योगदान रहा वे स्त्रियाँ या तो संन्यासिनियाँ थीं या विवाहित रहते हुए या वैधव्य के बाद ब्रह्मचर्य का पालन कर रही थीं, जैसे हिल्डा, क्वीन एडिथ, संत मार्गरेट और उनकी बेटियाँ माटिल्डा और मेरी और लेडी मार्गरेट बोफोर्ट।

सामंती गढ़ी का प्रणयी चरित्र सामंत का इक्कीस वर्ष की आयु तक सामंती-सेवा से मुक्त युवा सहचर था। उसका दाढ़ी-मूँछविहीन यौवन और सौंदर्य अक्सर स्त्रैण कहा जाता था क्योंकि उसके केश लंबे होते थे, उसकी पोशाक कढ़ाईदार थी, गाने-बजाने-नाचने और कविता लिखने में वह कुशल होता था। माँ की गोद से छीनकर सामंत की सेवा में लगा दिए गए इस लड़के के लिए सहज ही है कि वह अपने स्वामी की पत्नी के स्नेह की कामना रखे। किशोर देह की आवश्यकताएँ-अपेक्षाएँ लैंगिक दर्द-पीड़ाएँ उठातीं, और वह सहज रूप से इन्हें अपनी प्रिया की छवि से जोड़कर देखता। यह एक आत्मसमर्पणकारी, अश्रुपूरित, दास्य-भाव से भरी भंगिमा थी, वयस्क होकर युद्धक्षेत्र के उन्मुक्त समाज से परिचित होने पर जैसे-जैसे वह और पौरुषपूर्ण, कम स्त्रैण और लैंगिक रूप से कम सम्मोहित बनता वैसे-वैसे यह बाध्यकारी भावना अधिक बौद्धिक और कम तात्कालिक होती जाती। स्थिति जोखिमों से भरी थी। स्वामी की पत्नी अक्सर आयु और स्वभाव में इस अनुचर के ज्यादा निकट होती थी; वह शारीरिक रूप से इसे निश्चित ही अपने रूखे, अपरिचित पति की अपेक्षा अधिक आकर्षक पाती थी। अगर उसका पतन हो जाए और वह अपने वंशजों की वैधता खतरे में डाल दे तो उसका एकमात्र परिणाम बर्बादी ही हो सकता था। तलाक असंभव था; व्यभिचार का दंड मृत्यु थी, चाहे पति द्वारा क्रोधावेश में की गई हत्या हो या कानूनन फैसला हो। समुदाय एक प्रकार के बाह्यीकरण के माध्यम से इस गहरे पैठे भय से प्रेतमुक्ति का प्रयास करता था। भाग्यहीन प्रेम की कहानियाँ चेतावनियाँ थीं। प्रेम एक दाग था, अभिशाप, घाव, मृत्यु, प्लेग था। संतति की इच्छा से किए गए सम्भोग के अलावा खुद सम्भोग भी अवैधानिक

था। चेस्टिटी बैल्ट (कमरपेटियाँ) और उसके साथी उपादान इस स्थिति के तीखे दबावों की याद दिलाते हैं। मध्ययुगीन चिंतन की लाक्षणिक देह-आत्मा दुविधा यथास्थिति को सुरक्षित करने का काम कर रही थी। नौकरानियों और देहाती भोंदुओं को जी भरकर खराब किया जाता था जबकि गढ़ी की मालकिन के प्रति आसक्ति एक अर्द्धधार्मिक भक्ति के पद पर आसीन कर दी गई। सम्मोह, फीटिशवाद और विकृति की आधुनिक कहानियों की ही तरह व्यभिचारी कामोद्वेग का साहित्य खतरों से भरे एक ऐसे संसार की झलक दिखाता था जिसमें जाने की हिम्मत कोई पागल ही कर सकता था। *प्रेम* क्या है, यह हर युवा प्रशिक्षु पुरोहित अपने गुरुओं से सीखता था :

आँखें खोलकर देखो कि यह कितना खराब है, कैसा पागलपन है, प्रेम करना, पीले पड़ते जाना, कमजोर हो जाना, रोना, एक बदबूदार, बेहद गंदी-सड़ी वेश्या की खुशामद करना और शर्मनाक ढंग से खुद को उसके सामने झुकाना, रात-रात भर उसके कमरे की खिड़की को ताकना और उसके सामने नाचना-गाना, जाल में फँसकर उसके रहमो-करम का मोहताज होना, उसके इशारों पर नाचना, एक बेवकूफ औरत को खुद पर राज करने देना, खुद को डाँटने-फटकारने देना, बेरहमी से उसे खुद से रूठने देना और फिर उसे मनाना-बुझाना, जानते-बूझते हुए खुद को एक औरत के हवाले करना ताकि वह तुम्हें नोचे-खसोटे-धकेले, तुम्हारा मजाक उड़ाए। मैं तुमसे पूछता हूँ कि इस सबमें मर्दानगी कहाँ है ? तुम्हारी दाढ़ी कहाँ है ? वह अभिजात मस्तिष्क कहाँ है जिसे इतना सुंदर और ऊँचा बनाया गया है ?[6]

लेकिन वह उनकी शिक्षाओं का पालन करने और प्रेम से दूरी बरतने का जितना भी प्रयास करता उतने ही अनजाने में उस पर किसी दूसरे की सती पत्नी की चमकीली निगाह की बिजली गिरने की संभावना बढ़ती, ऐसा ही एक दिन फ्रांसेस्को पेट्रार्क के साथ हुआ। यूरोप के साहित्य पर इसका प्रभाव पाँच सौ बरस तक रहा। बुद्धिमंत होने के साथ-साथ पेट्रार्क बहुत दुनियादार भी था और अपने प्रेमोद्वेग की प्रकृति को बहुत अच्छी तरह समझता था, एक पूरी तरह चैतन्य और सावधान प्रक्रम के माध्यम से उसका उदात्तीकरण करके उसने अपने प्रेमोद्वेग को अपने पूरे दर्शन में गूँथ लिया। लॉरा उस तमाम प्रेम और ज्ञान का माध्यम बन गई जिसका सृष्टा एकमेव ईश्वर ही है। उसकी मृत्यु ने प्रक्रम को और भी आसान बना दिया। लॉरेल की देवी, पुखराज और एरमाइन की देवी, सफेद मृग की देवी, कुमारी देवी, लॉरा का प्रेम उसके कंधे पर सलीब और साथ ही सबसे बड़ा वरदान भी था। पूरे जीवन बड़ी जिम्मेदारी से उसे ढोकर उसने उसे अपनी मुक्ति बना लिया। लगभग हर सॉनेट में पेट्रार्क अपने आनंद और अपनी पीड़ा, अपनी देह और आत्मा की संगति बैठा पाता है लेकिन उसके असंख्य अनुगामी न तो इतने बुद्धिमान ही थे और न इतने सौभाग्यशाली। बीट्रिस के माध्यम से शायद दांते ही इस किस्म का गतिशील संतुलन पा सका था, इसका सचेत प्रदर्शन उसने *परगेतोरियो* और *पारादिजो* में किया जब वह पथ-प्रदर्शक के रूप में वर्जिन का स्थान लेकर उसे भगवद्दर्शन कराती है, साधारण लोगों के लिए पेट्रार्कवाद व्यभिचारी ऐंद्रिकता का परिमार्जन बन गया। पेट्रार्कवाद के बचे रहने में एक घटक यह भी था कि पेट्रार्क सामंती

व्यवस्था में नहीं जी रहा था। लॉरा उसके स्वामी की नहीं, उसके समकक्ष नागरिक की पत्नी थी, एक ऐसे नगर-राज्य की नागरिक जिसका ढाँचा पदानुक्रमिक नहीं, नौकरशाही था।

सामंती तंत्र के टूटने के साथ ही पदानुक्रमिक, हठधर्मी धर्मतंत्र छीजने लगा। मध्ययुगीन कैथॅलिकवाद ने अपनी सत्ता को ब्रह्मचारी पुरोहित वर्ग की संततिवत् स्थिति पर आधारित किया था। चर्च के आदेश लगातार ब्रह्मचर्य को बढ़ावा देते थे, पुरोहित वर्ग ही नहीं विवाहित लोगों से भी लैंगिक निरोध का पालन करने की आशा की जाती थी। विवाह की मर्यादा के भीतर सम्भोग पर चर्च द्वारा लगाए प्रतिबंधों और पाप-क्षमा के दौरान पुरोहितों द्वारा पूछे जानेवाले टोही प्रश्नों की सूची आश्चर्यचकित करनेवाली और खासी लंबी है। विवाहित जीवन ब्रह्मचर्य, बाल्य कौमार्य और विधवाओं के निरोध से नीचे की पायदान पर था। कैथॅलिक अनुष्ठानों में दूसरा विवाह सम्मान्य नहीं था। पुरोहित की सौ रखैलें स्वीकार्य होती थीं, एक पत्नी स्वीकार्य नहीं थी। अपनी सामाजिक पद-मर्यादा के चलते विवाह करने को बाध्य एडवर्ड द कनफैसर जैसे संत-रहस्यवादी विवाहित रहते हुए ब्रह्मचर्य का व्रत ले लेते थे। रिफॉर्मेशन में, विवाह को दूसरे दर्जे का माना जाना एक प्रमुख मुद्दा बना। ऑगस्टिनियन संन्यासी मार्टिन लूथर (जर्मन पुरोहित, चर्च में सुधारों की माँग करनेवाले आंदोलन का अगुआ जिसके अनुयायी आगे चलकर कैथॅलिक चर्च से अलग हो गए और प्रोटेस्टैंट कहलाए) ने एक तरफ विट्टेनबर्ग के चर्च के द्वार पर अपने पच्चानवे सिद्धांत रखे और दूसरी तरफ विवाह कर लिया।

शायद रिफॉर्मेशन को समझ पाने का सबसे अच्छा ढंग इसे उन उत्तरी देशों में सामंती तंत्र के पराभव से जोड़ते हुए देखना होगा जहाँ इसका उद्भव हुआ। इंग्लैंड में इसके क्रम में उच्चवर्ग की संस्कृति पर निम्नवर्ग के मूल्यों का प्रभाव खासा साफ दिखाई देता है। गरीब लोग वंश-परंपरा के कारणों से विवाह नहीं करते, न ही वे अपने समकक्षों से विवाह करने के लिए अपने समुदाय से बाहर जाते हैं। गढ़ी के कार्य-व्यापार कभी भी कुटिया के चलन पर आधारित नहीं रहे हैं, सिवाय उस तरह के मामलों के जब कोई सामंत किसी दासी को अपना ले जैसाकि तेरहवीं सदी में बोक्काच्चियो द्वारा रचित और रिनैसाँ युग में बहुप्रचलित[7] पेशेन्ट ग्रिसेल्डा की कहानी में होता है; किसान परिवार की बेटी ग्रिसेल्डा से विवाह करनेवाले सामंत की इस कथा के प्रति पूरे यूरोप के पुनर्जागरण का आकर्षण संभवतः विवाह के बारे में अनौपचारिक और अचैतन्य रूप से चल रहे विचार का ही संकेत है। झोंपड़ी से उठाकर ग्रिसेल्डा को अपने मालिक की विनीत और शिकायत न करनेवाली पत्नी के तौर पर स्थापित कर दिया जाता है। उसका दास्य-भाव तब भी कम नहीं होता जब उसका पति एक और नई, युवा और कुलीन पत्नी ले आता है, ग्रिसेल्डा अपनी भावी सौत का स्वागत करती है, विवाह के लिए उसका शृंगार करती है, परिणामस्वरूप अपने पति को वापस पा लेती है। यह कहानी शासकवर्ग की क्षीण हो चुकी और उन्मादी लैंगिकता पर निम्नवर्ग के *चलनों* के सामान्य प्रभाव को प्रतिबिंबित करती है, अलबत्ता एक विकृत करनेवाले दर्पण में। जब मर्द खोज करता घूमे और औरत

घर का चर्खा चलाए तब स्त्री-पूजन की कोई तुक नहीं बनती। स्वर्णकालीन इंग्लैंड में विवाह और बेटियों को ब्याहने के अतीतमोही और शायद मिथकीय ब्यौरे ठोस बुनावट वाले कृषि-समुदायों में साथ-साथ पल-बढ़कर काम करनेवाले युवा लोगों की प्रशंसा में एकमत हैं। लड़का अपने गाँव की विवाहयोग्य लड़कियों में से अपनी पत्नी चुनता था जिसमें दोनों पक्षों के माता-पिता ने अपनी संतानों के चुनाव को प्रभावित किया होता था, मई के महीने के वसंत-उत्सव और शरद में गिरीफल चुनने जैसे सामूहिक मस्ती-भरे पर्वों के दौरान परिवारों की चाव-भरी निगाह उन पर रहती, प्रेम-निवेदन के लंबे दौर में छोटी-छोटी यादगारें देते-लेते, छुपछुपाकर चूमते वह समय आ जाता जब उसके घर में उसकी दुलहन के लिए जगह खाली हो जाती और मक्खन और पनीर बनाने, गायों को दुहने, शराब बनाने, मेमनों-मुर्गियों की देखभाल करने, चरखे और करघे पर बैठने के लिए एक और जने की जरूरत महसूस होने लगती। घर-गृहस्थी के संचालन के बारे में लिखी गई किताबें उन गुणों की सूची बतातीं जो उसे भावी पत्नी में ढूँढ़ने चाहिए—स्वास्थ्य, शक्ति, उर्वरता, अच्छा स्वभाव और दूसरे लोगों से तारीफ और इसके साथ ही घर के कामकाज में दक्षता[8]। वह एक सहकर्मी के रूप में उसका सम्मान करता और दोनों स्वस्थ और मजबूत होते तो वे एक-दूसरे की चाहत करते। रोमांटिक प्रेम की धारणा एकदम ही असंगत थी। अगर उनकी आयु और सामाजिक प्रतिष्ठा (दहेज और मेहर इसे सुनिश्चित करते थे) का स्तर समान हो तो उनके मिलन में चर्च के नियमों की सनक के अलावा कोई बाधा नहीं रहती थी। विशेष रूप से प्राप्त किए गए विधानों से इन नियमों की बाधा पार की जाती थी। सोलहवीं सदी तक यह नियम रक्त-संबंधों या अफवाहों के काल्पनिक संबंधों या धर्म-संबंधों (धर्ममाता या धर्मपिता के माध्यम से) के आधार पर गाँव के लगभग सभी लोगों के बीच विवाह की मनाही घोषित कर चुके थे।

सोलहवीं सदी तक यह शांत-सौम्य तस्वीर, जो सामंती कैलेब्रिया और सिसिली के विस्तृत कौटुंबिक तंत्रों में अब भी चल रही प्रणय-निवेदन की स्थिति से मिलती-जुलती है, कई तरह की सामूहिक-सार्वजनिक संपत्तियों को व्यक्तिगत संपत्ति घोषित करने के प्रभावों, चर्च की बढ़ती वसूली और शहरी केंद्रों के उद्भव से बिखरने लगी। युवकों की बढ़ती गतिशीलता से ज्ञात समुदाय के बाहर विवाह की संभावना खासतौर पर बढ़ी। जमीन के पट्टे देने के नियमों में परिवर्तन का अर्थ यह हो गया कि अपने माता-पिता के मरकर उसे किसी छोटी-सी संपत्ति का मालिक बना जाने तक कोई युवक विवाह के बारे में सोच ही नहीं सकता था। सत्रहवीं सदी तक इंग्लैंड में एक नया प्रतिमान स्थापित हो चुका था; सगाई के बाद साथ रहना और विवाह की औपचारिकता काफी बाद में पूरी हो पाना। पीटर लैस्लेट ने पाया कि पैरिश (ग्रामीण क्षेत्र में कुछ गाँवों का समूह जो एक चर्च या प्रशासनिक इकाई से प्रशासित होता था) रजिस्टरों में विवाह के पंजीकरण के कुछ ही समय बाद बच्चों के नामकरण के पंजीकरण आम थे, जबकि औसत जीवनावधि को देखते हुए तीस की उम्र में विवाह को बुढ़ापे का विवाह माना

जा सकता है।[9] चर्च का नियंत्रण बहुत पहले ही पैरिश पर से उठ चुका था और विवाहजन्य संबंध और कौटुंबिकता के बारे में उसके अवास्तविक नियमों के परिणामों से निपटने में उसके न्यायालय असमर्थ थे। अधिसंख्य पैरिशों को सुयोग्य पुरोहित उपलब्ध नहीं थे और लोकाचार द्वारा विवाह माने जानेवाले संबंध बढ़ रहे थे। धार्मिक सुधारक विवाह का एक नया सिद्धांत गढ़ने लगे जिसमें विवाह सार्वजनिक और पवित्र था, इतना पवित्र कि पहले-पहल यह अनुष्ठान स्वर्ग में ईश्वर ने किया था। इसका गुणगान जीवन की सर्वोच्च स्थिति के रूप में और नागरिकता और पौरुष के पदों की प्राप्ति की शर्त के रूप में किया गया। साक्षरता में वृद्धि और छपाई के आविष्कार ने सिद्धांत और साहित्यिक उदाहरण की गुंजायश बढ़ाई। अब एक नए, अर्ध-साक्षर पाठक वर्ग के लिए प्रणय-निवेदन और विवाह की कहानियाँ लिखी और छापी जाने लगीं। इनमें से ज्यादातर तो उपदेशात्मक थीं जो 'विवाह कैसे और क्यों' की तर्ज पर थीं; कुछ चेतावनी देती थीं, कुछ पलायनवादी और कुछ सीधे-सीधे खंडन-मंडनवादी। आदर्श विवाहयोग्य युवतियों के बारे में बैलेड लिखे-गाए-सुने जाने लगे जो संभवतः *जोन कैन कॉल बाय नेम हर काउज* (जोन अपनी गायों के नाम पुकारती है) जैसे पुराने गीतों पर आधारित थे।

देखने में भली, स्वस्थ और स्वभाव से अच्छी[10] लड़की को प्रेम-निवेदनों की कमी नहीं रहती थी लेकिन अनुकूलता और लाभप्रदता प्रेम की अनिवार्य शर्तें थीं। उसका पति बूढ़ा, कुरूप या रंडीबाज नहीं होना चाहिए। उसे नीचतापूर्वक पैसे के लिए नहीं ब्याह दिया जाता था, क्योंकि बैलेडों के नायक और उनके प्रशंसक अपने बच्चों को मवेशियों की तरह प्रजनन की दृष्टि से निपटाने के कुलीनों-सामंतों के चलन के घोर विरोधी थे; दूसरी ओर कोई ठाक-ठाक दूल्हा जब तक सही ढंग से खुद को प्रस्तुत न करे तब तक कोई लड़की दुल्हन बनकर पिता के घर से विदा नहीं हो सकती थी। वह उससे अच्छा व्यवहार करने, उसका सम्मान करने और बिस्तर में उसकी इच्छा खुशी-खुशी पूरी करने का वचन देती थी लेकिन ऐसा कोई इशारा नहीं मिलता कि वह प्रेम द्वारा अपने जीवन के कायाकल्प की आशा करती थी। वह खुद को वही मानती थी जो दूसरे उसे समझते थे, सम्भोग को तैयार एक लैंगिक प्राणी, और उसका पति भी इस तरह चुना जाता था, अपने विवाह के दिन वह अपने वधू-अनुचरों और वधू-अनुचारियों द्वारा जगाई जाती, उसे उसका सबसे अच्छा गाउन पहनाया जाता, रोजमेरी के फूलों से सजाया जाता और उसके सिर पर शायद गेहूँ की बालियों का मुकुट भी रखा जाता, जुलूस बनाकर उसे गाँव के चर्च में ले जाया जाता, जहाँ उसे अपने पति द्वारा सुरक्षा और उसकी संपत्ति के एक अंश का आश्वासन मिलता, आशीर्वाद उसे बच्चों की आश्वस्ति और अनाम भय और ईर्ष्या से मुक्ति का वचन देते। पूरे दिन दावत चलती और इस दौरान युवा जोड़ी एकांत के लिए छटपटाती रहती, क्योंकि विवाह ग्रीष्म में होते जब रात ग्यारह बजे तक सूर्य चमकता रहता है; तब उन्हें बिस्तर तक ले जाकर अकेला छोड़ दिया जाता।

सोलहवीं सदी के लोक-साहित्यकारों के अनुसार ऐसा होता था। अक्सर ही ऐसा

नहीं होता था, लेकिन यह गाँव की दरबार से इस शेखी, कि परिचय और माता-पिता के नियंत्रण पर आधारित 'सच्चे प्रेम' के रहस्य सिर्फ उसे ही पता हैं, के लिए न्यायसंगतता उपलब्ध कराता है।[11] लेकिन छपाई के प्रचलन के साथ ही पेट्रार्क-प्रेरित प्रेमोन्माद एक विचार के रूप में अधिकाधिक उपलब्ध होता चला गया और देर में विवाह के प्रचलन से आरोपित लैंगिक निरोध से बौराए युवाओं की अतिसंवेदनशीलता पर इसकी प्रतिक्रिया हुई। अध्यापक, उपदेशक और सुधारक, कामुक किताबों और नाटकों की भरमार का रोना रोते; गद्य में, साहसिकता की आड़ में शूरोचित प्रेम-व्यापार की लंबी कथाएँ लिखी जातीं, कविताएँ अन्यागमन और लैंगिक गुदगुदी के आनंद बखानतीं, नाटक किशोरों की आसक्ति और गुप्त विवाह के बिंब प्रस्तुत करते। अदूषित स्त्रियों की तलाश में, सोलहवीं सदी के प्रारंभ में रतिज रोगों के आगमन ने कई चीजों को जटिल बना दिया था, युवा पुरुष देहात में घोड़े दौड़ाते फिरते और समृद्ध देहाती लड़कियों को सेराफिनो, मैरिनो और एनाक्रियॉन के छंद गाकर फुसलाते। यह सब पेट्रार्क के नाम पर होता जिसे कम ही लोगों ने पढ़ा था।[12] एलिजाबेथयुगीन प्रेस मूर्ख देहाती लड़कियों के कामुक पथभ्रष्टकों की निंदा करते दहाड़ता। एलिजाबेथ और मेरी (स्कॉटलैंड की रानी, एलिजाबेथ की सौतेली बहन; यह कैथॅलिक मतानुयायी और घोर प्रोटेस्टैंट विरोधी थी), दोनों ने देहाती छोकरियों को लुभाकर उनसे विवाह करके उनके दहेज की रकम उड़ाकर उन्हें छोड़ देनेवाले युवकों के विरुद्ध बहुत कड़े राज्यादेश जारी किए।[13] चर्च के अधिकारी वर और वधू, दोनों की पैरिशों में विवाह की पूर्वसूचना घोषित किए जाने का आग्रह करते लेकिन अक्सर यह घोषणाएँ गलत जगहों पर की जातीं या की ही नहीं जातीं। धार्मिक उद्वेलन से विभ्रम और बढ़ा। पुरोहितहीन रह गई पैरिशें बच्चों को वैध घोषित करने की मजबूरी में अधकचरे-कामचलाऊ पुरोहितों पर निर्भर रहने लगीं; विवाह को निष्प्रभावी घोषित करनेवाले हास्यास्पद रूप से बहुशाखीय कानूनों की किसी को जानकारी नहीं थी, सुविज्ञ पक्ष ही अपने हित में उनका उपयोग कर पाते। हम शायद कभी भी यह नहीं जान पाएँगे कि विवाह और विरासत संबंधी सभी प्रश्नों के एकमात्र संदर्भ, चर्च के कानूनों को लेकर जनमानस में संभ्रम और सोलहवीं सदी में आधिकारिक धर्म में परिवर्तनों से कितने लोग पीड़ित हुए। शायद मेरी द्वारा सताए गए, और पुरोहितों द्वारा संपन्न कराए गए विवाहों को स्वीकार करने से एलिजाबेथ के इंकार से हताश, सुधारवादी पुराहितों ने ही संपूर्ण निर्दोष विवाह का मिथक पैदा किया, लेकिन अल्पसंख्यक बहुसंख्यकों की संस्कृति को बदलते हैं और परिवर्तन निश्चित रूप से आ रहा था।

सोलहवीं सदी के अंत तक प्रेम और विवाह, साहित्य में एक महत्त्वपूर्ण विषय के रूप में प्रतिष्ठित हो चुका था। शहराती गृहस्थियाँ अधिकतर एक-युगलीय थीं और जनसंख्या का एक बड़ा हिस्सा अब शहरों में रह रहा था, लेकिन खेतिहर परिवारों में भी 'माता-पिता और संतति' का नमूना बढ़ता दिख रहा था। लेकिन अभी भी यह विकासमान तर्क ही था, सुविकसित पलायनवादी विषय नहीं बन पाया था। शहर ने देहात का अनुसरण किया था जहाँ विवाह सहनशीलता और दो कमरों में एक-दूसरों के

सहारे जीना था, जहाँ तंगदस्ती का पलड़ा भारी रहता था और समृद्धि चार दिन की चाँदनी थी। विवाह को कहानी का *अंत* मानने और 'फिर वे सदा सुख से जिए' की अवधारणाएँ अभी परिपक्व नहीं हुई थीं। एक जीवन-शैली और मुक्ति की राह के तौर पर विवाह के सबसे महत्त्वपूर्ण समर्थकों में शेक्सपीयर एक है। एक को ही समर्पित प्रेम और सहजीवन के आदर्श में जो भलाई है उसमें शेक्सपीयर के योगदान की मात्रा सिद्ध किया जाना अभी बाकी है, लेकिन एक बात साफ है—अपनी नई तर्ज की सुखांतिकाओं में उसकी जितनी चिंता सुखद अंत प्राप्त कर पाने को लेकर थी, उतनी ही चिंता रोमांस, अनुष्ठान, विकृति और सम्मोह के मलबे को साफ करने को लेकर भी थी, और जब हम इस सिद्धांत को काम करते देख पाते हैं तो उसके नाटकों के पाठ में दिखनेवाली कई समस्याएँ हल हो जाती हैं। शेक्सपीयर के नाटकों में विलिंगीवेषधारण पर अक्सर चर्चा होती है लेकिन नायक या नायिका के चरित्र के कई पक्ष प्रकट करने की रीति और रोमांच पैदा करने के उपाय के तौर पर इस पर विचार कम ही हुआ है। जूलिया *(टू जैंटलमैन ऑफ वेरोना)* और वॉयला *(ट्वैल्वथ नाइट)* पुरुषवेषधारण करनेवाली नायिकाएँ हैं जिनका दर्शकों से तादात्म्य है, इनसे विपरीत ध्रुव पर हैं औपचारिकता और बिंबावली के एकदम ही भिन्न स्तर पर स्थित पेट्रार्कीय परंपरा की प्रतिमाएँ सिल्विया और ऑलीविया। नाटक के क्रम में ये देवियाँ अपनी खुद की अत्यंत मानवीय युक्तियों के कारण अवमानना झेलती हैं बल्कि सिल्विया के मामले में तो बलात्कार का प्रयास भी होता है। पुरुषों के कपड़े पहनेवाली लड़कियाँ एक श्रमसाध्य ढंग से अपने मनचीते पुरुषों को पाती हैं, क्योंकि वे घूँघट और नखरेबाजी से काम नहीं ले सकतीं; उन्हें सेवा वसूलनी नहीं, प्रदान करनी होती और चाकरों के रूप में वे अपने प्रेमियों को नितांत नायकत्वहीन रूपों में देखती हैं। *एज यू लाइक इट* में रोजालिंड ओरलैंडो को उसकी अतिवादी प्रेमाकुल भंगिमाओं, पेड़ों के तनों पर घटिया कविताएँ लिखकर उन्हें विरूप करने से छुटकारा दिलाने के उपाय ढूँढ़ निकालती है; विजय-प्राप्ति के दिन एक अपरिचित महिला द्वारा कही गई बातें सुनकर हुआ प्रथम दर्शन का प्रेम एक कामरहित छोकरे के लिए परिचय से उभरे प्रेम का कारण बनता है। यही छोकरा (जो असल में रोजालिंड ही है) उसे स्त्रियों और समय के बारे में बताता है और उसे उसकी भूमिका सिखाने के क्रम में अपनी भूमिका को भी समझता-सीखता जाता है और इस तरह स्त्रियोचितता और प्रतिपाल्यता की सीमाएँ लाँघ जाता है। *रोमियो और जूलियट* में यही प्रभाव रोमियो के जूलियट द्वारा प्रेम की स्वीकृति सुन लेने से पाया गया है, अब औपचारिकता के बहाने तक की गुंजायश नहीं बचती। उनका रोगग्रस्त समाज उनके प्रेम को स्वीकार नहीं करता, इसलिए वे नष्ट कर दिए जाते हैं। शेक्सपीयर का प्रेम हमेशा सामाजिक होता है, यह इन मायनों में रोमांटिक नहीं है कि यह खुद को समाज, परिवार और स्थापित सत्ता से अलग नहीं करना चाहता। *ए मिडसमर नाइट्स ड्रीम* में सम्मोह को दृष्टिभ्रम और पागलपन के रूप में दिखाया गया है, जिससे मुक्ति एक सामुदायिक अनुष्ठान से ही सम्भव हो पाती है। *द मर्चेंट ऑफ वेनिस* में पोर्शिया बैसानियो के मित्र और पोषक एंटोनियो की वकालत

करने के लिए वकील का चोगा पहनकर ही उसे दिखा पाती है कि सीसे का पिटारा चुनकर असल में उसे क्या प्राप्त हुआ, उसका प्रेम-पुरुष समाज को विच्छिन्न करने की जगह उसे एक सूत्र में गूँथता है।

जब चुनाव अति-कमनीय और चंडिका के बीच हो तो शेक्सपीयर की सहानुभूति चंडिका के साथ दिखती है। त्रासदियों की सभी नायिकाएँ कमनीय हैं--लेडी मैकबेथ तक (जिसे अक्सर चुड़ैल ही समझा जाता है) खासतौर पर गरट्रूड, नैतिक रूप से अचैतन्य, असहाय, उत्तेजक; उसकी युवतर संस्करण, शिशुवत ओफीलिया; कामोत्तेजना से भरी गोनरील; योद्धा राजकुमारी कॉर्डेलिया। डेस्डेमोना *(ऑथेलो की नायिका)* घातक रूप से कमनीय है, लेकिन वह यह समझ पाती है और यह जानती हुई मरती है कि कैसे वह ऑथैलो के प्रति असफल रही। सिर्फ क्लियोपेट्रा में ही इतना उपक्रमण और कामना है कि उसे स्त्री नायक का पद मिल सकता है।

मानवी स्त्रियों और मनुष्य से कुछ कम स्त्रियों के बीच का वैपरीत्य सिर्फ सुखांतिकाओं की स्त्रियों और त्रासदियों की स्त्रियों के बीच के अस्पष्ट वैपरीत्य में ही नहीं है। ऐसी स्त्रियों के उदाहरण मौजूद हैं जो प्रेम अर्जित कर सकती हैं जैसे *ऑल इज वैल दैट एंड्स वैल* की हेलेना जो युद्धभूमि के चकलों तक अपने पति का पीछा करती हुई आखिर विवाह और सम्मान की अधिकारिणी बनती है और (*ट्रॉयल्स एंड कैसिडा* की नायिका) कैसिडा जैसी स्त्रियाँ जिन्हें जड़ता और ढीलेपन के कारण सबकुछ खोना होता है। *टेमिंग ऑफ द श्रू* में शेक्सपीयर ने अंतिम दृश्य में दिखाए गए दोनों किस्म के प्रेम-निवेदनों के स्पष्ट मूल्यांकन से प्रदर्शित विवाह के सिद्धांत को प्रस्तुत करने के लिए दो विपरीत किस्म की नायिकाएँ लीं। केट एक ऐसी दुनिया में अपने अस्तित्व के लिए संघर्षरत स्त्री है जहाँ उसकी बहन के ऊँचे बाजार मूल्य के संदर्भ में उसकी बोली लगाई जानी है, लेकिन वह झगड़ालू-बेकाबू बनकर इस पूरे झमेले से बाहर हो जाती है। बियांका ने समझ लिया है कि त्रियाचरित्र और बनावटी सौम्यता के जनाने लटके फायदे का सौदा हैं : वह झूठे आचरण के सहारे अपने लिए प्रणय-निवेदन करती है, अपने पिता और खुद से विवाह के इच्छुक पुरुषों के साथ वह एक खतरनाक खेल खेल रही है जिसमें वह बर्बाद भी हो सकती है। केट दूसरे ढंग से बर्बादी की ओर बढ़ रही है लेकिन सौभाग्य से पेत्रूशियो जैसे पुरुष से उसका सामना होता है जो जानता है कि उसे क्या चाहिए और उसे कैसे प्राप्त किया जाए। उसे केट की उद्दामता और ऊर्जा चाहिए क्योंकि वह एक ऐसी पत्नी चाहता है जो रखे जाने के काबिल हो। वह उसे ऐसे ही साधता है जैसे किसी बाज या कुम्मैत घोड़े को साधता, और वह उसे लैंगिक प्रेम और प्रबल निष्ठा से नवाजती है। ल्यूसेंशियो पाता है कि उसके पल्ले एक ठंडी, निष्ठाहीन स्त्री पड़ी है जो उसे सार्वजनिक रूप से नीचा दिखाने में नहीं हिचकती। केट जैसी स्त्री का समर्पण वास्तविक है क्योंकि वह सचमुच कुछ बलिदान कर रही है, अपना अछूता आत्माभिमान और वैयक्तिकता : बियांका दोहरेपन की प्रतिमूर्ति है जिसने गंभीरता या सद्भावना के बिना ही विवाह किया है। नाटक के अंत में केट के उद्गार

ईसाई एकगामिता का महानतम समर्थन हैं। यह संरक्षक और मित्र के रूप में पति की भूमिका पर टिका है और यह वैध है क्योंकि केट को एक ऐसा पुरुष मिला है जिसमें दोनों ही हो पाने की क्षमता है, क्योंकि पेत्रूशियो सौम्य भी है और सशक्त भी (उसका केट पर हाथ उठाना नाटक का नीचतापूर्ण विकृतीकरण है)। यहाँ शायद दोहरा संदेश दिया जा रहा है : सिर्फ केट जैसी स्त्रियाँ ही अच्छी पत्नियाँ बनती हैं और वह भी सिर्फ पेत्रूशियो जैसे पुरुषों की, बाकी लोग खोटे सिक्कों से दिल बहला रहे हैं।

विवाह को लेकर शेक्सपीयर की दृष्टि में रोमांटिकतावाद कहीं नहीं दिखता। उसने इसे अनुशासन, लैंगिक ऊर्जा, परस्पर सम्मान और ढेरों धैर्य की माँग करनेवाली, जीवन की एक कठिन स्थिति के रूप में पहचाना; वह जानता था कि वैवाहिक समस्याओं के सरल हल कहीं नहीं हैं, और आसक्ति सहजीवन का पर्याप्त आधार नहीं है। उसका जीवनकाल दो अलग-अलग अवधियों को छूता था, प्राचीन राज्य के क्षय और नए राज्य के विकास को, और कैथॅलिकवाद के ध्वंस और इंग्लिश प्रोटेस्टैंटवाद के जमने को; और सृजित ब्रह्मांड, नैतिकता और विज्ञान और कला की अवधारणाओं में उस परिवर्तन को जिसे हम इंग्लिश रिनैसाँ कहते हैं। उसका अधिकांश लेखन इन परिवर्तनों और उनके अर्थ; वैधता और कानून को सहयोग, स्वतःस्फूर्तता और नैतिक जिम्मेदारी से, और प्रकृति व करुणा को सत्ता और प्रतिशोध से संतुलित करने जैसी चीजों के बारे में है।

विवाह के नए सिद्धांत को अपना मिथक चाहिए था और शेक्सपीयर ने वह उपलब्ध कराया। प्रोटेस्टैंट नैतिकतावादी लैंगिक घटक पर कम बल देकर और पति को पत्नी का मित्र कहकर[14] विवाह को व्यभिचार की ओषधि के स्तर से मुक्त करने का प्रयास कर रहे थे। उनके लिए यह अकल्पनीय था कि बच्चे माता-पिता की सहमति के बिना विवाह कर लें, लेकिन यह भी अकल्पनीय था कि विवाहेच्छुओं के एक ही सामाजिक और आर्थिक स्तर, एक ही आयु वर्ग के होने और रोग या अपराध के कारण अपात्र न होने पर माता-पिता विवाह के विरुद्ध हों। अब जब दहेज के तौर पर हस्तांतरित होनेवाली संपत्ति के अधिक चलंतू और बाँटने में आसान होने से एक ओर लड़कियों को चुनाव में और स्वतंत्रता हो गई थी, दूसरी ओर उन्हीं कारणों से पुरानी सुरक्षाएँ अब लागू नहीं हो रही थीं। माता-पिता दूल्हे की पृष्ठभूमि जानने का अधिकार माँगने लगे और अनजान लोगों से विवाह-संबंध से इस कारण डरने लगे कि वह कहीं पहले से ही विवाहित या कंगाल न निकले। देहात विवाह के कारणों में अंतर को लेकर शहर पर वाक्बाण अब भी छोड़ता था लेकिन खेतिहर लोग शहरों में जाकर बस रहे थे और ग्रामीण समुदाय अपने गठेपन को खो रहा था।

जहाँ पत्नी सक्रिय रूप से उत्पादन में जुटी हो, पौधे रोपने, फसल की कटाई के साथ-साथ स्त्रियों के बाकी कामकाज भी कर रही हो, वहाँ सहज ही है कि वह स्थानापन्न फुर्सत की स्थितियों में परिवार की प्रमुख उपभोक्ता नहीं हो सकती। उसे उसका चाम देखकर ही नहीं चुना जाता था, न उसे अपने आकर्षणों को अपने साध्यों के लिए उपयोग करने की नीति का आभास था। इधर-उधर फिरने, बढ़िया कपड़े पहनने और

आफत खड़ी करने का उसे कोई अवसर नहीं मिलता था। विवाह और कुलटा के पति के बारे में लिखे गए लोकप्रिय फार्स का विषय वे शहराती पत्नियाँ थीं जो अपने पति के कामकाज में उसके साथ व्यस्त नहीं थीं, जो दिन-भर अपनी सहेलियों के साथ बैठी शराब पीतीं, इश्कबाजी करतीं, नए फैशन के वस्त्र-परिधान प्रदर्शित करतीं समय बिताती थीं, और अभिसार की अफवाहें फैलाकर या पुरोहित की दिलजोई करके झंझट खड़े करती थीं। अन्त्वान देला सेल का बहुत विस्तृत वर्णन *ल क्विंज जोई द मारिएज* कई सदियों तक लोकप्रिय बना रहा और सोलहवीं सदी के अंत में डेक्कर ने इसका अनुवाद किया।[15] यह किसी स्त्री-द्वेषी का लेखन मात्र नहीं था, बल्कि एक ऐसे पुरुष के हृदय से निकले उद्‌गार थे जिसे लगता था कि वह जीवन-भर स्त्रियों के हाथों शोषित होता रहा है। शहर के बड़े समुदाय में लैंगिक प्रतियोगिता अधिक थी, वहाँ लड़कियाँ कम उम्र में ही प्रसाधनों का उपयोग और लैंगिक प्रदर्शन करके अपने अवसर बढ़ाना सीख लेती थीं, वे अपनी छातियों और कूल्हों को उभारती थीं। उनकी माँएँ इस प्रक्रम पर निगरानी रखतीं और अपनी बेटियों को लैंगिक सौदेबाजी की कला सिखातीं; अगर शामत आ ही जाए और किसी जवान अलकबछेरे के संसर्ग के परिणामस्वरूप कोई बढ़िया रिश्ता खतरे में पड़ता हो तो माँ या तो गर्भपात का इंतजाम करवाती या झटपट किसी आँख के अंधे गाँठ के पूरे के पल्ले बेटी को बाँध देती। इस स्थिति के तनावों को प्रशिक्षण का अनुबंध पूरा होने तक प्रशिक्षुओं को विवाह करने से रोकनेवाले कानून और बढ़ाते, प्रशिक्षण की अवधि पूरी करके अंततः विवाह करने को स्वतंत्र दक्ष कारीगर अक्सर पाता कि उसकी रस-भरी युवा पत्नी किसी फौजी या प्रशिक्षु की जूठन ही है। शहराती पत्नियों को अक्सर कोई काम नहीं रहता था लेकिन दूसरे देशों की तरह, जहाँ शहराती जीवन बहुत पहले ही शुरू हो चुका था, यहाँ की स्त्रियाँ घरों में किसी की निगरानी में नहीं रखी जाती थीं बल्कि घूमने-फिरने और अपने परिचितों से बातचीत करने को आजाद थीं। फ्रेंच और इंग्लिश में लिखे गए फार्सों का प्रमुख विषय उस मेहनती और दब्बू पति की ऐसी पत्नी के जारकर्म होते थे जो घर का कामकाज नहीं करती थी।[16] अभागा पति रोना रोता कि उसकी पत्नी की कामवासना उसके अलावा हर पुरुष को देखकर भड़क उठती है, कि वह नए सुंदर कपड़ों के लिए उसकी जान खाए रहती है ताकि उन्हें पहनकर अजनबियों को रिझा सके, कि पहले ही गर्भधारण का अर्थ उसकी सेहत का गिरना और उसके स्थायी रूप से रोगत्व को ग्रहण कर लेना है। जाहिर है कि यह नमक-मिर्च लगाकर प्रस्तुत किया गया वर्णन है, लेकिन यहाँ मध्यवर्गीय विवाह के लक्षण मौजूद हैं : पत्नी अपने पति की संपत्ति की प्रमुख उपभोक्ता और शोकेस है—निठल्ली, अनुत्पादक, आत्ममुग्ध और कुचक्री। उसे दूसरों पर वरीयता देते हुए, एक लैंगिक वस्तु के रूप में चुना गया था और सम्मोह की बिंबावली उसके मामले में खरी उतरती थी। यह वह वर्ग है जो उच्चवर्ग के व्यभिचारी रोमांस और किसानों के विवाहों की सरल कथाओं से उपजे पलायनवादी विवाह के लोकप्रिय साहित्य से सबसे ज्यादा परिचित था।

लंदन की छोकरियाँ बड़ी बेशर्म
कुछ कहतीं, कुछ करतीं
बिना सुने कलदार की खनक
होने न दें बिस्तर गर्म

करें लटें घुँघराली और छातियाँ फुलाएँ
खुशबूदार ये माल चबाएँ
सूजाक की हैं ये खानें
जो चाहे आए, सूजाक/ले जाए

मैं चाहूँ गाँव की गद्दर छोरी
गाय सी सीधी भोली गोरी
लोटमपोट को हो जाए तैयार
बना ले दूल्हा, जी भर करे प्यार

रंगत जैसे खिला गुलाब
फाख्ता जैसा भला मिजाज
गीत गा गा छैला को बहलाए
और दोनों हाथों प्यार लुटाए

–इंग्लिश बैलेड, वर्ष 1719

जब तक साहित्य ने विवाह के सारतत्व को दृष्टि में रखा, प्रेम और विवाह की कहानियाँ जिंदादिल, अस्पष्ट और समझदारी-भरी रहीं लेकिन जल्द ही सच्चा प्रेम नारा बन गया : गाँव ने इसे अपने उन निष्पाप मिलनों के अर्थ में लिखा था जो अंततः मिल-जुलकर झेले कष्टों और प्रयासों से भरे जीवन तक पहुँचते थे; धार्मिक सुधारकों ने ग्रंथों से निकाली अवधारणा इसमें जोड़ी, 'अपने यौवन की संगिनी का आनंद पाओ, उसके वक्ष सदा तुम्हें आनंदित रखें।' विवाह में लैंगिक आनंद धार्मिक था, साथ ही विवाह कामुकता का इलाज भी था क्योंकि एक अच्छी पत्नी अपने पति की कामवासना को संयमित रखती थी और लज्जा और निग्रह का पालन करती थी, खासकर गर्भधारण और प्रसव के समय। असंयमित भोग को रोग, वंध्यत्व, ऊब, और संतान की विकृति का कारक माना जाता था। इसी वजह से किसी स्त्री का समझदारी के खिलाफ जाकर विवाह करना खासतौर पर भयावह माना जाता था।[17] जिस स्त्री से आप प्रेम करते रहे हों, जिसके पैर पड़कर आप रोए हों, जिसके लिए आपने गीत लिखे हों, उसके साथ विवाह मूलतः गलती माना जाता था। प्रेमपात्री से किए गए वादों और विवाहिता पत्नी जिसकी आशा कर सकती है, उसके बीच अंतर पर शेक्सपीयर ने *द कॉमेडी ऑफ एरर्स* में लूसियाना और एड्रियाना के माध्यम से टिप्पणी की है। विवाह के कुछ ही घंटों बाद हृदयेश्वरी, प्रेम साम्राज्य की स्वामिनी नौकरानी बन जाती है।

चिंतनशील कवियों, नाटककारों और धार्मिक सुधारकों की ओर से डाले गए तमाम दबावों और विवाह-व्यवहार पर नियंत्रण रखने के संपत्तिवान माता-पिता के प्रयासों के

बावजूद, प्रेम और विवाह की गुड्डी चढ़ती रही और इसकी चरम परिणति थी ह्वाइट वैडिंग (परंपरागत ब्रिटिश विवाह जिसमें दुल्हन सफेद गाउन पहनती है और सफेद फूलों से ही विवाह-स्थल और वधू की सजावट होती है)। प्रोटेस्टैंट इंग्लैंड में पेट्रार्कवाद की जो गति हुई उसकी कथा से इस प्रक्रम को कुछ-कुछ समझा जा सकता है। 1590 के दशक के अंग्रेजी सॉनेट या तो सर फिलिप सिडनी के सॉनेटों की तरह एकदम ही अन्यागामी भाव से भरे थे या काउंटेस ऑफ पेम्ब्रोक के कृत्रिम प्रेम से प्रेरित डैनियल के सॉनेटों की तरह पूरी तरह आदरार्थक। व्याट नाटकीय और समकालीन भाषा में किए गए पेट्रार्क के अपने अनुवाद में से वास्तविक भौतिक तनाव के स्वर को बाहर नहीं रख पाया था, लेकिन इस असंगत ऐंद्रिकता से उसका संघर्ष कभी रुका नहीं। सिडनी ऐसा कोई प्रयास नहीं करता। पेनीलोप रिच के साथ उसकी लैंगिक सफलताएँ कविता में दर्ज हैं।[18] इस स्वच्छंदता के विरुद्ध, आधी सदी से लोकापवाद देख रहे और अभिजात वर्ग के चलनों के अंतर के प्रति गहरी चैतन्यता रखनेवाले, विवाह को एक पवित्र शर्त के रूप में स्थापित करने का जेहाद छेड़े हुए समाज की इसी साहित्यिक स्तर की प्रतिक्रिया को सामने आते देर नहीं लगी। प्यूरिटन (शुद्धतावादी) अन्यागमन के लिए और भी कड़े दंडों की माँग करते हुए आंदोलन छेड़े हुए थे, क्योंकि कुछ मस्तानों को सफेद चादर पहनकर चर्च के दरवाजे पर खड़ा होना (व्यभिचारी पुरुष का दंड) सम्मान और शारीरिक शक्ति का प्रमाण लगता था। नब्बे के दशक के शृंगारिक साहित्य में व्यभिचारी तत्त्वों के विरुद्ध प्रतिक्रिया को इस दौर के विवाह-गीतों में देखा जा सकता है जो विवाह के विज्ञापन के रूप में ही लिखे गए थे। इनमें सर्वश्रेष्ठ स्पैन्सर का है, यही पहला अंग्रेजी विवाह-गीत भी है क्योंकि इसके पहले के विवाह-गीत मुख्यतः लैटिन परंपरा से प्रभावित थे, स्पैन्सर ने दुलहनों के सम्मान की देहाती विधियों की स्मृतियों में साँग ऑफ साँग्स (ओल्ड टैस्टामैंट का एक अंश) की बिंबावली को गूँथा और उसमें बौद्धिक सौंदर्य की पूजा के भाव का प्लेटॉनिक बघार भी लगा दिया। इस सबका परिणाम एक काव्यात्मक विजय है, हालाँकि सॉनेटों में जिस क्रमावली का यह अंतिम चरण है वह असफल रही है। स्पैन्सर के बेहद मर्यादित प्रणय-निवेदन के नपे-तुले कदमों के वर्णन के लिए पेट्रार्कीय विधि को अपनाना गलती थी, लेकिन यह एक ऐसी गलती है जो अब भी की जा रही है। उसमें बाकायदा मँगनी होकर बना मंगेतर, खीझ या चिड़चिड़ाहट के दौरे में, पेट्रार्कीय प्रेमी की वेदना और सम्मोह को कृत्रिम रूप से उत्तेजित करता है : वाग्दत्ता के पिता की भृकुटि चढ़ने पर कतई वैध प्रणयी खुद को दीवाना बना लेता है।[19] विलियम हैबिंगटन ने *कैस्टारा* में पेट्रार्कीय विवाह के नए नमूने को एक बोझिल क्रम में प्रस्तुत किया[20] जिससे कि अंतिम रूप से यह सिद्ध हो जाना चाहिए था कि अन्यागमन विवाह की अपेक्षा कहीं अधिक प्रेरक है। विवाह को रोमांटिक प्रेम की *चरम उपलब्धि* के रूप में प्रस्तुत करने में कवियों की अपेक्षा नाटककार अधिक सफल रहे, लेकिन 'शादी-के-बाद-वे-सदा-सुखी-रहे' के मिथक का वास्तविक स्रोत है निठल्ली पत्नियों का समय बिताने के लिए आविष्कृत कला-रूप—प्रेम-उपन्यास।

रिचर्डसन की *पैमेला* इन सबका स्रोत है लेकिन खुद इसी के अस्तित्व के बहुत से स्रोत हैं। छापेखाने के आविष्कार के साथ ही साहित्य अभिजात वर्ग का विशेषाधिकार नहीं रह गया, और ट्यूडॅर शासकों के शासन में शिक्षा के क्षेत्र में हुए विकास और सबको बाईबिल पढ़ाने की, प्रॉटेस्टैंटों की आकुलता के परिणामस्वरूप पलायनवादी साहित्य के सभी रूपों की एक मंडी विकसित हो गई। इनमें से कई तो विवाह को एक साहसिक रोमांच की तरह पेश करते थे। उदीयमान शहरातियों की बेटियों के लिए रोमांस, छुरी-काँटे का उपयोग और सार्वजनिक रूप से न पादने के ज्ञान का स्रोत, एक ही था। साहसिक कारनामे के रूप में विवाह की अवधारणा पहले-पहल मोचियों जैसे महीन काम के कारीगरों की कहानियों में दिखती है, इन कहानियों में गरीब मोची राजकुमारियों को उड़ा ले जाते हैं।[21] धीरे-धीरे गुणवंती, साधारण घर की बेटी द्वारा किसी कुलीन सामंत का दिल जीतने की रूढ़ कहानी गढ़ ली गई, जिसका उदाहरण 'फेयर मेड ऑफ फ्रेसिंगफील्ड' है।[22] नैश, डिफो और नकारात्मक नायकों के बारे में लिखनेवाले अन्य लेखक स्त्रियों द्वारा पढ़े जाने लायक नहीं थे। मॉल फ्लान्डर्स और फैनी हिल सुकोमल रमणियों के लिए उचित नायिकाएँ नहीं थीं। *पैमेला* के दुःख-विपत्तियाँ *द गोल्डन लीजैंड* की तर्ज पर गढ़े गए हैं जिसमें स्वर्ग में ईसा की अछूती दुल्हनों के रूप में खुद को प्रस्तुत करने की राह में कुँआरियाँ संत, शैतान और उसके पार्थिव दूतों के कुचक्रों से जूझती हैं।[23] पैमेला का दिव्य जीवनसंगी जमींदार है, और स्वर्ग है हजारों पाउंड सालाना की आमदनी। रिचर्डसन ने कहानी को जारी रखा लेकिन लैंगिक फंतासी के ढाँचे के प्रति निष्ठा को ध्यान में रखा जाता तो वैवाहिक जीवन और अकल्पनीय सुख में प्रवेश के साथ ही इसका अंत हो जाना चाहिए था। रिचर्डसन के अनुयायियों ने अवर्णनीय का वर्णन करने का प्रयास नहीं किया। हमारे अपने युग तक उपन्यास-उद्योग का एक बड़ा हिस्सा लैंडिंग लायब्रेरियों के आधार पर टिका रह पाया है जो अधिकांशतः *रोमांस* कही जानेवाली उस श्रेणी पर निर्भर हैं जो असल में गृहिणियों द्वारा भुक्खड़ भाव से पढ़ा जानेवाला प्रेम-और-विवाह का पलायनवादी साहित्य है। अब इनकी होड़ सस्ते पेपरबैक्स और फिल्मों, स्त्रियों की पत्रिकाओं और प्रेम-कॉमिकों और सचित्र रोमांसों से है। जिलियन फ्रीमैन को स्त्रियों की एक पत्रिका ने काम देने की पेशकश करते हुए उसे कहानी के बारे में यह दिशा-निर्देश उपलब्ध कराए :

> लड़की सेक्रेटरी हो...उसका प्रेमी उससे ऊँचे सामाजिक स्तर का होना चाहिए—वह मालिक का बेटा, एडवर्टाइजिंग एक्जीक्यूटिव, कोई छात्र या सैनिक...या युवा डॉक्टर हो सकता है। कहानी का अन्त सुखद रहना था, जाति या धर्म का उल्लेख नहीं होना था और प्रेमाचार चुंबन तक ही सीमित रहना चाहिए था।[24]

खुलेपन के प्रचार-प्रसार के तमाम शोर के बावजूद यह मिथक पहले की ही तरह व्यापक है। ज्यादातर मामलों में असल में जो होता है उससे इसका कोई प्रदर्श्य संबंध नहीं है, लेकिन यह तथ्य मिथक के रूप में इसकी प्रभाविता पर टिप्पणी नहीं बन पाता। मिथक सदा से लाखों में एक पुरुष की समृद्धि, उसके सौंदर्य, उसकी लिहाजदारी पर

निर्भर रहा है। दूसरी स्त्रियों को यह बताने के लिए कि एक समृद्ध, खूबसूरत कुशल-प्रणयी, लिहाजदार पुरुष हासिल कर पाने में उनकी असफलता उनके हीन कर्मफल या कम आकर्षण शक्ति की परिचायक है, हजारों स्त्रियाँ लाखों-में-एक-पुरुष पा लिए होने की डींग हाँकने को तैयार रहती हैं।

> **जब कोई आपको डिनर पर कहीं ले जा रहा हो तो संभावना यही है कि आप उसके जीवन में खास जगह रखती हैं। डिनर के लिए ले जाने का मतलब है कि आप पर बटुआ-भर कलदार खर्चने और इससे भी बढ़कर मेज के दूसरी तरफ बैठकर खाना खाते और बतियाते हुए काफी समय गुजारने में उसे कोई हर्ज नहीं दिखता। और, इसका मतलब यह भी है कि आपके और हैडवेटर के पीछे मेज तक चलते हुए, वह आपको लेकर गर्वित महसूस करना चाहता है।**
>
> **–'डेटबुक्स कम्प्लीट गाइड टु डेटिंग', 1960, पृ. 115**

इस देश की आधी से अधिक स्त्रियाँ घर के बाहर और घर के अंदर भी काम करती हैं क्योंकि उनके पति उन्हें और उनके बच्चों को एक अच्छा जीवन-स्तर उपलब्ध करा पाने लायक धन नहीं कमाते। इससे भी ज्यादा स्त्रियाँ जानती हैं कि उनके पति तोंदिल, ठिगने, खिलाड़ी से न दिखनेवाले हैं, वे खर्राटे लेते हैं, या उनके पसीने से दुर्गंध आती है, या वे अपने कपड़े यूँ ही बिखरे छोड़ देते हैं; बहुसंख्य स्त्रियाँ पति के आलिंगन में आनंद नहीं पातीं और ज्यादातर स्त्रियों को शिकायत रहती है कि उनके पति उन छोटी-छोटी चीजों को भूल जाते हैं जो बहुत महत्त्वपूर्ण हैं, लेकिन फिर भी मिथक, मिथक के तौर पर अवैध नहीं हो जाता। हमेशा कोई न कोई कारण ऐसा ढूँढ़ लिया जाएगा जिसके कारण मिथकीय प्रतिमान से यह विचलन संभव हुआ : सरकार, करों की ऊँची दर, बैठे-बैठे काम करना, बीमारी, या कोई साधारण-सी गलती, या इसी एक मामले में असफलता। मिथक द्वारा दिखाई राह का अनुसरण करनेवाली अधिकांश स्त्रियाँ रोज-ब-रोज की दिक्कतों के बावजूद खुश होने के दावे को एक धार्मिक नियम ही बना लेती हैं और तथ्यों द्वारा प्रस्तुत विपरीत परिणामों के बाद भी इस पर अड़ी रहती हैं, क्योंकि हताशा को स्वीकार करने का अर्थ है असफलता को स्वीकार करना और प्रयास करना छोड़ देना। अपनी निरानन्दता की वजहें मिथक में ही ढूँढ़ने की बात उन्हें कभी नहीं सूझती।

निचले वर्गों की स्त्रियों ने हमेशा श्रम किया है। नौकरानियों के तौर पर, फैक्ट्री-मजदूरों के तौर पर, या दर्जिनों, या अपने ही घरों की नौकरानियों के तौर पर; हम आशा कर सकते हैं कि मध्यवर्गीय मिथक का प्रभाव उनके मानसों पर इतना प्रबल नहीं होगा। लेकिन दुखद तथ्य यह है कि अधिकांश कामगारवर्गीय परिवार 'तरक्की' और 'आत्म-सुधार' करते हुए मध्यवर्ग में शामिल होते जा रहे हैं। बहुत ही ज्यादा मामलों में पत्नी के काम को 'कामचलाऊ' माना जाता है, मकान खरीदने या उसे ठीक-ठाक करवाने में उसका अवदान। सर्वशक्तिमान पति उस दिन का इंतजार करता है जब वह घर में ही रहती हुई बच्चों को जन्म दे पाएगी। अगर वे ऐसी व्यवस्था न भी कर पा रहे हों तो भी वे मानते हैं कि अम्मा को तो पापा और बच्चों के लिए घर को आरामदेह बनाना और घर

पर *ही रहना चाहिए*। कुछ विशिष्ट मामलों में तो पति पत्नी के पोंछा लगाते दिखने को अपने पुरुष रोमांटिकवाद की शान में गुस्ताखी तक मान सकता है। अक्सर तो होता यह है कि उसकी पत्नी का काम उसके लिए वह संपत्ति जुटाता है जो उसे सदा के लिए मध्यवर्ग में पहुँचा देगी; इसके पीछे मिथक सुरक्षित रहता है, खतरे से दूर।

विवाह मध्यवर्गीय मिथक का प्रमुख अनुष्ठान है और यह मध्यवर्ग में पति-पत्नी की आधिकारिक प्रविष्टि का काम करता है। विवाह के लिए पैसा बचाने का असली अर्थ यही है। युवा जोड़ी आरामदेह जीवन की वह छवि प्रस्तुत करने के लिए संघर्ष करती है जिसे बनाए रखना बाद के वर्षों में उसकी मजबूरी बन जाएगी। विवाह समारोह के आयोजन की लागत के बारे में फैसले, उस दुकान को चुनने से शायद कम...पुरुष के सामाजिक और आर्थिक संगठन के माध्यम से जब वह निर्भर हो गई और परिणामस्वरूप जब वह जाँचने-छाँटने लगा...स्त्री को उसे लुभाना पड़ा; और उसने अपनी सहजात निष्क्रिय कलाओं को ही इस्तेमाल नहीं किया, उस तमाम चमक-दमक को अपनाया जो प्रणय-निवेदन में पुरुष की उपादान होती थी और जिसे पेशेगत कामकाज से जन्मी उच्चता के चलते ही वह छोड़ पाया था। आकर्षक होने की नई प्रेरणा और आकर्षणों की श्रेणी में शृंगार के जुड़ जाने से, स्त्री ने प्रणय-याचना को लेकर लगभग आक्रामक भंगिमा अपना ली है।

–डब्ल्यू. आई. थॉमस, 'सेक्स एंड सोसायटी', 1907, पृ. 235

विवाह-समारोह मध्यवर्गीय धर्मशास्त्र का सबसे महत्त्वपूर्ण उत्सव है, इसके रास्ते दंपति आधिकारिक तौर पर अपनी मध्यवर्गीय दुनिया में दाखिल होते हैं। विवाह-समारोह में ही शादी के लिए बचत अपने वास्तविक अर्थ पाती है। इस अवसर पर युवा जोड़ा उस आरामदेह जीवन का एक खाका खींचने की कोशिश करता है जिसे उन्हें आनेवाले दिनों में जीना है। उत्सव में होनेवाला खर्च उस दुकान के चुनाव से कम महत्त्वपूर्ण है जहाँ *लिस्ट* रखी जाएगी (पश्चिम में वर-वधू अपनी जरूरत के उपहारों की सूची किसी बड़े स्टोर को देकर आमंत्रितों को सूचित कर देते हैं, जो अपनी जेब देखते हुए उपहार खरीद देते हैं)। परिवार जितना ही ऊँचे दर्जे का होने का दिखावा कर पाएगा, उतने ही मँहगे उपहार शॉवर (भावी वधू या माँ के लिए दी जानेवाली छोटी पार्टियाँ जिनमें उन्हें जरूरी चीजें उपहार के तौर पर दी जाती हैं), किचन टी (नए घर या गृहस्थी की रसोई या नई बनी रसोई के उद्घाटन की चाय-पार्टी) वगैरह के माध्यम से वसूले जा सकेंगे। कस्बे के सबसे महँगे स्टोर में रखी गई लिस्ट भावी जोड़ी और उनके परिवारों को उच्च-उपभोग के खाँचे में पहुँचा देती है। परिणाम होता है : बढ़िया व्यापार और दोनों पक्षों की संतुष्टि। हैरोड्स (लंदन का विश्वविख्यात स्टोर) दुल्हन को आश्वस्त करता है कि 'आप बस दूल्हा ढूँढ़िए, बाकी सब हम कर लेंगे।' कुछ स्टोर जिनकी मँगनी की सूचना अखबार में छपी हो, उन लड़कियों को अपनी लिस्टें उनके यहाँ रखवाने को आमंत्रित करते हैं। लंदन का एक स्टोर इसी व्यवसाय से, मुख्यतः दुल्हन की माँ को बहला-फुसलाकर बीस से तीस लाख पाउंड सालाना की रकम उगाहता है। महँगे स्टोरों को एक लिस्ट से करीब पाँच सौ पाउंड का व्यापार मिलने की आशा रहती है, हालाँकि सबसे महँगे स्टोर ने पाया कि उनके यहाँ से विवाह के उपहार आमंत्रित लोगों

में से आधे ही खरीदते हैं।[25] सच्चा प्रतिमान इन मायनों में जड़ें जमा चुका है कि इस जबर्दस्त उपभोग का सूत्रपात और नियंत्रण खुद दुल्हन करती है, इसी तरह दुल्हन का गाउन और गहने और स्त्री आमंत्रितों की वेशभूषा, पूरे खानदान का फैशनेबल होना स्थापित करेगी, जैसे सगाई के बाद उसकी अँगूठी के हीरे के आकार से उसकी सहेली ने विवाह की लॉटरी में उसकी सफलता का अंदाज लगाया था। उपभोग के ऊँचे स्तर को विवाह के बारे में फिल्मों, नाटकों, और किताबों की बिंबावली लगातार बनाए रखती है, जिसमें हर घर गर्म और रोशनी से भरा होता है, हर पत्नी छरहरी और सुदर्शना, और हर पति सफल होता है।

उन पुरुषों की संख्या जानकर कोई आश्चर्य नहीं होना चाहिए जिनकी पत्नियाँ संतोषजनक कामोत्कर्ष नहीं पातीं। बात वाइब्रेटर्स की चली है तो मैं कहना चाहूँगा कि यह लिंग के आकार का बैटरीचालित मॉडिल नहीं होना चाहिए जिसे बच्चों के हाथ लग जाने पर 'छिपाना' कठिन होता है। हमारे पास एक औसत पिफ्को (मॉडिल) है और यह सचमुच शानदार है। मैं शर्त लगाता हूँ कि ऐसा हो नहीं सकता कि इससे भगशिश्न को छेड़े जाने के बाद भी किसी की पत्नी कामोत्कर्ष प्राप्त न कर पाए।

–आर.डब्ल्यू. (चेशायर), फोरम, खंड-2, अंक-8

यह मिथक अनायास ही व्याप्त है, ठीक लॉटरी जीतने की क्षीण आशा की तरह। *संडे टाइम्स* में किसी लखपति की पत्नी के बारे में पढ़ते हुए कोई भी थकी-त्रस्त स्त्री सपना ले सकती है कि उसके, 'तीन बच्चे, एक रसोईदारिन, एक आया, दो साफ-सफाई करनेवाले, दो माली, एक रॉल्स-रॉयस, एक फियेट, एक गाड़ी नौकरों के लिए, एक हैलिकॉप्टर, चेशायर में कंट्री-होम, बेल्ग्रैविया (लंदन का फैशनेबल इलाका) में एक फ्लैट है 'और' मेरे पति ने गुच्ची से मेरे लिए मगरमच्छ की खाल का बना एक बहुत सुंदर छोटा-सा बैग खरीदा है जो ज्यादातर कपड़ों के साथ चल जाता है। मैं नहीं जानती कि वह कितने का है। उन्होंने मुझे मैक्सवैल क्रॉफ्ट का डिजाइन किया एक मिंक की खाल का कोट भी दिया, गहरे भूरे रंग का...हाँ, हाँ, मैं अपनी नाइटियाँ और नाइट गाउन फॉर्टनम से ही खरीदती हूँ। उनकी कीमत...मुझे नहीं पता। कभी-कभी मेरे पति ही मेरे लिए खरीद देते हैं जिससे, जाहिर है, मुझे बहुत खुशी होती है...गहने भेंट करने के मामले में मेरे पति का जवाब नहीं।'[26] *संडे टाइम्स* पढ़कर जलती-भुनती स्त्री यदि उद्योगपति की सेक्रेटरी का उसे यह याद दिलाना कि आज विवाह की या पत्नी की वर्षगाँठ है और फिर लंच टाइम में बाजार जाकर जौहरी के कारिन्दे द्वारा चुना गया गहना ले आना देख पाए तो सारा गुड़-गोबर हो जाएगा। ऐसा लगता है कि कठिनाइयों में प्रेम मर जाता है या भूमिगत हो जाता है और बहादुर पत्नी कहती है, 'मैं जानती हूँ, वह मुझसे प्रेम करते हैं। वे ज्यादा कहते नहीं और हम चूमाचाटी के दौर से आगे आ चुके हैं। लेकिन वह ऐसा कुछ नहीं करेंगे जिससे मुझे या बच्चों को तकलीफ हो।' यह कल्पना करना आसान है कि दरवाजे के आस-पास गुलाबों की झाड़ियोंवाली कुटिया में, या चेशायर के उस घर

में जहाँ एक रसोईदारिन, एक आया, दो माली और दो सफाईवाले हैं, जहाँ गृहस्वामिनी हमेशा सुवासित-सुंदर, फॉर्टनम के बेहतरीन कपड़ों में लिपटी, अपने विजयी पति की प्रेमल बाँहों में सुखी-तुष्ट रहती हैं; प्रेम बचा रह पाता है।

> हम सब यह जानते हैं कि दंड पाने के लिए स्त्री की ओर देखने की पुरुष में सहजवृत्ति है। माँ और बच्चे के संबंध से जन्मा यह भाव नैसर्गिक है। अपने पति में बराबर उठती रहनेवाली दंड पाने की भावना में मैं एक इच्छुक भागीदार हूँ, इस घटना की रत्यात्मकता के कारण ही नहीं बल्कि इसलिए भी कि इस क्षेत्र में मेरे प्रयासों का भरपूर फल मुझे और तरह से मिल जाता है।
>
> मैंने पाया है कि मेरे पति में लैंगिक मामलों में ही नहीं, घरेलू मामलों में भी मुझे प्रसन्न करने की एक लगभग न बुझ पानेवाली कामना है, उन्होंने घर के काम, खरीदारी, कपड़ों की धुलाई-इस्तरी की जिम्मेदारियाँ खुद ले ली हैं। बस मेरे मुँह खोलने की देर है और एक नई शेल्फ बन जाएगी, ओवन साफ हो जाएगा, कमरा सज जाएगा। अब मैं उन्हें पाककला में रुचि लेने को प्रेरित कर रही हूँ।
>
> अपने ही अनुभव से नहीं, दूसरे विवाहों को देखकर भी, मैं इस निर्णय पर पहुँची हूँ कि मेरे पति असामान्य नहीं हैं। मुझे विश्वास है कि पत्नी द्वारा यह पूछे जाने पर कि क्या वे बेंत से पीटे जाना चाहेंगे, दस में से नौ पति 'हाँ' कहेंगे।
>
> (श्रीमती) एल.बी. (एसेक्स), फोरम, खंड-2, अंक-3

लेकिन यह सच नहीं है और कभी सच नहीं था, और अब पक्की बात है कि कभी भी सच नहीं हो पाएगा।

परिवार

बत्तख माँ, बत्तख पापा और नन्हे-नन्हे बत्तख बच्चे : पिता द्वारा शासित और पालित और माँ द्वारा पोषित परिवार हमें प्रकृति की व्यवस्था में ही अंतर्निहित लगता है। माँ गोरिल्ला जब शिशु को जन्म देकर उसे पाल रही होती है तब पापा गोरिल्ला उसकी रक्षा को तत्पर रहता है, वन के खतरों से उसे बचाता। तब भी, जब वन में कोई खतरा नहीं था, आदम संधान करता फिरता था और ईव कताई करती थी और परमपिता ईश्वर उनका पिता था और अगर उनका व्यवहार अच्छा रहता था तो झुटपुटे में वह उनके साथ चलता था। जब उन्होंने बुरा काम किया तो वे स्वर्ग के बगीचे से बाहर फेंक दिए गए और फिर उन्होंने अपना परिवार पैदा कर लिया। जैसेकि भाई-बहन लड़ते ही हैं, उनके बेटे भी लड़े और यूँ दुनिया में हत्या आई। अप्रामाणिक ग्रंथों में कहीं लिलिथ फिर रही थी, लुभाकर नाश की ओर ले जानेवाली, जो प्रेम और स्वच्छंदता प्रस्तुत करके परिवार के ढाँचे के लिए खतरा खड़ा करती थी। आदम के पोतों ने वासना से जन्मी बेटियों के साथ जोड़े बनाए। ओल्ड टेस्टामेंट में पितृप्रधान परिवार के उद्‌भव का मिथक अस्पष्ट-सा है : पिता प्रतिशोध के भाव से भरा है, माँ उसकी दासी है, भाई पिता के प्रेम के लिए आदिम अपराध करते हैं : हत्या; और पारिवारिकता की कैद के बाहर खड़ी छिनाल इशारे करती है। लेकिन इसी स्रोत से आधुनिक ईसाइयत ने एकयुगलीय परिवार का अपना ही मानदंड विकसित किया और उसे प्राकृतिक विधान में प्रतिबिंबित माना। राज्य का ढाँचा, जिसे परिवारों के एक समूह से ज्यादा कुछ नहीं माना जाता, प्राकृतिक विधान को प्रतिबिंबित करता है : राजा/राष्ट्रपति एक बहुत बड़े परिवार का सदय, लेकिन न्यायप्रिय पिता है। चर्च ने भी एक प्रमुख, स्वयं परमात्मा के स्थानीय प्रतिनिधि को स्वीकार किया। पुरुष आत्मा था, स्त्री देह; पुरुष मस्तिष्क था, स्त्री हृदय; पुरुष इच्छा- शक्ति था और स्त्री उद्वेग। लड़के अपनी पुरुष-भूमिका पिता से सीखते और लड़कियाँ अपनी स्त्री-भूमिका माँ से। देखने में यह स्पष्ट, सरल और अपरिवर्तनीय लगता है। पिता पर अपने आश्रितों की जिम्मेदारी थी; वह संपत्ति का स्वामी था और इसे अपने नाम के साथ अपने बड़े बेटे को दे जाता था। समाज-वरिष्ठों से लेकर गरीब-से-गरीब प्रजाजन तक, आदेश का क्रम पूरा था।

लेकिन फिर भी, जो इतना आवश्यक और अवश्यंभावी लगता है वह एकदम ही अनिश्चित है। पितृसत्तात्मक परिवार स्त्रियों द्वारा पुरुषों को मुफ्त दिए गए पितृत्व के

अधिकार पर निर्भर है। पितृत्व कोई अंतर्भूत संबंध नहीं है : यह सिद्ध नहीं किया जा सकता। कड़ी-से-कड़ी निगरानी भी अंतिम रूप से यह सुनिश्चित नहीं कर सकती कि कोई पुरुष अपने पुत्र का पिता है ही।

> पुरुषों के अस्तित्व का कोई और उपाय नहीं है सिवाय
> स्त्रियों के आधे-योगदान के ? हम सब हरामी हैं...[1]

आधुनिक परिवार पत्नी की स्पष्ट या प्रच्छन्न दासता पर टिका है...परिवार के अंदर वह (पुरुष) बुर्जुआ है और उसकी पत्नी सर्वहारा का प्रतिनिधित्व करती है।

—फ्रीडरिख एंगेल्स

'द ओरिजिन ऑफ द फैमिली', 1943, पृ. 79

जब विरासत में दिए जाने के लिए संपत्ति और बनाए रखने के लिए वैधता थी तब स्त्रियों को पहरुओं से घेरकर रखना, उन्हें एक ही जगह पर रखना और गतिशीलता और अभिव्यक्ति की उनकी प्रेरणाओं और सहज उत्सुकता को जितना संभव हो उतना अविकसित रखना जरूरी था। युद्ध पर जाते हुए योद्धा सामंतों द्वारा पत्नियों को पहनाई गई चेस्टिटी बेल्ट उस संघर्ष की, पेट पर बाड़ बाँधने के प्रयास की निष्फलता का बाहरी सूचक थी। आजकल स्त्रियाँ विश्वास की माँग करती हैं और वैध संतति के माध्यम से अमरत्व सुनिश्चित करने के अपने करार के बदले में सुरक्षा, भोजन और सिर पर छत का सम्मान करते हुए पैतृकता के बारे में आश्वस्ति उपलब्ध कराती हैं।

किसी युवक द्वारा अपनी दुल्हन को एक ठीक-ठाक फ्लैट में प्रतिष्ठित करके जिस परिवार को स्थापित किया जाता है वह असल में पैतृकता सुनिश्चित करने के कार्य के लिए बहुत मुफीद नहीं है। दिन के अधिकांश समय पत्नी अकेली, बिना निगरानी के छोड़ दी जाती है, उसी अनुपात में विश्वास की माँग बढ़ती है। आधुनिक परिवार में पति के हितों की रक्षा के लिए न तो नौकर हैं और न रिश्तेदार और फिर भी इससे पहले के तमाम पितृसत्तात्मक रूपों के तार्किक परिणाम के तौर पर यह स्वाभाविक और सही लगता है। असल में तो एक युगलीय परिवार, जिसे नृतत्त्वशास्त्री और समाजशास्त्री केंद्रीय परिवार कहते हैं, संभवतः अब तक विकसित तमाम पारिवारिक पद्धतियों में सबसे अल्पजीवी है। सामंती युग में परिवार का स्वरूप तने जैसा होता था : परिवार का मुखिया, सबसे बड़ी आयु का, पिता होता था जो कई बेटों और उनकी पत्नियों और बच्चों पर राज करता था। घर का कामकाज स्त्रियों के पद के अनुरूप उनमें बँटा रहता था : कपड़े धोना, कताई और बुनाई अविवाहित बेटियों का काम था, बच्चे पैदा करने की आयु की पत्नियाँ बच्चे पैदा करतीं, बड़ी उम्र की पत्नियाँ बच्चों की सार-सँभाल करतीं और खाना पकातीं, सबसे बड़ी आयु की पत्नी पर घर के कुशल संचालन की जिम्मेदारी रहती, लाल ईंटोंवाले मकान के विलगाव का वहाँ अस्तित्व ही नहीं था। तनातनी होती थी लेकिन अकेले पड़ गए पति-पत्नी के बीच सीधे-सीधे टकराव की सघन अंतर्मुखी छटपटाहट वह

कभी नहीं बन पाती थी। परिवार की समस्याओं को परिवारिक गोष्ठी में चुनौती दी जा सकती थी और वरिष्ठ जनों के फैसलों का सम्मान किया जाता था। साथ रहने के लिए रोमांटिक प्रेम की प्रेरणा का महत्त्व नहीं था। अपने घर में खप पाने लायक स्त्री से संतानोत्पत्ति की पुरुष की इच्छा ही काफी थी। हताशा, कुढ़न और ऊब के लिए गुंजाइश कम ही थी। इस व्यवस्था से बच्चे लाभान्वित होते जैसेकि ग्रीस, स्पेन और इटली के कुछ हिस्सों में वे अब भी होते हैं। दादा या किसी अविवाहित चाचा या कुँआरी बुआ के पास सवालों के जवाब देने, कहानियाँ सुनाने, नए हुनर सिखाने या मछली पकड़ने जाने जैसे कामों के लिए हमेशा ही समय रहता। बच्चे जैसे ही खुद घूमने-फिरने लायक होते, उन्हें थोड़ी-सी जिम्मेदारी दे दी जाती—मुर्गियों या कबूतरों या भेड़ या बकरी के बच्चों को पालना। बड़े जब रसोई में बैठे गप्पें मारते तब उन्हें अँधेरे कमरे में सोने के लिए नहीं भेज दिया जाता था बल्कि उन्हें बड़ों की बातें सुनने और सीखने दी जाती थीं और आखिर किसी की गोद में वे सो जाते थे। फिर बिना जगाए, कपड़े बदलकर उन्हें बिस्तर में सुला दिया जाता था। पीढ़ियों के अंतर का सवाल ही नहीं था क्योंकि घर में सभी आयुवर्गों के लोग होते थे। दक्षिणी इटली के एक छोटे से गाँव में रहते हुए मुझे ऐसा ही एक परिवार देखने को मिला जो बेहद गरीबी और परिवार के ज्यादातर पुरुषों की अनुपस्थिति के बावजूद एकजुट बना हुआ था। उनके बच्चे मेरे अब तक देखे बच्चों में सबसे प्रसन्नचित्त, सबसे कम लज्जालु और सबसे कम चिड़चिड़े थे। उनके अड़ोसी-पड़ोसी क्योंकि उनके कुटुंबी ही थे इसलिए उस समुदाय में बहुत जुड़ाव था। इस तरह के सामूहिक जीवन की माँगों ने शिष्टाचार के कड़े नियमों को जन्म दिया था जिनका हमेशा ही सम्मान होता था। कुटुंबी परिवारों के बीच वस्तु-विनिमय के कारण ही हम भूखों मरने से बचे रहे क्योंकि खुले बाजार में वसूली जा रही कीमतों पर तो हम खाने-पीने का सामान खरीद ही नहीं पाते।

तना-परिवार जुड़ाव का एक स्रोत उपलब्ध कर सकता है जो राज्य के नियंत्रण के प्रतिकूल होगा क्योंकि वह अचल है और उसकी निष्ठा अपने ही प्रति है। जब इस सिद्धांत का उपयोग प्रतिष्ठित सत्ता के विरुद्ध होता है तो इसकी परिणति माफिया के कुख्यात *फामिग्लिया* (परिवार) में हो सकती है। पारिवारिक सम्मान के अनुष्ठानों में *प्रतिरोध* और *मृत्यु* जैसे असामाजिक स्वरूप जुड़े रहे हैं लेकिन इनका तब तक महत्त्व नहीं है जब तक पारिवारिक, क्षेत्रीय समुदाय को राजनैतिक सत्ता से खतरा न हो। अमेरिकी मुक्तिदाताओं ने सिसली में माफिया के सांगठनिक महत्त्व को तुरंत पहचाना लेकिन उन्होंने यह नहीं देखा कि जिस किस्म के जुड़ाव का वे फायदा उठाना चाहते थे वह पहले ही बीते जमाने की बात और आर्थिक रूप से अलाभकारी हो चुका था।

औद्योगीकरण और शहरीकरण के संपत्ति के बँटवारे को बदलने और श्रम की गतिशीलता की माँग करनेवाले प्रभावों ने पश्चिमी यूरोप में सोलहवीं सदी से कुछ पहले खत्म हो चले तना-परिवार के क्षय के क्रम को गति दी। जमीन की पट्टेदारी के नियमों में बदलाव, क्षेत्रीय सत्ता का क्षय, प्रशासन का केंद्रीकरण, अनिवासी जमींदारों के वर्ग

का अभ्युदय; इन सबका योगदान एकयुगलीय परिवार के विकास में रहा लेकिन सामुदायिक जीवन के जिस शाखा-पत्रविहीन ठूँठ में यह बदल गया है वह हाल ही की घटना है। जब कामगार समुदायों के सबसे ज्यादा लोग बड़े-बड़े घरों में काम करते थे, जब बूढ़कुँआरी बेटियाँ और अविवाहित बेटे परिवार के बीच रहते थे, जब बेटे और बेटियाँ अक्सर ही दूसरे परिवारों में काम करने के लिए भेज दिए जाते थे, उन दिनों परिवार एक जीती-जागती सत्ता होता था जो बाहरी प्रभावों को ग्रहण कर पाता था। पति और पत्नियाँ अपने संबंध को लेकर अतिअंतर्मुखी नहीं हो सकते थे। विवाह-विच्छेद के विरुद्ध बने कानून, लोकमत और परिवारों का अनियंत्रित आकार उनके संबंध को सहारा देता था। बुढ़ापे में माता-पिता की देखभाल घर में ही होती, वे घर में ही रखे जाते। लेकिन अब पारिवारिक व्यवसाय नहीं रह गया था, विकसित किए जाने के लिए विरासत नहीं बची थी। शहरी समुदाय की सघनता ने एकदम पासवाले पड़ोसियों से अपरिचय को आवश्यक बना दिया था, काम करने की जरूरत बेटों को परिवार से बाहर ले जाती। शिक्षा के प्रभाव से परिवार और भी बिखरे, खासतौर पर तब जब आवश्यक शिक्षा ने एक ऐसी पीढ़ी खड़ी कर दी जो अपने माता-पिता से कहीं ज्यादा साक्षर थी। हर पीढ़ी में बढ़ता शिक्षा का विस्तार इस प्रभाव को और लंबा खींच रहा है। जब तक इब्सन और स्ट्रिंडबर्ग घरेलू त्रासदियों पर आधारित नाटक लिखने लगे तब तक परिवार एक ऐसी कैद बन चुका था जिसमें युवा लोग बूढ़ों के मुर्दा हाथों की जकड़न से छूटने को कसमसाते, जहाँ बाहर मौजूद समाज का प्रतिनिधित्व पुलिसवाला, डॉक्टर और पादरी करते, जहाँ नौकर बेगाने और वर्गशत्रु होते। प्यूरिटन (शुद्धतावादी) नैतिकता ने पाखंड, हताशा और पोर्नोग्राफी को जन्म दिया था। पति और पत्नी अहर्निश हत्या के नाच में एक-दूसरे से गुँथे थे। पिता-सरंक्षक, जो श्रेष्ठता या शक्ति का कोई और क्षेत्र नहीं अपना सकता था, वह मुख्यतः नैतिक निर्णायक बन गया हालाँकि इस भूमिका में वह पूरा नहीं बैठता था : पत्नी छल-बल करनेवाली गुड़िया थी, अपने पति से उसका मोहभंग हो चुका था, उसकी अपनी अकर्मण्यता और महत्त्वहीनता उसे कड़वाहट से भरी और दिग्भ्रमित बनातीं। वेब्लेन ने जिसका वर्णन किया, फुर्सत का वह चक्र दूसरों के माध्यम से पूरा हो चुका था, स्त्रियों की व्यस्तताएँ पहले से भी कहीं ज्यादा अर्थहीन थीं। विवाहित लोगों की कड़वाहट इतने स्पष्ट रूप से नाशक बन गई थी कि ज्यादातर पश्चिमी देशों में विवाह-विच्छेद को आसान बनाने के कानून प्रचलित होने लगे। स्त्रियाँ घरेलू नौकरी के अलावा काम करने के अधिकार के लिए शोर मचाने लगीं और विस्तृत होते उद्योग को उनकी जरूरत पड़ने लगी, खासतौर पर पहले विश्वयुद्ध के कारण कामगारों की संख्या में आई कमी की वजह से; अविवाहित स्त्रियों की संख्या और भी बढ़ी जिससे सदी की शुरुआत से ही चली आ रही समस्या और गंभीर हो गई। धीरे-धीरे विक्टोरियायुगीन बड़े-बड़े मकानों को छोटी-छोटी इकाइयों में विभाजित कर दिया गया। और भी सघन बसे आवासीय क्षेत्र की जरूरत ने फ्लैट को जन्म दिया। बूढ़ों, बीमारों, मानसिक रूप से पिछड़े और अस्वस्थ लोगों की देखभाल जैसे बड़ी गृहस्थी के कई क्रियाकलाप राज्य

के सिर पड़ गए।

साठ के दशक का परिवार छोटा, आत्मलीन, आत्मकेंद्रित और अल्पजीवी है। प्रशिक्षण और रोजगार के अवसरों के पीछे चलता युवक जितनी जल्दी हो सके, अपने माता-पिता से दूर चला जाता है।

> **अगर कड़ी एकगामिता ही सद्गुणों की मुकुटमणि है तो पुरस्कार फीताकृमि को मिलना चाहिए जिसके 50-200 खंडों में नर और मादा जननांगों के पूरे-पूरे सेट होते हैं और जो अपना पूरा ही जीवन अपने सभी खंडों में, खुद से ही संसर्गरत रहते हुए बिता देता है।**
>
> **—फ्रीडरिख एंगेल्स**
>
> **'द ओरिजिन ऑफ द फैमिली', 1943, पृ. 31**

बच्चे अपना जीवन एकदम पूरी तरह स्कूल में जीते हैं, पिता अपने काम पर। माँ परिवार का मृत केंद्र है जो पिता की कमाई उस वातावरण को सुधारने के लिए उपभोक्ता वस्तुओं पर खर्च करती है जिसमें वह खाता, सोता और टेलीविजन देखता है। युद्ध के बाद से अपने ही जीवंत समूह बनाने की बच्चों की प्रवृत्ति बढ़ी है, कपड़े पहनने के ढंग और आनुष्ठानिक व्यवहार में यह साफ झलकता है। लड़कियाँ तक काम पर जाती हैं और प्रमुख शहरों के विशाल बेड-सिटर (एक बड़ा-सा कमरा जिसे शयनकक्ष-बैठक-रसोई के तौर पर इस्तेमाल किया जाता है) क्षेत्रों में, दूसरी लड़कियों के साथ मिलकर रहने लगतीं है। पत्नी भी पत्नी के रूप में मात्र तभी महत्त्वपूर्ण होती है जब वह बच्चों को जन्म दे रही और उनका लालन-पालन कर रही होती है, लेकिन यह महत्त्वपूर्ण कार्य वह जिन स्थितियों में कर रही होती है और इसे करने के सही तरीके को लेकर जो संभ्रम है, वह उसके समुदाय से उसके विलगाव को बढ़ाता है और इन एकदम शुरुआती वर्षों में पालक की भूमिका को सघन करता है।

विवाह करनेवाली कामकाजी लड़की जो अपने विवाह के बाद कुछ अर्सा काम करके बच्चों को जन्म देने के लिए अवकाश ग्रहण कर लेती है, एकयुगलीय गृहस्थी के अलगाव को झेलने के लिए एकदम अप्रस्तुत होती है। टाइपिंग, क्लर्की, बिक्री या बैरागिरी के काम को उसने पसंद किया हो या नहीं, एक हद तक घूमने-फिरने की आजादी तो उसे थी ही। उसका क्षितिज सिकुड़कर घर, बाजार और टी.वी. तक ही सीमित रह जाता है। उसके बच्चे की जरूरत से ज्यादा देखभाल होती है, दिन-भर उस पर पल-पल निगाह रखी जाती है और जब पति काम से लौटता है तो वयस्कों की दुनिया से देशनिकाला देकर उसे सोने के लिए भेज दिया जाता है ताकि पिता आराम कर सकें। विवाह में अभिव्यक्ति पानेवाली मातृरत्यात्मक स्थिति अब इतनी प्रबल हो जाती है कि इसे देखकर फ्रायड भी भौंचक रह जाता। पिता अब सचमुच ही प्रतिद्वंद्वी और अपरिचित है। दिन-भर बच्चे को प्यार से जितना सहलाया जाता है उतना ही उसे धमकाया भी जाता है : लेकिन एक बात तय है कि माँ जो पूरी तरह उसी की है, उसका जरूरत से ज्यादा ध्यान उसे मिलता है। माँ और बच्चे की अंतरंगता टिकी रहनेवाली और स्वस्थ नहीं है। बच्चा माँ

की प्राप्यता का दोहन करना सीख लेता है, उससे वह ऐसे-ऐसे सवाल पूछता और ऐसी-ऐसी माँगें करता है जिनका उसके लिए कोई महत्त्व नहीं होता, वह उसे सबके सामने झेंपाता है, उसे मजबूर करता है कि वह उसे गोद में उठा ले और मीठी गोलियाँ खरीद दे। निर्भरता का अर्थ प्रेम नहीं है। माँ से पाँच साल की थोपी हुई अंतरंगता के बाद उससे दूर करनेवाले स्कूल को लेकर उसके व्यवहार में वैसी ही द्विविधा दिखती है जैसी माँ के प्रति उसकी भावनाओं में। जब तक स्कूल पलायन बना रहता है तब तक तो बच्चा उसे पसंद करता है लेकिन जैसे ही उसकी माँगें बढ़ने लगती हैं, बच्चा पाता है कि वह माँ और स्कूल को एक-दूसरे से भिड़ा सकता है। स्कूल के प्रति माँ की ईर्ष्या और माँ के विरुद्ध बच्चे पर नियंत्रण का एक स्रोत स्थापित करने के स्कूल के प्रयास खासी तनावपूर्ण स्थिति को जन्म दे सकते हैं। माँ और बच्चे के संबंध की समाज-विरोधी प्रकृति को स्कूल के अध्यापक स्पष्ट देख पाते हैं, खासतौर पर तब जब सवाल अनुशासन या भावनात्मक परेशानी के इलाज का होता है।[2]

फ्रायडवादी जिस ग्रंथि को जानते हैं और जिसे वे संसार-भर में व्याप्त मानते हैं, मेरा मतलब ईडिपस (मातृसत्तात्मक) ग्रंथि है, वह तत्त्वतः हमारे पितृसत्तात्मक आर्य परिवार के अनुरूप है जहाँ 'सर्वशक्तिमान पिता' की अवधारणा को रोमन विधान और ईसाई नैतिकता मजबूत बनाते हैं और खाते-पीते बुर्जुआ की आधुनिक आर्थिक स्थितियाँ जिसे उभारती हैं।

—ब्रॉनिस्लॉ मैलिनॅव्स्की

'सेक्स एंड रिप्रेशन इन सैवेज सोसायटी', 1927, पृ. 5

अभागी पत्नी-माँ खुद को और तरह से भी समाज-विरोधी पाती है। उसका क्षेत्र घर है और वहाँ वह अकेली है। वह चाहती है कि उसका परिवार उसके साथ समय बिताए क्योंकि उसका नाममात्र का महत्त्व उसी लगभग काल्पनिक समूह के संदर्भ में है। वह बच्चों को खुद से बाँधे रखने के लिए कशमकश करती रहती है, उन पर प्रतिबंध थोपती, उनका इंतजार करती, उनके मामलों में ताक-झाँक करती; बच्चे असंवाद और अवमानना में और गहरे तक चले जाते हैं। वह अपने पति से गुजारिश करती है कि वह अपने यार-दोस्तों के साथ बाहर न जाए, वह हैरान होती है कि वह मूसलाधार बारिश में फुटबॉल का खेल देखने के लिए खड़ा रह सकता है लेकिन छत की मरम्मत करनी हो या लॉन की घास काटनी हो तो बढ़िया मौसम में भी वह थका हुआ पाया जाता है। बच्चों की तरफ से पति के बेपरवाह होने को लेकर उसका कराहना बढ़ता चला जाता है, वह बिसूरती है कि बच्चों को अनुशासित करना उसी के पल्ले पड़ा है, कि उससे कोई बात नहीं करता, कि वह अज्ञानी है, कि अपने जीवन के बेहतरीन साल उसने हूशों के झुंड के लिए बर्बाद कर दिए। राजनीति एक रहस्य है, एक उबाऊ रहस्य; खेल पुरुषों की बच्चा ही बने रहने की जिद का प्रमाण हैं। सबसे अच्छी बात यही हो सकती है कि उसने जहाँ चीजों को छोड़ा था वहीं से शुरुआत करे, उस नौकरी पर वापस चली जाए जिसे उसने यूँ ही वक्त गुजारने के लिए कर लिया था और जिसमें वह किसी पदोन्नति

की, ढंग की तनख्वाह की या अपने क्षितिज के विस्तृत होने की कोई आशा नहीं कर सकती, क्योंकि गृहस्थी की जरूरतें तो अब भी पूरी की जानी हैं। सभी तरह का काम एक नशा बन जाता है। वह साफ-सफाई करती है, काढ़ती है, बुनती है...।

सामाजिक संपर्कों से उन्हें काट देने की एकयुगलीय परिवार की प्रवृत्ति के प्रतिकार का प्रयास करनेवाली स्त्रियों को विचित्र दिक्कतें झेलनी पड़ती हैं। *संडे मिरर* में एनी एलेन ने एक युवा विवाहित स्त्री से हुआ यह संवाद प्रस्तुत किया :

'देखिए, हमारे करीब दर्जन-भर सचमुच ही बढ़िया दोस्त हैं। ऐसे लोग जिनसे मैं अपने परिवार से कहीं ज्यादा करीब हूँ। ऐसे लोग जिन्हें मैं ज्यादा पसंद करती हूँ और ज्यादा जानती हूँ।

'लेकिन होता क्या है ? *मिल बैठने के लिए हम लोगों को खुद को संगठित करना पड़ता है।* किसी को बेबी-सिटर ढूँढ़नी पड़ती है। जिनके घर हम जा रहे हैं उन्हें हमारे लिए बढ़िया खाना पकाना जरूरी लगता है।

'फिर या तो बच्चा बीमार है, या कोई और थकान महसूस कर रहा है, और आप को लगता है कि इससे अच्छा तो आयोजन न ही किया होता। या हम सबको इतना मजा आ रहा होता है कि इतनी जल्दी उठकर घर जाते दुःख होता है।

'लेकिन जरा सोचिए, अगर करीबी दोस्तों का एक समूह एक ही इमारत या एक ही गली में रहे तो कैसा होगा ? यह हो सकता है।

'कुछ वास्तुकार एक-दो विशेष रूप से प्लान की गई इमारतों पर काम कर रहे हैं जहाँ सबके लिए थोड़ी व्यक्तिगत जगह और एक बड़ी-सी सामुदायिक उपयोग की बैठक हो।

'मैं खुद तो लैंगिक अर्थों में साझेदारी करने की बात सोच भी नहीं सकती, और रसोई किसी के साथ साझी करने के मामले में तो मैं अपनी माँ जैसी ही बेकार साबित होऊँगी। मैं अपनी प्राइवेसी को बहुत महत्त्वपूर्ण मानती हूँ।

'दर्जनों दफा ऐसा होता है कि मैं किसी से बतियाने को तरस जाती हूँ। या मेरे पति रात की पाली में काम कर रहे होते हैं और मैं अकेलापन महसूस करती हूँ। या हमारी बहस हो जाती है और मुझे लगता है कि घंटे-भर के लिए कहीं चली जाऊँ। हमारे मित्र आसपास ही रहते हों और मैं अपने पति के साथ रहूँ, इससे बेहतर तो मुझे और कोई ढंग नहीं सूझता। आखिरकार हजारों लोग अपने पड़ोसियों के अच्छे दोस्त बन जाते हैं। हम इससे उलटा कर रहे होंगे, बस।'[3]

किसी जमाने में सब लोग दोस्तों से भरे एक घर में रहते थे जिसमें बड़ी-बड़ी सामुदायिक जगहें होती थीं, जहाँ गलियाँ दोस्तों से भरी होती थीं क्योंकि समुदाय की गतिहीनता का अर्थ था कि उसके सब सदस्य एक-दूसरे को और उनके पारिवारिक इतिहासों को जानते थे। इस पद्धति की अपनी ही असुविधाएँ थीं : बाकी लोगों जैसा ही न होना अक्सर असहनीय सिद्ध होता था, और लोगों के क्रियाकलापों पर पूरे समुदाय के आँखें गड़ाए रहने से होनेवाले नुकसान इस पद्धति के लाभों से कहीं बढ़कर थे। इस तरह के समुदाय में कोई बूढ़ी स्त्री कूल्हे की हड्डी टूट जाने के कारण चार दिन तक अपने घर की सीढ़ियों पर नहीं पड़ी रह सकती थी, लेकिन किसी स्त्री का प्रेम-प्रसंग भी दबा-छिपा नहीं रह सकता था। पहले की अपेक्षा आज लोग ज्यादा पास-पास रहते हैं

लेकिन यह बेहद भीड़ के बीच का अकेलापन है। ऊँची रिहायशी मीनारों में दर्जनों छोटे-छोटे परिवार रहते हैं जिनके बीच बहुत कुछ साझा है लेकिन एक-दूसरे के लिए वे अपरिचित हैं। उनके सदर दरवाजे एक व्यक्तिगत संसार को ढँकते हैं जो खाली गलियारों और लिफ्ट से परे एक-दूसरे के शोर के बारे में शिकायत के अलावा और किसी भी तरह का संवाद नहीं कर सकता। सामुदायिक उपयोग की जगह पर खेलते बच्चों पर निगाह रखनेवाली माँएँ दूसरे बच्चों के माता-पिता को किसी ऐसे अपवाद के संदर्भ में ही जानती हैं जब माता-पिता का हस्तक्षेप जरूरी हो जाए। प्रतियोगिता का अर्थ है कि हर परिवार जातीय, नैतिक, धार्मिक, आर्थिक या वर्ग की श्रेष्ठता की किसी फंतासी से चिपका है। नगर-नियोजकों का रोना है कि रिहायशी मीनारों के निवासी अपने सामुदायिक उपयोग की जगहों का रखरखाव नहीं करते, इस पुनर्वास-व्यवस्था के शिकारों की शिकायत है कि मीनारों में ऊँचाई और फँसे-फँसे होने जैसी अनुभूति की अपनी विशेष दुश्चिंताएँ हैं। लिफ्टों में ऊपर-नीचे आते-जाते उनकी कभी एक-दूसरे से मुलाकात नहीं हो पाती, वे एक-दूसरे की खिड़कियों में नहीं झाँक पाते, या चबूतरों को साफ करते बतिया नहीं सकते। स्त्रियाँ अपनी गृहस्थियों की भिन्नता प्राणपण से बनाए रखती हैं, वे अपरिचितों के आने-जाने से अपनी जीवन-शैली और बच्चों के तमाम तरह से भ्रष्ट होने की कल्पनाओं से डरती रहती हैं। एनी एलेन की गृहिणी लैंगिक स्तर पर साझेदारी की संभावना को रद्द करती हैं लेकिन वह कम-से-कम इस पर खुलकर विचार तो करती है। अगम्यगमन संबंधी निषेधों से कौटुंबिक समुदाय अपने लैंगिक संबंधों को सुरक्षित रखता है, इन निषेधों की प्रारंभिक न्यायसम्मतता रक्त-संबंधियों से संतान पैदा करने के परिणामों के भय से नहीं थी, अगम्यगमन-विरोधी विधानों के प्रचारक तो इन दुष्परिणामों से परिचित ही नहीं थे। आवासीय मीनारों में रहनेवाली स्त्रियाँ अपरिचित स्त्रियों से अंतरंगता के प्रभावों से चैतन्य रूप से न डरती हों तो भी तनाव तो मौजूद रहता है ही। हर ब्लॉक में एक पब (शराबखाना) और कपड़े धोने की जगह बनाकर इस तरह के सामुदायिक जीवन की असफलता से शायद बचा जा सकता है लेकिन आर्थिक रूप से सोचने पर यह लगता है कि सचमुच की जीवंत अंतर्क्रिया के लिए हर आवासीय कैप्सूल में अथक रूप से दोहराए जा रहे कामों का मिल-जुलकर किया जाना जरूरी है।

एकयुगलीय परिवार के वास्तुशास्त्रीय परिणामों को दुनिया-भर में विनाशकारी माना जा रहा है : पट्टियों के आकारों में फैल रही भद्दी आवासीय परियोजनाओं, एकड़ों में फैली माचिस की डिबियों ने हमारे सभी नगरों की सूरत बिगाड़ दी है। ऐसे क्षेत्रों की सार-सँभाल बेहद महँगी है और सेवाओं तक इनकी पहुँच बनाना दुष्कर। सघन बसी आवासीय परियोजनाओं के पक्षधरों का तर्क आराम और व्यावहारिकता हैं। वे यह नहीं समझ पाते कि एकयुगलीय परिवार उनके विरुद्ध जा रहा है; नृतत्त्वमापी जाँचें या रोशनी और धूप और खुले नजारों का लटका, मातृरत्यात्मक इकाइयों के दूसरी मातृरत्यात्मक इकाइयों के प्रति संदेह को कुछ भी कम नहीं कर पाएगा। दाम्पत्यीय आत्मनिरीक्षण के तनाव और दबाव अधिक विस्तृत क्षितिज को नहीं झेल सकते। एक विकल्प है, नियोजक

का पिता की भूमिका ले लेना जैसाकि अमेरिका में खासतौर पर बने गाँवों में होता है जहाँ किसी कंपनी के कर्मचारियों को आय और वरिष्ठता के आधार पर बसाया जाता है और उन्हें आपसी मेलजोल रखने को प्रेरित किया जाता है। पत्नियाँ फैकल्टी वाइव्ज़ और कॉर्पोरेट वाइव्ज़ बन जाती हैं। संग-साथ चहुँओर बिखरा रहता है। इसके दूरगामी परिणाम कम-से-कम मेरे लिए तो अकल्पनीय ही हैं। पारिवारिक जीवन के हर पक्ष पर कंपनी हावी रहती है; बिलकुल वैसे ही जैसे किसी अभागे आदमी को अपने पूरे परिवार के व्यक्तित्व-आकलन के आधार पर नौकरी मिलती हो; अपने व्यक्तिगत जीवन के हर पक्ष में उसे कंपनी की भूमिका निबाहनी ही है। उसका लैंगिक-प्रदर्शन तक व्यवसाय का मामला बन सकता है : मास्टर्स और जॉनसन्स ने सुखवादी मानक की रूपरेखा खींच दी है। अपने बेटों को मालिक के हाथों सौंपनेवाले बँधुआ मजदूर की भी ऐसी दुर्गति नहीं होती। गोल्डरश के जमाने के खनिक (अमेरिका के पश्चिमी प्रांतों में सोने की खानों की तलाश में लाखों लोग अपनी किस्मत आजमाने वहाँ चले गए थे, यह सिलसिला कुछ ही साल में टूट गया) या मुक्त किए गए अश्वेत गुलाम की ही तरह उसकी आत्मा तक कंपनी की दुकान में बंधक पड़ी होती है। श्रम की गतिविधि पर रोजगार के नियंत्रण का तार्किक परिणाम सामने आ गया है। उसकी निरंतर बनी रहनेवाली सुरक्षा उसके पूरे परिवार के व्यवहार पर निर्भर है, वांछित परिणाम हैं—पूरी निश्चलता और पूर्वानुमेयता। यही कारण है कि कॉलेज-विश्वविद्यालय समुदायों में पतियों में कामप्रवृत्ति में कमी दिखाई देती है, वे एक साफ-सुथरी प्रयोगशाला के मोटे-ताजे सफेद चूहे बन गए हैं; लॉयनेल टाइगर[4] का यह अंदाजा कि ऐसा उनकी अपनी स्त्रियों के लगातार आसपास बने रहने से होता है, कुछ ठीक नहीं लगता। *हू इज आफ्रेड ऑफ वर्जीनिया वुल्फ* को ग्रसे रहनेवाले, नियोजक बिग डैडी ने अपने बेटों को बधिया कर दिया है। लेकिन फिर भी मनुष्य की आत्मा अविनाशी है और नगर समूह की एक विशेष अंतरात्मा होनी है तो उसे अक्षम बना देनेवाला पाप सामूहिक पाप होना ही चाहिए, ताकि कोई भी जाकर बिग डैडी से शिकायत न कर पाए। अमेरिकन अधोगति का तय प्रतिमान है सामुदायिक शराबखोरी जोकि अनियंत्रित व्यवहार का एकमात्र रास्ता है, और फिर अंत में पत्नियों की अदला-बदली, बीसवीं सदी का अगम्यागमन :

1962 के पतझर में दोनों जोड़ियाँ बेहद-बेहद करीब थीं, फ्रैंक और मार्शिया बहुत खुश थे कि वे बिना प्रयास किए अक्सर ही मिल पाते हैं। जेनेट और हैरॉल्ड उनकी साफ दिखती चालों को लेकर आपस में मजाक करते। धीरे-धीरे यह मजाक उनके चतुर्मुख वार्तालापों में आने लगा...

दूसरी जोड़ियाँ उन्हें एप्पलस्मिथ्स कहकर पुकारने लगीं... 'तुम्हें महसूस नहीं होता ? यह इतना *गलत* है। अब हम सब सचमुच भ्रष्ट हैं। हम सबके-सब।'[5]

फोरम जैसी 'मानवीय संबंधों की पत्रिकाओं' में लेखक गंभीर होकर बासी होते विवाहों को तरोताजा करने के उपाय के रूप में पत्नियों की अदला-बदली आजमाने की सिफारिश करते हैं। साझा गुप्त व्यवहार किसी भी समूह को षड्यंत्र की जकड़ में बाँध

सकता है लेकिन इसके परिणामों को झेलना कठिन हो सकता है। जीवनसंगी बदलना एक बहुत ही अ-स्वतःस्फूर्त काम है—सचमुच की लैंगिक उत्सुकता की तरंग से यह वैसे ही कोसों दूर है जैसे औपचारिक नृत्य होते हैं। ऐसे सौदे में नुकसान काम-भाव का होता है : भावोद्वेग कामुकता बन जाता है। *खुशी पाने* की विधियों को बदलना ऊब को ढँकता है, लेकिन यह जीवन को वापस नहीं लौटा पाता, ऐसी स्थितियों में काम क्रमशः संवाद का माध्यम कम और मनोरंजन का माध्यम ज्यादा होता चला जाता है। ताश, लट्टू, पतंगबाजी की ही तरह यह मजा बन जाता है। व्यवस्थित, घरेलू मनोरंजन। निर्दोष नहीं, हिसाबी-किताबी; गतिशील नहीं, ठहरा हुआ। जब ऐसी शैतानी बिग डैडी के सामने आएगी तब काम भी उसके दयालु तत्त्वावधान में आ चुका होगा। खा-पीकर अघाए, काम-भाव की कमीवाले सफेद चूहे को ताजादम होने के लिए घड़ी-भर के लिए दूसरे के पिंजड़े में जाने की छूट मिलेगी, लैंगिक समनुरूपताएँ लागू हो पाएँगी : मिस्टर जोन्स मिसेज स्मिथ से सीखी बातें मिसेज जोन्स पर लागू कर सकते हैं और यों यह क्रम चलता चला जाएगा। सार्वभौमिक घरेलूपन में सबकुछ दफ्न हो जाएगा।

एनी एलेन एक समझदार, काफी उदार अंग्रेज गृहिणी है। अपनी युवा सम्भाषी पर मातृत्वपूर्ण दृष्टि डालकर वह आगे बढ़ती है :

> सिद्धांत-रूप में यह विचार मुझे आकर्षक लगता है। लेकिन व्यावहारिक रूप से मैं ऐसी दर्जन-भर या आधा दर्जन जोड़ियाँ भी नहीं गिना सकती, मैं जिनके इतना करीब रहना चाहूँ या जो हमारे साथ इस तरह रहना चाहें...
>
> वे अपने बच्चों को जिस ढंग से पाल रहे हैं, वह मुझे पसंद नहीं है। मैं अपने बच्चों को कम या ज्यादा पैसे देती हूँ, इसकी वजह से झगड़े हो सकते हैं।
>
> वे अपनी रसोई में जैसी गंदगी फैलाए रखते हैं, वहाँ जैसी अजीब गंधें उठाते हैं, उससे मुझे नफरत है। या मुझे लगता है कि मेरे अल्लसल्ल चल रहे घर पर वे निगाहें गड़ाए हैं।
>
> और सबसे बढ़कर तो यह बात है कि मैं बहुत जबर्दस्त ढंग से एकाधिकार के भाव से भरी हूँ और अगर मैं अपने पति पर चिल्लाऊँ और वह किसी छैल-छबीली पत्नी के साथ चल दे तो हत्या होने की संभावना बनी रहेगी।[6]

जिससे उन्होंने बात की उस युवती की तुलना में ऐनी एलेन कहीं अधिक औसत ब्रिटिश गृहिणी जैसी है, वह फैकल्टी वाइव्ज़ या कार्पोरेट वाइव्ज़ या अदला-बदलीवाली पत्नियों से कहीं सामान्य है। अपने परिवार की समाज-विरोधी प्रकृति को लेकर वह शर्मिंदा नहीं है, हालाँकि उसे यह कहने में भी हिचक नहीं होनी चाहिए थी कि *एक* भी जोड़ी ऐसी नहीं है जिसका इतने करीब होना वह झेल पाए, और कम ही जोड़ियाँ ऐसी हैं जिनसे उसकी जरा भी अंतरंगता हो। *जोड़ियाँ,* इस शब्द में ही नर-मादा की एक-दूसरे से बँधी इकाई की झलक है : उन्होंने परिवारों की बात नहीं की। एकयुगलीय परिवार असल में जोड़ी ही बनकर रह गया है। स्त्रियों की पत्रिकाएँ दुख-भरे स्वर में कहती हैं कि बच्चे दांपत्य संबंधों को छिन्न-भिन्न कर सकते हैं, कि बच्चों में युवा पत्नी का व्यस्त रहना और उसकी थकान, उसके पति के उस पर दावे में हस्तक्षेप कर सकते

हैं। क्या अवधारणा है—अपनी ही संतति से आशंकित परिवार ! गर्भनिरोधकों ने दंपतियों

सामाजिक इकाई के तौर पर परिवार का अर्थ है अपनी सबसे आक्रामक वैयक्तिक प्रवृत्तियों से संचालित व्यक्ति; यह समाज की नींव नहीं, उसका निषेध है। मानव-समाज एक-दूसरे के विरोधी वैयक्तिक हितों से नहीं उभरा है और उभर भी नहीं सकता था। यह तो वैयक्तिक प्रवृत्तियों का सफाया करनेवाली प्रवृत्तियों के कारण उभर सका है, जिन्होंने अंतर्निर्भरता, निष्ठा, एकजुटता और समर्पण जैसी बाँधनेवाली भावनाओं से, पितृसत्तात्मक परिवार से बड़ा और विस्तार की अनंत क्षमतावाला समूह ढाल दिया।

—रॉबर्ट ब्रिफॉ, 'द मदर्स', 1931, पृ. 509

की अहम्मन्यता को बढ़ाया है : नियोजित बच्चों को एक नमूने में फिट बैठना है; अनियोजित बच्चों को आकस्मिकता के कम-से-कम कुछ फायदे तो होते थे। इनमें सबसे पहला और महत्त्वपूर्ण यह था कि उनके माँ-बाप चाहें या न चाहें, वे *होते* थे। सीमित एकयुगलीय परिवार में माता-पिता मुखिया हैं और एक नए ही उद्देश्यपूर्ण ढंग से चलाए जाने के लिए उन्हें बच्चे उपलब्ध हैं। इन परिवारों में जहाँ बच्चों को अपने माता-पिता के लिए असुविधाजनक नहीं होना चाहिए, पीढ़ियों के बीच अंतर गहरा हो रहा है। इन घरों में, दिन के खास घंटों में उन्हें उनके कमरों जैसी खास जगहों पर भेजकर उनसे छुटकारा पा लिया जाता है। इस क्रम में जरा भी गड़बड़ी का मतलब गंदगी और अव्यवस्था है। जितने बच्चों को माँ नियंत्रित रख सकती है, उससे ज्यादा बच्चे उसके नहीं होने चाहिए, और नियंत्रण का अर्थ है : दिन के ज्यादातर हिस्से में पूरा ध्यान उन्हीं पर केंद्रित रखना और फिर उन्हें एकदम अलग छोड़ देना। इसलिए बेबी-सिटर को चुपचाप घर में बुलाया जाता है क्योंकि अगर छोटे साहब को पता चल गया कि उनके माता-पिता कहीं जा रहे हैं, तो वे गला फाड़ेंगे। मैं कैलेब्रिया के उस दो कमरे के गंदे घर के बारे में सोचती हूँ जहाँ लोग जब चाहें आते-जाते रहते थे, जहाँ मैंने किसी भी बच्चे को चिल्लाते सुना तो सिर्फ दर्द के कारण, जहाँ बारह बरस की बुआ कुएँ के पास कपड़े धोती गीत गा रही होती थी और दादा पोते को गोद में लिए जैतून के कुंजों में घूमता था। अंग्रेज बच्चे अपनी मासूमियत खो चुके हैं क्योंकि उन्हें जो पहले सबक सिखाए जाते हैं वे अपने वयस्क गुलाम का शोषण करने के बारे में होते हैं। वंध्यीकृत माता या पिता अपने बच्चों के हरम का हिजड़ा होता है। मैं अच्छी तरह समझती हूँ कि गर्भनिरोध लैंगिक आनंद के लिए जरूरी है और लैंगिक आनंद बहुत जरूरी है, लेकिन आर्थिक कारणों से गर्भनिरोध अपनाना और ही बात है। 'हम दो ही बच्चों का खर्च उठा सकते हैं' एक घिनौना तर्क है लेकिन हमारे समाज में यह 'हम बच्चों को पसंद नहीं करते' से ज्यादा स्वीकार्य है। वंध्यीकृत माता या पिता सदा के लिए उन बच्चों से बँधे हैं, जो उनके हैं, पहले से कहीं गतिहीन और पूर्वानुमेय और वे बच्चे भी बहुत अच्छी तरह उनसे बँधे हैं। 'हम बस दो ही बच्चों का खर्च उठा सकते हैं' का अर्थ असल में होता है—'हमें सिर्फ साफ-सुथरे, अनुशासित मध्यवर्गीय बच्चे पसंद हैं जो अच्छे स्कूलों

में जाते हैं और बड़े होकर डॉक्टर-इंजीनियर-अफसर बनते हैं।' बच्चे इस उद्देश्य की प्राप्ति के लिए उन्हें उपलब्ध कराई गई तमाम पूँजी को ठिकाने लगा देते हैं, भले ही वह घर की आय का कोई भी हिस्सा हो, कुछ उसी तरह जैसे घर का कामकाज उपलब्ध समय को भर देने के लिए फैल जाता है। वंध्यीकृत माता या पिता पूरा ही घरेलू जानवर होता है ! मर्दाना संस्कृति में एक मजबूत घरेलूपन विरोधी सूत्र है, हालाँकि पुरुषों को इसका वह अनुभव कम ही हो पाता होगा जो स्त्रियों को ठोंक-पीटकर उनमें भरा जाता है। एक बढ़ते लड़के के लिए परिवार के अर्थ की चेतना के साथ-साथ एक संपूर्ण संगी की फंतासी का अस्तित्व बना रहता है।

विवाह ही है जो मुझे डराता है। मुझे लगता है कि सही लड़की के साथ तो यह ठीक ही चलता होगा लेकिन मेरी एक पत्नी और एक घर हो, यह मैं सोच ही नहीं सकता। मैं आजाद महसूस करना, जहाँ चाहूँ वहाँ जाना, और चिंता न करना पसंद करता हूँ। स्त्री-मित्र न होने में यही एक अच्छी बात है कि आप अपने यार-दोस्तों के साथ घूमने-फिरने और मौजमस्ती करने के लिए आजाद हैं। स्त्री-मित्र आपको बाँध लेती हैं।

आप जितना किसी लड़की के साथ घूमेंगे उतना ही बँधते चले जाएँगे। मैं सगाई होने से डरता हूँ। तब तो मेरा भट्टा ही बैठ जाएगा, क्योंकि मैं सगाई कभी नहीं तोड़ूँगा, किसी लड़की के साथ ऐसा करना गलत बात है। अधिकतर किशोर शादियाँ कर लेते हैं...

अब जब मेरी कोई पक्की स्त्री-मित्र होगी तो मैं तो शुरू में ही साफ कर दूँगा कि अपने यार-दोस्तों के साथ बिताने के लिए हर हफ्ते मुझे एक रात की छुट्टी चाहिए। एक बार आप यार-दोस्त खो दें तो आप लड़की के साथ बँधकर रह जाते हैं, फिर बस आपका तो काम तमाम ही समझो।[7]

काम तमाम हो गया, फँस गए, मारे गए ! जुड़े होने का अर्थ है उलझ जाना, बँध जाना।

ज्यादातर लोग, जो अच्छी-से-अच्छी नौकरी उन्हें मिल सकती है, वह कर लेते हैं, फिर तरक्की पाने के लिए काम करते रहते हैं और जब वे काफी पैसा कमाने लगते हैं तो किसी लड़की से शादी कर लेते हैं। फिर आपको मकान और कार खरीदनी पड़ती है और यों आप जीवन-भर के लिए फँस जाते हैं। पैंतीस की उम्र तक पहुँचते-पहुँचते आप किसी भी नए विचार को आजमाने से डरने लगते हैं कि कहीं अपनी सुरक्षा न खो बैठें। फिर आप उन तमाम चीजों के लिए पछताते हुए जीते हैं जो आप करना चाहते थे।[8]

इन बच्चों की मोहछिन्न दृष्टि पूँजीवादी समाज में पितृसत्तात्मक पारिवारिक इकाई के क्रियाकलाप को स्पष्ट करती है। यह कामगार को गतिहीन बनाती है, उसे असुरक्षित बनाए रखती है, ताकि सुरक्षा की झलक दिखाकर उसे लुभाया जा सके। पारिवारिक इकाई उसे उपभोग का एक नियंत्र्य प्रतिमान देती है जिसके प्रति वह पूरी तरह प्रतिबद्ध होता है। उसकी प्रतिबद्धता अपने छोटे से परिवार और नियोजक के प्रति होती है, अपने समुदाय के प्रति नहीं। जहाँ तक मेरी जानकारी है, हड़तालियों पर पत्नियों के दबाव का विश्लेषण नहीं किया गया है। अक्सर पारिवारिक जिम्मेदारी ही हड़ताली से उग्र कदम

उठवाती है : अगर नियोक्ता काफी समय तक धीरज रख पाए तो यही दबाव उसे काम पर वापस ले आएगा। पत्नियाँ पति की फुर्सत के प्रति संदेह का भाव रखती हैं : अक्सर ही ऐसा होता है कि पत्नियों को लगता है कि अपने यार-दोस्तों के साथ सड़कों पर फिरने के बजाय तो बेहतर यह रहता कि उसके पति की आमदनी ही कुछ कम होती। औद्योगिक समाज में परिवार पर बहुत दुःखद टिप्पणी खदानों के बंद होने से बेरोजगार हो गए कामगारों की पत्नियों का बिना काम किए तनख्वाह की पेशकश को ठुकराना था, पत्नियों का विचार था कि इससे उनके पति या तो दिन-भर बिना कुछ किए घर बैठे रहेंगे या अपने यार-दोस्तों के साथ उत्पात करते फिरेंगे। कई लड़कियाँ बहुत जल्दी ही अपनी समाज-विरोधी भूमिका में उतर जाती हैं, लैंगिक उपहारों के बदले वे अपने पुरुष-मित्रों का 'यारों' से मिलना-जुलना बहुत सीमित कर देती हैं। इसके लिए सिर्फ स्त्रियों के स्वार्थीपन को ही दोषी नहीं ठहराया जा सकता क्योंकि उसे आशंकित करनेवाले पुरुष समूह उसे विशेष स्थितियों में ही और एक विशेष हैसियत से ही, प्रवेश देने को राजी होते हैं। वह निशाने पर तुक्के नहीं फेंक सकती, बीयर नहीं पी सकती, या फुटबाल को नहीं लतिया सकती। इन गतिविधियों के प्रति उसके अविश्वास के मूल में यह संदेह नहीं है कि अपने यार-दोस्तों के साथ मिलकर उसका पति दूसरी औरतों से मिलेगा बल्कि यह जानकारी है कि वह इन गतिविधियों से कुछ ऐसे आनंद पाता है जैसे उसके साथ नहीं पाता और इन पर इस तरह निर्भर है जैसे उस पर कभी निर्भर नहीं रहता। वह उसके लैंगिक उपहारों से नहीं, उसके लैंगिक भावोद्वेग की पक्षधरता से और पुरुषों के साथ उसके उस मेलजोल से, जिससे वह शायद ज्यादा आनंदित होता है, ईर्ष्या करती है। हर पत्नी को इस बात पर सब्र करना होगा कि उसके पास घर और परिवार के अलावा कुछ नहीं है, कि आदर्श रूप में उसका घर वह ठिकाना है जहाँ उसका थका योद्धा-शिकारी लौट सकता है, और जब तक धुले कपड़े पहनकर, शृंगार करके और खाने का डिब्बा लेकर उसे अगले अभियान के लिए तैयार किया जाए तब तक अपना सबसे भोंडा व्यवहार, अपना सबसे बेकार वार्तालाप प्रदर्शित कर सकता है।

> **...विवाह के करार पर दस्तखत उस सबसे महत्त्वपूर्ण सौदे पर दस्तखत हैं जिसमें आपकी हिस्सेदारी होगी...दो में से एक मुखिया को गृहस्थी के व्यवस्थापक निदेशक का काम करना होगा–बेहतर हो कि यह काम पति करे : हालाँकि कभी-कभी ऐसा भी होता है कि पशुशक्ति इसके लिए उसकी एकमात्र अर्हता होती है।...बच्चे कंपनी के नए निवेश होते हैं; और निदेशकों को इस बात का ध्यान रखना चाहिए कि निवेशों पर बढ़िया लाभ मिले।**
>
> **–सायरस फुलर्टन**
>
> **'हैप्पिनेस एंड हैल्थ इन वुमनहुड', 1937, पृ. 40-41**

जाहिर है कि कोई भी स्त्री जो जीवन का आनंद उठाने और अपनी संभावनाओं की अभिव्यक्ति के सृजन के लिए खुद को मुक्त करने की सोचती हो, वह ऐसी भूमिका को स्वीकार नहीं करेगी। लेकिन विवाह तो एक ऐसी पत्नी के संतत्योचित संबंध पर

टिका है जो पति का नाम अपना लेती है, उसी के रिटर्न पर आय-कर जमा करती है, उसी के स्वामित्ववाले मकान में रहती है और समाज में सदा ही पत्नीत्व को दर्शाती अँगूठी पहने, उसकी संगिनी के रूप में प्रस्तुत होती है। विवरण में थोड़े फेरबदल का अर्थ किसी भी और चीज में फेरबदल नहीं है। खुद भी अँगूठी पहनने को, बैंक में साझा खाता रखने को, जल्दी ही मकान दोनों के नाम करवाने को राजी होनेवाला पति अपनी पत्नी की व्यक्तिगत जरूरतों के लिए कोई गंभीर छूट नहीं दे रहा है। परिवार-संस्थान का मूल चरित्र अंततः उभरता ही है। ये छूटें क्योंकि ऐसे विशेषाधिकार हैं जिनकी माँग एक पत्नी नहीं कर सकती, इसलिए इनके प्राप्त होने पर वह बहुत कृतज्ञता और अधिक स्वेच्छा से सेवकाई प्रदान करती है। लेकिन किसी स्त्री के माँ बनने और मानवता के बचे रहने जैसी संभावनाओं को बनाए रखना हो तो और चारा भी क्या है ?

पहली बात तो यह है कि मानव-जाति के बचे रहने की समस्या भावी पीढ़ियों के जन्म को सुनिश्चित करने की नहीं, उसे सीमित करने की है। मानव-जाति के सम्मुख सबसे तात्कालिक खतरा संतानोत्पत्ति में मनुष्य-जाति की असमर्थता का नहीं, एक या दो पीढ़ियों में पूरे सफाए का है। जीवन की वैकल्पिक पद्धतियों की तलाश करनेवाली स्त्री अब नैतिक रूप से प्रकृति का ऋण चुकाने को बाध्य नहीं है। वह परिवार जहाँ माता-पिता दो बच्चे पैदा करके अपनी भावी कमी को पूरा करते हैं, बच्चों के पलने-बढ़ने के लिए आदर्श जगहें नहीं हैं क्योंकि उन मामलों में जहाँ भाई-बहनों से तालमेल बिठाने की अपेक्षा माता-पिता से संबंध कहीं महत्त्वपूर्ण हैं, घनीभूत हुई मातृरत्यात्मक स्थिति के परिणामस्वरूप पैदा हुए मतिभ्रम बहुत खराब होते हैं। बच्चे पैदा न करके स्त्रियाँ जिम्मेदारी से मुँह मोड़ रही हैं, यह धारणा एक पूर्वग्रह मात्र है। ऐसा कोई कारण नहीं है कि सभी स्त्रियाँ खुद को बच्चे पैदा करने को बाध्य मानें। जिसका बच्चा पैदा हुआ है वह स्त्री स्वतः ही उसे पालने के लिए प्रतिबद्ध नहीं हो जाती। राज्य के प्रति जिम्मेदारियाँ निभानेवाली स्त्रियों के बच्चों को पालने के लिए धायों की नियुक्ति की घटना सभी समाजों में दिखती है। बच्चों को पालन-पोषण के लिए धायों के पास भेजने के चलन से अपराधियों की एक जाति नहीं उठ खड़ी हुई। बच्चे की देखभाल होनी ही चाहिए, उस पर ध्यान दिया ही जाना चाहिए, लेकिन इसके लिए एक सदा उपस्थित रहनेवाले व्यक्ति की जरूरत नहीं है। बच्चे अपने आसपास के लोगों के बदलने से इतना परेशान नहीं होते जितना जगह बदलने से होते हैं। वे अपरिचय के बजाय, अपने वातावरण के वयस्कों के बीच तनाव से कहीं ज्यादा परेशान होते हैं। बनिस्बत एक ऐसी स्त्री के, जो उन्हें बाँटकर त्रस्त किए रखे और ऊबी रहे और उन्हें खुद पर बोझ मानती हो, स्वेच्छा से बच्चों के पालन-पोषण का भार उठानेवाली एक या दो स्त्रियाँ बच्चों के एक समूह को ज्यादा अच्छी तरह सभ्य बना सकती हैं। विकल्प माता-पिता के कामों का संस्थानीकरण करके एक हृदयहीन शिशुफार्म बना देना नहीं है बल्कि एक ऐसा जीवंत परिवार है जहाँ प्रेम और वैयक्तिक रुचि की स्थितियों में बाल-समाज एक वयस्क-समाज में समाहित हो सके। एक तंत्र में अस्तित्व की जरूरी शर्त के रूप में नहीं,

जीवन की स्वयं चुनी शैली के तौर पर लिए जाने पर परिवार एक लक्ष्य बन सकता है, एक सृजनात्मक किस्म की उपलब्धि।

अगर स्त्रियाँ बच्चों को जन्म देने को एक कर्त्तव्य या नियति मानने के बजाय एक ऐसा विशेषाधिकार मानें जिसे अर्जित करना होता है, जैसे कोई पुरुष परिवार पाने के अधिकार के लिए काम करता है, तो बच्चे एक ऐसे जीवन के उपहार के लिए कृतज्ञता के बोझ के बिना बड़े हो पाएँगे जो उन्होंने कभी माँगा ही नहीं था। बुद्धिशील स्त्रियाँ खुद की कमी को इसलिए पूरा नहीं कर रहीं क्योंकि बच्चों को जन्म देना और उनका लालन-पालन चौबीसों घंटे की नौकरी माना जाता है। जननिक रूप से माना जा सकता है कि उन्हें जीवनधारा के हाशिए पर धकेला जा रहा है। एक ऐसी स्थिति में, जहाँ कोई स्त्री किसी ऐसी गृहस्थी में एक संतान का अवदान करे जो कुछ ही समय के लिए उसका ध्यान माँगे और फिर उसे बाकी क्षेत्रों में काम करने के लिए स्वतंत्र छोड़ दे, तो बुद्धिमती स्त्रियाँ संतानोत्पत्ति में अधिक रुचि ले सकती हैं। कुछ अर्से से मैं एक ऐसा बच्चा पैदा करने, जो मेरे मतिभ्रम का शिकार न हो, और एक पति और घरेलूपन की माँगों से तालमेल बिठाने की समस्या पर विचार करती रही हूँ। इससे एक योजना उभरी है, जोकि निश्चित ही नक्शा नहीं है, जो एक तरह का सपना बन गई है। मेरी राय है कि किसी भी बच्चे को शहरी फ्लैट के ठुँसे-ठुँसे वातावरण में नहीं पलना चाहिए जहाँ उसके हाथों-पैरों या फेफड़ों की वर्जिश की गुंजाइश ही न हो; मुझे एक ऐसे शहर में काम करना चाहिए जहाँ मेरे काम के लिए जरूरी सामग्री और उसके खप पाने के लिए बाजार उपलब्ध हो। किसी भी बच्चे को एक ऐसी अकेली, अमर्ष से भरी लड़की के साथ, अकेले नहीं बढ़ना चाहिए जिसे उसके और अपने भरण-पोषण के लिए बहुत मेहनत करनी पड़ती हो। मुझे फिर से कैलेब्रिया के बच्चों की याद आई और मैंने ऐसी ही समस्याओं से जूझ रही मित्रों की मदद से इटली में एक फार्महाउस खरीदने की योजना बना ली जहाँ हमारे बच्चे जन्म लेंगे और जब भी स्थितियाँ अनुकूल होंगी, हम वहाँ रह भी पाएँगे। उनके पिता और बाकी लोग भी जब भी आ पाएँगे, बच्चों के साथ आनंद पाने, आराम करने और थोड़ा-बहुत काम करने के लिए, आते रहेंगे। हम में से कुछ लोग काफी लंबे समय तक रह सकते हैं, जितना हम चाहें। घर और बगीचे की देखरेख घर में रहनेवाला एक स्थानीय परिवार करेगा। बच्चों के पास संधान और प्रभुत्व के लिए एक क्षेत्र होगा, और हम सबसे सीखने के लिए कई कौशल होंगे। यह स्वर्ग तो नहीं होगा, लेकिन एक छोटा-सा समुदाय तो होगा ही जिसके बचे रहने की संभावनाएँ होंगी, जिसमें माताएँ और पिता दोनों ही होंगे और कई-कई भूमिकाएँ उपलब्ध होंगी जिनमें से मनपसंद भूमिकाएँ चुनी जा सकेंगी। किब्बुत्ज (इजरायली सहकारी ग्राम समुदाय) के जीवन के बुरे पक्षों से बचा जा सकेगा, खासतौर पर इसलिए कि बच्चों को उनके साथियों के साथ लैंगिक प्रयोग करने से रोका नहीं जाएगा। इस अप्राकृतिक प्रतिबंध के बहुत बुरे परिणाम किब्बुत्जों के बच्चों में देखने को मिले हैं। अपने बच्चे और उसके मित्रों के साथ रह पाना एक विशेषाधिकार और आनंद होगा जिसे मैं अर्जित कर सकती हूँ। बच्चे के लिए यह

जानना भी जरूरी नहीं होगा कि वह मेरे ही गर्भ से जन्मा है, और मैं दूसरे बच्चों से भी संबंध रख पाऊँगी। अगर मेरा बच्चा लंदन या न्यूयॉर्क को आजमाना चाहे या कहीं औपचारिक स्कूल में जाना चाहे तो बिना वचनबद्ध हुए इसे भी आजमाया जा सकता है।

किसी स्त्री द्वारा तैयार किए गए किसी भी नए इंतजाम में विचित्रता पाई जाने की असुविधा रहेगी ही : समरूपता के इस युग में हमारे बच्चे बाकी बच्चों की तरह नहीं पले होंगे। वैधता और राष्ट्रीयता की समस्याएँ भी झेलनी होंगी। हमारे समाज ने टूटे *घर* का मिथक खड़ा किया है जो बहुत-सी बुराइयों का स्रोत है, जबकि खुद के कड़वे अनुभव से मैं गवाही दे सकती हूँ कि वह अनटूटा घर जिसे टूट जाना चाहिए था, कहीं अधिक तनाव का स्रोत है। मेरी नकली गृहस्थी का फैला जीवंत ढाँचा एक अभंगुर घर होगा क्योंकि यह एक विरोधाभासी नक्शे को लागू करने की कोशिश में बौखलाए दो व्यक्तियों के कमजोर कंधों पर नहीं टिका होगा। यह नन्हा समाज अपनी ही एक सामान्यता प्रदान करेगा और सभ्यता से संपर्क को प्रोत्साहित किया जाएगा, लेकिन बहुत संभव है कि ऐसे बच्चे समाज से एकात्म होने में असफल रहें और विखंडित मानसिकता वाले बन जाएँ या समाज की मुख्यधारा से बाहर हो जाएँ।

> **एक नर और एक मादा का लगातार साथ रहना...जीववैज्ञानिक रूप से, बिलकुल ही अप्राकृतिक स्थिति है।**
>
> **—रॉबर्ट ब्रिफॉ, 'सिन एंड सेक्स', 1931, पृ. 140**

इस मामले में वे मेरी पहचान के और बहुत से बच्चों जैसे ही होंगे। समाज से एकात्म होने की धारणा अपने आप में ही झूठी है। दुनिया में मनमौजी लोग इतनी तरह की जीवन-शैलियाँ रच रहे हैं कि मेरे बच्चे काल्पनिक बहुमत के अंदर मौजूद किसी भी अल्पसंख्यक वर्ग जितना ही, अलग छूट गया अनुभव करेंगे। कंप्यूटर युग में विखंडन, एकीकरण से ज्यादा महत्त्वपूर्ण मूल्य बन सकता है। सनकी लोग तर्क दे सकते हैं कि मेरी गृहस्थी के बच्चे प्राकृतिक प्रति-प्रतिक्रिया के रूप में 'सामान्य' परिवार बनाने के लिए आकुल रहेंगे। ऐसा हो सकता है। ऐसी संदिग्ध संभावनाओं से सामना होने पर अनुभववाद का ही आधार मिल पाता है। दुर्घटना या जबर्दस्त विरोध की स्थितियों को छोड़कर भौतिक रूप से, मैं और किसी भी तरह से बच्चा पैदा नहीं करूँगी, और उस सूरत में मैं परिणामों की कोई जिम्मेदारी भी स्वीकार नहीं कर सकूँगी। मैं यह सोच पाना चाहूँगी कि मैंने, जो अच्छे से अच्छा मैं कर सकती थी, वह किया है।

जीवंत परिवार का उद्देश्य बच्चों को उनके अपने माता-पिता के विस्तार होने की बाध्यता से मुक्त करना है, ताकि वे सबसे पहले खुद के ही हो सकें। वे वयस्कों द्वारा उपलब्ध कराई जा रही सेवाओं को सहज होकर लेकिन बिना आश्रित हुए स्वीकार कर पाएँगे। उनके लिए अपनी खुद की गतिविधियाँ शुरू करने और अपनी जानकारी की

विधि और सीमा परिभाषित करने की गुंजाइश रह सकती है। वे अपनी विचित्रता को नापसंद कर सकते हैं लेकिन दूसरी स्थितियों में वे सामान्यता को भी नापसंद कर सकते हैं; तालमेल बिठाने में दिक्कत पड़ने पर बच्चे माँ-बाप और अपनी परवरिश को बलि का बकरा बना लेते हैं। अगर वे शोषण और आरोप-प्रत्यारोप के दुष्चक्र से बचना चाहें तो माता-पिता के पास अपने बच्चों से आनंदित होने के अलावा कोई विकल्प नहीं है। और अगर वे उनसे आनंदित होना चाहते हैं तो उन्हें ऐसी स्थिति गढ़नी ही होगी जिसमें ऐसा आनंद संभव है।

आत्म-नियत्रंक जीवंत परिवारों का संस्थान अव्यवस्था में लौटने जैसा लग सकता है। असली अव्यवस्था एक-दूसरे को नष्ट करनेवाले परस्पर विरोधी तंत्रों की अव्यवस्था से कहीं ज्यादा फलप्रद है। जब आनुवंशिकता का क्षय हो चुका है, नौकरशाही ही विधान बन चुकी है और कमाने की क्षमता और गतिशीलता ही एकमात्र समृद्धि है, ऐसे में यह अजीब ही लगता है कि परिवार पितृसत्तात्मकता की लकीर पीटता रहे। अजीब बात है कि लोग पहले से कहीं ज्यादा पास-पास रहें और यह ढोंग बनाए रखें कि अब भी वे एक ऐसी कुटिया में रहते हैं जिसका अपना एक बगीचा भी है। अजीब बात है कि परिवार सामान्यता का दावा करें, जबकि अभिभावकत्व के अर्थ और क्रियाकलापों के बारे में सम्भ्रम का अर्थ है कि एक-दूसरे से मील-भर की दूरी पर और एक ही दशक के अंदर जन्मे बच्चों का पालन-पोषण एकदम ही अलग-अलग ढंग से हो। माँ बच्चे को दूध पिलाए या न पिलाए ? बच्चे को शौचालय का उपयोग कब और कैसे सिखाया जाए ? बच्चे को भी दंडित किया जाए या नहीं ? या पुरस्कृत किया जाए ? यह अजीब है कि इतने सारे बच्चे ऐसे वातावरण में पलें जहाँ उनका अस्तित्व परेशानी का कारण बनता है। अजीब यह भी है कि बच्चे अपने परिवार के वयस्कों के सिवा सभी वयस्कों से डरें। जेनरेशन एक्स, पीढ़ियों का अंतर, मॉड्स, रॉकर्स, हिप्पी, यिप्पी, स्किनहैड्स, माओवादी, यूरोप के युवा फ़ासीवादी, उद्देश्यहीन विद्रोही : उनके माता-पिता की पीढ़ी उनके जो भी नाम धरे, युवा अपने बड़ों पर खुद का सम्भ्रम छिपाने के लिए सत्ता का झूठा दिखावा करने का आरोप लगा रहे हैं। बर्बरता, इस्पाती टोपीवाले बूट, मादक दवाएँ, फुटबाल के मैदान के दंगे, ये सब दुर्व्यवस्था हैं, इनसे निपटने के स्थापित सत्ता के प्रयास इनसे भी दुर्व्यवस्थापूर्ण हैं। किशोर अपराधी तंत्र को उससे निबाह करने की चुनौती देता है और तंत्र सदा ही हारता है। यथास्थिति व्यवस्था-वेषधारी दुर्व्यवस्था है : हमारे बच्चे अनुष्ठान और समवेष के माध्यम से एक जीवंत समुदाय को अभिव्यक्त करने के लिए जुटते हैं, जोकि सत्ता को अर्थहीन बना सकता है। कैलिफोर्निया की पुलिस हैल्स एंजेल्स (मोटर साइकिल सवार हिंसक अश्वेत अपराधी दल) से छेड़छाड़ करने की हिम्मत नहीं कर सकती जिन्होंने उनके दंडात्मक विधान को मजाक बनाकर रख दिया है। ऐसा ही मजाक ब्लैक पैंथर्स (अश्वेत अस्मिता का समर्थक उग्र अश्वेत अमेरिकी संगठन) उड़ाते हैं। परिवार टूट चुका है : प्रौद्योगिकी रूढ़िवाद को पीछे छोड़ चुकी है। अपनी अनियंत्र्य संतानों से राज्य-पिता एक ही तरह से निपट सकता है—उन्हें कूटो-पीटो-गोली

से उड़ा दो या युद्ध जैसी चरम अव्यवस्था में झोंक दो।

रीश ने सत्तावादी बाध्यकर परिवार का वर्णन यूँ किया है : '(यह) सत्तावादी राज्य और सत्तावादी समाज का अभिन्न अंग और साथ ही जरूरी शर्त (भी) है।'[9] परिवार की ही तरह राज्य भी खुद के सम्भ्रम और स्वच्छंदतावाद के माध्यम से खुद को झूठा ठहराता है, हालाँकि आखिर वह अपनी सत्ता का अव्यवस्थापूर्ण प्रयोग करते हुए हस्तक्षेप करता है। इंग्लैंड में युवाओं की 'ज्यादतियाँ' सीमित हैं और उन्हें खुद को खत्म करने दिया जाता है और इंतजार किया जाता है उस सटीक मौके का जब उन्हें सतर्कतापूर्वक नियंत्रित या दंडित किया जा सकेगा ताकि वे सोए हुए युवा वर्ग को बेवजह न भड़का सकें। परिणाम है, सामाजिक और राजनैतिक अव्यवस्था, 'लैंगिक वीराना'। मेरे सपनों की गृहस्थी की आकारहीनता, उसकी कानूनी अस्तित्वहीनता, द्वंद्वपूर्ण निष्ठाओं, द्वंद्वपूर्ण शैक्षणिक उपकरणों, द्वंद्वपूर्ण निर्णयों की अव्यवस्था के तईं एक सुरक्षा-कवच हैं। मेरे बच्चे का जरा भी मार्गदर्शन नहीं होगा क्योंकि इस समाज द्वारा प्रस्तुत मार्गदर्शन उसे एक ही साथ आगे-पीछे और दाएँ और बाएँ ले जाना चाहता है। अगर हमें जीने में प्रशांति और आनंद को वापस पाना है तो बजाय अपने बेहूदा परिवारों में अपनी विकृत छवियाँ उन पर थोपने के, हमें वह सुनना होगा जो हमारे बच्चे अपने ढंग से हमें बता रहे हैं।

सुरक्षा

सुरक्षा जैसी कोई चीज कहीं है ही नहीं। कभी थी भी नहीं। फिर भी हम लोग सुरक्षा के बारे में इस तरह बातचीत करते हैं जैसे वह कोई ऐसी चीज हो जिसे पाना लोगों का सहज अधिकार है; हम उन्मादों और मनोविकृतियों के मूल में उसके न होने की बात कहते हैं। सुरक्षा के लिए हालाँकि कोई गुंजाइश नहीं है, न वह किसी प्रक्रम में अंतर्निहित है; फिर भी हम भाग्य को चकमा देने की रणनीतियों का आविष्कार करते हैं और उन्हें बीमा, आश्वस्ति, सोशल सिक्योरिटी जैसे नाम देते हैं। हम सुरक्षा-सेवाओं, सुरक्षाकर्मियों की सेवाएँ लेते हैं। लेकिन फिर भी हम जानते हैं कि ब्रह्मांड ने अनदेखे विनाशों की ऐसी शक्तियाँ बना रखी हैं जिनका हर्जा-खर्चा नहीं मिल सकता। हम जानते हैं कि पेंशन योजनाएँ आधुनिक मुद्रा के उतार-चढ़ावों से अछूती नहीं रह सकतीं। हम जानते हैं कि कट गए पैर या जीवन-भर के सिरदर्द या नष्ट हो गई सुंदरता की भरपाई पैसे से नहीं हो सकती लेकिन फिर भी हम ऐसे इंतजाम करते ही हैं। एक बहुत धुँधला-सा आभास हमें होता है कि अदृष्ट के विरुद्ध हम जितने ही सुरक्षात्मक ढाँचे खड़े करते हैं उतनी ही भाग्य के समक्ष हमारी भेद्यता बढ़ती जाती है। बैंक में पैसा, खुद का मकान, निवेश, उन क्षेत्रों के विस्तार हैं जिनमें हमारा नुकसान हो सकता है। जितना ज्यादा धन आपके भविष्यनिधि कोष में होगा उसी अनुपात में उसकी हानि की आशंका बढ़ती है। राज्य व्यक्ति को रोग या आकस्मिक आपत्ति से बचाने की जितनी ज्यादा जिम्मेदारी लेगा, उतना ही सार्वजनिक हित में उसकी बलि चढ़ाने का, उसका घर उजाड़ देने और उसके पशुओं को मार डालने का, उसके बच्चों को अस्पताल में भर्ती करने या उन्हें संरक्षित गृहों में भर्ती करने का, उसका अधिकार बढ़ जाएगा। जितने ज्यादा सरकारी फॉर्मों में उसका नाम दर्ज होगा, उस पर झूठे आरोप लगाने के अवसर उतने ही बढ़ेंगे, जॉन ग्रीनअवे कल्याणकारी राज्य के मिथक पर मुग्ध हो गया, अठारह बरस का होने से पहले ही उसने खुद को इस इंद्रजाल की माया में फँस जाने दिया।

मैं बहुत सुरक्षित अनुभव नहीं करता, और किसी दिन मैं विवाह करना चाहूँगा। मुझे लगता है कि ऐसा सुरक्षा के कारण है।

सबसे पहले तो आपको सुरक्षित अनुभव करना चाहिए। अगर आपके पास आड़े वक्त के लिए बैंक में धन नहीं है तो आप चिंता से कभी मुक्त नहीं हो सकते...

ऐसा नहीं है कि मैं घर में बहुत असुरक्षित हूँ, मेरा अच्छा-भला घर है। मैं तो बस दुनिया

के हालात देखते हुए सुरक्षित अनुभव नहीं कर पाता...

मैं कह सकता हूँ कि सौभाग्य से अगर मैं बढ़िया तनख्वाहवाली एक सुरक्षित नौकरी पा सका तो मैं भी बाकी लोगों जैसा ही हो जाऊँगा। बैंक में कुछ पैसा और एक अच्छा-सा घर कमाल कर सकते हैं। आप कार चलाने, और अपना बगीचा साफ-सुथरा रखने, और बीमा, और दो टी.वी., और बाकी चीजों के बारे में सोचने लगते हैं—और आपके पास वक्त नहीं रह जाता कि अफ्रीका में भूख से मर रहे लोगों की संख्या जैसे बड़े मुद्दों के बारे में सोच सकें।

सुरक्षा हत्यारिणी हो सकती है, यह आपके मन और आत्मा को क्षीण कर सकती है। लेकिन काश कि मेरे पास सुरक्षा होती।[1]

शायद गहन सुरक्षावाली जेल ही ऐसी जगह हो सकती है, जहाँ मनुष्य सचमुच सुरक्षित महसूस कर पाए, बस एक ही आशंका रहेगी—मुक्ति की। पाप-व्यसन की समस्या को देखकर जॉन ग्रीनअवे जैसे युवकों को यह समझ लेना चाहिए कि सुरक्षा कितनी लचर अवधारणा है, लेकिन वह यह समझ नहीं पाएगा। सुरक्षा है : सब चीजों का तय होना, जब आपको कुछ नहीं हो सकता; सुरक्षा जीवन का निषेध है। मनुष्यों के लिए आपदाओं और मुश्किलों का सामना करना अचर सुरक्षा को झेलने से कहीं आसान है, लेकिन जब तक किसी समुदाय में सुरक्षा उच्चतम मूल्य बनी रहती है तब तक उनके लिए खुद यह फैसला लेने का मौका नहीं आ पाता। इस बात पर सब लोग एकमत हैं कि अंग्रेजों ने अद्भुत ढंग से युद्ध का सामना किया, मौजूदा शांतिपूर्ण दिनों के बजाय रोज की बमबारी के दौरान वे ज्यादा प्रसन्नचित्त, उद्यमपूर्ण और दोस्ताना थे। जॉन ग्रीनअवे यह नहीं समझ पाया था कि उसकी सुरक्षा के परकोटे ही नई आशंकाओं का कारण बनेंगे। एलिजाबेथ प्रथम के जमाने में इसी घटना को *म्यूटेबिलिटी* कहा जाता था और सबकुछ जो सुंदर और टिकाऊ था उसके बीतने पर मर्सिये पढ़े जाते थे, तत्त्वों के हेराक्लीटीय नृत्य में एक दिव्य उद्देश्य और विचारों के एक अपार्थिव प्रांतर में एक प्लेटोवादी अपरिवर्तनीयता की दिशा में प्रगति देखी जाती थी।[2] इस किस्म की दार्शनिक वीतरागता तक ग्रीनअवे की पहुँच नहीं हो सकती; न ही वह उस किसान के भाग्यवाद को अपना सकता है जिसे मौसमों की अविश्वसनीयता सदा ही खिझाती रहती है। उसे विश्वास है कि सुरक्षा जैसी कोई चीज है : कि कोई नियोजक उसे कम उजरत दे सकता है लेकिन उसकी सेवा की अवधि की गारंटी रहेगी, कि अगर वह उसकी कीमत चुका दे तो उसे उसी घर में रहने और मरने दिया जाएगा, कि छोड़ दिए जाने और अकेलेपन के विरुद्ध सुरक्षा के तौर पर वह खुद को एक पत्नी और परिवार से बाँध सकता है।

बीसवीं सदी के इस इंद्रजाल--सुरक्षा—के बारे में सबसे अजीब बात यह है कि यह सबसे बड़ी आशंका के युग में रचा गया। परमाणु युग से पहले पूर्ण युद्ध जैसे आसन्न और ऐसे अ-नियंत्र्य खतरे की सपने में भी भनक नहीं थी। ऐसा लगता है कि एक किस्म के खतरे से मुक्त होते-होते मनुष्यों के सिर पर दूसरे किस्म का खतरा मँडराने लगता है। रोग और जटिल हुए जाते हैं, अतिक्रमण और विनाश की संभावनाएँ दिन दूनी रात चौगुनी बढ़ रही हैं। एक अंतर्राष्ट्रीय समझौता विषैली गैसों के प्रयोग पर रोक लगाता

है इसलिए रोगाणु युद्ध का विकास जरूरी हो उठता है। यह क्रम चलता ही चला जाता है। मनुष्यों के जीवन में असुरक्षा एक स्थायी घटक है, और मुझे लगता है कि उसे दूर करने के प्रयास भी उतने ही स्थायी हैं।

ग्रीनअवे जीवन और चीज-बस्त की सुरक्षा और भावनात्मक सुरक्षा में घालमेल करता है, और वह कर भी क्या सकता था ? इसका कुछ कारण तो व्यक्तित्व के संदर्भ में *असुरक्षा* शब्द के उपयोग में अंतर्निहित दोषारोपण का भाव है। और फिर यह मान लिया गया है कि स्त्रियों को खासतौर पर सुरक्षित अनुभव करने, प्रेम के बारे में आश्वस्त किए जाने और घर के आरामों की फसील से घेरे जाने की जरूरत होती है। विवाह से इंकार करनेवाली स्त्रियों के बारे में माना जाता है कि वे असुरक्षा, अकेले वीरान बुढ़ापा झेलने, गरीबी और अधोपतन को आमंत्रित कर रही हैं; लेकिन पति मर जाते हैं, पेंशनें नाकाफी होती हैं, बच्चे बड़े होकर दूर चले जाते हैं, और माँएँ सासें बन जाती हैं। स्त्रियाँ विवाहित हों या अविवाहित, उनका काम नौकरों के दर्जे का होता है और उसका मेहनताना कम मिलता है। संपत्ति के स्वामित्व का स्त्रियों का अधिकार सीमित होता है, विवाहिता होने पर तो और भी। विवाह कैसे सुरक्षा प्रदान कर सकता है ? बहरहाल पति एक ऐसी चीज है जो खो या चोरी हो सकता है, और तीस बरस से ऊपर की, दो बच्चों की माँ, जिसे उसका पति छोड़ गया है, अपनी जिम्मेदारी निभाने के क्रम में बच्चोंवाली या बिना बच्चोंवाली अविवाहिता की अपेक्षा कहीं अधिक परेशान होती है। विवाह-विच्छेद को आसान बनानेवाले कानून पत्नी की असुरक्षा को और बढ़ाते हैं। स्त्री अगर ऐसा मानने से इंकार करती है कि उसे कभी छोड़ नहीं दिया जा सकता तो उस पर भावनात्मक रूप से असुरक्षित होने का आरोप लगाया जाता है। एक ऐसे असुरक्षित संबंध पर निर्भर होना सचमुच कठिन है जिसे आश्वस्ति की माँगों जैसे परीक्षण और भी भंगुर बना देंगे। विवाह के वचन सुरक्षा का वायदा करते हैं : धार्मिक वृत्ति वाले लोगों के लिए यह एक सांस्कारिक संकेत है और सुरक्षा-स्वर्ग में पति-पत्नी के अभिन्न होने की सुरक्षा है; इसे एक ही पुरुष द्वारा व्यवस्थापन का आजीवन करारनामा माननेवाली स्त्रियों के लिए यह एकदम असंतोषजनक दस्तावेज है। शुरुआत में ही इसमें सुरक्षात्मक उपायों और हर्जे-खर्चे जैसी चीजों के बारे में साफ-साफ बताया जाना चाहिए, जैसेकि व्यवस्थापन के करारनामों में होता है, उस सूरत में यह कम-से-कम एक व्यावसायिक दस्तावेज तो होगा। अनीश्वरवादी युग में संस्कारात्मक संकेत का कोई मूल्य नहीं है। इसकी करारनामे वाली तासीर कुछ साफ जाहिर हो तो यह सभी पक्षों के लिए बेहतर रहेगा।[3]

अगर विवाह एक ऐसा करारनामा हो जिसमें सुरक्षात्मक उपाय और हर्जे-खर्चे के विवरण स्पष्ट किए गए हों तो भी यह भावनात्मक सुरक्षा उपलब्ध नहीं करा पाएगा। तब इसका मूल्य यह रहेगा कि यह सुरक्षा *उपलब्ध कराता नहीं दिखता* और तब स्त्रियाँ पूरी तरह एक ऐसी स्थिति पर निर्भर होने को उत्साहित नहीं होंगी जिसमें सारतः जरा भी स्थायित्व नहीं है। गृहिणी स्थायी कर्मचारी बने रहने की सुरक्षा के बदले अपने पति

की गृहस्थी की बेगारी करनेवाली मजदूर है : यह वैसा ही मामला है जैसे रोजगार के स्थायित्व के बदले कोई कर्मचारी कम उजरत स्वीकार कर लेता है। लेकिन कम-से-कम उजरत लेनेवाले कर्मचारियों पर भी छँटनी की गाज गिरती है, यह पत्नियों पर भी गिरती है। उनके पास न कोई बचत होती है, न कोई कौशल जिसके लिए वह कहीं और मोल-भाव कर पाएँ, और उस पर उन्हें निकाले जाने के लोकापवाद को भी झेलना होता है। कामगार और पत्नी के पास एक ही विकल्प है : वे सुरक्षा के चारे को नजरंदाज करके सीधे-सीधे मोल-भाव करें। ऐसा कर पाने के लिए स्त्री के पास एक अलग तरह की सुरक्षा होनी चाहिए, उस तरह की व्यक्तिगत सुरक्षा जो उसे असुरक्षा को स्वतंत्रता के रूप में समझ पाने में सक्षम बनाए।

स्त्रियों से व्यक्तिगत सुरक्षा के गुण के अनुपालन की अपेक्षा रखी जाती है, उन्हें वह प्राप्त न हो तब भी, क्योंकि उनसे आशा की जाती है कि अपने विवाह में वे आशंकित महसूस न करें और अपने हितों की सुरक्षा के उपाय न करें, हालाँकि ऐसा वे करती ही हैं। विवाह में आत्मनिर्भरता सिद्धांत रूप से आवश्यक है इसलिए तार्किक रूप से एक ऐसी मायावी सुरक्षा को स्वीकार करने का कोई कारण नहीं है जिसकी जरूरत अगर उठ ही खड़ी हो तो उस पर निर्भर नहीं होना चाहिए। भय, अपर्याप्तता और दुश्चिंता जैसे व्यक्तित्व के सबसे कमजोर हिस्से सुरक्षा की तलाश करते हैं। स्त्रियाँ उस हद तक भी जुआ खेलने को तैयार नहीं होतीं जिस हद तक पुरुष होते हैं। पत्नियों में पति की उद्यमिता को सीमित करने की प्रवृत्ति दिखती है, खासतौर पर तब जब इसमें जोखिम शामिल हो, इसका परिणाम यह होता है कि आनंद, कौतूहल और उपलब्धि के अवसर सीमित हो जाते हैं।

विवाह—एक घर और पत्नी और बच्चे। जीवन में इसका बहुत महत्त्वपूर्ण स्थान है। इनके बिना कोई पुरुष पूर्ण नहीं हो सकता—लेकिन खुद कुछ कर दिखाने से पहले बँध जाने में मेरा विश्वास नहीं है।

ज्यादातर लोग, जो अच्छी-से-अच्छी नौकरी उन्हें मिल सकती है, उसे कर लेते हैं, फिर तरक्की पाने के लिए काम करते रहते हैं और जब वे काफी पैसा कमाने लगते हैं तो किसी लड़की से शादी कर लेते हैं। फिर आपको मकान और कार खरीदनी पड़ती है और यों, आप जीवन-भर के लिए फँस जाते हैं। पैंतीस की उम्र तक पहुँचते-पहुँचते आप किसी भी नए विचार को आजमाने से डरने लगते हैं कि कहीं अपनी सुरक्षा न खो बैठें। फिर आप उन तमाम चीजों के लिए पछताते हुए जीते हैं जो आप करना चाहते थे।[4]

1964 में *एडिनबरा ईवनिंग न्यूज* के 21 वर्षीय संवाददाता माइक रसेल का विवाह और सुरक्षा के बारे में यह विचार था, उन्होंने वाणिज्यिक तंत्र में पति को उसके खाँचे में कसने की पत्नी की भूमिका की पहचान की थी। सुरक्षा का वायदा करके कल्याणकारी राज्य अपने अस्तित्व को न्यायसंगत ठहराता है, और उसकी उजरत में से उसके बुढ़ापे और बीमारी के लिए हिस्सा वसूलकर, कामगार को खुद की ही बेचैनी और किसी भी संभावित दुर्घटना के विरुद्ध बीमा करवाने पर मजबूर करता है। इसके साथ ही रक्षा

के नाम पर वह उसकी कमाई के एक हिस्से को उसके अस्तित्व के लिए सबसे बड़े खटके को विकसित करने में लगा रहा होता है। इस तरह के दमन में पत्नी एक सहयोगी होती है। रोजगार द्वारा निश्चित की गई गतिहीनता को घर और कर्ज की किश्तों जैसी चीजें और बढ़ाती हैं, वे कामगार की सीधी कार्रवाई में रुचि या अपनी नौकरी के नियंत्रण की इच्छाओं के विरुद्ध संघर्षरत रहती हैं। अगर उजरत का सही स्तर बनाए रखा जाए और स्थिति की विचित्रताएँ बहुत साफ-साफ न दिखती हों तो विवाहित पुरुष एक आज्ञाकारी और भरोसेमंद कामगार होता है। उत्पादकता सौदों और तनख्वाह बढ़ने पर रोक को लेकर असंतोष, और आप्रवासी मजदूरों के कारण असुरक्षा की भावनाओं को भड़काकर सयाना टोरी राजनीतिज्ञ श्रमजीवी वर्ग को पक्का अनुदारवादी बना सकता है।

अगर स्त्रियाँ इस प्रतिमान में अपनी भूमिकाओं को रद्द कर दें या असुरक्षा को स्वतंत्रता के रूप में पहचानने लगें तो उन्हें कोई नुकसान नहीं होनेवाला। यथार्थ को दूरंदेश निगाह से देखनेवाले लोग पाते हैं कि करों के मामले में, अविवाहित जोड़ियाँ ही फायदे में रहती हैं। आध्यात्मिक रूप से भी, एक स्त्री के लिए यह बेहतर ही रहता है कि कोई उसकी राय को अपनी राय में शामिल न मान पाए। अगर पारस्परिक दोहन का क्रम स्थापित हो जाए, जैसाकि अक्सर ही होता है, तो अनौपचारिक संबंध औपचारिक संबंधों से ज्यादा बंधनकारी बन जाते हैं; लेकिन अगर स्त्रियाँ स्वतःस्फूर्त जुड़ावों को एक आदर्श बना लें तो सहजीवन के असंगत बना देनेवाले प्रभावों को कम किया जा सकता है। तब स्थिति के विकसित और समृद्ध होने की संभावना बनी रहेगी। अगर स्त्रियाँ पक्के तौर पर यह बात समझती हों कि उनके संबंध सचमुच फलप्रद हैं और बाकी संभावनाओं

प्रेम अपनी प्रकृति से अस्थिर है। ऐसे किसी रहस्य की खोज जो इसे स्थिरता दे सके अर्थहीन होगी। बिल्कुल वैसे ही जैसे पारस पत्थर या सर्वरोगहर औषधि की खोज। और, अगर ऐसा कोई रहस्य हमारे हाथ लग भी जाता है तो उसका कोई उपयोग नहीं है, उल्टे वह मानवता के लिए हानिकर हो सकता है। समाज का सबसे पवित्र जुड़ाव मित्रता में ही संभव है।

—मेरी वौल्स्टनक्राफ्ट

'ए विंडिकेशन ऑफ द राइट्स ऑफ विमेन', 1792, पृ. 56-57

को सैंसर करने के कारण ही टिके हुए नहीं हैं, तो अन्यगमन भी डरानेवाली बात नहीं रह जाता। अकेलापन अपने क्रूरतम रूप में तब दिखता है जब आप किसी ऐसे व्यक्ति के निकट संपर्क में रह रहे हों जिसने संवाद करना छोड़ दिया हो। अपने पति के अखबार को ताकती या बिस्तर में उसकी साँसों की आवाज को सुननेवाली गृहिणी का अकेलापन, किराए के कमरे में रहनेवाली बूढ़कुँआरी के अकेलेपन से कहीं भयावह है। अकेले लोगों का अकेलापन किसी के साथ दांपत्य स्थापित करने में असफलता से नहीं, अविश्वास और अहम्मन्यता से जन्मा होता है। विवाह के सौदे में भावनात्मक सुरक्षा प्रदान करने की बात सोची जा रही हो तो यह असंभव है क्योंकि ऐसी सुरक्षा व्यक्ति की अपनी

उपलब्धि होती है। एकाधिकारी प्रेम कितना ही मोहक क्यों न लगता हो, वह अपने शिकारों का व्यक्तिगत संतुलन तोड़ देता है और उन्हें और भी असुरक्षित बनाता है। अपनी दुर्दशा और अलगाव के लिए *धोखा देनेवाले पुरुषों* को जिम्मेदार ठहरानेवाली अभागी स्त्रियाँ रोज ही अपनी व्यक्तिगत जिम्मेदारी को तिलांजलि देने की गलती दोहराती हैं। विवाहिता बनी रहकर भी वे ज्यादा खुश नहीं रहतीं। किसी स्त्री से प्रणय-निवेदन करते हुए पुरुष खुद को उसके लिए उतना ही अपरिहार्य बनाने का प्रयास करता है जितनी कोई स्त्री किसी पुरुष के लिए होती है : वह उसकी आत्म-परिपूर्णता को तोड़ने के लिए उसे गर्भवती तक बना सकता है। एक पूरा व्यक्ति बने रहने और अपनी अपर्याप्तता के बजाय अपनी पूर्णता से प्रेरित होकर प्रेम करने की कशमकश में कोई स्त्री सख्त लग सकती है। वह पा सकती है कि उसका आरंभिक अनुकूलन उसे आत्मसमर्पण के लिए प्रेरित कर रहा है, लेकिन उसे याद रखना चाहिए कि मूलतः उससे प्रेम, जो वह थी, वह होने के कारण किया गया है; बजाय असहाय, टोकाटाकी करनेवाली, चिड़चिड़ी और फँसा-सा महसूस करनेवाली बनने के, उसे खुद पर अपनी पकड़ बनाए रखनी चाहिए। मैं पूरे दावे से शायद अभी यह न कह सकूँ कि आत्मनिर्भर स्त्री से हमेशा ही प्रेम किया जाता है, लेकिन जब तक दुनिया में उसके आनंद, और उसकी शक्ति की जरूरत महसूस करनेवाले लोग मौजूद हैं, वह अकेली कभी नहीं हो सकती, मेरा अपना अनुभव तो यही रहा है। बेचैन होने पर कहीं चले जाने को आजाद प्रेमी हमेशा लौट आते हैं; बदलने को आजाद प्रेमी रोचक बने रहते हैं। जहाँ लोग स्यामी जुड़वाँ न बन जाएँ, वहाँ विवाह-विच्छेद और बैर नहीं होते। जिसके पास सोने को कहीं ठौर ही नहीं है उसकी बजाय स्वेच्छा से आपके पास आए प्रेमी की आपको बाँहों में भरकर सोने की संभावना अधिक रहेगी।

घृणा

घृणा और वितृष्णा

स्त्रियों को इस बात का जरा भी अंदाजा नहीं है कि पुरुष उनसे कितनी नफरत करते हैं। किसी भी औद्योगिक नगर में पला-बढ़ा अंग्रेज लड़का बता सकता है कि उसके तमाम यार-दोस्त कैसे पास के डांस हॉलों में जाकर रात-भर निरुद्देश्य भटकते रहते थे और आखिर एक सरलतम लैंगिक प्रेरणा का दबाव उनसे *छोकरी पटा लेने* का काम करवा लेता था। पटा लेना जितना ही आसान होता उतनी ही ज्यादा घृणा उन्हें लड़कियों से होती और वे उन्हें उस अपराध-बोध से जोड़कर देखते जो उनकी कुत्सित लैंगिक-निवृत्ति के कारण उनसे चिपका रहता। 'उन्हें फाँस लेने के लिए उनके साथ बस-स्टॉप तक जाना ही काफी था,' कड़वाहट से भरकर वे कहते हैं। लड़कियाँ असंपृक्त, सहमत और असहाय होती हैं, शायद उन्हें कहीं ऐसी आशा रहती है कि उनके द्वारा उपलब्ध कराई गई राहत के कारण, थोड़ा-सा स्नेह और रक्षा का भाव पैदा होगा। ज्यादा अविचारी लड़कियाँ दीवार के सहारे खड़ी या वूलवर्थ (जनरल स्टोरों की एक बहुत बड़ी शृंखला) के मोटरसाइकिल शेड में जमीन पर बिछे चमड़े के कोट पर लेटी, वासना झेलती हैं। इस ठंडे उपाय से जरा से भी संतोष की अनुभूति नहीं उपजती। 'उन दिनों छोकरी को पटाना और छलाँग लगाना, एक ही बात थी।' बाद में लड़के रूखे हो जाते हैं, बाकी लड़कों से अपनी जीत की डींग हाँकने के विचार के ही रस में डूबे वे लड़की को जल्दी से बस-स्टॉप तक ले जाते हैं। स्खलित होने के एकदम बाद के क्षणों में वे मारक वितृष्णा से भरे होते हैं। 'बस मेरा जी भर गया तो भर गया। मेरा मन हो रहा था कि अपने बिस्तर में ही उसका गला घोंट दूँ और सो जाऊँ।'[1] वे सब हमेशा ही कड़के होते हैं और अपने माता-पिता के साथ रहते हैं; किसी लड़की से उनका कुछ टिकाऊ-सा संबंध हो भी तो वह भयानक रूप से एकरस, और निरंतर झींकने-झगड़ने वाला होता है। वे लड़कों के गुटों से उलझ-जूझकर ही निवृत्ति पाते हैं। वे मक्कारी-भरे ढंग से लड़ते हैं। असावधान शत्रुओं पर टूटकर उन्हें काट खाते हैं, और गुस्से से पगलाए दूसरे लड़के प्रतिवाद कर पाएँ उससे पहले ही भाग खड़े होते हैं।

कड़वाहट से भरे ऐसे बच्चों को सिर्फ वही स्त्रियाँ दिलचस्प लगती हैं जो उपलब्ध हैं; अनुपलब्ध लड़कियों का वे सम्मान नहीं करते क्योंकि उनकी अनुपलब्धता को वे सौदेबाजी की इच्छा के ही रूप में देखते हैं। अनुपलब्ध लड़कियाँ कुतियाएँ हैं, बाकी लड़कियाँ कचरा; किसी भी पुरुष को या तो कुतिया मिलेगी या कचरा। विवाह को बड़े

नियतिवादी ढंग से देखा जाता है, देर-सबेर आप खुद को स्थायी रूप से तंत्र में बँधा पाएँगे; किसी उबाऊ कस्बे में, किसी धुँधलाती स्त्री और उसके शोर मचाते बच्चों को कम जगहवाले घर में बनाए रखने के लिए जीवन-भर एक ऐसी नौकरी में जुटे जिससे निकल पाने की कोई संभावना नहीं है। बहुत जल्दी ही लड़ने की इच्छा तक जाती रहेगी, जब भी बीवी जाने दे तब एक-दो घंटे के लिए पब जाना ही पलायन हो जाएगा, इसलिए वे सेक्स को अपनी बर्बादी के रूप में देखते हैं, एक ऐसी घृणित दासता के रूप में जो स्त्रियों के कारण आती है।

हमें यह सोचना ही चाहिए कि बनमानुसों के बीच नरों और मादाओं के लिए होनेवाले युद्ध क्या तब भी इतने ही क्रूर और संहारक होते हैं जब वे मुक्त होते हैं ?

–पॉल शिल्डर, 'गोल्स एंड डिजायर्स ऑफ मैन', 1942, पृ. 41

जिसने मुझे ये सब बातें समझाईं वह पुरुष यह माने बैठा था कि सभी पुरुष बाद में सेक्स के प्रति घृणा से भर जाते हैं। उसका निश्चित मत था कि रति के बाद पुरुषों द्वारा प्रदर्शित ठंडापन असल में जुगुप्सा है। उसे तो एक स्त्री के सिवाय वितृष्णाहीन सेक्स का कोई अनुभव याद नहीं था। इसे एक खास किस्म की तुनकमिजाजी का अनूठा मामला मान लेना बहुत आसान है। यह ऊब और बंधन से पैदा हुई मानवीय गरिमा की हानि के भाव से उपजा है। जहाँ समृद्धि की ठीक-ठाक मात्रा के कारण लैंगिक अनुभवों में असौंदर्यात्मक तत्त्व कम हो जाते हैं, उन मामलों में वितृष्णा कम हो सकती है लेकिन जब तक सेक्स छिपाकर की जानेवाली, गंदी गतिविधि बना रहेगा, तब तक लैंगिक आकर्षण के पात्र के प्रति एक गहरी द्विविधा बनी रहेगी। कुछ विशिष्ट मामलों में इसका नतीजा वैवाहिक पौरुषहीनता भी हो सकता है क्योंकि पत्नी को अवमानित तो नहीं किया जा सकता।

1967 में माइकेल मैक्कलूयर को यह बताते हुए कि एल.एस.डी. लेने के बाद से वह स्त्रियों को 'गंदी-पलीत' नहीं मानता फ्रीह्वीलिन फ्रैंक पूरा सच नहीं बता रहा था। हेल्स एंजेल्स के विद्रोह ने परंपरागत सौंदर्यात्मक मूल्यों को पलट दिया, वितृष्णा के अनुष्ठान के रूप में उन्होंने बहुत ही जुगुप्साजनक लैंगिक अनुष्ठान ओढ़ लिए :

जब हम छोकरी को चखने की बात करते हैं तो उसे जितना हो सके, उतना गंदा और भोंडा बना देते हैं—इतना कि सुननेवाले को उल्टी आ जाए। एंजेल मामाएँ (दल की स्त्री सदस्याएँ) कामोन्मादिनियाँ हैं जो सेक्स के मामले में कुछ भी कर सकती हैं। एंजेल मामा की माहवारी चल रही है, खून टपक रहा है। सबके सामने, कम-से-कम छः सदस्यों के सामने, उसके पास जानेवाले सदस्य को हम बहुत ऊँचे दर्जे का मानते हैं...कभी-कभी, जब किसी सदस्य को ऐसा करने को उकसाया जाता है तो वह उल्टी तक कर देता है।[2]

सान क्वेंटिन (अमेरिका की सर्वाधिक सुरक्षावाली वह जेल जिसमें खतरनाक अपराधी रखे जाते हैं) से बाहर आने के बाद एल्ड्रिज क्लीवर, 'सोच-समझकर, जिद से,

सुविचारित रूप से' बलात्कारी बन गया।

कई गोरी चमड़ीवाले यह मानकर फूले रहते हैं कि गोरी स्वप्न-सुंदरी के लिए हब्शी की वासना और कामना एक सौंदर्यात्मक आकर्षण है, लेकिन यह सच से कोसों दूर है। उसकी प्रेरणा की प्रकृति अक्सर इतनी घृणा-भरी, कड़वी और द्वेषपूर्ण होती है कि उसे प्रशंसा मानने के लिए गोरे लोगों को बहुत मेहनत करनी होगी।[3]

बलात्कार को अदम्य कामना या जबर्दस्त आकर्षण के बाध्यकर प्रत्युत्तर की अभिव्यक्ति मानना भ्रम है। मार-पीटकर हुए बलात्कार को भोग चुकी लड़की बता सकती है कि कारण पूछे जाने पर बलात्कारी के मुँह से, 'क्योंकि मैं तुम्हें प्यार करता हूँ' या 'क्योंकि तुम इतनी सुंदर हो' जैसी बातें कितनी हास्यास्पद लगती हैं। बलात्कार आत्म-वितृष्णा से जन्मा, घृणा के पात्र पर किया गया हत्यारी आक्रामकता से भरा कृत्य है। अपनी घृणा की गहराई खुद पुरुष भी नहीं जानते। मर्दानगी की कमी से पीड़ित मंदबुद्धि पुरुषों के लिए छपनेवाली महँगी पत्रिकाओं में छपे भड़काऊ लेख इसे और उकसाते हैं। *मेल* में छपे लेख, 'ईगर फीमेल्स : हाउ दे रिवील देमसेल्व्ज़' में एलेक्स मार्टिन जूते में से पैर बाहर निकालने, भूख (भोजन की) का प्रदर्शन करने, और अहानिकर व्यवहार के लक्षणों को स्त्रियों की छिपी कामातुरता बताता है।[4] *स्टैग*[5] में छपे लेख 'द विलिंग चीटर : युअर वाइफ्स बेस्ट फ्रेंड' में 'बैरी जेमीसन' आपकी पत्नी के परम मित्र की ओछी चालाकियों का खुलासा करता है। ऐसे लेखों का उद्‌देश्य यह दिखाना है कि दुनिया बदमस्त हर्राफ़ाओं से भरी पड़ी है जो न-न करते-करते सबकुछ कर गुजरने को तैयार हो जाती हैं। ऐसी स्त्रियाँ *उपलब्ध, आसान, पकी-पकाई* हैं। उन पर जो भी बीतता है वह उनके कर्मों का फल होता है। इस किस्म के कल्पित भेदभाव पर अमल करते हुए एक खास तरह का पुरुष सड़क पर चलती स्त्रियों के पास से गुजरते हुए अश्लील बातें फुसफुसाता है और उनकी लज्जा और हड़बड़ाहट को उस पाशविक

> **मेरी हड्डियाँ तक जब वह चूस चुकी**
> **और तंद्रिल मैं चुंबन लिए मुड़ा उसकी ओर**
> **अचानक मुझे दिखा नहीं कुछ और**
> **सिवाय चिपचिपी मवाद से भरी गुथली के !**
>
> **—बॉदलेयर**

कामना के अपराध का प्रमाण मानकर हँसता है जिसे उसने अभी-अभी छुआ है। अक्सर तो स्त्रियाँ एक अस्पष्ट बड़बड़ाहट ही सुन पाती हैं लेकिन बोलने का अंदाज और अश्लील मुस्कुराहट किसी संदेह की गुंजाइश नहीं छोड़ती। बसों और भूगर्भीय रेल में उद्धत ढंग से स्त्रियों को देखने और जेब में सिक्के खनखनानेवाले पुरुष भी घृणा से भरा वही इशारा कर रहे होते हैं। भीड़-भरी सड़कों पर, उनके इरादों और हरकतों से बेखबर स्त्रियों का पीछा करनेवाले पुरुषों के भ्रम भी लज्जावनतता के आवरण से ढँकी पाशविक

> **अगर हम गंभीरतापूर्वक इस जाति की प्रकृति और गुणों पर विचार करें तो हम पाएँगे कि स्वर्ग के बगीचे से आदम के पतन से लेकर, आज तक, यह खुद तो बहुत बुरी रही ही है, बहुत से प्रसिद्ध और उच्चकुलीन पुरुषों द्वारा हत्या, मूर्तिपूजा, और ढेरों दूसरे पापों की प्रमुख साधन और कारण भी रही है।...**
>
> **–'ए ब्रीफ एनैटॉमी ऑफ विमेन', 1653, पृ. 1**

लैंगिकता के इसी पूर्वानुमान से प्रसूत हैं। बदचलन स्त्रियों की वासना लगातार बनी रहनेवाली खुजली है जो स्त्री की माँग पर पुरुष के प्रत्युत्तर के बाद बहुत ही असुविधापूर्ण और जुगुप्साजनक है। ऐसी गर्माई कुतियाओं से बचाव के रास्ते भी उपरोक्त लेखों में बताए गए हैं। अपने काम-भाव और लिंग की ऐसी छवि को स्त्रियाँ जितना भी नकारना चाहें, सच्चाई यह है कि हेल्स एंजेल्स को एंजेल मामाओं की कमी कभी नहीं रहती, असल में तो एक पूरा अध्याय उन्हीं पर लिखा गया है। उनकी प्रेरणा *मेल* और *स्टैग* की फंतासी से कितनी ही अलग हो और उनकी संख्या भले ही बहुत ही कम हो, लेकिन ऐसी स्त्रियाँ सचमुच मौजूद हैं जो अवमानना की तलाश में उतनी ही मेहनत करती हैं जितनी पुरुष उन्हें वह देने में करते हैं। फ्रीह्वीलिन फ्रैंक की छवि इतनी कारगर साबित हुई कि उसे ऐसी ढेरों स्त्रियाँ मिलीं, परिणाम वही जिसकी आशा की जा सकती है।

...उसे भींचते हुए मैंने अपनी ठोड़ी उसकी गर्दन पर फिराई। वह इतना डरी कि खुश हो गई। फिर रेडियो पर गाना आने लगा, 'एवरीवन हैज गॉन टु द मून।' मैंने पूछा, 'तुम्हें पता है कि हम कहाँ पर हैं ?'

वह बोली, 'मुझे प्यार करो।'

गुस्से में खौलकर मैंने कहा, 'कुतिया,' और मैं ठंडा पड़कर करवट बदलकर गाना सुनने लगा...रात में करवट बदलते हुए मैं उसे अपनी बाईं ओर लेटे देखता, उसकी आँखें ऐसी खुली थीं जैसे वह मर गई हो। इससे मुझे सोने में बहुत मदद मिली। वह भी सो जाना चाहती थी। एक बार वह टहलने जाना चाहती थी। मैंने कहा, 'जाओ, पर दरवाजे पर ताला लगाकर जाना।'

मैं स्त्रियों को पसंद नहीं करता, मुझे नफरत है उनसे। अब मैं स्त्रियों को खुश करने की कोशिश नहीं करता। अगर वे देर तक मेरे आसपास बनी रहें तो मैं चिढ़ जाता हूँ। मुझे लगता है कि मैं उन्हें बुलाकर, उकसाकर, उलटे पैरों वापस भेज सकता हूँ।[6]

पेशाब करने और हगने के बीच की किसी जगह पर हम गर्भस्थ होते हैं, उत्सर्जन की इन क्रियाओं को जब तक जुगुप्साजनक माना जाएगा तब तक वीर्य-स्खलन को भी ऐसा ही माना जाएगा। सोते हुए, अनजाने में होनेवाले स्खलन को *नॉक्टर्नल पॉल्यूशन* (नैश अशुचि) कहा जाता है : वीर्य चिपचिपा, सफेद, गंधयुक्त, रेंट का ही एक जुगुप्साजनक रूप-सा होता है, बशर्ते आप रेंट को जुगुप्साजनक मानते हों। मनुष्यों के पास अपने अनुकूलन से पलायन कर पाने के अद्भुत उपाय हैं, ट्रेन में आप किसी सूट-बूटधारी सज्जन को बेध्यानी में अपनी नाक कुरेदते और वहाँ से निकले पदार्थ को मुँह में डालते देख सकते हैं, लेकिन पूरी तरह चैतन्य होकर इसके बारे में सोचने पर हमें

गहरी झेंप, शर्म, लज्जा, वितृष्णा और घृणा तक का भान हो सकता है। लैंगिक लोकाचारों के बियाबान में राह ढूँढ़ते हुए वितृष्णा के दलदल में गिर जाना बहुत आसान है, क्योंकि किसी शर्मनाक और बाध्य करनेवाली गतिविधि की तमाम शर्म और बाध्यता को अपनी भागीदार के मत्थे मढ़कर उसे आँख से ओझल किया जा सकता है।

स्त्री ने मुझे लुभाया और मैंने खा लिया।

जब कोई पुरुष हस्तमैथुन करते हुए लज्जित होता है और लैंगिक निवृत्ति के लिए किसी स्त्री की राह रोकता है तो जिस लज्जा को हस्तमैथुन के कृत्य से जुड़ना चाहिए, (इस मामले में अंतर बस इतना ही है कि घर्षण मादा अंग से हुआ और स्खलन योनि में हुआ हो सकता है) वह स्त्री से जोड़ दी जाती है। पुरुष उसे एक बर्तन, एक तरह के मानवीय पीकदान की तरह देखता है जिसमें उसने अपने शुक्राणु उँडेल दिए हैं, और वितृष्णा से भरकर मुँह फेर लेता है। जब तक पुरुष खुद की लैंगिकता से तालमेल नहीं बिठा पाता और जब तक वह स्त्री को मात्र लैंगिक प्राणी की तरह देखता रहेगा, वह उससे नफरत करेगा। सेक्स से घृणा जितनी ही उग्र होगी, घृणा की अभिव्यक्ति उतनी ही ज्यादा देखने लायक होगी। यह स्पष्ट करने के लिए स्त्रियों को चर्च के पुरोहित-संघ में प्रवेश दिए जाने के विरुद्ध मध्ययुगीन प्रतिबंधों को उद्धृत करना जरूरी नहीं है, हालाँकि उदाहरणों से तर्क सुस्पष्ट और अद्भुत बन जाता है। रिनेसां के दिनों में वासना की भावना और प्रभावों को समझने के कुछ प्रयास हुए।

लज्जा के वीराने में ओज का व्यय;
है वासना
और इससे पहले वासना
है पूर्वग्रही, हत्यारी, रक्तरंजित, शिकायत से भरी
वहशी, अतिवादी, क्रूर, अविश्वसनीय;
निवृत्ति से जुड़ी है घोर घृणा;
वासना के पीछे अंधी दौड़
और पकड़ पाते ही, अंधी घृणा
जैसे शिकार को बौखला देने के लिए ही
डाला गया चारा;
वासना की तलाश पागलपन, उसे पा लेना पागलपन
प्रमाण में शांति–प्रमाणित होते ही दुःख घोर
सपने की झिलमिली से झलकता आनंद
यह जाने दुनिया सारी; पर जाने न कोई
बचना उस स्वर्ग से जो मनुष्यों को लाता है इस नर्क की ओर।[7]

वासना की प्रेरणा और उसके तत्काल बाद की वितृष्णा की तीव्रता के समीकरण को शेक्सपीयर ने ठीक ही समझा है। यूरोप में सिफ़िलिस का पहला प्रकटन, आज इस

रोग की जो अभिव्यक्ति है, उससे कहीं उग्र था : रोग की छूत की प्रकृति के बारे में जानकारी न होने से भी सेक्स के बारे में भ्रांतियाँ बनीं। मध्ययुगीन कवियों की कविता में अपने पतियों को खाली करनेवाली बाथ की गृहिणी के गर्व जैसे स्वस्थ जैविक आनंद के वर्णन खूब मिलते हैं। कई मानवतावादियों के लिए यह आनंद ही संदिग्ध बन गया और लैंगिक पात्र के पीछे फिरने को भ्रामक माना गया, क्योंकि स्त्री की सहमति भी हो तब भी, प्राप्त होनेवाला आनंद वासना से उत्तेजित मस्तिष्क की कल्पनाओं पर खरा नहीं उतर पाता था। लेकिन नव-प्लेटोवादियों ने काम-भाव-संवेदन और संवेदनात्मक सूचना-अवमूल्यन के जितने ज्यादा प्रयास किए, अनुभववाद उतना ही फला-फूला; विकृत, उदात्त और विरूप होकर कामना ने उतने ही रूप धरे। अंत में शेक्सपीयर की कविता कामना से पीड़ित दिखती है, उसकी वाक्य-रचना की उग्रता ही वासना की निरंतर बनी रही शक्ति का प्रमाण है। रोग, आदर्शवाद, वितृष्णा, एलिजाबेथ युग के वासियों की कामात्मक ऊर्जा को नहीं ढँक पाए; आखिर वे अर्द्धसार्वजनिक रूप से नित्यकर्म से निवृत्त होते थे, अक्सर तो नहाते ही नहीं थे, ऐसा भोजन खाते थे जिसे हमारी इंद्रियाँ तुरंत नकार दें। बीसवीं सदी के मनुष्य की तुनकमिजाजी से काम लेकर वे जी नहीं सकते थे।

श्रृंगारिक लेखन में यह भाव सदा से उपस्थित था कि वासना की उत्तेजक कल्पनाओं के बाद वास्तविक लैंगिक अनुभव निश्चित रूप से फीका रहता है। रोमांसवादियों ने इस तर्क को यह कहकर पूरा किया कि, जैसे अनसुने संगीत की अपेक्षा सुना हुआ संगीत फीका रहता है। महान प्रेम-कथाएँ वे थीं जिनमें मौत ने प्रेमियों का मिलन नहीं होने दिया। मानस-देह के द्वैध को वे भले ही प्लेटो से लिया गया मानते रहे हों लेकिन असल में यह यूरोपियनों की संवेदनशीलता में सुस्थापित था और बाद में देकार्त ने इसे न्यायसंगत सिद्ध किया। मरणशील नायिकाओं का रोमांसवादी चलन भी लैंगिक वितृष्णा और स्त्री-घृणा का प्रकटन है। स्त्री के मरने की कल्पना करना उसे मारने के बराबर है : मृत्यु की वेदी पर भस्म करके एक आतंकवादी आह्लाद से उसका आनंद उठाया जा सकता है। निषिद्ध प्रेम की आग में जलता बायरनवादी नायक होंठ टेढ़े करता, आँखों की चमक को बुझने से बचाता, वास्तविक घटनाओं के आनंद को एक ऐसे सपने के माध्यम से विकृत करता था जो कभी संभव नहीं हो सकता था। जिसका आनंद नहीं लिया गया उसके प्रति अमिट श्रद्धा-भाव रखने का अर्थ है जिसका आनंद पा लिया गया उसे रद्द करना। डायलान जैसे समकालीन कवि की कविता तक में दो तरह के स्त्री-बिंब हैं—दुःखभरी आँखोंवाली मैदानी स्त्री, उत्तरी प्रांतर की अक्षत लड़की और बाकी स्त्रियाँ जो मानवीय, भ्रमित और अवमानना के योग्य हैं। रोमांसवाद का यह अधकचरा संस्करण दो तरह की लड़कियों के बीच हमारे समाज में बहुतायत से दिखनेवाले अंतर की नींव है, खासकर उन हिस्सों में जहाँ अवां-गार्द लैंगिक नैतिकता वितृष्णा को एक अनुचित या न्यूरॉटिक भावना के रूप में निर्वासित करने या उसका रूप बदलने में सफल नहीं हो पाई है। किसी पुरुष के साथ पहली बार हमबिस्तर होनेवाली स्त्री जानती है कि वह

अवमानना का जोखिम उठा रही है। उसका चुना हुआ प्रेमी उसे छोड़कर जा सकता है या कामोत्ताप की प्राप्ति के बाद उसकी ओर पीठ करके सो सकता है या सोने का बहाना कर सकता है, सुबह वह बेदिल या रूखा हो सकता है : हो सकता है कि वह फिर कभी न लौटे। वह आशा करती है कि वह अपने मित्रों के बीच उसके बारे में हलकेपन से बातें नहीं करेगा। उनके साथ संभोग को आतुर पुरुषों के साथ संभोग की अनिच्छा न रखनेवाली स्त्रियों का बखान करने के लिए इस्तेमाल किए जानेवाले शब्द सौंदर्यात्मक रोगरोधन और रोमांटिक कल्पना से अछूते, सेक्स के प्रति घृणा के हस्तांतरित विशेषण हैं। इस प्रांतर के कई वासियों के लिए प्रेम खत्म होने का अर्थ प्रभामंडल का बदरंग होना और लैंगिक संबंध के नंगे तथ्यों पर जोर देना है।

ओ ! *सीलिया, सीलिया,* सीलिया शृ : ![8]

परिष्कृत पुरुष जानते हैं कि यह वितृष्णा शर्म का ही प्रक्षेप है और इसलिए वे इसे प्रदर्शित नहीं करते लेकिन क्योंकि वे और वितृष्णा और अवमानना की शिकार स्त्री एक ही प्रक्रम से प्रशिक्षित हुए हैं इसलिए वे अब भी कसक महसूस करते हैं। आज भी वे जहरबुझी गाली देने के लिए 'तेरी...' कहते हैं; स्त्री यौनांगों के नाम आज भी सबसे अपमानजनक विशेषण हैं। लैंगिक क्रियाओं के वर्णनात्मक नाम क्षोभ पैदा करने के लिए दी जानेवाली गालियाँ हैं। संभोग में स्त्री की भूमिका निभाने पर मजबूर किए जाने से ज्यादा गहरे अपमान की कल्पना नहीं की जा सकती, अपमान का भाव तब और भी बढ़ जाता है जब शिकार पाता है कि इसमें उसे आनंद भी आ रहा है। हमारे जैसे सभ्य समाज में इस भावना का आकलन किसी तरह नहीं किया जा सकता। अपने आत्म-सम्मान को सुरक्षित रखने के लिए लोग इसे न्यूनीकृत करते हैं लेकिन स्वच्छंद संभोग की घटना से होनेवाली वितृष्णा को स्वीकार करने में किसी को झिझक नहीं होती, हालाँकि तर्क दिया जा सकता है कि अगर काम अच्छी चीज है तो इसका अक्सर या अलग-अलग लोगों के साथ अनुभव वितृष्णाजनक नहीं होना चाहिए। जटिल तर्क यह है कि स्वच्छंद संभोग काम का अवमूल्यन करता है, इसे अवैयक्तिक, साधारण बनाता है : लेकिन परिस्थितियों के कारण कमोबेश स्वच्छंदाचारी बनने को बाध्य होनेवाले लोग जिस अवसाद का अनुभव करते हैं, वह असल में तो वितृष्णा ही है। यूँ ही हमबिस्तर हो जानेवाले पुरुषों में से बहुत ही कम ऐसे हैं जो अपनी देह प्रस्तुत करनेवाली स्त्रियों से

मैं मानता हूँ कि नैतिक श्रेष्ठता की यह स्वीकृति जिसे साधारण पुरुष स्त्रियों को अर्पित करने को इतने तत्पर रहते हैं, उन बहुत-सी सुविधाओं से वंचित किए जाने की रिश्वत है जो उन्हें पुरुषों के बराबर स्तर पर पहुँचा देतीं : मुझे ऐसा खासतौर पर इसलिए भी लगता है क्योंकि व्यक्तिगत रूप से स्त्रियों के प्रति बहुत विनम्र, उन्हें फरिश्ता वगैरह कहनेवाले लोगों के मन में असल में उनके लिए गहरी अवमानना का भाव रहता है।

—जे. मैकग्रिगॅर एलेन

'द इंटेलेक्चुअल सीवरैन्स ऑफ मैन एंड विमेन', 1860, पृ. 23

बाद में मनुष्यतापूर्ण ढंग से बात कर पाएँ। बहुत-सी स्त्रियाँ दुःखी होकर बताती हैं कि उनकी अनूठी काम-प्रविधि, अपने बहुअनुभवी संगी की जरूरतों को लेकर उसकी चिंता, और उसकी लैंगिक उदारता के कारण आखिर उसका प्रेमी वितृष्णा से भर गया और वे अलग हो गए। बलात्कार और हत्या की घटना की कुंजी शायद श्रेष्ठ स्त्री के साथ अपनी अंतर्बाधाओं से मुक्त हो पाने में पुरुषों की असफलता और दमित कामना ने आखिर उनसे जो करवा दिया, उससे उपजी वितृष्णा और आतंक में छिपी है। वेश्याकर्म का सबसे बुरा पक्ष यह है कि बहुत-सी वेश्याएँ उन पाशविक अनुष्ठानों को झेलने पर मजबूर होती हैं जिन्हें सभ्य पुरुष लैंगिक निवृत्ति के लिए जरूरी मानते हैं। कई वेश्याएँ दावा करती हैं कि यह उनका सामाजिक उपयोग है। अपनी ही जुराब के फँदे से गला घोंट कर मार डाली गई और बोतलों से बलात्कृत अभागी लड़कियाँ पुरुषों की वस्तुपूजकता और घृणा की शिकार हैं, लेकिन फिर भी अपने लिंग पर ऐसे किसी बलात्कार के बाद किसी स्त्री ने अब तक यह नहीं पूछा है कि, 'तुम लोग हमसे इतनी घृणा क्यों करते हो ?'

लास्ट एक्जिट टु ब्रुकलिन से लगा झटका और उससे उपजी चिंता के मूल में पाठकों का अपराध-बोध था जो ट्रालाला के अंत की वीभत्स विश्वसनीयता में उसके साथ हुए पाशविक व्यवहार की घटना को पहचान पा रहे थे : अगर शव-परीक्षण करनेवाले डॉक्टर मुँह खोल दें तो हमारे समाज में योनि-घृणा के बचे रहने के इससे भी बुरे प्रमाण सामने आएँगे।

...और भी लोग आए, चालीस या पचास रहे होंगे, सब उस पर उतरे, फिर कतार में खड़े हो गए, बीयर पी, चिल्लाए और हँसे, फिर कोई चिल्लाया कि कार में मार मांस की बदबू फैल रही है, इसलिए ट्रालाला और सीट को कार से बाहर निकालकर मैदान में रख दिया गया। वह सीट पर नंगी लेटी थी। उनकी छायाओं ने उसके मुँहासों और खुरंडों को छिपा दिया था और एक हाथ से अपनी छातियों से खेलती वह शराब पी रही थी और किसी ने बीयर का डिब्बा उसके मुँह से सटा दिया और सब हँसने लगे। ट्रालाला ने गाली दी और दाँत का एक टुकड़ा थूक दिया और किसी ने डिब्बा फिर से उसके मुँह से लगा दिया...फिर अगला उस पर चढ़ा और इस बार उसके होंठ फट गए और खून उसकी ठोड़ी तक बह आया और किसी ने बीयर से तर रूमाल से उसका माथा पोंछा और उसे बीयर का एक डिब्बा पकड़ा दिया गया और वह पीती रही, वह अपनी छातियों के बारे में चिल्लाई और एक और दाँत टूट गया और उसके होंठ का घाव और फैल गया और सब लोग हँसे और वह भी हँसी और शराब पीती चली गई और बेहोश हो गई और उन्होंने उसे थप्पड़ मारे और वह बुदबुदाई और अपना सिर घुमाया लेकिन वे उसे होश में नहीं ला पाए, इसलिए वे उस पर से उतरते रहे और फिर उस मरे मांस के लोथड़े से ऊब गए और कतार टूट गई और वे विल्लीज द ग्रीक के पास लौट गए और अपनी बारी की ताक में बैठे छोकरों ने ट्रालाला पर अपनी हताशा उतारी और उसके कपड़े चीथड़े-चीथड़े कर दिए और उसकी चूचियों को सिगरेटों से दागा—उस पर पेशाब किया—उसकी जाँघों के बीच झाड़ू का दस्ता घुसेड़ दिया। ऊबकर वे उसे टूटी बोतलों, जंग लगे डिब्बों और कूड़े-कर्कट के बीच पड़ी छोड़ गए, और जैक और फ्रेड और रुथी और एनी हँसते हुए एक कार

में धँस गए और वहाँ से गुजरते हुए कार की खिड़कियों से झाँककर उन्होंने खून, पेशाब और वीर्य में लिथड़ी नंगी पड़ी ट्रालाला को अच्छी तरह देखा, सीट पर उसके पैरों के बीच एक धब्बा बन रहा था...[9]

बेचारी ट्रालाला को घृणा और भय और वितृष्णा की पात्र होने के कारण सजा मिली, उसके जादू-भरे छेदों—योनि और मुँह—के माध्यम से। स्त्रियाँ कभी भी लैंगिक घृणा के अपराधों में करण कारक नहीं होतीं, तब भी नहीं जब वे पुरुषों की देहों पर किए जाते हैं। स्त्री-मुक्ति के किसी भी आंदोलन के लिए इस स्थिति के फलितार्थों को समझना जरूरी है।

हमारी सभ्यता में योनि-घृणा असंख्य छोटे-छोटे रूपों में चली आ रही है, लेकिन इन रूपों को प्रदर्शित करनेवाले इन्हें कभी भी योनि-घृणा के फल मानने को तैयार नहीं होंगे। उत्तेजक पोस्टरों की सुंदरियों के जनन-क्षेत्र को कम-से-कम दिखानेवाली भंगिमाओं के चुनाव में योनि-क्षेत्र के प्रति गहरी अरुचि दिखाई देती है, कुछ हद तक जिसका कारण इस अंग से वितृष्णा है। *ग्रुपी* की लेखिका जैसी खासा अनुभव रखनेवाली स्त्रियाँ जिन्हें *मुखमैथुन* में अपनी दक्षता पर गर्व है, खुद मिस फेबियन के ही शब्दों में, यह मानती हैं कि पुरुषों द्वारा स्त्री के लिए ऐसा किया जाना *कम मजेदार* होगा और वे अपने लिए इसे चाहेंगी भी नहीं।[10] अन्य स्त्रियाँ इससे झेंपती हैं और वे पक्के तौर पर यह मानती हैं कि पुरुष इसे वितृष्णाजनक पाते हैं। अपने नेक इरादों के बावजूद मैं भी अक्सर ऐसा ही सोचती हूँ और यह सिर्फ इसीलिए नहीं है कि यह एक बहुत अंतरंग या अवैयक्तिक क्रिया है। योनि के प्रवाहों के बारे में बहुत-सी बातें प्रचलित हैं; दुर्गंधनाशकों और भग-क्षेत्र को सुगंधित बनानेवाले प्रसाधनों के बड़े-बड़े विज्ञापन जान-बूझकर प्राकृतिक स्वादों और गंधों की स्वीकृति के बारे में स्त्रियों की दुश्चिंता को उकसाते हैं। एक योनि-दुर्गंधनाशक तो पिपरमिंट की गंधवाला है ताकि ताजगी और अमानवीयता का भ्रम पैदा किया जा सके, कुछ में मेन्थॉल की गंध है। योनि को निकटता का आनंद कम करनेवाली *समस्या* बताया गया है। रासायनिक डूशों (योनि के अंदर की धुलाई करनेवाले काढ़े) का ज्यादा इस्तेमाल योनि में मौजूद जीवाणुओं के प्राकृतिक संतुलन को नुकसान पहुँचाता है, लेकिन खुलकर इनकी निंदा करने की हिम्मत कोई डॉक्टर नहीं करता। खुद से तालमेल बिठाने और अभी वे उससे कितनी दूर हैं, यह जानने की इच्छुक स्त्रियाँ अपने योनिस्राव को चखने की संभावना पर विचार करें और फिर अपनी प्रतिक्रिया देखें। खुद उपदेश देते रहने के बावजूद मुझे मानना पड़ेगा कि जिन्हें यह किताब समर्पित है उनमें से एक महिला से यह सुनकर कि उसने अपने प्रेमी के लिंग पर अपने रजप्रवाह को चखा है, मुझे करारा झटका लगा। उस खून में कुछ भी भयावह नहीं है, वह जहरीला नहीं है; मैं उँगली से बहते खून को चूस लेती हूँ, खून बहते होंठ को चूमने में मुझे झिझक नहीं होगी, और फिर भी...। ऐसे अंधविश्वास का एक ही इलाज है : निर्दोष भाव से अपनाया गया अनुभववाद।

स्त्री के जननांगों के प्रति दमित वितृष्णा के कारण ही भग की खुजली और सूजन

के कारणों की सही ढंग से जाँच नहीं होती, और कई स्त्रियाँ अपनी समस्याओं को पुरानी, या स्नायविक या नैतिक कारणों से उपजी मानती हुईं उनका इलाज खुद ही अधकचरे ढंग से करती रहती हैं और आखिर वे इलाज के लायक ही नहीं रह जातीं। असाध्य ट्राइकोमोनल संक्रमण के सभी मामलों की तह में भय, अंधविश्वास और डॉक्टरों की लापरवाही होती है। लिंग की गड़बड़ियाँ मामूली खाज-खुजली जितनी ही साधारण हो सकती हैं, योनि की गड़बड़ियाँ भी ऐसी ही हो सकती हैं। दोनों ही मामलों में परीक्षण होना चाहिए। भग की खुजली के लैंगिक कामना की अति से काल्पनिक संबंध के कारण भी स्त्रियों की परेशानियों पर गंभीरता से ध्यान नहीं दिया जाता। भुक्खड़ योनि की दाहक खुजली की फंतासी के साथ ही भगोष्ठ की सही रंगत और आकार के बारे में भी ऐसी-ऐसी धारणाएँ प्रचलित हैं जो डॉक्टरों के विचारों तक को प्रभावित करती हैं। माना जाता है कि एक ताजा और शरीफ स्त्री की योनि को गुलाबी और नर्म होना चाहिए, भगशिश्न उभरा हुआ न हो, भगोष्ठ की अंदर की झिल्ली पतली और चिकनी होनी चाहिए। गहरी रंगतवाली स्त्रियों की योनि की बैंगनी-सी झलक को संदेह से देखा जाता है और भगोष्ठ के अंदर की झिल्ली के लहरदार होने को अति कामातुरता और हस्तमैथुन की निशानी माना जाता है।

भगोष्ठ की रंगत और गठन के बारे में ऐसे एकतरफा पूर्वग्रहों के चलते पिछली सदी के अंत में अमेरिका में डॉक्टरों ने हस्तमैथुन की आदत के सैकड़ों मामले ढूँढ़ निकाले और बहुत ही बर्बरता से भगशिश्न का उच्छेद करके—उनका जड़ से ही इलाज कर दिया।[11] पुरुषों के हस्तमैथुन का ऐसा इलाज कभी किसी ने नहीं सुझाया लेकिन स्त्रियों के बधियाकरण के मामले खूब हुए। मोटे-मोटे शरीरविज्ञान की दृष्टि से भी देखा जाए तो यह अक्षम्य था क्योंकि भगशिश्न को रक्त की आपूर्ति करनेवाली नसें ही पूरे मलद्वार-योनि क्षेत्र में रक्त पहुँचाती हैं और अगर डॉक्टरों के कहे अनुसार हस्तमैथुन हो रहा था और उसका प्रभाव तंत्रिकावसाद, भूख न लगना, रक्तचाप की अनियमितता, क्लांति आदि के रूप में पूरे शरीर पर पड़ रहा था तो उसे बाकी क्षेत्रों में भी दिखना चाहिए था। इस इलाज के पीछे एकमात्र प्रेरणा (*कारण* तो यह हो नहीं सकता) योनि-घृणा ही है। कुछ आदिम कबीलों में लड़कियों के भगोष्ठ सिलने के चलन के मूल में भी यही है।

मादा अंग के प्रति सम्मान न रखने की सार्वभौमिक घटना स्त्रियों के आत्मसम्मान में कमी बन जाती है। वे अपने ही अंगों और उनकी क्रियाओं को लेकर गोपनीयता का भाव रखती हैं, लेकिन इससे भी भयावह घटना वे स्त्रियाँ हैं जो अपने से 'हीन' लोगों से संबंध स्थापित करके पतित होती हैं और अपने प्रणयी से दुर्व्यवहार की याचना करती हैं। शराब पीकर अपने ड्राइवर से संभोग करनेवाली एक स्त्री के बारे में एक बहुत दिलचस्प इतालवी फिल्म बनी थी जिसमें वह उससे गुजारिश करती थी, 'मुझे अपनी गुलाम बना लो !' पुरुष स्त्रियों के साथ जो बहुत-सी कुत्सित और क्रूर चीजें करते हैं उनमें से बहुत-सी खुद स्त्रियों के ही उकसाने पर होती हैं। योनि-घृणा का सबसे भयावह

उदाहरण उन मामलों में दिखाई देता है जहाँ योनि और मूत्रनलिका में खतरनाक वस्तुएँ ठूँस दी जाती हैं : खुद स्त्रियों द्वारा।[12] बहुत ही शुरुआती स्त्री-रोग विज्ञान के रोगी वृत्तांतों में ऐसी स्त्रियों के उदाहरण उपस्थित हैं जिन्होंने मूत्राशय में सलाइयाँ और सुइयाँ डालकर खुद को मार लिया था। स्त्री-रोग विज्ञान के आरंभिक ज्ञाता तक रोगिणियों का यह बहाना मानने को तैयार नहीं होते थे कि यह एक विचित्र दुर्घटना का परिणाम था। शल्य-चिकित्सा के शुरू के जमानों में ऐसे अनाचार से मौत हो ही जाती थी। और ऐसा नहीं है कि अब ऐसे मामले न होते हों। मासिकधर्म से जुड़ी बहुत-सी गड़बड़ियों की जड़ स्त्रीत्व और उसके प्रक्रमों को स्वीकार न कर पाना है। एप्सम साल्ट और जिन निगलकर और गर्म पानी से भरे टबों में खुद को करीब-करीब उबालकर मूर्खा लड़कियाँ गर्भपात करने की कोशिश इतनी नहीं कर रही होतीं जितना कि वे अपनी मादा लैंगिकता के लिए खुद को दंडित कर रही होती हैं। यौनोन्माद में जोकि अक्सर बाध्यकारी आत्म-पतन होता है, आत्म-घृणा एक महत्त्वपूर्ण घटक होती है। लोकप्रिय मनोविज्ञान की भाषा में इसे अपने बारे में घटिया राय रखना कहा जाता है।[13]

अपने शारीरिक गठन को लेकर स्त्रियों को इतना भरमाया गया है कि लोकप्रिय कथा-साहित्य में इसके ढेरों उदाहरणों के बावजूद, स्त्रियाँ कपड़े उतारते हुए आत्मविश्वास से भरी नहीं रह पातीं। मीडिया द्वारा प्रसारित कामना की पात्री की छवि से अपनी देह की तुलना करके, वे क्षमा माँगने के भाव से भरी रहती हैं। उनकी छातियाँ और कूल्हे या तो बहुत बड़े होते हैं या बहुत छोटे, उनका आकार गलत होता है या वे बहुत पिलपिले होते हैं, उनकी बाँहें या तो रोयों से भरी होती हैं या बहुत ही ठोस या बहुत ही पतली, उनके पैर बहुत छोटे, बहुत मोटे, वगैरह-वगैरह। उनके क्षमा माँगने के पीछे हमेशा ही प्रशंसा पाने की नीयत नहीं रहती—वे सचमुच क्षमा माँग रही होती हैं। प्रशंसा एक जरूरी आश्वस्ति है इस बात की कि असल में तो अपर्याप्तता है ही नहीं। अपने कूल्हे ढलके होने की शिकायत करनेवाली स्त्री यह नहीं सुनना चाहती कि, 'मुझे इसकी परवाह नहीं है, क्योंकि मैं तुमसे प्रेम करता हूँ,' वह तो यह सुनना चाहती है कि, 'अरे बुद्धू लड़की, इसका आकार एकदम-एकदम सही है, मेरी निगाह से देखो।' आमतौर पर देखने में आता है कि स्त्रियाँ अगर उनके बाल सीधे हैं तो उन्हें घुँघराले करने के, घुँघराले हैं तो सीधे करने के, छातियाँ बड़ी हैं तो उन्हें बाँधने के और छोटी हैं तो उन्हें बड़ा दिखाने के, बाल सुनहरे हैं तो उन्हें गहरे रंग में रँगने के और गहरे रंग के हैं तो उन्हें ब्लीच करने के फेर में रहती हैं। यह तमाम कवायद फैशन के भूत के इशारे पर ही नहीं होती। यह अपने शरीर से असंतोष और दूसरी तरह का होने की शाश्वत इच्छा की परिचायक है। स्त्रियों द्वारा अपनाई गई बहुत-सी तरकीबें और कुछ नहीं वेष बदलना ही है, ये भय या अरुचि से प्रेरित होती हैं। हलकी रोशनी, झालरदार अधोवस्त्र, शराब और संगीत, उस घटिया माल को भिड़ाने में सहायक सिद्ध हो सकते हैं जो पूरी रोशनी में शायद वितृष्णाजनक लगे। स्त्री की रूढ़छवि का विश्वव्यापी प्रभाव पुरुषों और स्त्रियों की स्त्री-घृणा में एकमात्र महत्त्वपूर्ण घटक है। जब तक स्त्री जैसी है वैसी ही, अपनी

और अपने पुरुष की कल्पना से इस पुतली को निकाल बाहर नहीं करती, वह बिना शिकायत किए अपने पुरुष की तोंद, मस्से, साँस की दुर्गंध, गंजापन, बढ़ी दाढ़ी और तमाम बदसूरती को स्वीकार करती हुई क्षमा माँगती और अपना वेष बदलती रहेगी। अहंकार से भरा पुरुष जैसा वह है, वैसा ही स्वीकार किए जाने की माँग करता है और मानव-देह की उन विकृतियों को भी रोकने का प्रयास नहीं करता जो स्त्री के सौंदर्यबोध को आहत करेंगे। दूसरी ओर स्त्री सिर्फ स्वास्थ्य और चुस्ती-फुर्ती पर ही संतोष नहीं कर सकती : उसे वैसा कुछ दिखने का जबर्दस्त प्रयास करना होता है जिसका अस्तित्व प्रकृति के रचे तत्त्व को बहुत मेहनत से विकृत किए बिना संभव नहीं हो सकता था। स्त्रियों से यह कहना कुछ गलत नहीं होगा कि वे ऐसी अतिमानवीय सुंदरता को प्राप्त करने का दैनिक संघर्ष छोड़ दें जिसे अंततः एक अमानवीय रूप से असुंदर संगी को निवेदित होना है। स्त्रियों के बारे में ऐसा कहा जाता है कि उन्हें कभी वितृष्णा नहीं होती। दुःखद सच यह है कि उन्हें अक्सर वितृष्णा होती है, लेकिन पुरुषों से नहीं; पुरुषों का पथानुगमन करती हुईं वे अक्सर ही खुद के प्रति वितृष्णा का अनुभव करती हैं।

गाली

18 दिसंबर 1969 को महारानी बनाम हम्फ्रीज के मुकदमे में बहस करते हुए सरकारी वकील मिस्टर फ्रिज्बी ने बचाव पक्ष के वकील पर आरोप लगाया कि वह यह सिद्ध करने का प्रयास कर रहा है कि मिस पामेला मॉरो, जिससे बलात्कार करने का आरोपी पर आरोप था, एक 'फ्लिप्परटिजिबिट' (flippertigibbit) है।[1] यह असंभव-सा लगता है कि बीसवीं सदी के वकील किसी लड़की पर नर्क से आया वह भयावह राक्षस होने का आरोप लगाएँ, वही जो *किंग लीयर* में बेचारे टॉम पर सवारी गाँठता था और उसे निर्दयता से काट खाता था।[2] इस शब्द का अर्थ शायद डायनों की खोज के दौरान बहुत हलकेपन से प्रयुक्त हो-होकर अपनी पुरानी शक्ति खोकर बहुत हलका पड़ गया है लेकिन उसका स्रोत अब भी एक तथ्य बना हुआ है। जब भी किसी सांसद के खिलाफ किसी ऐसी लड़की के गवाही देने की नौबत आती है जो बाकायदा सुकुमारी-कुँआरी नहीं है तो हम पाते हैं कि डायनों की खोज (मध्यकाल में चर्च ने अपने से रत्ती-भर भी असहमत होनेवाले हजारों स्त्री-पुरुषों को डायन और शैतान के पुजारी घोषित करके बहुत ही क्रूर और वीभत्स तरीकों से मौत के घाट उतार दिया था, जोन ऑफ आर्क को भी जादू-टोने के आरोप में जिंदा जलाया गया था) के तत्त्व मामले में खुद-ब-खुद जुड़ जाते हैं। बहुत संभव है कि 'फ्लिप्परटिजिबिट' शब्द का प्रयोग करते हुए मि. फ्रिज्बी के मन में और भी कई बातें रही हों, लेकिन हमें तो अंधाधुंध प्रयोग के कारण भयंकर रूप से निंदात्मक शब्दों के कमजोर हो जाने के प्रक्रम की जाँच करनी है। *हैग* (डायन) को शैतान के एक भयानक कुरूप के प्रकटन के अर्थ में प्रयुक्त किया जाता था, आज इसका अर्थ बेढब कपड़े पहने या बेढब सूरतवाली स्त्री हो गया है। *हैग-रिड्डन* (डायन से पीड़ित) का अर्थ पत्नी की कुड़कुड़ाहट झेलनेवाला व्यक्ति नहीं, बल्कि ऐसा व्यक्ति होता था जिसे सोते में शैतानी आत्माओं ने खूब सताया हो। ऐसी गालियों के शिकारों की अप्रभावितता ने धीरे-धीरे गालियों को भी हलका बना दिया : *टर्मगैंट* (कर्कशा, चंडी) का अर्थ शुरू में मुसलमानी देवी हुआ करता था, अब इसका अर्थ भी कुड़कुड़ाते हुए पीछे पड़ी रहनेवाली स्त्री हो गया है। अंधाधुंध उपयोग ने *ब्रॉड* (अश्लील, गँवारू, लौंडिया) की तीव्रता को कम कर दिया है, मूलतः इसकी व्युत्पत्ति *बॉड* (दूती, कुटनी) से हुई; यही हाल *हॉयडेन* (चुलबुली छमिया), *वैटॅन* (चंचल, जिंदादिल, व्यभिचारी, कुलटा), *बैगेज* (सामान, असबाब, ढीठ-उद्धत स्त्री) और *फ्राइट* (डरावना मुखौटा, चुड़ैल) और *टार्ट* (छोटे

केक, कुलटा) जैसे शब्दों का है।[3]

दुर्भाग्यवश उन्मादी अतिशयोक्ति के कारण गालियों का हलका पड़ जाना स्त्री-घृणा की भाषा में एक विशिष्ट घटना है। बहुत से शब्द जो स्त्रियों और पुरुषों दोनों के लिए इस्तेमाल होते थे, वे सिर्फ स्त्री तक सीमित होकर बहुत मारक बन गए। *हार्लट* (वेश्या) का प्रयोग सत्रहवीं सदी तक सिर्फ स्त्रियों के लिए ही नहीं होता था। दोहरे मानदंडों के युग में इसका कोई पुरुषवाची समानार्थी शब्द नहीं है। (हार्लट की यात्रा आवारा-कामुक से होती हुई वेश्या तक पहुँची है।) सन् 1700 के बाद तक भी *बॉड* पुल्लिंग के रूप में भी प्रयुक्त होता था, *हॉयडेन* का इस्तेमाल पुरुषों के संदर्भ में अब नहीं होता। *स्कोल्ड* मूलतः स्कॉटिश भाषा का एक कोसना था—अब इसका अर्थ कर्कशा, कलहनी हो गया है। *विच* (शैतान के अनुचर) किसी भी लिंग के हो सकते हैं लेकिन गाली के रूप में *विच* (चुड़ैल, डायन) का इस्तेमाल सिर्फ स्त्रियों के लिए होता है। *चिट* का अर्थ शुरू में जानवर का बच्चा होता था, फिर मनुष्य का बच्चा हो गया, आजकल इसका अर्थ मूर्ख लड़की है।

वर्ग-विद्वेष का प्रभाव स्त्रियों के पद-स्तर से संबद्ध शब्दावली पर पड़ा है। नखरों और अदाओं-अंदाजों के प्रति निम्नवर्ग के अविश्वास-भाव की परिणति *मैडम, लैडी, डेम* और *डचेस* जैसे शब्दों के व्यंग्यात्मक प्रयोग में हुई है, इससे बोलियों में *वेंच, क्वीन, डॉना, डेल, मॉल, बिड्डी* और *बंटर* (चिथड़े बीननेवाली, पर अब वेश्या के अर्थ में प्रयुक्त) जैसे स्त्री-अर्थक शब्दों में अवमानना-भरी छटाएँ जोड़ने का प्रतिकार हुआ है। श्रम के प्रति अवमानना के भाव से स्त्रियों के लिए एक नई गाली तैयार होने का ताजातरीन उदाहरण *स्क्रबर* (सफाईवाली) का हर्राफा के अर्थ में प्रयोग है। अगर ऐसी भाषाशास्त्रीय गतिविधियों का विस्तृत नक्शा तैयार किया जाए तो हमें स्त्रियों की अवमानना और दोहरे मानदंडों के विकास का नक्शा हासिल हो जाएगा। जब तक कुटिया और किले की शब्दावलियाँ अलग-अलग रहती हैं तब तक *वेंच* (छोकरी) और *मैडोना* (कुँआरी, मरियम) जैसे शब्दों में कोई टकराव नहीं है; जब उनमें टकराव होता है तब दोनों ही अवधारणाओं की हानि होती है और स्त्री पराजित होती है। देह-घृणा जितनी विकसित होती है, लैंगिक कर्म को त्यागने में असमर्थ रहनेवाले उससे उतना ही डरते हैं और घृणा करते हैं; उसी अनुपात में भाषा में गालियाँ बढ़ती हैं।

जिस युग में ज्यादातर निम्नवर्गीय लड़कियाँ घरेलू नौकरानियों के तौर पर परिवार के पुरुषों द्वारा लैंगिक शोषण से खुद को बचाए हुए, दूसरों के परिवारों में रहती थीं उन दिनों निंदा की भाषा साफ-सुथरेपन में कमी पर आधारित होती थी। साफ-सुथरेपन में कमी को नैतिक ढिलाई का समतुल्य माना जाता था। फूहड़पन की अवधारणा, जिसमें धूल-मिट्टी और लैंगिक अशुचि का भी भाव है, ने *ड्रैब, स्लट, स्लोम्मैक, स्लैम्मरकिन, ट्रैप्स, मैल्किन, ट्रॉलॉप, ड्रैगलटेल* जैसे एक पूरे अपशब्द-कुल को जन्म दिया। *स्लैटर्न* (फूहड़) के अर्थ के पुरुषवाची आयाम गायब हो गए और यह सिर्फ स्त्रियों तक सीमित रह गया।

स्त्रियों के संदर्भ में प्रयोग होनेवाले सबसे अपमानजनक शब्द वे हैं जो अवैध या हलके-फुलके सेक्स के प्रति पुरुषों की उन्मादी वितृष्णा का भार ढोते हैं। रेस्टोरेशन (1616 में चार्ल्स द्वितीय को फिर से राजा घोषित किए जाने के बाद का युग) के दौर को समलैंगिक स्त्रियों के लिए गालियों की वह फसल काटने को मिली जिसे प्यूरिटन बो गए थे, उस युग ने तत्परता से कामाग्रह स्वीकार कर लेनेवाली स्त्रियों के लिए एक अज्ञात कुल-गोत्रनामा शब्द गढ़ लिया : *पंक* (लफंडर)। यौन-रोगों की बिंबावली ने भाषा में एक नया आयाम जोड़ा : रोगग्रस्त स्त्रियाँ *फायरशिप्स* (अग्निपोत), *ब्रिमस्टोन* (गंधक के अंगारे), *लेस्ड मटन* (विषाक्त मांस), *ब्लोएंस* (फूहड़), *बॉडी बास्केट्स* (वेश्यालय की डालिया), *बॉबटेल* (खरगोशनियाँ) थीं, हालाँकि *बेड-फैगॅट* (बिस्तर की चैली) और *प्रेट्टी-हॉर्सब्रेकर* (घोड़े नाथनेवाली) जैसे शब्दों में ऐंद्रिक निर्दोषिता के अवशेष बचे रहे, *ह्वोर* (रंडी) और *ट्रल* (बदकार) जैसे शब्दों में कड़वाहट के अलावा प्यार-भरे व्यंग्य का भाव भी था। आजकल इस्तेमाल होनेवाले ज्यादा प्रचलित शब्द स्त्रियों को कूड़े के पात्रों में बदलते हैं। इससे यह भी साफ होता है कि पुरुष अपने वीर्य की क्या कीमत आँकते हैं, *ट्रैम्प, स्कॉ, स्कप्पर* और सबसे समकालीन और भोंडा हस्तांतरित विशेषण *स्लैग* इसी श्रेणी के हैं। ये शब्द तक फीके पड़ने लगते हैं, खुद स्त्रियाँ *बैग* जैसे शब्द का अंधाधुंध प्रयोग करती हैं, हालाँकि *डूश-बैग* जैसे स्पष्ट और मौलिक और *टो-रैग* जैसे चलताऊ शब्दों का प्रयोग करते वे भी हिचकेंगी।

पिग (सुअर), *पिग-मीट* (सुअर का मांस) या *डॉग* (कुत्ता) जैसे शब्द शायद असंतोषजनक सेक्स के बाद होनेवाली उदासी से प्रेरित हैं : बहुत ज्यादा उपयोग किए जाने पर ये भी अपनी प्रभाविता खो देते हैं, जैसे *बीस्ट* (जानवर) ने खो दी, और इनकी जगह लेने के लिए लगातार नए शब्दों की जरूरत पड़ती है। अवैयक्तिक सेक्स की शब्दावली तो खासतौर पर उजाड़पन का भाव जगाती है। 'चमड़े की धज्जी फैलाना' या 'हरा चारा चरना' या 'मांस नोचना' कौन चाहेगा ?

मीट (मांस), *पुस्सी* (बिल्ली), *स्नैच* (झपट्टा मारना), *स्लिट* (दरार), *क्रैक* (दरार) और *टेल* (पूँछ) जैसे शब्दों का उपयोग करके योनि की हेठी करना असह्य है लेकिन कुछ बहुत ही रूखी खड़ी बोली में तो स्त्री को ही *गैश* (छुरे का घाव) या *स्लॉट* (दरार) कहा जाता है। किसी अंश से पूर्ण को इंगित करने की काव्यात्मक विधि का दुःखद उपयोग *स्कर्ट्स, फ्रिल्स, जूसी लिट्ल पीस* (जायकेदार लुकमा) और *बिट ऑफ फ्लफ* (रुई का गाला) जैसे शब्दों से स्त्री को इंगित करने में दिखता है।

ये सभी शब्द मृत, मांसल और अमानवीय हैं, और इस तरह इन्हें नापसंद करना आसान है, लेकिन स्त्रियों के लिए प्रेम-भरे संबोधन भी इतने ही अपमानजनक और आत्मा से वंचित हैं। *हनी, शुगर, डिश, स्वीटी-पाई, चेरी, कुकी, चिकन* और *पिजन* जैसे संबोधनों के मूल में भोज्य बिंबावली है। अगर स्त्री आहार है तो उसका यौनांग भी उपयोग के लिए है—*हनी-पॉट, हेयर-पाई, केक-रोल* या *जेली-रोल*। खिलौनों के नाम भी हैं, *डॉल, बेबी* और *बेबी-डॉल*। जंतुजगत के प्यारे-प्यारे नाम भी हैं—*चिक, बर्ड, किट्टन,*

और *लैंब*, जो *काउ, बिच, हेन, श्रू, गूज, फिल्ली, बैट, क्रो, हैफर* और *विक्सेन* जैसे निंदापूर्ण शब्दों से जरा ही इधर को हैं। जब हम देखते हैं कि वे *फिश, मटन, स्केट, क्रम्पेट, कैबेज, ग्रीन्स, मीट* और *ब्रेड* जैसे स्त्री-जननांग के सूचक शब्दों के कितने करीब हैं (अक्सर इन शब्दों का अर्थ समूची स्त्री तक भी विस्तृत हो जाता है) तब खाद्य-नामों का आकर्षण फीका पड़ने लगता है। आखिर खुद को *रसद* या *आलू* या *टमाटर* या *बैंगन* कौन कहलाना चाह सकता है ?

पहले स्वीकृत लैंगिक विधान की सीमाओं से परे जीनेवाली स्त्रियों के लिए निंदा-भाव या वितृष्णा से एकदम मुक्त नामों का एक कुल हुआ करता था लेकिन आजकल वह इस्तेमाल नहीं होता। *कॉल-गर्ल* और *रखैल* जैसे अवमानना से भरे शब्दों ने *एडवेंचरेस, वुमन ऑफ द वर्ल्ड, वुमन ऑफ प्लेजर, मिस्ट्रेस, इनमोराता, पैरामूर, कोर्टेजन, मॉन्दें* जैसे शब्दों को बिलकुल ही विस्थापित कर दिया है। जब फ्रैंक जाप्पा ने मुक्त प्रेम और सामूहिक सेक्स की अधिष्ठात्री *ग्रुपी* का मिथक रचा तो उसका इरादा इस शब्द को अवमानना के भाव से मुक्त रखने का था[4], इसके भारी प्रचार के बावजूद छः महीने में ही संगीतकारों के संपर्क में रहनेवाली स्त्रियाँ इस सर्वनाम को गाली मानने लगीं। प्रियोक्तियों की नियति यही है कि वे जिसे इंगित करती हों उसकी वास्तविकता से जुड़कर बहुत जल्दी अपना प्रियोक्तित्व खो दें और खुद उनके लिए नई प्रियोक्तियाँ गढ़ी जाएँ। कोई अचरज नहीं कि *फियांसी* (मंगेतर) स्वच्छंदतावादी समूहों में, जिसका अर्थ सामान्यतः *रखैल* माना जाता है, खुद ही निषिद्ध शब्द बन जाए।

अनैतिक चरित्रवाली स्त्रियों की कटुतम निंदा पुरुष नहीं करते। खुद को *सस्ती* बनानेवाली स्त्रियों द्वारा अनदेखी किए जाने के कारण लैंगिक सौदेबाजी की अपनी प्रविधि को खतरे में पड़ी जानकर कामिनी-तंत्र इन स्त्रियों की ऊँचे स्वर में निंदा करता है। अक्सर ही ऐसा होता है कि ये स्त्रियाँ खुद ही अपनी अतिशय लज्जा और निंदा से अपनी बहुत अवमानना कर लेती हैं। इस व्यवहार की बाध्यकरता शिक्षा के दमनकारी होने का परिणाम है : स्त्रियाँ लैंगिक स्वच्छंदता की ओर इसलिए आकर्षित होती हैं कि वह निषिद्ध और उत्तेजक लगती है लेकिन इस अपराध की वे भारी कीमत चुकाती हैं। जैसाकि *डायरी ऑफ ए निम्फ* में नैथन शिफ ने बताया, इसकी परिणति कामोन्माद में होती है। इस स्थिति में पड़ी स्त्री अपने व्यवहार की जिम्मेदारी नहीं लेती और मानती है कि उस पर हावी एक परा-आत्मा यह सब करती है। वह लैंगिक संगी का चुनाव नहीं कर पाती क्योंकि उसकी इच्छा-शक्ति निलंबित है, उसकी राह आत्मघाती है। शिफ की नायिका क्रिस्टीन काम को गंदा और नीचा कहती है और इससे मुक्त होने और 'फिर से साफ-सुथरी' होने की आकांक्षी है।[5] इसी तरह का आत्म-निंदात्मक संलक्षण उस खास किस्म के पत्र में दिखता है जो स्त्रियों की पत्रिकाओं के पत्रोत्तर स्तंभों में नियमित रूप से छपता है। 'मैं इतनी शर्मिंदा हूँ...', 'मुझे खुद से इतनी वितृष्णा हो गई है कि मैंने पाया कि अपने पति के प्रेम का प्रत्युत्तर नहीं दे पा रही। अब हालत और भी खराब है। मैंने रतिज रोगों के बारे में पढ़ा है और मुझे बहुत डर लग रहा है कि कहीं मुझे

संक्रमण न हो गया हो...', 'अपने पति से मुझे हमेशा ही बहुत प्रेम रहा है लेकिन तीन बरस पहले मेरा एक बहुत ही शर्मनाक प्रेम-प्रसंग चला जिसे उन्होंने माफ भी कर दिया ...अब फिर से मैं एक पुरुष के प्रति बहुत गहरे आकर्षण में पड़ गई...', 'मैं जानती हूँ कि मेरे अतीत को बदल पाना असंभव है, लेकिन मैंने इससे सबक सीख लिया है और जबसे यह हुआ है तभी से मुझे इसका अफसोस है...'[6]। उत्तर देनेवाली माताओं में से कोई भी यह नहीं पूछती कि मामला शर्मनाक क्यों था या उस पर अफसोस क्यों होना चाहिए या क्या सबक सीखा गया या गहरे आकर्षण का ठीक-ठीक अर्थ क्या है ? इसके बजाय बहुत दानिशमंदी से काम लेते हुए वे स्त्रियों को सलाह देती हैं कि वे अपने अपराध-भाव को स्वीकार करती रहें और आत्म-नकार के माध्यम से अपने पाप का प्रक्षालन करें। 'सच्चे रोमांस' की कहानियों में लैंगिक मर्यादा पर मामूली-सी खरोंच पर भी स्त्रियाँ खुद की बहुत ही निर्ममता से निंदा करती हैं : 'यह सब इतना भयानक था, मुझे लगता है कि अब मैं साफ-सुथरेपन का अहसास कभी नहीं कर पाऊँगी। कभी नहीं। मैं जीने के लायक नहीं हूँ। इस आदमी को मैं जानती ही कितना थी ? मैं इतनी सस्ती कैसे हो पाई ?'[7]

पढ़ी-लिखी लड़कियों के लिए सबसे अपमानजनक शब्द स्वच्छंदाचारिणी है, यह अवधारणा इतनी अस्पष्ट है कि व्यावहारिक रूप में हमें यह मान लेना चाहिए कि कोई लड़की स्वच्छंदाचारिणी तभी है जब वह खुद को ऐसा मानती हो। कॉलेज की छात्राओं से गेल ग्रीन की बातचीत में स्पष्ट हुआ कि 'प्रेम करनेवाले' लोगों के काम-संबंधों को तो वे सह लेती थीं लेकिन बाकी तमाम काम-संबंध स्वच्छंदाचार की श्रेणी में आते थे। इस काल्पनिक रोग के प्रभाव इतने प्रबल हैं कि डॉ. ग्राहम बी. ब्लेन के अनुसार इन लड़कियों द्वारा मनोवैज्ञानिक चिकित्सा करवाने का यह बहुत बड़ा कारण है।[8] अपनी एकगामी सहज प्रवृत्ति पर गर्व करनेवाली लड़कियों को ऐसी स्त्रियों के लिए काम-विद्वेषी शब्दावली का प्रयोग करते कोई हिचक नहीं होती जो एकगामिनी नहीं हैं। 'कैंपस पंचबोर्ड' (कॉलेज का निशानेबाजी का बोर्ड) या 'पुरानी-धुरानी जूतियों' की बात करते हुए वे सेक्स को स्त्रियों के लिए *खराब कर देनेवाला* और *इस्तेमाल* होने की अवधारणा के प्रति अपनी अवचेतन निष्ठा प्रकट करती हैं।[9] *व्हाई मेन शुडंट मैरी* में दोहरे मानदंडों से जूझते हुए जिम मोरान ने स्वच्छंदाचार की धारणा की घातक शक्ति का भरतवाक्य लिख दिया : 'इस शब्द में एक ही अच्छी बात है। यह (खुद को) इस्तेमाल करनेवाले की पहचान एक कौमार्याग्रही, उद्भ्रांत, शुद्धतावादी मूढ़ के रूप में कराता है।'[10]

मोरान के शब्द मुख्यतः पुरुषों को संबोधित थे लेकिन स्त्रियों के इन पर गौर करने की बहुत जरूरत है। अगर पुरुषों को स्त्रियों का ज्यादा सम्मान करना है तो इसके लिए यह जरूरी है कि पहले स्त्रियाँ खुद का ज्यादा सम्मान करें। उन्हें खुद पैदा किए हुए नैतिक पक्षाघात की स्थिति में अपने भ्रष्टक की सद्भावना पर विश्वास करते हुए खुद को भ्रष्ट नहीं हो जाने देना चाहिए। प्रेम की दयनीय और आत्ममोहक तलाश में

बिस्तर-बिस्तर भटकते नहीं फिरना चाहिए, जो भी वे करें, सोच-समझकर, बिना झूठी लज्जालुता दिखाए या भावनात्मक ब्लैकमेल की शिकार हुए बिना करना चाहिए। जब तक स्त्रियाँ खुद को लैंगिक वस्तु मानती रहेंगी—वे पुरुषों के मुँह से निकले तिरस्कार-भरे शब्दों को सुनकर छटपटाती रहेंगी और इससे भी बुरी बात यह है कि वे खुद के बारे में अवमानना और शर्म के भाव से सोचेंगी।

लैंगिक वस्तु को लेकर घटिया राय स्त्रीत्व के सूचक शब्दों तक को अपनी चपेट में ले लेती है। फीमेल (मादा) और *औरत* सभ्य शब्द नहीं हैं : बचपन में मुझे हमेशा *लेडी* (महिला) या *यंग लेडी* का इस्तेमाल करने की हिदायत दी गई थी। *द ऑपोजिट सेक्स* (विपरीत लिंग) जैसी विचित्रोक्तियाँ ऐसी ही सुकुमारता का परिणाम हैं। स्त्रियों के प्रति अवमानना के भाव का काफी शुद्ध रूप दिखता है डरपोक और अयोग्य पुरुषों को गाली देने के लिए स्त्रीसूचक शब्दों के प्रयोग में। हिकारत के जिस भाव से लंदनवाले 'यू गर्ल' कहते हैं, वह सुनते ही बनता है। अस्पष्ट-अनिश्चित वस्तुओं या प्राणियों को स्त्रीलिंग में शामिल करने की प्रवृत्ति पर स्त्रीवादियों को ध्यान देना चाहिए, अखबारी हैडलाइनों में लॉक नेस मॉन्स्टर (स्कॉटलैंड की एक झील लॉक नेस का विवादास्पद डायनॉसॉरनुमा प्राणी जिसे देखने के दावे लोग सैकड़ों साल से करते रहे हैं) को हमेशा ही स्त्रीलिंगी बताया जाता है। 'नेसी को लगेगा सोनार का झटका' जैसी हैडलाइनों में हम संदर्भ की परपीड़कता को देखते हुए उसे स्त्रीलिंगी घोषित करने के पीछे छिपे उद्देश्य तक पहुँच सकते हैं।

कमउम्र और सुंदर स्त्रियाँ स्त्रियों को दी जानेवाली गालियों के बारे में खुद को धोखे में रख सकती हैं, क्योंकि जब तक वे सुंदर और कमउम्र बनी रहती हैं तब तक उनका इन सबसे पाला नहीं पड़ता। सीटियों को सचमुच ही तारीफ का संकेत और प्रशंसोक्तियों को सचमुच ही प्रशंसा मान लेने का बहाना करना आसान है, जबकि सच यह है कि ऐसा बिलकुल नहीं है। सुंदर स्त्रियाँ कभी-कभी इस बात से बहुत बौखलाती हैं कि लगभग सारी ही दुनिया उन्हें मंदमति मानती है, लेकिन अक्सर तो ऐसा लगता है कि पुरुषों के भ्रमों का दोहन करना आसान है। रूढ़छवि से जरा भी इधर-उधर होते ही स्त्री पाती है कि उसे बहुत भेदभाव और अपमान झेलना पड़ता है, हालाँकि अपने मानसिक स्वास्थ्य के हित में वह इन्हें खासा नजरंदाज कर सकती है। जो सुंदर नहीं है, वह स्त्री *बैग* (स्त्री-जननांग के लिए अवमाननासूचक शब्द) है। लोकप्रिय बिंबावली में गालीनुमा शब्दों की भरमार है। बहुत मोटी स्त्री भीषण मोटी, अकमनीय, हास्यास्पद है। अकमनीय रूप से पतली स्त्री सींक-सलाई, मरगिल्ली वगैरह है। उसके पैर अगर बहुत सुंदर नहीं हैं तो भयानक हैं। अगर उसकी देह से बहुत मजबूती, लचक झलकती हो तो वह सख्त, अ-स्त्रियोचित है। अगर वह कुशल, समर्थ या महत्त्वाकांक्षी है तो यह मान लिया जाता है कि वह एक सामान्य स्त्री के तौर पर संतोष नहीं पा सकी है, यहाँ तक कि उसे लैंगिक विकृति या अंतःस्रावी ग्रंथियों की गड़बड़ी की शिकार भी माना जा सकता है।

लैंगिक वस्तु की रूढ़ि मादा मनुष्यों की वास्तविकता को ढँकनेवाली कई रूढ़ियों में एक है। यह किस्म भी गाली की मार से नहीं बची है। एक खास किस्म के पुरुष की कल्पना रहती है कि अपने अपर्याप्त अहम् को मजबूत करने के लिए स्त्रियाँ हरदम उसकी इंद्रियों को उत्तेजित करके फिर खुद उसकी अनदेखी करने के लिए खुद को दिखाती फिरती हैं। वह कल्पना करता है कि पुरुषों की प्रवणता का बुरी तरह दोहन करके भी स्त्रियाँ साफ छूट जाती हैं। हाल ही में इंग्लैंड में पुनर्प्रकाशित हुई यौन मार्गदर्शन की पुस्तक *सेन एंड सेन्सुअल सेक्स* का यह अंश देखिए :

पुरुष उसे सदा ही (जैसाकि स्त्री सोचती है) एकदम नंगी नहीं देखना चाहता। जरूरी नहीं कि वह उसे उसके दो-दो अंगुल के अधोवस्त्रों में देखने को मरा जाए। जब उसकी स्कर्ट हवा में ऊँची उठ जाती है तो वह बौरा नहीं जाता। उसके गहरे गले के ब्लाउजों से बाहर निकली पड़ती या चुस्त स्वेटर की बाधा तोड़ने पर उतारू भारी छातियों को देखकर उसे मजा नहीं आता। वह उसके मटकते कूल्हों के नजारे का लुत्फ नहीं उठाता।

लेकिन फिर भी औसत युवती और लड़की मानती है कि ये सब चीजें औसत पुरुष के लिए सम्मोहक का काम करती हैं। उसकी प्रेरणा यह विचार होता है कि वह मूर्तिमंत सेक्स है जिसके पीछे हर पुरुष पागल है और वह पुरुष के मानस और देह की शांति के लिए अपरिहार्य है। ज्यादातर देशों के कानून तेरह वर्ष की उम्र से ही स्त्रियों का इतना लाड़-दुलार करते हैं कि उन्हें हर अनचाही कुदृष्टि और कामुक दृष्टि, कूल्हे पर चुटकी या जाँघ पर थपकी से बचाए रखते हैं।

इसका परिणाम यह होता है कि ये लड़कियाँ एक कन्या-ग्रंथि पाल लेती हैं : इन्हें विश्वास होता है कि वे अस्पृश्या हैं--जब तक कि वे खुद हरी झंडी न दिखाएँ।[11]

कामना और घृणा के इस अद्भुत मिश्रण के लेखक को झालरदार अधोवस्त्रों की प्रशंसा और लैंगिक मामलों में स्त्रियों के कल्पित प्रभुत्व से बिलबिलाने में इतना समय बर्बाद करते देखकर किसी को आश्चर्य नहीं होना चाहिए।

स्त्री का पलड़ा हमेशा भारी रहेगा क्योंकि वह *देती* है, जबकि पुरुष लेता है। इसलिए वह हमेशा ही दिखावेबाज पुरुष को ठुकराएगी, उसके लैंगिक आकर्षण में रुचि न लेने का दिखावा करेगी, बढ़िया और आकर्षक वस्त्र और अधोवस्त्र पहनने के उसके अधिकार को खारिज करेगी।

क्योंकि वह सोचती है कि यौनाकर्षण, रहस्यवाद और आकर्षण सिर्फ उसी की जाति के विशेषाधिकार हैं।

उसकी आखिरी पंक्ति मारक प्रभाव पैदा करने के लिए लिखी गई है। 'लेकिन पुरुष अगर अपनी देह का ध्यान रखे तो उसकी देह स्त्री की देह से ज्यादा टिकाऊ होती है। और लैंगिक गतिविधियों में स्त्री की रुचि खत्म हो जाने के बहुत बाद तक भी वह ओजस्वी और प्रभावी बना रहता है।'[12]

सुंदर स्त्रियाँ एक सच्चाई से कभी अनभिज्ञ नहीं रहतीं कि वे बुढ़ा रही हैं, भले ही बुढ़ाने का प्रक्रम अभी शुरू भी न हुआ हो : स्त्री की रूढ़छवियों में सबसे पीड़ित शायद

> **ज्यादातर पुरुष सुंदर चेहरे से प्रेम करते हैं और फिर खुद को जीवन-भर के लिए एक घृणित अपरिचित से बँधा पाते हैं, फिर उनकी दुनिया काम और एक चुड़ैल की रसोई तक ही सीमित रह जाती है।**
>
> **–शॉपेनहॉवर**

ढली हुई सुंदरी ही है, लेकिन जिन स्त्रियों का पुरुषों के लिए आकर्षक होने का कभी दावा नहीं रहा, उनके लिए भी गाली-भरी रूढ़ियाँ हैं जो वैयक्तिकता के उनके दावे पर हावी रहती हैं। अध्ययनशील, सादा सूरत लड़की को एक फीकी-रूखी, लैंगिक रूप में आकर्षणहीन पढ़ाकू माना जाता है : गृहिणी के सिर पर बालों को घुँघराले करनेवाले कर्लर सवार रहते हैं, हरदम कुड़कुड़ाती चिंता करती वह रसोई, परिवार के बजट, अपने कपड़े या कार, किसी भी मामले में पूरे भरोसे के काबिल नहीं है। जैसे-जैसे उसकी उम्र बढ़ती है, बिंबावली और वितृष्णाजनक होती जाती है; वह बेढब मोटी हो जाती है, उसकी बड़ी-बड़ी छातियाँ ढलक जाती हैं, कर्लर सदा उसके सिर पर सवार रहते हैं, उसकी आवाज ऊँची और जिद-भरी हो जाती है; अंत में वह सास-पद को प्राप्त हो जाती है, पत्नी की माँ, स्त्री-छवियों में सबसे घृणित। आखिर किसी दिन तो बच्ची-पत्नी को बड़ी होना पड़ेगा, जैसे ही वह भक्तिभाव से भरा संतानवत् व्यवहार छोड़कर अपनी गृहस्थी की बागडोर अपने हाथ में लेती है वैसे ही पुरुषों के वाक्प्रहार उस पर होने लगते हैं; 'फिर सुंदरी ने अपने पति की आँखों पर पट्टी बाँध दी ताकि वह यह न देख पाए कि वह तितली से इल्ली बन रही है।'[13]

फिलिप वायली के भाषाई उन्माद ने अमेरिका में स्त्री-घृणा के सोए तारों को ऐसा झनझना दिया कि उसके वास्तविक तर्क की हास्यास्पदता भी 'मॉमिज्म' (अम्मावाद) की कृत्रिम घटना को घटने से नहीं रोक पाई। जिम्मी पोर्टर जैसे बहुत से समझदार लोगों ने अपनी समझदारी ताक पर रखकर स्त्री-निंदा की बहती धारा में गोते लगाए। उदाहरण के लिए :

> बैलट बॉक्स के पास अम्मा की महिमामयी उपस्थिति के लगभग साथ ही राजनैतिक नीचता, गुंडई, बदमाशी, श्रमिक असंतोष, एकाधिकारवादी ठगई, नैतिक पतन, नागरिक भ्रष्टाचार, तस्करी, रिश्वतखोरी, चोरी, हत्या, समलैंगिकता, शराबनोशी, आर्थिक मंदी, दुर्व्यवस्था और युद्ध में नई-नई गहराइयों को छूने की होड़ शुरू हुई। इस पर जरा ध्यान दें।[14]

निश्चित रूप से वह गंभीर नहीं है। ऐसी बातें मजाक में ही कही जा सकती हैं, लेकिन ये हैं गंभीर। स्त्रियों को लेकर रद्द-खारिज करने की भावना की तीखी अभिव्यक्ति चुटकुलों में दिखती है :

> घर लौटकर युवा पत्नी को एक अजीब दृश्य देखने को मिला। कुर्सी पर पानी से भरी बाल्टी रखी थी जिसमें पैर डुबोए उसकी माँ खड़ी थी। उसकी एक उँगली बिजली के सॉकेट के अंदर थी और सिर के दोनों तरफ बिजली के दो तार जुड़े थे। युवा पति बिजली के मीटर के पास खड़ा था, उसकी उँगली बिजली के स्विच पर टिकी थी।

बेटी को देखकर माँ ने खुशी-खुशी बताया, "तू सही वक्त पर आ गई। हेनरी मेरे गठिया का इलाज कर रहा है।"[15]

पिता के विरुद्ध चुटकुलों का कोष न होने का एकमात्र कारण स्त्रियों की व्यंग्य-प्रतिभा में कमी ही नहीं है, हालाँकि आमतौर पर इसका स्पष्टीकरण यही दिया जाता है। स्त्रियों में व्यंग्य-प्रतिभा न होती तो वे खुद पर चलाए जाते वाक्बाणों को कैसे झेलतीं ? एक और हँसोड़ गाली जिसे स्त्रियाँ मजे में झेलती हैं वह स्त्री-वेषधारी पुरुषों द्वारा जनाने स्वरों की नकल है। विलिंगी-वेषधारण के कुछ मामले तो स्त्रियोचितता के यौनमुक्त साजो-सामान की प्यार-भरी प्रशंसा हैं और स्त्रियोचितता के काम से नगण्य, लेकिन फरेब और आकर्षण से गहरे संबंध को स्पष्ट रूप से रेखांकित करने में इसका बहुत महत्त्व है। बहुत से मामले स्त्रियों के दुर्भावनापूर्ण कैरिकेचर हैं जो स्त्रियों के श्रृंगार-सजावट और पाखंड की नकल करते हुए स्त्रियों के आकर्षण हासिल करने की कोशिश में रहते हैं। दोनों ही तरह के तमाशों में स्त्रियाँ तमाशबीन होती हैं, जब भी जरूरत पड़े तब हँसतीं, तालियाँ बजातीं।

कोई भी स्त्री स्त्रियों से दुर्व्यवहार की इस जाँच को खुद आगे बढ़ा सकती है लेकिन अगर विकल्प न हों तो स्त्रियों की संभ्रांति को भड़काने का कोई फायदा नहीं है। स्त्रियों को नीचा दिखाने की इस व्यापक प्रवृत्ति के ह्रास की एक जरूरी शर्त यह है कि खुद स्त्रियों को भिखारी-भाव छोड़ना पड़ेगा। अपनी वेषभूषा और अंदाजों-अदाओं से स्त्रियाँ खुद का विद्रूप बनी रहती हैं, मूर्खता-भरे नामों और जबर्दस्ती की चंचलता से खुद को जाहिर करतीं, अपने अनिर्णीत होने और असहाय होने को बढ़ा-चढ़ाकर दिखातीं, ऐसे-ऐसे कृत्रिम व्यवहार प्रदर्शित करतीं जो एक दिन उन्हें छोड़ने ही होंगे। उन्हें समकालीन संस्कृति में यदा-कदा ही दिखाई देनेवाली वास्तविक प्रशंसा का फायदा उठाना चाहिए। जब ट्रॉग्स (एक गायक-दल) ने *वाइल्ड थिंग* की प्रशंसा में गीत गाया या फैमिली (गायक-दल) ने *सेकंड जेनरेशन वुमन* की तारीफ की :

बिलकुल न करना ये काम
उसे प्यार के लिए मत पटाना
जरूरत ही नहीं

जानती है वो जब टाइम हो सही
चली आती है खुद-ब-खुद
जब वो चाहे[16]

उन्होंने स्त्रीत्व की बिंबावली में नई संभावनाएँ रचीं जिनमें दिलों और फूलों और गहनों का कोई काम नहीं है। *लांग टॉल सैली* और *मोटरसाइकिल आयरीन* रूढ़ि नहीं, व्यक्ति हैं, और हालाँकि अब भी गीतों में उत्तर के पहाड़ों की लड़कियों और ऐसी ही अन्य देवियों की भरमार है फिर भी ये हाड़-मांस की स्त्रियाँ दिखाई तो देने लगी हैं। हमें इनका आगे बढ़कर स्वागत करना चाहिए।

दुःख

दुःख की अपेक्षा वेदना को झेलना ज्यादा आसान है। वहशी, शराबी या विकृत पुरुष की पत्नी को दुनिया की सहानुभूति के साथ-साथ एक आत्मपीड़क संतोष भी प्राप्त होता है। पति द्वारा छोड़ दी गई पत्नी का खुद को विज्ञापित करनेवाला दुःख जो नशे, शराब या अपरिचितों के साथ सेक्स पर उसकी निर्भरता को न्यायसम्मत ठहराता है, इतना दया के लायक नहीं है जितना उन स्त्रियों द्वारा रोज-रोज झेला जाता अनाम दुःख जिनके पास शिकायत करने का कोई मुद्दा नहीं है। इस नीरस कष्ट के प्रमाण किसी भी बुढ़ाती स्त्री के चेहरे पर देखे जा सकते हैं : उनके चेहरे को विरूप बनानेवाली झुर्रियाँ तनाव और दमन की रेखाएँ हैं, दिलचस्पी नहीं, चिंता की रेखाएँ। जब वे खुद में लीन हों तब उनके खिंचे-खिंचे से नाक-नक्शों को पढ़ पाना आसान है, लेकिन जैसे ही वे यह समझ लेती हैं कि उन पर निगाह रखी जा रही है वे अपने चेहरे से तनाव के चिन्ह झटकारकर हटा देती हैं और उस पर एक ऐसी प्रशांति ओढ़ लेती हैं जिसे वे कत्तई अनुभव नहीं कर रही होतीं। विवाहित स्त्रियों के विद्रोह या उनकी शिकायतों को अच्छा नहीं माना जाता : ऊब या असंतोष को सबके सामने जाहिर करना उसके संदर्भ में गहरी निष्ठाहीनता, कृतघ्नता और अनैतिकता है। यह एक सर्वस्वीकृत तथ्य है कि विवाह एक कठिन काम है जिसमें लगातार तालमेल बैठाते रहने, और लेन-देन की जरूरत पड़ती है, लेकिन यह बात साफ नहीं की जाती कि पति संभरणकर्ता अचर (constant) है, और स्त्री चर (variable)।

'दिन में ठीक रहता है : मैं व्यस्त रहती हूँ। लेकिन शाम के आठ बजे से आधी रात तक बुनाई या टी.वी. के सहारे वक्त गुजारते हुए मुझे लगने लगता है कि मैं कैदी हूँ।

'मेरे पति स्थानीय पब में काम करते हैं, बाहर जाने के नाम पर मैं अपनी बहन के साथ कहीं जाती हूँ या सांध्य कक्षाओं में। आपको लगता है कि रात को घंटे-भर के लिए किसी पुरुष का साथ काफी है ? मैं आज के जमाने की सिंड्रेला जैसा महसूस करती हूँ, मैं और बारह साल तक इसी क्रम को नहीं झेल सकती। बेबी सिटरों की भारी कमी है और यहाँ ऐसा कुछ इंतजाम कर पाना भी मुश्किल है क्योंकि आसपास बहुत कम माँएँ मेरी जैसी स्थिति में हैं।'

एक बात तो हम मानकर चलें : बारह साल बाद आपके पति तो बदलने वाले हैं नहीं। उन्हें अपने व्यवहार में कोई खामी नहीं दिखती और आप जितनी ही ज्यादा शिकायतें करेंगी, उतना ही वे आपकी कुड़कुड़ाहट से बचकर बार की शांति की शरण में जाने को व्याकुल होंगे।

लेकिन, आप *खुद को बदल सकती हैं।* पहले तो अपने पति के सद्गुणों के बारे में सोचिए :

फिर उनके साथ बिताए जानेवाले समय को इतना आनंदपूर्ण बना दीजिए कि वे कहीं और जाना ही न चाहें।

और अंत में, अपने सामाजिक जीवन में फेरबदल कीजिए। अगर आप ताश खेलने या सीधा-सादा खाना खाने के लिए हफ्ते में दो बार मित्रों को बुला लें तो वे आपके पति की कमी तो पूरी नहीं कर पाएँगे लेकिन आपका ध्यान जरूर बँटा देंगे। और याद रखिए--अगर आपके पति नाविक होते तो वे बरसों घर से दूर रहते। इस सच्चाई को स्वीकार कर लीजिए कि आपके पति अक्सर ही मौजूद नहीं रहेंगे : और अगर उन्हें यह समझ में आने लगा कि आप उनकी गैरमौजूदगी पर इतना ध्यान नहीं दे रहीं तो शायद वे घर पर रुकने लगें।[1]

एक पत्नी की एकमात्र उल्लेखनीय सफलता अपने पति को खुश रखना है--समझी-बूझी बात है कि पति को तो खैर पत्नी को खुश रखने के अलावा और भी बहुत से महत्त्वपूर्ण काम होंगे। जब पत्नी का असंतोष पति को परेशान करने लगता है तो उसे समझ में आता है कि उसे शायद पत्नी से ज्यादा बातें करनी चाहिए, उसे बाहर घुमाने ले जाना चाहिए, उसके लिए फूल और चॉकलेट खरीदने चाहिए और उसकी तारीफ करनी चाहिए। आखिर इसमें ज्यादा कुछ तो लगता नहीं। पत्नी अगर गृहिणियों के संलक्षण वाली चिड़चिड़ाहट और उदासीनता में उतर चुकी है तो अब तक उसमें संवाद की क्षमता नहीं रह गई होगी, वह इतनी थकी होगी कि बाहर नहीं जा सकती और फूल उसे रिश्वत और मजाक उड़ाए जाने जैसे लगते होंगे।

> **मेरी तारीफ होती है क्योंकि मैं बहुत अच्छी तरह काम करती हूँ। मैं खाना पकाना, सिलाई, बुनाई, बातचीत, काम, प्रेम--सभी कुछ बहुत अच्छी तरह करती हूँ। इसलिए मैं एक कीमती सामान हूँ। मेरे बिना उसे कष्ट होगा। उसके साथ होते हुए मैं अकेली होती हूँ। मैं अनंतकाल की तरह अकेली हूँ और कभी-कभी तो इतनी मूर्ख होती हूँ कि पूछिए मत। हा हा हा ! सोच-विचार मत करो ! यूँ दिखाओ जैसे कोई फर्ज बचा ही नहीं।**
>
> **--क्रिस्टीन बिलसन, 'यू कैन टच मी', 1961, पृ. 9**

पति के पीछे पड़े रहना, बढ़ा हुआ वजन और वक्त से पहले बुढ़ाना दुःख के बाह्य संकेत हैं, और हमारे समाज की स्त्रियों में यह इतने सहज रूप से व्याप्त हैं कि इन पर बात तक नहीं होती। इन्हें लेकर स्त्रियाँ अपराध-भाव से भरी रहती हैं : यह 'खुद पर से काबू खो देने' के पाप के प्रमाण हैं। वे इनके लिए बहाने गढ़ती रहती हैं, चिड़चिड़ेपन और थकान का दोष वे रोगों के मत्थे मढ़ती हैं, वे ऐसे-ऐसे दर्दों के होने की बात कहती हैं जिनका अस्तित्व नहीं होता लेकिन जिन्हें वे पैदा करके ही दम लेती हैं; सिरदर्द, पीठ का दर्द, भूख न लगना, गठिया। बेट्टी फ्रीडान ने गौर किया कि असली हाउसवाइव्ज ब्लाइट (गृहिणी का अभिशाप : 'बाँहों और हाथों पर फूट आनेवाले बड़े-बड़े छाले जिनसे खून बहता है') से पीड़ित होनेवाली गृहिणियों की संख्या उन स्त्रियों की तुलना में बहुत कम है जिनके शरीर पर रोग के ऐसे बाहरी चिन्ह नहीं दिखते।[2] जैविक कारणों के न होते हुए भी पेट की शिकायतों की वजह से शल्यचिकित्सा करवानेवाली स्त्रियों की संख्या

भयभीत कर देनेवाली है। अगर हमें 'जीव का आनंद पाने में मदद करने वाले', 'आपको अनंत उत्साह से भर देनेवाले', 'आपको तनावमुक्त, आत्मविश्वास से भरा—काम करने को उत्सुक', 'आपको फिर से वही पहलेवाला असली व्यक्ति बना देनेवाले', 'उत्साह, 'चुस्ती-फुर्ती', 'ऊर्जा', 'जीवंतता', 'चुस्ती-दुरुस्ती', 'खुशियाँ', 'आंतरिक दमक' को बेचनेवाली कंपनियों के बाजार-शोध के परिणाम मिल पाएँ तो वास्तविक आँकड़ों का अंदाजा लग पाएगा। इस तरह विज्ञापित होनेवाले ज्यादातर उत्पाद अक्सर लत-लगाऊ दवाओं से मुक्त होते हैं लेकिन जिस ढंग से विषण्णता और चिड़चिड़ाहट और साथ ही दर्द का सामना करनेवाले मानसिक उपचार के तौर पर पीड़ानाशक स्त्रियों के लिए प्रस्तुत किए जाते हैं, उसमें बहुत से खतरे हैं। इस देश में एस्पिरिन या कोडीन की लत के आँकड़े उपलब्ध नहीं हैं क्योंकि यह डॉक्टर के नुस्खे के बिना बेची जाती है। स्त्रियों को सैलिसिलेट (पीड़ाहारी मलहमों में प्रयुक्त होनेवाला रसायन) के खतरों की चेतावनी देने के लिए कोई जन-अभियान नहीं चलाया गया है।[3] कभी-कभी स्त्रियों के लिए प्रकाशित होनेवाले समस्या-समाधान स्तंभों में गृहिणी संलक्षण का कोई विशिष्ट नमूना दिखाई देता है : इस समस्या से निपटने में ईवलिन होम की मदद माँगी गई :

डॉ. मेरेडिथ, मेरी समस्या शायद आपको संबोधित होनी चाहिए थी, लेकिन मेरे पोर-पोर में हरदम थकान भरी रहती है और इसलिए मैं हद दर्जे की काहिल बनी रहती हूँ। मेरे पाँच बच्चे हैं (तीन स्कूल जाते हैं), आप सोच ही सकते हैं कि मेरे लिए करने को काफी काम रहता है।

जागते ही मैं खुद को बेहद थकी पाती हूँ, काम शुरू करना तो छोड़िए, मैं यह सोच भी नहीं पाती कि यह सब निपटेगा कैसे ? मैं घर का काम कम-से-कम करती हूँ, कभी-कभी तो सबसे छोटे बच्चे के कपड़े तक तब बदलती हूँ जब मेरे पति घर लौटनेवाले होते हैं, यह भी सिर्फ इसलिए करती हूँ कि बच्चे को सोने के कपड़ों में देखकर मेरे पति गुस्से से भर उठेंगे।

मेरे पति मुझे थकान की खदान कहते हैं।

सुबह छः बजे उठकर तमाम काम करके भी मस्त रहनेवाली स्त्रियों से मुझे बहुत ईर्ष्या होती है। काश कि मैं उनसे आधे काम भी कर पाती; अब मैं बहुत हताश हूँ और मेरा मन कोशिश करने का भी नहीं होता। कुछ दिनों से मेरे विचार मुझे डराने लगे हैं; मैंने उन पर अमल नहीं किया तो सिर्फ इसलिए कि अपने बच्चों का खयाल आ गया जिन्हें मैं बहुत प्यार करती हूँ, हालाँकि यह प्यार मैं दिखा नहीं पाती।

इस पत्र में सारे-के-सारे लक्षण मौजूद हैं; अपराध-बोध, क्योंकि स्त्रियों का साहित्य 'देखो मैं असंभव को कितने बढ़िया ढंग से कर डालती हूँ : लोगों मुझसे प्यार करो' का घोष करती स्टाखानोववादियों (श्रमोन्मादिनियों) से भरा है; अयोग्यता की भावना, जो बीमारी और भयंकर कमजोरी में बदलती जा रही है; अपने पति से जो उसका आलोचक है अजीब-सा संबंध; बच्चों को लेकर उसकी अनिश्चित भावना, जो 'मैं अपने बच्चों को बहुत प्यार करती हूँ (लेकिन मैं इसका अनुभव नहीं कर पाती)' जैसे बयान से भी दूर नहीं होनेवाली।

ईवलिन होम का उत्तर ऐसा है कि जिसके लिए कोई भी डॉक्टर उसे धन्यवाद नहीं

देगा लेकिन काफी सोचने पर भी जिसका कोई कारगर विकल्प नहीं दिखता।

आप एकदम सही कह रही हैं; एकदम पक्की बात है कि यह मामला डॉक्टर के ही पास जाना चाहिए था। आप अपने डॉक्टर से मिलिए, उसे अपनी थकान, अवसाद, क्लांति—सबके बारे में बताइए; वह आपकी मदद कर पाएगा।

और इतना दुखी मत होइए, बहुत-सी औरतें, जिनके पति की जुबान इतनी तेज नहीं है और जो पाँच बच्चे नहीं पाल रहीं, आपसे कहीं बुरा महसूस करती हैं। आप ठीक हैं, सिर्फ बीमार हैं (!) पहले अपना स्वास्थ्य ठीक करिए, बाकी चीजें खुद ही ठीक हो जाएँगी।[4]

खैर, यह सब डॉक्टर पर निर्भर है। मान लीजिए कि यह स्त्री एकदम मजबूत है और इसके शरीर में लौह-तत्त्व की कमी न निकले तो ? मान लीजिए कि वह उसे विटामिन और टॉनिक दे ही देता है, तब ? मान लीजिए कि वह उससे कराहना बंद करके कामकाज चालू करने को कह देता है, तब ? मान लीजिए कि वह उन्हें छुट्टियाँ मनाने की सलाह देता है जोकि उनके बूते के बाहर की बात है या जो ऐसा गड़बड़झाला साबित हो जिसमें और भी कड़ी मेहनत जरूरी हो जाए, तब ? कोई चमत्कार नहीं होनेवाला। शायद उसे टॉनिक मदिरा के एक-दो गिलास रोज पीने चाहिए, क्योंकि ज्यादा संभावना इस बात की है कि अगर वह अपने डॉक्टर के पीछे पड़ी ही रहे तो वह उसके लिए किसी अवसाद-प्रतिरोधी या उत्तेजक या एम्फीटामाइन का नुस्खा लिख दे। बीच-बीच में अंग्रेजी के अखबारों में गृहिणियों में उत्तेजकों और बार्बिट्यूरेट्स की बढ़ती लत की रपटें छपती रहती हैं।

हाल ही में टेलीविजन के एक कार्यक्रम में अंदाजा लगाया गया कि आज ब्रिटेन में दस लाख से ज्यादा स्त्रियाँ प्रशामक दवाओं की लती हैं। जिन लोगों ने ये दवाएँ कभी नहीं ली हैं उन्हें यह चिंतित कर सकता है लेकिन हममें से जिनको इनकी लत लग चुकी है, वे जानती हैं कि असल में यह कितना भयावह है। एक साल से ज्यादा समय से मैं एक ऐसी दवा ले रही हूँ जिसे अवसाद-प्रतिरोधी और राहत देनेवाली बताया जाता है।

मेरा प्रशामक दवाएँ लेना तब से शुरू हुआ जब मैं अपने पारिवारिक चिकित्सक से अपने विवाह से जुड़ी एक समस्या पर राय लेने गई।

यह पत्र *फोरम* में, असहनीय स्थितियों के लाक्षणिक इलाज की मरीचिका में फँस सकनेवाली स्त्रियों के लिए चेतावनी के तौर पर प्रकाशित हुआ था। श्रीमती जे.एस. ने डॉक्टर की राय पर गोलियों की दो शीशियाँ खत्म कर लीं और तब उन्हें पता चला कि उन्हें तो नशा लेना बंद करने पर होनेवाली परेशानियाँ होने लगी हैं :

जब नई शीशी खत्म हुई तो मुझे लगा कि उनके बिना काम चलाने की कोशिश की जाए। पहले दिन तो मैं घबराई-घबराई-सी रही पर शराब के दो प्याले पीने के बाद बेहतर महसूस होने लगा। अगला दिन तो और बुरा रहा। अपने पति और बच्चों से मेरा व्यवहार खासा चिड़चिड़ाहट-भरा था, मेरा दिल रह-रहकर धड़क उठता और मेरी हथेलियाँ पसीने से भीगी हुई थीं। जैसे-जैसे समय बीतने लगा, यह साफ होता चला गया कि मैं प्रशामकों की आदी हो चुकी हूँ। मुझे गोलियों की हुड़क उठती थी।

लत से छुटकारा पाने के लिए वह दूसरे डॉक्टर के पास गई लेकिन उसने उसे और गोलियाँ दे दीं। उसकी नई असह्य स्थिति से तो पुरानी लत ही ठीक थी। उसकी कहानी का अंत नहीं दिखता :

नई चिंताओं के बारे में चिंता करने से बचने के लिए मुझे प्रशामक दवाएँ खाते रहना थीं। आज मैं अपनी गोलियों के बिना जीवन की बात वैसे ही नहीं सोच पाती जैसे शराब के बिना कोई शराबी नहीं सोच पाता। पिछले हफ्ते मैं एक सहेली से बात कर रही थी जो एक मनोवैज्ञानिक से इलाज करवा रही है। खैर, वह मुझे बता रही थी कि मनोविश्लेषण कितनी अच्छी चीज है और उसके डॉक्टर ने कैसे उसकी मदद की है। मैंने जो कुछ घंटे उसके साथ बिताए उनके दौरान उसने दो बार अपने बटुए में से गोलियाँ निकालकर खाईं। मैं कसम खाकर कह सकती हूँ कि वे गोलियाँ वैसी ही थीं जैसी मैं खाती हूँ। मेरी मित्र का विचार है कि ये चमत्कारी गोलियाँ हैं। मेरा मन ही नहीं हुआ कि उसे इनकी व्यर्थता के बारे में बताऊँ।[5]

ऑल-सेंट्स हॉस्पिटल, बर्मिंघम के नशा उपचार केंद्र के मनोचिकित्साकर्मी, माइकेल राइमैन ने बताया कि ग्यारह बरस तक उन्होंने देखा कि बार्बिट्यूरेटों, प्रशामकों और उद्दीपकों की ज्यादा मात्रा की आदत को छुड़वाने के लिए आनेवाली गृहिणियों की संख्या साल-दर-साल बढ़ती ही चली जाती थी। (उन्होंने आँकड़े उपलब्ध नहीं करवाए) उन्होंने स्वीकार किया कि इस तरह के मामलों में उनकी सफलता का प्रतिशत बहुत ही कम था। जैसाकि व्यावहारिक रुख होता ही है, उनका रुख भी आखिर नैतिकतावादी ही रहा। उन्होंने 'नींद न आने या प्रेमातुर पति की हरकतों को न झेल पाने की स्थिति में' (बादवाले विचार के गजब के दोहरेपन पर गौर कीजिए), 'हलका-सा घरेलू झंझट पड़ते ही प्रशामक दवाएँ लेनेवाली', 'बोझिल और नीरस दिन को बिताने के लिए अवसाद-निरोधक कैप्स्यूल निगलनेवाली' स्त्रियों के नींद की गोलियाँ खाने की बात कहीं। 'प्रशामकों की आदी स्त्रियों को आलुओं को उबालते हुए गड़बड़ हो जाने, बिजली का बल्ब फूट जाने या कपड़े न धो पाने जैसी मामूली परेशानी आ पड़ने पर गोलियाँ निगलते देखा जाता है।' वह इस बात पर विचार नहीं करता कि स्त्रियाँ ऐसी स्थिति

हॉलीवुड के निर्माता-निर्देशक रिचर्ड ब्रुक्स की पत्नी मिस सिमॅन्स ने बताया, ''अपनी फिल्मों के सिलसिले में रिचर्ड जब घर से बाहर होते थे तो मैं बेहद अकेली होती थी, जैसा फिल्मों में दिखाया जाता है न, वैसे ही, मैं टी.वी. और शराब की लती हो गई थी।

'यह बड़ा ही सत्यानाशी मेल है। बच्चे सो रहे होते और मैं टी.वी. देखती, शराब पीती बैठी रहती। हर रात यही होता।

'बच्चों के साथ रहना बहुत ही अच्छा अनुभव है। अब ट्रेसी तेरह की है और केट आठ की। लेकिन उनके अपने मित्र हैं।

'और एक बड़े घर में अकेले बैठे रहना बहुत ही अकेलेपन से भर देता है। और यों शराब मेरी समस्या बन गई।'

–'न्यूज ऑफ द वर्ल्ड', 5 अप्रैल, 1970

में पहुँचती कैसे हैं, जहाँ छोटी-छोटी चीजें असह्य हो जाती हैं। अगर स्त्रियों के मनोविश्लेषण का यही स्तर है तो कोई आश्चर्य नहीं कि उसे बहुत कम सफलता मिल पाई।[6] रॉयल स्कॉटिश सोसायटी फॉर प्रेवेन्शन ऑफ क्रूएल्टी टु चिल्ड्रन (बच्चों के प्रति क्रूरता की रोकथाम के लिए कार्यरत स्कॉटलैंड की संस्था) की रपट के अनुसार ग्लास्गो में ऐसी माँओं की संख्या बढ़ती जा रही है जो 'वास्तविकता से पलायन' के लिए मादक दवाएँ ले रही हैं, जोकि नैतिक रूप से संदिग्ध गतिविधि है।[7] गृहिणी का जीवन वास्तविक नहीं है : वह पुरावशेषीय और अवरोधक है : स्त्रियों को इतनी तरह के विविध जीवनों का परिचय मिल चुका है कि बिना खासे तनाव से गुजरे वे चहारदीवारी के बीच बौनों की संगत में नहीं जी सकतीं। इसे फलप्रद जीवन मानने से इंकार करना वास्तविकता को नकारना नहीं है। थकान, क्लांति, 'घबराहट' जैसे लक्षण न्यूरैस्थेनिया (तंत्रिकावसाद) के लक्षण हैं जिसका मूल वैसा ही जटिल, मनोदैहिक है जैसाकि उसके नाम से पता चलता है। इसकी कोई भी दवा तब तक कारगर नहीं हो सकती जब तक स्त्रियों को खुद को यह समझाने के लिए न बहका लिया जाए कि घर में उनकी एकरस, निरंतर श्रमचर्या किसी उद्देश्य के लिए है या उससे कुछ भी भला हो रहा है। गृहिणी के काम के कोई परिणाम नहीं होते : उसे दोबारा किया ही जाना होता है। बच्चों को पालना कोई पेशा नहीं है क्योंकि आप उनकी देखभाल करें या न करें, वे पल ही जाते हैं। पालन-पोषण की सीमाओं की अस्पष्टता, वे तमाम गलतियाँ, जो तमाम लोग माँ को बताते हैं कि वह करेगी, और कुछ भी गड़बड़ हो तो वह कर चुकी है, दिखाती हैं कि उसे मार्गदर्शन नहीं मिलता लेकिन जिम्मेदारियाँ उसी पर लदी हैं।

> **उनके अस्तित्व को जरा ध्येय दो, उनके समय को काम (दो) नहीं तो हताशा की चिड़चिड़ाहट और अकर्मण्यता की श्रांति निश्चित रूप से उनकी प्रकृति को पतित कर देगी...**
>
> **–शार्लट ब्रॉन्टि के एक पत्र से**

स्त्रियाँ अक्सर ऐसी कल्पना करती हैं कि अगर उनके हालात कुछ बेहतर होते तो वे कम दुःखी होतीं। उन्हें शायद बेबी-सिटर या नौकरानी या लंबी छुट्टियों या कुछ कम आर्थिक चिंताओं की जरूरत है। इसका प्रमाण यह है कि अनुषंगी समस्याएँ जितनी कम होती हैं वैवाहिक संबंध की केंद्रीय समस्या पर दबाव उतना ही अधिक रहता है। पश्चिमी संस्कृति में अंतरिक्ष-यात्री चरम सफलता की मूर्ति है; अंतरिक्ष-यात्री की पत्नी पैसे और पति के कारण मिली प्रसिद्धि का आनंद पा सकती है। अंतरिक्ष-यात्री अमेरिका का राजसी-पुरुष है; राष्ट्रपति उससे मिलने आते हैं, वह राष्ट्र की ओर से चाँद पर खड़ा होकर प्रार्थना करता है : पैसा और योजना जो भी उपलब्ध करवा सकते हैं वह सब उसकी गृहस्थी में होगा। नासा के एक मनोवैज्ञानिक ने कहीं कहा कि तलाकों के लिए संसार-भर में केप कैनेडी (नासा का मुख्यालय) से ज्यादा मुफीद जगह नहीं है। अमेरिका के राष्ट्रीय औसत से दोगुने तलाक तो वहाँ होते ही हैं। वाशिंगटन को छोड़ दिया जाए तो गृहिणियों

की शराबखोरी के आँकड़ों के मामले में भी इस कस्बे का नंबर पहला है। लगता है कि अंतरिक्ष उद्योग पुरुषों से भावना छीन लेता है। अंतरिक्ष-यात्रियों को समझ-बूझकर संवेदनहीन बनाए जाने की अपनी ही समस्याएँ हैं; चंद्रमा पर वे खुद को अद्भुत रूप से नियंत्रित रख सकते हैं, लेकिन वे और जगह भी खुद को नियंत्रित रखते हैं : अपनी पत्नियों के बिस्तरों में भी। सभी लोग मानते हैं कि केप क्षेत्र में लैंगिक-गतिविधियाँ बहुत कम हैं।[8] केप-कैनेडी के कंप्यूटर-संचालित समाज को, हमारी निरंतर सुगठित होती दुर्व्यवस्था की प्रवृत्तियों की तार्किक परिणति के रूप में लिया जा सकता है, ये प्रवृत्तियाँ गरीब-पिछड़े इंग्लैंड में भी सक्रिय हैं जहाँ विवाह-विच्छेद लोगों के बूते के बाहर की बात है। अंतरिक्ष-यात्री की पत्नी मोटी और सिलबिल्ली नहीं हो सकती, उसे अपने दुःख को शराबखोरी और स्वच्छंद संभोग के माध्यम से प्रकट करना चाहिए जो कम-से-कम नए चलन की और महँगी आदतें हैं। इंग्लैंड में तो 'उपेक्षिता' और 'कुचली हुई', 'ऊबी', 'अकेली' गृहिणी बस अनाप-शनाप खा ही सकती है। इंग्लैंड में चॉकलेटों और बिस्कुटों के विज्ञापनों ने हाल ही में पहचाना है कि खाना भी पलायन का माध्यम है। मशीनों से बनी इस कीचड़ से हमें 'सनसनी के स्वाद', एक 'विस्फोट', उत्तेजना और दूर-दूर की जगहों की छवियों की आशा रखने को कहा जाता है। टॉफियों के टेलीविजनी विज्ञापन दृष्टि-भ्रम और कामोत्ताप का वायदा करते हैं, सौदा तो सस्ता है : आखिर टॉफी विवाह-विच्छेद से सस्ती ही पड़ती है।

स्त्रियों के विद्रोह के चित्र-विचित्र और कष्टकारी रूप सामने आते हैं, इसकी सबसे बड़ी कीमत तो स्त्रियाँ खुद से ही वसूल करती हैं। वह पाती है कि अपने विनाशक छिद्रान्वेषण और प्रेम की उसकी तमाम पहलों का विरोध करके वह अपने पति को खुद से दूर खदेड़ रही है। स्त्रियों का ठंडापन अब भी एक प्रमुख समस्या बनी हुई है लेकिन यह स्त्री के शरीर-तंत्र और कामोत्तापों की जानकारी से दूर होनेवाली नहीं है।

> **मुझे यह बात बहुत बुरी लगती है कि मेरे पति मुझे प्यार नहीं करना चाहते, लेकिन अगर कभी वे ऐसा करना भी चाहते हैं तो मुझे और भी बुरा लगता है और मैं एकदम ही ठंडी हो जाती हूँ क्योंकि मुझे लगता है कि वे बेदिली से यह जताने का प्रयास कर रहे हैं कि हमारे बीच अब भी कुछ बचा है या उनका किसी और औरत से चक्कर नहीं है (मुझे पूरा विश्वास है कि उनकी कुछ स्त्री-मित्र जरूर हैं)। इसको लेकर हमारे अक्सर झगड़े होते हैं; कभी वे इससे इंकार करते हैं और कभी-कभी कहते हैं कि मैं ठंडी होकर उन्हें दूसरी औरतों की तरफ ढकेलती हूँ। पर कोई स्त्री किसी ऐसे पुरुष से प्यार कैसे कर सकती है जो कभी भी रोमांटिक बातें या काम न करता हो ?**
>
> **–(श्रीमती) सी.टी., 'फोरम', खंड-2, अंक-2**

अक्सर पति लोग कहते हैं कि विवाह के शुरुआती दिनों में रति का आनंद ले पानेवाली पत्नी ठंडी हो गई है। लैंगिक प्रेम कामोत्ताप या रोमांटिकवाद का ही मामला नहीं है : विपरीत ध्रुवों से एक-दूसरे की ओर बढ़ते पति-पत्नी अँधेरे में प्रेतछायाओं को पकड़ते रह जाते हैं। गर्भनिरोध की कीमत स्त्री की लैंगिकता को चुकानी पड़ती है। यह

विचार ही सन्न कर देनेवाला है कि अब भी ब्रिटेन में गर्भनिरोध का सबसे लोकप्रिय साधन कंडोम है। हर पाँचवीं ब्रिटिश जोड़ी स्खलन से पहले ही बाहर हो जाने का गुर अपनाती है। साढ़े सत्रह लाख स्त्रियाँ गर्भनिरोधक गोलियों का उपयोग करती हैं, यह संख्या गृहिणियों की जनसंख्या का आठवाँ भाग भी नहीं है। गर्भनिरोधक गोली से समस्याएँ हल नहीं होतीं। हर हफ्ते ही पत्र-पत्रिकाओं में गोली के भयावह नतीजों के बारे में 'शादी के कुछ ही हफ्तों बाद नस फटने से दुलहन मरी' जैसे किस्से छपते हैं। *न्यूज ऑफ द वर्ल्ड* की एक खबर के अनुसार फैमिली प्लानिंग एसोसिएशन ने चेतावनी दी है कि उसके द्वारा उपलब्ध कराई गई गोलियाँ खाने से चार लाख स्त्रियाँ करीब पचास किस्म के लक्षणों से कष्ट पा रही हैं।[9]

पैडिंगटन के सेंट मेरीज हॉस्पिटल के प्रोफेसर विक्टर विन का कहना है कि गर्भनिरोधक गोलियों से नस फटने, यकृतरोग, मोटापा और विषाद जैसी समस्याएँ हो सकती हैं।[10] वे कह रहे हैं तो हम विश्वास करना शुरू कर सकते हैं, हालाँकि मैं गवाही दे सकती हूँ कि इन गोलियों के लेने के दौरान जब मैंने सूजन और विषण्णता की शिकायत की तो मेरे डॉक्टर ने इसे मेरा वहम बताया। 1969 की गर्मियों में *लैन्सेट* में छपे कई पत्रों में गर्भनिरोधक गोली से उपजे विषाद पर चर्चा हुई और स्वीकार किया गया कि गोली में मौजूद हॉर्मोन से ट्रिप्टोफैन, ('अच्छे स्वास्थ्य के लिए आवश्यक रसायन जो शायद मनोवेगों के नियंत्रण से भी जुड़ा है'), के स्राव की प्रक्रिया में बाधा पहुँचती है।[11] बाजार से इन गोलियों के सोलह ब्रांडों को वापस ले लिए जाने से उन स्त्रियों को कोई फायदा नहीं होनेवाला जो अब दूसरे ब्रांड इस्तेमाल कर रही हैं। गर्भनिरोधक छल्ला करीब बीस प्रतिशत मामलों में असफल साबित होता है और शरीर के अंदर उसकी उपस्थिति असहज बनानेवाली है। श्रीमती मोनिका फुट ने धनुष के आकार के छल्ले के कारण स्वतः हो जानेवाले गर्भपात का भयावह विवरण *संडे टाइम्स* में प्रस्तुत किया, उनकी स्पष्टवादिता की बहुत निंदा हुई।[12] डायफ्राम अच्छी-खासी बला है, यह स्त्री के लिए गोचर है और उसके स्रावों और आसपास की झिल्ली की लचीली संवेदनाओं से छेड़छाड़ करता है। इसके अलावा, उसे गर्भिणी बनाने पर उतारू पति डायफ्राम को खींचकर निकाल भी सकता है। जब तक स्त्रियों को रोज गर्भनिरोध के बारे में सोचना, गोलियों, कंडोमों और तमाम तरह के उपायों के बारे में चिंतित रहना और फिर मासिकस्राव के दिन पास आने को लेकर चिंता करते रहना होगा, तब तक उनके व्यवहार की असंगतता बढ़ती जाएगी। मासिकधर्म से जुड़े तनाव की लगभग विश्वव्यापी समस्या आज की स्त्रियों के लिए निश्चित ही और बड़ी है, तंत्रिकावसाद इसे और असह्य बनाता है। दुःख, दुःख, दुःख।

आत्महत्या का प्रयास करनेवालों में पुरुषों की अपेक्षा स्त्रियों की संख्या ज्यादा है, मानसिक चिकित्सालयों में भी स्त्रियाँ ही अधिक हैं[13]। परेशान माता-पिता के हाथों हर साल सैकड़ों बच्चे घायल होते हैं। पगला गई माँओं द्वारा शिशुओं की हत्या तक कर देने के मामले तक सामने आते हैं।[14] प्रसूति के बाद का अवसाद एक सुस्थापित संलक्षण है, कुछ स्त्रियाँ तो प्रसव के साल-भर बाद तक उससे पीड़ित देखी गई हैं। बच्चों को ठोकने

और पतियों की हत्या के गिने-चुने बदनामी-भरे किस्से अखबारों में छप जाते हैं। इस आशा में कि वे ठीक काम कर रही हैं अधिकांश स्त्रियाँ रोज-रोज-रोज उदासीनता के धुँधलके में घिसटती चली जाती हैं, किसी दिन मिलनेवाले किसी पुरस्कार की आशा करतीं। कामकाजी पत्नी बच्चों के बड़े होकर सफल होने की प्रतीक्षा करती है ताकि उसकी हाड़तोड़ मेहनत सफल हो, और पाती है कि वे मनमानी करते हैं, घर से चले जाते हैं, अजीब-अजीब आदतें पाल लेते हैं, और अपने माता-पिता को ठुकरा देते हैं। काम न करनेवाली पत्नी अपनी अधेड़ कमर को कसकर फिर से पढ़ाई में जुट जाती है, अक्सर वह गलत ढंग से, गलत कारणों से ज्ञान ग्रहण करती है। अपनी सबसे बड़ी संतान की लगातार जान खाते रहकर उसे घर से भाग जाने पर मजबूर करने के बाद (इस बात को उसके बारे में इस तरह बातें करके जैसे वह उपस्थित हो, वे बरसों तक छिपाए रहीं। हालाँकि उन्हें बिलकुल पता नहीं था कि वह करती क्या हैं) मेरी माँ ने बैलेनृत्य सीखना शुरू किया। इस प्रयास की व्यर्थता को जानते हुए अकाउंटेंसी पढ़ी और साल-दर-साल फेल होती रहीं। फिर उन्होंने धर्म का अध्ययन आजमाया, स्कीइंग सीखना शुरू किया और आखिर इटैलियन सीख ली। सच यह था कि माँ अखबार या उपन्यास पढ़ पाने लायक मनोयोग क्षमता बहुत पहले ही खो चुकी थीं। जब तक चले, हर गतिविधि उन पर भूत बनकर सवार होती थी—कुछ तो मुश्किल से एक महीना चल पाती थीं, इनकी फेहरिस्त बहुत लंबी है। टेलीविजन, बुनाई, गृहस्थी की देखरेख जैसे सामान्य नशों से वह बची रहीं। बिंगो और तम्बोला जैसे खेल न खेलने के पीछे कुछ हद तक उनका मध्यवर्गीय नकचढ़ापन था। वह किसी कुत्ते या पालतू पंछी के प्रेम में भी नहीं पड़ीं। बाकी लोग पड़ते हैं।

विवाह न करके स्त्रियाँ स्त्रियों के दुःख से बच जाती हों, ऐसा भी नहीं है, क्योंकि स्त्रियोचित सफलता के प्रमाण के तौर पर विवाह कर लेने का भयंकर दबाव उन पर बना रहता है। अपनी नीरस नौकरियों को करते वे सपने लेती रहती हैं, दिखावे के लिए दुःखी होतीं, क्योंकि सब लोगों का विश्वास है कि वे दुःखी हैं। बूढ़े माँ-बाप के साथ जीवन गुजार देनेवाली अकेली स्त्रियों जैसी कोई घटना पुरुषों के संसार में नहीं होती, खुद को संयम-नियंत्रण में जकड़ने की जो भावना इन स्त्रियों को प्रेरित करती है, उसे समझे बिना इस घटना को पूरी तरह नहीं समझा जा सकता। बूढ़कुँआरियों और नाक-भौंह सिकोड़नेवाली स्त्रियों का मजाक उड़ाना, पूर्वग्रह की अभिव्यक्ति मात्र नहीं है, क्योंकि ये स्त्रियाँ असंतोष, असहनशीलता और आत्मदया निस्सरित करती ही हैं। और, जैसाकि हमेशा ही होता है, यह एक दुष्चक्र है।

विवाह को जीने का उद्‌देश्य बनाने की दिक्कत और, बूढ़कुँआरी होने की ज्यादा बड़ी दिक्कतों को देखते हुए, स्त्रियों को प्रसन्नता को एक बड़ी उपलब्धि मानना चाहिए। अंततः कोई स्त्री अपने समुदाय की जो सबसे बड़ी सेवा कर सकती है, वह प्रसन्न रहना है। अगर स्त्री बने रहने में कत्तई भी कोई तुक रहनी है तो प्रसन्नता को प्राप्त करने के लिए जिस हद तक विद्रोह और गैरजिम्मेदारी दिखाना उसके लिए जरूरी है, वही चीजों को बदलने की दिशा में एकमात्र रास्ता है।

विद्वेष

दुःख बिना विद्वेष के नहीं झेला जाता। आमतौर पर इस बात को स्वीकार किया जाता है कि स्त्रियों और पुरुषों के बीच एक संग्राम चल रहा है, लेकिन हम सीधे-सीधे जिन पर विचार करने की हिम्मत नहीं जुटा पाते उन तमाम चीजों की ही तरह इसका जिक्र हँसी-मजाक के साथ होता है। यह संग्राम सार्वभौमिक और अतिगंभीर है, इन मायनों में यह स्त्री-मुक्ति आंदोलनों की पुरुष-संस्थान के साथ छिटपुट तौर पर होनेवाली मुठभेड़ों से अलग है। संग्राम घर में हो या घर से बाहर, इसमें किन्हीं नियमों का पालन नहीं किया जाता और इसका अंत मृत्यु में होता है। हम प्रतिक्षण अपने आसपास इसे होता देखते हैं लेकिन जब हम इसमें प्राणपण से शामिल होते हैं, तब भी इसकी पहचान कभी-कभी ही कर पाते हैं। पुरुषों का पलड़ा भारी रहता है इसलिए युद्धक्षेत्र में वे स्त्रियों की अपेक्षा शालीन बने रह पाते हैं। जब तक उसमें हारकर तलाक की अदालत से तबाह कर देनेवाला संधि-पत्र उनके सामने नहीं आ जाता तब तक पुरुषों को यह अहसास नहीं होता कि वे एक ऐसे संघर्ष में फँसे हैं जिसमें दूसरा पक्ष सिर पर कफन बाँधे हुए लड़ रहा है; और तब सुरक्षा में लापरवाही बरतने की अपनी ही मूर्खता पर खुद को कोसते वे चीख-चीखकर यह विश्वास व्यक्त करते हैं कि यह संसार क्रूर और शिकारी स्त्रियों के ही फायदे के लिए चलाया जा रहा है। विजेता स्त्री जानती है कि उसकी जीत उसकी हार से ज्यादा हानिकारक है।

वह नहीं जानता लेकिन मैं कई बार उसकी अंत्येष्टि में शामिल हो चुकी हूँ। हर बार अपने चुस्त काले सूट और स्पेनिश लेस की नकाब में मैं स्पृहणीय लगती हूँ। और हर बार, एक ठीक-ठाक-सी अवधि बीत जाने पर मैंने किसी बहुत अमीर आदमी से विवाह कर लिया है और अपने सुंदर पीले चेहरे पर रहनेवाले अतींद्रिय भाव के लिए प्रसिद्ध हो गई हूँ।

–क्रिस्टीन बिलसन, 'यू कैन टच मी', 1961, पृ. 20

सार्वजनिक रूप से स्त्रियों का विद्वेष बहुत ही विविध रूपों में सामने आता है, इसके लिए सबसे उत्प्रेरक स्थिति पार्टी है। हमारे समाज में पार्टियाँ शायद ही कभी स्वतःस्फूर्त उत्सव होती हों। अक्सर तो वे किसी नए आए व्यक्ति को एक समूह से परिचित कराने या किसी घटना के महत्त्व पर बल देने या एक-दूसरे से परिचय बढ़ाने के उद्देश्य से आयोजित की जाती हैं, इनमें शामिल होना हैसियत को जताता है। पुरुष स्त्रियों को पार्टी

में ले जाते हैं और इसलिए स्त्रियों का पलड़ा शुरू से ही हलका रहता है। समूह पुरुषों के आपसी संबंधों के सूत्र से गुँथा होता है : पद-प्रतिष्ठा के सूक्ष्म भेदों की स्वीकृति व्यवस्था को सुरक्षित रखती है। स्त्रियों से आशा की जाती है कि वे इन सूक्ष्म भेदों को पहचानकर बहुत दक्षता से अपने पुरुषों की स्थिति को मजबूत करें। अपने संगी की बाँह में बाँह डाले आनेवाली हर स्त्री जानती है कि उसकी भूमिका क्या है, लेकिन फिर भी वह आदतन बहुविध अस्पष्ट रणनीतियों से काम लेते हुए स्थिति में पलीता लगा देती है। इनमें सबसे स्पष्ट रणनीति, जिसे अक्सर पक्के तौर पर किसी से न जुड़ी स्त्रियाँ आजमाती हैं, बहुत महीन ढंग की इश्कबाजी से पुरुषों की प्रतिद्वंद्विता भड़काने की है। ऐसा लग सकता है कि कोई स्त्री अनजाने में ही ऐसा कर रही है : ऐसा बहुत ही कम मामलों में होता है कि स्थिति पूरी तरह उसके नियंत्रण में हो, लेकिन फिर भी यह बहुत प्रभावी है। यह खेल खेलते हुए वह पुरुष-समूह में पहले से ही मौजूद तनावों का फायदा उठाकर उन्हें बढ़ा सकती है। उसका सबसे बढ़िया दाँव अपने समकक्षों के सामने अपनी पकड़ को प्रदर्शित करनेवाले पुरुष दंभ का दोहन करना है। बहुत महीन ढंग से वह जाहिर कर सकती है कि वह निरा हूश है (क्योंकि सुंदरी का गिलास *घंटों से* खाली पड़ा है), कि वह बहुत ही 'प्याला-प्याला मिट्ठू' है (यानी निरा काठ का उल्लू है); वह उसे नीचा दिखानेवाले किस्सों पर जी खोलकर हँस सकती है; या अगर उसे रत्ती-भर भी परवाह न हो तो उसका पल्ला छोड़कर उसके पक्के दोस्त या उसके सबसे सफल प्रतिद्वंद्वी से इश्कबाजी कर सकती है। विवाहिताएँ और किसी पुरुष से जुड़ी स्त्रियाँ ऐसी प्रविधियों का इस्तेमाल सीमित रूप से करती हैं क्योंकि उनके पास छोटे-मोटे अत्याचारों का एक पूरा जखीरा ही होता है जिससे वे अपने शिकार को रेत-रेतकर मारती हैं। चुटकुले सुनाना पति के लिए एक जोखिम-भरा प्रयास है, क्योंकि उसकी पत्नी उसाँस भरकर कहेगी कि यह चुटकुला उन सबका सुना हुआ है या मैक्स बाइग्रेव्स इसे बहुत ही अच्छी तरह सुनाता है; वह किसी भी हालत में हँसेगी नहीं। अगर उसका पति महफिल की जान बना हुआ हो तो वह चिड़चिड़ाती हुई घर जाने की जिद पकड़ लेगी या गजब की तेजी से नशे में चूर हो जाएगी और तमाशा बन जाएगी। अगर पति पार्टी का मजा ले रहा हो तो वह उसके कान में फुँफकारेगी कि वह नशे में है और खुद का तमाशा बना रहा है या उसे याद दिलाएगी कि घर लौटते हुए गाड़ी उसे ही चलानी है या पति पर उसका असर न हो रहा हो तो उस पर कमरे में मौजूद हर आकर्षक स्त्री को ताकने का आरोप लगाएगी। इन विनाशकारी गतिविधियों के पीछे उसकी यह दुश्चिंता होती है कि पार्टी में वह पति की पूँछ के रूप में ही मौजूद है : सामाजिक स्थितियों में वह सहज नहीं रह पाती। जब वह किसी से जुड़ी नहीं थी तब वह तमाम जतन-प्रयास करके किसी से जुड़ना चाहती थी : यह लक्ष्य सिद्ध कर लेने के बाद वाक्‌चातुर्य और संवाद का उसका स्रोत सूख जाता है। वह खुद को कुछ मूर्ख और शायद सिलबिल्ली-सी मानती है : उसने कभी आनंद का अनुभव नहीं किया सिवाय तब के जब वह खुद प्रतिद्वंद्विता और खुशामद की पात्र थी और वह जानती भी नहीं कि आनंदित कैसे हुआ जाए। अपने संगी को

मौज-मस्ती करते देखकर उसके मन में अवमानना का भाव उठता है। वह शर्त लगाकर कह सकती है कि अगर वह पार्टी में मौजूद न होती तो उसके संगी को ज्यादा आनंद आता, उसके इस अंदाजे में अक्सर जबर्दस्त सच्चाई होती है। किसी तीखी प्रतिक्रिया के अलावा कोई निकास उसकी क्षुब्ध ऊर्जा के लिए नहीं बचता। उसका सफाया हो चुका है, वह नष्ट हो गई है और उसकी पुरानी सहेलियाँ आपस में बुदबुदाती हैं कि शादी के बाद या किसी पुरुष के साथ रहने लगने के बाद वह कितनी दमित है। अगर इस परंपरागत स्थिति को उलटकर अपने पति को पीछे छोड़कर (और अक्सर उसी को चपत लगाकर) वह पार्टी में चमक उठे तो बाद में उससे कड़वा प्रतिशोध लिया जाएगा, उतना ही कड़वा जितना उसने खुद लिया होता। सबसे अच्छा उपाय यह रहता है कि पार्टी को झेल लिया जाए या एक आखिरी प्रविधि आजमाई जाए, घर चल दिया जाए, ताकि वह यह सोच-सोचकर बौरा जाए कि सुंदरी को आखिर हो क्या गया। ज्यादातर स्त्रियाँ स्त्रियों के झुंड में जा बैठने का उपाय अपनाती हैं ताकि सुरक्षित क्षेत्र से युद्ध छेड़ा जा सके।

इससे भी ज्यादा दर्शनीय रणनीतियाँ मेरे देखने में आई हैं जिन्हें काफी दर्शकों की दरकार होती है। मेरी पहचान की एक स्त्री जब देखती थी कि बात कुछ बन नहीं पा रही तो वह गुसलखाने में जाकर अपना गिलास फोड़कर उसकी किर्चों में लोटपोट होती चीख-पुकार मचाती थी, फिर कोई हट्टा-कट्टा पुरुष दरवाजा तोड़कर, देखने लायक अस्त-व्यस्तता की स्थिति में उसे बाहर लाता। एक और लड़की तब तक गला फाड़कर चीखती रहती थी जब तक कि उसे एक करारा थप्पड़ नहीं लग जाता था, इसके बाद वह प्राणपण से तीन-मंजिला सीढ़ियों पर खुद को गिराने की कोशिश में जुट जाती थी, जिसके कारण वहाँ मौजूद हर पुरुष उसे थामने में लग जाता था। एक लड़की जरा-सी शराब पीते ही झट से बेकाबू नशे की गिरफ्त में आकर अपने कपड़े फाड़ लेती थी, उसका संगी उससे शांत होने को कहता रहता और बाकी तमाम लोग यह जताते कि वे उसका उन्मुक्त व्यवहार देख रहे हैं। यह इश्कबाजी का एक चरम और बोहीमियन रूप है और यह जताने की रणनीति का एक हिस्सा है कि बुढ़उ पति सुंदरी की माँगें पूरी कर पाने में असमर्थ है।

अधिकांश स्त्रियों की अज्ञानता और अलगाव का अर्थ है कि वे बढ़िया वार्तालाप करने में असमर्थ हैं : अपने पतियों से उनका अधिकांश संवाद सत्ता-संघर्ष का ही सातत्य है। इसका नतीजा यह होता है कि जब पत्नियाँ डिनर पार्टियों में शामिल होती हैं तो वे वास्तविक मुद्दों के बारे में सभ्यतापूर्ण वार्तालाप को आपसी झगड़ों में बदल देती हैं। बहुत-से मेजबानों की हार्दिक इच्छा रहती है कि पत्नियों को न ही बुलाना पड़े तो बेहतर। पत्नी की अनुपस्थिति का फायदा उठाकर पति को 'हाय बेचारे कैसे पकाएँगे' सोचकर भोजन के लिए आमंत्रित करना इसी बात का संकेत है। इससे यह नहीं समझ लेना चाहिए कि इस युद्ध में पुरुषों की कोई भूमिका नहीं है। चर्चा में किसी स्त्री की भागीदारी पर कृपा-भाव दिखाना, उसकी टिप्पणियों को एक तरफ कर देना या उन्हें नजरंदाज करना, दूसरी स्त्रियों के प्रति अतिशय विनम्रता और रसिकता दिखाना, खाने की बेतरह

तारीफ (जैसेकि घर में तो ये भूखों ही मरते हों या इन्हें जहर दिया जाता हो), बीवी का प्यार-भरा मजाक जैसी चीजें पुरुषों की रणनीति का अंग हैं। विजेता की स्थिति में रहने के कारण उनकी प्रविधियों का अश्लील या समाज-विरोधी या कर्कश होना जरूरी नहीं होता, और यह तथ्य ही किसी स्त्री को पागल और उग्र बना देने के लिए काफी है। मुझे अपनी एक छात्रा की याद आती है जो विश्वविद्यालय की यूनियन की एक सभा में सबकी कृपा-पात्र बनते-बनते इतनी तंग आ गई कि उसने अध्यक्ष पर बीयर का एक पूरा गिलास फेंक दिया। क्षणमात्र के इस संतोष के बाद उसे आखिर समझ में आया कि वह हर तरह से हार गई है।

सामाजिक स्थितियों में किए गए अत्याचारों के बावजूद लिंग-समर का असली क्षेत्र घर है जहाँ यह निरंतर चलाया जाता है। स्थिति की असमानता और किसी प्रभावोत्पादक कार्रवाई की असंभवता को देखते हुए स्त्री को अपने दिल का बोझ उतारने के लिए शब्दों का सहारा लेकर एक फूहड़िया, चुड़ैल की तरह गालियाँ-कोसने-शाप देने होते हैं : क्योंकि जैसाकि अपने ही उदाहरण से हैमलेट ने जाना, उसमें इतना हलाहल नहीं भरा कि वह अपने दमन को और कठोर बना सके। मौखिक आक्रामकता लिंग-ईर्ष्या का परिचायक नहीं, अभिप्रेरित नपुंसकता का अवश्यंभावी परिणाम है। फिर भी डाँट-फटकार और उन्हीं जाली शिकायतों (हाँ, जाली क्योंकि वह जानती ही नहीं कि उसकी असली शिकायत है क्या) के लगातार दोहराव की निष्फलता, वह जो कह रही है उसके वास्तविक अर्थ के लिए भयानक असम्मान और कर्कशता को जन्म देती है। उसके आक्रमण और भी विध्वंसक और अक्षम्य होते चले जाते हैं और आखिर उसे समझ में आता है कि वह अपने ही हाथों अपना घर उजाड़ रही है, लेकिन अब तक चीजें उसके काबू से बाहर हो चुकी होती हैं और उसका वातावरण बिगड़ता ही चला जाता है। वह बार-बार खुद को 'तुम हमेशा...' और 'तुम कभी नहीं...' दोहराते सुनती है और जानती है कि उसकी ज्यादातर बातें अन्यायपूर्ण और असंगत हैं, लेकिन कहीं कुछ बहुत ही गड़बड़ है और वह उसे इसी तरह व्यक्त कर सकती है। उसका अपराध-बोध बढ़ता जाता है; जो स्थिति उसे बुरी तरह बदल रही है और बूढ़ी बना रही है, उससे खुद को अलग कर पाने की उसकी शक्ति दिनोंदिन क्षीण होती जा रही है। कभी-कभी वह टूट जाती है और स्वीकार करती है कि उसे नहीं पता कि उसे क्या हो गया है। उसका पति राय देता है कि वह एक गोली खा ले और फिर पति की हृदयहीनता, और मूर्खता, और उसकी दयनीय स्थिति में अपनी भूमिका देखने से इंकार के लिए पति की खबर लेकर वह फिर संग्राम छेड़ देती है।

गृहिणी दूसरे के माध्यम से जिए गए जीवन को ही अपना हिस्सा मानती है और कल्पना करती है कि वह अपने पति के महान प्रयासों में उसकी सहायक बनेगी, लेकिन जब वह अपनी महत्त्वाकांक्षाओं और दिक्कतों के बारे में बात करता है तब उसकी अस्वीकृत ईर्ष्या पति की बातों को समझ पाने में बाधक बनती है। वह उसे नीचा दिखाती है, कुछ-कुछ समझते-बूझते उसके कठिन फैसलों का विरोध करती है, असफलता के

उसके भय को लेकर उसे ताने देती है, आखिर वह उसे कुछ भी बताना बंद कर देता है। दफ्तर में उसका दिन कैसे बीता जैसे प्रश्न औपचारिकता बन जाते हैं। वह उसके जवाब पर उतना ही ध्यान देती है जितना ध्यान वह उसके बियाबान दिन के वर्णन पर देता है। अंततः संवाद पूरी तरह रुक जाता है। इसमें सिरखपाई करना बेवजह की मशक्कत होती है। पुरुष को समझ नहीं आता कि स्त्री इतनी हताश क्यों है—उसका जीवन तो एकदम सरल है। उधर स्त्री को भी लगता है कि पति नहीं जानता कि उसके दिन कैसे बुरे बीतते हैं। वार्तालाप सत्ता-संघर्ष बनकर रह जाते हैं। आदत से मजबूर वह विरोध करती है। आखिर पुरुष ही हमेशा सही क्यों हो ? वह कभी भी सही क्यों हो ? इस स्थिति में पुरुष धोखा खा जाते हैं क्योंकि वे विश्वास नहीं कर पाते कि कोई भी मुद्दा एक और तरह की मुठभेड़ का बहाना मात्र है। मुझे हमारे घर के ऐन बाहर उग रहे एक पेड़ के बारे में अपने माता-पिता के बीच चले विवाद की याद आती है। हर पहलू पर सोच-विचार करने के बाद मेरे पिता इस नतीजे पर पहुँचे कि पेड़ को जरा और कशमकश करते रहने देना चाहिए, अगले मौसम में वह एकदम शानदार पेड़ बन जाएगा। मेरी माँ हीले-हवाले करती रहीं और मुद्दे पर कभी नहीं आईं, आखिर पिता ने तय किया कि वे पेड़ के काटे जाने के एकदम खिलाफ हैं। अगले ही दिन माँ ने पेड़ की छाल उतार दी, जिससे कि वह मर गया और आखिरकार उसे काटना ही पड़ा। मेरे पिता ने बहुत शुरू में ही फैसला ले लिया था कि घर में जीवन खासा असह्य है; इसलिए वे ज्यादा-से-ज्यादा समय अपने क्लब में गुजारते थे और सिर्फ सोने के लिए ही घर लौटते थे, माँ इसको लेकर जरा भी विरोध नहीं करती थीं क्योंकि इससे उन्हें बच्चों को अपने शिकंजे में जकड़ने और पिता को पूरी तरह बेदखल करने में उनकी मदद जुटाने का मौका मिलता था, लेकिन ईर्ष्या के मारे कई पत्नियाँ अपने पतियों के मनोरंजन पर भारी प्रतिबंध लगाए रहती हैं। एतराज करने के कई बहाने रहते हैं, खर्च, अकेलापन (जोकि अक्सर सच होता है), घर में किसी के घुस आने का डर या घर का कामकाज चलाने में मदद। कामकाजी वर्ग की पत्नियाँ अपने पतियों के मनोरंजन को कड़ाई से नियंत्रित कर पाती हैं, तनख्वाह मिलते ही वे उसे अपने कब्जे में कर लेती हैं और फिर पति को पैसे देती हैं। कल्याणकारी राज्य के विरुद्ध जो गिने-चुने कदम स्त्रियाँ उठाती हैं उनमें से प्रमुख है, जुए का विरोध। जुए से प्राप्त हो पानेवाली सुरक्षा को पाने के पुरुषों के प्रयास का पत्नियाँ कड़ा विरोध करती हैं और इस तरह पतियों को व्यवस्था के ढाँचे में कसने की अपनी भूमिका निबाहती हैं। इसी तरह शराब पीकर तनाव से राहत पाने का भी स्त्रियाँ बहुत विरोध करती हैं जिसके लिए उनके पास अक्सर ठोस कारण रहते हैं, लेकिन बहुत बार कोई भी कारण नहीं होता। स्त्रियाँ जिस नशे में आ जाने पर पुरुषों से बेतरह डाँट-फटकार करती हैं, वह कभी-कभी तो इतना मामूली होता है कि पहचान में भी नहीं आता। शराब पीकर पुरुष जो हिंसा अपनी स्त्रियों पर उतारते हैं वह उनकी कही या अनकही फटकार द्वारा उकसाई गई होती है। कई तरह की तनावमुक्ति की पुरुष की जरूरत को मानने से पत्नियों के इंकार के पीछे पत्नियों

की यह भावना काम करती है कि पुरुष की स्थिति कितनी भी खराब हो, वह स्त्री के जीवन से खराब तो नहीं ही हो सकती और स्त्रियों को तो किसी किस्म की राहत की तलाश नहीं रहती, जाहिरा तौर पर तो नहीं ही...।

घरेलू लड़ाई का सबसे भयावह पक्ष है युद्धक्षेत्र और हथियारों के रूप में बच्चों का इस्तेमाल। सभी स्त्रियाँ वैसी हताश नहीं होतीं जैसी मेरी माँ हुआ करती थीं, वह बड़बड़ाती हुई मुझसे कहती थीं कि मेरे पिता 'सठियाए बुड्ढे बकरे' हैं। साधारण रूप से हथियार के तौर पर और विवाद के कारण के रूप में बच्चों का प्रयोग कुछ ज्यादा महीन होता है। जब तक हो सके तब तक बच्चों को शिशु बनाए रखना स्त्री के अपने हित में है, क्योंकि तब वे उसे छोड़ नहीं पाते, बेटे हों तब भी नहीं, क्योंकि उन्हें उसकी देखभाल की जरूरत रहती है। वह उनके पिता का इस बात के लिए मजाक उड़ाती है कि उसे पता ही नहीं हो सकता कि उन्हें किस चीज की जरूरत है। जब बारिश में वह उन्हें फुटबॉल का मैच दिखाने ले जाता है तो वह चीखती-चिल्लाती है, जब वे कहीं बाहर जाते हैं तो उनके इंतजार में जगी रहती है, यह सब वह इसलिए करती है क्योंकि उसे उनकी स्वतंत्रता से ईर्ष्या होती है और वह यह साबित करना चाहती है कि उन्हें उसकी निगहबानी-निगरानी की जरूरत है। स्त्रियों द्वारा बाल-शोषण के चरम उदाहरण कम ही दिखते हैं लेकिन वे भौंचक कर देनेवाले होते हैं। इसका सबसे स्पष्ट रूप बेटे की मदद लेकर पिता का तख्ता पलटने में दिखता है। गरीब परिवारों में यह घटना आम है जहाँ पिता की कमियाँ बहुत निर्दयता से स्पष्ट की जा सकती हैं। बेटा, पिता के द्वारा माँ पर हुए अत्याचारों के विवरण को स्वीकार करते हुए, पिता का तख्ता उसी के घर में पलटने के प्रयास में जुट जाता है। मातृरत्यात्मकता की स्थिति हलकी रहने पर बेटा पा सकता है कि पिता को चोट पहुँचाने के लिए माँ उस पर आक्रमण कर रही है। एक बार मेरे पिता की उपस्थिति में मेरी माँ ने मेरे छोटे भाई के चेहरे पर घूँसे बरसाए, जिस पर पिता ने उनकी हड्डी-पसली एक कर देने की बात कही, मेरी याददाश्त में माँ के डाले काँटे में पिता के फँसने का यह एकमात्र मामला था। तब मेरा भाई तीन बरस का था।

पत्नियों के ठंडेपन के ज्यादातर मामले सजा के तौर पर एक आनंद को बाधित करने के ही होते हैं, हालाँकि पत्नियाँ इसे स्वीकार कभी नहीं करतीं। इसी तरह हारी-बीमारी को अपंगता की हद तक बढ़ा लेने के पीछे भी जैविक कारण नहीं, लगातार फटकार बरसाए रहने की इच्छा काम कर रही होती है। इसी का एक महीन रूप वह है जहाँ तमाम रोग-शोक झेलते हुए भी बेचारी स्त्री लगातार काम में जुटी रहती है जिसके कारण सभी को भारी अपराध-बोध होता है और सबसे ज्यादा अपराध-बोध से वे तब भर उठते हैं जब अपनी शहादत देखने पर उन्हें मजबूर करने के कारण वे उस पर खीझते हैं। पुरुष के प्रति नाराजगी जाहिर करने का एक महत्त्वपूर्ण हथियार है लैंगिक प्रसादों पर रोक या उनसे एकदम ही वंचित कर देना। अंग्रेज समाज के खासे ऊँचे तबके में (उदाहरण के लिए मेरे कुछ सहकर्मियों की पत्नियों के बीच) सेक्स पति को किसी उपलब्धि के इनाम या कुछ खो बैठने की सांत्वना के रूप में दिया जाता है। इसमें भी पति पर

अहसान यह ठोंका जाता है कि इस क्रिया में खुद उसके लिए तो कुछ भी नहीं है, इसलिए जब वह उसे अपने दांपतिक छिद्र का इस्तेमाल करने देती है तो पति बहुत कृतज्ञ होता है और साथ ही जानवर जैसा भी महसूस करता है। आजकल यह सौदेबाजी अक्सर संतति-निरोध की आड़ में होती है : पत्नी कहती है कि वह किसी भी तरह के गर्भनिरोधकों का प्रयोग नहीं झेल सकती है, यहाँ तक कि गर्भधारण की संभावना न हो तो उसे रति में आनंद नहीं मिलता या वह पति को वीर्य-स्खलन से पहले ही खेल खत्म करने पर मजबूर कर देती है। जब अंततः यह गुर असफल रहता है और गर्भ ठहर जाता है तो वह दावा कर सकती है कि पति एक स्वार्थी जानवर है जिसने उसे धोखा दिया। इस विषयवस्तु के अनंत स्वरूप हैं। और हर मामले में खुद स्त्री भी हारती है लेकिन क्योंकि उसे रत्ती-भर भी यह आभास नहीं है कि कुछ अलग रुख अपनाकर वह फायदे में कैसे रह सकती है इसलिए यह उसके लिए प्रेरक नहीं बन पाता। उसे तो बस, पति को सबक सिखाना है।

कभी-कभी माना जाता है कि पत्नी जो पड़ोसियों के पास है और उनके पास नहीं है उसकी याद दिला-दिलाकर पति को बहुत प्रेम से ज्यादा प्रयास करने को प्रेरित करती है, लेकिन इसका असली उद्‌देश्य भी पति की कमियों को उजागर करना होता है। ऐसी पत्नी पति को हृदयाघात की जकड़ में धकेल रही होती है जिसमें खुद उसके लिए वैधव्य निहित है (लेकिन उसने यह तो नहीं चाहा होता) क्योंकि पति को मौत के मुँह में धकेलने के पीछे अपनी प्रेरणाओं को समझने का मौका उसे नहीं मिला होता। यह घर के बाहर पति के जीवन के प्रति उस ईर्ष्या का एक पक्ष है जिसके चरम उदाहरणों में पत्नियाँ पतियों की जान खाकर उनसे उनका मनपसंद काम, जिसे वे बहुत अच्छी तरह करते हैं, छुड़वाकर कोई ऐसा काम करने पर मजबूर करती हैं जो उबाऊ लेकिन अच्छी उजरत देनेवाला होता है और जिसके सहारे पड़ोसियों से आगे निकला जा सकता है। समस्या-केंद्रित पुरुष जीवन के प्रति ईर्ष्या का चरम प्रतिमान ज्यॉर्ज ईलियट ने लिडगेट और रोजामंड के वैवाहिक जीवन के माध्यम से दिखाया है[1] जिसमें 'तुम मुझसे ज्यादा प्यार उस बेहूदे स्त्रैदिवैरियस (संसार के सबसे सुरीले और बेशकीमती वायलिन) से करते हो' जैसे अविस्मरणीय संवाद होते हैं। इसकी पूरक तस्वीर भी इतनी ही सर्वसुलभ है : पति की अच्छी पत्नी बनने के लिए अपने स्त्रैदिवैरियस को तिलांजलि देनेवाली पत्नी, जिसे भलमनसाहत के कारण कोई कभी यह नहीं बताता कि वैसे भी वह बहुत बेकार वायलिनवादक साबित होती। इसका सस्ता स्वरूप उन बेहद सफल पुरुषों की सूची का पाठ है जिनसे वह चाहती तो ब्याह कर सकती थी या फिर यह सदाबहार लानत—'मैंने अपने जीवन के सबसे अच्छे साल तुम्हें दिए।' पुरुषों को अक्सर ऐसा विश्वास रहता है कि इस तरह के उकसाऊ व्यवहार के पीछे उन पर मालिकाना हक जमाने की नीयत होती है। लेकिन असल में मामला इससे कहीं सरल है, नाराजगी के कारण पति को जरूरतें पूरी कर पाने में अक्षम या नैतिक रूप से हीन या दोनों ही साबित करने की जरूरत आ पड़ती है। इस झगड़े में जो भी साथ देना चाहे उसे साथ ले लिया जाता है।

पति की जान खाने के क्रम में डॉक्टरों, मनोविश्लेषकों, स्त्री-मित्रों, उसकी सेक्रेटरी या बॉस, और बच्चों की भी मदद ली जा सकती है। इस प्रक्रम की प्रभावितता को स्त्रियों की विजय नहीं, बल्कि पहचाने न गए प्रतिरोध के खट्टे फल के रूप में देखा जाना चाहिए।

स्त्रियों की अभागी विध्वंसात्मकता का बेहतरीन विवरण *पीनट्स* (प्रख्यात कार्टून कथा-पट्टिका) की महागाथा में लूसी वॉन पेल्ट के चरित्र में चार्ल्स एम. शुल्ज ने किया है। लूसी की निरंतर चिंताग्रस्तता, अपने अलावा किसी के दुःख को न देख पाना, उसका दंभ, लाइनस के कंबल से उसकी ईर्ष्या, चार्ली ब्राउन के भयों को निर्ममता से हवा देना, श्रीडर के संगीत को बिलकुल न समझ पाना, और उसे रिझाने के उसके भोंडे प्रयास, उसकी खिजलाहट, घर की सार-सँभाल की शैतानी-भरी प्रबलता, दुर्भावना के अलावा किसी भी कारण मुस्कुरा पाने में उसकी अक्षमता, चार्ली ब्राउन की अभागी बेसबॉल टीम पर उसका प्रभाव; एक-एक चीज स्पष्ट है, और उसके अप्रसन्न चेहरे में जो अपनी छवि न देख पाए वह स्त्री अभी अपनी स्थिति की गंभीरता को समझ नहीं पाई है। इस सबके बावजूद शुल्ज का युद्धरत स्त्री का यह चित्रण अधूरा है। लूसी की ध्वंसात्मकता के पूरक के रूप में हमें *द डांस ऑफ डैथ* में स्ट्रिंडबर्ग के विशद विवरण और *हेड्डा गेबलर* और *ए डॉल्स हाउस* जैसे नाटकों में इब्सन के कुछ परोक्ष विवरणों में प्रस्तुत स्त्री और पुरुष के संहारक समर को देखने की जरूरत है। अप्रामाणिकता और पाखंड के माध्यम से, छिपे वारों और परस्पर विश्वासघात के हथियारों से लड़ा जा रहा युद्ध खेल की तरह लगता है और *द गेम्स पीपल प्ले* में एरिक बर्न ने स्त्रियों की कुछ सबसे छिछली रणनीतियों का वर्णन किया भी है लेकिन 'वैवाहिक खेल' शीर्षक वाला खंड पढ़नेवाली कोई भी स्त्री करीब बीस ऐसी रणनीतियाँ एक ही साँस में गिनवा देगी जो बर्न ने नहीं बताई हैं। हमारे संबंधों की विशिष्ट पहचान, खासतौर पर स्त्रियों और पुरुषों के संबंधों—बाप और बेटी, पति और पत्नी, बेटा और माँ, आशिक और माशूक—की पहचान, छल-छंदों, के विशाल जाल पर बहुत सही टिप्पणी बर्न ने की है, 'विचलित लोग कुछ खेलों को बहुत तीव्रता से खेलते हैं; और आमतौर पर देखा जाता है कि वे जितने ही ज्यादा विचलित होते हैं, उतना ही विकट उनका खेल होता है।' इस खेल खेलने और युद्ध के खेल के रक्षात्मक प्रक्रम का विकल्प स्वायत्तता है, जिसे हर स्त्री को अब अपने लिए हासिल करना होगा।

कुछ सौभाग्यशाली लोगों को वह प्राप्त है जो व्यवहार के सभी वर्गीकरणों से परे है यानी चेतना; जो अतीत द्वारा सिखाए पाठों से ऊपर उठ जाती है यानी स्वतःस्फूर्तता; जो सब खेलों से ज्यादा फलप्रद है, अंतरंगता। लेकिन इन्हें प्राप्त करने की जिनकी तैयारी नहीं, उनके लिए ये डरावने और यहाँ तक कि संकटकारी भी हो सकते हैं। वे शायद जैसे हैं वैसे ही ठीक हैं, 'संग-साथ' जैसी विशेष कार्रवाई की लोकप्रिय तकनीकों में हल खोजते। इसका अर्थ यह हो सकता है कि मनुष्य-जाति के लिए कोई आशा नहीं बची है, लेकिन उसके सदस्यों के लिए आशा बची रह पाई है।[2]

विद्रोह

ऐसी स्त्रियाँ हमेशा ही रहीं जिन्होंने समाज में अपनी भूमिका के प्रति विद्रोह किया। इनमें सबसे कुख्यात टोनहिनें थीं 'सामान्य' मानवीय कार्य-व्यापारों से अलग होकर अपने पालतू पशुओं या जैविक संगियों की संगत में जीनेवाली स्त्रियाँ। जड़ी-बूटियों की जानकारी और खुद पर किसानों के विश्वास के सहारे उनकी रोजी-रोटी चलती, और शायद वे काले या सफेद जादू और शैतान की पूजा जैसी संभावनाओं के रहस्यवाद में भी दखल रखती थीं। टोनहिनों पर चले मुकदमों की गवाहियों को ध्यान से पढ़ने पर पता चलता है कि इनमें से कुछ स्त्रियों को तो इसलिए प्रताड़ित किया गया क्योंकि वे गाँववालों को विध्वंसात्मक कार्रवाई या खुले विद्रोह के लिए उकसा रही थीं। 'डकिंग स्टूल' (एक स्टूल या कुर्सी जिस पर बाँधकर लोगों को तालाब में डुबकियाँ दिलवाई जाती थीं) दंडात्मक मनोचिकित्सा का बेहद आदिम रूप था, कुछ इसी तरह जैसे आजकल विषादग्रस्त या हठीली स्त्रियों को बिजली के झटके दिए जाते हैं।

इक थी नार बहुत हठीली, बहुत लड़ाकू
उलझ पड़ी ऊँचे लोगों से, पहुँची जेल
बँधी बेड़ी में, आ पहुँचा दिन सुनवाई का
जुटे पंच-मोतबर-सयाने—दिया फैसला
गहरे ताल में इसे दिलाओ डुबकी-पे-डुबकी
गोते-पे-गोता, सबके सामने, रहे सबक सबको
खाकर गोते तीन-तीन भी चंगी-भली वो
नहीं डरी वो, सिर था पानी के नीचे
पर किए हाथ ऊपर वह ठेंगा दिखा रही थी
ताकत न हो मगर इच्छा है, जता रही थी
कर पाती तो अब भी करती सबकी मैं ऐसी की तैसी
और फिर आखिर ताल से जब वो गई निकाली
गला फाड़कर सबको सुनाई उसने मोटी, वजनी गाली
ऐसी होती हैं कुछ नारें निरी बेअकली
अकल उन्हें जो हो रत्ती-भर, रहें शांत, कहलाएँ भली।[1]

इस कहानी से निकाला गया अतार्किक निष्कर्ष पुरुषों के अहंकार का नमूना है; उस स्त्री की शिकायतों पर विचार करने से इंकार, अपनी स्थिति को बदलने की आशा

में स्त्रियों द्वारा खुद कदम उठाने के प्रयासों के रूढ़िवादी विवरणों की खास पहचान है। लिंग-ईर्ष्या या खीझ या विकृति के आरोप उतने ही सम्माननीय हैं जितना कि इस अज्ञात लेखक का अपनी नायिका के बेअकल होने का विश्वास है। टोनहिनों को जलाने और स्त्रियों की प्रताड़ना के बाकी रूपों के निहितार्थों को पढ़ना सीखने पर स्त्रीवाद के इतिहास के बारे में हम बहुत कुछ जान पाएँगे। *फैमिली ऑफ लव* की सदस्याओं जैसी बहुत-सी स्त्री अपधर्मी उन संप्रदायों की सदस्य बनी ही इसलिए थीं कि यह स्त्रियों के आत्म-निर्णय के लिए आयाम उपलब्ध कराते थे।[2] स्त्रियों के बहनापे की घटना में, जिसमें पतियों को मूर्ख बनाने और पत्नियों को समृद्ध बनाने और प्रेमियों से मुलाकात और गर्भपातों वगैरह के लिए आपसी सहयोग की जरूरत पड़ती थी, निश्चित रूप से स्त्रीवादी तत्त्व मौजूद थे। इस बात के भी प्रमाण मिलते हैं कि पढ़ी-लिखी स्त्रियाँ सदा से ही पुरुषों की सत्ता के समक्ष समर्पण से इंकार करती रही हैं : आज की ही तरह तब भी दोष शिक्षा को दिया जाता था, पुरुष-सत्ता को नहीं।

स्त्रियों की समलैंगिकता के काफी मामलों, खासतौर पर विलिंगीवेष धारण करनेवाली स्त्रियों की समलैंगिकता को निष्क्रियता, पाखंड और परोक्ष कार्रवाईवाली स्त्री-भूमिका की सीमाओं के विरुद्ध विद्रोह और पुरुषों के लैंगिक भावोद्वेग की मशीनियत को ठुकराने के रूप में समझा जाना चाहिए। स्त्री-समलैंगिकता के सभी रूप जीवन की एक वैकल्पिक शैली का आविष्कार हैं, भले ही उनमें स्त्री-पुरुष ध्रुवीयता इस हद तक बची हो जहाँ उसमें एक पुरुष और एक स्त्री मौजूद हों। लेकिन पुरुष-समलैंगिक नकली लिंगों का इस्तेमाल नहीं करतीं। घर्षण और मर्दन स्त्री-समलैंगिकों के प्रेम-व्यापार की प्रमुख विधियाँ हैं और इसी से सिद्ध होता है कि पुरुषों की फंतासी इस संबंध में कितनी महत्त्वहीन है। लेकिन इस तरह की लैंगिक विसामान्यता को इतनी कामुक उत्सुकता और उग्र अपमान के भाव से देखा जाता है कि ज्यादातर स्त्री-समलैंगिक खुद के चुने विकल्प को एक राजनैतिक भंगिमा नहीं बना पातीं। निर्दयता से उसमें भरा गया अपराध-बोध और लज्जा उसे अपनी स्थिति को छिपाने या उसे किसी जन्मजात दोष या माता- पिता की गलतियों के परिणाम के तौर पर बयान करने को मजबूर करता है। यह सच है कि सम।ज में अपनी स्वीकृत भूमिका को निभाने में उसकी अक्षमता शायद अनुकूलन की असफलता का ही परिणाम है लेकिन यह सम्मानपूर्वक समलैंगिकता को चुनने और शर्म और हीनता की भावनाओं को सिद्धांततः ठुकराने में कहीं बाधक नहीं है। स्त्री-समलैंगिक को साफ-साफ कह देना चाहिए कि उसके पास और कोई स्वीकार्य राह नहीं थी इसलिए उसने अपने लिए यह जीवन-शैली चुनी। दुर्भाग्य यह है कि अक्सर ही अपने आलोचकों की तरह ही वह खुद भी सामान्यता की नकली धारणाओं की शिकार होती है।

स्त्रियाँ जिनसे पीड़ित होती हैं उन असमर्थताओं को लेकर सबसे ज्यादा चैतन्य वे स्त्रियाँ हैं जो इस हद तक पढ़ी-लिखी हैं कि वे पुरुषों जैसी ही उन्नति की माँग करती हैं और उसके सर्वथा योग्य भी होती हैं। जहाँ स्त्रियों को पुरुषों से अलग रखा जाता है, उन उच्च शिक्षा-संस्थानों में दमित विद्रोह की अजीब-सी बू आती है। ज्यादातर

स्त्री-शिक्षक अविवाहित हैं और पुरुषों से उनका संवाद बहुत ही कम है। उनकी छात्राओं को कभी-कभी शक होता है कि उनके एक-दूसरी से लैंगिक संबंध हैं, उनके व्यक्तिगत संबंधों में कुंठित आकर्षण या स्नेह की परिचायक तीव्रता वास्तव में देखने में आती है। लेकिन मैं मानती हूँ कि ऐसी स्त्रियों द्वारा बाकी मामलों में खुद पर लागू किए गए दमन इस मामले में लैंगिक असमर्थता की ओर ही इशारा करते हैं। स्त्रियों के जिस कॉलेज में मैं एक बरस फँसी रही, उसकी छात्राओं के एक दल ने कुछ उद्धतता से व्यक्त की गई अपनी शिकायतों की सूची जब प्रिंसिपल को दी तो वह और उसकी साथिनें हॉलीवुड के फिल्मी सेट जैसे उसके घर में सिर जोड़कर बैठ गईं और बजाय याचिका में बताई गई शिकायतों पर कार्रवाई करने के, शिकायत करने लगीं कि वे तो हमें बहुत खुश देखना चाहती थीं और हम लोगों ने उनका *दिल दुखाया है*। प्रसाधनों और आकर्षक दिखने के प्रयासों को एक तरफ सरका देना स्त्रियों का एक तरह का विद्रोह ही है, और इन सांस्थानिक विद्रोहियों में से कुछेक ने सम्मानजनक फूहड़पन के प्रतिमान गढ़े हैं। सौम्यता को भी बाहर का दरवाजा दिखा दिया गया। ऐसी एक प्रख्यात महिला लाल बेदिंग सूट में ठुँसी जिसकी फैली काया पुरुष प्रोफेसरों का रंग उड़ा देती है, मेज पर पादने और डकारें मारने के लिए प्रसिद्ध थी, और एक बार तो मैंने उसे फर्श पर गिर गए मेरिंग्य को उठाकर अपनी प्लेट पर रखकर खाते तक देखा है। इन प्रतिभाशालिनी स्त्रियों को किसी वंशानुगत दोष का शिकार मानने के बजाय मुझे मानना चाहिए कि इनका धमधम करते चलना और ऋषभ स्वर में बोलना स्त्रियोचित फुसफुसाहट और दबे पाँव चलने के विरुद्ध समझ-बूझकर अपनाई गई प्रतिक्रियाएँ हैं। उन्हें अभिजात देहाती जमींदारनी की उस स्वीकार्य ब्रिटिश रूढ़ि की भी मदद मिली जो हल चलाने या घुड़सवारी में कई पुरुषों को पीछे छोड़ सकती है। उनकी छात्राओं में से बहुत कम ही उनका अनुकरण करती थीं क्योंकि उनमें से ज्यादातर अभी वयःसंधि के आखिरी दौर में थीं और खेलने और पुरुषों से ज्यादा नंबर लाने की अपनी प्राध्यापिकाओं की प्रेरणा के बावजूद परंपरागत कमनीयता के प्रतिमानों को अपना रही थीं।

स्त्री की भूमिका के विरुद्ध ऐसे साधारण और अ-चैतन्य विद्रोह पुराने और अप्रभावी हैं। अगर उच्च शिक्षा के संस्थानों के पुरुषवासियों के बीच समलैंगिकता और स्त्रैणता के बहुतायत से मिलनेवाले मामलों की तुलना करें तो संवेदनहीनता और हट्टे-कट्टेपन की पुरुष रूढ़ि के विरुद्ध एक वैध प्रतिक्रिया देखी जा सकती है, लेकिन जब तक स्थिति की वैज्ञानिक व्याख्या नहीं होती तब तक व्यक्तिगत उत्प्रेरण या मनोभ्रम का एक आंशिक घटक होने के अलावा इसका कोई महत्त्व नहीं है। लेकिन वैज्ञानिक गठन होने लगा है, और इसकी शुरुआत इसी वर्ग की स्त्रियों ने की जोकि स्त्रियों में सबसे विशेषाधिकार प्राप्त वर्ग है। स्त्री-मताधिकार आंदोलन का इतिहास और हमारे युग तक उसका बने रहना इस पुस्तक के विषय-क्षेत्र से बाहर है, हालाँकि आज की जुझारू स्त्रियों में से कई किसी-न-किसी अद्‌भुत स्त्री को याद कर पाती हैं जिसने उनके मानस में विद्रोह का बीज बोने का (निष्फल) प्रयास किया। बीच-बीच में आंदोलन की निरंतरता और एक बीते

जमाने की अभिजात और सुसंस्कृत स्त्रियों के साहस और रणनीति संचालन की याद दिलाती हुई बहुत जीवंत वृद्ध स्त्रियाँ टेलीविजन पर दिखाई देती हैं या *द टाइम्स* में श्रद्धांजलियों में उनके बारे में लिखा जाता है। उनके जमाने से अब तक, प्रगति एकसार नहीं रही है : स्त्रियों की पोशाकें ढीली और निर्बाध से कसी-तंग तक होती रही हैं, लघु उपन्यास की नायिका खुशमिजाज और जिंदादिल होकर फिर से रमणीय और मदालस हुई है। स्त्रीवाद की दूसरी लहर, जिसका हिस्सा इस पुस्तक को माना जाना चाहिए, का आविर्भाव उस युद्धोपरांत लैंगिक लफ्फाजी के बेट्टी फ्रीडन द्वारा विश्लेषण से हुआ जिसने अमेरिकी स्त्रियों को फैक्टरी से निकालकर वापस घर भेज दिया। श्रीमती फ्रीडान स्मिथ कॉलेज की *विशेष योग्यता प्राप्त* स्नातक हैं और बर्कले में मनोविज्ञान की शोध फैलो रहीं, उनकी ख़्याति और उपलब्धियाँ स्पृहणीय हैं। अपनी पुस्तक लिखते हुए, पाँच वर्षों में उन्होंने जो पाया वह अमेरिका के सबसे प्रभावशाली स्त्री-संगठन, द नेशनल ऑर्गेनाइजेशन ऑफ विमेन (नाउ) के गठन का कारण बना। आज इस संगठन की तीन हजार से ज्यादा सदस्य हैं, कई शहरों में इसकी शाखाएँ हैं। जब यह सब हो रहा था उसी बीच बेट्टी फ्रीडन ने अपने पति से, जिसे उसने यह पुस्तक समर्पित की थी, छुटकारा पा लिया। सिर्फ उसका संगठन ही राजनैतिक संस्थान की स्वीकृति किसी हद तक पा सका है। नाउ के गठन की घोषणा अमेरिकी संसद में हुई, अमेरिकी संसद की विभिन्न समितियों में भाग लेनेवाली स्त्रियों की कई समितियों और समूहों के लिए प्रेरणा और कार्मिक नाउ ही उपलब्ध कराता है। जाहिर है कि श्रीमती फ्रीडन के सुझाव जरा भी क्रांतिकारी नहीं हो सकते। उसके विमर्श का आधार देह-रचना को नियति मानने की फ्रायडवादी धारणा से मुग्ध पढ़ी-लिखी स्त्री द्वारा झेली जानेवाली हताशा है। लगता है कि श्रीमती फ्रीडन के लिए लैंगिकता का अर्थ मातृत्व है, बाकी स्त्रीवादी लैंगिक-भूमिका को रद्द करते हुए उन्हें स्त्री की कामवासना की कीमत पर उसकी नियति के अलैंगिक पक्षों पर बल देना पड़ता है। यह ऐसी गलती है जिसके परिणाम घातक होंगे। वह अमेरिकी मध्यवर्गीय स्त्रीत्व के सर्वश्रेष्ठ अंश का प्रतिनिधित्व करती है और यथास्थिति की सीमाओं के अंदर ही उनके लिए अवसरों की समानता चाहती है, अल्सर और हृदयरोग की दुनिया में बिना टिकट प्रवेश। वह 1923 में प्रस्तावित ईक्वल राइट्स अमेंडमेंट (समान अधिकार संशोधन) को पास करवाने और गोपनीयता भंग, बोलने की स्वतंत्रता को सीमित करने जैसे कारणों से गर्भपात-संबंधी कानूनों को असंवैधानिक बताते हुए उन्हें निरस्त करवाने का अभियान छेड़े हुए है। उसे लगता है कि रसोई की हदों से आगे जाकर समुदाय की ओर देखने की प्रेरणा से गृहिणियों के मनोभ्रम की समस्याएँ हल हो जाएँगी।[3] अब तक वह *कर्मचारी चाहिए* के विज्ञापनों में स्त्री या पुरुष के लिए पसंद जाहिर करना 'बंद करवाकर' पुरुष-दंभ से मुक्ति और न्यायप्रियता के लिए *न्यूयॉर्क टाइम्स* की ख्याति बढ़ाने में सफल हो पाई है। लेकिन नौकरियाँ तो अब भी विशेष रूप से स्त्रियों या पुरुषों के लिए ही सुरक्षित हैं : इस रणनीति का तात्कालिक फल यह रहा कि बहुत-सी पढ़ी-लिखी स्त्रियों का बहुत-सा समय और ऊर्जा उन नौकरियों

के विज्ञापन पढ़ने, उनके लिए आवेदन भेजने और उन्हें पाने में असफल रहने में बर्बाद हुए जो उन्हें मिलनी ही नहीं थीं। जब तक स्त्री-नियोजक भी पुरुष कर्मचारियों को प्राथमिकता देती रहेंगी तब तक ऐसे नाममात्र के सुधारों के परिणाम नकारात्मक ही रहेंगे। नाउ ने नौकरियों में भेदभाव का विरोध करते हुए कोलगेट-पामोलिव का बहिष्कार भी किया, हालाँकि पूरे प्रसाधन उद्योग के विरुद्ध एक भी महत्त्वपूर्ण हमला उसने नहीं किया जबकि सबसे सस्ते से लेकर बेशकीमती प्रसाधन तक, एक ही तरह की बेकार सामग्रियों से बनते हैं, और इन रद्दी लेपों को फटाफट बेचने के लिए स्त्रियों की अवमानना करनेवाले विज्ञापनों का सहारा लेकर उनकी असुरक्षा की भावना को उभारा जाता है। नाउ को प्लाजा होटल के एक बार पर धावा बोलने का श्रेय भी जाता है जहाँ स्त्रियाँ एक विशेष समय पर ही और वह भी किसी पुरुष के साथ ही प्रवेश पा सकती थीं।

जल्द ही नाउ की विचारशील सदस्याओं को समझ में आ गया कि उनके लक्ष्य बहुत सीमित और रणनीतियाँ बहुत ही शरीफाना हैं। इस आंदोलन से सामने आई स्त्रियों में सबसे दिलचस्प टाइ-ग्रेस एटकिंसन है, स्त्रियों के सबसे क्रांतिकारी और विशिष्ट समूह 'द फेमिनिस्ट्स—ए पोलिटिकल ऑर्गेनाइजेशन टु एनिहिलेट सेक्स रोल्स' (लैंगिक-भूमिकाओं के सफाए के लिए एक राजनैतिक संगठन) की नेता। यह प्रचार-प्रसार करनेवालों का एक सुगठित समूह है जो एक ऐसे नेतृत्वहीन समाज की अवधारणा विकसित करने का प्रयास कर रहे हैं जिसमें प्रेम की परिपाटी ('बलात्कारी के प्रति बलात्कृत की प्रतिक्रिया'), विवाह का मालिकाना संबंध, और गर्भाशयी गर्भ तक खत्म हो जाएँगे। उनकी घोषणाएँ हमेशा सूक्तिनुमा और कड़ी होती हैं और औसत स्त्री के लिए यह जरूर डरानेवाली भी होती होंगी। उन्होंने पुरुष को शत्रु माना है, और जब तक पुरुष स्वयं उनके और स्त्रियों द्वारा गलत ढंग से रची और प्रवर्तित भूमिका को निभाते रहेंगे, द फेमिनिस्ट्स की बात निस्संदेह ठीक ही है। लेकिन यह सच नहीं है कि क्रांति के लिए एक क्रांतिकारी सिद्धांत की जरूरत पड़ती है : उन्हें पता लगेगा कि तंत्र से रोगग्रस्त हुए मानसों द्वारा रचा गया सिद्धांत बदलती स्थिति के तथ्यों का उपयोग नहीं कर पा रहा है। क्रांतिकारी रणनीति के रूप में सेक्स से परहेज खतरनाक है क्योंकि अब यह जिन शर्तों पर उपलब्ध है, उनमें यह कृत्रिम है और गुलाम बनानेवाला है, जबकि सेक्स ही वह प्रमुख मुकाबला है जहाँ नए मूल्य रचे जा सकते हैं। पुरुष उसी तरह शत्रु हैं जैसे वर्दी पहने हुए कोई बौखलाया छोकरा अपने ही जैसे ऐसे लड़के का शत्रु होता है जिसने वर्दी नहीं पहनी हो। वर्दियाँ उतरवाना एक संभावित रणनीति हो सकती है।

युवतर स्त्रियों के मुक्ति समूहों के गठन में विश्वविद्यालय के वामपंथी संगठनों की महत्त्वपूर्ण भूमिका रही। 1966 में *न्यू लेफ्ट रिव्यू* के नवंबर-दिसंबर के अंक में जूलियट मिचेल ने स्त्रीवाद पर, समाजवाद की स्थिति पर अब तक का सबसे स्पष्ट बयान पेश किया। कई रूपों में प्रकाशित यह पर्चा इस विषय पर समाजवादी सिद्धांत-चर्चा का आधार है, हालाँकि रणनीति के मामले में इसमें खामियाँ हैं। *विमैन : द लांगेस्ट*

रिवॉल्यूशन मार्क्स, बेबेल और एंगेल्स के सिद्धांतों पर टिकी है। बाकी सिद्धांतकारों की तरह वह एंगेल्स के संदिग्ध नृतत्त्वशास्त्र के झाँसे में नहीं आती और प्रदर्शित किए जा सकनेवाले तथ्य के कड़े परीक्षण की लीक से डिगती नहीं है। '...उत्पादक कार्य से स्त्री को दूर उसकी शारीरिक कमजोरी ने नहीं किया। इन मामलों में उसकी सामाजिक कमजोरी ने उसे इसका प्रमुख दास बनाया है।'[4]

वह देख पाती है कि बढ़ता औद्योगिकीकरण उत्पादक कार्य में स्त्रियों की भूमिका का आश्वासन नहीं देता क्योंकि उन्हें इससे बाहर शारीरिक प्रयास में अक्षमता ने नहीं, व्यक्तिगत संपत्ति और उत्पादन के साधनों के व्यक्तिगत स्वामित्व के विकास और स्त्रियों को दूसरों द्वारा अर्जित फुर्सत को निभानेवाली दासोत्तम की भूमिका में उतारने ने रखा है। यह भूमिका भी परिवार के ढाँचे को अवश्यंभावी रूप से पितृसत्तात्मक मान लिए जाने, प्रजनन को उत्पादन की पैरोडी बना देने, लैंगिकता को परपीड़क दोहन, और बच्चे को स्त्री की अनुपम और लंबी जिम्मेदारी के रूप में विकसित करने से नियत हुई है। बड़े बदलावों को संभव बनाने के लिए इन चार ढाँचों—उत्पादन, प्रजनन, लैंगिकता और विकास—को फिर से रचना होगा। शायद समाजवादी आंदोलनों में स्त्रियों की सक्रियता के कारण सामने आनेवाले परिणामों को भाँपकर ही, उनका निष्कर्ष स्त्रीवादी आंदोलन को सर्वहारा क्रांति से जोड़ने का प्रयास करता है; यह जानते हुए भी कि मौजूदा समूहों या मौजूदा समाजवादी शासनों के ढाँचों में ऐसे निष्कर्ष के सम्मान की कोई संभावना नहीं दिखती :

> ...सही मायनों में समाजवाद का अर्थ परिवार का खात्मा नहीं, उन सामाजिक रूप से स्वीकृत संबंधों का नाना रूपकरण होना चाहिए जिन्हें आज जबर्दस्ती और कड़ाई से उसमें ठूँस दिया गया है। इसका अर्थ होगा, संस्थानों की एक श्रेणी, परिवार जिनमें से एक संस्थान होगा और जिसके खात्मे का अर्थ परिवार का न रहना होगा। साथ-साथ रह रहे या न रह रहे जोड़े, बच्चों के साथ लंबी अवधि के जुड़ाव, बच्चों को पाल-पोस रहे अकेले माता या पिता, जन्मदाता माता-पिता के बजाय पालक माता-पिता द्वारा पाले जा रहे बच्चे, व्यापक कौटुंबिक समूह आदि—ये सब संस्थानों की एक ऐसी श्रेणी में आ सकते हैं जो मुक्त आविष्कार और स्त्रियों और पुरुषों के नानाविध प्रकारों के अनुरूप हो।
>
> इन संस्थानों के स्वरूप को बहुत स्पष्ट करने का प्रयास मरीचिका ही सिद्ध होगा। भविष्य के विस्तृत विवरण आदर्शवादी और इससे भी बढ़कर गतिहीन होते हैं। समाजवाद परिवर्तन का, बन जाने का, एक प्रक्रम होगा। भविष्य की एक बँधी-बँधाई छवि सबसे खराब मायनों में अनैतिहासिक है; समाजवाद जो रूप लेगा वह उससे पहले के पूँजीवाद की किस्म और उसके ध्वस्त होने की प्रकृति पर निर्भर होगा...समाजवाद के अंतर्गत स्त्रियों की मुक्ति 'युक्तिसंगत' नहीं, एक मानवीय उपलब्धि होगी, प्रकृति से संस्कृति तक की लंबी यात्रा में ही इतिहास और समाज की परिभाषा निहित है।[5]

दमन के विरुद्ध स्त्रियों के संघर्ष को वर्ग-संघर्ष का हिस्सा सिद्ध करने का इससे भी मासूम प्रयास ईवलिन रीड ने 1954 में किया था। सोशलिस्ट वर्कर्स पार्टी के *अक्टूबर*

डिस्कशन बुलेटिन में यह सिद्ध करने का प्रयास किया गया कि लैंगिक प्रतिद्वंद्विता और स्त्री का लैंगिक वस्तुओं के रूप में उभरना पूरी तरह बुर्जुवा पूँजीवाद के ही परिणाम थे। उसने लैंगिक शोषण या संपत्ति या प्रतिद्वंद्विता से मुक्त एक ऐसे आदिम समाज की धारणा जगाई जिसमें प्रसाधनों का उपयोग सिर्फ स्त्री और पुरुष की पहचान जाहिर करने के लिए होता था, कमनीयता के प्रचार-तंत्र को उसने उन्नीसवीं सदी के धनपशु पूँजीपतियों की समझी-बूझी चाल के रूप में प्रस्तुत किया जो बीसवीं सदी में भयावह रूप से फैल चुकी है। इस तर्क की मूलभूत दिशा शायद ठीक ही है लेकिन साफतौर पर वह शुद्ध आस्था से काम ले रही है जिसमें साक्ष्य की कोई गुंजाइश कहीं नहीं बचती, आखिर बहुत सहानुभूति से काम ले रहा सुधी पाठक तक उकता जाता है, हाँ उसे कुछ भी मालूम न हो तो बात और है। 1969 में स्त्री-समस्या पर उसका चिंतन *प्रॉब्लम्स ऑफ विमेन्स लिबरेशन : ए मार्क्सिस्ट अप्रोच* नाम के पर्चे में छपा। उसके तर्क खास मार्क्सवादी सैद्धांतिक शब्दावली से सँवरे, जाली नृतत्त्वशास्त्र और निकृष्ट विद्वत्ता के सहारे खड़े हैं। पर्चे के मुखपृष्ठ पर एक ग्रीक गमले पर बनी आकृति छपी है जिसे 'मातृसत्तात्मकता' की प्रतीक देवी बताया गया है जबकि वह असल में मदिरा के देवता बैक्कस की अनुचरी है जो हाथ में संप्रदाय का प्रतीक विशिष्ट भाला लिए है और जिसके पास एक मरा हुआ बनबिलाव है। समझ पाती तो ईवलिन रीड यह जानकर बहुत हतप्रभ होती कि उसकी रचना हिप्पीवाद और मादक पदार्थों की संस्कृति की सर्पमुकुट और जटाजूटधारिणी प्रतीक से सजी है। इस गलती में भी एक प्रतीकात्मकता है : स्त्रियों के लिए आशा मार्क्स में नहीं मारक्यूज में है। यह पुस्तिका[6] सुप्रचारित-प्रसारित है और प्रभावकारी हो सकती है, कुछ मायनों में यह दुःखद है क्योंकि गलत निष्कर्षों पर बहस में बहुत-सा समय बर्बाद होगा। जूलियट मिचेल का लेख इससे ज्यादा तर्कशील और ईमानदार है।

समाजवादी समूहों में सक्रिय स्त्रियों को यह भरोसा नहीं था कि कामकाजी वर्ग की मुक्ति उनकी भी मुक्ति होगी। स्टालिन द्वारा स्वतः होनेवाले तलाक और गर्भपात संबंधी पुराने सोवियत प्रस्तावों को निरस्त करके मातृत्व के लिए पुरस्कारों की स्थापना भयानक द्रोह था।[7] सोवियत में स्त्री-चिकित्सकों की संख्या में वृद्धि दरअसल सेवकाई की स्त्री की भूमिका पर मुलम्मा चढ़ाना ही था।[8] रूस में स्त्री-निर्माण-मजदूरों को कोई कौशल नहीं सिखाया जाता, न ही उन्हें औजार दिए जाते हैं।[9] चीन में स्त्रियों के सैन्यीकरण, प्रसाधनों और छिछोरी वेशभूषा पर रोकथाम से अपने परिवार की नौकरानी की स्त्री की भूमिका में कोई सुधार नहीं हुआ, हाँ उपपत्नीत्व की प्रथा खत्म हो गई। 1967 की गर्मियों में एस.डी.एस. के राष्ट्रीय सम्मेलन के स्त्री-समूह ने एक अधिवेशन में अपनी बात मजबूती से रखने के बाद एक घोषणा-पत्र जारी किया। *नेशनल गार्जियन* में इस अधिवेशन का विवरण प्रस्तुत करते हुए सूसन सरथाइम ने पुरुष-मुक्ति समूहों के स्त्री-मुक्ति समूहों के साथ संबद्ध होने के विचार का समर्थन किया। उसका विचार था कि स्त्रियों की सभाओं में पुरुषों को बुलाया जाना चाहिए। वह यह मान रही थी कि

समस्या लैंगिक भूमिकाओं के दोषों तक ही सीमित है। घोषणा-पत्र उस जैसी स्त्रियों के दृष्टिकोण को प्रतिबिंबित करता था। इसके निष्कर्ष थे :

1. ...कि एस.डी.एस. में हमारे भाइयों को जान लेना चाहिए कि पुरुष-दंभ की अपनी खुद की समस्याओं से उन्हें अपने व्यक्तिगत, सामाजिक और राजनैतिक संबंधों में, खुद ही निटपना चाहिए।
2. एस.डी.एस. की इस सभा से स्पष्ट है कि स्त्रियों की योग्यताओं और उनके संभावित योगदान का पूरा लाभ नहीं उठाया जा रहा। हम स्त्रियों का आह्वान करते हैं कि वे डाक टिकट चिपकाने से लेकर नेतृत्व सँभालने तक, आंदोलन के सभी पक्षों में अपनी पूरी भागीदारी की माँग करें।
3. नेतृत्व सँभाल रहे लोगों को नेतृत्व के सृजन की गतिकी की जानकारी होनी चाहिए, और आंदोलन को उपलब्ध स्त्री-स्रोतों के संवर्धन की जिम्मेदारी भी उन पर है।
4. सभी विश्वविद्यालयों के प्रशासनों को मालूम हो कि परिसरों के नियम-कानून खासतौर पर स्त्रियों के साथ भेदभाव बरतते हैं, उन्हें स्त्रियों के अधिकारों की रक्षा के लिए सार्थक कदम उठाने चाहिए...

हम मानवमात्र की मुक्ति चाहती हैं। स्त्रियों की मुक्ति के संघर्ष को स्वतंत्रता के वृहत्तर संग्राम का हिस्सा होना चाहिए। पुरुष-दंभ से निपटने में हमारे भाइयों को जो मुश्किल पड़ेगी, उसे हम समझती हैं और इस विरोधाभास को हल करने में (स्त्रियों के तौर पर) हम अपनी पूरी जिम्मेदारी लेती हैं।

स्वतंत्रता मिले तुरंत ! हम तुमसे प्रेम करती हैं ![10]

विडंबना यह रही कि अगले ही महीने *न्यू लेफ्ट नोट्स* ने विमेन्स फेडरेशन ऑफ क्यूबा में दिए गए फिदेल कास्त्रो के भाषण को छापा जिससे इस नीति के दोष स्पष्ट हो जाने चाहिए थे। क्रांति के लिए संघर्ष में स्त्रियों के योगदान को स्वीकार करने और पुरुषों के साथ-साथ हथियार उठाने के लिए उन्हें धन्यवाद देने के बाद उसने उनसे चाकर की उनकी पुरानी भूमिका में लौटने को कहा :

उस बच्चे के लिए खाना कौन पकाएगा जो आधी छुट्टी में खाना खाने अब भी घर लौटता है ? शिशुओं और छोटे बच्चों का पालन-पोषण कौन करेगा ? काम से घर लौटनेवाले पुरुष के लिए खाना कौन पकाएगा ? कपड़े कौन धोएगा ? सफाई कौन करेगा ? घर कौन सँभालेगा ?[11]

1967 के पतझड़ तक यह साफ जाहिर था कि स्त्रियाँ अपनी स्थिति का सिंहावलोकन कर रही हैं। कनाडा की प्रमुख नववाम संस्था स्टूडेंट यूनियन फॉर पीस एक्शन (एस. यू.पी.ए) की चार स्त्री-सदस्यों ने मार्क्स की उक्ति, 'सामाजिक प्रगति को स्त्रियों की सामाजिक स्थिति से मापा जा सकता है', पर आधारित पर्चा *सिस्टर्स, ब्रदर्स, लवर्स...लिसन...*निकाला। इस पर्चे में स्त्रियों और पुरुषों के बीच वास्तविक अंतर को लेकर कुछ असमंजस दिखता है क्योंकि वे ठीक-ठीक नहीं जानतीं कि स्त्रियाँ जैविक

कारणों से असुविधाओं की शिकार हैं या नहीं, लेकिन ऐसे अंतर्निहित अंतरों पर विजय पाना ही प्रगति है और वास्तविक सामाजिक क्रिया और महत्त्व के संदर्भ में ऐसे अंतरों की असंगतता के मार्क्सवादी विचार को अपनाकर वे इससे पार पाने की आशा करती हैं। वे जूलियट मिचेल के चार-सूत्री तर्क और स्त्रियों की भूमिका के संस्कृति द्वारा तय होने के उसके सिद्धांतीकरण को फिर से बयान करती हैं। एक बार फिर क्रांतिकारी आंदोलनों में स्त्रियों की भूमिका के कड़वाहट-भरे ब्यौरे देखने में आते हैं, स्टोकली कारमाइकेल का एक बयान इसका उदाहरण है : 'एस.एन.सी.सी. में स्त्रियों की एक ही स्थिति स्वीकार्य है–चित।'

आंदोलन की कुछ स्त्रियाँ क्रांति के लिए तैयार हैं। हम अपने बारे में सोच रही हैं। हम आवश्यक पढ़ाई-लिखाई और इस कार्य के लिए विश्लेषण और सिद्धांत ढूँढ़ने के लिए बातचीत कर रही हैं। यह करने के लिए अनुभव की पृष्ठभूमि हमारे पास है। हमारे पास बाहर रखे जाने की हताशा है जो हमें यह करने पर भजबूर कर रही है...[12]

पठनीय सामग्री की एक सूची के इसमें जोड़े जाने से यह विचार बल पाता है कि उनके लिए क्रांतिकारीकरण एक अकादमिक प्रक्रम है। पठनीय सामग्री की सूचियों की यह शृंखला उत्तरोत्तर लंबी और व्यापक होती चली गई है। जहाँ तक विश्वविद्यालय से जुड़ी स्त्रियों के आंदोलन की बात है, इसे देखकर हैरानी नहीं होती लेकिन उन बहुसंख्य स्त्रियों के लिए ये विधियाँ असंगत ही बनी रहती हैं जिनमें इस तरह विचारों को अंतर्भूत करने का कौशल नहीं है, जिनके लिए तर्क करने का कोई महत्त्व नहीं है क्योंकि वे इसे समझ नहीं सकतीं या इसका अभ्यास नहीं कर सकतीं। अकादमिक मुक्तिवादियों का सबसे संदेहास्पद पक्ष है उनका एक व्यापक स्त्री-सर्वहारा का नेतृत्व ग्रहण कर लेना और पुरुषों के ढाँचों की तर्ज पर ऐसे समूह और संगठनात्मक ढाँचे अपना लेना जिनके प्रति अनुकूलित होने का स्त्रियों को कम ही अवसर मिल पाता है। उनके सिद्धांतीकरण में ऐसा कोई इंगित नहीं दिखता कि वे स्त्री-पुरुष ध्रुवीकरण के पूरे विस्तार को समझ पाई हैं, कि उन्होंने *सोवियत साप्ताहिक* पढ़ा है और उन्हें बताया गया है कि स्टेट इंस्टीट्यूट ऑफ टीचिंग साइंसेज के सदस्य इस बात से बहुत चिंतित हैं कि शिक्षण उद्योग में स्त्रियों के वर्चस्व से ऐसे लड़के उत्पादित हो रहे हैं जिनमें 'पुरुष सत्ता के समुचित भाव' की कमी है।[13]

इन स्त्रियों का अकादमीवाद विश्वविद्यालयों के ज्यादातर स्त्री-मुक्ति समूहों में भी फैला है। द फेमिनिस्ट्स जैसे विशिष्ट समूह की संस्थापक सदस्य होने के साथ-साथ टाइ-ग्रेस एटकिनसन स्त्रीत्व की स्थिति और इतिहास पर शोध-परियोजनाओं को प्रायोजित करनेवाले संगठन 'ह्यूमन राइट्स फॉर विमेन' के लिए भी काम करती है। यह स्मृति कि ह्यूमन राइट्स फॉर विमेन के अस्तित्व में आने से बहुत पहले से ही दिवंगत स्त्री- मताधिकारवादी ऐसी परियोजनाओं के लिए पैसा दे रही थीं और स्त्री-इंजीनियरों आदि के लिए छात्रवृत्तियाँ स्थापित कर रही थीं; कि स्त्रियों के ज्यादातर कॉलेजों में इस किस्म के कोष हैं और स्त्री-मुक्ति में उनका योगदान नगण्य रहा

है; शायद कुछ संयत करनेवाली सिद्ध हो।

1967 के घोषणा-पत्र पर पहला सीधा प्रहार एक अनाम पुरुष ने दिसंबर के *न्यू लेफ्ट नोट्स* में किया। उसकी राय थी कि किसी अल्पविकसित स्त्री को नेतृत्व सौंपने के अपने खतरे हैं क्योंकि वह जरूर असफल रहेगी और तब हीनता की उसकी भावना प्रबल होगी;[14] उसका तर्क था कि स्त्रियाँ खुद को पुरुषों से अलग नहीं कर पाएँगी क्योंकि उन्हें उनकी जरूरत होगी और स्त्रियों की भूमिका पुरुषों की अपेक्षा अधिक विनम्र, अधिक निमाणी और करुणामयी होने की है। उसका विचार था कि आंदोलन के नेतृत्व के लिए वैध चुनौती प्रस्तुत कर पाने के लिए स्त्रियों को पहले खुद को शिक्षित करना चाहिए और विवाह के बाद भी उन्हें अपना कुलनाम नहीं छोड़ना चाहिए। एस.डी.एस. की विनम्र स्त्रियों की बड़बड़ाहट सुनाई देने लगी। उसके अगले अधिवेशन तक बड़बड़ाहट गुर्राहट बन चुकी थी। 10 जून 1968 को *न्यू लेफ्ट नोट्स* में मेरिलिन वैब ने एस.डी.एस. की स्त्री सदस्यों के भाग्य का तीखा वर्णन किया जिससे हर वामपंथी स्त्री का रोष भड़क उठा। वैब ने पुरुष-वर्चस्व वाले आंदोलन से अलग होने की वकालत नहीं की, बल्कि सदा की तरह टाइप करने, पर्चे बाँटने, पुलिस द्वारा पीटे जाने और किसी क्रांतिकारी पुरुष का चूल्हा और बिस्तर गर्म रखने के बाद बचे समय में, मुक्ति की प्राप्ति के लिए कुछ ज्यादा काम करने की सिफारिश की।[15] 1968 के अधिवेशन में स्त्रियों का व्यवहार ठीक नहीं रहा जिससे कि पुरुष उनसे बहुत कुपित हुए। स्त्रियों को समझ में आने लगा कि उनकी मुक्ति दूसरों के युद्ध लड़कर नहीं होनेवाली। पुरुषों ने दबंग स्त्रियों के विरुद्ध परंपरागत तर्कों का प्रयोग किया, और ध्रुवीयता की कपटपूर्णता को समझकर स्त्रियों ने तय किया कि उन्हें गहन सोच-विचार करना होगा और एकदम नई रणनीति गढ़नी होगी।

इसी दौर में, वामपंथी विश्वविद्यालय की दो पुरानी सदस्याएँ ऐसी ही रणनीति का पहला प्रारूप तैयार कर रही थीं। उनका खबरपर्चा, *वॉयस ऑफ द विमेन्स लिबरेशन मूवमेंट* शुरू हुआ, उनके घोषणा-पत्र *टुवर्ड्स ए विमेन्स लिबरेशन मूवमेन्ट* ने इसके आगमन की घोषणा की। कैरॅल थॉमस की दूसरी बार गिरफ्तारी और उसकी लंबी कैद ने मामले को और भी तीखा और महत्त्वपूर्ण बना दिया।

उन्होंने स्त्रियों के घोषणापत्र के छिछले उदारवादी सुधारवाद की तुलना अश्वेतों के प्रति व्यवहार के बारे में नगर परिषदों के तर्कों से करके उसकी धज्जियाँ उड़ा दीं। ब्लैक पावर (अश्वेत शक्ति आंदोलन) के विकास को पैतृकवादी कानून के नमूने पर पहला महत्त्वपूर्ण आक्रमण घोषित करते हुए उन्होंने ऐसे स्त्री-शक्ति आंदोलन की वकालत की जिसका पहला विशेषाधिकार सत्ता, आत्मविश्वास और एक वास्तविक स्त्री-रणनीति का विकास होगा। बीवर्ली जोन्स ने ध्यान दिलाया कि एस.डी.एस की सदस्य छात्राएँ विशेषाधिकारप्राप्त ऐसी स्त्रियाँ हैं जो स्त्रियों की लगातार बढ़ती परेशानियों के बोझ से कत्तई बेखबर बालगोपालों और चूल्हे-चौके के अपने प्रकृति-प्रदत्त पथ पर बढ़ी जा रही हैं। उन्होंने समस्याओं को वास्तव में जान पाने के लिए एस.डी.एस. के सिद्धांत

'मुकाबला राजनैतिक चेतना है' का अनुसरण करते हुए अपनी लड़ाइयाँ खुद लड़ने की जरूरत पर जोर दिया। पुरुष वर्चस्व वाले आंदोलन में स्त्रियाँ अपनी विशेष स्थिति का फायदा उठाकर और पुरुषों के मूल्यों को पोसकर ही सफल हो पाई थीं और इस वजह से वे अपनी बाकी बहनों की ओर से बोलने की पात्रता खो बैठी थीं। फिर भी, शान या अहम्मन्यता के कारण पुरुषों पर उनकी निर्भरता ने इन अविवाहित और अपेक्षाकृत ऊर्जापूर्ण स्त्रियों के जीवनों को भी यातना और दुःस्वप्न में बदल दिया था और उनमें इतनी अक्ल-तमीज या गौरव नहीं था कि वे इस स्थिति को ठुकरा दें। उसने विवाहित स्त्री के तौर पर जिसकी आशा उन्हें करनी चाहिए, उस जीवन की भयावह तस्वीर खींची और एक नौ-सूत्री योजना तैयार की जो युवा स्त्रियों के मुक्ति-समूहों का आधारभूत दस्तोवज ही बन गई है।

1. स्त्रियों को अपनी ही गतिविधियों से इतर, आंदोलन की बाकी गतिविधियों में शामिल होने के दबाव का प्रतिरोध करना चाहिए। जब तक स्त्रियों और पुरुषों के बीच संबंधों का पुनर्गठन नहीं होता तब तक इस समाज का पुनर्गठन भी नहीं हो पाएगा। घर के अंदर मौजूद असमतावादी संबंध ही शायद सब बुराइयों की जड़ हैं। पुरुष कोई भी भयानक कर्म करके या कायरतापूर्वक अपनी आत्मा का हनन करवाकर आदर, सम्मान और यहाँ तक कि प्रेम तक पाने के लिए घर लौट सकता है। इस स्थिति में, पुरुष कभी अपनी वास्तविक पहचान या समस्याओं से रू-ब-रू नहीं होंगे, और हम भी नहीं होंगी...
2. क्योंकि स्त्रियाँ शारीरिक बल के भय से बहुत ही आक्रांत रहती हैं इसलिए उन्हें अपनी रक्षा करना सीखना चाहिए...
3. हमें संचार माध्यमों को मजबूर करना होगा कि वे वास्तविकता को प्रतिबिंबित करें।
4. स्त्रियों को अपने अनुभव आपस में बाँटने चाहिए ताकि वे घर में, और उसके बाहर, प्रभुत्व की मानसिक तकनीकों को अच्छी तरह समझ, पहचान और बयान कर सकें। इनको व्यापक स्तर पर प्रकाशित-प्रसारित किया जाना चाहिए ताकि ये जानकारियाँ आम बन जाएँ। अपने पति से बहस करते हुए कोई भी स्त्री असहाय या तर्कहीन अनुभव न करे...
5. ऐसे समुदायों के प्रारूप तैयार करने होंगे जिनमें स्त्रियाँ अपने बोझों से मुक्त होकर मानवता को अनुभव कर पाने की मोहलत पा सकें...
6. स्त्रियों को अपना खुद का इतिहास जानना चाहिए क्योंकि उनका एक स्पृहणीय इतिहास है, एक ऐसा इतिहास जो उनकी बेटियों में गौरव का भाव भरेगा...हमारी सुधरी हुई स्थिति कई साहसी स्त्रियों के उद्यम से संभव हुई है। उन्हें छोड़ देने के बजाय हमें उनसे सीखना चाहिए और एक बार फिर लक्ष्य-प्राप्ति के अभियान में उन्हें जुटने देना चाहिए। स्त्रीवादी साहित्य, स्त्रीवादी इतिहास आदि की बाजार में माँग है। हमें उसे उपलब्ध कराना चाहिए।
7. वैज्ञानिक दक्षता की स्वामिनियों को स्त्रियों और पुरुषों के बीच वास्तविक, स्वभावगत और संज्ञानात्मक अंतरों की जाँच-पड़ताल शुरू कर देनी चाहिए...
8. समान कार्य के लिए समान वेतन की परियोजना की वामपंथियों ने खिल्ली उड़ाई है लेकिन ऐसा नहीं होना चाहिए क्योंकि वह दासता का उपकरण है...
9. इस सूची में, जो किसी भी तरह विस्तृत नहीं कही जा सकती, मुझे गर्भपात-संबंधी कानूनों का उल्लेख करना ही चाहिए।[16]

सूत्र सात के अज्ञान (लैंगिक अंतरों पर पिछले पचास साल से शोध चल रहा है) या सूत्र आठ की वाक्य-रचना के अटपटेपन पर वितंडा खड़ा करना बहुत ही आसान है। आत्मरक्षा सीखने की वकालत करनेवाले सूत्र दो का मामला भी आसान है क्योंकि हथियार हासिल करना आसान है और लड़कियों को ऊँचे तबके के चाल-चलन सिखानेवाले महँगे स्कूलों में कराटे पाठ्यक्रम का हिस्सा है। दिक्कत शारीरिक हिंसा को असंगत बना देने में है, और यही किसी भी मनुष्य की एकमात्र आशा है, लेकिन अब तक कोई भी स्त्रीवादी समूह इसकी रणनीति तय नहीं कर पाया है। *टुवर्ड्स ए विमेन्स लिबरेशन मूवमेंट* का दूसरा खंड यूनिवर्सिटी ऑफ फ्लोरिडा में मनोचिकित्सा की शोध सहायक जूडिथ ब्राउन ने लिखा। उसने भी एस.डी.एस. में, मध्यवर्गीय वामपंथी स्त्रियों की स्थिति का वर्णन किया और विवाह का स्त्री के लिए वही महत्त्व आँका जो श्वेतबहुल समाज में अश्वेतों के समलयन का था, स्त्री को समाज का हब्शी घोषित करके उसने स्त्री-प्रश्न की बहसों में बहुत लोकप्रिय, और उतने ही भ्रामक, सादृश्य की स्थापना की। वामपंथी स्त्रियों के लिए सिर्फ स्त्रियों के समुदायों की सिफारिश करते हुए वह यह नहीं देख पाई कि यह समुदाय भिक्षुणियों के मध्ययुगीन मठों जैसे ही होंगे जहाँ अपनी सामाजिक और जैविक भूमिकाओं से विद्रोह करनेवाली स्त्रियाँ बौद्धिक और नैतिक संतोष पा सकती थीं, लेकिन जहाँ से वे यथास्थिति पर कोई दबाव नहीं डाल पाती थीं। रणनीति के रूप में ब्रह्मचर्य की चर्चा से उसकी रणनीति का मठीय पक्ष और भी स्पष्ट होता है। समलयन के विकल्पों के रूप में समलैंगिकता और हस्तमैथुन भी मठ के समानांतर की शक्ति को कमजोर नहीं करते। घोषणा-पत्र की समाप्ति कैरॅल थॉमस की दोबारा गिरफ्तारी और उसे लंबे समय तक कैद रखे जाने पर एक अहस्ताक्षरित, अस्पष्ट विलाप से होती है। इस मुद्दे को उठाया ही नहीं जाता कि विशेष रूप से, स्त्री होने के नाते, उसे शिकार बनाया गया, असल में तो जिस आरोप में उसे गिरफ्तार किया गया उसका कहीं जिक्र ही नहीं है, लेकिन क्रांतिकारिणी स्त्रियों के बीच एकता के प्रदर्शन के रूप में शायद इसका कुछ मूल्य हो।

हमने निष्क्रियता के लिए बहाना ढूँढ़ने के लिए ही खुद को राजनैतिक पक्षाघात में नहीं फँसाया है—हम एक विजित जाति हैं। हमें एक स्त्री-आंदोलन विकसित करने की जरूरत है, इसकी बहुत ही जरूरत इसलिए है क्योंकि हमें इस सामाजिक व्यवस्था से, अपनी तमाम क्षमताओं की पूरी ताकत से लड़ना है। और हमें मुक्त होना चाहिए ताकि हम अपने अलग-अलग घरेलू नैराश्य से, आशा की हर किरण के मरने के खिलाफ सामाजिक क्षोभ व्यक्त करने की ओर जा सकें। हमें अपना साज-समान जुटा लेना चाहिए, इस व्यवस्था के मारक सामाजिक और सैन्य खिलौनों को ध्वस्त करना शुरू करना चाहिए और उन पागल कुत्तों को रोकना चाहिए जो हर जगह हम पर राज करते हैं।[17]

आत्म-ज्ञान की स्त्रियों की तलाश को अचानक एक पूरा जखीरा ही मिल गया, 1966 में *ह्यूमन सेक्सुअल रिस्पांस* शीर्षक से प्रकाशित मास्टर्स एंड जॉनसन की कृति। स्त्री-मुक्ति की उपलक्षणाओं की रूपरेखा पहले-पहल बहुत क्रूरता से मेट्टे आइल्यर्सन

ने प्रस्तुत की, फिर मूल डैनिश भाषा में, एक स्त्रीवादी एनी कोएट् ने उन्हें स्वरूप दिया। कोएट् की कृति *द मिथ ऑफ वैजाइनल ऑर्गेज्म* का तर्क कि फ्रायड और रीश के शरीरशास्त्रीय अज्ञान के कारण कामोत्तापीय बल स्त्रियों के लिए एक अप्राप्य लक्ष्य और लैंगिक व्यवहार में लज्जा और छद्‌म का कारण बना, निस्संदेह ठीक है। लेकिन उसके उपसिद्धांत, कि यह पुरुष-दंभ के कारण जान-बूझकर की गई गलती थी, कि स्त्री के लैंगिक आनंद में योनि महत्त्वहीन है, कि पुरुष योनि-भेद पर उतारू इसलिए रहते हैं कि योनि लिंग के लिए बहुत आनंदप्रद जगह है (यह स्त्री-दंभ का नमूना है !) संदेहास्पद हैं। 'पुरुष डरते हैं कि अगर स्त्रियों के मूलभूत आनंद के लिए, योनीय कामोत्ताप की जगह भगशिश्नीय कामोत्ताप ने ले ली तो उन्हें लैंगिक रूप से फालतू करार दिया जा सकता है...'[18]

मन में विचार आता है कि कोएट् किस से हमबिस्तर हुई होगी ? ज्यादातर पुरुष भगशिश्न से परिचित हैं और सिर्फ लैंगिक वस्तु के रूप में चाहे जाने से डरते हैं। जिस पुरुष से यह आशा रखी जाती हो कि उसका लिंग हर पल सख्त रहेगा, वह उस स्त्री जितना ही बँधा हुआ है जिसकी योनि से ऐसे लिंग के संपर्क में आते ही विस्फोट की आशा की जाती है। स्त्रियों की ही तरह पुरुषों को भी यह मानने के लिए बहका दिया गया है कि उनके अंगों में शरीररचना-शास्त्रीय रूप से असंभव करतब कर दिखाने की क्षमता है। कोएट् की पूर्वधारणाओं को देखते हुए समझ में आता है कि वह अपने बहकाए जाने को तो समझ गई है लेकिन उनके बहकाए जाने को नहीं समझ पाई। उसका आखिरी सूत्र तो बहुत ही विचित्र है।

समलैंगिकता—स्त्रियों के स्त्री प्रेमी तलाशने के शुद्ध रूप से शरीररचना-शास्त्रीय कारणों के अलावा भी, पुरुष इस बात से बहुत डरते हैं कि स्त्रियाँ एक पूरे, मानवीय आधार पर स्त्रियों की संगति चाहेंगी। भगशिश्नीय कामोत्ताप की तथ्य के रूप में स्थापना इतरलिंगी *संस्थान* के लिए खतरा बन जाएगी। दमनकर्ता हमेशा दमितों की एकता और पुरुषों की मनोवैज्ञानिक पकड़ से स्त्रियों के बच निकलने से डरते हैं। व्यक्तियों के बीच एक भावी मुक्त संबंध की कल्पना करने के बजाय पुरुष स्त्रियों के प्रतिशोध की भ्रामक कल्पनाओं से ज्यादा डरते रहते हैं (जैसाकि वैलेरी सोलानास वाले मामले में देखने में आया)।[19]

कोएट् की बात से यह संशय पैदा होता है कि आखिर गोली किसने किसे मारी ? ज्यादातर मामलों में पुरुषों की एकता बनाए रखने के लिए समूह के पुरुषों के बीच लैंगिक संबंधों को नियम-विरुद्ध तक घोषित किया जाता है। सेक्स जोड़नेवाली शक्ति है ही नहीं। समाज में, समलैंगिक समूह अपने जुड़ाव या सहयोग के लिए तो उल्लेखनीय नहीं ही हैं, हालाँकि एक अलग तरह की स्थिति में जहाँ अपराध-बोध और बेईमानी अपरिहार्य सहगामी नहीं थे, यह अपने आप में समलैंगिकता का खंडन नहीं है। ऐसे पर्चे के पीछे काम कर रही पूर्वधारणाओं में सबसे सूक्ष्म पूर्वधारणा यह है कि यथास्थिति—इस मामले में 60 के दशक के मध्यवर्गीय प्रेमियों की योनि के प्रति संवेदनशीलता—ही एकमात्र संभव स्थिति है : अपने सिद्धांत को विकसित करते हुए एनी कोएट् सभी स्त्रियों

पर वह स्थिति लाद देती है। जब तक यह प्रयोग ताहिती और ऐसी ही और अनोखी जगहों पर (अगर वे अब भी बची रह पाई हों तो) नहीं किए जाते, हम नहीं जान पाएँगे कि संवेदनहीनता का कौन-सा स्तर शरीररचना-शास्त्र से नियत है। जहाँ तक मैं बता सकती हूँ, भरी हुई योनि और भगशिश्नीय कामोत्ताप, खाली योनि और भगशिश्नीय कामोत्ताप से कहीं बेहतर है। और फिर पुरुष एक यौन खिलौनामात्र ही तो नहीं है। कोएट् के लेख की खामियों को दूर करते हुए नैंसी मैन ने एक लेख लिखा जिसे *न्यू इंग्लैंड फ्री प्रेस* ने अब उसके साथ छापा है। वह कामोत्ताप तक पहुँच पाने में स्त्री की असफलता का एक नया स्पष्टीकरण प्रस्तुत करने का प्रयास करती है जिसका आधार यह है कि हम लोग रतिक्रिया को ठीक से करती ही नहीं हैं, कि हम उस अनुभव की मूल प्रकृति से ही तादात्म्य स्थापित नहीं कर पाई हैं। उसके निष्कर्ष उन स्त्रियों को बहुत आशा बँधाएँगे जो सचमुच हस्तमैथुन या स्त्री-समलैंगिकता नहीं अपनाना चाहतीं।

मेरा निश्चित मत है कि यह निरा संयोग ही नहीं है कि इस देश में इतने सारे लोगों के लिए रति बुरा अनुभव रहती है। यह लाभ कमाने के लिए मानवीय आनंद को नजरंदाज करने की सामान्य प्रवृत्ति के अनुकूल ही है। जाहिर है कि रति में अपने कृत्यों पर लोगों का पूरा नियंत्रण रहता है और जवाबदेही भी उन्हीं की बनती है। लेकिन स्त्रियों का इसके लिए पूरी तरह पुरुषों को दोषी ठहराना (या पुरुषों का स्त्रियों को दोषी ठहराना) बुरी राजनीति है...काम, कार्य, प्रेम, नैतिकता, सामुदायिकता की भावना—हमारा सामाजिक संगठन हमारे लिए संतोषदायक होने की सबसे अधिक संभावना रखनेवाली इन तमाम चीजों का शोषण करता है और उन्हें कमजोर बनाता है। हमें इसी से लड़ना है।

अगर आपकी अपने प्रेमी से पटरी नहीं बैठ रही तो आप बिस्तर छोड़ सकती हैं। लेकिन जब आपका देश ही आपकी ऐसी-तैसी किए दे रहा हो तब क्या किया जाए ?[20]

लिंग को निकाल फेंकने पर एनी कोएट् के निष्ठुर संतोष को जाहिरा तौर पर नर्म करना भी नैंसी मैन को स्त्री-स्तंभकारों की मीठी छुरियों से नहीं बचा पाया। *न्यूयॉर्क* में अपने तानाकशी से भरे लेख में जूली बॉम गोल्ड ने यह साबित करने में कोई कसर नहीं छोड़ी कि नैंसी मैन का कुलनाम, जोकि उसी के कुलनाम जैसा यहूदी कुलनाम है, स्त्री-दंभ और लिंग-ईर्ष्या का प्रमाण है।[21] दरअसल पत्र-पत्रिकाओं के उपहासपूर्ण रवैये के बावजूद अब तक स्त्री-मुक्ति आंदोलन संचार-माध्यमों की पैदा की हुई घटना ही रहे हैं। नवीनता के लिए अखबारों की भयावह भूख के चलते ही चमड़ी पर पोतने के लिए जमे हुए तेलों, योनि को स्वीकार्य बनाने के लिए खुशबूदार डूशों के विज्ञापनों और स्त्री की रूढ़छवि के लिए और उसके द्वारा किए जानेवाले तमाम कलापों के साथ-साथ स्त्रियों की मुक्ति की कहानियाँ छपने की विचित्रता देखने में आती है। विकृति, स्त्रियों की भ्रष्टता, उत्तेजना और गंभीर बेतुकेपन के वातावरण के कारण स्त्री-मुक्ति आंदोलन चटपटी खबरों का अच्छा स्रोत है।

1968 की गर्मियाँ स्त्रियों के आंदोलन के लिए सिर्फ इसीलिए महत्त्वपूर्ण नहीं थीं कि वे नववाम में एक सुस्पष्ट समूह के रूप में उभरी थीं, बल्कि इसलिए भी महत्त्वपूर्ण

थीं कि वैलेरी सोलानास ने एंडी वारहॉल को गोली मार दी थी। अचानक एस.सी.यू.एम. (स्कम का शाब्दिक अर्थ तलछट है) द सोसायटी फॉर कटिंग अप मैन (पुरुषों को काट डालने के लिए संगठन) पहले पन्ने की खबर के तौर पर बॉबी कैनेडी (जॉन एफ. कैनेडी के भाई रॉबर्ट कैनेडी) हत्याकांड को चुनौती देने लगा। वैलेरी सोलानास के अलावा स्कम के कभी भी सक्रिय होने का कोई प्रमाण नहीं है। उसे बहुत आसानी से एक भ्रमोन्मादिनी, विकृत प्रदर्शनप्रिय स्त्री करार दे दिया गया। यूँ भी यह घटना वारहॉल के करतबी-बाजीगरी जीवन का सहज अंग-सी ही दिखती थी और इसमें से सोलानास का संदेश विकृत होकर ही निकल सकता था। लेकिन लोगों ने उत्तेजना-रोमांच के लिए ही उसकी पुस्तक पढ़ी और जितना वे उसमें ढूँढ़ रहे थे, उससे कहीं ज्यादा मसाला पा गए। उसने ध्रुवीयता की समस्या, स्त्रियों और पुरुषों को बाकी मानव-समुदाय से अलग करके एक रौ के दो तटों पर पटक देनेवाली खाई को बहुत सूक्ष्मता से पकड़ा था। स्त्रियों को मानव-समुदाय में वापस लौटाने की बेहद चौंका देनेवाली रणनीति उसने प्रस्तुत की—बस स्त्रियाँ पुरुषों का सफाया कर दें। शायद कमनीयता से लगी पुरुषों की लौ, और खुद की ही लिंग यानी कसौटी पर खरा उतर पाने के उनके संघर्ष के उसके खरे-खरे बयानों की उत्कट ऊर्जा और गीतात्मकता ने ही शायद टाइ-ग्रेस एटकिंसन को और भी क्रांतिकारी मुद्रा अपनाकर नाउ से बाहर आने को प्रेरित किया और यहाँ तक कि उन देवियों के नारों को भी तीखा और चटपटा बनाया और आखिर डब्ल्यू.आई.टी.सी.एच (विच, शब्दशः चुड़ैल) विमेन्स इंटरनेशनल टैररिस्ट कॉन्सपिरेसी फ्रॉम हैल को जन्म दिया। विच, मूलतः मीडिया के साथ एक प्रयोग है। मजमा लगाकर अँगिया-चोलियाँ जलाना, चेज मैनहट्टन बैंक का घेराव, मैडिसन स्क्वेयर गार्डन के सालाना ब्राइड फेयर में चुड़ैलों का भेस धरे, झाड़ू उठाए घुसे चले आना, सबके सब, लोगों का ध्यान आकर्षित करने के उपाय थे। अपनी ही विधियों के प्रति व्यापारिक तंत्र की प्रवणता के चलते वे इस हद तक सफल रहे कि वॉल स्ट्रीट के शेयर बाजार का सूचकांक पाँच अंक गिर गया। लेकिन आजकल टेक्टिकल पुलिस फोर्स और सत्ता के अन्य प्रतिशोधात्मक उपायों के डर से यह प्रचार-आंदोलन भूमिगत और अनाम हो गया है।

उपहास-भरे प्रचार के पहले दौर के बाद स्त्री-मुक्ति ने प्रेस के प्रति एक संदेहपूर्ण और असहयोगी भंगिमा अपना ली है लेकिन इस उपाय से जनमानस में उसकी छवि नहीं सुधरी और न ही रविवारी परिशिष्टों या रंगीन पत्रिकाओं में उसके बारे में छपना रुका। असल में तो, प्रचार न होना भी कुप्रचार ही है, खासतौर पर जब स्त्रियाँ लापरवाही से पढ़ने की आदत से ग्रस्त हों और ज्यादातर छींटाकशी की तरफ उनकी निगाह ही न पड़े, और अगर निगाह पड़े भी तो छींटाकशी की स्पष्टता उन लोगों के लिए जिनसे मीडिया ऐसा दुर्व्यवहार कर रहा था, एक खास तरह की सहानुभूति पैदा कर दे। स्त्रियाँ खुश थीं कि 'कुछ हो रहा है' चाहे 'यह साफ न हो कि हो क्या रहा है।' अगर हम *विलेज वॉयस* में छपे विवियन गॉर्निक के लेख को[22] उदाहरण मान लें तो जब भी मुक्ति की कामना करते हुए किसी स्त्री का बयान अखबार में छपता है, चाहे वह मुक्ति उस

कराधान से हो जो विवाहित स्त्री के तौर पर उसे अपना व्यवसाय करने से रोकता है या लैंगिक शासन और छद्म से, तो उस पर ढेरों प्रतिक्रियाएँ आती हैं और विवाद कई अंकों तक खिंचता चला जाता है। अगर एक स्त्री संपादक को पत्र लिखती है तो सैकड़ों स्त्रियाँ ऐसी भी होती हैं जो ऐसा नहीं कर पातीं, लेकिन यदि कोई पुरुष भय या उपहास के भाव से लिखता है तो उसकी बात सौ बार रेखांकित होती है। आशा करनी चाहिए कि अधिकाधिक संख्या में स्त्रियाँ संचार-माध्यमों के लिए लिखकर उन्हें प्रभावित करने का फैसला लेंगी। दैनिक टेलीविजन के विराट पेट को भरने के लिए भी ढेरों सामग्री चाहिए और अगर सौंदर्य-प्रसाधन निर्माता स्त्रीवादी कार्यक्रमों के लिए पैसा उपलब्ध कराएँ तो सोने पे सुहागा। हमें उन्हें उनकी कब्र खोदने का खर्च उठाने देना चाहिए। बहरहाल, संवाददाताओं का अपमान करना और उन्हें दूर रखना कोई बहुत सुरक्षित उपाय नहीं है; सेंसरशिप दमन का हथियार है, हमारा नहीं।

अब अमेरिका में कई और स्त्री-स्वातंत्र्य आंदोलन काम कर रहे हैं—पच्चीस की उपस्थिति को भारी भीड़ माननेवाली और अपनी ही समस्याओं से जूझती, स्थानीय अवतार बनी रहनेवाली विश्वविद्यालयी शाखाओं से लेकर रेड स्टॉकिंग्स जैसे समूह तक : जिसकी स्थापना वॉशिंगटन में राष्ट्रपति के औपचारिक पद-ग्रहण के अवसर पर प्रदर्शन करते हुए पुरुषों की उन पर तानाकशी की प्रतिक्रिया के रूप में हुई, और जिसका जोर मार्क्सीय मायनों में चेतना के उत्थान पर है। फिर 17 अक्टूबर आंदोलन है जिसकी सदस्या एनी कोएट् और शूलामीठ फायरस्टोन हैं, सैल 55 है, ऐबी रॉकफैलर का बोस्टन-केंद्रित विमेन्स लिबरेशन मूवमेंट है जिसकी कॉन्फ्रेंस में पिछले बरस गर्मियों में पाँच सौ स्त्रियाँ शामिल हुईं जिन्होंने रविवार की सुबह दस बजे जागकर कराटे का प्रदर्शन देखा (रॉकफैलर और रॉक्सैन डनबार कराटे में ग्रीनबेल्ट प्राप्त कर चुकी हैं), कांग्रेस टु यूनाइट विमेन है (जो सिर्फ पाँच सौ सदस्याएँ ही जुटा पाई)। स्त्री-मुक्ति आंदोलन विभाजित और विभाजक है फिर भी इसे शक्ति का नहीं तो जीवन का प्रमाण तो माना ही जाना चाहिए।

इंग्लैंड में पढ़ी-लिखी गृहिणियों के उपनगरीय अड्डों और विश्वविद्यालयों में स्त्री-मुक्ति कार्यशालाएँ हो रही हैं। उनके सिद्धांत में खास स्पष्टता नहीं है और उनकी प्रविधियों में खास कल्पनाशीलता या कुशलता नहीं दिखती। टफनेल पार्क की मुक्ति-कार्यशाला ने *श्रू* नाम का एक पर्चा तैयार किया जिसका प्रचार बहुत खराब ढंग से हुआ। इसके पुराने अंक प्राप्त करने के लिए पाँच बार टेलिफोन करने के बाद मैंने हथियार डाल दिए। जब ये सद्नारियाँ मिस वर्ल्ड प्रतियोगिता के अवसर पर 'हम लैंगिक वस्तुएँ नहीं हैं' (इस कथन का विरोध करने की इच्छा किसी को नहीं हुई) लिखे प्रदर्शन-पट्ट लिए प्रकट हुईं तो वार्विक विश्वविद्यालय शाखा की लड़कियों को पुलिस के चारों ओर नाचते और गाते देखकर वे सन्न रह गईं। उन्होंने लड़कियों से अपनी हरकतों से बाज आने की गुजारिश की क्योंकि ये हरकतें बहुत अभद्र थीं और उनकी छवि पहले ही खराब थी, और *श्रू* के अगले अंक में इन विचित्र स्त्रियों के व्यवहार पर आधिकारिक रूप से

विलाप करते हुए, उनके फूहड़पन पर दया करते हुए यह मान लिया गया था कि वे चार-चार बच्चों की माँएँ, कॉवेन्ट्री की गृहिणियाँ थीं। स्त्रियों के मुक्तिदाता इसी तबके की मदद करने को आतुर हैं ! असल में, कॉवेन्ट्री शाखा उन कुछ शाखाओं में से है जहाँ कामगार तबके की स्त्रियाँ आती हैं और सुविधाप्राप्त वर्ग की लड़कियों को जीवन की सच्चाई बताती हैं कि इस प्रवृत्ति का अनुसरण उन बाकी सुविधाप्राप्त स्त्रियों को भी करना चाहिए जो 'समान अवसर' जैसी निर्बुद्धि धारणा पर ही अटकी हैं।[23]

इस सबके बावजूद, दुर्व्यवस्था और गलतफहमियों के रहते भी नव-स्त्रीवाद दिनोंदिन बढ़ रहा है। रेड स्टॉकिंग्स द्वारा प्रायोजित फेमिनिस्ट थिएटर, न्यूयॉर्क में विलेज गेट प्रेक्षागृह को खचाखच भरता है। क्रांतिकारी उपाय के तौर पर पुरुषों की हिंसा सीखने या ब्रह्मचर्य का पालन करने जैसे झाँसों में तो स्त्रियाँ नहीं आईं लेकिन पत्नियों और माँओं ने हडसन स्ट्रीट एलिमनी जेल (जहाँ पत्नियों को तलाक-भत्ता न देनेवाले पति कैद रखे जाते हैं) के चारों ओर हाथों में ऐसे पोस्टर लिए हुए जुलूस निकाला जिन पर लिखा था कि उन्हें तलाक-भत्ता नहीं चाहिए। जैसाकि ग्लोरिया स्टाइनम ने कहा, मुक्ति आंदोलन का विकास 'संगठन से इतना नहीं हुआ जितना छूत से हुआ है।'[24] वास्तविक आंदोलन उस भूमिगत संगठन से जिनके प्रकाशनों का प्रसार एन.ई.एफ.पी. और एजिटप्रॉप करते हैं, कहीं आगे और गहरे तक फैला है, यहाँ तक कि वह बेट्टी फ्रीडन के स्त्री-संस्थान से भी व्यापक है। हाल ही में एक विश्वविद्यालयी वाद-विवाद में जहाँ मैं भी बोली थी, पुरुषबहुल श्रोतावर्ग ने एक स्त्री-मुक्ति-विरोधी प्रस्ताव को ध्वनिमत से रद्द कर दिया। पाँच बरस पहले, इसी तरह का एक वाद-विवाद क्रम जोकि इससे कहीं तर्कपूर्ण था, असफल रहा था। इससे पहले हफ्ते जब टीसाइड के एक प्रौढ़ शिक्षा केंद्र में मैंने एक मिले-जुले और सामान्य श्रोता-समूह को संबोधित किया तो नर्म आवाजों वाली, घबराई-सी स्त्रियों ने अपने पतियों के सामने ही बहुत विद्रोह-भरे विचार प्रकट किए। नर्सें ठीक से व्यवहार नहीं कर रहीं, अध्यापिकाएँ हड़ताल पर हैं। स्कर्टें कल्पनीय-अकल्पनीय सभी ऊँचाइयों पर हैं, चोलियाँ खरीदी नहीं जा रहीं, गर्भपातों की माँग हो रही है...विद्रोह गहरा रहा है और शायद क्रांति बन जाए।

क्रांति

क्रांति

प्रतिक्रिया क्रांति नहीं है। दमितों का दमनकारियों के हाव-भाव अपना लेना और अपने लिए दमन का अभ्यास करना क्रांति का संकेत नहीं है। स्त्रियों का पुरुषों की और पुरुषों का स्त्रियों की नकल करना या समलैंगिकता-विरोधी कानूनों में ढील दिए जाना या विशेष प्रकार के वस्त्रों या व्यवहारों के गहन लैंगिक निहितार्थों का गायब हो जाना भी क्रांति नहीं है। कानून की ध्रुवीय कठोरता में ढील लाने के प्रयास का नर-मादा अवधारणाओं की वास्तविक लोगों के मनों-मस्तिष्कों पर जकड़ से कोई संबंध नहीं है। बार्बरा कासल के झुर्रियों-भरे चेहरे और विल्सन सरकार की प्रमुख संकटमोचक के तौर पर उसकी विषादजनक भूमिका के कारण जितनी स्त्रियाँ उसकी तरह पुरुषों के संसार में पुरुषोचित विशिष्टता प्राप्त करने को प्रेरित हुईं, उससे कहीं ज्यादा स्त्रियाँ अपनी निर्वीर्य कमनीयता से चिपकी रहने पर तुल गईं। हम जानते हैं कि सत्ता की स्थिति में आ जाने के बाद ऐसी स्त्रियाँ स्त्रियों की पक्षधर नहीं होतीं, कि नियोजकों के तौर पर वे स्त्रियों को नौकरी नहीं देतीं, तब भी नहीं जब भेदभाव के लिए और कोई आधार न हो। आखिर उनकी पटरी पुरुषों से ही बैठती है क्योंकि जीवन-भर वे पुरुषों की प्रवणताओं, अपराध-बोधों और गुप्त इच्छाओं को ही नचाती रही हैं। ऐसी स्त्रियाँ गोरे आदमी का काला आदमी हैं, व्यावसायिक नीग्रो; अनिवार्य स्त्रियाँ, वह अनुपम जीव जो पूरी पुरुष ही है और उससे ज्यादा सजावटी है। पुरुष संधि कर लेते हैं।

खुद को लड़ाकू शक्ति बनने के लिए प्रशिक्षित करके अपनी स्थिति में क्रांति लाने का स्त्रियों का प्रयास, प्रतिक्रिया या विद्रोह को क्रांति समझने की भूल का बहुत स्पष्ट उदाहरण है। अब जब उद्योग की ही तरह युद्ध-कला भी बेहतर शारीरिक शक्ति का मामला नहीं रह गई, यह मानवता में प्रवेश के लिए स्त्रियों के समर में भी महत्त्वपूर्ण नहीं रह गई है। हमारे युग में हिंसा अमानवीय और अलैंगिक हो गई है। यह संपत्ति, उन्नत हथियारों के उत्पादन, तमाम तरह की पुलिसों को बनाए रखने, और उन विराट रक्षा-तंत्रों को खड़ा करने से जुड़ी है जिनका अस्तित्व ही युद्ध की अव्यवस्था को तैयार करता है। युद्ध, विरोधी हितों से सामना होने पर, हार की स्वीकृति है : युद्ध से मामला संयोग पर छोड़ दिया जाता है, अच्छा और सही व्यक्ति जीत जाएगा, यह मान लेना कत्तई न्यायसंगत नहीं है। यह तर्क भी दिया जा सकता है, कि सबसे बुरा, सबसे सिद्धांतहीन व्यक्ति जीतेगा, हालाँकि इतिहास उसे आखिर सबसे श्रेष्ठ साबित कर देने

का अनर्गल खेल खेलता रहेगा। जर्मनी के अतिविनाश में इंग्लैंड की भूमिका पर निर्णय देने के होक्कट के प्रयास और इस अवश्यंभावी प्रक्रम की तरफ से विन्स्टन चर्चिल के समझदारी से आँखें मूँद लेने पर विचार करते ही यह स्पष्ट हो जाता है। युद्धोपरांत की अपनी स्थितियों की, दोषी नाजी यूरोप से तुलना करते हुए कोई भी अंग्रेज जान जाता है कि युद्ध *जीते* नहीं जा सकते। मुक्ति की तलाश में युद्ध की भंगिमाओं को अपनाने वाली स्त्रियाँ खुद को अमानवीकृत पौरुष की उस आखिरी विकृति को निभाने की सजा सुना देती हैं जिसका एकमात्र परिणाम आत्महत्या जैसा विशिष्ट मर्दाना अंत है। कराटे में अपनी रुचि का औचित्य बताते हुए बॉस्टॅन विमेन्स लिबरेशन मूवमेंट का तर्क रहता है कि अकेले निपटने की स्थिति आने पर स्त्रियाँ शारीरिक हिंसा से बहुत आतंकित होती हैं और वे आत्मविश्वास के साथ काम कर सकें, इसके लिए उन्हें इस भय से मुक्त किया जाना बहुत जरूरी है। यह सच है कि पुरुष कुड़कुड़ाती रहनेवाली पत्नियों को चुप करने के लिए शारीरिक हिंसा की धमकी अक्सर जोर-शोर से देते हैं, लेकिन यह अक्सर कोरी भभकी ही होती है। असल में तो यह कौन कब तक मैदान में डटा रहेगा-जैसा मामला है और इसे आसानी से एक तरफ किया जा सकता है। जीवन के अलग-अलग दौरों में मैं हिंसक माने जानेवाले पुरुषों के साथ रही हूँ, उनमें से दो को तो 'गंभीर शारीरिक चोट' पहुँचाने के लिए सजा तक हो चुकी थी, लेकिन उनमें से किसी ने कभी मेरे प्रति शारीरिक आक्रामकता नहीं दिखाई क्योंकि मेरे व्यवहार से यह बहुत स्पष्ट था कि मैं उससे प्रभावित नहीं होती। हिंसा ज्यादातर स्त्रियों के लिए सम्मोहक है; वे लड़ाइयों की दर्शक होती हैं और फिल्मों में खून-खराबे के दृश्यों को बहुत पसंद करती हैं। शराबखानों और डांस-हॉलों में स्त्रियाँ हमेशा हिंसा के दृश्यों को प्रेरित करती हैं। पुरुषों की जान खाते रहने के पीछे बड़ी हद तक हिंसा के रोमांच की स्त्रियों की जरूरत होती है। ज्यादातर लड़ाइयाँ अपमानित करनेवाले भ्रमित मामले होती हैं : ज्यादातर पुरुष जिस पर प्रहार करने का उनका इरादा था उस चीज पर प्रहार नहीं करते और अपनी भ्रमित आत्मपीड़कता के चलते ज्यादातर तो खुद को ही चोट पहुँचने देते हैं। सचमुच ही हिंसक पुरुष कराटे या घूँसेबाजी के नियमों पर नहीं अटका रहता—वह टूटी बोतल, टायर-लीवर या कुल्हाड़े का इस्तेमाल करता है। वह लड़ाई को पूरा नहीं देखना चाहता, वह तो जल्द-से-जल्द ज्यादा नुकसान पहुँचाकर उसे खत्म करने के चक्कर में रहता है।

अगर स्त्रियाँ अचानक हिंसक मुठभेड़ों के विजेताओं से प्रेम करना बंद कर दें तो यह असली क्रांति होगी। वे पाशविक पुरुष की छवि से क्यों प्रेम करती हैं ? काश वे पेशियों और ठसक के पार, अपने घूँसों के इस्तेमाल के लिए उकसाए जानेवाले पुरुषों का वीरानापन और दुःख देख पातीं (क्योंकि खुद को कुछ साबित करने के फेर में पड़े कम हट्टे-कट्टे पुरुष हमेशा ही कुटे-पिटे दिखनेवाले मजबूत पुरुषों को ललकारते हैं)। वे मजबूत पुरुष के सैनिक, पहलवान, फुटबॉल खिलाड़ी या पुरुष मॉडल के तौर पर दैवीकरण को क्यों नहीं समझ पातीं ? क्यों नहीं देख पातीं कि उसका भाग्य भी करीब-करीब उन्हीं जैसा है। अगर स्त्रियाँ हिंसा की चूहादौड़ का कोई वास्तविक विकल्प

स्त्री की लड़ाई (बतर्ज : 'जुआनिटा')

धरती माँ की छाती पर चैन की नींद सोए
वह जो संसार के फिर से जन्म में जुटी रही
औरत के दिल में रहती है सब दर्द हरने की इच्छा
हर जंजीर तोड़ने में मर्द की
मदद अब उसे सीखना

औरत, ओ औरत, अपनी बेड़ियाँ तू छोड़
उठ, अपना हक वसूल और हो जा तू आजाद
ऐ माँ, बीवी, बेटी, तेरे हाथों में शक्ति अपार

दूर पर्वत की चोटी पर फूट रहा है उजाला
आनेवाले दिन को दे आजादी, मजबूती, कुर्बानी
बुला रही जंग तुझको
उठ जा राह पे अपनी निकल

–आई. डब्ल्यू. डब्ल्यू. का गीत

उपलब्ध करा पाएँ तो संसार की साँसें कुछ और चलती रह पाएँ। अगर स्त्रियाँ कुश्ती के मुकाबलों की दर्शक न रहें तो यह उद्योग ही चारों खाने चित हो जाए; अगर सैनिकों के स्त्रियों के प्रेम-प्रसाद से वंचित होने की नौबत आ जाए तो जैसेकि युगों पहले लिसिस्ट्राटा (ट्रोजन वुमन की नायिका) ने कहा था : लड़ने में कोई आकर्षण न बचे। हम हूरें नहीं हैं। हम योद्धाओं का पारितोषिक नहीं बनेंगी। और फिर भी हम पुरुषों की पत्रिकाओं में पढ़ती हैं कि अमेरिकी वेश्याओं ने विएतनाम जाने वाले लड़कों से पैसे नहीं लिए।

हिंसा की मर्दाना विकृति स्त्रियों के अपकर्ष की एक जरूरी शर्त है। लिंग को हथियार के रूप में देखा जाता है और स्त्रियों पर इसकी क्रिया को नाशक और चोट पहुँचानेवाली समझा जाता है। यह बंदूक बन चुका है और स्त्रियाँ जब चाहती हैं कि उनका साथी स्खलित हो जाए तो चलताऊ अंग्रेजी में वे कहती हैं, 'मुझे गोली मार दो ! मुझे गोली मारो !' बंदूक भेंट करके स्त्रियों को उनकी निर्वीर्यता से मुक्त नहीं किया जा सकता, हालाँकि उसे चलाने में वे उतनी ही समर्थ हैं जितने कि पुरुष। जब भी किसी विशिष्ट संघर्ष की अवधि में स्त्रियों को बंदूक थमाई गई है, उसे वापस ले लिया गया है और उन्होंने खुद को पहले से ज्यादा नपुंसक पाया है। जिसे अपनाया जाना चाहिए वह प्रक्रम इससे ठीक विपरीत है : स्त्रियों को लिंग को मानवीकृत करना होगा, उसमें से इस्पात को निकालकर उसे फिर से रक्त-मांस बनाना होगा। ज्यादातर 'मुक्त' स्त्रियाँ जो करती हैं वह है बजाय यह देखने के कि गलती की शुरुआत कहाँ से हुई और खुद उन पर इसका क्या प्रभाव पड़ा है, खुद के गलत प्रस्तुतीकरण के लिए लिंग का मजाक उड़ाना, अपनी मर्दानगी को बढ़ा-चढ़ाकर आँकने के कारण पुरुषों पर हँसना। सेक्स की

पूरी जिम्मेदारी उठाते-उठाते पुरुष थक चुके हैं, अब उन्हें इस जिम्मेदारी से मुक्त कर दिया जाना चाहिए। और मैं यह नहीं कह रही कि स्त्री-समलैंगिकता अपना ली जानी चाहिए, मैं तो यह कह रही हूँ कि पुरुष जननेंद्रियता के बजाय मानवीय यौनिकता पर बल दिया जाना चाहिए। योनि को अपनी जायज जगह ले लेनी चाहिए। हिंसा के प्रति स्त्रियों के भाव के प्रश्न को इस समस्या से अलग नहीं किया जा सकता, शुरुआत के लिए स्त्रियों को सचमुच हिंसा के प्रति वितृष्णा पैदा करने के लिए प्रयास करना चाहिए, और कम-से-कम किसी हिंसक मुकाबले के विजेता को पुरस्कृत करने से इंकार कर देना चाहिए, बल्कि हारनेवाले के साथ जुड़ने का सिद्धांत ही बना लेना चाहिए। अगर वे पुरुषों की प्रतियोगिता की दर्शक बनने से कत्तई इंकार कर दें तो प्रतियोंगिता की प्रेरणा ही जाती रहेगी।

बहुत-सी स्त्रियाँ हालाँकि हिंसक संघर्षों के विजेताओं की ओर आकर्षित नहीं होतीं बल्कि हारे हुए शूरों के आसपास मँडराती हैं, फिर भी व्यापकतर सामाजिक अर्थों में वे फिर भी विजेताओं को ही अधिमान देती हैं। उत्तर के एक प्रांत के विश्वविद्यालय में एक प्रौढ़ शिक्षा-समूह को संबोधित करते हुए एक प्रख्यात स्त्री प्रोफेसर ने इस बात का रोना रोया कि पुरुष-दंभ पढ़े-लिखे पुरुषों को, उसी संस्थान की उतनी ही पढ़ी-लिखी और बहुत सुलभ लड़कियों से मेलजोल बढ़ाने से रोकता है। लड़कियों से कम पढ़े-लिखे और अपने से नीची श्रेणी के पुरुषों से मेल-मुलाकात की आशा नहीं की जा सकती इसलिए वे किसी के साथ घूमती-फिरती नहीं। लेकिन अगर पुरुष खुद से बौद्धिक रूप से हीन लोगों के साथ अपनी फुर्सत का समय बिताते हुए संतुष्ट हो सकते हैं तो स्त्रियाँ क्यों नहीं हो सकतीं ? अवमानना से भरकर स्त्रियाँ कह सकती हैं कि पुरुष नौ बजे से पाँच बजे तक बुद्धिजीवी होते हैं और सिर्फ तभी हलके-फुलके होते हैं जब उन पर दबाव न रहे और वे किसी मूढ़ से बतिया सकें; वे सर्वज्ञाता पिता की और उनकी चुनी हुई मित्र उत्तेजित बेटी की भूमिकाएँ निभाते हैं ! सामान्य रूप से यह बात सच ही है। लेकिन सच यह भी है कि ज्यादातर मामलों में स्त्री बुद्धिजीवी अहंकारी, आक्रामक, बाध्यतापूर्ण और गहन होती हैं। अपनी संदिग्ध शैक्षणिक उपलब्धियों को बहुत ऊँचा मानते हुए वे निर्दोष मनबहलावों से संपर्क खो बैठती हैं। वे ऐसे पुरुष की तलाश में रहती हैं जिसकी उपलब्धियाँ उनकी खुद की उपलब्धियों की कीमत बना देंगी, अपनी अपर्याप्तता की जगह ले लेने के लिए उन्हें एक अहम् की तलाश होती है, और ज्यादातर पुरुष इस तलाश की अत्यावश्यकता को समझ लेते हैं। बहुत से पुरुष मूर्खों से बहुत जल्दी ही ऊब जाते हैं, लेकिन बुद्धिजीवी स्त्रियों के प्रति उनमें गहरी वितृष्णा उपजती है। अपने प्रतिद्वंद्वियों को अपना गण बनाने और उनका प्रेम-निवेदन पाने की इच्छा रखने के बजाय स्त्रियाँ अपने से 'हीन' लोगों की संगति में आनंदित क्यों नहीं हो सकतीं ? उन्हें किसी पुरुष के प्रति *प्रशंसा-भाव रखने* की अपनी आतुरता को छोड़कर उससे प्रेम करने की अपेक्षाकृत सौम्य भूमिका स्वीकार करनी होगी। एक विदुषी स्त्री किसी ट्रक-ड्राइवर को उस तरह पौरुषविहीन नहीं कर सकती जैसे वह अपने बौद्धिक प्रतिद्वंद्वी को कर सकती

है, क्योंकि ट्रक-ड्राइवर के मन में उसकी किताबी क्षमताओं के लिए अतिरंजित सम्मान बिलकुल नहीं है। परंपरागत शिक्षा का विकल्प मूढ़ता नहीं है, और बहुत-सी चतुर-सयानी लड़कियों को एक विनम्र व्यक्ति की सचमुच की बुद्धिमत्ता की खुराक की जरूरत होती है। कामगार वर्ग के परिवारों में पिता की पैतृक भूमिका वैसी मुखर नहीं होती जैसी मध्यवर्गीय परिवारों में होती है क्योंकि अक्सर अधिकारियों से खतो-किताबत करने और उन्हें चलाने में, इस वर्ग की स्त्रियाँ अपने पतियों से कहीं कुशल होती हैं।[1] एक कामगार पति एक विचारक पत्नी पर गर्व कर सकता है। विवाह का अर्थ यही होगा कि कराधान के बाद उसकी आमदनी परिवार की आर्थिक स्थिति में कोई अंतर नहीं लानेवाली। इस देश में व्यावसायिक तनख्वाहें इतनी कम हैं और काम के घंटे इतने लंबे हैं कि किसी भी पुरुष को अपनी पत्नी की कमाने की क्षमता से डर नहीं होना चाहिए, भले ही वह कितनी भी योग्य क्यों न हो। आंदोलन में तन-मन- धन से मध्यवर्गीय क्रांतिकारी पुरुष की सेवा में जुटने के बाद अब विखंडित समूहों में कड़कनेवाली समाजवादी स्त्रियों के लिए बेहतर रहेगा कि वे अपनी घृणित कुशलता और मूलभूत पाठों की अपनी जानकारी को, जिसके लिए उनका प्रयोजन था, उसी वर्ग की सेवा में लगाएँ। स्त्रियों की सफलता अक्सर इस पैमाने पर मापी जाती है कि वे अपने वर्ग से कितना ऊपर जोड़ी बनाने में सफल रहीं। चेतना में (आई) क्रांति इस अवधारणा को शायद उलट दे। हाँ, यह वास्तव में ही करना होगा, कृपालुता के लिए यहाँ कोई गुंजाइश नहीं है।

अगर स्त्रियाँ अपनी स्थिति को प्रभावी रूप से ठीक करना चाहें तो यह साफ जाहिर होता है कि उन्हें विवाह करने से इंकार करना होगा। किसी भी कामगार से जीवन-भर का करार करने की आशा नहीं की जा सकती : अगर वह ऐसा करे तो उसका नियोक्ता बेहतर उन्नत और शर्तें पाने की उसकी तमाम कोशिशों को नजरंदाज कर सकता है। जहाँ रोजगार पर किसी नियोक्ता का एकाधिकार हो वहाँ इस घटना को देखा जा सकता है। सुधार किसी नियोक्ता की भलमनसाहत पर नहीं छोड़े जाने चाहिए : सौदेबाजी की अपनी क्षमता को बनाए रखकर कामगारों को अपना गर्व बनाए रखना चाहिए। कहा जा सकता है कि विवाह के करार में स्त्रियाँ जीवन-भर के लिए नहीं बँध जातीं क्योंकि वे जब चाहे तलाक ले सकती हैं। लेकिन जो स्थिति है उसमें तलाक पुरुषों के हित में काम करता है, ऐसा सिर्फ इसलिए नहीं है कि इसे पुरुषों ने गढ़ा और स्थापित किया है, बल्कि इसलिए कि तलाक अब भी पैसे और स्वतंत्र आय पर निर्भर है जो विवाहित स्त्रियों के पास शायद ही कभी होते हैं। पुरुषों का तर्क है कि तलाक-भत्ते के कानून उन्हें अपाहिज बना सकते हैं और यह सच भी है, लेकिन बच्चों की सुपर्दारी माँ को दिए जाने के कारण तलाक-भत्ते को जरूरी बनाने का श्रेय उन्हें ही जाता है। तलाक-भत्ते के सहारे बाप के बिना बच्चे पालती स्त्री न पहले आजाद थी, न अब है। जिसे सिर्फ नियोक्ता ही तोड़ सके, ऐसा करार करने में तो और भी तुक नहीं है। इससे भी ज्यादा कड़वाहट भरनेवाला विचार यह है कि कामकाजी पत्नी की आमदनी पर उसके पति की आमदनी के भाग के तौर पर कर लगता है, जबकि पति उसे अपनी आय बताने को

बाध्य नहीं है। अगर स्वाधीनता स्वतंत्रता की आवश्यक सहगामी है तो स्त्रियों को विवाह नहीं करना चाहिए।

औसत लड़की विवाह किसके लिए करती है ? संभवतः इसका उत्तर होगा—प्रेम के लिए। प्रेम विवाह के दायरे के बाहर भी हो सकता है—असल में तो बहुत समय तक यह माना जाता रहा कि प्रेम *होता ही* विवाह के बाहर है। प्रेम के कई रूप हो सकते हैं; यह सदा ही एकनिष्ठ किस्म का क्यों हो ? सुरक्षा के कारण ? सुरक्षा एक मरीचिका है, खासतौर पर जब इसका अर्थ विवाह के शुरुआती दिनों की सुखद युगलीयता का संरक्षण हो। व्यभिचार या अलगाव जैसी आपदाएँ न भी आएँ तब भी लोग बदलते ही हैं : दोनों में से कोई भी आखिर वह व्यक्ति नहीं रह पाता जिसने विवाह किया था। अगर कोई स्त्री इसलिए विवाह करती है क्योंकि वह काम करते-करते तंग आ चुकी है, तो वह जानते-बूझते आफत मोल ले रही है। काम के अवसरों को सुधारा जाना चाहिए, उन्हें छोड़ नहीं देना चाहिए। अगर किसी स्त्री ने विवाह इसलिए किया हो कि वह बच्चों को जन्म देना चाहती है तो उसे याद रखना चाहिए कि औसत परिवार बच्चों के पालन-पोषण के लिए बहुत सही जगह सिद्ध नहीं हुए हैं, और यह देखते हुए कि जनसंख्या-वृद्धि में उसके योगदान के बिना संसार को कोई खतरा नहीं है, उसे संतति-निरोध को अपनाकर किसी सही किस्म के पारिवारिक ढाँचे के प्रकट होने तक इंतजार करना चाहिए। हायर-पर्चेज पर मकान न पा सकने और अक्सर सही किराएदार न मानी जानेवाली अकेली लड़की की अवमानना और असमर्थता को अकेली लड़की ही चुनौती दे सकती हैं; कायरों की तरह विवाह की शरण लेने से चीजें बदलनेवाली नहीं। अवैध संतान को पालने में हालाँकि बहुत-सी समस्याएँ आती हैं और मैत्रीपूर्ण सहजीवन भी ज्यादा पुरातनपंथी नागरिकों के क्षोभ और मुकदमों का शिकार हो सकता है, लेकिन इन असुविधाओं से बचने के लिए विवाह करना अर्थहीन पलायन है।

बहुत स्पष्ट रूप से यह कह देना बहुत आसान है कि स्वातंत्र्य की कामना करनेवाली स्त्री को विवाह नहीं करना चाहिए, लेकिन अगर इसका अर्थ यह निकलता हो कि विवाहित स्त्रियों का बेड़ा गर्क हो गया है तब तो बड़े पैमाने पर स्त्रियों की मुक्ति अनिश्चित काल तक टल जाएगी। बच्चोंवाली विवाहिता के पास फिर भी सौदेबाजी की ताकत बचती है, बशर्ते वह छोड़ दिए जाने की धमकी में न आने की ठान ले। विवाहित लोगों के बीच सौदेबाजी अक्सर असमान होती है : आखिर पत्नी पाती है कि उसके जीवन में आमूल-चूल परिवर्तन आया है, उसके पति के जीवन में नहीं। इस स्थिति को साधारणतः न्यायपूर्ण माना जाता है : उदाहरण के लिए, हाल ही में होम ऑफिस के एक फैसले ने अपनी मातृभूमि में रहने के किसी स्त्री के अधिकार को मान्यता नहीं दी क्योंकि उसने एक भारतीय से विवाह किया था और 'चलन यह है कि स्त्री अपने पति की मातृभूमि में जा बसे।'[2] अपने शहर, उसकी नौकरी की जगह, उसके निवास और उसके मित्रों-हितैषियों के बारे में भी यही सच है। विवाह के लेन-देन की असमानता को स्पष्ट करने के लिए उसके अंतरतम में बसी भावनात्मक असमानता को समझना होगा, हालाँकि

विद्रोहिणी लड़की
गीत और संगीत : जो हिल, कॉपीराइट 1916

कोरस
विद्रोहिणी लड़की, विद्रोहिणी लड़की
कामकाजी वर्ग की अनमोल मोती
विद्रोही लड़के को
साहस, गर्व और आनंद देती
लड़कियाँ हैं साथ हमारे लेकिन चाहिए और
इंडस्ट्रियल वर्कर्स ऑफ द वर्ल्ड को
विद्रोहिणी लड़की साथ हो जब
आजादी के लिए लड़ने में बात ही कुछ और

–आई. डब्ल्यू. डब्ल्यू. का गीत, पृ. 7
(इंडस्ट्रियल वर्कर्स ऑफ द वर्ल्ड)

कई मामलों में यह असमानता फरेब ही है। कई पुरुष छोड़ दिए जाने या पति के तौर पर असफल होने से उतने ही आतंकित रहते हैं जितना उनकी पत्नियाँ होती हैं, और खुद तमाम इंतजाम सँभालने के विचार से आतंकित न होनेवाली स्त्री इस स्थिति का फायदा उठा सकती है। मोटे तौर पर बात हिम्मत की ही है। जैसे-जैसे स्त्रियों का असंतोष बढ़ रहा है, उसी अनुपात में, व्यक्ति की स्वतंत्रता को सहारा देने के लिए विभिन्न प्रकार के सहकारी उद्यम उठ खड़े होने चाहिए थे, हालाँकि *गर्ल्स ऑफ इंडिपेंडेंट मीन्स* में दिखाई गई तस्वीर को देखते हुए आज स्त्रियों के क्लबों और सहकारी समितियों की संख्या दोनों विश्वयुद्धों के बीच के जमाने से कहीं कम दिखाई देती है। संगठन में प्रमुख मूल्य किसी राजनैतिक मोर्चे का गठन नहीं बल्कि एकजुटता और स्वयं-सेवा का विकास है, जोकि बहुत छोटे पैमाने पर भी उपयोगी हो सकता है। घर लौटकर माँ के साथ रहना बहुत बेजान-सा उपाय है, क्योंकि शिकायतों से भरी, रूढ़िवादी और अपने बच्चों के झंझटों से थक चुकी माँ के साथ जीना अक्सर कठिन होता है। ज्यादातर स्त्रियों को अब भी अपनी जगह की जरूरत होती है और इसे खोजने का एकमात्र उपाय शायद उनके अपने घरों के बाहर इसकी तलाश है।

माँओं की हालत और स्त्रियों से ज्यादा खराब है और बच्चे जितने ही ज्यादा होते हैं, स्थिति उतनी ही निराशाजनक दिखती है। लेकिन फिर भी स्त्रियाँ बच्चों के साथ या उनके बिना भी आजाद हो जाती हैं। टेस्सा फॉदरगिल अपने दो बच्चों को लेकर अपने पति से अलग हो गई और खुद ही नौकरी और फ्लैट ढूँढ़ निकालने के संघर्ष में जुट गई। इस काम में उसे इतनी मुश्किलें पेश आईं कि उसने इसी तरह की समस्याओं से जूझनेवाली स्त्रियों के लिए जिन्जरब्रैड नाम की संस्था का गठन कर डाला। मदर्स-इन-एक्शन[3] नाम का ऐसा ही एक समूह पहले से मौजूद था। आधिकारिक बाधाओं से आगे निकलने में प्रगति कितनी भी धीमी क्यों न हो, मिल-जुलकर इसे प्राप्त कर पाना ज्यादा आसान

है। और कभी स्त्रियों का अपना एक अखबार छपेगा जिसमें ऐसे समूह अपने गठन की घोषणा करके सहयोगियों की तलाश कर पाएँगे। बच्चों की जन्मदात्री और पालिका के रूप में अपनी भूमिका के महत्त्व के बारे में लगाए जुए पूर्वानुमानों के चलते ज्यादातर स्त्रियाँ पति और बच्चों को छोड़ने के विचार से ही दूर भागेंगी, लेकिन इसी मामले पर निर्मम स्पष्टता से विचार किया जाना जरूरी है। सबसे पहले तो, बच्चे *उसके* नहीं हैं, वे उसकी संपत्ति नहीं हैं, हालाँकि ज्यादातर अदालतें बच्चों की सुपर्दारी के मामलों में पिता के दावे के विरुद्ध माँ के दावे की पक्षधर होती हैं। बच्चों के लिए कष्टमय वातावरण में बढ़ना, पालन-पोषण के ढंग के बदलने से कहीं बुरा है। अनुकूलन में उन्हें होनेवाली दिक्कतें अपने आप में गर्भनाल के जुड़ाव की समाज-विरोधी मजबूती का प्रमाण हैं, और कुल मिलाकर बच्चों के लिए शायद यही अच्छा है कि वे जान लें कि माँ पर उनकी निर्विवाद पकड़ नहीं है। बहरहाल स्थिति स्पष्ट कर दी जानी चाहिए क्योंकि वे तथ्यों के बजाय अस्पष्ट संभावनाओं के बारे में ज्यादा चिंता करते हैं। जो पत्नी यह जानती है कि पति को छोड़ देने पर वह बच्चों को घोर कंगाली में ही पाल सकती है, हालाँकि अपना गुजारा वह किसी तरह चला लेगी, उसे समझदारी से फैसला लेना चाहिए और भगोड़ी पत्नी के विरुद्ध पूर्वग्रह को मन से उखाड़ फेंकना चाहिए। बहुत से मामलों में बच्चे रखने दिए जाने से पति को सांत्वना मिलती है और वह बच्चों को कम दुश्चिंता के साथ और ज्यादा अच्छी तरह पाल सकता है। किसी स्त्री के बजाय कमाऊ पुरुष आया या हाउस-कीपर की तनख्वाह आसानी से दे पाएगा। अपने बच्चों को पालने के लिए जूझती तलाकशुदा स्त्री के सिर पर बच्चों को 'सरकारी संरक्षण में ले लिए जाने' की तलवार हमेशा टँगी रहती है जोकि सबसे बुरा विकल्प है। अगर समाज उसे साधन उपलब्ध होने दे तो अपने पति और बच्चों को छोड़नेवाली स्त्री उन्हें तलाक-भत्ता देने का प्रस्ताव रख सकती है।

विवाहित स्त्री की मुक्ति में महत्त्वपूर्ण घटक है उसकी स्थिति की समझदारी। उसे एक असंभव किस्म के ढाँचे में असफल होने के अपराध-बोध से लड़ना और ढाँचे की जाँच-परख करना होगा। उसे अपने स्वास्थ्य, अपनी नैतिकता और अपनी लैंगिकता के, स्वार्थों से प्रेरित वर्णनों पर ध्यान दिए बिना उनका आकलन खुद करना चाहिए। डॉक्टर, मनोवैज्ञानिक, सामाजिक कार्यकर्ता, वैवाहिक परामर्शदाता, पुरोहित, स्वास्थ्य कार्यकर्ता और लोकप्रिय नैतिकवादी : उसे अपने इन तमाम शत्रुओं को पहचान पाना चाहिए। उसे खरीदारी की अपनी आदतों, रोजमर्रा के पलायनों और बेईमानियों, अपनी पीड़ाओं, अपने बच्चों के प्रति अपनी वास्तविक भावनाओं, अपने भूत और अपने भविष्य का विश्लेषण करना चाहिए। ऐसे आकलनों में उसकी सबसे बढ़िया मददगार उसकी बहनें हैं। उसे अपने पति से बहसबाजी या मजाक उड़ाए जाने से परेशान नहीं होना चाहिए या अपनी स्थिति में उसकी भूमिका से उसके अनजान होने या किसी 'सही—ठीक-ठाक' सुझाव पर समझौता करने के उसके प्रस्ताव की उदारता जैसी बातों में नहीं आना चाहिए। तत्त्वतः उसे अपनी इच्छाशक्ति और अपने खुद के लक्ष्यों को फिर से पकड़ लेना

चाहिए, और यह कर पाने के लिए कुछ खासे 'गलत से' सुझावों या माँगों की जरूरत हो सकती है।

टाइ-ग्रेस एटकिंसन की तरह यह कह देना कि पुरुषों ने प्रजनन के जीववैज्ञानिक रहस्य को हल कर दिया, स्त्रियों के अधीनीकरण के प्रक्रम का पूरा स्पष्टीकरण नहीं है। दरअसल पितृत्व की गुत्थी वे सुलझा नहीं पाए हैं। सब जानते हैं कि पिता जरूरी है लेकिन यह नहीं जानते कि उसकी पक्की पहचान कैसे की जाए। पितृत्व की इस असमर्थता का हल स्त्रियों ने पितृत्व और उसकी सहगामी निष्ठा का आश्वासन प्रस्तुत करके निकाला, शुरू में तो शायद उन्हें बंदी बनाकर और कड़ी निगरानी में रखकर ही यह आश्वासन उनसे वसूला गया होगा। अब, जबकि पत्नियों को कोठरी में कैद कर पाना असंभव ही हो गया, हमें सब आश्वासन वापस ले लेने चाहिए और पूरे समूह की पैतृकता बनाए रखने पर जोर देकर—सब पुरुष सब बच्चों के पिता हैं—पितृसत्तात्मक परिवार को असंभव बना देना चाहिए। पितृत्व के आश्वासन को वापस ले लेने का अर्थ 'स्वेच्छागामिता' नहीं है, हालाँकि शुरू में ऐसा लग भी सकता है। अपना रोजगार चुनने में अनियमित रूप से काम करनेवाली सेक्रेटरियों की स्वेच्छागामिता एक क्रांतिकारी उदाहरण सिद्ध हो सकती है, कंपनी के काम में उनके योगदान की पहचान तभी होती है; इसी तरह पूरी एकगामिता और कुत्ते जैसी स्वामिभक्ति के साथ खुद को प्रस्तुत करने की स्त्रियों की अनिच्छा को शुरू में, वास्तविक 'स्वेच्छागामिता' के सहारे की जरूरत पड़ सकती है।

अगर कल ही तमाम वैवाहिक कानून निरस्त हो जाएँ तो भी आज जो अच्छा और प्रशंसनीय है, वह बना ही रहेगा...जिसे मैं चाहूँ, जब तक चाहूँ, प्रेम करने, चाहे तो रोज ही उस प्रेमी को बदलने का मेरा अधिकार अहरणीय, संवैधानिक और नैसर्गिक है।

—विक्टोरिया क्लैफ्लिन वुडहल, 20 नवंबर, 1871

स्त्रियों को पूँजीवादी राज्य में प्रमुख उपभोक्ता की अपनी भूमिका को भी ठुकरा देना चाहिए। हालाँकि घरेलू उपकरणों को खरीदने से इंकार करना इस मायने में प्रतिगामी होगा कि इससे स्त्रियों का काम बढ़ जाएगा और उन्हें बाँधे रखनेवाला हो जाएगा, लेकिन अगर तीन परिवारों की स्त्रियाँ एक ही वाशिंग मशीन से काम चलाने लगें और नवीनतम मॉडल के उपकरणों के स्वामित्व को सम्मान और सफलता के जरूरी संकेतक न मानें तो संबद्ध उद्योगों को करारा झटका लगेगा। वे घरेलू सहकारी समूह बनाकर, अपने काम को मिलकर करके, एक-दूसरी को कई-कई दिन के लिए मुक्त कर सकती हैं। बच्चों को एक-दूसरे के विरुद्ध खड़े करने के बजाय उन्हें खिलौनों को मिल-बाँटकर इस्तेमाल करने को उत्साहित किया जा सकता है। बच्चों को यह वैसा नहीं लगेगा जैसा माता-पिता सोचते हैं। मुझे याद है कि जब मैं करीब चार बरस की थी तब अपने सब खिलौने किसी को दे डालने पर मेरी पिटाई हुई थी। वे मुझे सचमुच ही नहीं चाहिए थे। बच्चों को महँगे

खिलौनों की जरूरत नहीं होती, स्त्रियों को क्रिसमस के दौरान उनसे लाखों पाउंड वसूलने की कोशिश करनेवाले विज्ञापनों को ठुकरा देना चाहिए। साबुन के पाउडरों जैसी कुछ चीजों को बड़ी मात्रा में बिना पैकिंग के खरीदकर सस्ते दामों में पाया जा सकता है। इसी तरह खाद्य पदार्थ सीधे ही सप्लायरों से खरीदे जा सकते हैं, और अगर स्त्रियाँ बिचौलियों को ठगने के लिए एकजुट हो जाएँ तो उनकी सफलता की संभावना और भी बढ़ जाती है। सस्ते सौदे का फायदा सभी परिवारों को मिलना चाहिए। पुराने कपड़ों और सामानों से जुड़े पूर्वग्रह से भी स्त्रियों को छुटकारा पा लेना चाहिए। बच्चों के छोटे हो गए कपड़ों को मिल-बाँटकर इस्तेमाल किया जा सकता है और बच्चे अगर पहले से ही पूर्वग्रह न पाले हुए हों तो उन्हें बुरा भी नहीं लगेगा। ज्यादातर कामकाजी परिवारों में अभी भी बच्चागाड़ी जैसी चीजों की अदला-बदली होती है। इन सहकारी उद्यमों का आंशिक उद्देश्य अकेले परिवार और अकेले माता-पिता के अकेलेपन को तोड़ना है पर मैं मुख्यतः विज्ञापन की प्रमुख शिकार और राष्ट्र की लूट की प्रमुख खर्चकर्ता के तौर पर स्त्री की क्रिया को ठप्प करने के उपायों के बारे में सोच रही हूँ।

कपड़ों और सौंदर्य-प्रसाधनों में अपनी रुचि को छोड़ना ज्यादातर स्त्रियों को मुश्किल लगेगा, हालाँकि बहुत से स्त्री-मुक्ति आंदोलन उनसे इन दासत्व-भरे अलंकरणों से ऊपर उठने की गुजारिश करते हैं। जब तक प्रसाधनों का उपयोग चैतन्य और सृजनात्मक रूप से शृंगार के लिए होता है तब तक वे बेईमानी की निशानी नहीं हैं : लेकिन जब उनका इस्तेमाल कुरूपताओं को ढँकने और किसी भद्दी चीज को दबा-ढँककर संसार के लिए स्वीकार्य बनाकर प्रस्तुत करने में होता है, तब वे संदेहास्पद हो उठते हैं। अपनी नकली बरौनियों के बिना घर से बाहर न निकल पानेवाली स्त्रियाँ गंभीर मानसिक झंझट में फँसी हैं। सबसे महँगे से लेकर सबसे सस्ते प्रसाधनों तक का सारतत्त्व एक ही होता है : कोई जादुई सरेस ढलते तंतुओं की मरम्मत नहीं कर सकता। आहार और आराम को सौंदर्य के कच्चे माल के तौर पर देखा जाना चाहिए। सबसे सस्ते और सबसे मजेदार मंच पर इस्तेमाल किए जाने वाले प्रसाधन हैं। काजल आँखों की सबसे बढ़िया सज्जा है। यह सबसे सस्ता भी है और कई रूपों में खरीदा जा सकता है। फ्रांसीसी नामोंवाली, कोयले की दामी रूहों के बजाय, स्त्रियाँ कर्पूररस, लौंग के तेल और लोबान से खुद ही इत्र बना सकती हैं, बनफ्शा, पैचूली और गुलाब के अत्तर से भी इत्र बनता है। बजाय हर बरस केशसज्जा बदलने के, स्त्रियाँ खुद देखें कि उनके बाल कैसे सुंदर लगते हैं और फिर अपनी शैली और मनोभाव को ध्यान में रखते हुए उन्हें सँवार लें।

इनमें से कुछ चलन तो दिखाई देने लगे हैं। ज्यादातर लड़कियाँ केश-सज्जाकारों के यहाँ उतने चक्कर नहीं लगातीं, जितने उनकी माँएँ लगाया करती थीं। उन्होंने वेष-विन्यासकार को हटा दिया है और सबसे पुराने और सबसे रोमांटिक से लेकर पुरुषों के खेल परिधानों के सबसे भोंडे संस्करणों तक, जो भी उनका मन चाहे, पहनती हैं। ऐसे संकेत भी दिखते हैं कि वे अल्कोहल और मदिराओं जैसी महँगी-प्रतिष्ठित खान-पान की आदतें छोड़ रही हैं। उनमें से बहुत-सी, छात्राओं के तौर पर, जीने के वे ढंग सीख रही हैं जिन्हें वे वयस्क

स्त्री बन जाने पर छोड़ेंगी नहीं। सिगरेटों और बीयर को छोड़कर अवैध हशीश अपनाने का प्रतिमान अगर बड़े पैमाने पर उभरा तो अर्थतंत्र पर इसके दूरगामी प्रभाव होंगे। प्राकृतिक ढंग से उगाए गए आहारों और कम मात्रा में खाने की आदत, खाने और आहार की बिक्री के प्रति भाव को दर्शाता है। अभी तक एक अल्पसंख्यक वर्ग ही इन चलनों को अपना रहा है लेकिन यह स्त्री-मुक्ति के झंडों के पीछे नारे लगानेवाले वर्ग से कहीं बड़ा वर्ग है। यह भी मुक्ति की ही तलाश है। हिप्पियों द्वारा हिंसा को ठुकराया जाना असफल माना जा सकता है क्योंकि पुलिसवालों को फूल का जवाब लट्ठ से देते हुए शर्म नहीं आई, लेकिन प्रश्न परिभाषित किया जा चुका है और बहस अभी चल ही रही है।

बाध्यकरता और बाध्यता को आनंद के सिद्धांत से प्रतिस्थापित करना स्त्रियों को मुक्त करने का प्रमुख उपाय है। खाना पकाना, कपड़े, सौंदर्य और घर-गृहस्थी का संचालन बाध्यकारी गतिविधियाँ हैं जिनमें दुश्चिंता का घटक आनंद के घटक को कब का प्रतिस्थापित कर चुका है। इन सभी गतिविधियों को *मजे* के लिए इस्तेमाल किया जा सकता है। स्वतःस्फूर्तता आनंद का सारतत्त्व है। इन मामलों में स्वतःस्फूर्तता का अर्थ है उस प्रतिमान को रद्द करना जिस पर खरा उतरने की आशा की जाती हो, और एक आत्म-नियंत्रक सिद्धांत को स्थापित करना। इस बात को दवाओं के उदाहरण से समझा जा सकता है : स्त्रियाँ दवाओं को पीड़ाहर के तौर पर, बाध्यकर ढंग से, तनाव या दर्द कम करने के लिए या दुश्चिंता के संलक्षणों को दबाने के लिए लेती हैं, इस तरह वे ख़ुद-ब-ख़ुद एक निर्भरता संलक्षण की शिकार हो जाती हैं और फिर यह पता लगाना असंभव हो जाता है कि कहीं वह लक्षण, जिसके लिए दवा ली जा रही है, दवा से ही तो पैदा नहीं हुआ, और मामला यूँ ही चलता चला जाता है। हशीश का नशा करनेवाले व्यक्ति को इसकी कोई जरूरत नहीं होती : वह इसे तब इस्तेमाल करता है जब वह एक खास मनःस्थिति में पहुँचना चाहता है, और उस बिंदु तक पहुँचते ही वह उसे लेना बंद कर देता है। वह नशे के इस इस्तेमाल को किसी इलाज का बहाना नहीं बनाता, हालाँकि हशीश के प्रयोग-संबंधी कानून ऐसी ही स्थिति तैयार करने की कोशिश में हैं। इसी तरह बजाय एक समय-सारिणी का अनुसरण करने के या उन तमाम नए और कठिन व्यंजनों को पकाने के जिन्हें आपने अपना नया सलीब बना लिया है, जैसा आप पकाना चाहें ऐसा खाना पकाना संभव होना चाहिए। ऐसा खाना जिसे सब खाना चाहते हैं, जिसे आप जैसे चाहें वैसे परोसें, और अगर आपकी इसमें रुचि न हो तो बिलकुल न पकाएँ। दुर्भाग्य यह है कि दिनचर्या के सिद्धांत की जड़ें इस देश में बहुत गहरी पड़ी हैं और चर्या से जी चुरानेवाली गृहिणियाँ तक जुए और शराब को दिनचर्या के रूप में इस्तेमाल करती हैं। घर के कामकाज को एक दुष्चक्र माना ही जाता है; काम से काम निकलता है और चक्र चलता रहता है। ऐसे दुष्चक्र को तोड़ना इतना कठिन है कि कूदकर बाहर आ जाना, और कुछ और ही करने पर तुल जाना ही जरूरी लगता है। इस चक्र के अंदर भी 'स्वतंत्रता' की नियमित अवधियाँ हैं और इसीलिए वे कारगर नहीं रहतीं। ज्यादातर

किस्म के समझौते कारगर नहीं रहनेवाले, हालाँकि वे तनाव के लक्षणों को कम कर सकते हैं। और इसी कारण खुद चुने हुए काम को इस चक्र में जोड़ देना भी कारगर नहीं होगा क्योंकि प्रेरणा और ऊर्जा का लगातार क्षरण हो रहा है। चक्र को भेद देने के अलावा कोई विकल्प नहीं बचता।

कुछ लोगों के लिए चक्र टूटने का मतलब है आकाश फट पड़ना और संसार में आदिम दुर्व्यवस्था की वापसी। हम लोग स्वातंत्र्य से बहुत डरते हैं, लेकिन इस डर को यथास्थिति के बने रहने के एक घटक के रूप में समझा जाना चाहिए। जनाना-मर्दाना के ध्रुवीकरण को स्वीकार करने से इंकार करने के बाद स्त्रियों को जोखिम के अस्तित्व और गलती की संभावना को स्वीकार कर लेना चाहिए। गुलामी को छोड़ देना सुरक्षा की मरीचिका का निर्वासन भी है।

जनाब, मेरे तर्क एक निस्पृह व्यक्ति द्वारा प्रस्तुत किए गए हैं–मैं अपनी जाति के लिए निवेदन कर रही हूँ, अपने लिए नहीं। बहुत लंबे अर्से से मैं स्वातंत्र्य को जीवन का अनुपम उपहार मानती हूँ, सभी सद्गुणों का आधार–और मैं स्वातंत्र्य को बनाए ही रहूँगी भले ही मुझे किसी उजाड़ ऊसर में रहना पड़े।

–मेरी वौल्स्टनक्राफ्ट

'ए विंडिकेशन ऑफ द राइट्स ऑफ विमेन', 1792, पृ. 4

संसार रातोंरात नहीं बदलनेवाला और जब तक स्त्रियाँ समाज की तलछट, सनकी, विकृत और संसार के ठेकेदार उन्हें जो भी कहकर पुकारें, वह बनने को राजी नहीं होतीं, तब तक मुक्ति नहीं होगी। अतीत में वैसी साहसी स्त्रियाँ हुई हैं जैसी होने की जरूरत अब हमें नहीं है, जिन्होंने जरा से लाभ की प्राप्ति के लिए सबकुछ दाँव पर लगा दिया और सबकुछ के बावजूद बची रह गईं। मुखर स्त्रियों की अखबारों में अवमानना होती है और मोटी तनख्वाहें पानेवाली और अपनी कमनीयता पर गर्व करनेवाली स्त्रियाँ उन्हें देखकर नाक-भौं सिकोड़ती हैं, लेकिन कम-से-कम अब उन्हें जला नहीं दिया जाता। खुद को मुक्त कराने को निकली स्त्रियों से जादू से स्वस्थ, प्रसन्न, रचनात्मक और सहयोगपूर्ण हो जाने की आशा करना तो कुछ ज्यादती ही है, हालाँकि अवैयक्तीकरण के भयावह लक्षण अक्सर लुप्त हो ही जाते हैं। अनुकूलन से उपजी पुरानी जरूरतें और दुश्चिंताएँ अपना दंड वसूलती साथ बनी रहती हैं, लेकिन अब उन्हें समझ लिया गया होता है और एक उद्देश्य के लिए झेला जाता है। स्थिति अपने पूरे परिणामों के साथ तभी उभरेगी जब उसे चुनौती दी जाएगी, और शुरू में स्त्रियाँ, पुलिस के स्त्रियों पर वार न करने के सिद्धांत को जिस तेजी से भुलाया जाता है, उससे या खुद पर बरसाई गई गालियों के फोहशपन से थर्रा सकती हैं, लेकिन ऐसी खोजें उन्हें अपनी राह पर डटे रहने को ही प्रेरित कर सकती हैं। स्थिति का पर्दाफाश करना मुक्ति की रणनीति की कुंजी है और यह करने का सबसे आसान तरीका है बोली और भंगिमा की उद्धतता से पंडितों और विशेषज्ञों को बौखला देना; मर्दाना पाखंड, अनर्गलता और अन्याय पर से पर्दा उठाने के

लिए 'जनाना तर्क' का दोहन। परंपरागत रूप से स्त्रियों की जुबान ही उनका हथियार रही है और सूचना का प्रसार प्रमुख क्रांतिकारी रणनीति सदा ही रहा है। पहले की ही तरह आज भी स्त्रियों को निमाणी और चालबाज बनने से इंकार कर देना चाहिए क्योंकि कपट से सत्य का काम नहीं हो सकता। जो स्त्रियाँ यह मानती हैं कि जाँघ की ताकत से और मीठी-मीठी बातों से बहला-फुसलाकर वे दुनिया को उँगलियों पर नचाती हैं, मूर्ख हैं।[4] ऐसी रणनीतियों को अपनाना गुलामी है।

इस बिंदु पर यह बता पाना कठिन है कि एक नई लैंगिक व्यवस्था कैसी होगी। हमारे पास जीने के लिए एक ही जीवन है और पहला उद्देश्य है सभ्यता की सेवा में इस जीवन पर पहले से ही लाद दी गई असमर्थताओं से उस जीवन को बचाने का उपाय खोजना। प्रयोग कर-करके ही हम उन नई संभावनाओं के द्वार खोल सकते हैं जो उस विकास की रूपरेखा इंगित करेंगी जिसमें यथास्थिति एक प्रदत्त है। स्त्रियों की क्रांति आवश्यक रूप से स्थितिवादी है : हम यह नहीं कह सकते कि जब समाजवादी निजी संपत्ति को समाप्त करके उत्पादन के साधनों के सार्वजनिक स्वामित्व को स्थापित कर देंगे तब सब ठीक-ठाक हो जाएगा। हम इतना इंतजार नहीं कर सकतीं। स्त्रियों की मुक्ति अगर पितृसत्तात्मक परिवार का खात्मा करती है तो यह सत्तावादी राज्य के एक आवश्यक उपढाँचे का खात्मा होगा, और एक बार जब यह सूख-मुरझा जाएगा तो मार्क्स सच ही साबित होगा, इसलिए हमें काम शुरू कर देना चाहिए। फैक्टरियों में, जहाँ सर्वहारा कम्यूनिस्ट बनने के बजाय हायर-परचेज तंत्र के गुलाम बन गए हैं, पर्चे बाँटने का काम पुरुष करें। हायर-परचेज के गुलामों का अस्तित्व घर-बैठी उपभोक्ता के तौर पर पत्नी की क्रिया पर भी आधारित है। आँकड़े बताते हैं कि लगभग सभी हायर-परचेज करार विवाहित लोगों द्वारा किए जाते हैं। अगर स्त्रियाँ क्रांति करती हैं तो यह स्थिति भी बदलनी चाहिए। स्त्रियाँ सबसे दमित, आजीवन करारनामों से बँधे बँधुआओं के सबसे बड़े वर्ग का प्रतिनिधित्व करती हैं जिन्हें गुलाम कहा जाना अतिरंजना नहीं है। वे ही एकमात्र सच्ची सर्वहारा हैं और बहुत छोटे से ही अंतर से सही, लेकिन बहुसंख्यक वर्ग हैं; तब अपना लक्ष्य पाने से उन्हें क्या रोक रहा है ? उनके किसी ठोस समूह में गठित होकर मालिकों को चुनौती देने में उनका दमन ही बाधक बना है। लेकिन पुरुष ने एक गंभीर भूल की : कुछ धुँधले से सुधारवादी और मानवतावादी आंदोलन के जवाब में उसने स्त्रियों को राजनीति और व्यवसायों में आने दिया। इसे हमारी सभ्यता में पलीता लगाने और राज्य और विवाह के अंत के रूप में देखनेवाले रूढ़िवादी ही सही थे; अब ध्वंस की शुरुआत का समय आ गया है। हमें युद्ध करने के लिए किसी को चुनौती देने की जरूरत नहीं है, क्योंकि सबसे सरल, प्रभावी उपाय यह है कि हम उनके दमनकर्ता तंत्र को तैयार करने में अपना सहयोग वापस ले लें, हमारे श्रम की वैध वापसी। हम आंदोलन भी कर सकती हैं, सिर्फ पुरुषों के शराबखानों और सौंदर्य प्रतियोगिताओं का घेराव कर सकती हैं, समितियों की सदस्य हो सकती हैं, संचार माध्यमों में घुस सकती हैं, यानी जो चाहे सो करती रह सकती हैं, लेकिन साथ ही हमें कुछ कामों को करने से ही नहीं,

बल्कि उन्हें करना चाहने से भी इंकार करना होगा।

अनुभव बहुत महँगा अध्यापक है : स्थिति की जाँच के लिए हम सभी विवाह नहीं कर सकतीं। बड़ी बहनों को अपने अनुभव हमें सिखाने होंगे। हमें हमेशा ही एक-दूसरी के अनुभव से सीखना चाहिए और जल्दबाजी में या नकचढ़ेपन से या पुरुषों के मानदंडों पर परखकर फैसला लेने से बचना चाहिए। हमें अपने राजनैतिक ढाँचों में पुरुषों जैसे सत्ताक्रम या कोई स्त्रीवादी विशिष्ट वर्ग रचने की प्रवृत्ति से बचना चाहिए और सहयोग और भ्रातृत्व के मातृसत्तात्मक सिद्धांत को बनाए रखने के लिए संघर्ष करना चाहिए। अपनी नीतियों को न्यायसंगत ठहराते हुए स्त्रीवादियों के लिए यह साबित करना जरूरी नहीं है कि मातृसत्तात्मकता समुदाय का एक प्रागैतिहासिक रूप है या पितृसत्तात्मकता एक पूँजीवादी विकृति है; क्योंकि जीवन के जिस रूप की हम कल्पना कर रही हैं वह नव्य-नवीन है या चिर-पुरातन, इससे कोई फर्क नहीं पड़ता। अपना स्पष्टीकरण देने के लिए हमें संदिग्ध नृतत्त्वशास्त्र का सहारा लेने की जरूरत नहीं है, हालाँकि स्त्री-जगत में नैसर्गिक और संभव की हमारी अवधारणाओं की सीमाएँ तोड़ने के प्रयास में अध्ययनशील स्त्रियाँ अगर स्त्रियों की ऐतिहासिक भूमिका पर शोध करें तो अच्छा ही रहेगा। आज कुछ स्त्रियाँ सुनने को तैयार हैं और उनकी संख्या बढ़ रही है; यही वह समय है जब चाहे कितने भी अनिश्चित भाव से, कितना ही रुक-रुककर सही, ये स्त्रियाँ बोलें और संसार सुने।

स्त्रियों द्वारा चुनी गई राह के सही होने का सबसे पक्का इंगित है *संघर्ष में आनंद।* क्रांति दमितों का उत्सव है। हो सकता है कि लंबे अर्से तक उद्देश्य और एकात्मकता के उनके नए भाव के अलावा और कोई साफ-साफ दिखता पुरस्कार स्त्रियों के लिए न रहे। प्रसन्नता का अर्थ बौराकर पगला जाना नहीं है, इसका अर्थ है अपनी ऊर्जा को खुद के चुने हुए उद्यम में उद्देश्यपूर्ण ढंग से लगाना। गौरव और आत्मविश्वास इसके अर्थ हैं। इसका अर्थ है दूसरों से उनकी और अपनी संगति में आनंद पर आधारित संवाद और सहयोग। असहायता और कमी से मुक्त होकर इस संसार में जीना आपका जन्मसिद्ध अधिकार है। विरूपता और लड़खड़ाहट को ठुकराकर अपनी देह का स्वामित्व ले लेना, और उसकी शक्ति और सुंदरता के उसके अपने नियमों से गर्वित होना। कामना करने के लिए, बनाने के लिए, प्राप्ति के लिए और आखिर में दे डालने के लिए सचमुच कुछ होना। अपराध-बोध और लज्जा और स्त्रियों के अथक आत्मानुशासन से मुक्त होना। बहाने बनाना और विघटित होना, फुसलाना और उँगलियों पर नचाना छोड़कर नियंत्रण और सहानुभूति रखना शुरू करना। विशालहृदयता, उदारता और साहस के मर्दाना गुणों पर दावा पेश करना। यह समान काम के लिए समान वेतन से कहीं आगे तक जाता है क्योंकि इसे काम की स्थितियों में पूरी तरह क्रांति ला देनी चाहिए। यह अवसर की समानता जैसे मुहावरे को नहीं समझता, क्योंकि ऐसा दिखता है कि अवसरों को पूरी तरह बदल दिया जाना होगा और स्त्रियों की आत्माओं को भी बदलना होगा, ताकि वे अवसर से दूर भागने के बजाय उसकी कामना करें। लड़खड़ाते हुए, स्वतंत्रता

की ओर जाती अपनी जनाना सड़क पर आगे बढ़ते हुए जो पहली महत्त्वपूर्ण खोज हम करेंगी, वह यह है कि पुरुष स्वतंत्र नहीं हैं और वे इसे इस तर्क का आधार बनाना चाहेंगे

सत्य की स्थापना निरंतर असत्य के संहार पर निर्भर है
हे ऑल्बियन* के तर्ककर्ताओं, कौमार्य पर नहीं, परिच्छेदन पर !

–ब्लेक, 'जेरुसलम', पृ. 55

* ऑल्बियन : इंग्लैंड का प्राचीन नाम

कि इसीलिए बाकियों को भी स्वतंत्र नहीं होना चाहिए। हमारा उत्तर यही हो सकता है कि गुलाम अपने मालिकों को गुलाम बना देते हैं और खुद की दासत्व-मुक्ति प्राप्त करके हम पुरुषों को वह राह दिखा सकेंगी जिस पर अपनी चूहादौड़ से बाहर निकलकर वे चल सकते हैं। सुविधासंपन्न स्त्रियाँ आपकी बाँह पकड़कर सुधारों की 'लड़ाई' में आपको शामिल करना चाहेंगी, लेकिन सुधार प्रतिगामी हैं। पुराने प्रक्रम का नवीनीकरण नहीं करना है, उसे तोड़ना होगा। कड़वाहट से भरी स्त्रियाँ आपको विद्रोह के लिए पुकारेंगी, लेकिन आपको तो बहुत कुछ करना है। आप क्या *करेंगी* ?

...अपने आधी सदी के जीवनकाल में, उद्‌भासित किए गए धर्म में विश्वास न रखनेवालों के बीच मुझे स्त्रियों और पुरुषों के समानाधिकारों का एक भी विरोधी नहीं मिला।

–लाँग, 'ईव', 1875, पृ. 112

संदर्भ एवं टिप्पणियाँ

सार-संक्षेप

1. 'बोडिसिया राइड्स अगेन', *संडे टाइम्स मैगजीन,* 21-9-69
2. इब्सन, *ए डॉल्स हाउस,* एक्ट III

लिंग

1. एच.एच. प्लॉस और एम. और पी. बार्टेल्स का तीन खंडों में लिखा गया शोध-प्रबंध नृतत्त्वशास्त्रीय और जातिगत पूर्वग्रह का साक्षात प्रमाण है; मूल जर्मन संस्करण की प्लेटें हिटलर ने नष्ट करवा दी थीं, लेकिन इससे पहले ही डॉ. एरिक डिंगवॉल ने अंग्रेजी संस्करण तैयार कर लिया था, *वुमन* (लंदन, 1935)। आगे प्लॉस और बार्टेल्स के रूप में उल्लिखित।
2. एफ. ए. ई. क्रू, *सेक्स डिटरमिनेशन* (लंदन, 1954), पृ. 54
3. ऐशली मॉन्टेग्यू, *द नैचुरल सुपीरियॉरिटी ऑफ विमेन* (लंदन, 1954), पृ. 76-81
4. 1969 में कैंब्रिज विश्वविद्यालय में आयोजित क्रॉपवुड कॉन्फरेंस ऑन क्रिमिनोलॉजिकल इंप्लिकेशंस ऑफ क्रोमोसोमल एबनॉर्मेलिटीज में इस मामले पर विषद चर्चा हुई। XYY सिंड्रोम पर अब 500 से ज्यादा प्रकाशन उपलब्ध हैं।
5. ग्रेज, *एनैटॉमी* (लंदन, 1958), पृ. 219-220
6. रॉबर्ट स्टॉलर, *सेक्स एंड जेंडर* (लंदन, 1968), *यत्र-तत्र*

हड्डियाँ

1. देखिए जोन फ्रेजर, *स्टे ए गर्ल* (लंदन, 1963) पृ. 3 :

> स्त्री को पुरुष से अलग किस्म की वर्जिश चाहिए होती है। उसे शारीरिक ताकत विकसित करनेवाली और पेशियों को कड़ा बनानेवाली गतिविधियाँ चाहिए, लेकिन स्त्री को ठोस पेशियाँ नहीं चाहिए। उसे ताजगी और राहत देनेवाली, न थकानेवाली वर्जिश की जरूरत होती है। ऐसी वर्जिश जो उसकी पेशियों, जोड़ों, ग्रंथियों, श्वसन और पाचन अंगों को चुस्त रखते हुए उसके अंग-संचालन को ललित बनाए, उसके स्त्रीत्व को बढ़ाए।

2. स्त्रियों की शिशुसमता पर हमेशा चर्चा हुई है, बिशाट ने *जनरल एनैटॉमी* (लंदन, 1824) और अपने पूर्वोक्त ग्रंथ में प्लॉस और बार्टेल्स ने (पृ. 90) इस पर चर्चा की है, लेकिन इन टिप्पणीकारों ने डब्ल्यू. आई. थॉमस, *सेक्स एंड सोसायटी* (लंदन, 1907) पृ. 18, 51,

और एशली मॉन्टेग्यू (पूर्वोक्त, पृ. 70-71) की तरह यह देखने का प्रयास नहीं किया कि यह सुविधा भी सिद्ध हो सकता है।

3. देखिए ग्रेज, *एनैटॉमी* (पूर्वोक्त) पृ. 402-407
4. आदिम या कड़ा परिश्रम करनेवाली स्त्रियों में श्रोणिअस्थि के हलके अंतर के प्रमाण को प्लॉस और बार्टेल्स के लेखन में पाया जा सकता है जो *आर्केओलॉजी फर एन्थ्रोपोलोजिस्टेन* (1885-86), खंड 16, पृ. 161-228 से हेनिग के 'दास रेस्सेनबेकेन' को उद्धृत करते हैं।

गोलाइयाँ

1. आर. ब्रोबी-जोहानसन का *बॉडी एंड क्लोथ्स* (लंदन, 1969) शरीर, आत्मछवि और वस्त्रों की अंतर्क्रिया पर आज तक लिखा गया सबसे विस्तृत विवरण है। इसमें कामोत्तेजेक क्षेत्रों और चर्बी की अवस्थिति के बदलने पर भी चर्चा हुई है।
2. सोफी लाजारस्फेल्ड, *द रिद्म ऑफ लाइफ* (लंदन, 1934) पृ. 158
3. पॉलीन रीज, *द स्टोरी ऑफ ओ* (ट्रैवेलर्स कम्पैनियन, पेरिस, 1965), पृ. 18 और *यत्र-तत्र*। थॉर्स्टीन वेब्लेन ने *द थ्योरी ऑफ द लैजर क्लास* (लंदन, 1899) पृ. 141-146 में ऐश्वर्य-विलास और नजाकत के संकेतक के रूप में गोलाइयों का समाजशास्त्रीय विश्लेषण दिया है।
4. केनेथ टायनान, 'द गर्ल हू टर्न्ड हर बैक', *मेफेयर,* खंड 4, अंक 3, मार्च 1969
5. चर्बी का यह यशोगान (प्लॉस और बार्टेल्स, पूर्वोक्त, पृ. 86) बताता है कि यह हमारे पूर्वजों के लिए कितनी महत्त्वपूर्ण रही होगी :

> स्त्रियों में नुकीलेपन और सपाट सतहों में कुछ बेढब और वितृष्णाजनक है, जैसाकि बहुत ज्यादा श्रम और घटिया जीवन-स्थितियों के कारण कुछ आदिम जातियों में उस आयु में ही दिखने लगता है जब यूरोपियन स्त्रियाँ पूर्ण यौवन पर होती हैं। स्त्रियों में चर्बी की तह को बहुत महत्त्वपूर्ण द्वितीयक लैंगिक लक्षण माना जा सकता है। हाथ-पैरों की लंबाकार गोलाइयाँ, गले और कंधे की गोलाइयाँ, छाती के उभार, और कूल्हों की गोलाई; स्त्रीत्व के सभी लाक्षणिक चिन्ह, इसी से बनते हैं। चर्बी की यही तह स्त्री के घुटने को नर्म गद्दीदार आकार देती है जो पुरुष के घुटने से बहुत भिन्न होता है। स्त्रियों की जाँघ के ऊपरी हिस्से का गोलाईदार फैलाव (जो कभी-कभी सुडौलता को बिगाड़ता-सा दिखता है) जो घुटने तक आते-आते कम हो जाता है, वह भी इसी तह की देन है।

केश

1. संसार-भर में यह माना जाता है कि स्त्रियों के सिर पर पुरुषों से ज्यादा केश होते हैं। बिशात (पूर्वोक्त, खंड II, पृ. 446) तो यहाँ तक कहता है कि 'ऐसा लग सकता है कि इस तरह प्रकृति ने और कई जगह की गई कमी की भरपाई की है।' तुलना करिए, *द वर्क्स ऑफ एरिस्टॉट्ल द फेमस फिलॉसफॅर* (लंदन, 1779), पृ. 374। गंजापन लिंग से संबद्ध लक्षण तो है लेकिन यह मान लेना उचित नहीं है कि स्त्रियाँ गंजी नहीं होतीं, इस लैंगिक पूर्वग्रह की प्रबलता के चलते स्त्रियों का गंजापन छिपाया जाता है। स्त्रियों में भी गंजेपन के काफी मामले देखने में आते हैं।

लिंग

1. उदाहरणार्थ सैमुएल कॉलिन्स, *सिस्टमा ऐनैटॉमिकम* (लंदन, 1685), पृ. 566 और पाल्फिन कृत *सर्जिकल एनैटॉमी* (लंदन, 1726), पृ. 226 और 227 के सामने के चित्र, और उसी का *डिस्क्रिप्शन एनैतॉमिक दे पार्ती द ला फेमी* (पेरिस, 1708, चित्र संख्यांकित नहीं हैं) और स्पाइगेलियस कृत, *दे ह्यूमनी कॉर्पोरिस फाब्रिका* (1627), तालिका xvii, खंड viii, और वेसालियस कृत *ले पोर्त्रेत्स एनॉमिक्स* (1569) और यूस्टेशियस कृत *तैब्यूली ऐनातॉमिकी* (1714)
2. *ए प्लीजेंट न्यू बैलेड बीइंग ए मेरी डिस्कोर्स बिटवीन ए कंट्री लैस एंड ए यंग टेलर*, वर्ष 1670
3. *द हाई-प्राइज्ड पिन बॉक्स*, बतर्ज *लेट एवरी मैन विद कैप इन'ज हैंड*, आदि वर्ष 1665
4. सैमुएल कॉलिन्स (पूर्वोक्त), पृ. 564-5
5. *इंटरनेशनल टाइम्स*, अंक 48, 17-30 जनवरी, 1969, में पत्र का उत्तर देते हुए थियोडोर फेथफुल
6. ए. एच. केगेल, 'संपादक के नाम पत्र', *जर्नल ऑफ द अमेरिकन मेडिकल एसोसिएशन*, खंड 153, 1953, पृ. 1303-4। उनके कार्य पर डैनियल जी. ब्राउन ने *'फीमेल ऑर्गेज्म एंड सेक्सुअल इनएडीक्वेसी'* शीर्षक निबंध में चर्चा की है जो रूथ और एडवर्ड ब्रेशर के संपादकत्व में छपी *'एन एनालिसिस ऑफ ह्यूमन सेक्सुअल रिस्पॉन्स'* (लंदन, 1968) में शामिल है, पृ. 163-4
7. मेट्टे आइल्यर्रसन, *आई एक्यूज !* (लंदन, 1969) पृ. 45
8. हर्बर्ट मारक्यूज, *ईरॉस एंड सिविलिजेशन* (लंदन, 1969) पृ. 52-3
9. जैकी कॉलिन्स, *द वर्ल्ड इज फुल ऑफ़ मैरीड मैन* (लंदन, 1969), पृ. 152-3

कुलच्छनी कोख

1. लड़कियों को मासिकधर्म से परिचित कराने के लिए स्त्री डॉक्टर द्वारा लिखी ऐसी एक किताब एर्ना राइट कृत *पीरियड्स विदाउट पेन* (लंदन, 1966) है; पुस्तक के रेखाचित्रों में भगशिश्न तक नहीं दिखाया गया है, न ही पाठ में उसका कहीं उल्लेख है।
2. गर्भाशय से डरने की प्राचीन मानसिकता पर एच.आर. हेज ने *द डेंजरस सैक्स : द मिथ ऑफ फेमिनाइन ईविल* (लंदन, 1966) में लंबी चर्चा की है।
3. तुलना करें : अपनी लैंगिकता के स्त्रियों द्वारा खुद अध्ययन करने की आवश्यकता पर डैनियल जी. ब्राउन की टिप्पणी (उपरोक्त, पृ. 148-9)
4. बिशहॉफ कृत *ऑब्जर्वेशंस एंड प्रैक्टिसेज रिलेटिंग टु विमैन इन ट्रैवल एट्सेटेरा* (लंदन, 1676), पृ. 76
5. क्लोरोसिस का वर्णन, 'लड़कियों और स्त्रियों में पाई जानेवाली रक्ताल्पता जिसके कारण कसी हुई कॉर्सेट, कब्ज, बार-बार गर्भधारण, सफाई और पोषण में कमी होते हैं' के रूप में हुआ है। *(द ब्रिटिश मेडिकल डिक्शनरी*, संपादक सर आर्थर सालसबरी मैक्नाल्टी, लंदन 1961)। वैसे जनमत यह था कि रति और गर्भधारण की कुँआरी की इच्छा के पूरा न होने

से हुई हताशा इसका कारण है *द वर्ल्ड ऑफ एरिस्टॉट्ल इन फोर पार्ट्स* (लंदन, 1822), पृ. 21-22। असल में बैवेरियस ने इसे चौदहवीं सदी में ही लौह-तत्त्व की कमी से जोड़ा था लेकिन कौमार्य से संबंध ने मुद्दे को जोहान लैंग जैसे सिद्धांतकारों के लिए गड़बड़ा दिया जिसने 1554 में कुँआरियों के रोगों पर एक प्रबंध लिखा। 1730 में हॉफमैन ने इसका संबंध हिस्टीरिया से जोड़कर इसे और भी जटिल बना दिया। विद्वत्तापूर्ण अध्ययनों ने बोर्डिंग स्कूलों और छात्राओं में इसकी बहुलता पाई और एक जमाने में तो इसे हृदय-रोग तक से जोड़ा गया (देखिए *एन इंट्रोडक्शन टु द हिस्ट्री ऑफ मेडिसिन,* फील्डिंग एच. गैरिसन, फिलोडेल्फिया, 1929, पृ. 167, 207, 271, 314, 360, 571, 647)। आजकल इस पर आम सहमति है कि क्लोरोसिस नाम के किसी परिभाष्य रोग का अस्तित्व नहीं है।

6. हिस्टीरिया पर प्रचुर पाठ्य सामग्री उपलब्ध है। हिप्पोक्रेट्स कृत *लिबेर प्रायॅर दे मॉर्बिस म्यूलिएरम* जिसका कॉर्डियस कृत संस्करण 1583 में आया, और टारडियस कृत *इन लिबेल्ल्म हिप्पोक्रेट्स डे वर्जिनम मॉर्बिस* (1648)। यह रोग एक लोकप्रिय और आर्थिक रूप से आकर्षक विशेषज्ञता बन गया था। कई युवा डॉक्टरों ने लैटिन में लिखे प्रबंधों में इसका वर्णन किया। ब्रिटिश म्यूजियम में 1668 से 1796 के बीच लिखे गए करीब तीस पर्चे प्रदर्शित हैं जो इसका उदाहरण हैं कि कैसे विभिन्न असंगत लक्षणों को हिस्टीरिया का नाम दे दिया गया।
7. प्लॉस और बार्टेल्स (पूर्वोक्त); खंड-I, पृ. 611-31, 'द सैक्लूजन ऑफ गर्ल्स एट मेन्स्ट्रुएशन।'
8. सिल्विया प्लाथ की कविता जातिवृत्तीय श्रमों में घुटी स्त्री का स्मारक है। उनकी बिंबावली मृत्यु और बलात्कार के स्वप्न से सम्मोहग्रस्त स्त्री दैहिकता के विलक्षण ढाँचे गढ़ती है। उनकी छोटी कविता 'मैटाफॅर्स' में ऐसे कुछ प्रमुख मोटिफ और मूल तनाव दिखते हैं :

    मैं नौ अक्षर की पहेली,
    एक हाथी, एक भारी-भरकम मकान,
    दो प्रतानों पर टहलता खरबूजा,
    एक लाल फल, हाथी दाँत बेहतरीन काष्ठ !
    यह रोटी फूली है खमीर उठने से।
    इस फूले बटुए में पैसा ताजा ढला है।
    मैं एक साधन हूँ, एक स्थिति, बछड़ा गर्भ में धारे एक गाय
    मैंने लिफाफा-भर हरे सेब खा डाले हैं,
    चढ़ गई हूँ उस ट्रेन में जिससे उतरना है ही नहीं।

(*द कोलोसस,* लंदन, 1960, पृ. 41)

रूढ़छवि

1. थॉरस्टीन वेब्लेन (पूर्वोक्त) *यत्र-तत्र*
2. उदाहरणार्थ :

    मैं सोचता था कि मेरी प्रिया के केश सोना हैं

और उसकी लटों में मैंने अपना दिल लपेटा :
उसकी सुनहरी अलकों का नजारा
मुझे खुशी से भर देता था;
उसका हाथीदाँत का सीना, उसकी प्यारी ठोड़ी
मुझे गुनाह की तरफ खींचें
उसकी तारों-सी निगाहें, उसकी स्फटिक-सी आँखें
सूर्य से ज्यादा चमक से उदित होती हैं।

(रॉबर्ट ग्रीन, *फ्रानसेस्को'ज फॉर्चून*)

3. उदाहरणार्थ :

जब मैं गुलाब को सराहता हूँ
जिससे प्रकृति ने तुमको राहत दी है
और देखता हूँ कि अद्भुत कला ने
कैसे अंग-अंग को सजाया है
कुछ संदेह में पड़ जाता हूँ,
तुम गुलाब हो या गुलाब तुम है।

(टॉमस लॉज, *विलियम लांगबीयर्ड*)

4. उदाहरणार्थ :

उसके कपोल जैसे सूरज के ताप से रक्तिम हुए सेब,
उसके चेरियों जैसे होंठ, काटने को लुभाते
उसकी छाती जैसे नर्म मलाई का कटोरा...

(एडमंड स्पैंसर, एपिथैलेमियॅन)

5. उदाहरणार्थ :

उसकी पोशाक का बाहरी लहँगा लॉन का
बैंगनी रेशमी अस्तर पे सुनहरे सितारे जड़े
हरी चौड़ी आस्तीन पे बेलबूटे कढ़े
जूतों पे चाँदी की सीपें मढ़ीं
सुर्ख मूँगों की घुटनों तक पहुँची लड़ी
सोना-मोती जड़े जहाँ पंछी बने
जैसे दुनिया ने देखे कभी, न सुने
उसकी दासी उन्हें मधुर जल से भरे
जब चले सुंदरी पंछी कलरव करें

यहाँ यह स्पष्ट करना उचित ही है कि इस प्रसंग में क्रिस्टोफर मार्लो ने नायिका हीरो को देवों के प्रिय, नायक लिएंडर, जिसे एकदम निर्वस्त्र प्रस्तुत किया गया है, के बरक्स प्रस्तुत किया है। हीरो को रूढ़ि के तौर पर कविता के एक विषय के रूप में देखा जा सकता है।

6. कॉर्बेट बनाम कॉर्बेट (ऐशली) न्यायमूर्ति ऑर्मेरॉड के समक्ष (लॉ रिपोर्ट, 2 फरवरी 1970, प्रोबेट डायवोर्स एंड एडमिरैल्टी डिविजन)। *न्यूज ऑफ द वर्ल्ड,* 8 फरवरी 1970, *संडे मिरर,* 3, 8, 15, फरवरी 1970

ऊर्जा

1. कार्ल वोग्ट, 'ला क्वेस्वँ द ला फेमे', *रेवू दआंत्रोपोलोजी,* 1888, ग्रंथ III, पृ. 510-12, प्लॉस और बार्टेल्स द्वारा उद्धृत (पूर्वोक्त), खंड I, पृ. 126
2. 'सब्लिमेशन : इट्स नेचर एंड कंडिशंस', जे.सी. फ्लहगेल, *स्टडीज इन फीलिंग एंड डिजायर* (लंदन, 1955)
3. परंपरागत विचार की व्याख्या मैक्कैरी ने *द सायकॉलॉजी ऑफ पर्सनैलिटी* (लंदन, 1959), पृ. 7-9 में की है।
4. एस. फ्रायड, *थ्री एसेज ऑन सेक्सुअलिटी,* समग्र का स्टैंडर्ड संस्करण (लंदन, 1953), खंड vii, पृ. 219

शिशु

1. विलियम ब्लेक, 'इंफैंट सारो', *सांग्स ऑफ एक्सपीरियंस* (*पोएट्री एंड प्रोज ऑफ विलियम ब्लेक,* संपादक ज्योफ्री कीनेस, लंदन, 1967, इसके बाद *ननसच* से इंगित, पृ. 76)
2. *संडे मिरर,* 19 अक्टूबर 1969
3. विलियम ब्लेक, 'इंफैंट जॉय', *सांग्स ऑफ इन्नोसेन्स* (ननसच, पृ. 62)
4. इस सिद्धांत के स्पष्टीकरण के लिए देखिए पॉल शिल्डर, *द इमेज एंड द अपीयरैंस ऑफ द ह्यूमन बॉडी : स्टडीज इन द कंस्ट्रक्टिव एनर्जीज ऑफ द साइके* (लंदन, 1935), पृ. 120-22 और नॉर्मन ओ. ब्राउन, *लाइफ अगेन्स्ट डेथ* (लंदन, 1968) खंड IV, 'द सेल्फ एंड द अदर; नार्सिसस' (पृ. 46-57)
5. मारिया मॉन्तेस्सॅरी, *द सीक्रेट ऑफ चाइल्डहुड* (लंदन, 1936), पृ. 191
6. *न्यू इंट्रोडक्टरी लेक्चर्स इन सायकोएनैलिसिस* (कंप्लीट वर्क्स, खंड xiii, पृ. 117) में फ्रायर्ड ने इस घटना का जिक्र किया है। स्त्रियों की मक्कारी के सिद्धांतकार इसका काफी उल्लेख करते हैं, उदाहरणार्थ एम. एस्थर हार्डिंग, *द वे ऑफ ऑल विमेन* (लंदन, 1932), पृ. 7, और मेरी हाइड, *हाउ टु मैनेज मैन* (लंदन, 1955), पृ. 6
7. फिलिप रॉथ *पोर्टनॉयज कंप्लेंट* (लंदन, 1969), पृ. 125
8. जे. डडले चैपमैन ने *द फेमिनाइन माइंड एंड बॉडी* (न्यूयॉर्क, 1967) में ऑस्कर हैमरस्टीन II को उद्धृत किया है, 'बेटे के साथ आप मस्ती कर सकते हैं, लेकिन लड़की का तो बाप ही बनना पड़ता है' (कैरुजेल), पृ. 19
9. देखिए अन्ना अनस्तासी, *डिफरेंशियल सायकॉलॉजी* (लंदन) और वाल्टर वुड, *चिल्ड्रंस प्ले एंड इट्स प्लेस इन एजुकेशन* (लंदन 1913), पृ. 83-4

लड़की

1. देखिए कैरेन हॉर्नी, *फेमिनाइन सायकॉलॉजी* (लंदन, 1967), पृ. 40-42, साथ ही कैप. II 'द फ्लाइट फ्रॉम वुमनहुड' *यत्र-तत्र*। तुलना कीजिए मार्गरेट मीड, *मेल एंड फीमेल* (लंदन, 1949), पृ. 144
2. हेलेन ड्यूश, *द सायकॉलॉजी ऑफ विमेन* (लंदन, 1946, 1947), खंड I, पृ. 7, 22। ड्यूश ने यहाँ तक कहा कि उनकी अनियंत्र्य मरीजों के लिए सबसे बड़ा खतरा यह था कि अनजाने में वे अपने पुरुष साथियों की वासना भड़का दें 'उनमें कोई लैंगिक-प्रेरणा नहीं है, वे लैंगिक-तुष्टि नहीं चाहतीं और कामना की अनुपस्थिति के कारण वे सुरक्षित अनुभव करती हैं।' (पृ. 42)

वयःसंधि

1. ड्यूश (पूर्वोक्त), पृ. 136-7, तुलना कीजिए हॉर्नी से (पूर्वोक्त), पृ. 100-1 और ल्यूइस एम. टेरमैन, *जेनेटिक स्टडीज ऑफ जीनियस* (लंदन, 1936), खंड III, पृ. 93-4
2. जे. डडले चैपमैन (पूर्वोक्त), पृ. 69
3. जेम्स हेमिंग, *प्रॉब्लम्स ऑफ एडॉलसेंट गर्ल्स* (लंदन, 1950), पृ. 93-4
4. वही, पृ. 130
5. ए.सी. किन्सी, डब्ल्यू.बी. पोमरॉय, सी.ई. मार्टिन और पी.एच. गेब्हार्ड, *सेक्सुअल बिहेवियर इन द ह्यूमन फीमेल* (फिलाडेल्फिया, 1953), पृ. 173
6. हेमिंग (पूर्वोक्त), पृ. 15
7. हॉर्नी (पूर्वोक्त), पृ. 234
8. वही, पृ. 224
9. जॉन ऑब्रे, *रिमेन्स ऑफ जेंटिलइज्म एंड जूडाइज्म* (1686-7), जेम्स ब्रिटेन की टीका और उन्हीं द्वारा संपादित (लंदन, 1881), पृ. 153

मनोवैज्ञानिक लफ्फाजी

1. ऑगस्ट स्ट्रिंडबर्ग, *द फादर,* एक्ट II, सीन vii, अपनी पत्नी के अंधविश्वास और उसके काम को न समझ पाने के कारण हालाँकि कैप्टेन बहुत तंग होता है लेकिन तब भी वह कल्पना करता है कि कभी एक ऐसा अच्छा जमाना था जब इंसान 'एक बीवी से ब्याह कर लेता था' और 'ऐंद्रिक प्रेम' का आनंद पाता था, जब विवाह 'एक व्यापारिक भागीदारी नहीं' था।
2. नाओमी वाइस्टाइन, 'किंडर, कुश, कर्श एज साइंटिफिक लॉ : सायकॉलॉजी रिकंस्ट्रक्ट्स दी फीमेल', *मोटिव,* मार्च-अप्रैल 1969, पृ. 78-85
3. वही, पृ. 80
4. इयान सट्टी, *द ओरिजिंस ऑफ लव एंड हेट* (लंदन, 1935), पृ. 221
5. एर्नेस्ट जोन्स, 'द अर्ली डेवलपमेंट ऑफ फीमेल सेक्सुअलिटी' *पेपर्स ऑन सायकॉएनैलिसिस*

(लंदन, 1948), पृ. 438

6. एस. फ्रायड, *थ्री एसेज ऑन द थ्योरी ऑफ सेक्सुअलिटी* (पूर्वोक्त), पृ. 219
7. नॉर्मन ओ. ब्राउन, *लाइफ अगेन्स्ट डेथ* (पूर्वोक्त), पृ. 121
8. एस. फ्रायड, *सिविलिजेशन एंड इट्स डिस्कंटेंट्स :* कंप्लीट वर्क्स (पूर्वोक्त), पृ. 144
9. ड्यूश (पूर्वोक्त), खंड I, पृ. 101
10. हॉर्नी (पूर्वोक्त), पृ. 232-3
11. ड्यूश (पूर्वोक्त), पृ. 151
12. ब्रूनो बेट्टेलहाइम, 'विमेन एंड द साइंटिफिक प्रोफेशंस', *एमआईटी सिम्पोजियम ऑन अमेरिकन विमेन इन साइंस एंड इंजीनियरिंग,* 1965
13. ई. एरिक्सन, 'इनर एंड आउटर स्पेस : रिफ्लेक्शंस ऑन वुमनहुड', *डीडैलस,* 1964, अंक 93, पृ. 582-606
14. जोसेफ राइनगोल्ड, *द फीयर ऑफ बीइंग ए वुमन* (न्यूयॉर्क, 1964)
15. जे. क्राफ्ट-एबिंग, *साइकॉपैथिया सेक्सुअलिस* (लंदन, 1893), तुलना कीजिए मार्गरेट मीड (पूर्वोक्त), पृ. 209-10 :

    मनुष्य मादा, जिसने बचपन की लंबी शिक्षा के माध्यम से कई किस्म के पुरस्कारों की कद्र करना और कई किस्म के दंडों से डरना सीखा होता है, पाती है कि उसकी ग्रहणशीलता में असल में बहुत से उतार-चढ़ाव आते रहते हैं, हालाँकि शायद कुछ थोड़ी-सी आवर्तिता उसमें बची रहती है। जहाँ उससे ग्रहणशीलता की माँग बहुत कम है–सिर्फ अपनी पूरी देह को कोमल कर लेना और ढीला छोड़ देना, पुरुष के लिए जरूरी विशिष्ट तैयारी और देर तक बनी रहनेवाली कामना उसके लिए जरूरी नहीं है–वह प्रेमी या पति को जीतने और अपना बना लेने के हजारों प्रतिफलों के साथ एक सरल सुनम्यता का तालमेल बैठाना सीख सकती है; इस क्षण की चित्तवृत्ति को कल की चित्तवृत्ति से संतुलित करना और अपनी ग्रहणशीलता को संबंध के साँचे में ढालना। इसमें जरा भी संदेह नहीं कि इस क्षण जिस स्त्री के लिए उसमें कामना नहीं है उसके संसर्ग के लिए अपनी लैंगिकता को उत्तेजित करने के लिए कई मशीनी उपाय सीखनेवाला पुरुष अपनी प्रकृति के प्रति उस स्त्री की अपेक्षा कहीं ज्यादा हिंसा कर रहा है जिसे सिर्फ एक पुरुष को प्राप्त करने की आवश्यकता है जिसे वह बहुत-सी स्वीकृतियाँ दे देगी, लेकिन शायद सक्रिय कामना नहीं देगी।

16. एरिक फ्रॉम, *द आर्ट ऑफ लविंग* (लंदन, 1969), पृ. 20

कच्चा माल

1. इलीनॅर मैक्कॉबी, *द डेवलपमेंट ऑफ सेक्स डिफरेंसेज* (लंदन, 1967) *यत्र-तत्र*, विशेषतः 'क्लासिफाइड समरी ऑफ रिसर्च इन सेक्स डिफरेंसेज', (पृ. 323-51)
2. ल्यूइस एम. टेरमैन, *जेनेटिक स्टडीज ऑफ जीनियस* (पूर्वोक्त), पृ. 294
3. मैक्कॉबी (पूर्वोक्त), पृ. 35
4. वही, पृ. 36-37
5. वही, पृ. 44

स्त्रीशक्ति

1. मेरी एलमैन, *थिंकिंग अबाउट विमेन* (लंदन, 1969) *यत्र-तत्र*। मर्दमार हंटरवाली के रूप में उपन्यास की अपनी अवधारणा और स्त्रियाँ कैसे उसका जरा-सा भी अंश नहीं पा सकीं, इसका स्पष्टीकरण मेलर ने 'सम चिल्ड्रन ऑफ द गॉडेस', *कैन्निबाल्स एंड क्रिश्चियंस* (लंदन, 1969), पृ. 132 में किया है।
2. यह शब्द सिंथिया ओजिक के लेख 'द डिमाइस ऑफ द डांसिंग डॉग', *मोटिव,* मार्च-अप्रैल 1969, से लिया गया है।
3. ओट्टो वेइनिंगर, *सेक्स एंड कैरेक्टर* (लंदन, 1906), पृ. 236
4. वही, पृ. 241
5. वही, पृ. 250
6. वैलेरी सोलानास, *एस.सी.यू.एम. मैनिफेस्टो* (न्यूयॉर्क, 1968), पृ. 73
7. वेइनिंगर (पूर्वोक्त) पृ. 274, यह दावा, कि छल-छंद स्त्री-मस्तिष्क का द्वितीयक लैंगिक लक्षण है, कई प्रेक्षकों ने किया है जिनमें मेरी वॉल्स्टॅनक्राफ्ट जैसे स्त्रीवादी भी शामिल हैं जो इसे स्त्री के अवमूल्यन की सहज परिणति के तौर पर देखते थे। बी.एल. हचिंस, *कन्फ्लिक्टिंग आइडियल्स : टू साइड्स ऑफ द विमन क्वेश्चन* (लंदन, 1913), 'लड़कियों को बहुत ही पाखंडी आदर्शों पर पाला गया है।' (पृ. 30)
8. वेइनिंगर (उपरोक्त), पृ. 100। स्त्रियाँ पुरुषों से अलग ढंग से समझती हैं, पुरुषों की अपेक्षा व्यक्तिनिष्ठ अधिक हैं, वगैरह जैसी पूर्णधारणाएँ परीक्षणों से सिद्ध न हो पाने के बावजूद, स्त्रीत्व के संबंध में विचार करनेवाले मनोवैज्ञानिकों द्वारा विश्वास के आधार पर स्वीकार कर ली जाती हैं। ड्यूश पुरुषों की वस्तुनिष्ठता और मानसिक आक्रामकता को वांछनीय पूरक के रूप में स्त्रियों के व्यक्तिपरक, सहजानुभूत अवगम के मूल्य का यशोगान करती है।
9. टी.एस. ईलियट, 'द मैटाफिजिकल पोएट्स', *सेलेक्टेड एसेज* (लंदन, 1958), पृ. 287-8
10. अंतॉनिन अर्ता, 'लैटर्स टु एनैइ निन', मेरी बीच द्वारा अनूदित, *इंटरनेशनल टाइम्स,* अंक 16, 14 या 15 जून, 1933 का पत्र।
11. यह उद्धरण मार्शल मैक्लुहान, *द मीडियम इज द मैसेज* (लंदन, 1967) में है जहाँ ए.एन ह्वाइटहैड और *एडवैन्चर्स ऑफ आइडियाज* नाम की पुस्तक को इसका श्रेय दिया गया है। मुझे याद नहीं पड़ता कि *एडवैन्चर्स ऑफ आइडियाज* में मैंने इसे पढ़ा हो लेकिन ह्वाइटहैड के विचारों के तत्त्व तो इसमें हैं ही, उदाहरणार्थ *द ऑर्गेनाइजेशन ऑफ थॉट* में 'द एनेटॉमी ऑफ सम साइंटिफिक आइडियाज', पृ. 134-90 यत्र-तत्र, या *साइंस एंड द मॉडर्न वर्ल्ड* (कैंब्रिज, 1927), कैप. V, 'द रोमांटिक रिएक्शन' (पृ. 93-118) यत्र-तत्र, या *एडवैंचर्स ऑफ आइडियाज* (कैंब्रिज, 1933), पृ. 150-51, 173, 184-5
12. वेइनिंगर (पूर्वोक्त), पृ. 149
13. जे. नीडहम, *साइंस एंड सिविलिजेशन इन चाइना* (कैंब्रिज, 1954), खंड-II, पृ. 58
14. एस. फ्रॉयड, *सम सायकिक कॅन्सीक्वैन्सेज ऑफ द एनेटॉमिकल डिस्टिंक्शन बिटवीन द सैक्सेज,* कंपलीट वर्क्स, खंड-xix, पृ. 257-8

15. वेइनिंगर (पूर्वोक्त), पृ. 146
16. वही, पृ. 186
17. नॉर्मन ओ. ब्राउन, *लाइफ अगेन्स्ट डैथ* (पूर्वोक्त), पृ. 145
18. वही, पृ. 276
19. नॉमर्न ओ. ब्राउन, *लव्स बॉडी* (न्यूयॉर्क, 1966), पृ. 80
20. वेइनिंगर (पूर्वोक्त), पृ. 198
21. एडवर्ड डी बोनो, *द यूजेज ऑफ लेटरल थिंकिंग* (लंदन, 1967), पृ. 31, तुलना करें ए. एन. ह्वाइटहैड, *एन इंट्रोडक्शन टु मैथेमैटिक्स* (लंदन, 1911), पृ. 138 और विलियम जेम्स, *सम प्रॉब्लम्स इन फिलॉसॅफी,* कैप. X
22. लियोपोल्ड वॉन सैखर-मैसॅख, *वीनस इन फर्स* (लंदन, 1969), पृ. 160
23. रायनर मारिया रिल्के, लैटर्स टु ए यंग पोएट (एडिनबरा, 1945), पृ. 23

कामकाज

1. इस खंड के आँकड़े *एनुअल एब्स्ट्रैक्ट ऑफ स्टैटिस्टिक्स,* अंक 105, 1968 से लिए गए हैं। और स्रोतों के लिए आँकड़ों के मामले में स्रोत का उल्लेख किया गया है।
2. हायर एजुकेशन, एविडेंस—पार्ट वन, वॉल्यूम ई : रिटन एंड ओरल एविडेंस रिसीवड् बाय द कमिटी अपॉयंटेड बाय द पी.एम. अंडर द चेयरमैनशिप ऑफ लॉर्ड रॉब्बिंस (लंदन, 1963), पृ. 1552-3
3. फोर्ड कारखाने की हड़ताल मुख्यतः स्त्रियों के कामगार दल की मुखिया रोज बोलैंड के प्रयासों का परिणाम थी। इसके परिणामस्वरूप नेशनल जॉयंट एक्शन कैंपेन कमिटी का गठन हुआ जो स्त्रियों का सबसे समर्पित वामपंथी गुट है।
4. 1.2.1970 के *संडे टाइम्स* में ह्यूगो यंग का लेख 'ईक्वल पे फॉर ईक्वल ह्वाट' और विन्सेंट हन्ना का लेख 'हाउ ईक्वल इज ईक्वल ?' पढ़ें।
5. 7.9.1969 को *न्यूज ऑफ द वर्ल्ड* में शर्ली एंटिकनैप ने स्त्रियों के काम के घंटों पर अपना नियंत्रण न रह पाने पर पुरुष मजदूर संघ नेताओं के ऐतराजों को स्पष्ट किया है।
6. *द टाइम्स, 19.5.1969*
7. *ब्लैक ड्वार्फ,* 10.1.1969 में खबर
8. *द टाइम्म,* 12.5.1969
9. द टाइम्स, 4.6.1969
10. पॉलीन पिंडर, *वर्किंग वंडर्स,* पी.ई.पी. ब्रॉडशीट संख्या 512; श्रीमती ब्रिटेन-1969 चार बच्चोंवाली अध्यापिका है।
11. अल्फ्रेड मार्क्स ब्यूरो इन्क्वायरी के परिणाम 19.7.1969 को प्रकाशित हुए *(संडे टाइम्स,* 20.7.1969)
12. *संडे टाइम्स,* 27.7.1969
13. *द टाइम्स,* 4.7.1969 के वर्गीकृत विज्ञापनों से।
14. मेरी हाइड (पूर्वोक्त), पृ. 91, 96, 102

15. *द टाइम्स,* 22.5.1969
16. *पेट्टिकोट,* 28.6.1969
17. *द टाइम्स,* 22.5.1969
18. *द पीपल,* 11.5.1969
19. *न्यूज ऑफ द वर्ल्ड,* 20 और 27.4.1969
20. *डेली मिरर,* 7.7.1969
21. सूली मेंकेस, *हाउ टु बी ए मॉडेल* (लंदन, 1969)
22. 'द ग्रेट न्यूड बूम', *द पीपल,* 1.6.1969
23. ऐसा लगता है कि स्ट्रिपटीज कलाकार उनकी यूनियन की सदस्य नहीं हैं और न ही सदस्यता लेने की हिम्मत जुटा पाती हैं क्योंकि कम से कम पैसों के एवज में यह काम करने को तैयार स्त्रियों की कमी नहीं है। औसत दर है 6 शिलिंग प्रति स्ट्रिप (निर्वस्त्र होना)। बहुत ही खराब स्थितियों में उन्हें हफ्ते में 50 स्ट्रिप शो करने होते हैं। *(द पीपल,* 22.2.1970*)*
24. अर्हता प्राप्त इलैक्ट्रिकल इंजीनियर वैलेरी स्ट्रिंगर को नौकर नहीं मिल पा रही (*द पीपल,* 25.1.1970) और वायरलैस ऑपरेटर डलास ब्रैडशॉ को नाविकों के इस अंधविश्वास के चलते काम नहीं मिल रहा कि समुद्र-यात्रा में स्त्री का साथ रहना दुर्भाग्य का कारक बनता है।
25. नामों का चुनाव मनमाने ढंग से किया गया है। अखबारों के व्यापार पृष्ठ रोज सत्ता की स्थितियों पर पहुँचनेवाली नई स्त्रियों को सलाम करते हैं।

आदर्श

1. रिनैसां में बौद्धिक प्रेम की अवधारणा के सरल विवरण प्रचारित किए जाते थे। *कॅनविवियम* से लिए गए मूलभूत तर्क और अन्य वार्तालाप प्लूटॉर्क और सिसेरो के प्रशस्तिगानों और हेराक्लिटस और अरिस्टॉट्ल के सिद्धांतों में जोड़ दिए गए थे। इस मिश्रण के सत्व को कई जगह पाया जा सकता है, *कोर्टिजियानो* जैसी शिष्टाचार की पुस्तकों और डेला प्रिमॉदे के ग्रंथ *अकादेमी* से लेकर नवसाक्षरों द्वारा पढ़े जाने के लिए छपी साधारण पुस्तकों और नैतिक उपदेशों के पर्चों तक, उदाहरणार्थ सर टॉमस ईल्यॅट कृत *द बुक ऑफ द गवर्नर* (1531), खंड 31, *द बुक ऑफ फ्रैंडशिप ऑफ मार्कस टूलियस सिसेरो* (1550), जॉन चार्ल्टन कृत *द कैस्केट ऑफ ज्यूएल्स* (1571), बाल्डविन कृत *ट्रीटाइज ऑफ मॉरल फिलॉसफी* (1550), बॉडेनहम कृत *पॉलिट्यूफिया* (1599)। सबसे सुलभ और सबसे परिष्कृत प्रस्तुति संभवतः बेकन कृत *एसे ऑफ फ्रैंडशिप* है।
2. शिल्डर (पूर्वोक्त), पृ. 120, तुलना कीजिए नॉर्मन ओ. ब्राउन, *लाइफ अगेन्स्ट डैथ* (पूर्वोक्त), पृ. 50-51
3. विलियम ब्लेक, एम.एस.एस. की कविताएँ, सन् 1810 (ननसच, पृ. 124), तुलना कीजिए, सट्टी (पूर्वोक्त), पृ. 30-31
4. *द पीपल,* 12.11.69

5. ए. एच. मैस्लो, *मोटिवेशन एंड पर्सनैलिटी* (न्यूयॉर्क, 1954), पृ. 208-46, उद्धरण पृ. 245-246 से।
6. नॉर्मन ओ. ब्राउन, *लाइफ अगेन्स्ट डैथ* (पूर्वोक्त), पृ. 144
7. विलियम शेक्सपीयर, 'द फीनिक्स एंड द टर्टल' (*द कंप्लीट वर्क्स*, संपादक डब्ल्यू. जे. क्रेग, ऑक्सफोर्ड, 1959, पृ. 1135)
8. एस.ई. गे, *वुमनहुड इन इट्स एटर्नल आस्पैक्ट* (लंदन, 1879), पृ. 4

परोपकारिता

1. विलियम ब्लेक, 'द क्लॉड एंड द पैब्ल', *सांग्स ऑफ एक्सपीरियंस* (*ननसच*, पृ. 66)

अहम्मन्यता

1. विलियम ब्लेक, 'द क्लॉड एंड द पैब्ल', *सांग्स ऑफ एक्सपीरियंस* (ननसच, पृ. 66)
2. एरिक फ्रॉम (पूर्वोक्त), पृ. 38
3. *हनी*, अगस्त 1969, 'शी लव्स मी नॉट'
4. *वीकएंड*, 8-14 अक्तूबर 1969
5. मेरी हाइड (पूर्वोक्त), पृ. 70
6. कॉम्पटॅन मैक्केंजी, *एक्स्ट्राऑर्डिनरी विमैन* (लंदन, 1967), पृ. 107
7. 'ईवलिन होम' के नाम पत्र, *वुमन*, 3 मई 1969, खंड-64, अंक 1664
8. लिलियन हैलमैन, *एन अनफिनिश्ड वुमन* (लंदन, 1969), पृ. 278

सम्मोह

1. क्रिस्टॉफर मार्लो, हीरो एंड लिएंडर, पृ. 178
2. ज्यां रेसीं, *फीद्री*, I, III, पृ. 151-2
3. विलियम शेक्सपीयर, *रोमियो एंड जूलियट*, I, i, II, 196-200 (*वर्क्स*, *पूर्वोक्त*, पृ. 766)
4. किंग्स्ले एमिस, 'एन एवर फिक्सड मार्क', *इरॉटिक पोएट्री*, संपादक विलियम कोल (न्यूयॉर्क, 1963), पृ. 444
5. *स्वीटहार्ट्स*, खंड-II, अंक 57, दिसंबर 1960, 'किसेज कैन बी फाल्स'
6. वही
7. एल्बर्ट एलिस कृत *द फोकलोर ऑफ सैक्स* (न्यूयॉर्क, 1961), पृ. 209 में उद्धृत
8. *स्वीटहार्ट्स* (पूर्व उद्धृत), 'हैन लव कॉल्स'
9. *डेटबुक्स कंप्लीट गाइड टु डेटिंग*, संपादन आर्ट अंगर (न्यूजर्सी, 1960), पृ. 89
10. मेरी एस्टेल, *एन ऐसे इन डिफैन्स ऑफ द फीमेल सैक्स* (लंदन, 1721), पृ. 55
11. टाइ-ग्रेस एटकिंसन *वाइड इन्फा* 'रैबिलियन', *संडे टाइम्स*, 14.4.1969 को इर्मा कुर्त्ज द्वारा उद्धृत।
12. ओ. श्वार्ज, *द सायकॉलॉजी ऑफ सैक्स* (लंदन, 1957), पृ. 20

रोमांस

1. प्रकाशक मिल्स एंड बून ने डॉ. पीटर मान से अपने पाठक वर्ग का विश्लेषण करवाकर उसे 'द रोमांटिक नॉवेल, ए सर्वे ऑफ रीडिंग हैबिट्स' के नाम से जिल्दबंद किया है (1969)।
2. *वुमंस वीकली,* 2.7.1969
3. *मिराबेल,* 8.11.1969, 'सैटर्डे सिट-इन'
4. ज्यॉर्जेट हेयर, *द रीजेंसी बक* (लंदन, 1968), पृ. 15
5. वही. पृ. 5
6. वही
7. बार्बरा कार्टलैंड, *द विंग्स ऑफ लव* (लंदन, 1968), पृ. 152
8. वही, पृ. 47
9. वही, पृ. 137
10. वही, पृ. 191
11. लूसी वॉकर, *द लविंग हार्ट* (लंदन, 1969), पृ. 226
12. वही, पृ. 32
13. वही, पृ. 171
14. वही, पृ. 53, 85-6, 91, 112, 191, 207, 228
15. वही, पृ. 253-4
16. *संडे मिरर* में धारावाहिक के रूप में प्रकाशित 26 अक्तूबर-16 नवंबर, '69
17. वॉयलेट लेडक्, *ला बातार्द* (लंदन, 1967), पृ. 341-2
18. 'द सैक्सुअल सोफिस्टिकेट' फिलिस और एबरहार्ड क्रॉनहॉसेन में उद्धृत, *सैक्सुअल रिस्पॉन्स इन विमैन* (लंदन, 1957), पृ. 91
19. मैक्सीन डेविस, द *सैक्सुअल रिस्पॉन्सिबिलिटी ऑफ विमैन* (लंदन, 1957), पृ. 91
20. कार्टलैंड (पूर्वोक्त), पृ. 62
21. डी.एच. लॉरेन्स, *विमैन इन लव* (लंदन, 1968), पृ. 354
22. 1969-70 के जाड़ों के विज्ञापनों से
23. 'वुमन टु वुमन', *वुमन,* 19 जुलाई 1969, खंड 65, अंक 1975
24. जेन्नी फेबियन और जॉनी बिर्न, *ग्रुपी* (लंदन, 1969)
25. रे एंथनी, *द हाउसवाइव्स हैंडबुक ऑन सैलेक्टिव प्रॉमिस्क्युटी* (टक्सन, 1660 और न्यूयॉर्क, 1962)

पुरुष फंतासी की पात्र

1. *पेनीलोप,* अंक 194, 14 अक्तूबर 1969, 'ए गर्ल कॉल्ड पोनी'
2. नॉर्मन मेलर, *एन अमेरिकन ड्रीम* (लंदन, 1966), पृ. 16
3. केट मिलेट, 'सैक्सुअल पॉलिटिक्स : मिलर, मेलर एंड गेनेट', *न्यू अमेरिकन रिव्यू,* अंक 7, अगस्त 1969

4. मेलर (पूर्वोक्त), पृ. 9
5. वही, पृ. 23
6. वही, पृ. 25
7. उदाहरणार्थ 'उमर वॉक्स द अर्थ !' में उमर, *स्ट्रेंज टेल्स,* खंड-I, अंक 156, मई 1967, *कैप्टेन अमेरिका* में खलनायक-सी हाइड्रा, *कैप्टेन मार्वेल* में ब्लैक विडो, *थॉर* के लिए खतरा बनी रहनेवाली कारनिला, रहस्यवादी नॉर्नों की रानी।
8. उदाहरणार्थ ला कंतेस्सा तेरेसा दी विसेंजो, *ऑन हर मैजेस्टीज सीक्रेट सर्विस*
9. मेलर (पूर्वोक्त), पृ. 39
10. मिकी स्पिलेन, *ब्लडी सनराइज* (लंदन, 1967), पृ. 74
11. मेलर (पूर्वोक्त), पृ. 36
12. वही, पृ. 168
13. वही, पृ. 172
14. वही, पृ. 102
15. जॉन फिलिप लंडिन, *विमैन* (लंदन, 1968), पृ. 60-61
16. वही, पृ. 101
17. जेम्स जोन्स, गो टु द विडोमेकर (लंदन, 1969), पृ. 282
18. एमिली डिकिंसन की कविताएँ, संपादक एम.डी., ब्रेनची और ए.एल. हैंपसन (लंदन, 1933), पृ. 131

प्रेम और विवाह का मध्यवर्गीय मिथक

1. डेनिस डी रुजमों, *'लन इन द वैस्टर्न वर्ल्ड'* तुलना कीजिए सी.एस. ल्यूइस, *द एलेगॅरी ऑफ लव*
2. *हेल मेडेनहैड,* संपादक ओ. कॉकेन, अर्ली इंग्लिश टैक्स्ट सोसायटी पब्लिकेशंस, अंक 19 (1866), पृ. 28-39
3. सी.एल. पॉवेल, *इंग्लिश डोमेस्टिक रिलेशंस* 1487-1653 (कोलंबिया, 1927), पृ. 126
4. रैबेलैस, फाइव बुक्स ऑफ द लाइव्स, हीरोइक डीड्स एंड सेइंग्स ऑफ गारगांतुआ एंड हिज सन पैंटाग्रुएल (लंदन, 1653), कैप्स LII-LVII
5. गोर्डन रैट्टरे टेलर, *सैक्स इन हिस्ट्री* (लंदन, 1965), पृ. 138
6. इरैस्मस, *ट्रू डायलॉग्स रिटन इन लैटिन...वन कॉल्ड पॉलीथीमस ऑर द गॉस्पैलर, द अदर डिस्पोजिंग ऑफ थिंग्स एंड नेम्स* अंग्रेजी में एडमंड बेक द्वारा अनूदित।
7. यह कहानी अन्य संदर्भों के अलावा *डेकामेरॉन* में भी शामिल थी, पेट्रार्क ने इसका लैटिन भावान्तरण किया, फिर इसके कई फ्रैंच रूप सामने आए, सोलहवीं सदी में इस विषय पर कई बैलेड, कविताएँ और नाटक लिखे गए, उदाहरणार्थ, *द एंशियेंट ट्रू एंड एडमायरेबल हिस्ट्री ऑफ पेशेंट ग्रिसेल* (1619), *द प्लेजेंट एंड स्वीट हिस्ट्री ऑफ पेशेंट ग्रिसेल* (1630), *द प्लेजेंट कॉमेडी ऑफ पेशेंट ग्रिसेल,* एच. चेट्टल, टी. डेलॉनी और टी. हॉटन (1603), *द मोस्ट प्लैजेंट बैलेड ऑफ पेशेंट ग्रिसले...टु द ट्यून ऑफ द ब्राइड्स गुडमॉरो* (टी.

डेलॉनी ? 1600 और 1640)

8. उदाहरणार्थ, *द बुक ऑफ हज्बैंड्री...मेड फर्स्ट बाय द ऑथर* फिट्ज-हरबर्ट,...खीस्ताब्द 1568। पद XXXVI, स्त्री के दस गुण यह हैं :

   पहला, स्वभाव से प्रसन्नचित्त हो; दो, समाज में स्थिति अच्छी हो; तीन, चौड़ा माथा हो; चार, चौड़े कूल्हे हों; पाँच, बच्चों-परिचारकों पर सख्त हो; छः, आसानी से बात मान जाए; सात, लंबी यात्रा अच्छी तरह कर पाए; आठ, पुरुष के नीचे सक्रिय रहे; नौ, मुँह हमेशा चलता रहे; दस, लगाम तोड़ने का प्रयास हमेशा करती रहे।

9. पीटर लैस्लेट, *द वर्ल्ड वी हैव लॉस्ट* (लंदन, 1965)
10. जॉन कैंपियन, *ट्र बुक्स ऑफ एयर्स :*

    जैक एंड जोन दे थिंक नो इल, बट लविंग लिव एंड मेरी स्टिल...
    (जैक और जोन बुरा नहीं सोचते, प्रेम और मस्ती से जीते हैं)

11. निकोलस ब्रेटॅन, *द कोर्ट एंड कंट्री* (1618), *द वर्क्स इन वर्स एंड प्रोज ऑफ निकोलस ब्रेटॅन,* संपादन ए.बी. ग्रोसार्ट (लंदन, 1879), खंड-II
12. उदाहरणार्थ, बार्कले *द शिप ऑफ फूल्स,* आशम *द स्कूल मास्टर,* लॉज *विट्स मिजरी* और कई अन्य।
13. फिलिप एंड मेरी, राजादेश 4 और 5, और एलिजाबेथ राजादेश 39
14. उदाहरणार्थ, लोकप्रिय एलिजाबेथयुगीन बैलेड, *द ब्राइड्स गुड मारो,* (1625 वाला प्रारूप)
15. अन्वॉन डेला सेल, *ले किंजे जोइ द मारिएज* जिसे थॉमस डेकर ने *द बैचलर्स बैंक्वेट* (1903) के रूप में प्रस्तुत किया।
16. अंग्रेजी और फ्रैंच दोनों में उपलब्ध इस तरह की रुढ़ि का नमूना एक फार्स *जोहान जोहान एंड टिब हिज वाइफ* हैं।
17. जब राजपरिवार की बहुत करीबी रिश्तेदार बहुत नन्हें कद-बुत की लेडी मेरी ग्रे ने अपनी सुरक्षा के लिए एक अतिसाधारण विशालकाय दरबान कीज से विवाह किया तो इस पर भारी हो-हल्ला मचा था (स्ट्राइप, *एनल्स ऑफ द रिफॉर्मेशन* [1735], खंड II, पृ. 208)
18. सर फिलिप सिडनी, *एस्ट्रोफेल एंड स्टैला,* विशेषरूप से सॉनेट xxix, xxxvi, xli, lii, lxxii, lxxvi, lxxxi, lxxxii, तुलना कीजिए, सैमुएल डैनियल, *डीलिया* और एगर्टन पांडुलिपि में सर टॉमस व्याट की कविताएँ।
19. एडमंड स्पैंसर, *एमोरेत्ती* और *एपिथेलेमियॅन,* 1595 में प्रकाशित
20. विलियम हैबिंगटन, *कास्टारा,* 1634 में बिना लेखक के नाम के प्रकाशित, पहला खंड प्रणय-निवेदन के बारे में है, दूसरा खंड विवाह के बारे में है जिसमें यह लैटिन आदर्शवाक्य है : Vatumaque lascivos triumphos, calcat Amor, pede coniugali.
21. उदाहरणार्थ टॉमस डेलॉनी, *द जैंट्ल क्राफ्ट, ए डिस्कोर्स कंटेनिंग मैनी मैटर्स ऑफ डिलाइट* ...लंदन, 1637। अध्याय 5 बताता है कि 'शहंशाह की सुंदरी बेटी उर्सुला दरबार में आए नौजवान क्रिस्पाइन के प्रेम में कैसे पड़ी और कैसे अंत में एक अंधे पुजारी ने उनका विवाह करवाया।'

22. द फेयर मेड ऑफ फ्रैसिंगफील्ड रॉबर्ट ग्रीन कृत *फ्रायर बेकन एंड फ्रायर बंगे* (1592) की एक उपकथा की नायिका है।
23. द *गोल्डन लीजैंड* तेरहवीं सदी में जेनोआ के बिशप जेकोबस दे वोरेजीं द्वारा महाभोजों के पंचांग के अनुरूप तैयार किया गया ईसाई संतों की कहानियों का संग्रह था। यह सबसे पहले प्रकाशित होनेवाली पुस्तकों में से एक था और जहाँ कहीं छापेखाने थे वहाँ इसके कई-कई संस्करण छपे, इस तरह यह पहला अंतर्राष्ट्रीय बेस्टसेलर था।
24. जिलियन फ्रीमैन, द *अंडरग्रोथ ऑफ लिटरेचर* (लंदन, 1969), पृ. 50-51
25. *संडे टाइम्स,* 3.8.1969, 'मेकिंग मनी आउट ऑफ मैरिएज।'
26. *संडे टाइम्स,* 15.6.1969, 'फर्स्ट कैच युअर मिलियनेयर'

परिवार

1. विलियम शेक्सपीयर, *सिम्बेलाइन,* II, v. 1-2 (*वर्क्स,* पूर्वोक्त, पृ. 1024)
2. इसका कुछ प्रमाण 8.3.1970 के *संडे रिव्यू* में संक्षेप में प्रकाशित 'प्लॉडेन रिपोर्ट' से प्राप्त किया जा सकता है।
3. *संडे मिरर,* 23.11.1969, 'लैट्स ऑल कड्ल'
4. लायनेल टाइगर, *मैन इन ग्रुप्स* (लंदन, 1969), पृ. 209-210
5. जॉन अपडाइक, *कपल्स* (लंदन, 1968), पृ. 138, 141, 150
6. *संडे मिरर* (उपरोक्त)
7. चार्ल्स हैंबलैट और जेन डेवर्सन, *जेनरेशन एक्स* (लंदन, 1964), पृ. 43
8. *वही,* पृ. 48-9
9. विल्हेल्म रीश, द *सैक्सुअल रिवॉल्यूशन* (न्यूयॉर्क, 1969), पृ. 71

सुरक्षा

1. हैंबलैट और डेवर्सन (*पूर्वोक्त*), पृ. 41, 111
2. उदाहरणार्थ एडमंड स्पैंसर, टू *कैंटोज ऑफ म्यूटेबिलिटी,* 1609 में प्रकाशित 'बुक ऑफ फेयरी क्वीन' के बाद की कुछ चीजें' जो पूरी नहीं की गई।
3. मुझे संदेह है कि एक पुरुष और एक स्त्री द्वारा सहजीवन की शर्तों के बारे में तैयार किए गए करारनामे को कानून अनैतिक उद्देश्य से किए गए करारनामे के रूप में लेगा, जो कि इसी कारण से कानून द्वारा बाध्यकर नहीं होगा (!)
4. हैंबलेट और डेवर्सन (*पूर्वोक्त*), पृ. 48-9

घृणा और वितृष्णा

1. माइकेल मैक क्ल्योर से फ्रैंक रेनॉल्ड्स का वार्तालाप, *फ्रीव्हीलिन फ्रैंक,* (लंदन, 1967), पृ. 86
2. *वही,* पृ. 55, 7 और 12-13

3. एल्ड्रिज क्लीवर, *सोल ऑन आइस* (न्यूयॉर्क, 1968), पृ. 16-17
4. 'ईगर फीमेल्स—हाउ दे रिवील देमसेल्व्ज़', *मेल,* खंड 19, अंक 6, जून 1969
5. *स्टैग,* खंड 20, अंक 5, मई 1969
6. रेनॉल्ड्स (*पूर्वोक्त*)
7. विलियम शेक्सपीयर, सॉनेट cxxix (*वर्क्स,* पूर्वोक्त), पृ. 1124
8. डीन स्विफ्ट, 'कैसिनस एंड पीटर', द *पोएम्स ऑफ जोनाथन स्विफ्ट,* संपादक हैरॅल्ड विलियम्स (ऑक्सफोर्ड, 1937), पृ. 597
9. ह्यूबर्ट सेल्बी, *लास्ट एक्जिट टु ब्रुकलिन,* (लंदन, 1966), पृ. 82-3
10. जेन्नी फेबियन और जॉनी बिर्न, *ग्रुपी* (लंदन, 1969)
11. आर.एल.डिकिन्सन और लॉरा बीम, द *सिंगल वुमन* (लंदन, 1934), पृ. 18, 252, 258, 262, 264
12. *वही,* पृ. 231
13. उदाहरणार्थ, एल्बर्ट एलिस और एडवर्ड सागारिन, *निम्फोमेनिया* (लंदन, 1968), पृ. 45, 54, 59, 103-4, 118-9, 122-3

गाली

1. *ईवनिंग न्यूज,* 18.12.1969
2. विलियम शेक्सपीयर, *किंग लीयर,* III. iv. 117-22 और IV. i. 62-3 (*वर्क्स,* पूर्वोक्त, पृ. 926, 930)
3. इस खंड के स्रोत मुख्यतः *न्यू इंग्लिश डिक्शनरी* (ऑक्सफोडी), और वेंटवर्थ और फ्लैक्सनर कृत *डिक्शनरी ऑफ अमेरिकन स्लैंग* और ई. पार्टरिज कृत *स्मॉलर स्लैंग डिक्शनरी* (लंदन, 1961), और फार्मर और हेनले कृत, *स्लैंग एंड इट्स एनालॉग्स* (लंदन, 1890) हैं।
4. *रोलिंग स्टोन,* अंक 27, 15 फरवरी 1969
5. नैथन शिफ, *डायरी ऑफ ए निम्फ* (न्यूयॉर्क, 1961)
6. 'मेरी ग्रांट' के नाम पत्र, *वुमंस ओन* (19.7.1969), 'ईवलिन होम' के नाम पत्र, *वुमन* 15. 3.1969, और 'मेरी मेरीएट' के नाम पत्र, *वुमंस वीकली,* 2.7.1969
7. 'लव नीड्स नो वर्ड्स' *न्यू रोमांस,* अंक 3, नवंबर 1969 और 'ह्वेन समवन नीड्स यू', ट्रू *स्टोरी,* अंक 565, दिसंबर 1969
8. गेल ग्रीन, *सैक्स एंड द कॉलेज गर्ल* (लंदन, 1969), पृ. 111, 19 मई 1963 को *न्यूयॉर्क टाइम्स* में छपी रिपोर्ट, मानसिक स्वास्थ्य पर क्वींस यूनिवर्सिटी कांफ्रेंस को उद्धृत करते हुए।
9. *वही,* पृ. 45-6 और 111-13
10. जिम मोरान, *ह्वाई मैन शुडंट मैरी* (लंदन, 1969), पृ. 43
11. गिल्बर्ट ओकली, *सेन एंड सैन्सुअल सैक्स* (लंदन, 1963), पृ. 51
12. *वही,* पृ. 52-3
13. फिलिप वायली, *जेनरेशन ऑफ वाइपर्स* (न्यूयॉर्क, 1942), पृ. 187-8

14. *वही,* पृ. 188-9
15. *बैस्ट मदर-इन-लॉ जोक्स,* जे.डी. शेफ्फील्ड (लंदन, 1969), पृ. 1 और यत्र-तत्र
16. 'सेकेंड जेनरेशन वुमन', ड्यूक्सलॉज एंटरप्राइजेज द्वारा प्रकाशित

दुःख

1. 'ईवलिन होम' के नाम पत्र, *वुमन,* 2.8.1969
2. बैट्टी फ्रीडान, *द फेमिनाइन मिस्टीक* (न्यूयॉर्क, 1963), पृ. 20-21
3. पेटेंट दवा उद्योग पर *ऑब्जर्वर* (4.1.1970) की रिपोर्ट में बताया गया कि पाँच करोड़ पाउंड सालाना के कुल खर्च में से डेढ़ करोड़ पाउंड पीड़ानाशकों पर, साठ लाख पाउंड विटामिनों और टॉनिकों पर; और साढ़े छः लाख पाउंड विज्ञापन पर खर्च हुए।
4. 'ईवलिन होम' के नाम पत्र *वुमन,* 22.3.1969
5. *फोरम,* खंड-II, अंक 8, पृ. 69-70
6. *द पीपल,* 23.11.1969
7. *द टाइम्स,* 9.5.1969
8. *न्यूज ऑफ द वर्ल्ड,* 6.7.1969
9. *न्यूज ऑफ द वर्ल्ड,* 30.11.1969 में फैमिली प्लानिंग एसोसिएशन के प्रकाशन *द पिल एंड यू* की रिपोर्ट और सार-संक्षेप
10. प्रोफेसर विक्टर विन पैडिंगटन स्थित सेंट मेरीज हॉस्पिटल में एलेक्जैंडर सिंपसन लैबोरेटरी फॉर मैटाबॉलिक रिसर्च के प्रमुख हैं (*द पीपल,* 14.12.69 की रिपोर्ट)। तुलना कीजिए, डॉ. एनी ल्यूइस और श्री मसूद नोगुची के 15.6.1969 के *ऑब्जर्वर* में छपी रिपोर्ट में उल्लिखित शोध से।
11. *ऑब्जर्वर* 20.7.1969 में छपी रिपोर्ट
12. *संडे टाइम्स,* 1.6.1969
13. *द ब्रिटिश जर्नल ऑफ सोशल एंड प्रिवैंटिव मेडिसिन,* नवंबर, 1969 में डॉ. डब्ल्यू. जे. स्टैनली
14. एन एस पी सी सी की रिपोर्ट (सितंबर 1969) '78 बैटर्ड चिल्ड्रन', और *संडे टाइम्स,* 30. 11.1969

विद्वेष

1. ज्यार्ज ईलियट, *मिडलमार्च*
2. एरिक बर्न, *द गेम्स पीपल प्ले* (लंदन, 1964), पृ. 162

विद्रोह

1. *द एनैटॅमी ऑफ ए वुमंस टंग डिवाइडेड इनटु फाइव पार्ट्स* (लंदन, 1963), एपिग्राम III, पृ.173

2. 'द फैमिली ऑफ लव' एक इंग्लिश संप्रदाय था जो हैंड्रिक निक्लैस के नेतृत्व में हॉलैंड में उभरा; यह मनुष्यों को 'रहस्यमयी देह' में एकीकृत करने के उद्देश्य को लेकर चला था। देखिए *ए ब्रीफ रिहर्सल ऑफ द बिलीफ ऑफ द गुड विलिंग इन इंग्लैंड* (1656), *ए डिस्क्रिप्शन ऑफ द सैक्ट कॉल्ड द फैमिली ऑफ लव : विद देयर कॉमन प्लेस ऑफ रेज़िडेंस।* सरे काउंटी में चेर्ट्सी के करीब पिनफोर्ड की श्रीमती सूजान्ना स्नो के अनुभव पर आधारित, जो कुछ अर्से के लिए उनके घटिया प्रलोभनों में पड़कर भटक गई थी (1641)। और द डिस्प्लेइंग ऑफ एन हॉरिब्ल सैक्ट ऑफ...हेरेटीक्स (1578)
3. बेट्टी फ्रीडान, *द फेमिनाइन मिस्टीक* (न्यूयॉर्क, 1963)
4. जूलियट मिचेल, 'विमैन–द लांगेस्ट रिवॉल्यूशन', *न्यू लैफ्ट रिव्यू,* नवंबर-दिसंबर, 1966, पृ. 18
5. *वही, पृ. 36-7*
6. ईवलिन रीड, *प्रॉब्लम्स ऑफ विमैन्स लिबरेशन : ए मार्क्सिस्ट अप्रोच* (न्यूयॉर्क, 1969)
7. रीश (*पूर्वोक्त*), पृ. 153-269
8. टाइगर (पूर्वोक्त), पृ. 110-111
9. कायरिल टिडमार्श, 'द राइट टु डू द हार्डेस्ट वर्क', '*द टाइम्स* 16.2.1967 और *विमैन इन द सोविएट इकॉनॉमी,* टी.डॉज (बाल्टिमोर, 1966)
10. बीवर्ली जोन्स और जूडिथ ब्राउन कृत *टुवर्ड ए फीमेल लिबरेशन मूवमैंट* (न्यू इंग्लैंड फ्री प्रैस), पृ. 2 में उद्धृत
11. *न्यू लैफ्ट नोट्स,* अगस्त 1967
12. जूडी बर्नस्टाइन, पेग्गी मॉर्टन, लिना सीसे, मिर्ना वुड, *सिस्टर्स ब्रदर्स...लवर्स...लिसन...*(न्यू इंग्लैंड फ्री प्रेस), पृ. 7
13. *सोविएट वीकली,* 17 मई 1969, पृ. 5
14. दिसंबर 1967 के *न्यू लैफ्ट नोट्स* में अनाम पत्र
15. मेरिलिन वैब, 'वी हैव ए कॉमन एनेमी', *न्यू लैफ्ट नोट्स,* 10 जून 1968
16. जोन्स और ब्राउन (पूर्वोक्त), पृ. 20-22
17. *वही,* (पृ. 37)
18. एनी कोएट्, *द मिथ ऑफ वैजाइनल ऑर्गेज्म* (न्यू इंग्लैंड फ्री प्रैस), पृ. 5
19. *वही*
20. नैन्सी मैन, *फक्ड-अप इन अमेरिका* (वही)
21. जूली बॉमगोल्ड, 'यू हैव कम ए लांग वे, बेबी', *न्यूँयार्क,* 9 जून 1969, पृ. 30
22. विवियन गॉर्निक, 'द नैक्स्ट ग्रेट मोमेंट इन हिस्ट्री इज देयर्स', *विलेज वॉयस,* 27 नवंबर 1969
23. यहाँ एन जे ऐ सी सी ('काम काज' *के अंतर्गत देखिए*) और मिज मैक्केन्जी के फेमिनिस्ट्स जो *'हार्पीज बिजैरे'* प्रकाशित करते हैं, का भी उल्लेख किया जाना चाहिए। विमैंस लिबरेशन वर्कशॉप का विस्तार पाँच समूहों में हो चुका है, नॉटिंगहम का एक अन्य समूह *सोशलिस्ट वुमन* नाम का पर्चा निकालता है और ब्रिस्टल का समूह, *एनफ इज एनफ*। ऑक्सफोर्ड में 28 फरवरी से 1 मार्च तक चले एक अधिवेशन में पाँच सौ प्रतिभागी आईं, साथ ही चार सौ बच्चे और पचास पुरुष भी।

24. ग्लोरिया स्टाइनेम, 'द सिटी पोलिटिक', *न्यूयॉर्क,* 10 मार्च 1969

क्रांति

1. एन्ना मार्टिन, *द मैरीड वर्किंग वुमन,* नेशनल यूनियन ऑफ विमेंस सफ्रेज सोसायटीज द्वारा प्रकाशित, जुलाई 1911

   विशेषतः गरीब परिवारों में पति की अपेक्षा पत्नी की मानसिक उत्कृष्टता बहुत स्पष्ट दिखती है। अपने घर की रक्षा करते हुए औद्योगिक तंत्र की तमाम शक्तियों से मोर्चा लेने का निरंतर चलता क्रम इनमें एक ऐसी अनुकूलन क्षमता और चैतन्यता विकसित कर देता है जिसका दावा बोझिल, उबाऊ श्रम से कुंद हुए उनके पुरुष नहीं कर सकते।

2. होम ऑफिस (ब्रिटिश गृह-मंत्रालय) ने श्रीमती मेरी चैटर्जी को बताया कि 'ऐसा माना जाता है कि आमतौर पर एक पत्नी को अपने पति के देश में अपना घर बनाने को तैयार रहना चाहिए।' (*द टाइम्स,* 3.2.1970)
3. जिंजरब्रैड, 35 वेलिंगटन स्ट्रीट, लंदन WC 2E, 7BN, और मदर्स-इन-एक्शन, 10 लेडी सॉमरसैट रोड, लंदन NW 5, (*संडे टाइम्स,* 25.1.1970)
4. मई 1969 में डाइएन हार्ट ने पेट्टिकोट पार्टी की स्थापना का प्रयास किया। *द टाइम्स* में छपे उसके विज्ञापन में कहा गया था, 'बहनों, सिर्फ बैठी ही मत रहिए। अगर आप हवाई किलों से ऊब गई हैं तो हाउस ऑफ कॉमंस में बैठिए। जरूरत है 630 स्त्रियों की जो एक संसदीय क्षेत्र को जीतने के लिए पाँच सौ पाउंड दाँव पर लगाने को तैयार हों।' कहने की जरूरत नहीं कि प्रयास असफल रहा। वह खुद चुनाव में खड़ी हुई और हार गई। तीन अमेरिकी हसीनाओं ने पुस्सीकैट शक्ति के प्रदर्शन के लिए पुस्सीकैट लीग की स्थापना की जो लोगों को सहला-बहलाकर पूरी दुनिया का समर्थन जीत लेने वाली थी (*संडे मिरर,* 2.11.1969)। इस आजमाई-परखी तकनीक के कोई राजनैतिक परिणाम नहीं दिखे।